淮北师范大学文学院中国古典文献学科主办

古典文献学术论丛

第五辑

主编 李铁范 王政 邱瑰华

副主编 郭全芝 冀运鲁 任荣

全国百佳图书出版单位
时代出版传媒股份有限公司
黄山书社

图书在版编目(CIP)数据

古典文献学术论丛.第五辑 /李铁范,王政,邱瑰华主编主编. —合肥 : 黄山书社,2016.6
ISBN 978-7-5461-5590-6

Ⅰ.①古… Ⅱ.①李… ②王… ③邱… Ⅲ.①古文献学-文集 Ⅳ.①G256.1-53

中国版本图书馆 CIP 数据核字(2016)第 139664 号

古典文献学术论丛(第五辑) 李铁范 王政 邱瑰华 主编

出品人 任耕耘
责任编辑 周振华
装帧设计 陈 强
出版发行 时代出版传媒股份有限公司(http://www.press-mart.com)
黄山书社(http://www.hspress.cn)
地址邮编 安徽省合肥市蜀山区翡翠路 1118 号出版传媒广场 7 层 230071
印 刷 合肥锐达印务有限公司
版 次 2016 年 7 月第 1 版
印 次 2016 年 7 月第 1 次印刷
开 本 787mm×1092mm 1/16
字 数 450 千
印 张 26.50
书 号 ISBN 978-7-5461-5590-6
定 价 58.00 元

服务热线 0551-63533706
销售热线 0551-63533761
官方直营书店(http://hsssbook.taobao.com)

目　　录

文献研究

文学研究

读书札记

书　评

学术争鸣

文献研究

《聊斋志异》借鉴《左传》三题

赵伯陶

《左传》成熟的叙事艺术与精湛的古文笔法对于后世史传文学乃至文言小说皆有深刻影响,蒲松龄《聊斋志异》写作也深受《左传》影响。至于《聊斋》部分篇章中设置"异史氏曰"的评论,更是模仿《左传》中的"君子曰"、《史记》中的"太史公曰"等史评形式并加以发扬光大,凸显了小说家的睿智,具有无可替代的评论或警示作用。《左传》对于《聊斋志异》写作的诸多影响,学者已多有论述,此处不赘。词语借鉴也属于《聊斋志异》模仿《左传》的有力证据,论者对此尚无较为系统的探索,这无疑妨碍了我们对蒲松龄小说艺术成就的进一步挖掘。明确《聊斋志异》对于《左传》等的词语继承关系,可以帮助我们正确诠释蒲松龄笔下事涉所谓"微言大义"的词语。如卷三《促织》一篇,小说中主人公成名本是一位未曾进学的读书人,因帝王向民间征求蟋蟀之举,几至于家败人亡,后因机缘以进献善斗之蟋蟀而富过世家。"异史氏曰"就此评论道:"故天子一跬步皆关民命,不可忽也。独是成氏子以蠹贫,以促织富,裘马扬扬。"①何谓"以蠹贫"?如果简单地理解为"因为害民之里胥而贫穷"或"因为读书而受穷",未免削弱了小说的批判锋芒,且与上一句"天子一跬步皆关民命"之论也无逻辑关系。如果明确"蠹"一字语本《左传·襄公二十二年》中"不可使也,而傲使人,国之蠹也"数语②,且作者运用了修辞学中的"飞白"一格,巧妙地用"蠹"字比喻祸国害民的人或事,这里即指皇宫"岁征"蟋蟀的弊政。如此诠释,则《促织》直斥帝王滥用民力的批判锋芒就显而易见了③。

在词语使用方面,《聊斋志异》创作对于《左传》的借鉴不在少数,笔者曾写

---

① 任笃行辑校《全校会注集评聊斋志异》,齐鲁书社 2000 年版,第 724 页。本文引用《聊斋志异》原文以及有关清人评语等全以此为底本,文中再引恕不一一出注,仅于引文后括注其页码。

② 杨伯峻编著《春秋左传注》,中华书局 1981 年版,第 1065 页。

③ 有关此问题的详细论述可参见拙作《〈聊斋〉丛脞录——说〈促织〉》,载《蒲松龄研究》2014 年第 2 期。

有《借鉴——〈聊斋志异〉用语研究》一文，收录于《古籍整理研究学刊》2014 年第 3 期，其中已经举出《左传》的相关例证八九处，本文一般不再涉及。以下仅分三个部分对《聊斋志异》借鉴《左传》词语问题加以探讨。

一、对《左传》词语的一般性借鉴

将《左传》中的有关词语化用于小说中，若别无深意，只是信手拈来或稍加变化，无非意图增加语言的情韵色彩，这可称之为“一般性借鉴”。

卷一《瞳人语》中读书人方栋因慕色“钉梢”而受“天谴”，若非洗心革面，决意自新，几致失明。“万恶淫为首，百善孝为先”，被旧时受儒家传统思想影响的读书人奉为金科玉律，蒲松龄此篇的“戒淫”宗旨显然，苦口婆心，亦是儒家理念的反映。其中对方栋郊郭路遇女郎有如下描写：“内一婢，乘小驷，容光绝美。”(第 15 页)清人何垠注云：“驷：马名。《左传·僖十五年》：晋侯乘小驷，郑所献也。”(第 18 页)按何注引文与原文有差异，考《左传·僖公十五年》：“卜右，庆郑吉，弗使。步扬御戎，家仆徒为右，乘小驷，郑入也。”[①]文中“小驷”是郑国人献给晋惠公的一匹马的名字。在晋国与秦国的交战中，晋国大夫庆郑曾进谏晋惠公：出兵作战一定要驾本国出产的马，以其能服水土并熟悉本国的道路。晋惠公不听劝阻，结果在与秦人作战中，小驷陷于泥淖而不得出，致使晋惠公被秦人俘获。蒲松龄将《左传》中的马名“小驷”用于小说中，并无任何深意，不过借用其名形容所骑之马身形小巧而已，然而由于有《左传》的这一词语因缘，在熟悉经典的旧时文人士大夫看来，无疑会令小说增加几分韵味，这或许也是蒲松龄在这里借用经书中马名的用心所在。

化用借鉴《左传》中词语为我所用，类似笔法在《聊斋志异》中绝非罕见。如卷一《董生》描写读书人家室以外的艳遇企盼，终为狐女所祟而走向死亡之路：“久之，面目益支离，乃惧，复造善脉者诊之。医曰：‘此妖脉也。前日之死征验矣，疾不可为也。’”(第 196 页)所谓“疾不可为”，即谓此病已难医治，无可救药。四字看似寻常无奇，实则语本《左传·昭公元年》：“晋侯求医于秦。秦伯使医和视之，曰：‘疾不可为也。是谓：近女室，疾如蛊。非鬼非食，惑以丧志。良臣将死，天命不佑。’”[②]小说中的董生因狐祟终于“呕血斗馀而死”，这与《左传》中晋平公因溺于女色而身亡的事例相同。“疾不可为”四字不难理解，《聊斋》注家多不出注，然而注明出处，正可见作者行文着意于典雅的追求。《董生》前

---

① 杨伯峻编著《春秋左传注》，中华书局 1981 年版，第 354 页。

② 杨伯峻编著《春秋左传注》，中华书局 1981 年版，第 1221 页。

文中还有“女笑曰：‘何所见而仙我？’董曰：‘我不畏首而畏尾。’女又笑曰：‘君误矣。尾于何有？’”（第195页）董生与狐女的对话中“我不畏首而畏尾”一句本属调侃之语，却也语有所本，并非凭空结撰。《左传·文公十七年》：“古人有言曰：‘畏首畏尾，身其余几？’”①“畏首畏尾”原意为疑虑重重貌，这里仅用其字面义，显示出蒲松龄修辞的狡黠之处。尤为难能可贵的是，狐女之答语“尾于何有”亦模仿自《左传》中的有关句式，《左传·襄公二十三年》：“群臣若急，君于何有？”②意即群臣如果急了，哪里还有国君。蒲松龄套用此句式，巧妙而又诙谐地道出狐尾已然不见，非对《左传》如数家珍般地熟悉不能臻此境界。清吕湛恩注出董生之语的出处，而未顾及狐女答言的经典依据，这在一定程度上有可能辜负了作者构思这篇小说对话情节的一片苦心。

卷一《陆判》一篇，讲述陆姓判官为书生朱尔旦及其妻换心、换头的故事，人神相交莫逆，几乎无所不谈：“积三十年，一夕，陆告曰：‘君寿不永矣。’问其期，对以五日。‘能相救否？’曰：‘惟天所命，人何能私？且自达人观之，生死一耳，何必生之为乐，死之为悲？’”（第209页）所谓“惟天所命”，意谓只有上天能主宰人生的命运，语本《左传·宣公三年》：“成王定鼎于郏鄏，卜世三十，卜年七百，天所命也。”③这体现了古人的天命观，正如宋罗大经《鹤林玉露》丙编卷六《风水》所云：“且人之生也，贫富贵贱，夭寿贤愚，禀性赋分，各自有定，谓之天命，不可改也。”④今人为《聊斋志异》作注，若不注出四字乃是《左传》的出典，读者就难以理会作者一以贯之的命定论思想渊源有自，绝非无本之木、无源之水。

再看卷一《聂小倩》一篇，作者描写尚为鬼魂的聂小倩侍奉宁采臣母亲的辛劳：“女朝旦朝母，捧匜沃盥，下堂操作，无不曲承母志。”（第243页）所谓“捧匜沃盥”，即两手端着注水之用具为他人浇水盥洗，语本《左传·僖公二十三年》：“秦伯纳女五人，怀嬴与焉。奉匜沃盥，既而挥之。”⑤“匜”为用以盛水的洗手洗面之具，形似瓢，柄中有道，可以向外注水，流行于先秦时代。古人洗盥，一人持匜，注流水于洗盥者之手，下有槃接水。这种盥洗习俗，明清时早已不流行，蒲松龄将四字用于小说中，仅是形容小倩在宁家的殷勤侍奉，并非写实手法的运用。可见读者若明确其出典，更有利于鉴赏蒲松龄文笔变化的夭矫多姿。

卷三《罗刹海市》中大罗刹国的视觉审美皆美丑颠倒，妍媸易位，惟于听觉审美和所谓“治安之道”与中华尚有“同嗜”之好。内有其国村人对马骥的一番

① 杨伯峻编著《春秋左传注》，中华书局1981年版，第626页。
② 杨伯峻编著《春秋左传注》，中华书局1981年版，第1077页。
③ 杨伯峻编著《春秋左传注》，中华书局1981年版，第671—672页。
④ （宋）罗大经《鹤林玉露》卷六，中华书局1983年版，第344页。
⑤ 杨伯峻编著《春秋左传注》，中华书局1981年版，第410页。

话语:“吾侪小人受大夫赐,明日赴海市,当求珍玩,用报大夫。”(第676页)所谓“吾侪小人”,意即我辈小人,四字语本《左传·宣公十一年》:“吾侪小人所谓‘取诸其怀而与之’也。”杨伯峻注云:“杜注:‘叔时谦言小人意浅,谓譬如取人物于其怀而还之,为愈于不还。’吾侪小人,当时习惯语,又见襄十七年及三十年《传》。昭元年《传》云‘吾侪偷食’,二十四年《传》云‘吾侪何知焉’,亦‘吾侪’连用。‘吾侪’犹今言‘我们这一班’,不仅表多数。”①可见明确《聊斋志异》用语之出典及有关诠释,对于准确体味小说中人物对话语言之情韵色彩,非常重要!今天的注家不应以其字面义浅就弃而不顾。

卷七《珊瑚》所描述的婆媳关系问题当属于清初社会生活的真实反映,寡母作婆,婆媳关系就更加难处,两者关系的强势与弱势的矛盾存在,或者双方势均力敌而纷扰不休,则是中外古今多数家庭皆可能遇到的问题。小说中的骄悍的二儿媳臧姑是作为贤惠的长儿媳珊瑚的对照而设置的,其后因连丧两子而萌忏悔之心:“未半年而母病卒,臧姑哭之恸,至勺饮不入口。向人曰:‘姑早死,使我不得事,是天不许我自赎也!’”(第2050页)所谓“勺饮不入口”,即一勺汤水都不饮。勺饮,言汤水量少,语本《左传·定公四年》:“申包胥如秦乞师……立,依于庭墙而哭,日夜不绝声,勺饮不入口七日。”②今天的注家只有明其出典,才能令读者体会到曾为悍妇的臧姑于婆母卒后痛改前非、洗心革面的真诚与难以自我救赎而追悔莫及的心情。

蒲松龄借鉴《左传》词语,有时并非机械地照搬原词,而是略加变通或移步换形,正所谓“运用之妙,存乎一心”。如卷一《珠儿》一篇,在阴阳两界的交互中,展现了一幅生动的社会民俗画卷。篇首写常州民李化老年得子后的苦恼云:“儿渐长,魁梧可爱,然性绝痴,五六岁尚不辨菽麦,言语蹇涩。”(第282页)所谓“不辨菽麦”,并不难理解,无非是分不清豆苗与麦苗而已。今天生长于城市的儿童不能辨别两者,绝不能以“痴”视之;然而古代物质条件简陋,人与自然的关系远较现代密切,能否分清菽麦就成为鉴别儿童智力的一项最低标准。《左传·成公十八年》:“周子有兄而无慧,不能辨菽麦。”晋杜预注:“菽,大豆也。豆麦殊形易别,故以为痴者之候。不慧,盖世所谓‘白痴’。”③蒲松龄虽然变《左传》中“不能辨菽麦”一语为“不辨菽麦”,但使事用典痕迹宛然,今人注释《聊斋》,自当以注出其出典为佳,否则难以窥见作者善于借鉴传统经典的修辞手法。

卷二《道士》是一篇描写道士幻术的小说,在光怪陆离的情节展示中,韩生、

---

① 杨伯峻编著《春秋左传注》,中华书局1981年版,第715页。

② 杨伯峻编著《春秋左传注》,中华书局1981年版,第1548页。

③ 《春秋左传注疏》,《十三经注疏》本,中华书局1980年版,第1923页。

徐某与道士构成一个三人的世界，相互言语无多，个性特征也不突出，但却将社会人际关系的微妙通过相互宴请之礼表现得淋漓尽致。世家出身的韩生对不速之客道士有言："何日栖鹤东观，竟不闻知，殊缺地主之礼。"（第436页）所谓"地主之礼"，即"地主之谊"或"地主之仪"，谓当地的主人对来客接待的礼节以及饮食馈赠等情谊。此四字语本《左传·哀公十二年》："子服景伯谓子贡曰：'夫诸侯之会，事既毕矣，侯伯致礼，地主归饩，以相辞也。'"晋杜预注："侯伯致礼以礼宾也。地主，所会主人也。饩，生物。"唐孔颖达疏："致礼礼宾，当谓有以礼之，或设饮食与之宴也。"[①]蒲松龄借鉴《左传》词语，注家有时需要溯源所本，并找到前人相关注疏，这对于体味小说作者遣词造句之用心的确不可或缺。

卷二《夜叉国》一篇对于世间为官者神气活现的三言两语的勾画，对于男权社会"母老虎"个别现象的调侃，皆显示出作者机智幽默的性格特征。篇末形容夜叉夫人助子征战有云："母尝从之南征，每临巨敌，辄擐甲执锐，为子接应，见者莫不辟易。"（第512页）所谓"擐甲执锐"，意谓穿上甲胄，手执锋利的兵器，属于冷兵器时代战士的装束。四字语本《左传·成公二年》："擐甲执兵，固即死也，病未及死，吾子勉之。"[②]蒲松龄变"执兵"为"执锐"，增加了其间的情感色彩，并非无意为之。

卷三《阿霞》一篇借因果报应之玄机，谴责喜新厌旧的凉薄社会风气。阿霞曾珍惜与景生的一段露水姻缘，她厌恶其书斋白天来往人杂，就对景生说："妾姑去，此处烦杂，困人甚。继今请以夜卜。"（第625页）所谓"夜卜"，即"卜夜"，意谓选择夜间相会。两字语本《左传·庄公二十二年》："饮桓公酒，乐。公曰：'以火继之。'辞曰：'臣卜其昼，未卜其夜，不敢。'"杨伯峻注："言卜者，服虔云：'臣将享君，必卜之，示戒慎也。'但此两卜字，恐系虚说。"[③]小说中之"卜"，可以解释为"选择"。蒲松龄变"卜其夜"为"夜卜"，颠倒语序，令动宾结构化为定中结构，可使对话更为顺畅，亦非无意。显然，如果明了"夜卜"出典，则《聊斋》用语之典雅追求就灼然可见了。

蒲松龄借鉴《左传》，或许出于偏爱，有些词语可一用再用。如卷六《霍女》是一篇寓意与言情兼而有之的小说作品，但后者明显弱于前者，霍女作为抽象美色的符号意义远大于其人物形象的鲜活性。小说中对话有云："君欲遄返，胡再不谋？遗夫人去，二三年，谁复能相待也？"（第1612页）再如卷七《长亭》以人狐之恋为中心，塑造了一位温柔善良、聪慧美丽又通情达理的狐女形象，并通过石太璞与狐女长亭的悲欢离合折射出人间社会家庭伦理的复杂关系。其中

---

① 《春秋左传注疏》，《十三经注疏》本，中华书局1980年版，第2170页。

② 杨伯峻编著《春秋左传注》，中华书局1981年版，第792页。

③ 杨伯峻编著《春秋左传注》，中华书局1981年版，第221页。

长亭之母狐媪有对石太璞略带愧疚的问语："曩夜之归，胡再不谋？"（第1942页）所举两例都用到了"胡再不谋"四字。所谓"胡再不谋"，意谓为何不再商量一下，语本《左传·襄公二十四年》："同乘，兄弟也。胡再不谋？"①再，两次。卷三《田七郎》的写作受到《史记》中《魏公子列传》以及《游侠列传》《刺客列传》相关描写的启发，会通融合，游刃有余。塑造田七郎与田母的形象，皆生动传神，"大义"凛然。田七郎为报答乡绅武承休知遇之恩，暗中杀死了武的仇人林儿，引来毫不知情的武承休的疑虑："转念：果尔，胡得不谋？"（第696页）所谓"胡得不谋"，意谓何以不先谋划。蒲松龄在这篇小说中改用《左传》中四字词语中的一字加以运用，以与情节相符合，显示了作者对于借鉴经典的执著而又灵活的态度。

二、对《左传》字词用法或有关句式的借鉴

一般性借鉴而外，《聊斋志异》对于《左传》特殊字词用法或有关句式也往往垂青，在小说中每多仿效，从而丰富了其作品的表现力。

卷一《青凤》一篇属于在相对封闭社会中男子以自我为中心的梦幻遐思。小说开首即言太原世家耿氏以自家宅第"生怪异"，于是："耿患之，移居别墅，留老翁门焉。"（第167页）所谓"门"，即谓守门，系以名词作动词。这一用法模仿《左传·哀公十五年》："子路入，及门，公孙敢门焉。"晋杜预注："守门。"②

类似上例"门"的词性变化用法，即名词活用为动词，蒲松龄有意模仿《左传》，在《聊斋志异》中并不难寻觅踪迹。卷五《江城》一篇为书写悍妇的极致。小说开篇："临江高生，名蕃，少慧，仪容秀美，十四岁入邑庠。富室争女之。"（第1278页）"女（nǜ）"，谓将女子嫁给人，《左传·庄公二十八年》早有此类用法："晋伐骊戎，骊戎男女以骊姬。"晋杜预注："骊戎在京兆新丰县，其君姬姓，其爵男也。纳女于人曰女。"③晋皇甫谧《高士传》卷下《梁鸿》："势家慕其高节，多欲女之，鸿并绝不娶。"④可见《左传》的这种名词活用法，后世嗣响自有人在。《聊斋志异》的清人注本姑不论，以笔者所见现代的两种全注本亦皆未注明此"女"为名词活用为动词之法，这对于深入鉴赏《聊斋》的语言艺术终觉有所欠缺。

有关量词的使用，《聊斋志异》时而也有意借鉴《左传》。卷二《单道士》中

---

① 杨伯峻编著《春秋左传注》，中华书局1981年版，第1092页。

② 《春秋左传注疏》，《十三经注疏》本，中华书局1980年版，第2175页。

③ 《春秋左传注疏》，《十三经注疏》本，中华书局1980年版，第1781页。

④ （晋）皇甫谧：《高士传》卷下《梁鸿》，中华书局，1985年，第93页。

主人公之“作剧”以及遁形，似乎随心所欲，出神入化，显然具有道听途说的虚幻特征。小说对单道士有如下描写：“袖中出旨酒一盛，又探得肴一簋，并陈几上。”（第493页）又卷二《宫梦弼》一篇对于社会中所谓“人情冷暖，世态炎凉”颇多感慨，其中有如下一段描写：“妇入，以酒一盛、馔二簋，出置黄前。”（第573页）上述所举两例皆以“盛（chéng）”为称述酒多少的量词，“一盛”，即一器所盛之量，其用法亦借鉴于《左传》。《左传·哀公十三年》：“吴申叔仪乞粮于公孙有山氏，曰：‘佩玉橤兮，余无所系之；旨酒一盛兮，余与褐之父睨之。’”晋杜预注：“一盛，一器也。”唐孔颖达疏：“酒盛于器，故谓一器为一盛。”①至于“一盛”之容量为多少，并非小说情节要求所必须，因而可以径从经典借鉴。

实词而外，《聊斋志异》中的某些虚词用法也常借鉴于《左传》。卷三《姊妹易嫁》一篇以批评世俗社会婚嫁嫌贫爱富为主调，并增添了有关风水堪舆、神人赐梦以及福禄天定等内容。张家长女因眼光短浅而错失良缘，又迭遭不幸，最终削发为尼：“师默然自叹，念平生所为，辄自颠倒，美恶避就，繄岂由人耶？”（第768页）“繄（yī）”在这里为语气助词，其用法早见于先秦，《左传·隐公元年》：“尔有母遗，繄我独无。”晋杜预注：“繄，语助。”②从中可见蒲松龄对《左传》中虚词的有关用法，也多有关注。

类似模仿《左传》的文字，在一些无关紧要的词语运用上也有反映。如卷六《大鼠》以万历间宫中豢养宠物猫成风为背景展开情节，中有“众咸谓猫怯，以为是无能为者”（第1764页）的描写，“无能为”，意谓不能做什么。看似寻常的三字，却语有所本，《左传·隐公四年》：“卫国褊小，老夫耄矣，无能为也。”③卷六《姚安》讲述了一个现代医学临床上属于严重的妄想型精神分裂症的故事，其“异史氏曰”有云：“呜呼！截指而适其履，不亡何待！”（第1651页）所谓“不亡何待”，意谓不自取灭亡还等什么，语本《左传·成公十五年》：“善人，天地之纪也，而骤绝之，不亡何待？”④

字词用法而外，《聊斋志异》对于《左传》有关句式的借鉴与模仿，也有耐人寻味的魅力。卷二《红玉》一篇，冯相如因娶妻貌美而几遭灭门之祸，“虬髯阔颔”丈夫的出现与代人复仇，只能是无告者计无复之下的幻想产物，就如同历代百姓对包拯式的“青天大老爷”无限企盼的心理一样。此丈夫临行前曾对冯生说：“不济，不任受怨；济，亦不任受德。”（第408页）两句意即：不成功，不能忍受埋怨；成功了，也不接受你的感激。济，成功。不任，谓不能忍受或不能胜任。

① 《春秋左传注疏》，《十三经注疏》本，中华书局1980年版，第2172页。
② 《春秋左传注疏》，《十三经注疏》本，中华书局1980年版，第1716页。
③ 杨伯峻编著《春秋左传注》，中华书局1981年版，第37—38页。
④ 杨伯峻编著《春秋左传注》，中华书局1981年版，第876页。

此两句语本《左传·成公三年》:“王曰:‘子归,何以报我?’对曰:‘臣不任受怨,君亦不任受德,无怨无德,不知所报。”①

卷三《青梅》是作者精心撰写的一篇小说,无论情节的跌宕起伏,还是语言的生动传神,皆有炉火纯青之妙。其中有阿喜的一段自叹:“不苟合,礼也;必告父母,孝也;不轻然诺,信也。有此三德,天必祐之,其无患贫也已。”(第661页)所谓“不苟合”三句,其句式完全仿效《左传·昭公二十年》:“奔死免父,孝也;度功而行,仁也;择任而往,知也;知死不辟,勇也。父不可弃,名不可废,尔其勉之,相从为愈。”②蒲松龄着意化用仿照《左传》有关句式,今天的注家若不注明《左传》的出典,则小说行文典雅之趣丧失殆尽。

《左传》中有宾语提前的一些特殊句式,也往往为蒲松龄所借鉴仿效。卷五《邵女》在“异史氏曰”的评论中提出“以命自安,以分自守”的妾媵之道,属于当时一夫多妻社会习俗制约下的产物,这里不做辨析。小说中柴妻金氏奇悍,为表明自家不妒,曾对其夫有如下一番话:“前日误杀婢子,今甚悔之。何便仇忌,遂无结发情耶?后请纳金钗十二,妾不汝瑕疵也。”(第1317页)所谓“不汝瑕疵”,即“不瑕疵汝”,属于古代汉语中宾语提前的用法,意谓不以纳妾事指责你。此四字之句式明显借鉴《左传·僖公七年》:“唯我知女(汝),女专利而不厌,予取予求,不女疵瑕也。”瑕疵,同“疵瑕”,玉的斑痕,亦比喻人的过失或事物的缺点。杨伯峻注“不女疵瑕”云:“我不罪过汝。疵瑕,动词意动用法。”③蒲松龄特意将这一用法穿插于小说人物对话中,古韵悠然,今天注家自当注出,否则难以凸显作者有意仿古的文字特征。

三、《左传》与《聊斋志异》的释义校勘

明确《聊斋志异》对于《左传》词语或文字、句式用法的借鉴关系,有助于读者对蒲松龄小说语言的准确把握,否则对其有关词语的释义就有可能郢书燕说甚至南辕北辙。

卷一《珠儿》中借尸还魂的珠儿有言:“今在冥间,为姜员外作义嗣,亦甚优游。”(第284页)何谓“义嗣”?即理所当然的继承者。今天注家多注“义嗣”为“义子”,未免缩小了其内涵。按《左传·襄公十四年》:“君,义嗣也。”晋杜预

---

① 杨伯峻编著《春秋左传注》,中华书局1981年版,第813页。
② 杨伯峻编著《春秋左传注》,中华书局1981年版,第1408页。
③ 杨伯峻编著《春秋左传注》,中华书局1981年版,第316页。

注:“诸樊,嫡子,故曰义嗣。”①“义子”则仅指无血缘关系而收认为子者,并非家庭中唯一的理所当然继承者。

卷二《莲香》:“设旦旦而伐之,人有甚于狐者矣。天下痨尸瘵鬼,宁皆狐蛊死耶?”(第325页)所谓“蛊死”,意谓受诱惑、迷乱而死,当与淫色相关,而与所谓“蛊毒”(谓用毒药杀人)无涉。《左传·庄公二十八年》:“楚令尹子元欲蛊文夫人,为馆于其宫侧而振万焉。”晋杜预注:“蛊,惑以淫事。”唐孔颖达疏:“女惑男谓之蛊。”②今人为《聊斋》“蛊死”作注,或谓:“迷信说法,把蛊毒(一种特制的虫毒)放在饮食里,吃了的人就会昏狂迷惑。蛊死,就是受毒害而死的意思。”③如此为释,显然不符合小说原意。

卷二《红玉》:“诚恐宋人餂我。今实布腹心:仆之卧薪尝胆者,固有日矣。”(第407页)所谓“腹心”,犹言至诚之心。《左传·宣公十二年》:“君之惠也,孤之愿也,非所敢望也。敢布腹心,君实图之。”杨伯峻注云:“《尚书·盘庚下》云:‘今予其敷腹心,历告尔百姓于朕志。’此之‘布腹心’即《盘庚》之‘敷腹心’,可见此种惯语由来已久。”④今人诸多注本多不加注,白话译本或译作“现在照实说出心里话”,或译为“现在可以向你坦露心腹”,或译成“现在我向你吐露真心”⑤,三例译文皆不够确切,原因就在于没有搞明白“布腹心”的《左传》出典及其正确释义。

卷三《辛十四娘》:“广平冯生,正德间人,少轻脱,纵酒。”(第801页)所谓“轻脱”,即轻佻。两字组合语本《左传·僖公三十三年》:“秦师轻而无礼,必败。轻则寡谋,无礼则脱。”晋杜预注:“脱,易也。”⑥“易”在这里为轻率之意。现代两部全注本于“轻脱”皆不加注。张注本注曰“不庄重”(第160页),差强人意;李伯齐等《聊斋志异选》注“轻脱”为“轻佻放达”⑦,加添“放达”两字,有画蛇添足之嫌。后一例因不明其出典,故注释不甚确切。

卷三《捉鬼射狐》:“急取弓矢,对关欲射。”(第828页)这里所谓“关(wān弯)”,意即引满弓。《左传·昭公二十一年》:“将注,豹则关矣。”杨伯峻注云:

---

① 《春秋左传注疏》,《十三经注疏》本,中华书局1980年版,第1956页。

② 《春秋左传注疏》,《十三经注疏》本,中华书局1980年版,第1781页。

③ 张友鹤选注《聊斋志异选》,人民文学出版社,1956年,第86页。以下引用简称张注本,后括注页码。

④ 杨伯峻编著《春秋左传注》,中华书局1981年版,第720页。

⑤ 马振方主编《聊斋志异评赏大成》,漓江出版社1992年版,第440页;孙通海等译《聊斋志异》,中华书局2010年版,第339页;丁如明等译《聊斋志异全译》,上海古籍出版社2012年版,第120页。以下引用分别简称漓江本、中华本、上古本,并于引文后括注页码。

⑥ 《春秋左传注疏》,《十三经注疏》本,中华书局1980年版,第1833页。

⑦ 李伯齐、徐文军选注《聊斋志异选》,人民文学出版社2006年版,第169页。以下引用简称李注本,后括注页码。

"注是置矢于弓上,关是已注引满弓。"[①]《聊斋志异》两部全注本注"关"皆谓"指阁门"[②],漓江本译:"对着那楼上。"(第850页)中华本径改正文为:"对阁欲射。"(第682页)未知所据;上古本译:"对着阁门。"(第242页)均大误,盖皆不明其出典所致。其实卷一《妖术》一篇中文字已有"关"的相同用例:"公以剑拨矢,矢堕。欲击之,则又关矣。"(第102页)朱注本于"关"未出注;盛注本正文作"则又弯矣"(第98页);漓江本、中华本正文亦作"则又弯矣"(第109页、第84页);上古本译为"巨鬼又已弯弓射来"(第30页),因未录原文,难以判断所据如何。《聊斋志异》的《异史》本、青柯亭本、铸雪斋本等,于此处皆作"则又弯矣"。"弯"与"关"在"引满弓"的意义上,音与义全同,此亦可反证《捉鬼射狐》中的"对关欲射"之"关"绝不能诠释为"阁门"。

卷三《公孙九娘》:"幸念一夕恩义,收儿骨归葬墓侧,使百年得所依栖,死且不朽。"(第712页)所谓"死且不朽",这里犹言至死不忘。《左传·成公三年》:"以君之灵,累臣得归骨于晋,寡君之以为戮,死且不朽。"唐孔颖达疏:"怀荷君恩,身虽死而朽腐,此恩不朽腐也。死尚不朽,以示其至死不忘也。"[③]"死且不朽",两部全注本朱注本、盛注本皆未注,笔者所见各选注本亦未加注,似乎就是现代人通常所理解的"永垂不朽"的意思。再看全译本如何翻译"使百年得所依栖,死且不朽"一句。漓江本译为:"使我长久有安身之处,死了也不朽灭。"(第749页)中华本译作:"使我有个百世的归宿,此恩我将永世不忘。"(第611页)上古本译成:"好永世有个依靠归宿,死了也能不朽。"(第213页)三种译文只有中华本理解正确。看来注释或翻译《聊斋志异》,重视作者对于《左传》有关词语的借鉴并找到其正确释义,非常必要!否则极易产生讹误。

卷三《姊妹易嫁》:"秀才以阴欲易妻,故被冥司黜落,岂妖梦不足以践。"(第767页)所谓"妖梦",谓反常之梦;"践",谓应验。《左传·僖公十五年》:"寡人之从君而西也,亦晋之妖梦是践,岂敢以至。"晋杜预注:"狐突不寐而与神言,故谓之妖梦。"[④]朱注本注"妖梦"为"怪异的梦兆"(第524页);盛注本注"妖梦"为"奇梦的征兆"(第283页)。两全注本皆未注明《左传》出典,故解释有偏差。李注本注明《左传》出典,却释"践"为"履行"(第156页),串讲全句为"难道怪异之梦就不值得履行",似有颠倒现实与梦的主、客观之嫌,终觉美中不足。这也是未能准确理解"妖梦是践"出典的缘故。

---

① 杨伯峻编著《春秋左传注》,中华书局1981年版,第1429页。

② 朱其铠主编《全本新注聊斋志异》,人民文学出版社1989年版,第557页;盛伟校注《聊斋志异校注》,山西人民出版社2000年版,第1010页。以下引用分别简称朱注本、盛注本,后括注页码。

③ 《春秋左传注疏》,《十三经注疏》本,中华书局1980年版,第1900页。

④ 《春秋左传注疏》,《十三经注疏》本,中华书局1980年版,第1806页。

卷五《钟生》:“舅乃非人!此弥天之祸,不可为谋。”(第1537页)所谓“不可为谋”,意谓难以有解决的办法。四字语本《左传·昭公十三年》:“众怒如水火焉,不可为谋。”①“不可为谋”,朱注本与盛注本皆未出注,更不明出典,甚不便读者阅读理解。

《聊斋志异》中的一些词语,若不搞清楚其《左传》出典,就极易令注家望文生义,解释错误。

卷四《武孝廉》:“一日,石失印绶,合署沸腾,屑屑还往,无所为计。”(第970页)所谓“屑屑”,形容劳瘁匆迫貌。《左传·昭公五年》:“礼之本末将于此乎在,而屑屑焉习仪以亟。”②居官印绶一失,何以合署人员来回匆迫奔忙?《大清律例》卷七《吏律·公式·弃毁制书印信》:“若遗失制书、圣旨、印信者,杖九十、徒二年半。”③朱注本注云:“屑屑:《广雅·释训》:‘屑屑,不安也。’”(第643页)此种诠释似不准确,若以“不安”为释,则仅为武孝廉一人之事,合署人即武孝廉的下属人员实不必有此心理,而来回奔忙的行动则为官署属下之常情。盛注本注云:“屑屑:劳瘁匆迫不安的样子。《汉书·王莽传上》:‘晨夜屑屑,寒暑勤勤,无时休息。’”(第921页)此一诠释未引《左传》较早的书证,而且凭空增加“不安”的解读,似有蛇足之嫌。

卷四《窦氏》:“南捉臂狎之,女惭急,峻拒曰:‘奴虽贫,要嫁,何贵倨凌人也!’”(第1071页)所谓“要(yāo)嫁”,意谓以明誓的方式就嫁娶作出庄严的承诺。要,约言。《左传·哀公十四年》:“使季路要我,吾无盟。”晋杜预注:“子路信诚,故欲得与相要誓而不须盟。”④朱注本注云:“要(yāo)嫁:要约而嫁,指按照婚礼聘订。”(第708页)此注明确了“要约”之义,但未举出其典出《左传》的书证,不无缺憾。盛注本注云:“要(yāo)嫁:谓要按照婚约聘订而嫁。”(第996页)此注为后出,未举出书证外,也没有“约言”或“明誓”的释义,显然与小说的情境设计不相符合。

卷六《崔猛》一篇中道士之语云:“我固知君不信。但我所言,不类巫觋,行之亦盛德;即其不效,亦不至有所妨。”(第1658页)所谓“盛德”,当谓盛美之事。《左传·僖公七年》:“夫诸侯之会,其德、刑、礼、义,无国不记,记奸之位,君盟替矣。作而不记,非盛德也。”⑤朱注本注“盛德”为“积德”(第1131页),盛注本未出注。再看全译本,“行之亦盛德”,漓江本译为“如果照着做,也是一件发

① 杨伯峻编著《春秋左传注》,中华书局1981年版,第1348页。
② 杨伯峻编著《春秋左传注》,中华书局1981年版,第1266页。
③ 田涛、郑秦点校《大清律例》卷七,法律出版社1999年版,第158页。
④ 《春秋左传注疏》,《十三经注疏》本,中华书局1980年版,第2173页。
⑤ 杨伯峻编著《春秋左传注》,中华书局1981年版,第318页。

扬美德的好事”（第1793页）；中华本译成“你按我说的话去做，也是积德行善”（第1359页）；上古本译作“做到了也是一种美德”（第508页）。其实“盛德”与当事人的道德或品德毫无关系，只是谓行事的客观效果良好而已。

卷六《诗谳》：“遂遣役至日照，坐拘李秀。”（第1669页）所谓“坐拘”，当谓因须对质而加拘捕。坐，谓对质。《左传·昭公二十三年》：“叔孙婼如晋，晋人执之。书曰‘晋人执我行人叔孙婼’，言使人也。晋人使与邾大夫坐。”杨伯峻注云：“杜注：‘坐讼曲直。’孔疏云：‘《周礼·小司寇》云：“命夫命妇不躬坐狱讼。”凡断狱者，皆令竞者坐而受其辞。’古代诉讼双方互相辩论曰坐。”[①]“坐拘”，朱注本注云：“犹言立即拘捕。坐，坐等，坐致。”（第1136页）盛注本注云：“马上拘捕。坐，坐等。”（第656页）再看三种全译本，“坐拘李秀”，漓江本译为“立刻拘捕李秀”（第1803页），中华本译成“去拘捕李秀”（第1369页），上古本译作“指名拘捕李秀”（第512页）。“坐”何谓？上举三例似皆未能准确译出。

卷七《长亭》：“女起，经理家政，柩前牲盛洁备，石乃大慰。”（第1944页）所谓“牲盛”，即“杀牲盛馔”，意谓以杀死诸多家畜为祭品。《左传·昭公十七年》：“昭子曰：‘日有食之，天子不举。’”唐孔颖达疏：“杀牲盛馔曰举，故‘天子不举’，谓去盛馔也。”[②]清乐钧《耳食录》卷一二《王侍御》：“侍御所居村，向有所谓三圣公王者，素能祸人。众为小石龛栖其主，岁时奉牲盛惟谨。”[③]可以为“牲盛”成词之证。朱注本注云：“牲盛，牲祭、供设。牲，指三牲（牛、羊、猪）祭品。盛，盛器，碗、盘之类。”（第1333页）盛注本注云：“牲盛，祭品。《周礼·天官·庖人》：‘掌共六畜、六兽、六禽。’注：‘始养之曰畜，将用之曰牲。’牲，指三牲（牛、羊、猪）祭品。盛，器皿。”（第300页）张注本注：“牲盛（chéng）：碗里的肉食祭品。”（第303页）三注皆以“盛”为碗一类的器皿，似不确切，“牲盛”之“盛”这里仍应读“丰盛”之“盛”，当属于形容词。

卷八《寄生》：“使君为人病，而不为妾病，则亦不必强求容矣。”（第2365页）所谓“求容”，意谓取悦于人。《左传·定公九年》：“夫阳虎有宠于季氏，而将杀季孙，以不利鲁国，而求容焉。”杨伯峻注云：“求容谓博取喜悦。《说苑·权谋篇》云：‘异日吾好音，此子遗吾琴；吾好佩，又遗吾玉，是不非吾过者也，自容于我者也，吾恐其以我求容也。’即此义。”[④]朱注本、盛注本皆未出注。再看三种全译本。“则亦不必强求容矣”，漓江本译成“也就不必强求你了”（第2609页）；中华本译为“我也就不会强求你一定要娶我了”（第2001页）上古本译作

---

① 杨伯峻编著《春秋左传注》，中华书局1981年版，第1442页。

② 《春秋左传注疏》，《十三经注疏》本，中华书局1980年版，第2082页。

③ （清）乐钧《耳食录》卷一二《王侍御》，时代文艺出版社1987年版，第156页。

④ 杨伯峻编著《春秋左传注》，中华书局1981年版，第1573页。

"那我也就不必强求你接纳了"(第745页)。诠释《聊斋志异》词语,不对其用典使事详加考证,就有可能曲解原文;对于读者而言,"以其昏昏使人昭昭",也是不负责任的做法。

有关地名的使用,《聊斋志异》也有与《左传》发生某种关联的可能,不明个中奥妙,注释就往往会生讹误或偏差。卷四《西湖主》:"有男子步驰,似是驭卒,因就问之。答曰:'此西湖主猎首山也。'"(第975页)所谓"首山",这里当非实指,系小说虚构的地名,但仍可从经典中找到相关根据,而非蒲松龄凭空结撰。《左传·宣公二年》:"初,宣子田于首山,舍于翳桑。"杨伯峻注云:"首山即首阳山,亦即雷首山,在今山西永济县东南。中条山即西起雷首迤逦而东者。"①又《山海经》卷五《中山经》:"东三百里,曰首山,其阴多榖、柞。"②从蒲松龄对于《左传》的偏好与熟稔来看,所谓"西湖主猎首山",显然脱胎于《左传》中"宣子田于首山"一语。西湖主本非凡人,坐实其打猎的处所,反而不符合女主人公不食人间烟火的身份;而巧妙地借用经典出现中的地名,减省小说不必要的头绪外,也可令文字典雅有趣。朱注本注云:"首山:山名。就文中所说的方位看,应在洞庭湖北岸,湖北省蒲圻县西三十里有山,'志曰蒲圻之首山',或当指此。见《读史方舆纪要》卷七十六。"(第648页)盛注本注云:"首山:据《地名大辞典》载,河北、河南、辽东皆有首山。但据故事所言之方位,当在洞庭湖北岸。《读史方舆纪要》卷七十六载:湖北省蒲圻县西三十里有山,'志曰蒲圻之首山'。"(第926页)两注对于《读史方舆纪要》所云"首山"一词理解似有所偏差,考《蒲圻县志》,并无首山之山名。

卷八《周生》一篇,记述淄川县县令时惟豫的幕友周生为县令夫人徐氏代写参礼碧霞元君的祝文,文用骈体,涉及时县令的同性恋癖好,而此癖恰为徐夫人所深恶痛绝,祝文故有为之抱不平之意。小说列举祝文四句,以状写周生对碧霞元君神灵轻薄为文的不恭:"栽洛阳满县之花,偏怜断袖;置夹谷弥山之草,惟爱余桃。"(第2371页)所谓"夹谷",乃古地名,属春秋齐地,故址当在今山东省莱芜市夹谷峪。春秋齐、鲁两国有夹谷之会,孔子曾于会中折冲樽俎,维护了鲁国的利益。事见《左传·定公十年》:"夏,公会齐侯于祝其,实夹谷。"③又乾隆八年(1743)《淄川县志》卷一《古迹》:"夹谷台,县西南四十里甲山,旧名祝其山。《左传·定公十年》:'夏,公会齐侯于祝其,实夹谷。孔丘相。'注云:'夹谷即祝其。'按祝其县,汉隶东海郡,去齐、鲁国都甚远。又《舆图备考》云:'莱芜县为古夹谷。'考之《水经注》,止有莱芜谷而无夹谷。"康熙二十二年(1683),蒲

① 杨伯峻编著《春秋左传注》,中华书局1981年版,第660页。

② 袁珂校注《山海经校注》,上海古籍出版社1980年版,第132页。

③ 杨伯峻编著《春秋左传注》,中华书局1981年版,第1577页。

松龄曾写有《夹谷行》杂言诗一首，首二句“夹谷之台，其高不可端”①，显然所言者乃淄川县西南之夹谷台。然而无论小说中之“夹谷”谓莱芜者还是指淄川者，全与《左传》中的夹谷之会相关，似无疑义。《周生》中的献神祝文以地名“夹谷”与上句“洛阳”为对，实又双关女阴。清兰皋主人《绮楼重梦》第二十八回《逗春情淡如入学，膺赦诏蓉儿还乡》：“腰款款以摆摇，腹便便其摩荡。环夹谷以合围，透垓心而搔痒。直探幽壑之源，深入不毛之壤。”②可证“夹谷”的比喻义。至于“洛阳满县之花”，除借用晋潘岳“河阳一县花”的县令掌故外，又是暗喻男宠之语。隋秦玉鸾《忆情人诗》：“兰幕虫声切，椒庭月影斜。可怜秦馆女，不及洛阳花。”又隋张碧兰《寄阮郎诗》：“郎如洛阳花，妾似武昌柳。两地惜春风，何时一携手。”③小说中周生“以亵词致干神怒”，终于死于署中，蒲松龄认为是轻薄为文的果报。朱注本于“夹谷”未出注，令小说韵味丧失不少。盛注本于“夹谷”出注，并以《左传·定公十年》为书证，诚所谓“后出转精”。值得一提的是，朱、盛两注本或从铸雪斋本，或从《异史》本，皆校青柯亭本的“洛阳满县之花”为“般阳满县之花”。“般阳”，元代设般阳路，治所即在淄川县，以般阳借代淄川过于明显且无意味，实不如“洛阳”义胜。可见弄清《聊斋志异》中的用典问题，对于校勘文字不可或缺。

有关《聊斋志异》文字校勘与《左传》相关的问题，今人的确不可忽视。如卷三《公孙九娘》：“但言老耄，无他骨肉，不欲九娘远嫁，期今夜舅往赘诸其家。伊家无男子，便可同郎拜也。”（第 711 页）所谓“拜”，这里当作顺服、敬奉义。《左传·昭公十五年》：“晋居深山，戎狄之与邻，而远于王室，王灵不及，拜戎不暇，其何以献器。”杨伯峻注云：“焦循《左传补疏》云：‘拜，服也。拜戎不暇谓服戎不暇也。’”④又《礼记·郊特牲》：“拜，服也；稽首，服之甚也。”唐孔颖达疏：“拜者，是服顺于亲也。”⑤朱注本据铸雪斋本，盛注本据《异史》本，皆校改手稿本之“拜”为“往”，如此，“便可同郎往也”则与上文“伊家无男子”义无连属了。

《聊斋志异》中有些看似平常的用语，其取境竟也与《左传》有联系，注家若能注出，可见作者信非苟作的奥妙之处。卷七《云萝公主》：“又生一子。女举之曰：‘豺狼也！’立命弃之。”（第 1855 页）所谓“豺狼”，即豺与狼，皆凶兽，常用来比喻凶残的恶人。云萝公主何以将亲生子比作豺狼，事当有本。《左传·宣公四年》：“初，楚司马子良生子越椒，子文曰：‘必杀之。是子也，熊虎之状而豺狼

① 赵蔚芝笺注《聊斋诗集笺注》，山东大学出版社 1996 年版，第 227 页。

② （清）兰皋主人：《绮楼重梦》，北京大学出版社 1990 年版，第 179 页。

③ 逯钦立辑校《先秦汉魏晋南北朝诗》，中华书局 1983 年版，第 2738 页。

④ 杨伯峻编著《春秋左传注》，中华书局 1981 年版，第 1371 页。

⑤ 《礼记正义》，《十三经注疏》本，中华书局 1980 年版，第 1457、1458 页。

之声,弗杀,必灭若敖氏矣。谚曰:“狼子野心。”是乃狼也,其可畜乎?’”①朱注本、盛注本这两种全注本皆未注出出典,不便于读者深入体味蒲松龄小说文字运用的精当与隽永。

蒲松龄对于《左传》词语的诸多借鉴,显示了作者对于古代经典作品五体投地的崇拜心理与惟妙惟肖的模仿艺术。在中国文学史上,《聊斋志异》文言小说高峰地位的确立与不可动摇,绝非偶然!

〔作者简介:赵伯陶(1948—),男,北京市人,中国艺术研究院编审,100029〕

① 杨伯峻编著《春秋左传注》,中华书局1981年版,第679页。

林纾与双忽雷主人刘世珩及姜筠交往考略

苏建新

章用秀《名家信札趣谈》中收录了安徽书画家姜筠(1847—1919)写给“小忽雷阁主人”的真迹。但读完这篇文章,却找不到著者对“主人”是谁的文字介绍。

其实,《安徽省志·人物志》“刘世珩”名下谈到他“自号枕雷处道士”,“将有关《大忽雷》《小忽雷》二剧的史料、诗文纂辑成《双忽雷本事》”,“小忽雷阁主人”正是刘世珩诸多名号中曾经使用的一个。

刘世珩(1875—1926),字聚卿,又葱石,号继庵,贵池人,清代外交家刘瑞芬第五子。喜欢收购金石、古器物,其中以南唐乐器大、小忽雷最为著名。借助大、小忽雷,刘世珩与当时不少文人结下了翰墨之谊,其中包括以翻译小说享誉中国的福州人林纾(1852—1924)。

一 刘世珩邀林纾绘图

翻检林纾有关的文献,发现二人的交往肇端于林琴南遵嘱做《枕(忽)雷图》。关于大、小“忽雷”乐器,有一段很曲折的故事。

“康熙年间,孔尚任在北京厂甸游逛,无意中发现一只造型古雅的琵琶,爱不释手,毅然典当衣服换钱将其买下。这件古乐器便是唐代著名的‘小忽雷’。后来,他和顾彩以此为线索写成了《小忽雷传奇》这部传世名作。”①

20世纪80年代去曲阜时,笔者有幸获赠了戴胜蓝老师亲自校注的这部传奇。书中有她执教的曲阜师大图书馆藏清抄本《小忽雷传奇》书影,还有故宫博物院藏的唐制小忽雷、大忽雷的照片。那么,故宫所藏是否为刘世珩把玩过的旧物呢?1953年8月6日,查阜西《张廉访赝作古乐器之自白》云:“郑振铎君前日为言,刘氏大小忽雷及‘九霄环佩’与‘鸣玉’二琴已价归国有。叶遐庵得余转告而大喜称庆。”②可见刘氏大小忽雷的最后下落。

从孔门嫡系后人的传奇中,我们可以知道,韩晋公滉奉使入蜀,令人伐柯,

① 章用秀《名家信札趣谈》,江西美术出版社2006年版,第39页。

② 严晓星《杨时百致刘世珩书札考释》,东方早报2013年11月24日。

制作二琴,大者曰大忽雷,为禁中所有。小忽雷流入亲(崇)仁坊,宦官梁守谦之侄厚本先以银购之,五坊使仇士良以为官家故物,强行夺走。梁厚本未婚妻郑盈盈也被献入宫中。在润娘的指点下,郑盈盈技艺大进,以善弹小忽雷眷宠优渥,赐号女中丞。仇士良逼女进御,被郑女以小忽雷击破其头。甘露之变起,仇士良屠戮百官,缢杀郑女,投尸御河,恰为梁厚本所救活。二人后由朝廷赐婚。小忽雷送去修理,也为梁生复得,成了他与盈盈再结姻缘的信物。

1909 年,时任江楚编译官局总纂缪荃孙寄来《小忽雷传奇》抄本,刘世珩便对大小忽雷情有独钟,梦中都痴迷地怀抱着这稀世奇珍。

到了 1910 年春,刘世珩听到原籍江苏太仓的陆应庵说,华阳(陕西商县)有个卓文端住在京都,家藏小忽雷和两本乐谱。

志在必得的刘参议,不惜一切地将遗珍纳入囊中,并在庚辰九月九日"集饮于小忽雷阁",让世人一起品赏这件宝物。

刘世珩托袁珏生太史,请林纾为作枕雷图,林纾得观"所谓小忽雷者,长仅逾尺,骈二轴于左,双弦拨之,铿然发奇声。木质作深紫色,轴上镌曲阜孔君诗"。

而清代画家桂馥(1736—1805)曾经亲眼目睹过这把宝琴,并为之专门撰写了《小忽雷记》一文,文中描述了小忽雷的形状,说琴之首为龙头状,胸部为凤凰形,腹部以鳄鱼皮蒙成;琴柱上有双弦,从龙口中吐出,由颔下一龙珠将两弦分开。其上有篆书"臣滉手制恭献建中辛酉春正书"的嵌银字项。①

雅集上林纾询问大忽雷的所在。刘世珩则云"属之瑞山张君。张君,今年七十有五矣。精于胡乐,能为秦王破阵诸曲。顾以病,莫至"。

过了两月(庚戌之十一月),林纾"再面参议于忽雷阁,则大忽雷亦归参议家"。刘世珩参议笑着请求林纾再做一图,说:

"前图无大忽雷,今二雷骈隶吾锦囊中。畏庐当于水边林下,补一须眉苍皓之老翁,远来归雷,足成吾家韵事,可邪?"

林纾信然允诺,长至日"更制一图",并作《〈枕雷图〉记》,"纪其颠末如左"。

宣统三年辛亥人日,参议又大集名公,志盛。姜筠遵属写便面,成,奉题两截句(诗)。

从《名家信札趣谈》中的姜筠真迹看,二札并非成于一时。庚辰九月九日的小忽雷阁"集饮"姜筠自己言及"招饮",自然参与了。被当作"诗作"的信札款署"宣统三年",显然是后一次的雅集,即林纾《〈枕雷图〉记》中说到的"且约明

---

① 肖伊绯《孤云独去闲:民国闲人那些事》,浙江大学出版社 2012 年版。

年人日，将大集诗流，赋诗纪之”。（林纾是否参会，因有关文献暂缺而未详。）

姜筠为大集作二诗：

“礼乐文章一例催，人间何事不心灰。谁能暂洗风琴耳，来听唐家两忽雷。”

“五松七竹九菖蒲，绝妙知音诗酒徒。莫共俗流说雅玩，纵教掩口一胡卢。”

二　林纾与姜筠的龃龉

林纾与姜筠二人当时均享誉京师画坛。黄濬《花随人圣庵摭忆》回忆道：“旧京画史，予所记者，庚子后以姜颖生林畏庐两先生为巨擘。大雄山民纯学耕烟，苍劲密蔚。补柳翁则师田叔，间学大小米。论工力，姜自在林上，林则译书、作古文，能事多劳，画以人重。予于民国初年始识颖生翁，不久遂闻其下世。畏庐先生则住居连巷，数来谈宴，极口诋姜画粗犷。文人相轻，画家尤甚，无足怪也。”①

这二人“文人相轻”，互不买账，从林纾的《春觉斋论画》中可窥见个中端倪：“石谷老年，真所谓从心不逾矩矣。然论者颇病其刻露。余谓石谷之刻露，正步步示人以真诠，授人以用笔之法，不须搔首弄姿，求媚于人。犹之大家美人，不为时世之妆，而被服人咸莫及。唯不善学石谷如近人某某者（所指应该是姜筠），粗枝大叶，自鸣真率。余见之辄笑，称为石谷之埏埴。② 而某某尚狂鸣（嗥）骂人，诋麓台如刍狗。夫麓台固有霸悍之气，前人论之颇详，然宁如夫己氏之颟顸，墨守石谷之似，不自知已走人魔道矣。”

陈声聪曾有题画诗云：“石谷沉吟步自封，何（诗孙）姜（颖生）汪（鸥客）贺（履之）递相逢。墨松笔缓林家绿，别出清晖山外峰。”③

作画上自写“林家绿”的琴南，虽然与姜筠（颖生）同宗清代画圣王石谷，因取径不同（林纾不满姜画太似王石谷），反成水火。

尽管如此，二人也像与刘参议的交往一样，还有“合作”的关系存在。如姜筠壬子（1912）为庄蕴宽所作《濠梁观鱼图》，林纾跋于其上曰“此图本君家漆园之言述鱼乐也……”1913 年 4 月 9 日（农历三月初三），梁启超在北京万牲园举办修禊活动，应邀参加的有王闿运、赵尔巽、陈三立、熊希龄、瞿鸿禨、樊增祥、易顺鼎、严复、郑孝胥、陈宝琛、林纾、姜筠、梁鸿志、黄秋岳、孙宝琦、袁克文、杨度、林长民等学术界名士、诗人等 40 多人。“姜颖生林畏庐两先生”也同时与席。

---

① 山西古籍出版社，山西教育出版社 1999 年版。

② 《中国名画家全集 · 古代卷：王翚》称姜筠“一生专仿王翚，没有多少变化”。

③ 《兼于阁杂著 · 论画绝句》，上海古籍出版社 2002 年版，第 131 页。

刘世珩参议获双忽雷之后甚为得意，不仅常以主人自居，而且在上海草鞋浜的道士居所内，新建了一所阁楼叫“双忽雷阁”，而道士的名号“枕雷道人”“沉雷道士”也公开了出来。新纳的两名小妾童嫘、柳燕一入“楚园”，便被刘世珩径直呼作“大雷”“小雷”，友人间有“人琴俱枕双美全”之誉。

看得出来刘世珩对“大小忽雷”的珍爱之至，可谓朝夕不离左右。

“即便是唐代的霓裳，在刘世珩一个人的帝国中，也是可以再得耳福的。曾经秘不示人、更难得弹奏一曲的‘大小忽雷’在刘氏授意、妻子傅氏主持、两妾大小雷监办的同心协力下，仿制成功。红木琴身，龙头曲项，梨形音箱，蒙以蟒皮，皮边缘镶牙一道的忽雷琴几乎在欢宴之际，均可雅奏。到会的友朋聆此天籁，每每有今夕何夕之感，不复天上人间之慨。”①

刘世珩不仅将《小忽雷传奇》和《大忽雷杂剧》这同样的珍罕，纳入“暖红室汇刻剧曲”丛书之中，而且还编了《双忽雷本事》一卷，收录前人题咏忽雷的诗文资料。林纾再次应邀作序。

林纾在文中感叹“未期年而遭国变，予既避地析津而参议亦沦落江左，自是不见者七年”，流露出“先朝遗老”浓厚的伤感之情。联系到忽雷这样的故国之物，更能让人体会刘、林那种“伤心故国，有甚于东塘之哀明”的心态。

林纾写序的这一年是1917年。这年林纾尚为刘氏作诗《题刘葱石参议汇刻传奇》。

忽雷阁上检陈篇，逐一都宜付管弦。揾得无穷天宝泪，江南不遇李龟年。

传奇丛刻本奇观，未得承平宝筏看。闻说宫中箫谱尽，空留供奉跳灵官。

校书微撇绣工夫，面面红窗柳万株。绝代暖红偏未写（暖红，参议夫人轩名也），当年但作枕雷图。

林纾《双忽雷本事·序》也提到他“汇刻传奇戏曲数十种亦告成”一事②。

次年林纾与刘参议还有一次奇特的相逢。

林纾民国后有十一次谒光绪崇陵之举。1918戊午年冬（十月二十一），是林纾七上崇陵，《畏庐诗存》有《廿日同毓清臣至梁格庄居梁髯之种树庐，时髯病

① 肖伊绯《孤云独去闲：民国闲人那些事》，浙江大学出版社2012年版。

② 《中国戏曲曲艺词典》在“《暖红室汇刻传奇》”词条下交代：选辑、陆续印行戏曲论著共六十余种。1917年合刊时为五十九种。上海辞书出版社1981年版，第629页。扬州江苏广陵古籍刻印社上世纪80年代初曾重印《汇刻传剧》。

未能兴也。刘葱石参议继至。赋呈二公》:“岁岁朝陵住此中,旧时日影射窗红。翠华莫莅长年静,黄叶无情是处风。触目饥寒悯陵户,回头衰病念髯公。此来共揾遗民泪,三子宁云道不同。”

上述《题刘葱石参议汇刻传奇》诗的末章曰:“四围山色谒陵归,车上倾谈对落晖。秘笈琳琅商赠我,端宜珍重作龙威。”

林纾《双忽雷本事·序》提到“丁巳春相见京师而参议之鬓丝有数茎白矣”。看来戊午前一年林纾六上崇陵时,同行的大概就有刘氏。刘世珩在归车上说到要把他的珍藏“秘笈”赠给林纾,估计是他“汇刻传奇戏曲数十种”。由此可见,这些皈依古道的遗民们,在保存传统文化典籍方面具有共同的追求、旨趣。

三　林纾致刘世珩书的作年

曾经看见过一本书,第一篇即林纾致刘世珩的书信①。

这封同时收入《百年百篇经典书信》《名家书简百通》的《致刘世珩书》,内容如下:

> 葱石先生足下:
>
> 鄂渚之行,弟乃弗知,以为寻常南下耳,不知乃为左迁。近亦不观邸抄,无从得耗,愤极矣!弟阅世久,凡人具有清高拔俗之气骨,往往为小人所忌,屡试皆然。弟自揣贫贱骨头,安于贫贱。故亦无甚蹉跌。以据地而坐,彼之推我者亦但至地而止。吾兄以盛名居京师参议,虽非极品,而侧目者已不能耐。想兄博雅,自以文史娱乐。必不为楚客之离忧也。临风依依,不尽欲言,诸希珍味卫为盼!弟纾顿首

该信被定为“1900 年”作,不知何据。文中说“吾兄以盛名居京师参议”,查安徽省志:“光绪三十二年(1906 年),度支部采纳刘世珩之说,奏设印刷厂于京师(北京),设造纸厂于湖北,自制上等纸张,备印各种钞票证券之用。令刘世珩总办湖北造纸厂(厂址在汉口刘家庙),奏补度支部右参议,不久任天津造币厂监督。光绪三十四年,刘世珩任直隶财政监理。宣统三年(1911),升补左参议,仍兼湖北造纸厂总办,加二品卿。”刘世珩“居京师参议”在光绪三十二年后

① 王先霈《百年百篇经典书信》,长江文艺出版社 2004 年版。

与宣统三年之间。况且林、刘之交始于庚辰(1910)作《枕雷图》,将作书提前至庚子年,显然有失常理。那么《致刘世珩书》写于何时呢?

据上述安徽省志的记载,对照信中“鄂渚之行”“南下”“ 左迁”的文字,还有《双忽雷本事 · 序》中交代的“未期年而遭国变,予既避地析津而参议亦沦落江左”,我们应该可以判断写信的时间是辛亥(1911 年)刘世珩“升补左参议”,南下湖北任职以后。

在网上意外发现有这一信函的“原”件。2008 年南京十竹斋曾拍卖过邓散木、张謇、林纾等三人的书札,所用笺纸系朵云轩所制①。

外观显得不凡。一旦将《致刘世珩书》全文与之比较,方知却为伪作。其中鄂渚的“鄂”字变形(似“郑”),至于结尾的“推我‘北’”(者)更是不通,且为未完的残篇!

(作者:苏建新,福建工程学院林纾研究所所长,人文学院教授。)

① 《翰墨朵云——邓散木、张謇、林纾等三人信札》http://blog.sina.com.cn/s/blog_8656c7f60100yolk.html.

《明清安徽妇女文学著述辑考》补正(续)

邱瑰华

一　俞小霞

清王蕴章《燃脂馀韵》卷六载①:"俞小霞,皖南农家女也。性聪颖,闻村塾童子读《千家诗》,入耳若有所悟,复闻,便能诵。一日,晨起采桑,得'万籁无声蚕正眠'句,因自喜,反覆吟诵不置。复购通行之《唐诗三百首》,乞邻儿教之读,于是遂能诗。父母固务农,不知爱,亦不禁其所为。年十七,为之议婚,小霞不可。邻有方叟者,亦业农,有田数百亩,以富闻于乡,耳霞名,为其子普明求婚。普明学商不成,好与无赖游。霞父母羡其富,许之,始告霞。霞默默无一语,习诗如故。明年,归方氏,见普明,谓之曰:'闻君不习正业,日与无赖游,非我夫也。今待汝五年,读书有业,当为君妇,不然,相见于泉下。'出袖中获稻之刀示之。普明惊而逃,宾客相顾失色,结舌不敢语。方叟曰:'今如汝言矣。'乃延师课子读,送霞还母家待之。普明非愚蠢者,以嬉荒其业,自受霞激,发愤力学,数年学大进。霞闻之,私喜。普明忽谓父曰:'儿岂患无妇哉!儿纵鳏,断不以轻我者为妇。'父母劝之不可,强之亦不可,遂与他姓联姻。霞亦漠然置之,而习诗如故,日饲蚕吟诗以自遣。后三年,忽呕血而死。"此则皖南俞小霞诗事及其中所引残句,《辑考》均未录②,可资增补。

二　方若徽

清王蕴章《燃脂馀韵》卷一载:"《兰因集》中,闺秀诗最多。其工丽雅切者,如……桐城方若徽之'情天恨海两茫茫,如此蛾眉合断肠。春水尚留仙子影,桃花犹学美人妆。魂依素奈心无累,死旁寒梅骨有香。吟遍西泠芳草路,一杯梨

① 王蕴章:《燃脂馀韵》,王志英主编《清代闺秀诗话丛刊》本(叁),凤凰出版社2010年版。本文所引《燃脂馀韵》皆据此本。

② 本文《辑考》皆指傅瑛主编《明清安徽妇女文学著述辑考》,黄山书社2010年版。

汁酹斜阳。'……芳馨悱恻,其秀在骨。每读一过,使人心魂俱逸。"此评及其中所引桐城方若徽七律,《辑考》卷四"方若徽"条均未录,可资增补。

三 张襄

清王蕴章《燃脂馀韵》卷一载:"《兰因集》中,闺秀诗最多。其工丽雅切……断句如张云裳之'词客定能参慧业,美人才合葬名山'。……芳馨悱恻,其秀在骨。每读一过,使人心魂俱逸。"此评及其中所引蒙城张襄(字云裳)断句,《辑考》卷一"张襄"条均未录,可资增补。

四 林兰

清雷瑨、雷瑊《闺秀诗话》卷十五载①:"歙县吴星门之元配林兰女士,有遗作八首,述围城中艰窘之状,历历如绘。诗云……女士为扬州林锦江先生之女。岁癸丑,粤贼寇徽宁,扬州警报日逼,星门适往省其妹。越两日贼至,以城守严不得入。冬十月贼退,邻人入城,探知女士无恙,走告星门。星门归,见其肤裂面黧,几不相识。诗中所述,皆实事也。"此则歙县吴星门妻林兰诗事及其中所引诗作,《辑考》均未录,可资增补。

遗作八首

一

探亲黄珏计期还,讵料烽烟顷刻间。侬是孱躯行不得,隔江争化望夫山。(原注:青门次妹适徐氏,避乱移家于黄珏桥。)

二

红巾白刃恣诛求,一任狂徒到处搜。自毁容颜肤似漆,蓬松十月不梳头。

---

① 雷瑨、雷瑊:《闺秀诗话》,王志英主编《清代闺秀诗话丛刊》本(贰),凤凰出版社2010年版。本文所引《闺秀诗话》皆据此本。

三

历尽酸辛不忍言，拚将一死护家门。糠皮榆面充饥腹，十指如耙握草根。

四

凛凛霜华夜气清，弟兄姑婿可怜生。那堪先后同罹劫，不敢人前哭一声。（原注：贼恶泣，闻哭声，即入宅，查出杀之。吾家兄弟二人暨六姑婿均先后病殁。）

五

筹思无计理残妆，更结邻家姊妹行。幸得儿夫拄杖入，一齐扶病到甘棠。（原注：星门归，遂合室迁至召伯埭，邻妇罗、殷二姓同行。）

六

客途寄迹亦无聊，为感深情赴北郊。说到围城凄惨事，旁人犹自泪鲛绡。（原注：茗兄、畇华弟诸人病殁，均沐浴加絮，以椟代棺。邻人有奋烈而暴露者，余亦收其骸而亲殓之。）

七

逆骑纷纷竟夜行，将军整队入空城。御强无策偏欺弱，侬愿捐躯不损名。

八

白头相向互评量，不识乡关在那方。和靖有妻梅共隐，莫教人世阅沧桑。

五　李氏（闵尔禄妻）

清雷瑨、雷瑊《闺秀诗话》卷十三载："六安闵尔禄明经工文词，妻李氏亦擅词翰，村居唱和，颇得静好之乐，梁、孟不是过也。婢曰芹香，年已及笄，貌颇修洁。一日撷蔬园中，闵亦间至，曰：'汝手指甲泥弗涤去，将以作羹耶？'婢斜睨哂曰：'胡然？'闵情动，思挑之。婢以指泥弹之，点点落闵额上，为其妇所见，笑问曰：'日者有新诗乎？'闵应曰：'无。'妇曰：'社燕来矣，妾偶得一绝，为君诵之：雕梁画栋不安栖，却傍人家门户飞。欲采芹香犹未得，嘴边空带紫泥归。'闵知其讽己也，为之鼓掌。"此则六安闵尔禄妻李氏诗事及其中所引诗作，《辑考》均未录,可资增补。

六 某氏(汪合山妻)

清雷瑨、雷瑊《闺秀诗话》卷三载:“嘉兴吴澹川先生《南野堂笔记》云:闺阁诗之可传诵者有三:曰幽致,曰怊怅,曰巧思。幽致者,如桐城汪合山妇《幽居》云:‘路曲多因竹,亭高喜就山。’”此则诗评及其中所引桐城汪合山妻诗句,《辑考》均未录,可资增补。

七 朱小瑛

清雷瑨、雷瑊《闺秀诗话》卷四载:“宣州女子朱小瑛有句云:‘杏花消息分明在,燕子来时不自知。梧桐一院凄凉雨,滴到侬心尽是诗。’又吴莲芳女子《咏月》云:‘团圆本是寻常事,碧海青天恨独多。深闺尽日无秋梦,剔碎灯花小豆红。’皆性灵语而有幽郁之意。卒不永年。”此则诗评及其中所引宣州朱小瑛诗作,《辑考》均未录,可资增补。

八 舒姒

清雷瑨、雷瑊《闺秀诗话》卷四载:“舒嗣音女士姒,薛上舍炯室也。才而早夭。《春晓》云:‘海棠宿雨未全乾,细柳如丝搭画阑。齐向东风倚沉醉,不知昨夜十分寒。’殊有神韵。”此则诗评及其中所引诗作,《辑考》卷九“舒姒”条均未录,可资增补。

九 汪佛珍

清雷瑨、雷瑊《闺秀诗话》卷十二载:“华亭张梦喈次室汪佛珍,著《贻孙阁诗钞》。王光禄鸣盛序谓:‘女子能诗而得归诗人者,唐惟吉中孚妻张夫人,元惟傅汝砺妻张氏。若玉垒之得硕人,则福慧双修,不在吉中孚、傅汝砺下。其佳句如《对月》云:‘万户恍临城不夜,千年惟有兔长生。’《对雪》云:‘自携樽酒酬滕六,莫损水边竹外枝。'为随园先生所赏。又《喜晴》云:'久晴不雨曾望雨,久雨不晴复望晴。连朝愁霖今始霁,快哉初日悬铜钲。濛濛岩端开霁色,泠泠石罅送泉声。幽禽出巢鼓双翼,引吭两两相和鸣。''当庭小立恣瞻眺,恍觉物态移我情。此时弄笔砚水清,碧油窗纸琉璃明。琴书久润重料理,花木向阳倍敷荣。何当题笺邀大妇,相随更作南园行。'又《新秋对雨》云:'坐久凉生袂,吟余雨到林。和烟迷别墅,如雾锁遥岑。竹外商声动,花边秀色深。绮廖清暇甚,取次抚瑶琴。'诸作皆音节和雅,无噍杀之音。此其所以福慧双修欤?"此则诗评《辑考》卷九"汪佛珍"条未录,可资增补。

十　汪德贞

清雷瑨、雷瑊《闺秀诗话》卷四载:"休宁汪孟淑德贞,馀园之女。亦工诗。早卒。有二绝句云:'银镜飞光万里明,白罗衫薄觉凉生。闲来呼婢烹新茗,彻夜无眠理玉笙。''严陵滩畔画桡停,闲咏新诗看客星。吟到夜深人欲倦,满船明月一灯青。'末句殊有鬼气。"此则所引休宁汪德贞"银镜飞光万里明,白罗衫薄觉凉生。闲来呼婢烹新茗,彻夜无眠理玉笙"绝句,《辑考》卷九"汪德贞"条未录,可资增补。

十一　陈同

陈同,黄山人。生卒年不详,约清康熙年间(1661—1722)在世。钱塘吴仪一未婚妻。吴仪一(1657—?),字舒凫,因居吴山草堂,故又字吴山。吴仪一工词,为"西泠三子"之一,有《吴山草堂词》十七卷传世。陈同与吴仪一妻室谈则、钱宜同合著《评牡丹亭还魂记》,收入《吴吴山三妇合评牡丹亭还魂记》[①]。《辑考》未录,可资增补。

十二　汪秀娟

汪秀娟,字玉麟(一作麟玉)。生卒不详,清道光时在世。新安胡履亨(字和

① 《吴吴山三妇合评牡丹亭还魂记》,国家图书馆藏清康熙三十三年(1694)刻本。

轩)侧室[1]。著有《汪秀娟诗》一卷,《麦浪园女弟子诗》卷一收录。

胡文楷《历代妇女著作考·附录二》载[2]:"《麦浪园女弟子诗》六卷:《昆山胡氏书目》著录。道光二十五年乙巳(1845)树人堂刊本。(清)胡履春编。履春,新安人。前有胡履春序。卷一汪秀娟诗(秀娟字玉麟),卷二江蕊珠诗(蕊珠字蟾玉),卷三徐佩芸诗(佩芸字味香)(以上胡和轩妾),卷四余贞翠诗(贞翠字冰心,胡和轩甥女),卷五戴芳芝诗(芳芝字绮音,胡和轩甥女),卷六夏彩霞诗(彩霞字嫣红,胡和轩妻)。胡履春序曰:'和轩先生,吾宗风雅士也。天性极敦,一堂怡怡,恒以奉亲为乐。定省偶暇,即率诸姬把卷于烂红秾绿中。兴之所到,发为啸歌,旋辄弃去。盖其虚怀若谷,虞有未工尔。壬寅春,延予主其讲席。进谒时,询诸女所学,六经外凡唐宋大家诗完诵各数百首,悉先生花晨月夕、酒半茶余所亲授者。兼之诸女天资颇慧,南车特指,脱口多能成章。越岁,分请芝郡筠仙专为女傅。筠仙生性尤好为诗,昨夕课徒有所作,并呈予前恳加逃汰。甫二载,清词丽句,几满绣囊矣。先生思寿枣梨,用志一时雅集,仍殷殷订正于予。予谓诗以道性情,故《三百篇》不乏闺闱之作。今诸女诗虽未遽臻其极,然风入篁而成韵,蕉得雨而送音,天假之鸣,靡弗善者,奚妨录之,俾存其真。爰略删其繁乱,附刻筠仙卷后。故诸女勉益加勉,精更求精。安知是集非先声之树欤?道光二十五年岁次乙巳夏中浣,新安老人胡履春序。"《辑考》未录,可资增补。

十三 江蕊珠

江蕊珠,字蟾玉。生卒不详,清道光时在世。新安胡履亨(字和轩)侧室。著有《江蕊珠诗》一卷,《麦浪园女弟子诗》卷二收录。胡文楷《历代妇女著作考·附录二》据《昆山胡氏书目》著录。见上文"汪秀娟"条。《辑考》未录,可资增补。

十四 徐佩芸

徐佩芸,字味香。生卒不详,清道光时在世。新安胡履亨(字和轩)侧室。

① 黄秩模辑《国朝闺秀诗柳絮集》卷三载:"汪秀娟,字麟玉。部郎江西德兴胡履亨侧室。"见付琼校补《国朝闺秀诗柳絮集校补》,人民文学出版社2011年版,第1383页。按:胡履亨(字和轩),与新安胡履春为同宗兄弟,亦当为新安人。

② 胡文楷编著、张宏生等增订:《历代妇女著作考》(增订本),上海古籍出版社2008年版。

著有《徐佩芸诗》一卷,《麦浪园女弟子诗》卷三收录。胡文楷《历代妇女著作考·附录二》据《昆山胡氏书目》著录。见上文“汪秀娟”条。《辑考》未录,可资增补。

十五 夏彩霞

夏彩霞,字嫣红。生卒不详,清道光时在世。新安胡履亨(字和轩)室。著有《夏彩霞诗》一卷,《麦浪园女弟子诗》卷六收录。胡文楷《历代妇女著作考·附录二》据《昆山胡氏书目》著录。见上文“汪秀娟”条。《辑考》未录,可资增补。

十六 赵氏(李鸿文妻)

赵氏,清人,合肥李鸿文妻。著有《蛮云阁诗草》。《历代妇女著作考·清代十一》据《续修庐州府志》著录[①]。《辑考》未录,可资增补。

十七 赵景淑

清合肥女诗人赵景淑《延秋阁剩稿》集外诗《舟中闻雁》及《庚辰初度》《秋窗即事》残句,《辑考》卷三“赵景淑”条未收,可资增补。

舟中闻雁

柁楼不寐寒灯挑,愁听征雁声嗷嗷。西风穿林霜月小,北斗插地秋天高。
羁臣海上魂应断,独客天涯渺河汉。只有渔舟自在眠,空江影落寒星乱。

——(清)钱泳《履园丛话》二十四

庚辰初度

料应夙世多诗债,罚住人间廿四年。

① 胡文楷编著、张宏生等增订:《历代妇女著作考》(增订本),上海古籍出版社2008年版。

秋窗即事

闭却碧纱窗六扇,不教青女笑词人。

——(清)赵对澄《延秋阁剩稿再序》①

十八　吴琼华

清合肥女诗人赵景淑著有《延秋阁剩稿》一卷,其中收录合肥女子吴琼华所作《延秋阁剩稿序》及其为赵景淑《读许静含〈凿馀小草〉》所作《附记》各一篇②,《辑考》卷三"吴琼华"条未收,可资增补。

延秋阁剩稿序

有清三百年来,吾乡闺秀能诗者世鲜传。尝检《府志》载有数人,询诸父老,或曰不知其人,未见其诗也;或曰诗不工,亦无集,滥列《志》中,欲激虚誉耳。后读孙诗樵先生《馀墨偶谈》,载合肥赵筠湄女士《湖上吊韩蕲王》诗一首,始知女士真能诗者也。求其所著《延秋阁集》十年不得,心恒郁郁。杨君韵芝,笃学士也,搜求乡贤遗著,不惮勤瘁。癸亥冬,手录女士《延秋阁剩稿》寄外子伯琦,余读之狂喜。考女士为烈愍公之裔,烈愍讳之璞,字连臣,明末官庐州卫指挥同知,殉流寇之难,后人遂居合肥。父讳鹊棠,廪贡生,官白石口营都司。女士于道光辛巳岁亡,年甫二十有五,犹未字也。遗诗百余首,遭小婢误焚去,所存者仅此剩稿。其弟野航大令甲辰岁官广德州学正时,自刊其《小罗浮馆全集》,始附刊焉。杨君所见盖残本也。女士诗宗阮亭尚书、丹壑太史,故有淡远之致。其《江上》《夜坐》《早春》《冬夜》《晚泊》《平望》《西湖泛月》《舟过露筋祠》诸作,颇得太史衣钵,使天假以年,其成就岂可限量耶!乃天厄、人厄至于一再,女士所遭亦可悲矣。今存此焚余剩稿,仅附其弟集以传。洪杨乱后,是集又成孤本。蟫侵蠹蚀,行将见尽,余皇然忧之。爰之序崖,付之剞劂,俾世之耽诗者共宝之。

甲子正月,同邑后学吴琼华序。

---

① 见《延秋阁剩稿》,南京图书馆藏民国十三年(1924)刻《国魂丛编》本。

② 《延秋阁剩稿》,民国十三年(1924)刻《国魂丛编》本,南京图书馆藏。

赵景淑《读许静含〈嵛馀小草〉》附记

许女士名燕珍,字俪琼,号静含。合肥人。四山学使孙荃之曾孙女,武田大令齐卓之女。适无为诸生汪镇大令,乾隆朝官龙溪县。女士幼随父宦,喜读书,工吟咏。闽中佳山水悉入奚囊,以才女称。著有《嵛馀小草》《保贞萋红绡咏乐府》,今不传。二诗一见《随园诗话》[①],一见《闺秀正始集》。附录于此,以存吉光片羽云。琼华记。

十九　邱淑娟

黄秩模《国朝闺秀诗柳絮集》卷三三载[②]:"邱淑娟,字静子,安徽天长人。施晋升室。"并录邱淑娟《九日》诗一首:"白露西风增暮凉,况逢佳节是重阳。夫容开到秋江好,不及黄花耐晚香。"《辑考》未录,可资增补。

(作者:邱瑰华,教授,淮北师范大学文学院、安徽文献整理与研究中心　235000)

① "二诗"指许燕珍诗《元夜竹枝词》和《古镜》。

② 黄秩模编,付琼校补《国朝闺秀诗柳絮集校补》,人民文学出版社2011年版。

战国前祷疾事象试述

王 政 路皓丽

在反映战国前社会生活及文化的典籍史料、神话传说中，就已有许多对祷疾现象的记载。甲骨卜辞、竹简、帛书、铭刻、史传、诸子等等，都记述了那个时期人们对疾病问题的俗信化思考。本文主要从史籍文献和出土资料两个方面对这一时期的祷疾俗事作以述论。

一、祷疾与卜问

占卜巫术在上古中国即发生，文献中有记载。殷商时代占卜术尤盛，帝王和贵族几乎是日日卜、事事卜，且仪典繁复庄重。有时，同一件事情要反复卜测。卜的对象主要为天地各色神灵、鬼魂及祖先神，许多事情都要征询鬼神的意见，如婚嫁、战伐、农事、动土、建屋宇等等。这种情况在《诗经》中也有体现，如从《采蘋》和《氓》中可以知道女子出嫁之前不仅要祭祀祖先，还要卜婚之吉凶。《杕杜》中云："尔卜偕止，会言近止。"[①]意谓卜和筮结果是一样的，都说相会之日已近。另外，各种祭祀仪式前也行，询问祭事的祥祸、日期、用牲、结果等。祷疾，亦是问神之举，故其前奏或过程中必行占卜。卜之所询，当为如下诸端：

（一）占卜致病原因

甲骨卜辞中保存了许多祷疾过程中必需的对病因的卜问。卜问中显示的得病原因不外乎两种：一是上帝降疾病于人，"贞，无降疾"[②]；"……帝肇王疾"[③]；"贞，惟帝肇王疾"[④]。二是已死的人鬼（包括祖先神）作祟，使人病。甲骨卜辞中云："疾齿，龙（即宠）？不龙（即宠）？"（《丙》12）这是说，病者是受死去

① 叶春林译注《诗经》，崇文书局2012年版，第120页

② 郭沫若主编 胡厚宣总编辑，中国社会科学院历史研究所《甲骨文合集》编辑工作组集体编辑，《甲骨文合集》，中华书局1982年版，第13855页。

③ 郭沫若主编 胡厚宣总编辑，中国社会科学院历史研究所《甲骨文合集》编辑工作组集体编辑《甲骨文合集》，中华书局1982年版，第14222页正乙。

④ 郭沫若主编 胡厚宣总编辑，中国社会科学院历史研究所《甲骨文合集》编辑工作组集体编辑《甲骨文合集》，中华书局1982年版，第14222页正丙。

的生前特宠爱他的那祖灵纠缠呢？还是受那生前不宠爱他的那祖灵纠缠才生疾患的呢？卜问者不能确定。

“戊贞，王占日：兹鬼魅。五旬又一（应是二之误）日庚申丧黾（命）。乙巳卜，壳，贞㱙亡疾。”（《合集》13751）“〔癸巳〕，贞㱙其有疾。王占曰：其有疾，惟丙不庚。二旬又七日庚申丧黾（命）。”（《合集》13752）㱙是商之贵族，他得病52天后死去。商王为其卜祷寻病因，言有“鬼魅”附其身，故无救。

又，“贞：疾舌，祟于妣庚？”（《合集》13635），“甲申卜，〔壳〕，贞佳〔父〕乙〔降〕口（一种齿疾）。甲申卜，〔壳〕，贞不佳〔父〕乙〔降〕口。”（《合集》6664 正）“贞疛，佳父乙害。”（《合集》6032 反）“贞疾人，佳父甲害？贞有疾人，不佳父甲害？”（《合集》2123）“疾人惟父乙害。”（《合集》5480 反）“贞有疾脽，佳父乙害。”（《合集》13695 正乙）“佳〔祖〕辛害王目。”（《合集》1748）“乙未卜，壳，贞妣庚冒王疾。”（《合集》13707 正）“贞佳多妣肇王疾。”（《合集》2521 正甲）“疾身佳有害，惟多父。贞佳多母害。”（《英藏》113）“口午卜，壳，贞有疾趾，佳黄尹害。”（《合集》13682 正）意皆怀疑并卜测有祖灵致害而生疾。宋镇豪曾说：“商代人有视疾病为上帝鬼神对人间或时王的降警。……许多场合，是把疾病直接视为先王先妣先臣在作祟危害于生者。”[①]所言是。

《左传》中有类似情形，《襄公十年》记：“宋公享晋侯于楚丘，请以《桑林》。荀罃辞。荀偃、士匄曰：‘诸侯宋、鲁，于是观礼。鲁有禘乐，宾祭用之。宋以《桑林》享君，不亦可乎？’舞，师题以旌夏，晋侯惧而退入于房。去旌，卒享而还。及著雍，疾。卜，桑林见。荀偃、士匄欲奔请祷焉。荀罃不可，曰：‘我辞礼矣，彼则以之。犹有鬼神，于彼加之。’”[②]宋平公在楚丘设宴招待晋悼公，要用《桑林》舞伴宴。荀罃等以为不妥，他们还是坚持用了。宴罢，悼公返途至著雍就生了病。一卜问，卜兆中现桑林神（杜预注：“祟见于卜兆”），遂疑桑林神致疾。荀偃、士匄遂提出回宋国去祷桑林神，为悼公除病疾。荀罃则以为，不是我们硬主张用《桑林》舞的，要说得罪了神灵，也由他们承受，不同意返去祷疾。而过不久，晋悼公病也就好了。此告诉我们，卜询是祷疾中必需的，因祷禳不能无的放矢。

又《左传·哀公六年》记：“初，昭王有疾。卜曰：‘河为祟。’王弗祭。大夫请祭诸郊。王曰：‘三代命祀，祭不越望。诸侯望祀竟内山川星辰。江、汉、睢、章，楚之望也。四水在楚界。祸福之至，不是过也。不谷虽不德，河非所获罪也。’遂弗祭。孔子曰：‘楚昭王知大道矣。其不失国也，宜哉！’”[③]楚昭王病，但卜问的病因则是黄河神作祟，昭王以为黄河不在他的国境内，他不至于得罪黄

① 宋镇豪《商代的疾患医疗与卫生保健》，《历史研究》，2004 年第 2 期。

② 杜预集解《春秋经传集解》，上海古籍出版社 1988 年版，第 866 页。

③ 杜预集解《春秋经传集解》，上海古籍出版社 1988 年版，第 1741—1742 页。

河神,故其不同意献祭河神,为己疾行祷〔宋林尧叟注:“所以能降祸福于楚国者,不过竟内之山川星辰而已。不谷(楚昭王名)虽不德,河非所获罪也。”杜预注:“(楚昭王)无由得罪于河而受其祸罚,遂弗祭。”〕这说明祷疾是要弄清楚原因的。

当然,也有利用卜病因做文章的。《战国策》:“赵取周之祭地,周君患之,告于郑朝。郑朝曰:‘君勿患也,臣请以三十金复取之。’周君予之。郑朝献之赵太卜,因告以祭地事。及王病,使卜之。太卜谴之曰:‘周之祭地为祟。’赵乃还之。”[①]赵国夺了周人的祭地,郑朝买通赵国太卜,太卜趁赵王生病问卦时进言,说是周人祭地鬼神作怪,赵人很快把周祭地还了。

从战国前后的文献看,梦占亦占识病因之一法。《左传·昭公七年》载:“郑子产聘于晋。晋侯有疾,韩宣子逆客,私语于子产曰:‘……梦黄熊入于寝门,其何厉鬼也?’”[②]晋侯病,韩宣子夜梦黄熊入寝门,疑有厉鬼作祟,遂求教于子产。又《晏子春秋》记:“景公病水,卧十数日,夜梦与二日斗,不胜。晏子朝,公曰:‘夕者梦与二日斗,而寡人不胜,我其死乎?’晏子对曰:‘请召占梦者。’出于闺,使人以车迎占梦者。至,曰:‘曷为见召?’晏子曰:‘夜者,公梦二日与公斗,不胜。公曰:“寡人死乎?”故请君占梦,是所为也。’占梦者曰:‘请反具书。’晏子曰:‘毋反书,公所病者,阴也,日者,阳也。一阴不胜二阳,故病将已。以是对。’占梦者入,公曰:‘寡人梦与二日斗而不胜,寡人死乎?’占梦者对曰:‘公之所病,阴也,日者,阳也。一阴不胜二阳,公病将已。’居三日,公病大愈,公且赐占梦者。占梦者曰:‘此非臣之力,晏子教臣也。’公召晏子,且赐之。晏子曰:‘占梦者以占之言对,故有益也。使臣言之,则不信矣。此占梦之力也,臣无功焉。’公两赐之,曰:‘以晏子不夺人之功,以占梦者不蔽人之能。’”[③]梦占病因,此疗疾寻祷之前奏也。

(二)卜问是否祷疾及祷求的对象、祷疾之日

甲文中有“匄病”之说,匄即祷求,向鬼神乞祈疫止病好。甲文中曾有:“己亥卜,争贞:毕尘(有)疟……尘(有)匄?亡匄?”这是说,殷臣毕身患疟疾,遂问是否向鬼灵祖神祷求呢?还是不祷求呢?又:“壬戌卜,□贞,御病症,妣癸?御病瘕(?)于妣癸?”(《小屯·殷虚文字乙编》454),这是说病者有腹部有症瘕积聚,是否要御祭妣癸求祷以禳除呢?董作宾《小屯殷墟文字乙编》收一片占辞,文云:“庚戌卜,朕耳鸣,土(有)卸且庚,羊百土(有)口五十八?”这是殷王自己的声口:朕耳鸣,需有对先祖(庚)进行卸祭祷求吗?要用祭羊百只献祭吗?因

① 刘向辑录《战国策》,上海古籍出版社1985年版,第32页。
② 杜预集解:《春秋经传集解》,上海古籍出版社1988年版,第1294页。
③ 吴则虞编著《晏子春秋集释》,《新编诸子集成》第一辑,中华书局1962年版,第382页。

病而祷祀的对象亦是卜者所关注的。如,“丁巳卜,争,疾疋(足),御于妣庚? 疾疋勿□,御于父辛?”(《合集》775 反)“贞:疾齿,御于父乙? 勿御?”(《殷虚文契》1.25.1)“贞:疾口,卸于妣甲?”(《殷虚文字缀合》123)“(丁)巳卜:有疾言,御?”(《合集》13638)“贞:疾趾,于妣庚御?”(《合集》13689)“贞御疾身于父乙。”(《合集》13668 正)“贞疾止(趾),御于妣己。”(《合集》40373)皆此类。

《诗经》中有《吉日》篇,云:“吉日维戊,既伯既祷。田车既好,四牡孔阜。升彼大阜,从其群丑。吉日庚午,既差我马。兽之所同,麀鹿麌麌。漆沮之从,天子之所。”①这是说戊辰、庚午是好日子,是祭祀行猎应择得吉日。祷疾,也要择吉日。从甲骨文叙事看,殷人已重视疾病祈祷的日期选择。如云:“贞:勿于甲御妇好龋?”(《合集》13663),这是卜问是否要不要在甲日为妇好举行去除龋齿病的禳祷之祭呢? 另如:“戊午卜,贞今日于吴御于丁?”②也反映同样观念。

(三)卜问伴随祷疾禳疫的用药及方法

甲骨卜辞中有“丙戌卜,贞:疛,用鱼?”“疛”,即腹部疫病,此卜问祷求腹部病症,是否对病者用鱼疗之? 卜辞中又说:“甲戌卜,贞:(有)疟,秉枣?” 联系后《本草纲目》所云“咒枣治疟,执枣一枚……与病人食之,即愈”的话,患疟疾以后,此在卜问祷疾禳疫的同时,是否用枣子疗之?

殷人或已用扫除巫术对待疾病。卜辞中云:“……旬□□。旬有求(咎),王疾首,中日彗?”(《合集》13613)“……中日彗? 一月?”(《合集》21026) “彗”即扫竹,用以扫除疾疫,裘锡圭先生说“彗”是“直接表示用彗扫去卧床病人的疾病”,辞之“中日彗”当与《黄帝内经素问·藏器法时论第二十二》所云“病者,日中慧,夜半甚,平旦静”中的“日中慧”同义,也即马王堆汉墓帛书《五十二病方》讲的“以月晦日之丘井有水者,以敝帚骚(扫)尤(疵),祝曰:‘今日月晦,骚(扫)尤(疵)北”,是一种扫除巫术③。上二辞是在卜询可否用“彗”去扫“疾首”?

(四)卜问祷疾禳疫的结果

通过祷求祈禳,病者之疾能否除愈? 这也是人们所焦虑望知的。为此就需有卜问祷求祈禳之结果。如甲骨文中云:“乎(呼)比(祡)役(疫),正?”“贞:役(疫),佳(有)不正?”意为:呼令举行祡祭以祷祝禳除疫疾,能使疫病得以镇治吗? 此疫病是否就不能镇治?“正”,古之镇踏、即祷禳行禹步之巫法,此辞是问询用此法祷疾禳疫的效果将如何?

《尚书·金縢》中讲到武王克商后患病,周公向先王祷求告,望能以己身代

---

① 叶春林译注《诗经》,崇文书局 2012 年版,第 130 页。

② 郭沫若主编 胡厚宣总编辑,中国社会科学院历史研究所《甲骨文合集》编辑工作组集体编辑《甲骨文合集》,中华书局 1982 年版。

③ 裘锡圭《殷墟甲骨文“彗”字补说》,《华学》第 2 辑,中山大学出版社 1996 年版。

替武王①;此《金縢》作意也。这里,祷疾对象是先王,即逝去的先祖,其间就有以占卜来测验祷疾之吉凶的环节。文中云:"既克商二年,王有疾,弗豫。二公曰:'我其为王穆卜。'周公曰:'未可以戚我先王。'公乃自以为功,为三坛同墠。为坛于南方,北面周公立焉;植璧秉圭,乃告太王、王季、文王。史乃册祝曰:'惟尔元孙某,遘厉虐疾;若尔三王,是有丕子之责于天,以旦代某之身。予仁若考,能多材多艺,能事鬼神;乃元孙不若旦多材多艺,不能事鬼神。乃命于帝庭,敷佑四方,用能定尔子孙于下地;四方之民,罔不祗畏。呜呼!无坠天之降宝命,我先王亦永有依归。今我即命于元龟,尔之许我,我其以璧与圭,归俟尔命,尔不许我,我乃屏璧与圭。'乃卜三龟,一习吉。启籥见书,乃并是吉。公曰:'体,王其罔害;予小子新命于三王,惟永终是图。兹攸俟,能念予一人。'……王翼日乃瘳。"②周公先是以祝文为武王向"三王"(已故祖灵③)祷求除疾,祷完后又行龟卜以验结果,"验"之所示乃"并吉";果不其然,没几天武王病就好了。

三、祷疾事象的司职与记录

祷疾是巫祝人员做的事,周礼中有专门的司职者。《周礼·春官·大祝》:"大祝掌六祝之辞,以事鬼神祇(示),祈福祥,求永贞。一曰顺祝,二曰年祝,三曰吉祝,四曰化祝,五曰瑞祝,六曰筴祝。"这个"筴祝"(又作册祝、策祝)即是专管祷病禳疾之事的。故郑司农云:"筴祝,远罪疾。"④《说郛》也曰:"策祝,远罪病也。"⑤又,《周礼·春官·小祝》:"小祝掌小祭祀,将事侯禳祷祠之祝号,以祈福祥,顺丰年,逆时雨,宁风旱,弭灾兵,远罪疾。"郑玄注:"禳,禳却凶咎,宁风旱之属。"贾公彦疏:"祈福祥、顺丰年、逆时雨,三者皆是侯。宁风旱、弥灾兵、远罪疾,三者即是禳。求福谓之祷,报赛谓之祠。皆有祝号。故总谓之祷祠之祝辞。""'侯之言候也,候嘉庆,祈福祥之属'者,'之属'中兼有顺丰年,逆时雨。

---

① 后世多有效之者。元陈应润《周易爻变易缊》卷七:"九四鼎折足覆公餗其形渥凶象……唐给事中阎朝隐以身代牺伏于俎盘为武后祷疾,张元一又画代牺图以进,其形之渥可怪也欤?"

② 王世舜译注《尚书译注》,中华书局2012年版,第9页。

③ 这是延续殷人求祖神佑助病者的传统。卜辞云:"疾齿,御于父乙。"(《前》1·25·1)"有疾齿,父乙隹(即唯)其闻?"(《南南》1·43)两辞都是因牙病而祷求于祖神父乙,希望他能帮助驱除"齿疾"。又,卜辞中记:"甲卜,子病?甲卜,子首病亡延?……丙卜,夕又伐妣庚?丙卜,五日子目既病?丙卜,三日子目口[病]?子弗艰目病?"(《花东》446)这是宗子与祖灵妣庚交流,他的首病、目病发展情况会怎样?

④ "远罪疾",即弭除疾病,驱遣灾病远去。郑玄《礼记疏》卷第二十六:"祭有祈焉,祈,犹求也,谓祈福祥求永贞也;有报焉,谓若获禾报社;有由辟焉,由,用也,辟,读为弭,谓弭灾兵、远罪疾也。"

⑤ 《说郛》卷七十六,涵芬楼本,1927年,第8页。

嘉,善也。此三者皆是善庆之事,故设祈祷候迎之。云'禳,禳却凶咎宁风旱之属'者,'之属'中兼有弥灾兵,远罪疾,三者是凶咎之事,故设祷祠禳却之。"按此,小祝亦掌禳祷疾疫之事。在定格上,禳祷疾疫属于"小祭祀"。

巫人疗疾主要靠言说语辞[①]。《公羊传·隐公四年》:"于钟巫之祭焉,弑隐公也。"何休注云:"钟者,地名也。巫者,事鬼神祷解以治病请福者也。"又《韩诗外传》记:"上古医曰茅父,茅父之为医也,以莞为席,以当为狗,北面而祝之,发十言耳,诸扶舆而来者,皆平复如故。"所谓"祷解"及巫医[②]茅父的"祝发十言",皆祷诵念祝之功也。

殷商甲骨是最早的对祷疾事象的文字记录。《花东》38 有三条关于"疾骨"的卜辞:"乙卜,其卸[子疾]骨妣庚,册三十囗。""壬卜,其卸子[疾]骨妣庚,册三豕。""壬卜,其卸子疾骨妣庚,册三豕。"这条卜辞当是为禳除"子"的骨疾而对妣庚进行祷祭留下的记录。

又卜辞中有:"辛亥卜,子告又口疾妣庚,亡册……"(《花东》149)"癸丑卜,大囗弜卸子口疾于妣庚。癸亥卜,弜卸子口疾告妣庚曰囗,告。(《花东》247)"庚午卜,在囗,卸子齿于妣庚,册牢,勿牝,白豕,用。"(《花东》163)"壬申卜,祼于母戊,告子齿疾,用。"(《花东》395)此又是因"子"口、齿之疾而卸祀[③]、祼祭[④]于妣庚、母戊的记录,辞中的"告",告祷之祭也。

前引周公为武王祷疾,结束后又这样的记述:"公归,乃纳册于金縢之匮中。"《正义》曰:"从坛归也。……藏此书者,此既告神,即是国家旧事,其书不可捐弃,又不可示诸世人,故藏于金縢之匮耳。"宋蔡沈《书经集传》卷四也解说道:"册,祝册也。匮,藏卜书之匮,金縢,以金缄之也。……按,金縢之匮乃周家藏卜筮书之物,每卜则以告神之词书于册,既卜则纳册于匮而藏之,前后卜皆如此;故前周公乃卜三龟一习吉,启籥见书者,启此匮也。后成王遇风雷之变欲卜

---

① 由于巫擅言语,朱骏声《说文通训定声》豫部弟九"巫二名凡巫之派皆衍巫声"条云:"《法言》'君子人以巫鼓'注:'犹妄说也'。"又释"诬"字云:"诬,加也。《一切经音义》引《说文》加,言也。从言,巫声,谓凭虚构架以谤人。"

② 连医马的兽医亦称为"巫马",《周礼注疏》卷之三十:"巫马,掌养疾马而乘治之,相医而药攻马疾。"《疏》:"巫知马祟,医知马疾,疾则以药治之,祟则辨而祈之,二者相须,故巫助医也。"

③ 殷人禳祷祛病的主要方法为二,最简单的一种是告祭,即向祖灵鬼神祷告,求其祐助遣驱病疾。如卜辞中云"告祭于祖乙"(《战后京津新获甲骨集》1650),"囗(有)疾告于羌甲"(《殷虚书契前编》12.5),"贞:小病勿告于祖乙,告子祖乙?"(北大藏)"贞:告病于祖丁"(《前》1·12·5),"囗,病囗福告于祖丁"(《城》1·19·4),"病齿,告于祖丁","告病身于南庚","贞勿于父乙告疾髀"(《合集》13670)。另一种是"卸祭",如"御疾身予父乙"(《小屯·殷虚文字乙编》6344 六),"疾口御于妣甲。"(《小屯·殷虚文字乙编》930)"病齿,卸(御)于父乙。"邓铁涛说:"这是御除灾殃的一种祭祀,常伴有或不伴有祭品,迎神降临,镇摄祲氛,消除灾难。"(邓铁涛《实用中医诊断学》,上海科学技术出版社 1988 年版,第 1 页。)

④ 另一辞亦提及祼祭,"癸巳卜,壳,贞子渔疾目,祼告于父乙(《合集》13619)。

启金縢者，亦启此匮也。盖卜筮之物，先王不敢亵，故金縢其匮而藏之，非周公始为此匮藏此册祝，为后来自解计也。"宋金履祥《通鉴前编》卷七亦记："公归，谓占毕而返归其室也。于是史乃纳册于金縢之匮。周礼，占人凡卜筮既事，则系币以比其命，岁终则计其占之中否。郑康成谓：卜筮史必书其命龟之事及兆于册、系其礼神之币而合藏焉。是则金縢之匮，周家藏卜书之常器，而终事纳册，亦周家占人之常职。世俗谓周公始为此匮，又纳册其中，以为異日自驗之地，可谓陋矣。"这是说周公为武王祷疾的"词册"用完后并未丢弃，而是按照周朝藏卜筮祝词的习惯[①]，将祷病词册收藏于"金縢之匮"中了。此"词册"即祷疾活动之文字遗存也。

后之文献多提及此事。清吴兆宜《庾开府集笺注》卷十"金縢光辅"注："《尚书》，王有疾弗豫，周公请代，乃纳册于金縢之匮中。"清王琦《李太白诗集注》卷二十四《寓言》"金縢若不启，忠信谁明之。"注云："既克商二年，王有疾弗豫……公乃自以为功，为三坛，同墠为坛，于南方北面，周公立焉，植璧秉圭，乃告太王王季文王。公归，纳册于金縢之匮中，王翼日乃瘳。"清冯浩《樊南文集详注》卷七《太尉卫公会昌一品集序》"藏周旦请代之书"，注："《书金縢》，王有疾弗豫，周公告太王王季文王，史乃册祝曰：'以旦代某之身。'公归，乃纳册于金縢之匮中。"

又，杜佑《通典》卷五十五"告礼"条载："太常问：'今封建诸王，为告庙不？若告，庙册与告诸王同异？祝文同不？当以竹册白简？隶书篆书也？'博士孙毓议：'按尚书洛诰"王命作册，逸祝册，唯告周公其后"。谓成王已冠，命立周公后，作为册书逸诰以告伯禽也。又周公请命于三王，乃纳册于金縢匮中。今封建诸王，裂土树藩，为册告庙，篆书竹册，执册以祝，讫，藏于庙。及封王之日，又以册告所封之王。册文不同。前以言告庙祝文，当竹册篆书，以为告庙册，册之文即祝词也。旧告封王、告改年号，故事，事讫皆当藏于庙，以皆为册书。四时享祀祝文，事讫不藏，故但礼称祝文尺一，白简隶书而已。'"可见，周公的祷疾祝词，后世视为告礼，文体当为"诰"。

四、祷疾的等级化及其他

殷商卜辞中，祷疾的对象主要是天帝、祖灵神，到了春秋战国时期，祷疾的对象开始增多，自然神亦入祷祀行列。前引《左传·昭公七年》载："晋侯疾"，

① 陈经《尚书详解》卷二十六讲："周公既以册文告神毕于是……纳册于金縢匮中，以为周家卜筮之故事。"

韩宣子见郑子产曰:“寡君寝疾,于今三月矣,并走群望,有加而无瘳。今梦黄熊……厉鬼也?”子见曰:“以君之明,子为大政,其何厉之有?昔尧殛鲧于羽山,其神化为黄熊,以入于羽渊,实为夏郊,三代祀之。晋为盟主,其或者未之祀也乎?”于是,“韩子祀夏郊,晋侯有间,赐子产莒之二方鼎”①。杜预注“走群望云”:“晉所望祀山川,皆走往祈祷。”此即祷山川神,以求疾除也。

又《左传·昭公二十六年》记:“王子朝使告于诸侯曰:‘昔武王克殷,成王靖四方,康王息民,并建母弟,以蕃屏周。亦曰:“吾无专享文、武之功,且为后人之迷败倾覆,而溺入于难,则振救之。”至于夷王,王愆于厥身,诸侯莫不并走其望,以祈王身……’”②杜预注:“夷王,厉王父也;愆,恶疾也。”宋林尧叟注:“诸侯莫不徧走祷祀群望之神,以祈王疾之瘳。”皇甫谧《帝王世纪》卷五也记此事:“夷王即位,诸侯来朝。……三年王有恶疾,愆于厥身,诸侯莫不并走群望,以祈王身。”“祀群望,祈王瘳”,“走群望,祈王身”,亦祷山神拯王病矣。

又周礼中设有“女祝”,经文曰:“女祝掌王后之内祭祀,凡内祷祠之事,掌以时,招梗禬禳之事,以除疾殃。”郑玄注:“内祭祀,六宫之中鼈、门、户,祷疾病求瘳也,祠报福。”王与之《周礼订义》卷十三引郑锷曰:“内祭祀则宫中之祭,是事之常也;内祷祠,则疾病之祷,是事之非常也。”贾公彦疏:“依《祭法》王立七祀,有户、鼈、中溜、门、行、泰厉、司命,后亦与王同。今郑直云内祭祀鼈门户者,以其妇人无外事,无行与中溜之等,其鼈与门户人所出入动作有由,后亦当祀之,故言鼈与门户也。案《月令》,春祀户,夏祀鼈,秋祀门,后祀之,时亦当依此也。云祷疾病求瘳也祠报福者,以其后无外事;祷祠又是非常之祭,故知唯有求瘳报福之事也。”贾氏的意思是,女祝主要管宫内王后行施的五祀或七祀中的鼈、门、户三祭,祭旨在祷除疾病或疾殃也。这里,五祀也好,七祀亦罢,祷疾求瘳的对象增多了,且细致化、层级化、礼制化了。

《礼记·祭法》中也讲到五祀七祀,文云:“王为群姓立七祀,曰司命,曰中溜,曰国门,曰国行,曰泰厉,曰户,曰灶。王自立为七祀。诸侯为国立五祀,曰司命,曰中溜,曰国门,曰国行,曰公厉。诸侯自立为五祀。大夫立三祀,曰族厉,曰门,曰行。适士立二祀,曰门,曰行。庶士、庶人立一祀,或立户,或立灶。”③郑玄注:“《士丧礼》曰:疾病祷于五祀。”这里值得注意的是,祟人以病的“厉”,也已经等级化了。孔颖达疏云:“泰厉者,谓古帝王无后者也,此鬼无所依归,好为民作祸,故祀之也。公厉者,谓古诸侯无后者,诸侯称公,其鬼为厉,故曰公厉。族厉者,谓古大夫无后者鬼也,族,众也,大夫众多,其鬼无后者众,故

① 杜预集解《春秋经传集解》上海古籍出版社 1988 年版,第 1294 页。
② 杜预集解《春秋经传集解》上海古籍出版社 1988 年版,第 1541 页。
③ 吕友仁、吕永梅译注《礼记全译孝经全译》,贵州人民出版社 2009 年版,第 648 页。

言族厉。”

又《仪礼注疏》卷四十《既夕礼》中亦讲：“乃行祷于五祀，尽孝子之情。五祀，博言之，士二祀，曰门，曰行。”疏云：“云尽孝子之情者，死期已至，必不可求生；但尽孝子之情，故乃行祷五祀，望佑助病者，使之不死也。”对临终病者行“五祀”，已见人文关怀之色彩①。

另外，包山楚简的卜筮祭祷材料中也有关于司病神的描写，如“司瘳”“司差”都是主管疫疾或病愈的神。“司侘”为司病患之神，其职能与司差类似。

祷疾是用牲的。从卜辞看，卸祭除疾即有牲，如云：“御凡（骩）惠牢。”（《合集》22108），“骩”，是一种骨疾，对之行“卸”祭，用了“牢”。又《韩非子·外储说》载：“秦昭王有病，百姓里买牛而家为王祷。公孙述出见之，入贺王曰：‘百姓乃皆里买牛为王祷。’王使人问之，果有之。王曰：‘訾之人二甲。夫非令而擅祷，是爱寡人也。夫爱寡人，寡人亦且改法而心与之相循者，是法不立；法不立，乱亡之道也。不如人罚二甲而复与为治。’一曰：秦襄王病，百姓为之祷；病愈，杀牛塞祷。郎中阎遏、公孙衍出见之，曰：‘非社腊之时也，奚自杀牛而祠社？’怪而问之。百姓曰：人主病，为之祷；今病愈，杀牛塞祷。’阎遏、公孙衍说，见王，拜贺曰：‘过尧、舜矣。’王惊曰：‘何谓也？’对曰：‘尧、舜，其民未至为之祷也。今王病而民以牛祷，病愈，杀牛塞祷，故臣窃以王为过尧、舜也。’”韩非记了两种说法，都说百姓为王祷病用到牛。

五、先进知识分子的观点

到春秋战国时期，文化精英阶层对祷病于鬼神已不是置信毋疑，他们有自己的思考。

《左传·昭公二十年》载：“齐侯疥，遂痁，期而不瘳，诸侯之宾问疾者多在。梁丘据与裔款言于公曰：‘吾事鬼神丰，于先君有加矣。今君疾病，为诸侯忧，是祝史之罪也。诸侯不知，其谓我不敬。君盍诛于祝固、史嚣以辞宾？’公说，告晏子。晏子曰：‘日宋之盟，屈建问范会之德于赵武。赵武曰：“夫子之家事治，言于晋国，竭情无私。其祝史祭祀，陈信不愧。其家事无猜，其祝史不祈。”建以语

① 朱熹在讨论子路为孔子祷疾时说：“问：‘疾病而祷，古人固行之矣。然自典礼之亡，世既莫知所当致祷之所，缁黄巫觋始以其说诬民惑众，而淫祀日繁。今欲一切屏绝，则于君父之疾，无所用力之际，不一致祷，在臣子之心必有慊然不足者。欲姑随世俗而勉焉为之，然吾心既不以为然，亦必不能于此自致其诚，况于以所贱事君亲欤！然则如之何而可？’曰：‘今自是无所可祷。如仪礼五祀，今人寻常皆不曾祀。又寻常动是越祭，于小小神物，必以为祭之无益。某向为郡祷旱时，如旧例醮祭之类，皆尝至诚为之。但才见张天师，心下便不信了。’”（宋黎靖德《朱子语类》卷第三十四，明成化九年陈炜刻本）

康王，康王曰：“神人无怨，宜夫子之光辅五君，以为诸侯主也。”’公曰：‘据与款谓寡人能事鬼神，故欲诛于祝史。子称是语，何故？’对曰：‘若有德之君，外内不废，上下无怨，动无违事，其祝史荐信，无愧心矣。是以鬼神用飨，国受其福，祝史与焉。其所以蕃祉老寿者，为信君使也，其言忠信于鬼神。其适遇淫君，外内颇邪，上下怨疾，动作辟违，从欲厌私。高台深池，撞钟舞女，斩刈民力，输掠其聚，以成其违，不恤后人。暴虐淫从，肆行非度，无所还忌，不思谤讟不惮鬼神，神怒民痛，无悛于心。其祝史荐信，是言罪也。其盖失数美，是矫诬也。进退无辞，则虚以求媚。是以鬼神不飨其国以祸之，祝史与焉。所以夭昏孤疾者，为暴君使也。溲再辕稼鬼神。’公曰：‘然则若之何？’对曰：‘不可为也：山林之木，衡鹿守之；泽之萑蒲，舟鲛守之；薮之薪蒸，虞候守之。海之盐蜃，祈望守之。县鄙之人，入从其政。逼介之关，暴征其私。承嗣大夫，强易其贿。布常无艺，征敛无度；宫室日更，淫乐不违。内宠之妾，肆夺于市；外宠之臣，僭令于鄙。私欲养求，不给则应。民人苦病，夫妇皆诅。祝有益也，诅亦有损。聊、摄以东，姑、尤以西，其为人也多矣。虽其善祝，岂能胜亿兆人之诅？君若欲诛于祝史，修德而后可。’公说，使有司宽政，毁关，去禁，薄敛，已责。”①齐景公患疟疾，信小人言，要杀巫职人员出气，说他们祷祈无功；晏子以为关键是君主自己的德，德行不修，鬼神贻祸，祝史亦无奈，杀他们有什么用（杜预注：“言非诛祝史所能治”）？晏子这里没有否定鬼神得存在，而把君王的得病视为天之示警及鬼神祸之，从这个意义上，巫史的祷疾就显得“虚词求媚”“僭嫚于鬼神”了；此正林尧叟注所谓“是大祝大史不能荐美，以祈鬼神之佑也”，“以其为暴虐之君所使，是以与受其祸，其（祝史）所以告于鬼神者，皆不信欺嫚之言也。”这也就是说，祷疾也要建立在人的实际德业之上，否则，无效也。

又《论语·述而》亦记：“子疾病，子路请祷（苞氏曰：祷，祷请于鬼神也）。子曰：‘有诸？’（周生烈曰：言有此祷请于鬼神之事乎也？）子路对曰：‘有之。《诔》曰：‘祷尔于上下神祇。’对曰：‘丘之祷久矣。’”②孔子病，子路想为他祈祷，孔子的真实想法是，如果祈祷有用的话，那早就祈祷啦！从孔子的语意看，他对祷疾之事是持怀疑态度的。皇侃析之云：“孔子疾甚，故子路请于孔子欲为孔子祈求福也。云‘子曰有诸者’，诸，之也。孔子言死生有命，不欲有祷，故反问子路有此祷请之事乎？心不许也。”《朱子语类》卷第三十四“子疾病章”条亦论：“子路请祷，子曰有诸，要知子路所以请祷之意，是如何审一审，看他意思著落再说来，卻转动不得，方好说与他，或问有祷之理否？曰子路说祷尔于上下神只便是有此理，子路若要祷，但在我不用祷耳。”皇侃、朱子的理解是对的，孔子

① 杜预集解《春秋经传集解》，上海古籍出版社1988年版，第1459页。
② 杨伯峻译注《论语译注》，中华书局1980年版，第76页。

对祷疾事“心不许也”,“我不用祷耳”。

管子书中亦批判到巫医祷求鬼神,《权修》篇中说:“上恃龟策,好用巫医,则鬼神骤祟。”①按照巫医的观念,人之病乃鬼神作祟而起,君上迷信于巫医,遂使人们一遇疾病即祷于鬼神。这样,导致的结果反倒使鬼神这种虚幻的东西昌骤兴盛起来了。

《左传·昭公元年》载:“晋侯有疾,郑伯使公孙侨如晋聘,且问疾。叔向问焉,曰:‘寡君之疾病,卜人曰“实沈、台骀为祟”,史莫之知。敢问此何神也?’子产曰:‘昔高辛氏有二子,伯曰阏伯,季曰实沈,居于旷林,不相能也,日寻干戈,以相征讨。后帝不臧,迁阏伯于商丘,主辰。商人是因,故辰为商星。迁实沈于大夏,主参,唐人是因,以服事夏、商。其季世曰唐叔虞。当武王邑姜方震大叔,梦帝谓己:“余命而子曰虞,将与之唐,属诸参,而蕃育其子孙。”及生,有文在其手曰虞,遂以命之。及成王灭唐,而封大叔焉,故参为晋星。由是观之,则实沈,参神也。昔金天氏有裔子曰昧,为玄冥师,生允格、台骀。台骀能业其官,宣汾、洮,障大泽,以处大原。帝用嘉之,封诸汾川,沈、姒、蓐、黄实守其祀。今晋主汾而灭之矣。由是观之,则台骀,汾神也。抑此二者,不及君身。山川之神,则水旱疠疫之灾,于是乎禜之。日月星辰之神,则雪霜风雨之不时,于是乎之。若君身,则亦出入饮食哀乐之事也。山川星辰之神,又何为焉?’”子产详叙了实沈、台骀二神的原本世家,指出侯之疾于他们没啥关系,有关系的倒是侯自身的饮食哀乐之事,它们乃疾之源也。晋侯听了,甚佩服子产的渊博。

《墨子》:“子墨子有疾。跌鼻进而问曰:‘先生以鬼神为明,能为善福……今先生,圣人也。何故有疾?’子墨子曰:‘虽使我有病,何遽不明!人之所得于病者,多方有得之。有得之寒暑,有得之劳苦,百门而闭一门焉,则盗何遽无从入?’”②墨子这里没有否定鬼神是致病之由,但他用喻语来表达了多方位的思想,即:病之门有“百”,鬼神仅“一门”耳,切不可以此“一门”,而盲视其余众端也。这种“病有百门”之喻比起仅鬼神致病的“一门”之论,当然是进步了。

《荀子·天论篇》云:“凡人有鬼也,必以其感忽之间疑玄之时正之,此之所以无有而有之而有无之时也,而已正事,故伤于湿而痹,痹而击鼓烹豚,则必有敝鼓丧豚之费矣,而未有愈疾之福也。”③王先谦集解:“无有,谓以有为无也,有无,谓以无为有也,此皆人所疑惑之时也。”“故伤于湿而击鼓,鼓痹则必有敝鼓丧豚之费矣,而未有俞疾之福也。……痹,冷疾也,伤于湿则患痹,反击鼓烹豚以祷神,何益于愈疾乎?郝懿行曰:伤于湿而病痹,击鼓鼓之无损于疾,徒取费

① 谢浩范、朱迎平译注《管子全译》,贵州人民出版社2009年版,第25页。

② 周才珠、齐瑞端注《墨子全译》,贵州人民出版社2009年版,第468页。

③ 荀况著,蒋南华、杨寒清译注《荀子全译》,贵州人民出版社2009年版,第387页。

耳。此言愚惑之蔽。王念孙曰：自鼓痹以上，脱误不可读，似当作：故伤于湿而痹，痹而击鼓烹豚，则必有弊鼓丧豚之费矣，而未有俞疾之福也。杨云：伤于湿则患痹，反击鼓烹豚以祷神，何益于愈疾乎？是其证。"

荀子的意思是，人疑有鬼而致其痹疾、遂击鼓烹豚以祷之，其实即"无有而有之"也，是感忽之间生成之幻念也，非但不能救病，且徒费人力物力矣。

《韩非子·解老》中亦涉及鬼祟致疾的人鬼关系，云："人处疾则贵医，有祸则畏鬼。圣人在上，则民少欲；民少欲，则血气治而举动理；举动理则少祸害。夫内无痤疽瘅痔之害，而外无刑罚法诛之祸者，其轻恬鬼也甚。故曰：'以道莅天下，其鬼不神。'治世之民，不与鬼神相害也。故曰：'非其鬼不神也，其神不伤人也。'鬼祟也疾人[①]之谓鬼伤人，人逐除之之谓人伤鬼也。……上不与民相害，而人不与鬼相伤，故曰：'两不相伤。'……民蕃息而畜积盛。民蕃息而畜积盛之谓有德。凡所谓祟者，魂魄去而精神乱，精神乱则无德。鬼不祟人则魂魄不去，魂魄不去而精神不乱，精神不乱之谓有德。上盛畜积而鬼不乱其精神，则德尽在于民矣。"[②]在韩非看来，鬼祟使疾入人身与人因患疾而祷病逐鬼两种情况，都是因为没有德治的状态造成的。君上若是"圣"者，社会秩序形成"治世"，民能蕃息富足，"血气治"而"无痤疽瘅痔"之疾，鬼就被人们"轻"之（"以道莅天下，其鬼不神"），就不会产生受鬼祟疾的心理病疖，也不会用祷禳法去除鬼；这样，人鬼就处于"两不相伤，德交归"的境地了。韩非这里没有否认鬼祟致疾、人禳鬼祛疾之现象的存在，只是站在德治的高度，希望消除之，其立脚点是有"圣人在上"，下"民蕃息"。这也就是说，从鬼祟除疾的侧面，韩非子牵出了他的社会理想。

六、逐疫仪节

由于先民将疾疫及瘟病看作由疫鬼带来的，只有把疫鬼驱逐开去，病疫才能止息，故上古时即已形成专门的逐疫仪节。傩便是一种。《周礼》"占梦"条云："遂令始难欧疫。"郑玄注："令，令方相氏也。难，谓执兵以有难却也。方相氏蒙熊皮，黄金四目，玄衣朱裳，执戈扬盾，帅百隶为之欧。疫，厉鬼也。"贾公彦疏："杜子春云：难读为难问之难者，以其难去疫疠，故为此读；又引月令云，季春之月命国难。案，彼郑注：此月之中，日行历昴，昴有大陵积尸之气，气佚则厉鬼随而出行，故难之。"这是说由方相氏行傩，欧驱疫鬼。疫鬼去则疫疠消。所以

① 王先慎《韩非子集解》卷六引王渭曰："鬼祟也疾人"，"也字衍，'鬼祟疾入'四字作一句。"甚是。
② 《韩非子》校注组《韩非子校注》，江苏人民出版社 1982 年版，第 195 页。

在本月行事者，盖因此月中“有大陵积尸之气”，厉鬼往往随“尸气”出，故于是月“傩却”之。《礼记·月令》中也说：“天子居玄堂右个，乘玄辂，驾铁骊，载玄旗，衣黑衣，服玄玉，食粟与彘，其器闳以奄，命有司大难旁磔，出土牛，以送寒气。”①郑玄注：“此难，傩阴气也。难阴始于此者，阴气右行，此月之中日历虚危，虚危有坟墓四司之气，为厉鬼将随强阴出害人也。旁磔于四方之门，磔，禳也，出，犹作也，作土牛者，丑为牛，牛可牵止也。送，犹毕也。”依然是坟墓阴气使厉鬼随之而出祸疾于人的缘故，遂行傩镇之，并做土牛将它们牵送走；犹后世之送瘟神也。

又《周礼·夏官》也说方相氏：“掌蒙熊皮，黄金四目，玄衣朱裳，执戈扬盾，帅百隶而时难，以索室驱疫。”②宋王与之《周礼订义》引郑锷曰：“熊之为物猛而有威，百兽畏之，蒙熊皮所以为威也。金，阳刚而有制，用为四目以见刚明，能视四方疫疠所在，无不见也。”王志长《周礼注疏删翼》卷二十也道：“黄金四目，取其视无不见也。黄，中色，金则刚而明，刚中而明，足以察见阴慝也。”按郑锷、王志长的理解，行傩时戴黄金四目的面具，亦是为了察识四处躲藏着的疫鬼疠魅以便逐诛之，使其远遁也。

皇侃《论语义疏》卷五《乡党》篇云：“乡人傩，（孔子）朝服而立于祚阶。”③何晏作注说：“孔安国曰：傩，驱逐疫鬼也，恐惊先祖，故朝服立庙之阼阶也。”④皇侃疏云：“乡人傩者，傩者逐疫鬼也。为阴阳之气不实时退，疫鬼随而为人作祸，故天子使方相氏黄金四目、蒙熊皮、执戈杨楯，玄衣朱裳，口作‘傩’‘傩’之声，以驱疫鬼也。一年三过为之，三月八月十二月也。”依皇侃说，一年之中要三傩阴阳疠气及疫鬼，此“乡人傩”乃三月份之傩耳⑤。孔子朝服而立，也反映了他对与逐疫的诚敬态度⑥。

（王政，淮北师范大学文学院教授；路皓丽，文学硕士，新乡幼儿师范学校助教。）

---

① 吕友仁、吕永梅译注《礼记全译孝经全译》，贵州人民出版社2009年版。

② 阮元《十三经注疏》影印本，中华书局1980年版，《周礼注疏》卷三十一，第851页。

③ 杨伯峻译注《论语译注》，中华书局1980年版，第105页。

④ 杨伯峻译注《论语译注》，中华书局1980年版，第105页。

⑤ 蔡节《论语集说》卷五引白石钱氏云：“礼之有傩所以驱禳厉气也。朝服以临之，示敬也。阼阶，庙之东阶也。《礼记》曰：‘朝服立于阼，存室神也。’盖虑祖考之灵，或有恐怖，欲其依已而安也。”按此，孔子是置信祖考之灵存在的，且在傩事中有意护着他们。

⑥ 宋赵顺孙《四书纂疏·论语纂疏》卷五云：“傩虽古礼而近于戏，亦必朝服而临之者，无所不用其诚敬也。辅氏曰：傩以驱疫，虽近于戏，然我以为有则有矣；故必尽其诚敬以临之。或曰：恐其惊先祖五祀之神欲其依已而安也。”

《闲情野史风流十传》的编者及其编纂时间考论

陈国军

《闲情野史风流十传》(以下简称《闲情野史》),为海内孤本传世。书凡八卷,前有未署撰写时间的“华亭陈继儒题”、万历庚申花朝日(四十八年二月二十二日,1620)“闲云外史顾庭宠题”、万历庚申春二月载魄生(四十八年二月十六日,1620)“韩敬题”三序。次八卷目录,依次为《钟情丽集》[①]《双双传》《三妙传》《天缘奇遇》《娇红传》《三奇传》《融春集》《五金鱼传》。此书原为大河内氏旧藏,书前有长泽规矩也题记曰:“天下孤本。大河内氏旧藏,予之于村口书肆肆得,北平□□金镶玉装装订□□”[②]1929 年 10 月,为长泽规矩也所购。据黄仕忠《长泽规矩也中国访书考记》记载:

> 是年(昭和四年,1929)十月初,长泽规矩也从北京归国。十一日,在归宅途中,见到村口书房的书目,有高崎藩大河内氏散出之书,其中戏曲小说之多,令人吃惊,立即赶去。但神山润治等人先到,已经买下了《水浒》和奚疑斋的写本等。所以,长泽只能在残剩书籍中,选购了十种书籍,价钱不足百元。其中有明崇祯刊孟称舜的《二胥记》传奇二卷三十出、万历刊本陈继儒评《风流十传》八卷等三种孤本。这些戏曲小说类尚是廉价,因为长泽曾从文求堂购买孟称舜的明崇祯刊本《新镌节义鸳鸯冢娇红记》二卷,花了百六十元。此本与宣德刊《娇红记》,即双红堂之名的由来。《二胥记》和《风流十传》两书,次年携到北京保萃斋以金镶玉重装[③]。
>
> 现庋藏东京大学东洋文化研究所。

由于现存《闲情野史》书衣题签俱已遗失[④],因此,此书原名及作者,无法从作品文本中直接获得。本书的收藏者长泽规矩也依据据书中陈继儒的序言,将书命名为《闲情野史风流十传》,编辑者定为陈继儒。陈继儒之所以为本书的编

① 正文题署“陈眉公先生批评钟情集卷之一”,东京大学东洋文化研究所藏《风流十传》。

② 东京大学东洋文化研究所藏《闲情野史》扉页四,本文所引八种传奇,均出自本书。

③ 黄仕忠《长泽规矩也中国访书考记》,2010 年 3 月 16 日、3 月 18 日《南方都市报》。

④ 《闲情野史》解题前有“名公批评俱备像尾”,书中并未见所谓图像,因此,所失者不惟“书衣题签”。

者,主要的根据为陈继儒所写序言,以及书中各卷卷端"陈眉公先生批评×××传卷×"的署名。

陈继儒是否为《闲情野史》的编者,学者素有疑焉。较早著录此书的孙楷第言:

其书是否即继儒所编,亦未易断定。当万历之季,继儒名满天下,以处士与公卿抗衡,书肆假借名号,所刻小说杂书,往往书陈继儒先生批评,或伪制继儒序冠于卷首,真伪混淆,不一而足,今日既无从审核,可以置而不论。且书之善否,视其本书如何,不在乎序评之人,似此戋戋小节无足轻重,亦不必置论也①。

谭正璧《日本所藏中国佚本小说述考》亦称:"此书为编辑旧有传奇小说而成,不是创作。编者何人,亦已不可考。"②

现存《闲情野史》文本,不支持陈继儒编者和删定者说。据陈继儒所作序文"客座所述《闲情野史风流十传》","十传不风而流",则此书为"客"所述,包含"十传"。顾庭宠序称"咋睹陈仲醇所删八传",与陈序所言"十传"卷数有歧。另从书前完整保存的《解题》看,本书就是八卷而非十卷。《钟情丽集》后的解题,看是一篇小说的解题,实则总括了本书的八篇小说:"盖因情以减性,如申娇者,不可谓之钟情;因势迫以穷情,如双双者,不得谓之钟情;势顺情全,如苏潘者,情不必钟也。若色恋情流,如祁生、古生、吴生、白生者,情不一钟也。"作为小说的编辑者,不清楚本书的确切卷数是不可想象的,陈继儒不可能是本书的编辑者。陈继儒也不是本书的删定者。本书第三卷《三妙传》书前解题有言:"以后数传,予一一删定,不待赘矣";卷一《钟情集》传后跋语,在考论《钟情集》小说作者可能是丘玉峰后,有言:"此说,予不敢证,姑存之,以俟识者。予名金镜,字荣成侯,居小郏巷",则所谓删定者也非陈继儒。

《闲情野史》解题中,明确地表述"予名金镜",因此,薛洪勣认为此书的编者当为金镜。薛洪勣于1995年第一期的《社会科学战线》、1998年的《传奇小说史》、2004年《中国文言小说家评传》中,反复申论其说:

"此书当为金镜所编……金镜当是陈氏的门客,他所居的小郏巷,当在华亭县城内。""金镜是此书的编辑者,至少是主要编辑者。至于'陈仲醇所删''陈眉公批评'等语,那多半是书商假借名人以谋利的伎俩,这是明末的一种风气……金镜可能不甘心被书商所埋没,因此在跋语中特意将自己的姓名、表字、

① 孙楷第《戏曲小说书录解题》,人民文学出版社1990年版,第23页。
② 谭正璧《日本所藏中国佚本小说考述》,知行编译社1945年版,第18页。

居里都明确地告知读者。客观上，也为后世的小说研究者提供了一条十分重要的信息。”①

1997年，台湾学者陈益源在《元明中篇传奇小说研究》中亦称：“《风流十传》，仅见八卷，标榜‘陈眉公（继儒）先生批评’，实际编纂删定者另有其人，可能是金镜（字容成侯）”②

薛洪勣、陈益源用以断定小说的编辑删定者的依据，均为书前小序、书前解题及传后跋语。其实从文本出发，书前的陈继儒的序文，以及所谓陈继儒的编辑、删定、批评，都是不可靠的。就连韩敬的序，也有作伪之嫌。韩敬，字简与，号求仲，因师事汤宾尹，成万历庚辰（三十八年，1610）科状元，授翰林学士，万历四十年（1612），科场事发，引发党争，以“不谨”例，韩敬冠带闲住七年。万历四十六（1618）年，韩敬上“孤臣奇冤久郁”疏，万历四十七年三月，因为“无关节，准与昭雪，官评吏部，另议以闻”③，“原任修撰韩敬，降二级，调南京别衙门用。”即使如此，泰昌元年（1620）九月，工科给事中惠世扬仍上疏纠察“原任巡按直隶御史刘廷元，言其受韩敬、王士奇、沈蒸行惠，为之关说，廷元疏辩章，下部院。”万历四十八年二月，韩敬在官南京，虽科举之冤得雪，而党争之事正剧，此时此情，韩敬为《闲情野史》撰写序言的可能性是非常微小的。此书之所以盗用韩敬之名，恐是借用他的状元大名，以及他在科考选文上的盛名。金镜之为学者考订为本书的编辑、删定者，根本的因素是因为卷一《钟情集》传后跋语：“此说，予不敢证，姑存之，以俟识者。予名金镜，字荣成侯，居小郏巷”。所谓金镜其人，以及他的表字“荣成侯”，来源于司空图的《荣成侯传》④，是一个如同乌有、子虚、亡是之类的托名，《闲情野史》的编辑者另有其人。

冯梦龙出版于天启七年（1627）的《太霞新奏》卷五，在收录王骥德《哭吕勤之》后，有一段评述：

> 勤之工于词曲，予唯见其《神剑记》，谱阳明先生事。其散曲绝未见也，当为购而传之。伯良《曲律》中盛推勤之至，并其所著《绣榻野史》《闲情野史》，皆推为绝技。余谓勤之未四十而夭，正坐此等口业，并不足述也⑤。

文中所言“伯良《曲律》中盛推勤之云云”，出自于明天启四年（1624）所刊

① 薛洪勣《陈继儒、金镜和〈闲情野史〉》，《社会科学战线》1995年第1期，第199页。

② 陈益源《元明中篇传奇小说研究》，雪峰文化事业公司，1997年12月，第8页。

③ （明）温体仁等纂修《明神宗实录》卷五七九，中央研究院历史语言研究所刊本。

④ 参见祖宝泉、陶天礼笺校《司空表圣诗文集笺校》，安徽大学出版社2002年版，第182—183页。

⑤ 《冯梦龙全集·太霞新奏》，上海古籍出版社1993年版，第72页。

王骥德《曲律》卷四：

郁蓝生吕姓，讳天成，字勤之，别号棘津，亦余姚人，太傅文安公曾孙，吏部姜山公子……勤之童年便有声律之嗜，既为诸生，有名，兼工古文词。与予称文字交，垂二十年。每抵掌谈词，日仄不休……所著传奇，始工绮丽，才藻煜然。后最服膺词隐，改辙从之，稍流质易。然宫调、字句、平仄，兢兢毖慎，不少假借。词隐生平著述，悉授勤之，并为刻播，可谓尊信之极，不负相知耳。勤之制作甚富，至摹写丽情亵语，尤称绝技。世所传《绣榻野史》《闲情别传》，皆其少年游戏之笔①。

王骥德《曲律》和冯梦龙《太霞新奏》两书记载的吕天成所撰两种小说，《绣榻野史》两者记载一致，另一种小说，一言《闲情别传》，一称《闲情野史》。题名《闲情别传》的小说集，目前所知，无版本传世，基本丧失了探究的意义。吕天成与小说集《闲情野史》的关系，成为我们下一步探索的主体。

吕天成与《闲情野史》的关系，可以从以下三个方面探讨：一是吕天成《曲品》与《闲情野史》的关系；二是吕天成《绣榻野史》与《闲情野史》的关系；三是现存《闲情野史》的删改与吕天成的文学理念的关系。

吕天成《曲品》所载212种戏曲作品中，与《闲情野史》八篇传奇小说有关的戏曲作品共有四种，它们分别是：

（一）卷下　具品三　《娇红》沈寿卿作

此传虞伯生所作，而沈翁传以曲，词意俱可观。以申、娇之不终合也而合之，诚快人意。第本传中有娇之妒红，红之讦娇，生之惑鬼，娇之远别，种种情态，未经描写，殊未快意，安得清远道人传此，以极其情之必至乎？②

（二）卷下　钱海屋所著传奇一本《忠节》

此小说中《怀春雅集》也，风情而近古板者。此君学甚富，每以古人姓名叶韵，不一而足，亦是别法③。

（三）卷下　程叔子所著传奇二本《玉香》

此据《天缘奇遇记》而谱之者。人多攒簇得法，情景亦了了，故是佳手。别有《玉如意记》，亦此事，未见④。

（四）卷下　赵心云所作传奇二本《画莺》

此《钟情丽集》辜辂事，乃邱文庄公所撰少年遇合事也。此事可传，而发之

① 《中国古典戏曲论著集成》第四册，中国戏剧出版社，1980年，页172。
② 吴书荫《曲品校注》，中华书局1994年版，第193页。
③ 吴书荫《曲品校注》，中华书局1994年版，第309页。
④ 吴书荫《曲品校注》，中华书局1994年版，第315页。

未透快①。

从《曲品》叙录上述四种传奇作品看，吕天成对《娇红记(传)》、《怀春雅集》、《天缘奇遇记》、《钟情(丽)集》充分熟稔，而此四种，占了《闲情野史》的一半。

艳情小说《绣榻野史》是吕天成"少年游戏之笔"。种德堂刊本前有署时"戊申(万历三十六年，1608)秋日"的五陵豪长《绣榻野史小序》言："客手一传来，曰'淫传也。'予曰：'传景以《如意》为神奇，传情以《娇红》为雅妙，他无取也'"，又言："斯传(《绣榻野史》)殆扩《如意》而娇《娇红》者"，明确地指出《绣榻野史》是在《如意君传》和《娇红记》影响之下产生的一部小说作品。在《绣榻野史》正文中也提及了另外一篇中篇传奇小说《三妙传》：

> 只见房里靠东壁边，挂着一幅仇士洲画的美人儿，就如活的一般，大里看了，道："这倒就好做你的行乐图儿。"把一张苏州水磨的长桌挨了画儿，桌子上摆着许多古董，又摆着《如意君传》《娇红记》《三妙传》，各样的春意图儿。

不仅如此，《三妙传》的一些情节对《绣榻野史》具有一些可见的影响②。

《闲情野史》是一部选集，所收八篇传奇小说，均出自他人之手，但在《闲情野史》中，编辑者对八篇小说均做了程度不同的删改工作，如与林本《燕居笔记》收录的一万八千字的《娇红记》为标准，《闲情野史》删去了八千字；与《国色天香》本收录的《钟情丽集》二万七千言为标准，《闲情野史》删去了一万字；与《国色天香》本收录的《天缘奇遇》二万三千言为标准，《闲情野史》删去了六千字等③。《闲情野史》的删改工作主要是删除人物背景性的介绍、词牌名和部分诗词、连接性的副词等，但总体原则是依违原作，在人物、事件、情节发展等方面，并未有大的改动、移除④，《闲情野史》中的小说与原作相比，犹如一个删节本。在《闲情野史》八篇小说中，《五金鱼传》和《双双传》为独有收录的小说作品，缺失原文比勘，其改动程度，可存而不论。如此，则《融春集》的改动，在小说编者的认定上，具有一定的指标意义。《融春集》虽以《怀春雅集》故事为叙述框架，但"改变了故事时代、地点、人物姓"，且删改特盛。小说所增加的书童戏桂英、崔琼魂归苏生及归葬南山等，袭用了《娇红记》《刘生觅莲记》等小说固有叙述套路，将此前中篇传奇小说的若干场面和诗词、藻绘，剪裁与化用。出于对小说

① 吴书荫《曲品校注》，中华书局1994年版，第349页。

② 见陈俊宏《吕天成〈绣榻野史〉研究》，台湾东吴大学中国文学系1981年硕士论文。

③ 见陈益源《元明中篇传奇小说研究》，第28页、第71页、第202页。

④ 《双双传》据跋语，与原本有较大的改动，但因原本缺失，无以比勘，存而不论。

“风情而近古板”的不满，作者欲增添风情，而简约古板，使得小说更加具有戏曲张力和曲折性，对《融春集》大动手脚，使得小说成为与《怀春雅集》差异甚大的“一个新的故事”。换句话说，小说的删定者有意识地借鉴了他所知道的中篇传奇小说的情节、诗词和叙事套路，以戏曲的路数来改变作品古板式的风情故事，而有此想法的人，就是“有声律之嗜”的吕天成。

《闲情野史》所收八篇小说，分布于元明中篇传奇小说发展的四个不同时期①，其中《双双传》的收录，使得我们对《闲情野史》的编辑时间的考证，找到了一个支点。《双双传》的成书、刊行时间，在万历二十年(1592)到万历二十四年(1596)之间，《闲情野史》得以删改《双双传》，此为上限。又《闲情野史》为吕天成编辑《曲品》的衍生物，据《曲品自叙》：“壬寅岁，曾著《曲品》，然惟于各传奇下着评语，意不尽，亦多未当，寻弃去。十余年来，予颇为此道所误，深悔之，谢绝词曲，技不复痒。今年春，与吾友方诸生剧谈词学，穷工极变，予兴复不浅，遂趣生撰《曲律》……予归检旧稿犹在，遂更定之……各著论评，析为上下二卷”，署名“万历庚戌嘉平日，东海郁蓝生书于山阴樛木园之烟鬟阁”，据此知，《曲品》初稿成书于万历三十年(1602)、定稿于万历三十八(1610)②。又《闲情野史》为吕天成“少年游戏之笔”，则《闲情野史》当编成于万历二十四年至万历三十年间，此时吕天成当十八岁至二十三岁间。

出于对戏曲本事的考证，吕天成在撰写他的戏曲著作《曲品》过程中，积累了至少八种以上的中篇传奇小说作品，这为他把中篇传奇小说本事与戏曲作品的比较提供了文本基础；与此同时，在撰写的《绣榻野史》中，吕天成有意地参考、化用了部分中篇传奇小说的技法和套数；出于对部分中篇传奇小说作品的技法的不满，吕天成又对这些作品按照戏曲的文学冲突与张力，进行了删改。因此，可以说《闲情野史》八卷，应当是吕天成撰写《曲品》过程中的副产品。

（作者：陈国军，中国武警学院基础部教授、博士，065000）

① 陈国军《明代志怪传奇小说研究》第四章第四节《中篇传奇小说的发展历程与历史定位》，天津古籍出版社2006年版，第292—321页。

② 《曲品自叙》的署时，有两说：一是“万历庚戌嘉平日”，如中华书局藏清初钞本、北京大学图书馆藏清钞本、暖红室刻本、吴梅校本、曲苑本、《中国古典戏曲论著集成》等；二是“万历癸丑清明日”，如杭州杨文莹丰华堂藏乾隆辛亥杨志鸿钞本。本书采前说。参见吴书荫《曲品校注》，中华书局1990年版，第1—2页；徐朔方《晚明曲家年谱》，浙江古籍出版社1993年版，第267页、276页。

程敏政文学性著述纪要

郭全芝

程敏政(1445—1499)系明代著名文献学家、理学家和文学家。字克勤,号篁墩、篁墩居士、篁墩老人、留暖道人。徽州休宁人,后居歙县篁墩(今黄山市篁墩),时人称为程篁墩。其生平事迹,主要见于《明史》本传、明焦竑《国朝献征录》,及《徽州府志》《休宁县志》等,何庆善、于石点校《新安文献志》(黄山书社2004年版)附录里集中收录了有关程敏政生平的材料。

程敏政出身官宦之家,父亲是南京兵部尚书程信。敏政幼时就表现出超常的聪慧,很早即入仕途。10岁那年随父在四川居住,为巡抚罗绮以"神童"荐举。英宗皇帝召入朝试,敏政作诗撰论都得到英宗激赏,于是诏令其于翰林院就读,并给俸禄。他还受到学士李贤、彭时的看重,后来李贤将女儿嫁与他为妻。宪宗成化二年(1466),程敏政年仅22岁即以进士第二及第,授翰林院编修。遂在朝廷参与编写《英宗实录》。成化九年(1473),升侍讲,为经筵讲官。后又编修《续资治通鉴纲目》,书成,升左春坊左谕德,充东宫讲读官。孝宗皇帝继位,程敏政被提拔为詹事府少詹事兼翰林院侍讲学士,侍文华殿日讲。

程敏政在翰林中以学识渊博著称,《明史》本传云:"翰林中,学问该博称敏政,文章古雅称李东阳,性行真纯称陈音,各为一时冠。"①因才高自负,常俯视同侪,至受人嫉恨。这年——孝宗弘治元年(1488)冬天,御史王嵩等人借雨灾弹劾敏政,使之被迫致仕。弘治六年(1493)被召重新入职,不久升任太常寺卿,掌院事。负责内阁诰敕事务。两年后因丁母忧,离职。服阕还京,路上即转詹事兼翰林院学士。入朝之后,又进礼部右侍郎,侍皇太子讲读。但弘治十二年(1499)又遭人诬陷下狱。当时他与李东阳主持会试,举人徐经、唐寅预作文,与试题相合。于是给事中华昶即弹劾程敏政鬻题。尽管李东阳等人奉旨覆校,发现徐、唐二人卷并不在录取之列,李东阳据实上奏,但言者仍然坚持己见。最终程敏政、华昶、徐经、唐寅俱被捕入狱。虽经查实华昶所劾为诬,敏政被释,仍深感愤恚,出狱四月即发痈而卒。朝廷追赠礼部尚书。

程敏政读书勤奋,为人"秀眉长髯,风神清茂,善谈论,性复疏,于书无所不

---

① 见《二十五史·明史·文苑传》,上海古籍出版社、上海书店1986年版,第800页。

读,文章为时辈所推"[①]。于学问、思想,特别服膺程朱。程敏政一生主要事迹即研究经学尤其是理学、编撰著述、考订、讲读,声名卓著。其弟子李汛谓其为"一代人豪"。指"文翰虽其余事,而抱负之宏、造诣之邃,盖将于是乎征"。又细论其成就云:"万言应事一策,敷匡时之大略;宋纪受终一考,订千古之大疑;续修宋、元鉴,谨严得《春秋》之大旨;附注《心经》,考合朱、陆之道,则又深探理学之大原……此皆先生学识之过人,足以济时而淑世,不但华国而已。"[②]

程敏政著述丰富,据其好友李东阳《篁墩文集原序》记载[③],他名下有《篁墩集》《皇明文衡》《瀛贤奏对录》《新安文献志》《咏史集解》《宋遗民录》《程氏遗范集》《程氏宗谱》《宋纪受终考》及《篁墩集》等,另外还有经学著述《道一编》《心经附注》、方志《休宁志》等,总共三百余卷。现存程敏政编著书籍有:《篁墩程先生文集》明刻本、四库全书本(此本名"篁墩文集"),《篁墩诗集》明刻本,《心经附注》明刻本、四库全书存目丛书本,《休宁陪郭程氏本宗谱》明刻本,《宋纪受终考》四库全书存目丛书本,《宋遗民录》知不足斋丛书本、四库全书存目丛书本、笔记小说大观本、《明文衡》明刻本(四部丛刊本据此本影印)、四库全书本,《唐氏三先生集》四库全书存目丛书本,《程氏贻范集巳集诗词》明刻本,《咏史集解》四库全书存目丛书本,《道一编》四库全书存目丛书本,《新安文献志》明刻本、四库全书本。其中,不乏文学性著述,但以《篁墩集》《明文衡》《新安文献志》三种最为人看重。《篁墩集》是程敏政的诗文集;《明文衡》是程敏政主编的断代文集,收录明初作品;《新安文献志》则为地方总集,收录历史上曾出现过的徽州地区作家作品或外地纪录徽州作家事迹的著述。三种著述体现了程敏政的创作成果和选文编撰的见解及成就。

《明文衡》,原名"皇明文衡",为明代三大诗文总集之一(另两部为清人所编《明文海》《明文在》)。《四库》本为九十八卷。王重民指出,明嘉靖间宗文堂重刻本为一百卷,但原书仅九十八卷,其卷九十九及一百为补缺,大概是校刻时用以补原编有目无文者;《四部丛刊》即据宗文堂本影印。故宗文堂重刻本为足本。此书系程敏政编辑的明代文人作品集,收录对象为产生于洪武以后、成化之前文作。是编以文为主,但也收录楚辞体、乐府等韵文。全书仿《玉台新咏》体例,按文体编次,分三十八体,首为诸臣代皇帝所撰诏、制等文,其后依次为赋、骚、乐府、琴操、表笺、奏议、论、说、解、辨、原、箴、铭、颂、赞、七、策问、问对、

① 焦竑《国朝献征录》卷三十五《礼部右侍郎兼翰林院学士程敏政传》,见《续修四库全书》,上海古籍出版社2002年版,第526册,第681页。

② 李汛《篁墩文集后序》,见文渊阁《四库全书》本《篁墩文集》后附,上海古籍出版社2002年版,第1253册,第777页。

③ 李东阳《篁墩文集原序》,见文渊阁《四库全书》本《篁墩文集》,上海古籍出版社2002年版,第1252册,第3页。

书、记、序、题跋、杂著、传、行状、碑、神道碑、墓碣、墓志、墓表、哀诔、祭文、字说等。书中所录，有的有目无文，《四库提要》记之甚为具体。四库馆臣又论是书内容难免芜杂，但因所录“在北地、信阳之前”，故“文格未变，无七子末流、摹拟诘屈之伪体。稽明初之文者，固当以是编为正轨矣”。论者以为程敏政此编多台阁体文章。但是编虽以文为主，却也收录楚辞体、乐府等韵文，这些诗赋往往重在抒发性情；其所选“传”“行状”等一类纪传体散文也不乏描写生动、人物形象较为鲜明的篇章。

《新安文献志》，为程敏政编著中影响最大的一部，也是徽州第一部地方文献总集。是书现存最早的版本有明弘治本、万历本，以弘治本为善，黄山书社2004年出版何庆善、于石点校本即以是本为底本。该书收录范围起自南北朝，凡有关新安先贤事迹、诗文者均予采录。“本书共一百卷，分甲乙集；甲集六十卷，专收徽州本郡自汉迄明乡贤所撰之诗文；乙集四十卷，则兼收外郡人记述徽州先贤行实之文。全书共收文一〇八七篇，诗一〇三四首；下卷收列外地曾在徽州为官或寄居的名士一一四人。”①卷前尚有《新安文献志先贤事略》上、下。卷帙浩繁，据程敏政自己统计，全书字数为一百二十余万。是编甲集按文体分类，计有辞命、奏疏、书、记、序、题跋、议、论、辨、说、考、杂著、问对、策问、讲义、檄、表笺、启、碑、祭文、铭、箴、赞、颂、赋、辞、各类诗、诗余等二十八类。从第61卷开始，主要依据文章主题分类，有神迹、道原、忠孝、儒硕、勋贤、风节、才望、吏治、遗逸、世德、寓公、文苑、材武、烈女、方技等共15类。收录较全。四库馆臣谓其“征引繁博，条理淹贯。凡徽州一郡之典故，汇萃极为赅备，遗文轶事咸得籍以考见大凡，故自明以来推为巨制”。又编者不仅采录，并对有些文章内容加以考释，辨别真伪。但因囿于自家姓氏荣耀，是书又有偏重收录程姓之嫌，还有应录未录者。但“是书卷帙繁重，不能以稍有挂漏，遂掩其蒐辑之功也。”②《新安文献志》以其资料的丰富不独有益于后人探究一方历代政治、经济、社会、文化；由于诗文兼收，亦对地方文学研究有益。

《篁墩集》，九十三卷。《千顷堂书目》载《篁墩集》另有《外集》十二卷、《别集》二卷、《行素稿》一卷、《拾遗》一卷、《杂著》一卷，四库馆臣以皆不在此编中，故“疑其本别行”③。此书内容较杂，收录了作者为学子讲经、考据、考辨等学术类文章，奏议、疏表等书信体文章，策问、论、说等论说性文章，记、传、行状、等传纪类文章，序、题跋等诗文评介类文章，碑志、祭告、箴、铭、赞等人物评介类文章，等等，还有“杂著”收集其他文章，其诗、词（楚辞体）、歌词、赋、诔等韵文作

① 何庆善《新安文献志》点校前言，见黄山书社2004年版《新安文献志》（何庆善、于石点校）。
② 《四库全书总目》，中华书局1965年版，第1715页。
③ 《四库全书总目》，中华书局1965年版，第1491页。

品也在集中。《四库全书总目》对其诗文态度复杂，一方面认为程敏政“学问淹通，著作具有根柢，非游谈无根者比”，在“明之中叶，士大夫侈谈性命，其病日流于空疏”的情况下，“敏政独以博学雄才，挺出一时”，“其考证精当者亦时有可取，要为一时之硕学”。另一方面，又指出作者学术上“门户之见既深”，“文格亦颇颓唐，不出当时风气”；又“集中征引故实，恃其淹博，不加详检，舛误者固多”；“诗歌多至数千篇，尤多率易”。

作者的传纪类文章尤其是“记”、韵文类作品文学性最强。《篁墩集》中第十三卷至第十九卷为“记”。“记”之题材比较丰富，或记山水，或记楼台，或为游记，文笔生动，语言清丽，同时还有杨衒之《洛阳伽蓝记》的细致和郦道元《水经注》的尚奇。如《月河梵苑记》开头：“月河梵苑在朝阳关南、苜蓿园之西。苑之池亭小景为都城最。苑后为一粟轩，轩名曾西墅学士题。轩前峙以巨石，西辟小门，门隐花石屏。屏北为聚星亭，亭四面为栏槛以息游者。亭东石盆池高三尺强，玄质白章中凸……”《夜渡两关记》则写出其夜渡清流关和昭关的惊险紧张，细节描写传神，心理描写细腻。如过昭关一段文字：“既暮，入益深，山益多草木塞道，杳不知其所穷，始大骇汗。过野庙，遇老叟，问此何山。曰：‘古昭关也。去香林尚三十余里，宜急行。前山有火起者，乃烈原以驱虎也。’时铜钲、束燎，皆不及备。傍山涉涧，怪石如林，马为之辟易。众以为伏虎，却顾反走，颠仆枕籍，呼声甚微，虽强之大噪不能也。良久乃起，循复岭以行，谛视崖堑深不可测，涧水潺潺与风疾徐。仰见星斗满天，自分恐不可免，且念伍员昔尝厄于此关，岂恶地固应尔耶？尽二鼓抵香林，灯下恍然自失如更生者。”通过写时间已晚、山深林密，又兼老叟描述，渲染紧张气氛，于是众人以怪石为虎，回身逃跑，慌乱之中跌倒互压，想呼喊又不敢大声，“虽强之大噪不能也”。细节真实准确，传神地写出一干行人心慌恐惧的状态。

作者诗歌作品著录于集中第六十卷至第九十三卷，数量达几千首。体式亦多样，乐府、古诗、律诗、骚体诗、甚至歌词等俱备。题材丰富，内容淳正。有观景、挽旧、爱国、思乡、感怀、酬赠、农事、田园、民俗、风情、官事，等等。一般来说，程敏政的诗风格清新自然，抒写较细腻，情感也很真挚。其《涿州道中录野人语(良乡役夫)》长诗中的几句：“今年六月间，一日夜当丑。山水从西来，声若万雷吼。水头高十丈，没我堤上柳。手指官路旁，瓦砾半榛莽。昔有十数家，青帘市村酒。人物与屋庐，平明荡无有。水面沉沉来，忽见铁枢牖。数日得传闻，水蚀紫荆口。老稚随波流，积尸比山阜。远近皆汤汤，昏垫弗可救。如此数月余，乃可辨疆亩。”洪水到来的“声若万雷吼”、洪水到来前后的巨大反差，等等，描述真实自然，对灾民寓含深切的关注和同情。不少诗歌还达到了情景交融的境界。如《严州道中》：“山远沙平水似烟，篷窗赢得枕书眠。暖风一日初黄柳,好雨连宵剩绿田。傍岸凫瑚如送客,随家鸡犬不惊船。相看便有江湖恋,耕凿娱亲在几年。”写景不落俗套,“傍岸凫瑚如送客,随家鸡犬不惊船”两句还借拟人化手法,写出了田园世界的友好和平安。但其诗歌也或有失于直白,缺少蕴意的问题。

(作者:郭全芝,淮北师范大学文学院教授、安徽文献整理与研究中心兼职研究员)

王闿运论小学佚信一封

——《王闿运致龙芝生论小学书》

何荣誉

笔者近日翻阅《学衡》杂志，不期于该刊1925年第5期总第41期得王闿运书信一通，名为《〈王闿运致龙芝生论小学书〉（未刊稿）》。又检阅马积高先生主编《湘绮楼诗文集》（岳麓书社2008年版），亦未见该文。此信学界较少关注，因此，笔者重新标点，呈示君前以共享。

芝生应为龙湛霖，王氏好友龙汝霖（又名皞臣，亦即信中所言“皞兄”）之弟。龙湛霖（1837—1905）字芝生，湖南省攸县人。清同治元年（1862）进士，选翰林院庶吉士，散馆授编修。后官至江苏学政兼刑部右侍郎。

该信应为王闿运咸丰九年（1859）十一月到咸丰十年（1860）八月间所作。王氏信中曰：“今聊举其看法以袪未悟。而运方治《诗》，即以《诗》言之。”可见，写此信时，王氏治《诗》不久。又曰：“吾辈幸不入闱扃试，不惧犯帖。偶然作一二古字，以记制字之始，不为大过。而申甫诸人党同伐异，见骆驼谓为马肿背。高伯足又从而和之，揶揄我以为蚯蚓钻额。”“皞兄何时可到？想必与际云同寓。运以李篁兄之变，灰心进士，亟欲谋归。明岁会试，不能奉陪诸君，作无益之奔走。”由此，亦可获取以下信息：一是写此信前，王氏应与李榕、龙皞臣、李篁仙、高心夔等人同在京师。二是，该年王闿运应在京准备会试。三是李篁仙经历了一场大的变故。而这些信息在王代功《湘绮府君年谱》“咸丰九年”条中一一得以印证，曰：“三月假居晋阳馆。四月会试榜发报罢，以京师人文渊薮，定计留京，寓居法源寺。……时龙丈皞臣居户部尚书肃慎公宅，授其子读。李丈篁仙供职户部主事，为肃所重赏。”又曰：“十一月李丈篁仙因事入狱，府君闻之悲，感作《幽愤诗》。又为书致肃裕庭尚书，代叙其愤。”[①]信中所言“李篁兄之变”应指李篁仙因被疑贪污入狱事。王闿运为李所作《代幽愤诗》见《湘绮楼诗集》第五卷。另《年谱》所云致书肃顺一事，亦有《岁尽雪暮，寄怀篁仙狱中》诗序为证（亦见诗集第五卷）。《年谱》该年还载曰：“是岁始治《诗经》，作《诗演》数卷。”由此推断，该书信时间只能是咸丰九年十一月后，王氏离京前。据《年谱》咸丰十年载，王氏于八月离京。因此，笔者认为此信应在咸丰九年十一月至次年八月间作。

---

① 王代功《湘绮府君年谱》，沈云龙主编《近代中国史料丛刊第六十辑》，文海出版社。

该信以《诗经》为例，讨论了治理《说文解字》之法，殆有助学人。从其论述，可见其学术以求通达之品行。信中亦袒露当时心境，亦有资于其思想之研究。

现将详文附后。

王闿运致龙芝生论小学书(未刊稿)

芝生仁弟经席。省来书，拳拳情言，且以小学及诗目相询。以告吾弟沈细之思，颖悟之才，虚受有容之德，其视运不翅十倍过之。虽欲竭精殚思以助万一，亦何足增长名业，添益毫末。然以运平昔窃念，学废已久，人耻相师，甘于不知以自骄惰。其笃学之士，又多偏执己见，少闻通人之论，思而不学，专恃冥悟，保守残阙，以自矜炫。故运十五以来，各有涉猎，惟诗文之艺，受教于彭、邓、李、陈及令兄诸君者为最多。而经籍鸿深，古谊茫昧，如毛郑之《诗》，何之《春秋》，郑之三礼及《尔雅》故训，许氏《说文》古今音韵之变，皆无师授，率以意测。十年之内，未尝分心应试之文字。一无声色货利古翫之好。矻矻学之，夜以继日，其苦且久，宜有所成。然如邹叔绩、罗研生诸公，专听其言，则娓娓不倦。与之往复，则间不多酬。盖亦年已老大，耻于不知，又得盛名，自护其短也。运窃愤悱自历，力欲倡率，以求明通。而同志诸人，鲜有切琢。所以然者，皆年长于运。时不再来，假之以年，且有他务。其小于运者，则爱慕叹羡。欲要之于同路，区区之心，非好人附，实恨孤陋，期共昌明耳。但天质限人，或有不遇，又或才高意广，鄙弃迂生。明月夜光，终遭案剑。当时不察，反谓运自足其学，傲睨群英。虽复扣胸剖心，自明其志，谁相谅哉！谁相谅哉！吾弟强记深思，卓绝同辈。以运相较，若萤视星。惜比运入手略迟，未能即时方驾。然加以十载研习，出而视运，譬如骐骥后发，驽马先驱，日影将移，过之千里，固不俟先作谀词也。今承下问所疑，辄举一隅以待参证。见运之妄，盖见弟之谦。采运之愚，适成弟之美。彼此无负，斯道大明，岂不快哉！若以示他人，且谓运用权谋以笼络豪杰。由不知学乃为己，故有此纷纷也。

(一)来示云《礼记》尚未温毕。正不必求速功。此虽运不知其精要所在，但略以意测，此书乃《仪礼》《周官》之杂记。内有二书所有而记明之者。则义理昭然。有二书所无而此记仅存者，则比例可测。有发明二之奥者，有剖析二书之疑者。如欲精通，似当先分条目，而编集以类，庶易观览。从前气盛，见《仪礼经传通解》一书，是朱晦翁所作，摈不入目。吾弟若有闲钱，可买看其佳否。

(一)承示唐诗七言古体五十余篇均读完。以后便无甚名作。间有数家，皆小家数。其已前未选者，如王维、高适、岑参、李白、杜甫诸家，长篇甚多。其好处易见,大要以不庸者为可法。庸有数等。一题到手而平铺直叙,此笔庸也。出语成篇,人云亦云,此句庸也。意无新奇,此意庸也。借助脂粉及故作奇怪,此格(笔者案:疑漏“庸”字)也。舍此求之,则清新万古矣。

(一)承示《说文》已阅过三部,不甚了了,注解虽详而阅之不明。此误在震于注解之烦而过求之也。《说文》非奇书,不过如今《杂字》《千字文》《百家姓》之类,教幼儿童者。以今人多不观,遂成绝学。所谓妖由人兴也。看之,先须明其作书之意。其意云何?欲明字之由来也。今人提笔从左至右一画名之曰横。仓颉则名之曰此“一”字也。惟初太极,道立于一,造生天地,化成万物。何以言之?曰“一”者,合而分者也,论其画则一,视其形则分矣。何以为分?凭空中有一横,作“舟”则一横之上有空处,一横之下有空处。无此一横则无上下,有此一横则有上下。上下者天地也。故曰道立于“一”也。今人又提笔从上至下一画名之曰直。仓颉视之曰此“滚”字也,上下通也。引而上行读曰进,引而下行读若退。此字通上下而其用小者,不能分天地也。不能分则无所谓通,故无大用,仅成一画而已。由此一画有“乂”字、“二”字、“十”字。此所谓字也。字者,孳生者也。孳生既广,则有六焉:一曰象形,二曰指事,三曰谐声,四曰会意,五曰假借,六曰转注。此六者说详段氏注。在十四卷之后,可览而知。

今聊举其看法以祛未悟。而运方治《诗》,即以《诗》言之。如《关雎》首章。“关雎”二字连文,为鸟声之和。此与《说文》不相干,而亦治《说文》者所当知。即运在京,屡言重叠字无道理讲者也。人听鸟声而形容之,自然而言曰:此其鸣也关关然。先有此言而无此字,命一学士写之。此学士乃提笔随便写“关雎”二字。其实当时写“官官”“观观”“瘝瘝”“晵晵”“关关”“擐擐”均可,但取音近,不问字意。故曰与《说文》不相干也,而不当知之者。若不知则看《说文》至“門”部“關”字,从門丱声。其训曰以木横持门户也。则必拍案大叫曰“关”字无第二义。何以妄说为鸟声?吾为之易一解曰:关关雎鸠,必是将雎鸠关于门内。此即吾家荆公字说之作,为天下后世笑。而本朝治经家亦往往有此。故曰:治说文者,当知其不相干也。

如“关雎在河”等字为谐声。谐声者必有部首,而后附以各字。“雎”“鸠”皆从鸟。而“雎”从且声,“鸠”从九声。故推之天下万国之鸟,皆可制字。假使有鸟名王壬秋,则即制“”三字。不能容我,此字作而鬼哭之意也。其“鸟”为部首,则是象形。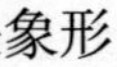文出而飞势宛然矣。自隶变以为四点而形大失。天下岂有四足之鸟乎?明乎此而知俗书之无理,故动笔不欲从之。而李申甫诸人反排斥运写“鸟”字不应作,以为好怪。彼固不知四双脚之鸟更可怪也。吾辈幸不入闱扃试,不惧犯帖。偶然作一二古字,以记制字之始,不为大过。而申甫诸人党同伐异,见骆驼谓为马肿背。高伯足又从而和之,揶揄我以为蚯蚓钻

额。又何论柳大哥哉！但运于柳大哥不甚介介，而好议申夫诸人者，盖犹爱之重之异于俗人也。吾弟更不能厉色疾言以拒人，则揶揄者必更不少。要当付之以驴鸣犬吠而已。此读书之不能不狂也。

如“之”字，在《说文》则为象草生之形，而今古用之以为虚字。此假借也。为草生，有自彼到此之意，故为往也。文字之不贯处，亦用一“之”字以为自彼到此之贯注。故曰假借。

如“洲”字则俗书，为《说文》所不收，断不可用。何也？从重水象形。中间空处象土之可居。若又加水旁，则重复无理。此等分别起于汉末，许君所谓乡壁虚造，不可承讹用之。今使王壬秋之“秋”欲别于四时之“秋”，遂加一秋旁，作“秋秋”字，有是理乎？有是字乎？李申夫不骂乎？高伯足不怪乎？而独至于“洲”字，则相承而用，所谓不知二五之为十，不可与论事也。

淑女“淑”字本应作“俶”。从人则为善，从水则为清。而亦可互用，则谓之古通作某也。古人字少，同声之字皆借用。如龙本水虫之长，而龙受之龙则为醲和之醲。龙光之龙则为宠锡之宠。其本字有义，所当知也。其本字之外借用，尤当考也。不然则束发受书，听先生所指说，以天为地，以人为鬼，以人为鬼，而我茫然。何贵读书识字哉！由此推之，思过半矣。

如“好”字从女子。此会意也。天下之好，莫过于男女恰配。故制字以子配女。或曰女子为好者，非也。女是象形，好是会意。不入“子”部而入“女”部者，重女也。子来配女方为好。女往从男即是嬔矣。

如“左”“右”二字当知是今俗书之“佐”“佑”，不是左边、右边。古“左”“右”作“”“”，象形。“佐”“佑”作“左”“右”，会意。隶书以“”“”不好写，遂借“左”“右”为之。又无以处左右本训，乃加人旁佐佑。此等改变，虽千百世如见其肺肝也。知左右不可谓左边右边，而后知毛郑之训古、朱老晦之解谬。何以言之？宫女采菜，度即周官园圃之人，所送入宫，而后择之，势不能出到外边溪涧上也。文王之宫未必比民间两进之屋。今庶人之妻偶至门首，人尚讥之，而谓文王宫女。忽然一群相率，攘臂扼腕以漉荇菜，岂理也哉。即今荇菜生于宫中池沼，但言采之足矣。而必左跑右跑，方能寻采，何其蠢也。且采犹可左右，芼又何必左右？总由不识“左右”二字，致此谬解。若通《说文》者，一望而知为“佐佑”，则必无此说矣。此又通《说文》以治经也。

以上各说，聊举其一，不能悉说，吾弟天资卓越，好学深思，自可由此贯通，将冀教所不逮。皞兄何时可到？想必与际云同寓。运以李篁兄之变，灰心进士，亟欲谋归。明岁会试，不能奉陪诸君，作无益之奔走。遥望五色云以为快意耳。闿运草草奉白。

际云处未另。皞兄到，乞惠我一书。前拟寄一函，今已无用，附上一览。

看《说文》法：

一曰辨俗体。(原注：如洲佐佑□采是也。)

二曰寻本意。(原注：由今观之，则“日”字扯长左侧成，又扯长右边则成，合之则为门。而不知门从二户也。在字似左字加一直，而不知从土才声也。此失其本意也。)

三曰博奇趣。(原注：画□然飞禽，画自成敛抑，画似小儿之张手，画若毛衣之蒙茸。此有趣者也。)

四曰明假借。(原注：如“求”本毛衣，引申为寻求之训，盖葛可不求，裘必须求。古人皇皇求之，制字者因象毛形而制“求”字。今人反专以为寻求之字。试问十加四点，是何理乎？推此而言，其用宏矣。)

(何荣誉，湖北民族学院文学与传播学院讲师，文学博士，硕士研究生导师，445000)

王羲之爱鹅再考证

尹冬民

书法史上有关书圣王羲之的故事,可谓鳞次栉比。其中关于羲之爱鹅之事每每被后人所津津乐道,成为我们想见大王风度的一个见证,后来故事或有衍生,但大致源于以下两处:

> 性爱鹅,会稽有孤居姥养一鹅,善鸣,求市未能得,遂携亲友命驾就观。姥闻羲之将至,烹以待之,羲之叹惜弥日。又山阴有一道士,养好鹅,羲之往观焉,意甚悦,固求市之。道士云:"为写《道德经》,当举群相赠耳。"羲之欣然写毕,笼鹅而归,甚以为乐。其任率如此。(《晋书·王羲之传》卷八〇)
>
> 又羲之性好鹅,山阴昙禳村有一道士,养好鹅十余,右军清旦乘小艇故往,意大愿乐,乃告求市易,道士不与,百方譬说不能得。道士乃言性好《道德》,久欲写河上公《老子》,缣素早办,而无人能书,府君若能自屈,书《道德经》各两章,便合群以奉。羲之便住半日,为写毕,笼鹅而归。(梁·虞龢《论书表》)

有关羲之爱鹅的原因,陈寅恪先生在《天师道与滨海地域之关系》一文中从两大方面进行了论证[①]:其一,医学方面。陈氏据陶隐居(弘景)《名医引录》,鹅列上品;唐朝孟诜《食疗本草》则以鹅为"与服丹石人相宜"。鹅之为物,有解五脏丹毒之功用。其二,宗教方面。"实以道经非倩能书者写之不可,写经又为宗教上之功德"。从而概言之"故山阴道士之养鹅,与右军之好鹅,其旨趣实相契合,非右军高逸,而道士鄙俗也"。

另外陈志平《"右军鹅"与中国书法》也从两大层面四个角度探讨了鹅作为书法喻象与王羲之及其书法的关系[②]。笔法之层面:鹅的转项与书法的转腕,鹅阵与笔阵之关联;文化之层面:鹅性"顽而傲"契合王羲之"以骨鲠称"的性格,不徐不疾又契合王氏"不激不厉"的书法品格。所论饶有新意。但李永忠《也说"右军鹅"》针对陈志平文从执笔法的流转、书学文献的辨伪、鹅性、参悟书法途

① 陈寅恪《金明馆丛稿初编》,三联书店2001年版,第39页。

② 陈志平《"右军鹅"与中国书法》,《文史知识》,2006年第6期。

径等角度①,一一进行了反证,提出了不同的意见,极有创见。

陈寅恪先生对于羲之爱鹅的缘由,仅从医用与宗教功利的角度进行论述,而完全无视羲之精神层面的"高逸";陈志平文从文化的角度进行探讨是正确的,但角度有所偏颇;李永忠文思理清晰,论证了鹅与执笔法、鹅阵与笔阵等关系的穿凿附会(李文论述翔实,下文不赘),惜未标举终为何因。本文即想就此提出一些看法。

首先,了解一下魏晋南北朝时期有关"鹅"的一些有代表性的记载:

原　文	出　处	事件类型
吴景帝有疾,求觋视者,得一人。……(觋)乃曰:"实不见有鬼,但见一头白鹅立墓上,所以不即白之,疑是鬼神变化作此相,当候其真形而定。无复移易,不知何故,不敢不以实上闻。"景帝乃厚赐之。然则鹅死亦有鬼也。	《三国志》卷六三	巫筮
又杀前幽州刺史石鲜于乐陵,入掠平原,山阳公刘秋遇害。洛阳步广里地陷,有二鹅出,色苍者冲天,白者不能飞。建宁郡夷攻陷宁州,死者三千余人。	《晋书》卷五	灵验
五年五月,枹罕令严根妓产一龙、一女、一鹅。京房《易传》曰:"人生他物,非人所见者,皆为天下大兵。"是时,帝承惠皇之后,四海沸腾,寻而陷于平阳,为逆胡所害,此其征也。	《晋书》卷二九	灵验
严卿,会稽人也。善卜筮。乡人魏序欲暂东行,荒年多抄盗,令卿筮之。……序行半路,狗忽然作声甚急,有如人打之者。比视,已死,吐黑血斗余。其夕,序墅上白鹅数头无故自死,而序家无恙。	《晋书》卷九五	灵验
永嘉初,元帝以安东将军镇建业。时岁、镇星、辰、太白四星聚于牛、女之间,常裴回进退。……又有鹅三四头,高飞且鸣,周回东西,昼夜不下,如此者六七日。	《宋书》卷二七	灵异
晋成帝咸和九年五月癸酉,白鹅见吴国钱塘,内史虞潭以献。	《宋书》卷二九	灵异

① 李永忠《也说"右军鹅"》,《文史知识》,2007年第9期。

续表

原　文	出　处	事件类型
桓南郡小儿时,与诸从兄弟各养鹅共斗。南郡鹅每不如,甚以为忿。乃夜往鹅栏间取诸兄弟鹅悉杀之。	《世说新语·忿狷》	娱乐
桂阳之役,诏檄久之未就。齐高帝引江淹入中书省,先赐酒食。淹素能饮啖,食鹅炙垂尽,进酒数升讫,文诰亦办。	《南史》卷五九	饮食
(苻朗)又食鹅肉,知黑白之处。人不信,记而试之,无毫厘之差。世人咸以为知味。	《晋书》卷一一四	饮食

由表格后两条可知,鹅在当时已经作为家禽肉食用。北魏贾思勰《齐民要术》卷六曾记载:"供厨者,子鹅百日以外,子鸭六七十日,佳。过此肉硬。"该书还记载了多种肉食加工方法,其中鹅的制作方法就有脯腊法、羹、蒸缹法、菹绿、炙法等。可知当时在黄河中下游地区也已食鹅肉,但家禽肉源主要还是猪、羊、牛、鸡、鸭等。

鲁迅先生《魏晋风度及文章与药及酒之关系》提到那个时代的名士都是喜欢服食"五石散"的,这种药吃多了有很多副作用,所以需要"行散",但有关食鹅以缓解症状的直接记载并不多见,食鹅以解散应该并不普遍。

表格内容记载了与"鹅"相联系的一些事件,其中除了作为家禽之食用功能,大多与一些灵验、灵异、巫筮、娱乐类型的事件相联系。可见在当时人的心目中,鹅并非仅供食用或医用的普通家禽。"鹅"多次与灵验、灵异事件相联系,也说明了它的"灵"性和"异"性。

其次,就魏晋风度而言,时人爱物之癖不同,爱物之由相似。

正如宗白华先生在《论〈世说新语〉和晋人的美》一文中所言:"我说魏晋时代人的精神是最哲学的,因为是最解放的、最自由的。支道林好鹤,往郯东岇山,有人遗其双鹤。少时翅长欲飞。支意惜之,乃铩其翮。鹤轩翥不复能飞,乃反顾翅垂头,视之如有懊丧之意。林曰:'既有凌霄之姿,何肯为人作耳目近玩!'养令翮成,置使飞去。晋人酷爱自己精神的自由,才能推己及物,有这意义伟大的动作。"[①]又支道林常养马数匹,"或言:'道人畜马不韵。'支曰:'贫道重其神骏。'"(《世说新语·言语》)

① 宗白华《美学散步》,上海人民出版社1981年版,第217页。

支道林一类的例子在当时还为数甚多。《世说新语·任诞》云:"王子猷尝暂寄人空宅住,便令种竹。或问:'暂住何烦尔?'王啸咏良久,直指竹曰:'何可一日无此君!'"陶弘景(还有王羲之、王瓒、颜真卿、顾况、皮日休等说法。)《瘗鹤铭》原为自己所养的一只鹤死了,陶氏郑重其事地埋葬了死鹤,并且在摩崖山石之上书刻了一段记事和祝祷的文字,以抒对鹤之哀思。《瘗鹤铭》留给后人的,除了书法艺术上作为"大字之祖"的跌宕豪逸,更见证了人、鹤之间的一段旷古友情;晋朝沈充《鹅赋序》曰:"太康中得大苍鹅,从喙至足,四尺有九寸,体色丰丽,鸣声惊人。"其中《艺文类聚》卷九一"鸣声惊人"条下注云"三年而为暴犬所害,惜其不终,故为之赋云",可知沈氏对鹅之情。《鹅赋》与《瘗鹤铭》实为异曲而同工;诗人陶渊明之爱菊,几乎成为"菊"之化身。《饮酒》其五云:"结庐在人境,而无车马喧。问君何能尔,心远地自偏。采菊东篱下,悠然见南山。山气日夕佳,飞鸟相与还。此中有真意,欲辩已忘言。"陶渊明所喜爱的是菊的清雅与高洁,是菊所象征的精神层面的特殊含义。

凡此总总,不一而足。故先有晋人自我精神之旷达,后又推己及物。虽然道藏《真诰》载:"竹者为北机上精,受气于玄轩之宿也。……尔乃天感机神,大致继嗣,孕既保全,诞亦寿考。微著之兴,常守利贞。此玄人之秘规,行之者甚验。"但我们感受到的却是王子猷视竹为君的精神契合,而非竹之为用;《本草纲目》"禽部·鹤"云:"白鹤血:益气力,补虚乏,去风益肺。脑:和天雄、葱实服,令人目明。卵:预解痘毒,多者令少,少者令不出。每用一枚,煮给小儿吃。"但我们也很难想象陶弘景爱鹤是出之医用。若非出之精神契合怎能如此伤怀并书铭以记?那么"飘如游云,矫若惊龙"的羲之爱鹅,也当同出一辄,属精神层面之高逸无疑。若果如陈寅恪先生所言,鹅为解散之药用,奈何羲之见姥烹鹅不径食之却"叹惜弥日"?或羲之亦喜其"善鸣"也。古人爱物之癖亦如今人之养宠物,或龟虫、猫狗、蛇鼠,或穿山甲、蜥蜴、狮虎,凡人各殊,其癖不同,故所喜之物各异。不能因为羲之作为书圣,就认为其所爱之鹅与中国书法必存幽微大义,以致发生臆解。

再者,在二王尺牍中有三处提及"鹅":

献之等再拜。不审海盐诸舍上下动静。比复常忧之。姊告无他事。崇虚刘道士鹅群并复归也。献之等当须向彼谢之。献之等再拜。【王献之《海盐诸舍帖》(《鹅群帖》《海监诸舍帖》),见图1。】

鹅还。慰姊意。今已当向发。分张诸怀可言。殊当复忧悬。婢腹痛见差不?刘家疾患即差。秀已还也。【王献之《鹅还帖》(《鹅还慰姊意帖》),见图2。】

庆等已至也。鹅差不。甚悬心。直道寻去。奴定西。诸分张可言。【王献

之《庆等帖》(《庆至帖》《庆等已至帖》),见图3。】

(以上尺牍之句读参考水赉佑先生《淳化阁帖集释》上海古籍出版社2009年版)

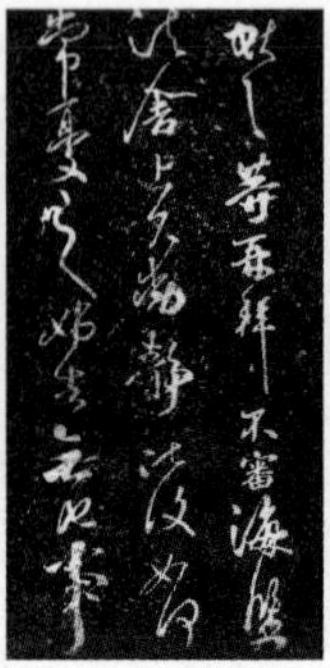
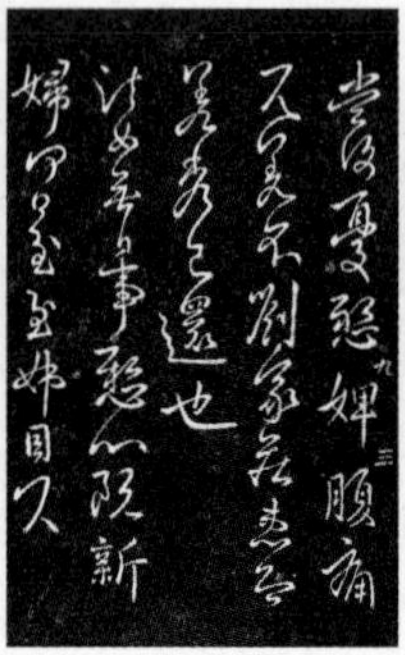
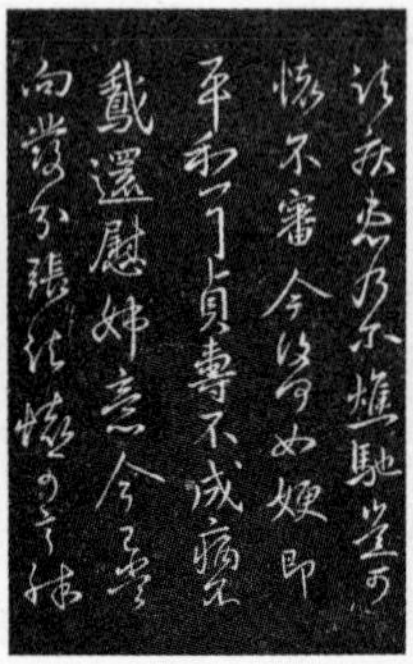
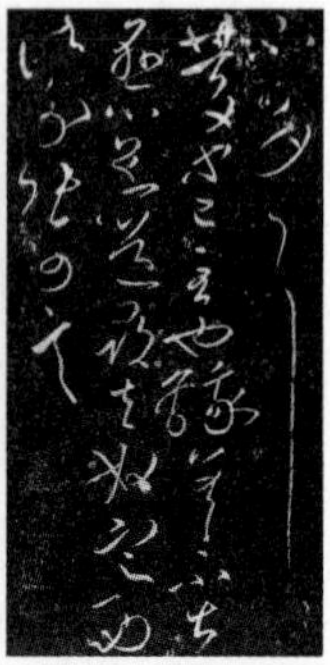

(图1)　　(图2)　　(图3)

由于当时尺牍语言极为简略,书信往来互有赠答,缺少完整的上下文环境,很难完整了解其包含的确切含义。二王尺牍尤其如此,历代以只言片字为宝,又多有裁接、拼凑甚至作伪,加之散佚,到唐代褚遂良编《右军书目》时已难释读。在现有尺牍中,已经见不到王羲之关于鹅的直接记载,倒是其子王献之曾在三处提及"鹅"。"二王"即为父子,王献之的兴趣爱好,在书法之外抑或受父影响,故从献之处或可窥得羲之一斑。

北宋·黄伯思《法帖刊误》卷下云:"《鹅还慰姊意帖》,鹅者,王氏子姓之小字耳,尤袁羊顾虎之类。或以此鹅即逸少所爱之鹅,甚可鄙笑。"晋代涉及动物名作为小字的有阿龙、盘龙、元龙、阿螭、虎豚、虎犊、虎子、虎牙、虎、驎、驹、豹奴等(据南宋陈思《小字录》四库全书本),知当时小字多以龙、虎、豹等猛兽名之,未见有以"鹅"字命名者。王氏作为当时首屈一指的世家大族,诚如沈约所言"自开辟以来,未有爵位蝉联,文才相继如王氏之盛也"(《南史》卷二二《王昙首传》),若果真如黄伯思所言,则陈思《小字录》也当有所记载才是。王氏虽喜鹅但为子侄起名"鹅"字似为不妥,黄氏之论有穿凿之疑,"甚可鄙笑"。

其实既然当时之人即有爱物之癖,于逸少亦然。王氏家族自羲之始当喜欢养鹅,且数量不少成为"鹅群"。再细看以上三帖,或"鹅群并复归也",或"鹅还,慰姊意",或"鹅差不,甚悬心,直道寻去",所表达的含义均有"归"或"还"的相似之处。魏晋时期的江浙之地,有崇山峻岭,茂林修竹,又有清流急湍(《兰亭序》语)。以致王羲之云:"每行山阴道上,如镜中游。"王献之称:"山川之美应接不暇。"(《太平寰宇记》卷九六)正是山川巨丽,水草丰美。而鹅性喜水,顽而傲,三五成群,戏于绿水之滨,无忧无虑,任意东西,游走出主人视野之外,是经常之事。加之当时山川之间飞禽走兽亦多,故一旦鹅群不得见,即"悬心"。而鹅群一旦“复归也”即“慰”（欣慰），并问“差不”（有无走失）。也是完全符合人之常情的。

唐骆宾王五言古诗《咏鹅》云：“鹅、鹅、鹅，曲项向天歌，白毛浮绿水，红掌拨清波。”或真正揭示了羲之爱鹅的原因，爱其明丽、爱其活泼、爱其高洁……鹅纵然在食用、医药，甚至书法喻象、宗教诸方面，都有一定价值和特殊意义。但羲之爱鹅应是与众多魏晋人物一样同出于“高逸”无疑！

（作者：尹冬民，文学博士，中国书法家协会会员，目前任职于国家汉语国际推广领导小组办公室。）

新见钱谦益集外佚文考释

——兼论清代诗人潘高

王亚楠

钱谦益作为明末清初著名诗人、学者和古文家，著述富赡、影响深远。其平生所作由钱仲联先生补辑校点为《钱牧斋全集》八册，于2003年由上海古籍出版社出版，是目前钱谦益诗文著作最完备、精良的版本，嘉惠学林良多。但钱谦益才学兼资、藻思洋溢，又多受人请托为文，所以于《钱牧斋全集》之外，仍有散篇佚文存世。

笔者目前于国家图书馆藏清康熙间鹤江草堂刻明末清初人潘高的《南村先生诗集》卷首发现钱谦益致潘高尺牍一通。该通尺牍不见于《钱牧斋全集》，为钱氏佚文，而且涉及钱谦益一篇诗作的写作缘起和背景及潘高其人其诗，颇有辑录考察之价值。

兹先将此通尺牍逐录、标点于下：

门下不以老耄捨我，损书及诗郑重相投，盖二载于此矣。久置箱箧，阙然不报。嵇康懒不作书，师丹老而多忘，仆何人斯，兼此二病。又老向空门，日事钞略，刀笔阙疏，文债堆积，实非敢横眉竖目，妄自尊大，以开罪于斯世之贤人君子也。顷以首稜辍简摒挡箱簏，始得撰五言一章，以导达其吟赏讽诵之意。虽迂缓之罪不可胜诛，而推奖之深、忏摩之切，则庶几自白于左右矣。今世诗坛错列，啁嘈盈耳，门下独能刊落铅华，濯磨浓艳，而务为清丽古淡之音，用以陶冶性情、摆脱流俗。司空表圣所谓"落花无言，人淡如菊"，门下之诗约略近之。"天寒翠袖薄，日暮倚修竹"，少陵称绝代佳人者如是，岂可与东涂西抹、倚门卖笑之流争好而取怜哉？世无昌黎，谁知东野？惟门下勉旃自爱而已。邮筒促迫，言不尽意。未见君子，我怀如何。临风怅然，徒有神往。

末署"虞山蒙叟钱谦益再拜具稿"，并有"钱谦益印"阴文图章一枚，"牧翁蒙叟"阳文图章一枚。《四库未收书辑刊》七辑第20册所收清康熙间鹤江草堂刻潘高《南村诗稿乙集》卷首也录有此尺牍全文。另其中"今世诗坛错列"至"少陵称绝代佳人者如是"，也见于杨钟羲《雪桥诗话三集》卷一①。《南村先生诗集》和《南村诗稿乙集》两书卷首所录尺牍，文末都有五言排律一首，题"秋日曝书，得鹤江生诗卷，叹赏之余，赋诗题赠，凡四十四韵"。该诗已收于钱谦益

① 杨钟羲《雪桥诗话三集》，北京古籍出版社1991年版，第27页。

《有学集》卷八,此处从略,惟题目稍有差异,《有学集》作"秋日曝书,得鹤江生诗卷,题赠四十四韵"。可知,牧斋此诗最早即为连同尺牍寄赠之作,后单独摘出编入集中,而尺牍本身文字却没有得到收录。

潘高,字孟升,号鹤江,江苏金坛人。平生所作诗词编年结集为《南村先生诗集》,凡 24 卷,起于清顺治十三年丙申(1656),迄于清康熙十六年丁巳(1677),共收古今体诗 1175 首,词 10 首①。国家图书馆另藏有清康熙间鹤江草堂刻潘高《南村诗稿》甲乙集凡 16 卷,收诗起于清顺治十三年丙申(1656),迄于清康熙十年辛亥(1671),共收古今体诗 749 首。而《四库未收书辑刊》所收《南村诗稿乙集》凡 8 卷,收诗起于清康熙三年甲辰(1664),迄于清康熙十年辛亥(1671)。据《南村先生诗集》卷二十甲寅年潘高所作诗《与从弟烈四十》中"吾弟复吾弟,吾乃同祖兄。汝兄生乙丑,初冬荐香橙。吾居甲子春,桃花水正生",可知潘高生于明天启四年,即 1624 年。《南村先生诗集》和《南村诗稿》卷首都有潘高同乡好友于梅所作序文,内容大同小异,都言及潘高之子潘玠蒐集其父诗文、刊刻行事,于梅即受潘玠请托写作该序。两篇序文的差异有两处:一、文末题署时间。《南村先生诗集》于梅序题署"尚章涒滩",即庚申,当即清康熙十九年(1680)。《南村诗稿》于梅序题署"尚章大渊献",即庚亥,有误,疑经后人窜改。二是《南村先生诗集》于梅序文所言诗集卷数及各卷内容与实际相符,而《南村诗稿》于梅序文所言与实际不符,且提及的潘玠辑集的潘高杂文两卷并不见于集中。又《南村诗稿》所收诗全见于《南村先生诗集》中。《南村先生诗集》收诗迄于清康熙十六年(1677),清康熙十九年(1680)于梅受潘玠所请为诗集撰写序文,又依全书体例,可知潘高大约去世于清康熙十七年(1678)。

下面依据相关文献简述潘高生平,以期有助于认识清初诗坛风貌和研究钱谦益平生交游。潘高为明末诸生,口吃,嗜酒。曾应督学试,才华为后学使者虞公所忌,加以屏黜,潘高仍怡然自得,并笑曰"顾吾愿也",遂每日沉饮徜徉于龙山、巳山间②。据《南村先生诗集》卷二《咏怀》序和卷二十三《悼亡三十一韵》,可知清顺治九年(1652)左右潘高曾作西游之行,经崤函、历河潼、涉洮河、望皋兰山,不久因母丧还。清康熙十年(1661)曾北上进京,次年即归里。尝居于金坛西郊之南塾,其故人为赋陶潜之移居,号之曰南村③。潘高与著名词人陈维崧有交往。陈曾写其诗寄王士禛,并言"有潘高者,贫而工诗。久别无可言者,只此一物奉献"。陈维崧所编《箧衍集》卷二录有潘高诗六首。王士禛《渔洋诗

① 《全清词·顺康卷》第 7 册仅收潘高词五首,显有漏佚,可据《南村先生诗集》补辑。

② 《民国重修金坛县志》,《中国地方志集成·江苏府县志辑 33》,江苏古籍出版社 1991 年版,第 162 页。

③ 杨钟羲《雪桥诗话三集》,北京古籍出版社,1991 年,第 27 页。

话》称潘高“五言学韦、柳,余爱其清真古淡”,谓可与邢昉、王庭相颉颃。王士禛并选其诗41首入《感旧集》,潘高因而有名于时。金陵诗社赋《秦淮晓渡》诗,诸名流咸集,多以长篇逞奇。潘高曰:“我年老才尽,止绝句二十字。”其诗云:“潮涨波平岸,乌啼月过街。一声孤棹响,残梦落清淮。”潘高诗出,众皆敛手搁笔,甚有袖诗不出者①。潘高集中此诗题为《题〈秦淮晓渡〉图》:“潮上扉平水,乌啼月满街。一声桡响处,晓梦落秦淮。”作于清康熙八年(1669)。

据《民国重修金坛县志》,潘高曾赋诗赠袁骏,钱谦益见而悦之,遂与之订交。袁骏,字重其,明末清初人,自幼丧父,奉母至孝。袁骏为为母祝寿,曾于数十年间,遍请当世名流赋诗为文作画。钱谦益和潘高都曾参与其事。钱氏所作见《有学集》卷五《袁节母七十寿序》《牧斋杂著》卷一一《袁节母吴太君八十序》。潘高对于钱谦益推许自己的诗风至为感念,在《南村先生诗集》中多次提及。如卷一一《挽虞山钱牧斋先生》四首末一首“人淡落花无客问,天寒修竹竟谁思?”有小注:“辱书以司空表圣语及少陵《佳人》诗见许,故有五六一句。”又如卷一八《和象明与阳羡陈子其年东皋赠别韵兼怀巢民先生》八首其五“谬通仙子芙蓉籍,雅爱骚人薜荔裳”,有小注:“少辱牧斋之知,故有上句。”后潘高与昆山徐乾学兄弟、冒襄等人也有交往。徐乾学《憺园集》卷五有《寓斋小饮同潘孟升、舍弟立斋》二首,徐元文《含经堂集》卷四有《同潘孟升饮大兄寓斋》二首。冒襄《同人集》卷七收有潘高《壬子嘉平立春日和象民与其年东皋赠别韵兼怀巢民先生》,即上述《和象明与阳羡陈子其年东皋赠别韵兼怀巢民先生》,惟于梅字象明,《同人集》有误。

潘高诗足成家,诗风又得钱谦益、王士禛推许肯定,但因踪迹落落、后世声名不著。“清丽古淡”“清真古淡”遂成为后世文人和选家对潘高诗歌风格的整体认识和简单界定,反而有意无意忽略了潘高诗歌风格的不断变化和多样面貌。如沈德潜《清诗别裁集》称“南村诗古淡生新,绝无雕饰,而自然合度”“本朝五言古,李杲堂每首刻峭,潘南村每首清真”②。杨际昌《国朝诗话》卷二言“金坛潘孟升高诗格淡而味腴”③。于梅为潘高同乡、平生挚友,两人经常唱和,潘高集中多寄赠于梅之作。考察潘高诗作,结合于梅序文,可知潘高诗风因其阅历、际遇和思想的不同,而在其人生的不同阶段具有不同的特点和面貌。潘高诗中年以前所作多忧时愤俗,风格激昂顿挫、牢骚抑郁,似左思、鲍照、谢灵运。中年沉酣于唐诗,诗风一变而为清雄旷雅,元气浑沦、光芒万丈,又往往出

① ①见《清史列传》卷七一,周骏富辑《清代传记丛刊》,台湾明文书局1985年版,下同;《文献征存录》卷一〇,《国朝耆献类征初编》卷四二八,《国朝先正事略》卷四〇。

② 沈德潜选编《清诗别裁集》,河北人民出版社1997年版,第153—154页。

③ 杨际昌《国朝诗话》,国家图书馆藏乾隆己卯似园刻本,第41—b页。

入于陈子昂、李白、王维、岑参、孟浩然和韦应物之间。晚年学问益进、诗律益细，诗风先近于苏轼、黄庭坚和陆游，后转而似刘基、袁凯和高启。

潘高子名玠，亦工诗，著有《双清集》《句溪集》。邓之诚《清诗纪事初编》卷一潘高小传[①]、钱仲联主编《清诗纪事·明遗民》卷二潘高小传[②]，皆谓潘玠字长卿。《民国重修金坛县志》谓潘玠字长钦[③]。邓之诚《清诗纪事初编》将《句溪诗稿》三卷也系于潘高名下，误。

（作者：王亚楠，文学博士，郑州大学文学院讲师）

① 邓之诚《清诗纪事初编》，周骏富辑《清代传记丛刊》学林类23，明文书局1985年版，第31页。

② 钱仲联主编《清诗纪事》，江苏古籍出版社1987年版，第771页。

③ 《民国重修金坛县志》，《中国地方志集成·江苏府县志辑33》，江苏古籍出版社1991年版，第162页。

新出北宋墓志七篇考释及史料价值浅析

孙宗英

近年来，河南新出宋人墓志较多，引起学界很大关注。虽然有宋一代传世文献号称闳富，但新出墓志仍多有可补史传之阙者，或以石本校传世集本多有订正者，或对宋代家族、经济、社会生活等研究有所禅益者。兹据新近出土北宋墓志七方考释并分析如下。

一、石中立及子石从简、石居简墓志3方

1. 石中立墓志[①]

石中立墓志，宋祁撰，王珣瑜书，臧师锡篆盖。出土时间不详。拓片及录文见《河洛春秋》2002年第4期邢其禄《北宋石中立墓志及宋代文风革新》一文，此不赘。因石中立墓志又见宋祁《宋景文集》卷五九，而此集宋时全帙散佚已久，现存通行本经后世多代学人采辑删削，已非原貌，故以二者互校，或可订补通行本《宋景文集》之讹。现录异文如下：

《河洛春秋》2002年第4期《北宋石中立墓志及宋代文风革新》		《全宋文》卷五二八宋祁《石太傅墓志铭》
1	乃十二月庚申	十二月庚申
2	祔先仆射元懿公之茔	从先仆射元懿公之茔
3	更衣侈掖方领	更衣逢掖方领
4	瘗汾阴……以明得意。公作为声诗耶然以告成功者	瘗汾阳……以明德意。公作为声诗那然以告成功者
5	天子方好文	天子好文学
6	校正舛疑，不轻点除	校正舛疑无不经意

① 《河洛春秋》，2002年第4期，第51—52页。

续表

《河洛春秋》2002 年第 4 期《北宋石中立墓志及宋代文风革新》		《全宋文》卷五二八宋祁《石太傅墓志铭》
7	由刑部员外郎赐银青服	由刑部员外郎银青赐服金紫
8	稍迁谏议大夫、给事中	稍迁谏大夫、给事中
9	然未尝有少望	然未尝有少觖望
10	后五年,进少师最	后五年,进少师
11	知礼部贡举	知礼部贡院
12	曾祖延威	曾祖廷威
13	孟女归范氏,次归郭氏,幼归沈氏。孙七人:祖仁、祖贤、祖元、祖方、祖良、祖温、祖冲	阙
14	令事声利则易谐,徇务则亟成	令事声利则易谐,徇务亟成
15	驰骛于亲近时则速显	驰骛于亲近则速显
16	趣所难,与夫挈然才,诬然辩者	趋所难,与夫挈然才,经然辩者
17	公之仕,对圣时,爵合章	公之仕,对圣时,嚼含章
18	退于家,生有涯,寿则臧	退于家,有生涯,寿则臧

以上异文 18 处,含补阙一处。其中异文 2、异文 4 中的"汾阴"、异文 8 三处,石本明显优于集本,应以石本为是。异文 6,参宋祁《石少师行状》云"善仇书,不妄下朱墨,凡秘书更公手者,皆为善本"①,则此处应以石本"不轻点除"为是。异文 11,同上《石少师行状》亦云"俄知礼部贡举",应以石本为是。异文 14、18 两处,比照上下行文,则以石本为优。异文 12,赵安仁所撰《石继远墓志》载"烈考讳延威"②,石继远为中立祖父,则中立曾祖名应为"延威",以石本为是。石本之校勘补益价值可见一斑。由于邢文中所公布拓本有漫漶不明处,录文中"爵合章"似误。

另外,刑氏所作录文中标点有一处不当,因为讹误较严重,涉及石中立所撰

① 《全宋文》第 25 册卷五二四宋祁《石少师行状》,第 70—71 页。

② 《全宋文》第 8 册卷一六七赵安仁《大宋故累赠太子太师乐陵石公墓志铭》,第 298 页。

著述名称，故特予以更正：

墓志后段有云“今反舍所易，趣所难。与夫！挈然才，诬然辩者，并处兹世，彼此失得宜。有《蹈道者辩》之集二十卷。”考石中立行状及《宋史》本传及历代各种公私目录书，石中立并无名为《蹈道者辩》之集者。参上下文，此段应作“今反舍所易，趣所难，与夫挈然才、诬然辩者并处兹世，彼此失得，宜有蹈道者辩之。集二十卷。”

2. 石居简墓志①

2007 年河南省洛阳市孟津县冢头村出土。正书，共 28 行，满行 28 字。拓片见赵君平、赵文成编《秦晋豫新出墓志搜佚》。此志录文如下：

宋故朝奉郎守太子中允充集贤校理同知太常礼院上轻车都尉赐绯鱼袋乐陵石府君墓志铭并序。

三司盐铁判官朝散大夫尚书刑部郎中护军赐紫金鱼袋齐廓撰。

子壻朝奉郎守殿中丞新差通判西京留守司兼畿内劝农事上骑都尉赐绯鱼袋王珣琇书并篆盖。

皇祐元年八月乙酉，太子少师石公薨于京师永丰坊之私第，卜以其年十二月庚申，归葬河南府洛阳县宣武原之祖茔，以亡子校理祔窆于左。其嗣大理评事祖仁以廓尝游大父门下，录校理行状，走使者而前曰：“先君葬礼有期，愿丐文志圹以美所称。”故不敢让。

府君讳居简，字易从。曾祖继远，赠太师。祖熙载，任尚书右仆射，赠太师尚书令。考中立，太子少师赠太子太傅。母张氏、王氏，并封郡夫人。府君之家世则翰林宋公著于太傅之志，此不复纪。府君生而异禀，神采秀发。景德中，贤肃长公主以甥奏授秘书省正字。祥符二年，章圣东封，礼毕，恩改太常寺太祝。四年，祀汾阴，迁大理评事。天禧中，用中山刘筠荐，授馆阁校勘。干兴元年，转卫尉丞。今上即位，改大理及赐五品服。天圣三年，以本官充集贤校理，钩考陟，太子中舍权判官告院。四年八月，改中允。六年，被诏编次馆阁书籍，同知太常礼院。累阶朝奉郎，勋上轻车都尉。是岁六月，感疾不起，十九日终于京师子舍，享年三十有八。后二十二年始克襄事。

府君娶王氏，封寿春县君，故崇仪副使昭雍之女。一男，即祖仁。二女，长适殿中丞王珣琇，次适进士侍其珪，早亡。孙二人，仲仪，将作监主簿，次幼。孙女一，尚幼。府君资性淳谨，耽书悦善，真承家之器也。虽昔

① 赵君平，赵文成编《秦晋豫新出墓志搜佚》，北京图书馆出版社 2012 版，第 1115 页。

之仲将文敏、阿连才悟，亦何以加诸？天夺其爱，不幸早丧。尝著集五卷，传于家。呜呼！秀而不实，士所共叹。今其葬矣，魂兮何之。廓向念风，谊谍为之。铭曰：

官未为达，寿不逮中。祔窆先域，镂石无穷。

御书院祗候丁用德刊。

3. 石从简墓志①

2003年春，河南省洛阳市孟津县出土。正书，共25行，满行25字。志盖篆书：宋故国子博士石府君墓志铭。拓本见赵君平、赵文成编《河洛墓刻拾零》。编者题为"宋石中立墓志并盖"，误，据志文墓主应为石从简。志文点录如下：

宋故朝奉郎守国子博士上骑都尉乐陵石府君墓志铭并序。

子壻朝奉郎行将作监主簿广平宋定国撰。

侄壻朝奉郎守殿中丞新差通判西京留守司兼畿内劝农事上骑都尉赐绯鱼袋王珣琇书并篆盖。

国子博士乐陵石君从简，字易之，故太子少师之子。少师讳中立，君以荫入官，官凡八迁至博士，职不过管库，屈其才以便亲也。君性柔慎廉恪，与人交有风义，不为纨绔奢侈。少师所与游，皆将相达官，君一纡足往干，必得显处，乃曰："彼苟可托，自为我地，吾焉能取夏畦之病乎？"用是官不进。母夫人太原王氏，晚节多疾，君日夜省医药甚谨，饮液必尝而后进，姻族称其孝且仁。君兄弟四人，三人前殁。少师捐馆，斩然在疚，独与龟筮谋，将护柩西葬故茔，哀号蒇事。一日，欧血卒于路，享年四十七，距少师之薨凡四十九日，实皇祐元年十月甲戌。呜呼！毁不可灭而君以至意行之，乃及不幸，宁礼之所抑，非人情之至邪？不然，善人之报，亦有爽邪？使死而有知，则君奉养地下，盖其志也，非不幸也。

夫人陈氏，先君卒。三子祖贤、祖元、祖良，并为将作监主簿。二女，长归于定国，次归故丞相文正李公之孙升卿，今为郑州原武令。繇祖而上，爵里功状具少师之志，此不复书。以十二月庚申，归葬于河南府洛阳县宣武原。小子辱君之知且久，不敢美，得以实行铭诸埏。铭曰：

有才当用，君为亲故，屈于管库兮。谓善必报，君乃孝仁，反歼其数兮。生养其亲，没祔其茔，令问不斁兮。

① 赵君平、赵文成编《河洛墓刻拾零》，书目文献出版社2007年版，第671页。

玉册官陈永昌刊

按:后两篇墓主石居简字易从、石从简字易之,为参知政事石中立长子及中子,《宋史》皆无传。祖熙载,太宗藩邸旧臣,从征太原,“入为心膂,出为股肱”,充枢密使,超拜尚书右仆射;父中立,仁宗时为翰林学士,拜参知政事,迁少师。事迹见赵昌言《石熙载墓志铭》[①]、宋祁《石太傅墓志铭》以及《宋史》卷二六三本传。石氏于宋初两代为显赫名臣,然第三代遽湮没无闻。苏颂《二乐陵郡公石公神道碑铭》言:“仆射,太宗功臣;少师,仁宗执政。其后嗣,独一孙祖温升朝籍。名臣之世,宜蒙褒显。”[②]即道出哲宗元祐时期石氏已不显的事实。墓志的出土提供了石氏第三代的具体详情。据墓志载,居简、从简兄弟二人皆以荫入官,无进士及第,或官职卑微,或英年早夭,家族骤而凋零。然而二人作为名臣之后,家学渊源,资质风度亦有过常人之处,如石居简“资性淳谨,耽书悦善,真承家之器也。虽昔之仲将文敏、阿连才悟,亦何以加诸”;石从简“与人交有风义,不为纨绔奢侈”,尤其是不干谒显贵,颇见兀傲之气,其父墓志亦言“历内外制十二年,不一请间为进取地”,可谓家风自有渊源。且天性仁孝,以至丁父忧呕血而卒。二人生平阅历不为宏富,故墓志亦简略,然亦提供了名臣大族后代的第一手资料。

上述石氏家族墓志 3 方,均为近年出土。另外,石中立父石熙载墓志拓片藏国家图书馆、祖石继远墓志见《千唐志斋藏志》下册,二志已为《全宋文》所收录。石氏家族 4 代 5 方墓志,其中最早的石继远生于五代初年(904),最晚的石从简卒于仁宗皇祐元年(1049),时间跨度一百四十余年,朝代更迭六姓,是我们研究五代至北宋中期家族史及社会生活史不可多得的原始资料。

但需要说明的是,墓志铭及神道碑作为行文和功用都较为特殊的文体,其史料价值亦有其天然的局限。这一点已为古往今来利用碑铭以取资研究的学者所认识。具体到本文谈及的石中立墓志,就会发现一个颇有意味的现象:石中立生前以好谐谑著名一时,《长编》卷一百二十一宝元元年正月乙卯条载:“石中立顷在朝行,以诙谐自任,士人或有宴集,必置席间,听其语言,以资笑噱。”[③]其人滑稽诙谐之言行见于《归田录》《类说》《侯鲭录》等书者为众人所共见。不过遍览石中立行状、墓志及神道碑,并无一语及此。《行状》言其“精识远照,尽性命之理”《墓志铭》言其“识度过人,”苏颂撰神道碑言其“长者可用”,皆有意

① 《全宋文》卷一〇五,上海辞书出版社 2006 年版,第 6 册第 9 页。

② 苏颂著,王同策点校《苏魏公文集》卷五十三,中华书局,1988 年版,第 819 页。

③ 李焘《续资治通鉴长编》卷一百二十一,中华书局,第 2853 页。

避滑稽而不谈。考虑到碑志文所撰写的对象为已故之人,所呈现的对象是墓主的后世子孙,行文中要求塑造突出墓志庄严典重的形象是势所必然合乎情理的,但这一点同时提醒我们注意厘清碑志文这类史料的价值适用范围。

《石居简墓志》撰者齐廓,字公辟,《宋史》卷三一有传。越州会稽人。《全宋文》无录其文,可设"齐廓"条予以补遗。此墓志为其存世唯一作品,殊为珍贵。另外,皇祐元年撰此墓志时所署官衔可补本传之阙。本传载其仕履为"入判盐铁勾院,加史馆,知荆南府"①,不载何时。据署衔可知,齐廓皇祐元年散官为朝散大夫,本官尚书刑部郎中,官阶从六品;勋为护军,从三品;赐紫金鱼袋;差遣官为三司盐铁判官。

《石从简墓志》撰者宋定国,宋祁长子,《宋史》无传。范镇《宋景文公祁神道碑》载:"子男十五人,定国进士及第,终太常博士。"②可知石从简为宋祁儿女亲家。《长编》卷一八八载定国嘉祐三年曾任"著作佐郎、签书判官厅"③,而据墓志署衔,可知其皇祐元年为"朝奉郎行将作监主簿"。其余仕履已不可考。《全宋文》亦无"宋定国"条。此篇墓志亦为宋定国存世唯一作品。

二、陈舜俞撰《潘承裕及夫人王氏墓志》④

2003年河南省洛阳市孟津县出土。正书,共24行,满行27字。拓本见赵君平、赵文成编《河洛墓刻拾零》。兹录文并点校如下:

宋故赠太子左卫率府率潘君及其夫人仁寿县太君王氏墓志铭。

朝奉郎守国子博士新差知越州山阴县事骑都尉陈舜俞撰。

朝奉郎尚书虞部员外郎骑都尉赐绯鱼袋宋保孙书并篆盖。

府君讳承裕,字师锡,开封府开封县人也。天圣丁卯七月六日,以东头供奉官捐馆,享年四十有三。夫人后府君三十年,以嘉祐己亥四月一日亡,享年七十有三。以熙宁己酉四月二十三日,合葬于河南府洛阳县北邙山杜泽之原。呜呼!府君之叔祖父,忠武军节度使同中书门下平章事郑武惠王美也。夫人之祖,忠武军节度使同中书门下平章事秦正懿王审琦也。二王事祖宗定天下,裔绪勋烈,见于国史。府君之考惟吉,东染院使,浔州刺史,

① 脱脱《宋史》卷三一,中华书局,第29册,第10005页。

② 宋杜大珪编《名臣碑传琬琰集》上集卷七,《中华再造善本》本。

③ 宋李焘撰《续资治通鉴长编》卷一八八,中华书局1986年版,第4533页。

④ 赵君平、赵文成编《河洛墓刻拾零》,书目文献出版社2007年版,第673页。

实相武惠有勤劳。府君以父荫起家为三班奉职,历霸州兵马监押,温、台、明、越海内都巡检,克绍风绩。夫人居内而助,无忝其祖。有子六人。府君既亡,躬自教饬。长曰夙,始仕以才显,大臣中荐其有家略,堪委武事,朝廷任之。然天子终用其艺文,复为司封郎中,直昭文馆,知桂州。次曰震,任左侍禁。及其季四人,皆早世。女三人,长壻内殿承制李宗回,次驾部员外郎传道,次库部员外郎王乙。孙男九人,器先、几先、令先、野先、民先、慎先、行先、信先,一尚幼。慎先而上,在仕者五人。民先贤秀孝谨,夫人抚爱尤异,举进士未第而终,亲识为之叹恨。女孙十人,嫁为士人妻者六,馀皆在室。曾孙四人,女四人。子夙之显也,府君赠累今官,夫人封君是邑。哀荣滲漉,于是乎葬。嗟乎!不为无后矣。铭曰:

我祖有遗,懋功懋勋。我子其承,仕武仕文。秦郑之配,伊洛之坟。其无忧乎,夫君夫人。

阎礼真刊

按:墓主潘承裕,字师锡,《宋史》无传,宋初大将潘美侄孙;夫人王氏,宋初大将王审琦之孙。墓志所载史料,一是提供了宋初名将后代联姻及仕履生活的原始资料,二是提供了夫妻合志的样本,首叙二人勋烈家世,次言子孙仕宦。虽理论上合志应以夫为主、以妻为从,但因潘承裕早亡,王氏守寡抚孤三十年,墓志的撰写亦略有偏重,多述其子孙有成,以见王氏教养抚育之功。

撰者陈舜俞,字令举,《宋史》卷三三一有传。庆历六年进士及第,嘉祐四年中制科第一。有《都官集》十四卷及《庐山记》三卷传世。本传云"熙宁三年,以屯田员外郎知山阴县"①,而据墓志署衔可知,熙宁己酉(二年),陈氏已"新差知越州山阴县事",而本官为国子博士,亦非屯田员外郎,四库馆臣亦以《都官集》得名之由斥宋史本传之纰漏。《都官集》提要评其诗文成就云:"今观其诗,大半为谪后所作,气格疏散,皆自抒胸臆之言。文则论时政者居多,大抵剀直敷陈,通达事体。"②《全宋文》卷一五三四至一五四四收其文十一卷,但墓志只收《娄忆墓志铭》一篇,今观此新出墓志,亦不失"通达事体"之评,《全宋文》不载,可补遗。

① 脱脱《宋史》卷三三一,中华书局1974年版,第10663页。

② 纪昀《四库全书总目提要》,中华书局1965年版,第1318页。

三、陆经撰《沈邈墓志》①

2003年冬,河南省洛阳市孟津县出土。隶书,共32行,满行39字。志盖隶书:宋故天章阁待制沈公墓志铭。拓本见赵君平、赵文成编《河洛墓刻拾零》。兹录文点校如下:

宋故朝散大夫尚书刑部郎中充天章阁待制知延州军州事兼管内劝农使充鄜延路马步军都总管经略安抚使上轻车都尉吴兴县开国男食邑三百户赐紫金鱼袋赠工部侍郎沈公墓志铭。

朝散大夫行尚书刑部员外郎充集贤校理上骑都尉陆经课。

朝奉郎尚书虞部员外郎上骑都尉钱景裕书。

朝散大夫守太常少卿轻车都尉张湍题盖。

公讳邈,字子山,姓沈氏。出周冉季文王之子戎,为汉光禄勋,居吴兴。晋宋、齐梁之间,世有名人。至唐曰既济、传师父子,以文学称,传师即公十代祖也。唐季岳为兵部员外郎,从昭宗至洛阳,有大节,不肯随众入汴,后为吏捕送李璟。璟用为中大夫,因使两浙,钱镠见而奇之,妻以子,生瞻,为钱氏步兵都尉,公之高祖也。生言,为钱氏行军参谋,公之曾祖也。生师古,仕钱氏,归朝为大理寺丞,赠兵部尚书,公之祖也。生文(下字与御名同),亦仕钱氏,归朝为尚书虞部员外郎,赠吏部尚书,公之烈考也。曾祖妣钱氏,祖妣钱氏,妣钱氏,封仙源县太君。

公即尚书第四子也。既龆,俊拔不类常儿,能言即诵诗句,六岁晓声律。尚书以言事谪福州,召还,因别西禅主僧,僧它往,公请留诗言别尚书,芙使左右抱持就壁,题七字诗,以有思致,尚书异之。二十六登进士甲科,释褐大理评事迁丞,改殿中丞、太常博士,入尚书为屯田都官员外郎,召拜侍御史,改兵部员外郎,直史馆,又拜侍御史知杂事,赐绯衣银鱼,待制天章阁,改刑部郎中,知衢州、江山、福州侯官县,通判广州、潭州,知福州、澶州,京东转运使,河北、陕西都转运使,赐三品服,充鄜延路都统管经略安抚使兼知延州。积阶至朝散大夫,上轻车都尉,开国吴兴县男,食邑三百户,特赠谏议大夫。子登朝,赠公工部侍郎。

公为侍御史,夏竦召为枢密使,与同列伏阁五上章,言竦不可任,言极

① 赵君平、赵文成编《河洛墓刻拾零》,书目文献出版社2007年版,第675页。

切。仁宗嘉纳,罢竦枢密使。公为知杂御史,首上疏言贰府阙失,当路忌之。会保州兵乱,朝廷旰食,仁宗用公知澶州。视事三日,授河北都转运使。上遣中人赐金带、开花鞔鞍辔马、金花银器等,所以宠公非例也。至则广溏水,缮营田,脩边备,河朔艾安,上嘉之,就改陕西都转运使。按章澄清,官吏畏帖。权知秦州,会元昊讲解,疆场未附,于是畀公知延州。公亲率将校相地形崄隘,塞芦关道,修安塞等五堡寨,绝贼奔逸,省戍卒数万人,边人赖之。仁宗降诏褒谕。

公美容止,风韵高绝,倜傥有大志,遇事刚果莫遏,疾邪如仇。喜为文章,工诗善书,得钟褚法,有文集五十卷,藏于家。公在延州,三月晦,燕柳湖,酒酣昼寤,得异梦,悟而怪焉。四月二十八日,晨起如闻箫鼓声甚远,感疾不食。五月壹日,终州宅正寝,享年四十六,庆历七年也。公娶钱氏,封仁寿郡太君,生子男四人:长曰群玉,虞部员外郎;次曰嘉玉,卫尉寺丞;次曰伯玉,太子中舍;次曰夷玉,举进士。女三人:长为尼,次适进士邓子真,次适殿中丞吴安矩。孙男六人:唐、晋、雍、华、广、临。女四人。卜以熙宁四年十壹月初九日,举公之柩葬河南府洛阳县凤台乡陶牙里邙山之阳。嗣子属余为铭,不得辞。铭曰:

斤斤沈公,行道以躬。正色端朝,耳为君聪。飞阁岧峣,维天子制。匪材勿居,繄公入侍,出殿大州。于福暨潭,号称循良。有声在南,轺车所临,风采百城。污吏贪夫,不戒以征。帅于延安,其政可观。公来隐然,堡栅用完。公有猷为,为宋名臣。胡不永年,以休吾人。公之新墓,邙山之下。墓石可泐,公铭不腐。

按:墓主沈邈,字子山,《宋史》卷三〇二有传,但传文不足三百字,于其生平介绍甚略,生卒年皆无。《全宋词》《全宋诗》《全宋文》小传因之。此墓志可补正传世文献中沈邈其人资料甚多:首先,关于生卒年。本传及其他小传皆阙载。王兆鹏《两宋词人年考》曾考其卒年为庆历七年①。据墓志载,"五月壹日,终州宅正寝,享年四十六,庆历七年也",可知沈邈生于咸平五年(1002),卒于庆历七年(1047)。王氏所考卒年为是。其次,关于籍贯。各本小传皆言沈邈为信州弋阳人。据墓志所述,沈氏自邈高祖沈瞻起,至父沈文顼四代皆仕于吴越钱氏,当定居于吴越国,而信州时属南唐。又蔡襄《端明集》卷五《题福州释迦院幽幽亭》小序言"东阳沈子山"②。蔡襄比沈邈小十岁,二人平日往来唱和颇多,庆历

① 王兆鹏《两宋词人丛考》,凤凰出版社2007年版,第221页。
② 蔡襄著,吴以宁点校《蔡襄集》卷五,上海古籍出版社1996年版,第84页。

元年蔡襄至福州,得太守沈邈招待[①],所记当不误。名东阳者,宋时有河南道、河北道、江南道多处,而以江南东道婺州之东阳属吴越领土,疑沈邈籍贯实为婺州东阳,俟考。第三,关于及第时间。康熙《江西通志》卷四十九载沈邈于宝元元年(1038)吕溱榜中第[②],而据墓志言“二十六登进士甲科”,则沈邈进士及第时间当在天圣五年(1027),《江西通志》所载晚了十一年。第四,关于姻亲关系。据墓志载,沈家历代皆仕吴越钱氏,与钱氏世代联姻就成为家族关系中重要特点。沈邈曾祖母、祖母、母亲、妻皆为钱氏女。而沈邈及第入仕后,亦与当时同朝显列联姻,如子壻吴安矩即为枢密副使吴育次子。第五,关于女眷崇佛。墓志所言沈邈长女“为尼”,是透露出北宋士大夫家庭女眷信奉佛教的珍贵资料。北宋佛教盛行,士大夫之家的女眷多闲暇,崇佛诵经的不在少数,如富弼之晏夫人“好释教,常斋心以诵其书,虽寝疾亦不废”[③],韩琦之普安郡太君崔氏“晚年奉佛尤谨,每夙兴危坐,读诵达旦”[④],冯京之富夫人“诵佛书,略通其理,故于利害祸福无所蔽焉”[⑤]。以上诸夫人皆居家奉佛,诵经修行只作为持家之外的“副业”,而沈邈长女出家为尼的行为较之自有程度深浅之不同。她或者是受其家人影响或者是受了很大刺激,已不可详知。记载虽简略,却也为研究宋代官员家庭女性的宗教信仰提供了个案资料。而墓志文最后述及沈邈去世的细节亦恍惚迷离,颇具传奇色彩,其特殊史料价值亦不容忽视。第六,关于文学才华。墓志言其“喜为文章,工诗善书,得钟褚法,有文集五十卷,藏于家”,可知沈邈创作宏富,惜其别集后散佚不存。蔡襄曾称其“荷叶新词天下工”[⑥],又言其“负诗名”[⑦]。沈邈与欧阳修有往来书简,欧阳修在书简中录王安石诗并赞为甚佳,希望沈邈看后给予评价[⑧]。以上可与墓志所言“喜为文章,工诗”互相参验。今存词二阕,文三残篇。《全宋诗》卷三五四所收沈邈诗乃蔡襄《题福州释迦院幽幽亭》诗局部,见上文引。

撰者陆经,字子履,自号嵩山老人,《宋史》无传。熙宁中历刑部、兵部员外郎。周必大《嵩山集序》云其“仕宦不偶,陷于朋党,起而复仆,仆而复起。晚遇裕陵,自集贤修撰守河中,召知审官东西院,方向于用,则已老矣”[⑨]。陆经与欧

① 蒋维锬著《蔡襄年谱》,厦门大学出版社2000年版,第35页。
② 康熙《江西通志》卷四十九,《四库全书》本。
③ 洛阳市第二文物工作队《富弼家族墓地发掘简报》,见《中原文物》2008年第6期,第16页。
④ 河南省文物局编著《安阳韩琦家族墓地》,科学出版社2012年版,第98页。
⑤ 郝本性、李秀萍编《新中国出土墓志》河南壹,文物出版社1994年版,第391页。
⑥ 《蔡襄集》卷五《呈沈子山二首》,第84页。
⑦ 同上。
⑧ 李逸安点校《欧阳修全集》卷一百四十八,中华书局2001年版,第2435页。
⑨ 周必大《文忠集》卷五十三,《四库全书》本。

阳修、梅尧臣诗文酬唱颇多。欧阳修赠其诗曰:“子履自少声名驰,落笔文章天下知。”①并称其“十年江湖千首诗”。南宋时,其曾孙陆知和曾编《嵩山集》十二卷刻版传之,惜后世仍散佚无存。今仅存文三篇,诗六首,难以窥见其文学风貌。此篇墓志的出土,可以帮助我们更多地了解陆经的文学成就。

四、王安国撰《张庚墓志》②

2004年春河南省洛阳市孟津县朝阳乡杨凹村北出土。正书,共37行,满行42字。拓本见赵君平、赵文成编《河洛墓刻拾零》。首题“宋故尚书屯田员外郎张君墓志铭并序”,临川王安国撰,河南王尚恭书。此志录文见赵振华《洛阳新出土宋代墓志研究三题》③一文,载《出土文献研究》第七辑。此不赘。墓志较详细地记述了北宋中下层官员张庚一生的行实仕履,重点介绍了其任职各地的施政业绩,对于宋史无传的小人物来说弥足珍贵。关于该墓志之史料价值,赵文亦有比较详细的疏证论述,可参看。本节重点在于指出此篇墓志于其撰者及书者亦颇具价值。

撰者王安国,字平甫,王安石弟,《宋史》卷三二七有传。今有《王校理集》一卷传世。然《全宋诗》及《全宋文》王安国小传皆云其卒于熙宁七年,与此志中所言“熙宁八年四月乙酉,葬君于河南府河南县杜泽原”有抵牾之处。熙宁七年说从王安石所撰《王平甫墓志》出,中华书局1959年版《临川先生文集》卷九一《王平甫墓志》即云“以熙宁七年八月十七日不起”④。然而查《宋集珍本丛刊》所收宋刻本《临川先生文集》,则此处并无“以熙宁七年”五字,疑此年份为后来传抄所衍。又,比对参照《长编》熙宁八年正月庚子条纪事以及曾巩、王安石、苏轼、刘攽相关诗文系年,可知王安国卒年当在熙宁九年秋冬间。对此,《全宋词》王安国小传所载即为熙宁九年,惜无论证。汤江浩《王安国卒年考》⑤一文所辨甚详,洵为确论。此篇墓志的出土亦为王安国不可能卒于熙宁七年提供了有力的证据。

王安国在当时颇有文名。王安石《王平甫墓志》称其“自丱角未尝从人受学,操笔为戏,文皆成理。年十二,出其所为铭、诗、赋、论数十篇,观者惊焉。”⑥

---

① 李逸安点校《欧阳修全集》卷七《长句送陆子履学士通判宿州》,中华书局2001年版,第110页。

② 赵君平、赵文成编《河洛墓刻拾零》,书目文献出版社2007年版,第676页。

③ 中国文物研究所编《出土文献研究》(第七辑),上海古籍出版社2005年版,第373—375页。

④ 王安石著《临川先生文集》卷九一,中华书局上海编辑所1959年版,第947页。

⑤ 汤江浩《王安国卒年考》,《长江大学学报》(社会科学版)2005年第2期。

⑥ 王安石著《临川先生文集》卷九一,《宋集珍本丛刊》本第13册,线装书局2004年版,第740页。

曾巩《王平甫文集序》亦称“为文思若决河,语出惊人,一时争传诵之。其学问尤敏,而资之以不倦……其文闳富典重,其诗博而深矣。”①王安国文集初编百卷,惜后世散佚严重,仅存一卷。其所作墓铭,仅存《胥公神道碑》残句。此篇墓志长达1500余字,叙张庚仕宦各地政绩及生平大节,条理明晰,层次得当,详略张弛有度,笔端微带感慨风神,尤其是七言式铭文,新颖出奇,打破四字句常格,读来慷慨淋漓,激昂豪壮,从中不难窥王安国其文“闳富典重”之一斑,是不可多得的珍贵佚文。

书者王尚恭,字安之。《宋史》无传。其生平见范纯仁撰《朝议大夫王公墓志铭》,载《范忠宣公文集》卷十四。王尚恭墓志亦于1936年河南洛阳北邙山出土②,司马光书,隶体端劲典雅,极富神采。王氏早年受知于欧阳修,景祐元年进士及第,历知芮城、阳武、缑氏诸县,官至朝议大夫,卒于元丰七年(1084),享年七十八。则熙宁八年(1075)张庚葬时,王氏已是六十九岁高龄。王氏墓志载其晚年与乡里高人贤士文酒相娱,名列洛阳耆英会第四,且手书其诗于石,“笔力精健,过于壮年”。此张庚墓志正是其晚年之作,亦可见笔力精劲,结构疏朗刚健之风姿。张庚墓志的出土使王尚恭之书法再现于世,不仅具有较高的史料价值,亦颇艺术价值。

五、张羽撰《李景融妻张夫人墓志》③

2005年8月河南省洛阳市龙门镇出土。正书,共19行,满行21字。拓本见赵君平、赵文成编《河洛墓刻拾零》。兹录文点校如下:

宋故仁寿县君张夫人墓志仁寿县君张夫人,守司徒讳去华之曾孙,兵部侍郎讳师锡之孙,中大夫讳景伯之女,故都官员外郎李公讳景融之继室也。都官公始葬开封,其子绪将迁于河南府河南县龙门村,以夫人祔,乃使羽志其墓。羽以谓自墓有铭志以来多虚美溢誉,务为高谈,而妇人之志为甚。故书其事者,每以言为愧。夫人,羽姑也。其平生无所愧,故能使书之者亦不愧。于是志之曰:

张氏世为洛阳大族,家法先孝谨。夫人事母以孝称,终母丧,年二十五乃出适。其修身、治家、和辑宗族,率以仁爱为本。视前子加厚,过己出远甚。下至臧获,能闵其劳,得其欢心。乡闾有忧患者,闻必凄恻。都官公家

① 曾巩著,陈杏珍、晁继周点校《曾巩集》卷十二,中华书局1984年版,第201页。
② 赵君平、赵文成编《河洛墓刻拾零》,书目文献出版社2007年版,第678页。
③ 赵君平、赵文成编《河洛墓刻拾零》,书目文献出版社2007年版,第682页。

素贫,熙宁初,自安岳太守归捐馆,贫益甚。夫人挈诸孤来河南,尽裒余赀以嫁前子,由是家四壁立,人视之不堪忧,而夫人怡然无所憾。寡居杜门几三十年,遣子就学,教诸女以妇道而已,他有无不恤也。元符元年四月庚辰卒,寿六十四。三子曰纲、绩、绪。纲、绩先卒。五女,其四人适通直郎王益、进士周铸、张革、钱邈,其一蚤卒。葬之日,实大观二年正月丁卯也。侄张羽谨志,从事郎张植书石。

霍奕刊

按:墓主张夫人及其夫李景融、撰者张羽,生平皆不见于传世文献。墓志亦甚简略,然短篇之中,亦有可观之处。

首先,墓志撰者张羽在开头所批判的"虚美溢誉"风气为我们了解北宋的丧葬习俗及相关历史提供了原始资料。墓志中坦言"妇人之志为甚",不仅点出当时客观存在的虚美风气,亦为后文的赞美略作欲扬之先抑,实为某种铺垫和造势。

张羽在这里提出的问题以及他所作的价值判断,其实并不是他个人所遇到的问题,也并非只有"虚美"这一个面向。欧阳修就曾经指出女性墓志写作面临的一个基本困境:"男子见于外,其善恶功过,可举而书。至于妇德主内,自非死节殉难非常之事,则其幽闲淑女之行,孰得显然列而志之以示后?"[①]女性既无仕宦履历、出处大节可述,那究竟该如何抒写琐碎的婚姻家庭生活就成为一个值得关注的问题。无论撰者如何努力,女性墓志中无外乎奉舅姑、主中馈、严祭祀、抚孤睦邻等事迹,本来现实中际遇各异、性格有别的女性,到墓志中成了千篇一律的柔顺孝恕之人。"虚美溢誉"也不过是解决女性墓志书写困境的一种出路而已。张羽否定了这种出路,而提出应据实而录,"其平生无所愧,故能使书之者亦不愧",可以视作他对待女性墓志写作而做的自身努力。但这种方式其实说到底无任何检验核查之法,亦有流于"虚美"之危险。

其次,此篇墓志亦提供了寡母抚孤的事例样本,为我们研究北宋中下层官员之家的女性生活提供了具体原生态的资料支撑。

撰者张羽,生平不详。《全宋文》第133册从《千唐志斋藏志》中辑得张羽所撰《宋河南成延年墓志铭》一篇,然小传仅言其"崇宁时人"。此文作于大观二年,距崇宁不远,似为一人,俟考。

(作者:孙宗英,浙江大学人文学院古代文学专业博士研究生)

① 欧阳修《万寿县君徐氏墓志铭》,见李逸安点校《欧阳修全集》卷三六,中华书局2011年版,第532页。

天顺本《大明一统志》所见宋三十家佚诗考

李成晴

《大明一统志》为明代官修地理总志，由李贤总纂。本书体例，府名下依次分"建制沿革""郡名""形胜""风俗""山川""土产""公署""学校""书院""宫室""关梁""寺观""祠庙""陵墓""古迹""名宦""流寓""人物""列女""仙释"，共二十个子目。其中多引元以前诗文作参证，尤以"形胜""山川"等子目为多。今天易见到的传世版本有天顺五年司礼监原刻本、万历归仁斋杨氏刊本以及文渊阁四库全书本三种。三秦出版社于1990年曾据陕西师范大学图书馆所藏天顺本影印，①版式疏朗，颇便于研究参考。稍有遗憾的是，影印天顺本偶有漏页、错页的情况，可取归仁斋本以及四库本进行比勘。

《一统志》并非李贤等人戛戛独创，其底本根据代宗官修的《寰宇通志》，而《寰宇通志》的体例及文献来源又可追溯至《大元大一统志》。黄永年曾在序文中谈及《一统志》与《寰宇通志》的异同，可以参看。《一统志》在前代志书的基础上，据《方舆胜览》《舆地纪胜》②以及今世已佚的宋元方志等文献做了全面整理，笔者另有专文考论，此不赘述。关于本书，顾炎武在《日知录》卷三一"大明一统志"条曾批评其疏谬③。然而详按顾炎武此条所摘，乃在沿革建制及地理古事，也就是顾炎武所留心的经世致用的层面。而在诗文的收录方面，笔者通过查考，发现其中没有凭空杜撰之例（也无此必要），当时编纂者皆依前代文献排纂而整齐之，虽某些诗有讹误之处，也是由于所据前代文献即已如此。本书于"永乐中，命儒臣纂天下舆地书，至天顺五年（1461）乃成，赐名曰《大明一统志》"④，由成书源流及年代来看，本书的辑佚价值及文献可信度不在《永乐大典》《诗渊》之下。通过诗文辑录及后续研究，可发现本书在辑佚方面的最大价值在于唐宋佚诗的大量存留，正如黄永年所说："所收录的明代以及前代的诗文、碑刻等，还可供辑佚之用"。而恰恰《全唐诗》《全唐诗补编》《全宋诗》《全宋诗订补》在编纂时皆未参考此书，所以不免使人有遗珠之憾。

---

① 李贤《大明一统志》，影印明天顺五年刻本，三秦出版社1990年版。下引版本同。

② 例如《大明一统志》卷十六徽州府"古迹·小桃源"："《舆地纪胜》：'在黟县。'"《大明一统志》卷十六，第257页下。

③ 顾炎武《日知录集释》卷三一，黄汝成集释，上海古籍出版社1985年版，第2289页。下引版本同。

④ 顾炎武《日知录集释》卷三一，第2289页。

《一统志》所载两宋佚诗甚夥，经查考，可得 276 条完诗及佚句。其中一小部分，《全宋诗》出版后诸家补遗曾据他种文献辑补。若将诸佚诗进行集中整理，则篇幅过长，下文拟以《全宋诗》著录顺序为次第[①]，选取较重要的两宋诗人三十家，对其佚诗加以辑录并附考证，据此可以窥见《一统志》的文献价值。间有诗句已经有学者据他种文献辑补者，引以为此书参证，共得完诗 42 首，残句 37 句：

1. 王禹偁一首

《一统志》卷四三衢州府"山川 · 江郎山"："宋王禹偁诗：'三茅遗躅在金陵，又见江家有弟兄。谢朓门前山色好，一时分付与严扃。'"[②]

按：明《徐氏笔精》卷五"江郎石"条谓："江郎三片石，相传有江氏兄弟三人，登之化为石。宋王禹偁诗云。"[③]胡可先《〈全宋诗〉补遗一百首》有此诗，系据《徐氏笔精》辑录。《徐氏笔精》成书年代晚于《一统志》一百多年，可为《一统志》之旁证。

2. 陈尧佐一首

《一统志》卷五五临江府"宫室 · 水阁"："陈尧佐诗：'水阁春来好，泉声坐卧间。有田皆负郭，无树不连山。浮世谁轻重，清风自往还。何当免拘束，短棹访松关。'"[④]

按：天一阁藏明刘松《（隆庆）临江府志》卷十三"李处士水阁"条亦引陈尧佐此诗[⑤]，陈尧佐诸集已佚，《全宋诗》卷九七辑录其诗 50 首[⑥]，无此诗。

3. 杨亿二句

《一统志》卷六三长沙府"山川 · 白鹿山"："宋杨亿诗：'瀇江水急鱼行涩，白鹿峰高鸟度迟。'"[⑦]

按：宋释普济《五灯会元》卷十四"同安志禅师法嗣"之"鼎州梁山缘观禅师"条："僧问：如何是和尚家风？师曰：益阳水急鱼行涩，白鹿松高鸟泊难。"[⑧]缘观禅师生卒年不详，《五灯会元》谓其为六祖慧能九世法嗣，则生当北宋初，约与杨亿同时。禅门对答，常借文士诗句为话头，《全宋诗》中所收偈子颇多此例。

---

① 北京大学古文献研究所《全宋诗》，北京大学出版社 1995 年版。下引版本同。

② 李贤《大明一统志》卷四三，第 723 页上。

③ 《徐笔精》卷五，影印文渊阁四库全书，第 856 册，台湾商务印书馆 1986 年版，第 531 页上。

④ 李贤《大明一统志》卷五五，第 851 页下。

⑤ 刘松《（隆庆）临江府志》卷十三，天一阁藏明代方志选刊，上海古籍书店 1982 年版。

⑥ 《全宋诗》卷九七，第 2 册，第 1085 页。

⑦ 李贤《大明一统志》卷六三，第 969 页上。

⑧ 释普济《五灯会元》卷十四，中国佛教典籍选刊，苏渊雷点校，中华书局 1984 年版，第 864 页。

4. 范仲淹一首又二句

《一统志》卷三十南阳府“山川 · 白崖山”:“宋范仲淹诗:‘白崖山下古禅刹。’”①同卷“宫室 · 春风阁”:“宋范仲淹为守日,赋诗有‘春风堂下红香满’之句。”②

《一统志》卷五饶州府“陵墓 · 饶娥墓”:“宋范仲淹诗:‘有唐孝女号饶娥,哭得严亲上碧波。古渡清风明月夜,令人不忍听渔歌。’”③

按:范仲淹尝知南阳邓州、复于景祐三年贬至饶州,其佚诗出现在《一统志》南阳府、饶州府部分,与其历官经历相合。“白崖山”一句、“有唐孝女”一首唯见《一统志》记载。“春风堂”一句,明马世奇《澹宁居诗集》卷上《赠陈世泾出守南阳四首》其二曰:“三季鞅掌度支郎,竹使符分淯水阳。咫尺希文留迹在,春风堂下满红香。”④马氏为合韵脚,改“红香满”为“满红香”。古代名士题咏,当事人或邑人常刻碑以永其传。据诗中“留迹”一语,则似明代范仲淹“春风堂下红香满”之诗刻尚存,或者至少范仲淹南阳此诗是颇为世人传诵的。

5. 余靖一首

《一统志》卷七九韶州府“山川 · 碧落洞”:“宋余靖诗:‘幽景前贤恨到难,泉流清浅出岩间。驱驰宦路重来此,尘世难逢特地间。’”⑤

按:余靖为韶州曲江人,与《一统志》韶州府载其佚诗地理相合。清阮元《(道光)广东通志》卷一二亦引余靖此诗⑥。“宦路”作“宦辙”。

6. 梅尧臣二首又三句

《一统志》卷十五宁国府“山川 · 栅山”:“梅尧臣诗:‘百尺危峰绝顶观,万山周匝翠屏环。仙姑已作飞龙去,留得佳名满世间。’”⑦同卷“山川 · 鸦山”:“梅尧臣诗:‘茶试鸦山佳。’”⑧同卷“宫室 · 严公台”:“宋梅尧臣诗:‘上过桓彝宅,下经严子台。’”⑨

《一统志》卷十六池州府“山川 · 朝峰亭”:“宋县令梅尧臣建,尧臣诗:‘结茅在云端,下连公居静。林表明溪湖,窗中俯闾井。此趣还自知,宁须享

① 李贤《大明一统志》卷三十,第521页上。

② 李贤《大明一统志》卷三十,第523页上。

③ 李贤《大明一统志》卷五,第803页上。

④ 马世奇《澹宁居诗集》卷上,四库禁毁书丛刊,第113册,北京出版社2000年版,第365页。

⑤ 李贤《大明一统志》卷七九,第1218页下。

⑥ 阮元《(道光)广东通志》卷一二,续修四库全书,第671册,上海古籍出版社2002年版,第329页。

⑦ 李贤《大明一统志》卷十五,第242页下。

⑧ 李贤《大明一统志》卷十五,第242页下。

⑨ 李贤《大明一统志》卷十五,第244页下。

三鼎。”①

按：梅尧臣系安徽宣城人，明代称宁国府；梅于景祐元年（1034）任建德县令，与《一统志》所谓“宋县令梅尧臣”相合。卷十五“栅山”等三诗唯见于《一统志》。《朝峰亭》一首，明王崇《（嘉靖）池州府志》卷四“朝峰亭”条：“在县治后山之巅，与玉峰相峙，故名。宋县令梅尧臣诗：‘结茅在云端，下连公居静。’”②可为参证。

7. 文彦博一首

《一统志》卷二八怀庆府“寺观 · 灵都宫”：“宋文彦博诗：‘再到灵都访胜游，青山依旧白云秋。烧丹帝子名犹在，憩鹤仙人迹尚留。’”③

按：此诗又见于宋陈思《两宋名贤小集》卷七《文潞公集》，《全宋诗》以嘉靖本《文潞公文集》辑录文彦博诗，未及《两宋名贤小集》。申利《〈全宋诗 · 文彦博诗〉辑补》一文已经指出《两宋名贤小集》中有文彦博佚诗 6 首，其中即有《灵都宫》一首④。有《两宋名贤小集》的文献证据，亦可见《一统志》所存宋人佚诗渊源有自。

8. 欧阳修二句

《一统志》卷四三衢州府“宫室 · 萃贤亭”：“欧阳修诗：‘阳生群木秀，寒入乱峰青。’”⑤

按：此诗整首见于清嵇曾筠《（雍正）浙江通志》，其书卷四八引欧阳修《萃贤亭》全诗曰：“君家富山水，占胜作高亭。坐听溪流响，能令醉客醒。阳生群木秀，寒入乱峰青。吾子东南美，人贤益地灵。”⑥清宋俊纂《（康熙）江山县志》卷十四《艺文志》亦收此诗⑦，萃贤亭为北宋江山县周颖所建，当时名家多有题咏，欧阳修外有苏舜钦《寄题周源家亭》、蔡襄《题周著作萃贤亭》等诗。

9. 韩琦四句

《一统志》卷四大名府“古迹 · 东园”：“宋韩琦判大名，新进少年多忽之。琦尝游园，为诗云：‘风定晓枝蝴蝶闹，雨匀春圃桔槔闲。’时人称其微婉。”⑧

《一统志》卷二八彰德府“宫室 · 忘机堂”：“在府治北，韩琦建于居第后圃。

① 李贤《大明一统志》卷十六，第 251 页上。

② 王崇《（嘉靖）池州府志》卷四，天一阁藏明代方志选刊，上海古籍书店 1982 年版。

③ 李贤《大明一统志》卷二八，第 489 页下。

④ 申利《〈全宋诗 · 文彦博诗〉辑补》，《古籍整理研究学刊》，2009 年第 3 期，第 56 页。

⑤ 李贤《大明一统志》卷四三，第 725 页上。

⑥ 嵇曾筠《（雍正）浙江通志》卷四八，影印文渊阁四库全书，第 520 册，台湾商务印书馆 2008 年版，第 331 页下。

⑦ 宋俊《江山县志》卷十四，康熙五十二年重修序刊本，东京大学东洋文化研究所藏。

⑧ 李贤《大明一统志》卷四，第 87 页上。

琦诗:‘伊予本是忘机者,因立佳名近狎鸥。’”①

按:“风定晓枝”二句,宋胡仔《苕溪渔隐丛话前集》卷二七、《后集》卷二、卷三四以及释惠洪《冷斋夜话》卷二、魏庆之《诗人玉屑》卷九并引之,可见宋人习知此段佳话。“伊予本是”二句唯见于《一统志》。

10. 赵抃二首

《一统志》卷六七成都府“宫室·含晖阁”:“宋赵抃诗:‘晓川嘉树照双扉,披豁幽轩景尽归。自喜吾怀已虚白,三嵎山色更清辉。’”②

《一统志》卷七二嘉定州“山川·小峨山”:“宋赵抃诗:‘蜀山天下奇,三峨压岷右。谁谓孤剑外,名出嵩华后。’”③

按:赵抃谥“清献”,尝任成都转运使,“匹马入蜀,以一琴一鹤自随”(《宋史·赵抃传》),与佚诗见于《一统志》成都府、嘉定州地理相合。四川地方志中有诸多赵抃题咏。《含晖阁》诗又见于明曹学佺《蜀中广记》卷八、清黄廷桂《(雍正)四川通志》卷二七,或系据《一统志》转录。《小峨山》最早见于宋王象之《舆地纪胜》卷一四六“峨眉诗”④,注作者为赵抃。

11. 范镇二首

《一统志》卷二九河南府“古迹·田千秋园”:“宋范镇诗:‘自古桃林汉相园,至今有舍号田村。苍山绿水依然是,不独青编事业存。’”⑤

《一统志》卷七一眉州“宫室·读书台”:“又盘石山有宋范镇读书台,上有石刻镇诗:‘穷幽访盘石,细径入荒凉。踏叶屦履湿,触花衣袂香。’”⑥

按:《田千秋园》诗,又见于明彭大翼《山堂肆考》卷二七、清王士俊《(雍正)河南通志》卷五二,或为据《一统志》转录;《读书台》一诗,据《一统志》所云,当是有范镇诗刻流传。本诗首见于宋祝穆《方舆胜览》卷五三“盘石山”条:“在彭山县,有普照寺,岩腹有石室。范文忠公留题云:‘穷幽访盘石,细径入荒凉。踏叶履屦湿,触花衣袂香。’”⑦可证《一统志》所载有据。

12. 文同四句

《一统志》卷三四汉中府“宫室·郙阁”:“文同诗:‘南征尝读语溪颂,西上今观郙阁铭。’”⑧同卷“宫室·众芳亭”:“文同诗:‘汉川一百二十里,步步旗亭

---

① 李贤《大明一统志》卷二八,第473页上。
② 李贤《大明一统志》卷六七,第1042页上。
③ 李贤《大明一统志》卷七二,第1112页下。
④ 王象之《舆地纪胜》卷四八,中国古代地理总志丛刊,中华书局1992年版,第3960页。
⑤ 李贤《大明一统志》卷二九,第504页下。
⑥ 李贤《大明一统志》卷七一,第1105页下。
⑦ 祝穆《方舆胜览》卷五三,中国古代地理总志丛刊,中华书局2003年版,第948页。
⑧ 李贤《大明一统志》卷三四,第596页下。

岸岸花。'"①

按:《一统志》卷七一潼川州"山川·鹅溪"尚载文同"待将一片鹅溪绢,扫取寒稍万丈长"之句②,《全宋诗》卷四五已收录③。文同于熙宁五年(1072)任兴元府(即汉中)知府,所过多有题咏,《一统志》于汉中府载其佚句正与其历官地理相合。

13.刘敞五首

《一统志》卷二六开封府上"古迹·桑落":"在陈州界,即孔子绝粮处。宋刘敞诗:'四海栖栖一旅人,绝粮桑落死生邻。自是天心劳木铎,岂关陈国有愚臣。"④

《一统志》卷二九河南府"宫室·澄澜堂":"在陕州治,宋知州吴育建,有记。后刘敞来作守,有诗云:'昔公憩棠阴,恨我初未陪。览诗感时异,阅川使心哀。'"⑤

《一统志》卷三一汝宁府"山川·西阳池":"宋刘敞诗:'出郭无所诣,入门少佳趣。空有西阳池,犹为赏心具。'"⑥

同卷"陵墓·申伯冢":"宋刘敞诗:'二世三公何足论,忆牵黄犬出东门。天人忌满由来事,枉恃沙丘有旧恩。'"⑦

同卷"陵墓·李斯墓":"刘敞诗:'恃法虽深上不疑,萧疏何事触刑机。主恩未改天心改,使者空乘白马归。'"⑧

按:刘敞中进士后,以大理评事通判蔡州,即在《一统志》所谓汝宁府,今其佚诗所出诸地,或为北宋国都,或为刘敞历官之地,地理正相合。《桑落》一诗,慎蒙《天下名山诸胜一览记》卷六亦收⑨,又冯梦龙编《东周列国志》第七九回谓:"今开封府陈州界有地名'桑落',其地有台名曰'厄台',即孔子当时绝粮处。宋刘敞有诗云:'四海栖栖一族人,绝粮三日死生邻。自是天心劳木铎,岂关陈蔡有愚臣。'"⑩亦可旁证明人习见刘敞此诗。《澄澜堂》《西阳池》二诗,唯见于《一统志》。《申伯冢》《李斯墓》二诗,清陈焯《宋元诗会》卷二三、清王士俊

① 李贤《大明一统志》卷三四,第596页下。

② 李贤《大明一统志》卷七一,第1098页上。

③ 《全宋诗》卷四五,第8册,第5463页。

④ 李贤《大明一统志》卷二六,第446页上。

⑤ 李贤《大明一统志》卷二九,第501页上。

⑥ 李贤《大明一统志》卷三一,第541页下。

⑦ 李贤《大明一统志》卷三一,第543页下。

⑧ 李贤《大明一统志》卷三一,第543页下。

⑨ 慎蒙《天下名山诸胜一览记》卷六,影印清华大学图书馆藏明万历四年自刻本,四库全书存目丛书,史251,齐鲁书社1996年版,第239页。下引版本同。

⑩ 冯梦龙《东周列国志》第七九回,齐鲁书社2005年版,第646页。

《(雍正)河南通志》卷四九亦引作刘敞诗,然皆为清代文献,似亦本于《一统志》。

14. 司马光一首

《一统志》卷七凤阳府"山川·第一山":"司马光诗:'都梁一别周星久,白首重来一梦间。来去浑无功可纪,但栽桃李满空山。'"①

按:按本诗又见于慎蒙《天下名山诸胜一览记》卷三②,明·柳瑛《(成化)中都志》卷八亦收,题作《和米芾第一山韵》③。《全宋诗》卷一七七收米芾《题泗滨南山石壁曰第一山》诗:"京洛风沙千里还,船头出汴翠屏间。莫论衡霍冲星斗,且是东南第一山。"④与司马光诗韵脚合,《中都志》以为乃二人和韵之作,当有所据。

15. 王安石二句

《一统志》卷十七和州"山川·鸡笼山":"宋王安石诗:'巉巉直浸麻湖上,倒看山影清波中。'"⑤

按:"巉巉直浸"二句,最早见于宋王象之《舆地纪胜》卷四八"鸡笼山"条⑥,《一统志》可能是据《舆地纪胜》采录。又《一统志》卷五饶州府"山川·龙池"收宋王安石"老龙天上回,峰顶石池开。嘘浪乱晴旭,蛰沙惊冻雷。"⑦四句,《全宋诗》未收。然考清曾燠《江西诗征》卷二七"元"部分收黄中《龙池》一首:"老龙天上回,峰顶石池开。嘘浪乱晴日,蛰沙惊冻雷。树王洗钵去,渊客振衣来。时旱若飞雨,飘然遍九垓。"且有作者小传曰:"中字介甫,临川人,好学工诗。虞道园作《雪舟篇》赠之,因名其诗曰《雪舟集》。"⑧中含《一统志》所载二联。虽然《江西诗征》较《大明一统志》后出,然所载黄中生平凿凿,当亦有所本。观所述黄中字介甫,临川人,与王安石全同,可能《一统志》或《江西诗征》因之误混此作,今姑不辑作王安石诗,录此备考。

16. 蒋之奇三首又二句

《一统志》卷三五巩昌府"山川·天水湖":"蒋之奇诗:'灵源符国姓,丽泽应州名。地脉熏来润,云根出处清。'"⑨

① 李贤《大明一统志》卷七,第129页下。

② 慎蒙《天下名山诸胜一览记》卷三,第51页。

③ 柳瑛《(成化)中都志》卷八,影印明弘治刻本,四库全书存目丛书,齐鲁书社1996年版,第381页。

④ 《全宋诗》卷一七七,第18册,第12254页。

⑤ 李贤《大明一统志》卷十七,第267页上。

⑥ 王象之《舆地纪胜》卷四八,第1935页。

⑦ 李贤《大明一统志》卷五,第800页下。

⑧ 曾燠《江西诗征》卷二七,续修四库全书,第1688册,上海古籍出版社2002年版,第512页上。

⑨ 李贤《大明一统志》卷三五,第614页上。

同卷“宫室·升仙台”:“宋蒋之奇诗:‘主台犹在碧山层,想象真仙为勉登。况是仙风久倾挹,何当骑鹿共飞升。’”①

《一统志》卷三六庆阳府“宫室·临川阁”:“蒋之奇诗:‘陕右号名郡,庆阳乃雄镇。临拊多时才,结构甚闳峻。城端耸华阁,千里归一瞬。不窋陵庙存,其傍接烽烬。人家住深崦,檐瓦俯可认。陶穴尚遗风,前书自传信。俯窥鹅池泉,窈黑深万仞。黄流缭如带,漱激以湍迅。地险诚在兹,贼骑安可近。’”②

《一统志》卷四三衢州府“山川·骑石山”:“宋蒋之奇诗:‘突星疑落星,骑石如骑马。’”③

按:蒋之奇曾任熙州(今甘肃临洮)知府、杭州知府,与佚诗在《一统志》出现的三府地理相合。之奇熙州任上,西夏始终未敢入犯,“地险诚在兹,贼骑安可近”当指西夏而言。《升仙台》前两句又见于宋潘自牧《记纂渊海》卷二五“秦州”④,《临川阁》一首,见于宋潘自牧《记纂渊海》卷二四“庆阳府”⑤,可证《一统志》之载录有据。

17. 苏轼六首二句

《一统志》卷二四青州府“宫室·锦秋亭”:“在博兴县东南城上,元邑人建,取宋苏轼诗命名,其诗云:‘霜风收绿锦,万顷水云秋。海气朝成市,山光晚对楼。舟车通北阙,图画入南州。且食鲈鱼美,吾盟在白鸥。’”⑥

《一统志》卷二八怀庆府“山川·陵山”:“在济源县西北一十五里,孤峰特立。宋苏轼诗:‘俯规盘谷接天坛,平地危峰岂易攀。鳌足断来移海外,天星落处化人间。’”⑦

《一统志》卷三八杭州府“山川·万松岭”:“苏轼诗:‘佛日知何处,皋亭有路通。钟闻四十里,门对两三峰。’”⑧

《一统志》卷五九汉阳府“寺观·太平兴国寺”:“在大别山阳,旧名大别寺。宋苏轼尝游此,有《大别方丈铭》。寺前有柏,俗传大禹治水时所植。轼诗云:‘谁种殿前柏,僧言大禹栽。’”⑨

《一统志》卷六一黄州府“山川·新生洲”:“苏轼诗:‘时复红鮀股臂分,蔽

---

① 李贤《大明一统志》卷三五,第615页上。

② 李贤《大明一统志》卷三六,第630页上。

③ 李贤《大明一统志》卷四三,第723页上。

④ 潘自牧《记纂渊海》卷二五,影印文渊阁四库全书本,第930册,台湾商务印书馆1986年版,第565页上。

⑤ 潘自牧《记纂渊海》卷二四,第558页上。

⑥ 李贤《大明一统志》卷二四,第403页下。

⑦ 李贤《大明一统志》卷二八,第487页上。

⑧ 李贤《大明一统志》卷三八,第663页上。

⑨ 李贤《大明一统志》卷五九,第912页上。

遮深浪见深仁。三江自此分南北,谁向中江是主人。'"①

《一统志》卷七一眉州"山川·老翁井":"苏轼诗:'井中老人悟年华,白沙翠竹公之家。公来无踪去无迹,井面团团水生花。''翁今与世两何与,无事纷纷惊牧竖。改颜易服与世同,无使世人知有翁。'"②

按:苏轼乃眉州人,任密州往返经青州,贬官黄州,地近汉阳,又曾为杭州通判、知州,与济源县傅尧俞交契,有《傅尧俞济源草堂》诗,其足迹所至,与《一统志》存有苏轼佚诗的诸卷府县皆相合。"谁种殿前柏"二句、《老翁井》《万松岭》唯见载于《一统志》。《锦秋亭》一诗,元于钦《齐乘》已著录,其书卷四"锦秋亭"条曰:"博兴东南城上,中统间邑人所建,取坡诗命名。……昔常过之,爱其风水绝类江南,赋诗亭上云:'霜风收绿锦,万顷水云秋。海气朝成市,山光晚对楼。舟车通北阙,图画入南州。且食鲈鱼美,吾盟在白鸥。'其鲈虽小,亦四腮,不减松江有莼菜。齐人皆不识,目鲈为豸鱼云。"③《新生洲》一诗,明卢希哲《(弘治)黄州府志》卷二、卷六两录,署为苏子瞻诗。《陵山》一诗,实为苏轼七律之前两联,清田文镜、王士俊等纂《河南通志》卷七"山川上""陵山"条全录此诗八句:"俯窥盘谷接天坛,平地危峰岂易攀。鳌足断来移海外,天星落处化人间。世尘汩没谁常到,樽酒登临我倦还。岁岁邦民重九会,孟嘉休独羡龙山。"亦谓"在济源县西十里,孤峰特立,宋苏轼诗"云云,似是参考李贤《大明一统志》而成,唯订正了陵山的方位道里,且补全了苏轼全诗④。清人萧应植纂修的《(乾隆)济源县志》卷一六亦载此诗,题作《灵山》⑤。据《一统志》及《通志》所列条目,知山名当以"陵山"为正,《(乾隆)济源县志》作"灵山",或是刻版误植,或是至乾隆时山名已因谐音而变更。

18. 张舜民四句

《一统志》卷五九武昌府"山川·寒溪":"宋张舜民诗:'传语寒溪莫惆怅,漫郎今已借舟还。'"⑥同卷"宫室·八景楼":"张舜民诗:'八景更从何处觅,一湖惟有此楼高。'"⑦

---

① 李贤《大明一统志》卷六一,第937页下。

② 李贤《大明一统志》卷七一,第1104页下。

③ 于钦《齐乘》卷四,影印乾隆四十六年刻本,宋元方志丛刊,第1册,中华书局1990年版,第587页上。

④ 田文镜、王士俊:《河南通志》卷七,影印文渊阁四库全书本,第535册,台北:商务印书馆1986年版,第205页。

⑤ 萧应植:《(乾隆)济源县志》卷一六,影印乾隆二十六年刊本《中国方志丛书·华北地方》第四九二号,台北成文出版社1976年版,第856页。

⑥ 李贤《大明一统志》卷五九,第902页上。

⑦ 李贤《大明一统志》卷三五,第615页上。

按:“传语寒溪”二句亦见于宋王象之《舆地纪胜》卷八一“诗下”[①],注为张舜民作。

19. 黄庭坚一首又二句

《一统志》卷十四安庆府“山川 · 龙眠山”:“宋黄庭坚诗:‘诸山何处是龙眠,旧日龙眠今不眠。闻道已随云物去,不应只雨一方田。’”[②]

《一统志》卷三十南阳府“关梁 · 板桥”:“宋黄庭坚诗:‘解鞍板桥头,春风困柳腰。’”[③]

《一统志》卷六六施州卫军民指挥使司“山川 · 石通洞”:“黄庭坚诗云:‘古木萧萧洞口风,昔人曾此出樊笼。岩前况有涓涓水,好涤尘埃去效翁。’”[④]

按:《龙眠山》诗宋王象之《舆地纪胜》卷四六“山川诗”引[⑤],宋佚名《锦绣万花谷 · 续集》卷十“淮西路”谓“出山谷咏龙眠山”,宋祝穆《方舆胜览》卷四九引作黄鲁直诗,皆可证《一统志》引黄庭坚此诗不误。黄庭坚《送彭南阳》诗有“南阳令尹振华镳,三月春风困柳条”之句,文心与《板桥》诗“春风困柳腰”相通。黄庭坚对于比较好的诗思,常在不同诗作中反复运用,此即一例。黄庭坚赴任涪州别驾黔州,途中过施州,与张仲谋交契,多有诗词之作,例如《减字木兰花》序云:“距施州二十里,张仲谋遣骑相迎。因送所和乐府来,且约近郊相见。复用前韵先往。”今《一统志》于施州卫下载山谷佚诗,与其行止相合。

20. 秦观二句

《一统志》卷八苏州府“寺观 · 南翔寺”:“在嘉定县南二十四里。宋秦观诗:‘练江江上梁朝寺,风物浑如祇树林。’”[⑥]

按:清王昶《(嘉庆)直隶太仓州志》卷六一“杂缀四 · 嘉定县 · 宋”:“程国栋《志》云:‘秦少游《南翔寺》诗:’练圻江上梁朝寺。’”[⑦]“练圻”为北宋时名,后改称练祁河,南宋吴惟信《泊舟练祁》谓:“片帆屡卷暂停船,东望微茫接巨川。几簇人家烟水外,数声渔唱夕阳边。雁知黍熟呼群下,鸥为晴沙傍母眠。银鲙丝莼今正美,且拚一醉曲江天。”可知南宋此江已更名,故程国栋《志》尚存其旧。单从地理沿革角度而言,此诗残句为秦观所作亦可信。

21. 陈师道一首

---

① 王象之《舆地纪胜》卷八一,第 2636 页。

② 李贤《大明一统志》卷十四,第 229 页下。

③ 李贤《大明一统志》卷三十,第 524 页上。

④ 李贤《大明一统志》卷六六,第 1029 页下。

⑤ 王象之《舆地纪胜》卷四六,第 1892 页。

⑥ 李贤《大明一统志》卷八,第 153 页上。

⑦ 王昶《(嘉庆)直隶太仓州志》卷六一,续修四库全书,第 698 册,上海古籍出版社 2002 年版,第 213 页上。

《一统志》卷六一德安府“山川·溳”:“宋陈师道诗:‘溳双水绕城隅,高谊曾闻季大夫。九十九冈风俗厚,人人况已握灵珠。’”①

按:宋王象之《舆地纪胜》卷八三已引此诗,诗后注“陈师道”②,宋潘自牧《记纂渊海》卷一二“随州”亦载③。文献证据较为真确。

22. 阮阅三首

《一统志》卷十四庐州府“山川·金庭山”:“宋阮美成诗:‘萧萧叶下晓风寒,日上金庭恰一竿。行遍杏花泉畔路,紫云深处见星坛。’”④

同卷“山川·王乔洞”:“宋阮美成诗:‘双凫飞去旧岩开,松老云闲鹤不回。惟有桃花与流水,自随春色出山来。’”⑤

同卷“寺观·紫微观”:“宋县令阮美成斥大之,湖山重复,岩谷幽闳,三峰峙于前,两洞拥于后。美成诗:‘湖上西风折苇庐,小桥断岸柳疏疏。谁人肯出丹青手,写作金庭烟水图。’”⑥

按:“美成”乃阮阅原名,为庐州舒城县人,与《一统志》载其庐州府题咏相合,当是《一统志》据当时见到的庐州地方志采录诸诗。阮阅擅长绝句,时人有“阮绝句”之目,今观三首佚诗,清丽流动,与其名作《郴江百咏》风格一致。

23. 吕本中二句

《一统志》卷二三兖州府“山川·独孤山”:“宋吕本中诗:‘凄凉单马经行处,况是此山名独孤。’”⑦

按:吕本中于兖州诸名胜有《范蠡庙》等题咏,《全宋诗》已经收录,与《一统志》于兖州府收其佚诗地理相合。

24. 陈与义四首

《一统志》卷六三宝庆府“山川·古山”:“宋陈与义诗:‘层层石壁跂云端,好景偏于静处安。一派飞泉如白练,半空涡出碧光寒。’”⑧

同卷“山川·宝方山”:“陈与义诗:‘石窦虚明略暗穿,尘襟过此觉翛然。洞门止在云深处,谁想人间别有天。’”⑨

同卷“山川·云山”:“陈与义诗:‘崒嵂奇峰百叠横,山花开后暖风轻。楚

① 李贤《大明一统志》卷六一,第929页上。
② 王象之《舆地纪胜》卷八四,第2721页。
③ 潘自牧《记纂渊海》卷一二,第313页下。
④ 李贤《大明一统志》卷十四,第219页下。
⑤ 李贤《大明一统志》卷十四,第220页上。
⑥ 李贤《大明一统志》卷十四,第223页上。
⑦ 李贤《大明一统志》卷二三,第368页下。
⑧ 李贤《大明一统志》卷六三,第982页下。
⑨ 李贤《大明一统志》卷六三,第982页下。

天曙色才分处，一带烟光画不成。'"①

同卷"山川·枫门山"："陈与义诗：'丹枫如染带烟光，幻出人间锦绣乡。一段西山观不尽，归鸦数点送斜阳。'"②

按：《一统志》同卷"宫室"类尚载陈与义《宣风雪霁》诗③，《全宋诗》已收录，题作《宣风楼》④。清曾国荃《（光绪）湖南通志》卷二引后二诗，谓出《明统志》，即指《大明一统志》。宝庆府于宋为邵州，陈与义尝避乱邵州，有《正月十二日至邵州十三日夜暴雨滂沱》等诗，后居武冈六年，其间于邵州名胜多有题咏，今其咏邵州的四首佚诗存留于《大明一统志》中，弥足珍贵。

25. 王十朋一首又二句

《一统志》卷四八温州府"山川·醉翁岩"："王十朋诗：'两石如翁醉格清，兀然相对坐岩扃。啼春山鸟日相劝，满地落花犹未醒。'"⑤同卷"山川·雁荡山"："王十朋诗：'雁山门户从此入，南北两峰相对高。'"⑥

按："雁山门户"二句唯见载于《一统志》。《醉翁岩》诗首见于宋祝穆《方舆胜览》卷九"醉翁岩"："在平阳之凤栖乡，王龟龄诗：'两石如翁醉格清，兀然相对坐岩扃。啼春山鸟自相劝，满地落花犹未醒。'"⑦"龟龄"为王十朋之字，可证此诗为王十朋佚诗。

26. 尤袤二句

《一统志》卷四七台州府"山川·丹井泉"："宋尤袤诗：'厥初茅君上飞仙，灵迹渭沸丹井泉。'"⑧

按：此二句宋陈耆卿《（嘉定）赤城志》卷二三引作："尤袤《昊天殿记》云：厥初茅君上飞仙，灵迹渭沸丹井泉"云云⑨，今《昊天殿记》已佚，详二句为韵语，当为记文中所附之诗，《一统志》纂辑者亦当有见于此，遂改作宋尤袤诗，姑从之。

27. 张栻二首

《一统志》卷七九广州府"山川·昆湖山"："宋张栻诗：'昆湖擅奇胜，列嶂巧连绵。循环四来会，巍峨高插天。'"⑩

同卷"山川·圭峰"："宋张栻诗：'孤峰突群岫，壁立如信圭。苍翠倚天半，

① 李贤《大明一统志》卷六三，第982页下。
② 李贤《大明一统志》卷六三，第983页上。
③ 李贤《大明一统志》卷六三，第983页下。
④ 《全宋诗》卷一七五八，第31册，19586页。
⑤ 李贤《大明一统志》卷四八，第774页下。
⑥ 李贤《大明一统志》卷四八，第774页上。
⑦ 祝穆《方舆胜览》卷九，中国古代地理总志丛刊，中华书局2003年版，第151页。
⑧ 李贤《大明一统志》卷四七，第765页上。
⑨ 陈耆卿《（嘉定）赤城志》卷二三，宋元方志丛刊，第7册，中华书局1990年版，7456页。
⑩ 李贤《大明一统志》卷七九，第1210页上。

缓视疑云梯。'"①

按:《昆湖山》诗为张栻五律中间两联,全诗曰:"五岭峰峦富,美丽压中原。昆湖擅奇胜,列嶂巧连绵。循环四朝会,巍峨高插天。我行傲春色,长啸时轩轩。"《圭峰》诗为张栻《圭峰》五律之后两联,全诗为"浮云翳落晖,策杖瞰清溪。茫茫北山道,霭霭暮烟低。孤峰突群岫,壁立如信圭。苍翠倚天半,缓视如云梯。"两首五律见存于明嘉靖本《广东通志》及清阮元《(道光)广东通志》卷一一三"昆湖山""圭峰"条②,可知《广东通志》在《一统志》外有另一文献来源,今不可考。然两者皆可证两首五律为张栻之作。

28. 吕祖谦一首

《一统志》卷四三衢州府"书院·包山书院":"宋汪应辰有轩名'听雨',绍定中改为书院。吕祖谦《听雨轩》诗:'弟兄真乐有谁知,颇忆苏公听雨诗。小院深沉人静后,虚檐萧瑟夜分时。对床梦寐归灯火,浮世身名付酒卮。书册一窗生意足,怡然戏彩慰亲思。'"③

按:清嵇曾筠《(雍正)浙江通志》卷四八述吕祖谦作此诗背景颇详,"听雨轩"条曰:"弘治《衢州府志》:在开化县北,汪观国字廷元,于所居作逍遥堂,翼之以轩,扁曰听雨。与其弟端斋燕息以终老,复遣其子浤从游东莱之门。时晦庵自建安来过,张南轩、陆象山、吕祖俭各赋听雨轩诗以美之。朱熹《汪端斋听雨轩》诗:'试问池塘春草梦,何如风雨对床诗?三熏三沐事斯语,难弟难兄此一时。为母静弹琴几曲,遣怀同举酒千卮。苏公感寓多游宦,岂不临风尚尔思。'吕祖谦《次韵听雨轩》诗:'弟兄真乐有谁知,颇忆苏公听雨诗。小院深沉人静后,虚檐萧瑟夜分时。对床魂梦归灯火,浮世身名付酒卮。书册一窗生计足,怡然戏彩慰亲思。'"④朱熹《汪端斋听雨轩》诗已见于《全宋诗》卷二三九二,⑤《全宋诗》于诸书未检,遂致失收吕祖谦此诗。

29. 李纲二首

《一统志》卷七七延平府"宫室·凝翠阁":"李纲诗:'登临缥缈出尘寰,疑是神仙昼不关。宴乐樽罍在天半,嬉游歌吹落人间。'"⑥

同卷汀州府"祠庙·显应庙":"宋李纲诗:'不愁芒履长南谪,满愿灵旗助北征。酹彻一杯揩泪眼,烟云何处是三京。'"⑦

---

① 李贤《大明一统志》卷七九,第1210页上。
② 陈永正已据以辑佚,见《明嘉靖本〈广东通志〉中的宋人佚诗》,《岭南文史》2006年第1期。
③ 李贤《大明一统志》卷四三,第724页下。
④ 嵇曾筠《(雍正)浙江通志》卷四八,第330页上。
⑤ 《全宋诗》卷二三九二,第44册,27667页。
⑥ 李贤《大明一统志》卷七七,第1179页下。
⑦ 李贤《大明一统志》卷七七,第1185页下。

按:二诗又见于明陈道《(弘治)八闽通志》卷七四、卷八三,皆谓为李纲诗[①]。又清冯登府《闽中金石志》卷八"显应庙诗刻·绍兴二年"条:"在汀州府宁化西三里,草仓有显应庙,为草仓将军,姓长孙,名山。宋李纲南谪日,过此题诗云:'不愁芒屦长南谪,满愿灵旗助北征。酬彻一杯揩泪眼,烟云何处是三京。'"[②]则李纲"不愁芒履长南谪"一诗曾刻石,至清冯登府时尚存,亦为有力参证。

30. 白玉蟾一首

《一统志》卷五四抚州府"寺观·梅仙观":"在府城东北六十里,世传汉梅福寓此。宋白玉蟾诗:'梅福炼丹成已往,浮立跨鹤不思归。岚光荏苒千峰暝,时有幽禽叫落晖。'"[③]

按:据黄永锋、方宝璋《白玉蟾活动区域考》一文考述,白玉蟾曾"过抚州谒华盖山"[④],则与《一统志》抚州府载白玉蟾佚诗地理相合。

(作者:李成晴,清华大学中文系博士研究生,100084)

① 陈道《(弘治)八闽通志》卷七四、八三,北京图书馆古籍珍本丛刊,书目文献出版社1988年版,第1043页上、1173页上。

② 冯登府《闽中金石志》卷八,续修四库全书,第912册,上海古籍出版社2002年版,第443页下。

③ 李贤《大明一统志》卷五四,第844页上。

④ 黄永锋、方宝璋《白玉蟾活动区域考》,《世界宗教研究》,2012年第6期,第69页。

《金瓶梅》评点本版本研究述论

刘 玄

目前学界普遍将《金瓶梅》分为词话本、崇祯本①两大系统，崇祯本又经张竹坡评改而成第一奇书本。对于词话本和崇祯本的关系主要有三种看法，即二者是同源关系、母子关系或平行关系②。由于现存最早的刻本是词话本《新刻金瓶梅词话》，故本文认同词话本早于崇祯本的看法③。本文在前人研究的基础之上，首先梳理了《金瓶梅》各评点本，进而在研究各评点本特征及关系的基础上，理清评点本发展的脉络。

一、词话本评点

目前所见最早的《金瓶梅》刻本是词话本《新刻金瓶梅词话》，大约刻于天启年间④。现存词话本刻本主要有台北故宫博物院藏本、日本慈眼堂藏本、日本德山毛利氏栖息堂藏本、京都大学附属图书馆藏本（残本）四种⑤，四种版本均无评点⑥。

虽然现存词话本刻本均无评点，但并不能据此否认词话本评点的存在。首

① 崇祯本，一般也称为绣像本或说散本。

② 三种看法为：认为崇祯本与词话本属母子关系者有日本学者鸟居久晴，王汝梅，刘辉等，参见刘辉《金瓶梅版本研究》（《金瓶梅成书与版本研究》，辽宁出版社，1986年6月，第56页）；认为二者无直接关系，即认为二者是平行的，并各有抄本者有美国学者韩南，魏子云，梅节等，参见梅节《〈新刻金瓶梅词话〉后出考》（《燕京学报》新15期）；认为二者均非“原本”，更有早于二者的版本存在者是美国学者浦安迪，参见浦安迪《瑕中之玉——论崇祯本金瓶梅评注》（《金瓶梅西方论文集》，上海：上海古籍出版社，第299页）。

③ 词话本的成书时间最早可推至万历年间，这个观点最早由郑振铎提出，影响较大，参见苗怀明《20世纪以词话本为中心的〈金瓶梅〉研究综述》（《中华文化论坛》，2002年第1期）。

④ 研究者一般认为此本并非初刻本，参见刘辉《金瓶梅主要版本所见录》（《金瓶梅成书与版本研究》，辽宁出版社，1986年6月）。

⑤ 参见吴敢《20世纪金瓶梅研究史长编》（香港：文汇出版社，2003年1月，第38页）。且苗怀明先生在《20世纪以词话本为中心的〈金瓶梅〉研究综述》（《中华文化论坛》，2002年第1期）中详述了四种词话本刻本的发现过程。

⑥ 据刘辉《金瓶梅主要版本所见录》（《金瓶梅成书与版本研究》，第86—90页）著录可知，现存词话本刻本均无评点。

先，在刻本之前的抄本上是有评点的，刘辉先生指出词话本刻本中有从抄本评点误刊入正文的现象可以为证。他举出第二十八回和第二十四回中的两个例子：二十八回中有关潘金莲丢了一只鞋，叫春梅、秋菊寻鞋的描写中有“好，省恐人家不知道”这句话，明显的是批语性质的；二十四回中“几句说经济”明显是批语误置入正文[①]。除上述两例以外，词话本末尾有一首诗：“闲阅遗书思惘然，谁知天道有循环。西门豪横难存嗣，经济颠狂定被歼。楼月善良终有寿，瓶梅淫佚早归泉。可怪金莲遭恶报，遗臭千年作话传。”[②]从“闲阅遗书”四个字可以看出，此诗当是读者读完《金瓶梅》后所作批语性质的诗，应是传抄者或刊刻者将它嵌入小说中的。

综上所述，对《金瓶梅》最早的评点应该在万历年间流传的词话本抄本时就开始了。由于抄本现已不存，无法得知其评点的具体情况，只能从词话本刻本中保存的只言片语中略窥一二。但抄本中已存在评点，即可将最早评点《金瓶梅》的时间提前至刻本出现以前的最初流传阶段。现存词话本刻本没有评点的原因有两种可能：一是词话本刻本确无评点；二是有评点的词话本刻本没有流传下来。目前尚没有更多材料可以确证。如果词话本刻本确无评点，则其原因有两种可能：一是早期传抄过程中评点的形态比较简漫，刊刻者不重视故没有刊刻；二是词话本是一个不同抄本的拼集本[③]，拼集本中评点散乱不全，不适宜刊刻。

二、崇祯本评点

现存崇祯本约有 13 种，均为二十卷一百回，包括：(1) 日本东京大学东洋文化研究所藏本，本文称“东洋本”。(2) 首都图书馆藏本，本文称“首图本”。(3) 北京大学图书馆藏本，本文称“北大本”。(4) 天津图书馆藏本，本文称“天津本”。(5) 上海图书馆藏本第一种，本文称“上甲本”。(6) 上海图书馆藏本第二种，本文称“上乙本”。(7) 日本内阁文库藏本，本文称“内阁本”。其版本情况见表 1。

除上述 7 种外，还有以下 6 种不易见或已佚的版本：(8) 天理大学藏本[④]

① 参见刘辉：《从词话本到说散本》，《金瓶梅成书与版本研究》，辽宁出版社 1986 年版，第 7 页。

② 《金瓶梅词话》，人民文学出版社 2008 年版。

③ 参见刘辉：《从词话本到说散本》，《金瓶梅成书与版本研究》，第 3—20 页。

④ 韩南先生称其批注非全同于北大本，参见[美]韩南《〈金瓶梅〉的版本及其他》(《韩南中国小说论集》，北京：北京大学出版社，2008 年 3 月，第 167 页)。

(9)通州王孝慈藏本[1](今已佚)(10)本衙藏版残存47回本(其版式、眉批、行款均与北大本相近)(11)吴晓铃先生藏抄本[2](无眉批、夹批)(12)《绣刻古本八才子词话》本(今已佚,韩南先生将其列入崇祯本系统)[3](13)周越然旧藏本[4](有眉批及圈点)。

现在所知的13种崇祯本仅吴晓铃先生藏抄本(11)无评点,其余均有评点。由于后6种版本不常见或已佚,且研究文献中所知的资料较少,故本文仅就前7种崇祯本的情况讨论。目前根据其版面安排、页码编号、卷名和序词的配置方式,普遍将崇祯本分为两类[5]:一类以北大本为代表,包括天理本、上图甲乙两本、天津本等,此类的版本特点是(根据北大本),每半叶10行,每行22字;第二类以内阁本为代表,还包括东洋本、首图本,此类的版本特点是(根据首图本),每半叶11行(比北大本多1行),每行28字(比北大本多6字)。7种版本的版本情况见表1:

表1 现存七种崇祯本版本情况统计表[6]

	第一类				第二类		
	天津本	上甲本	上乙本	北大本	内阁本	东洋本	首图本
书名	《新刻绣像批评金瓶梅》	《新刻绣像批评金瓶梅》	《新刻绣像批评金瓶梅》	《新刻绣像批评金瓶梅》	《新刻绣像批评批评原本金瓶梅》	《新刻绣像批评金瓶梅》	《新刻绣像批评金瓶梅》

① 一般认为王孝慈藏本可能为初刻本,其他这些本子都是王氏藏本的后刻本。参见吴敢:《20世纪金瓶梅研究史长编》,文汇出版社,2003年版,第41页。

② (10)(11)三种版本转录自杨彬:《崇祯本〈金瓶梅〉研究》,北京:文物出版社,2011年10月,第15—20页。

③ 参见[美]韩南《〈金瓶梅〉的版本及其他》,《韩南中国小说论集》,北京大学出版社2008年版,第167页。

④ 王汝梅先生认为此本据版式特征应属北大本一类,但有不同。转录自杨彬《崇祯本〈金瓶梅〉研究》(文物出版社2011年版,第15—20页)。关于对13种版本关系的研究,可参见吴敢《20世纪金瓶梅研究史长编》(香港:文汇出版社2003年版,第41页)。

⑤ 参见周文业《〈金瓶梅〉崇祯系统东大本研究》(《第十届中国古代小说、戏曲文献与数字化研讨会论文集》,2011年8月),王汝梅、黄霖、杨彬等亦按此分类。

⑥ 由于时间精力有限,笔者未能亲见所有版本并作记录,其中东洋本、内阁本、上甲本、上乙本的版本情况引自杨彬《崇祯本〈金瓶梅〉研究》(文物出版社2011年10版,第15—20页)。

续表

	第一类				第二类		
	天津本	上甲本	上乙本	北大本	内阁本	东洋本	首图本
卷数回数	6函36册,20卷100回	32册,20卷100回	4函40册,20卷100回	4函36册20卷100回	21册,20卷100回	21册,20卷100回	4函20册,20卷100回,卷11佚
行格	半叶10行,行22字	半叶10行,行22字	半叶10行,行22字	半叶10行,行22字	半叶11行,行28字	半叶11行,行28字	半叶11行,行28字
板框	框高约20.5厘米,宽约13.7厘米	框高约20.6厘米,宽约13.6厘米	框高约20.5厘米,宽约13.9厘米	框高约20.7厘米,宽约13.6厘米	框高约20.7厘米,宽约11.7厘米	框高约20.7厘米,宽约11.7厘米	框高约19.8厘米,宽约11.5厘米
眉批旁批	少量四字行眉批和旁批	四字行眉批和旁批	少量四字行眉批和旁批	四字行眉批、旁批	有眉批,无旁批	三字行眉批、旁批	无眉批,有少量旁批

虽然两类崇祯本的版式完全不同,但正文内容基本相同①。由此可知,几种版本无论先后顺序如何,其所据的原抄本或刻本的正文是基本相同的,正文的差异或因刻印过程所致。

虽然各版本正文差别不大,但评点差别很大。其区别主要体现在:是否有眉批旁批、眉批的行格(见表1)、批点文字内容和数量等方面,可以说没有两个版本的评点情况完全一致。关于这几种版本评点的具体情况,笔者在查阅众学者的研究资料并目验其中部分版本后,梳理出以下几点②:(1)第七回中第一类版本中的北大本与上甲本几乎相同,但有一些批点上甲本有北大本无,也有一些批点北大本有上甲本无;(2)第七回中第二类中的内阁本的眉批与第一类北大本、上甲本差异很大,且内阁本眉批与正文有不合之处;(3)第七回中天津本、

① 周文业先生用计算机比对了两类版本中的东洋本和北大本等得出这一结论,参见周文业《〈金瓶梅〉崇祯系统东大本研究》。

② 由于笔者无法得见各版本的原貌,仅能就前辈的研究成果做进一步的分析,虽然所据资料有限,但可以从以下资料中看出说散本评点的基本情况。

上乙本、首图本无眉批[1];(4)六十一回中上甲本与北大本的眉批与东洋本差别很大,有9处仅见东洋本,第六十二回东洋本有一段长评,为二本所无;(5)首图本第一回3处旁批,为他本所无[2]。

通过以上5点和表1中的版本情况可以得出以下三个结论:首先,据表1可知第一类崇祯本评点均有眉批和旁批,且都为四字行,但据上文(1)(3)可知第一类版本中的评点文字差异很大,最明显的是北大本和上甲本中第七回的评点天津本、上乙本全无,而北大本和上甲本亦有较大差异;其次,第二类评点本中,首图本是所有评点本中唯一无眉批的版本,内阁本没有旁批(见表1),故这一类中三个本子的评点情况完全不同;再者,据上文(4)(5)中提到的东洋本和首图本与北大本的差异,可推知各版本之间的评点差异并非简单由于刊刻时的疏漏所导致。

笔者认为,由于上述七种崇祯本正文基本相同并有部分相同的评点文字,所以它们应该有一个共同的祖本,且这个祖本应是有评点的。然而从上文所述评点文字的差异情况可知,崇祯本各评点本在刊刻时各自所据的版本一定不相同。

总之,崇祯本或许并非一出现即有评点[3],且其评点也并非一人一次写就。在对某个有评点的祖本的翻刻、再刻过程中,又有人(应不止一人)加入了新的评点,形成了新的评点本,导致现存各崇祯本的评点差异较大。虽然具体情形由于材料有限难以给出更准确地判断,但可以推想崇祯本评点形成的过程如图1所示:

图1:崇祯本评点演变过程

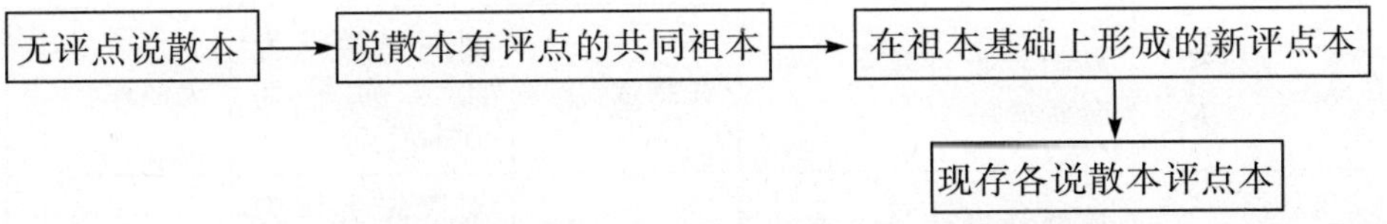

梳理出崇祯本评点形成过程,并明确崇祯本评点是逐渐丰富、完善的意义有三:首先,有助于理解《金瓶梅》评点理论的发展,因为第一奇书本评点中大量沿用了崇祯本的评点,并受崇祯本评点的影响很大,所以《金瓶梅》评点理论应该是逐步形成的;其次,对于崇祯本的写定者和评点者研究也很重要,如果认可崇祯本的评点者不止一人这一结论,那至少众多关于《金瓶梅》崇祯本评点者的

① 杨彬先生在《崇祯本〈金瓶梅〉研究》中对以上所列6种版本(除东洋本)第7回的评点做了详细的比较,本文在其研究成果中引用了以上三点,参见杨彬《崇祯本〈金瓶梅〉研究》第51—55页。

② 刘辉《金瓶梅版本考》,第7页。

③ 上文中提到的吴晓玲先生藏本是现存说散本中唯一无评点的,王汝梅先生认为此本可能系据崇祯系统原刻本抄录,参见杨彬《崇祯本〈金瓶梅〉研究》第20页,故笔者认为崇祯本最早的抄本或刻本是否有评点尚不能确定。

材料就不再相悖;第三,由于崇祯本的评点形成较早,故明确其形成情况对理解章回小说评点理论的发展也有助益。

三、第一奇书本评点

(一)第一奇书本评点分两次完成

第一奇书本相对词话本、崇祯本来看,其成书、版本流传和评点的情况较为清晰,有较多的一手材料流传下来。有清一代流传的《金瓶梅》基本上都是第一奇书本。其版本主要有康熙乙亥本、在兹堂本、皋鹤草堂本、影松轩本、本衙藏板本等几十种。第一奇书的各版本著录可参见日本学者泽田瑞穗等人合编的《金瓶梅资料概览》、胡文彬先生《金瓶梅书录》等。由于第一奇书本在乾隆以后翻刻、重刻本较多,且其评点情况并没有太大变化,故本文仅对主要清初刻本进行研究,如表2:

表2 清初代表性第一奇书本统计表①

版本名称	书名	书坊	刊刻时间	有无回评
乙亥本	皋鹤堂批评第一奇书金瓶梅	未知	清康熙乙亥②	无回评
在兹堂本	皋鹤堂批评第一奇书金瓶梅	在兹堂	刘辉先生认为此本为早期刻本③	无回评
皋鹤草堂本	皋鹤堂批评第一奇书金瓶梅	皋鹤草堂	刘辉先生认为此本为在兹堂翻刻本④	无回评
本衙藏板甲本	彭城张竹坡批评全像金瓶梅第一奇书	本衙藏板	未知	无回评
本衙藏板乙本	彭城张竹坡批评全像金瓶梅第一奇书	本衙藏板	未知	有回评

① 版本情况转录自刘辉《金瓶梅主要版本所见录》,《金瓶梅成书与版本研究》,第81—100页。

② 刘辉认为此本为第一奇书原刻本,刊刻于康熙三十四年乙亥(1965),《金瓶梅成书与版本研究》,第98页。

③ 参见刘辉《金瓶梅成书与版本研究》,第98页。

④ 参见刘辉:《金瓶梅成书与版本研究》,第98页。

续表

版本名称	书名	书坊	刊刻时间	有无回评
影松轩本	彭城张竹坡批评金瓶梅第一奇书	影松轩	此本刊刻时间晚于康熙乙亥本和在兹堂本①	有回评
崇经堂本	皋鹤堂批评第一奇书金瓶梅	崇经堂	未知	有回评,正文内无眉批、旁批、夹批

张竹坡评点《金瓶梅》的时间应该在清康熙乙亥年,这一点吴敢先生已经做出了确凿的论证,并具体指出是“康熙三十四年乙亥正月”②。故乙亥本为第一奇书本的最早刻本已基本无疑议。在兹堂本和皋鹤草堂本与乙亥本为同一版式,三者刊刻时间较近,刘辉先生统称其为康熙乙亥版系统③。第一奇书本的初刻本(即乙亥本)应该是张竹坡自刊的,有《仲兄竹坡传》中有一段文字为证:

遂键户旬有余日而批成。或曰:此稿货之坊间,可获重价。兄曰:吾岂牟利而为之耶?吾将梓以问世,使天下人共赏文字之美,不亦可乎?遂付剞劂。④

文中“吾将梓以问世……遂付剞劂”明确说明了这一点。

第一奇书本评点文字总计约10万字,其形式大致为书首专论,回首与回中总评以及文间的夹批、旁批、眉批、圈点三大类。其实际上由三个部分组成:第一部分是直接来自崇祯本的正文评点,包括眉批、夹批、旁批。第一奇书本中的正文评点实际直接大量地沿用了崇祯本的评点,只有部分修正,许多评点甚至

① 参见刘辉:《金瓶梅成书与版本研究》,第100页。

② 吴敢先生有三条论据:第一,大连图书馆藏本衙藏版本《第一奇书》所载《寓意说》较其他版本多出的一段文字:“竹坡,彭城人……乃发心于乙亥正月人日批起,至本月廿七日告成。其中颇多草草,然予亦自信其服照古人用意处,为传其金针大意云尔。缘作《寓意说》,以弁于前。”说明张竹坡评点的时间是乙亥年正月。第二,所有《第一奇书》卷首均有谢颐序,作序时间为:康熙岁次乙亥清明中浣。第三,张竹坡在《第一奇书非淫书论》中称“生始二十又六”。评点写于乙亥年的事实与其生卒年相符。故其评点时间为乙亥年已可确证。参见吴敢:《张竹坡评点概论》及《张竹坡评本〈金瓶梅〉琐考》,《张竹坡与〈金瓶梅〉研究》,文物出版社2009年版,第178页。

③ 刘辉先生认为,这三个版本差异不大,只皋鹤草堂版心和题署不同于前两版。本文认同刘先生的看法,将三种版本统称为康熙乙亥系统。参见刘辉:《金瓶梅成书与版本研究》,辽宁出版社1986年版,第80页。

④ 转引自吴敢:《张竹坡评点概论》,《张竹坡与〈金瓶梅〉研究》,北京:文物出版社2009年版,第178页。

是完全相同的。张竹坡在《凡例》中自己也坦言,“然我后数十回内,亦随手补入小批”[①],说明他自己承认是补入了部分的评点。第二部分是张竹坡第一次付印时写入的正文评点和专论部分[②]。从表2可知,康熙乙亥本系统中的乙亥本、在兹堂本、皋鹤草堂本及本衙藏板甲本均无回评,可见第一奇书本最初付印的时候是没有回评的。既然第一奇书本的初刻本是张竹坡自刊的,应该不存在刻印过程中没有刻入回评的可能,故他称“此书……成于十数天内”[③]中所“成”并刊印的应指的是正文评点和专论等。第三部分是之后的版本才有的回评。从表2可知,本衙藏板乙本、影松轩本和崇经堂本都是有回评的,有回评的第一奇书本也是后世通行的版本。

关于回评,目前学界一般认为是张竹坡所写[④]。但也有学者如鸟居久晴先生认为:“这些总评(指影松轩本比乙亥本多出的回评)成于何人之手不清楚。”[⑤]张竹坡在《凡例》中言:“《水浒》是现成大段华具的文字,……故圣叹止此批其字句也,若《金瓶》乃隐大段精彩于琐碎之中,止分别字句,细心者皆可为,而反失其大段精彩也。……是故欲知文字纲领者,看上半部;欲随目成趣,知文字细密者,看下半部,亦何不可?”[⑥]可见其看重总评(包括每回总评和专论等)对《金瓶梅》评点的意义,认为在总评比正文小批重要。《凡例》应是张竹坡在初刻本付印时所写,但康熙乙亥本系统中并没有《凡例》里他所谓对“上半部”说明“文字纲领”的回评,而专论是针对全书而言的,这点颇让人费解。

从以上论述可知,第一奇书本评点并非一次写就,且康熙乙亥本系统之后才加入的回评亦没有确切证据证明是张竹坡所写。

第一奇书本评点中,还包括手抄本文龙[⑦]评点。文龙评点从未付梓,过去也无人知晓。刘辉1985年在北京图书馆查阅资料偶得文龙手写于第一奇书本在

① 张竹坡《第一奇书金瓶梅凡例》,黄霖编:《金瓶梅资料汇编》,中华书局出版社2006年1版,第55页。

② 刘辉先生认为:“附录部分,文内夹批、旁批,是张竹坡于康熙乙亥年三月最先完成的,随后拿去付刻。而所有的回评,则系以后所补评。”参见刘辉《金瓶梅版本考》(《金瓶梅成书与版本研究》,辽宁出版社1986年第6版,第80页)。

③ 张竹坡《第一奇书金瓶梅凡例》,黄霖编:《金瓶梅资料汇编》,中华书局出版社2006年1版,第55页。

④ 如刘辉先生认为回评和正文评点浑然一体,“实皆出于竹坡一人之手”,参加刘辉《金瓶梅版本考》,《金瓶梅成书与版本研究》(辽宁出版社1986年版,第80页)。

⑤ 这句话是鸟居久晴著录影松轩本时所记,参见[日]鸟居久晴:《金瓶梅版本考》(《天理大学学报》,1955年1月)。

⑥ 张竹坡《第一奇书本金瓶梅凡例》,黄霖编《金瓶梅资料汇编》,中华书局出版社2006年版,第55页。

⑦ 文龙,本姓赵,字禹门,约生于清道光十年(1830),光绪间曾任南陆、芜湖等地知县,为官清正,参见《安徽省南陵县志》(《中国方志丛书·华中地方第九五号》卷十七,成文出版社1970年版,第218页)。

兹堂本的评点文字，文龙评点才得以面世流传。文龙评点开始于光绪五年 5 月 10 日，结束于光绪八年 9 月立冬前 2 日，历时 3 年有余。回评集中写于光绪五年、六年、八年。确切地说是在光绪五年从头至尾评了一遍、六年做了补评、八年再次作评，共评了 3 次[①]。

文龙评点约 6 万余字，包括眉批、旁批、回评和附记，回评独立成篇。其评点文字简洁流畅，文风平和。文龙对自己评点“不作人云亦云”的评价是比较中肯的。其评点中的观点很多与张竹坡评点相悖，尤其是对人物的评价，这一点已有很多学者专文研究。文龙评点，没有写总评、读法等，没有形成自己的体系，或许在理论价值上稍逊于张竹坡评点，但在他的评点中体现出其批评者身份的自觉，这对《金瓶梅》和章回小说评点史的研究都意义深远。且其评点中有些明显与张竹坡的观点进行对话，这一评点的对话性也是清后期章回小说评点的重要特征。

四、小结

根据上文论述，可知目前所知的《金评梅》评点本，从明万历年间抄本开始，至清光绪时人文龙评点终，历时约 300 年。其中只有清朝两位评点者张竹坡及文龙可以确知，词话本抄本评点者及崇祯本评点者尚不知是何人。目前来看，除去翻刻本、重刻本及民国以来的影印本、现代排印本外，《金评梅》评点本有词话本抄本、崇祯本、第一奇书本、文龙评点的在兹堂第一奇书本，共计 4 种。其评点的发展演变过程如图 2。

图 2《金瓶梅》各版本评点演变过程

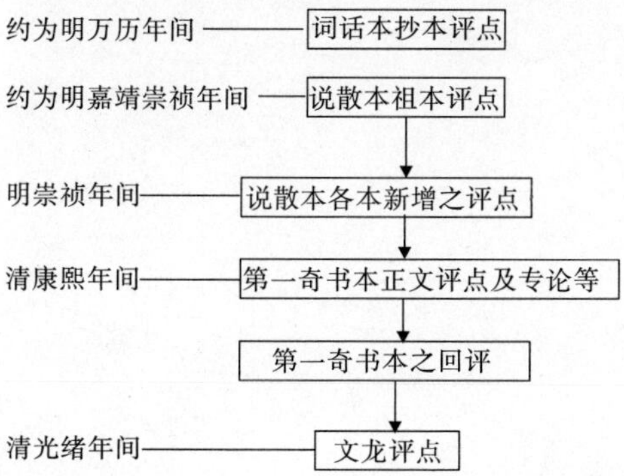

① 参见刘辉：《略谈文龙批评〈金瓶梅〉》，《金瓶梅成书与版本研究》，第 174 页。

《金瓶梅》的版本问题比较复杂,由于史料缺乏,版本刊刻时间及先后顺序尚有很多无法确定。但综观《金瓶梅》评点的历史,可以看出有三条相对清晰的脉络:第一,在《金瓶梅》最早以抄本形式流传的过程中,就已经有评点,抄本中的评点只能从现存词话本刻本的刊误处略知一二;第二,崇祯本的评点形成情况比较复杂,笔者认为所有崇祯本应该有一个共同的有评点的祖本,各个书坊复刻时又由不同的人加入了新的评点,崇祯本评点应是经多人之手不断丰富的;第三,第一奇书本张竹坡自刊的初刻本应是没有回评的,且第一奇书本评点中有大量崇祯本评点的原文,第一奇书本中的回评是其后付印时加入的;且文龙亦是在第一奇书本的基础上再进行评点,故第一奇书本评点至少是经三次完善而成今天的面貌。

从《金瓶梅》评点本的演进情况来看,明清章回小说评点的产生和发展是一个比较复杂的过程。《金瓶梅》作为个案,其评点的三条线索对认识和理解评点十分有益。笔者认为,对词话本评点问题的研究,有助于理解章回小说评点的早期形态;对崇祯本评点及第一奇书本评点的进一步研究,除具有版本研究、理论研究的价值以外,对评点这一文学形态在形成过程中的相互影响以及评点文字之间的对话性等问题的理解也都至关重要。

(作者:刘玄,北京语言大学人文学院)

以《植物名实图考》订补吴其濬年谱几例

李 凡

在中国科技史中,吴其濬是一位不可忽略的中国古代科学家,近年来随着清史研究的进展,各方面的工作积极开展,人们开始注意到吴其濬和他的著作,给予较多的关注加以研究。目前的学者在研究吴其濬的时候主要研究其《植物名实图考》《滇南工矿图略》《治淮上游论》等著述,进而探讨其经世思想、学术思想。能够较为全面的研究者如陈寿同先生曾作《吴其濬年谱》附在河南省科技研究会主编论文集《吴其濬研究》之后,简略失当,其中有不科学处,并未引起学人重视,而此后之人谈及吴其濬,亦引用陈氏所作之年谱,以讹传讹,而不能明辨。如程宝绰先生所说:"关于吴氏学术生涯,各种传记记述简略,但在《植物名实图考》与《植物名实图考长编》中却有不少宝贵的资料。(以'雩娄农曰'和'按'为标示)初记多达130处:记少年生活7处,北京6处,广东8处,云南16处。"①虽然如此,程氏只作大致统计工作,一方面忽略了湖南等地的相关资料,另一方面关于吴氏的资料并未引起专门之重视。章学诚曾说:"年谱……谱其生平时事,与其人之出处进退,而知其所以为言……"②梁启超认为研究人物,需从年谱着手③。因此不可不谨慎为之。笔者在阅读吴氏著作《植物名实图考》的时候,从其中发现有关于吴氏经历的资料,可以按照系年的方式排布,从而可以进一步考订吴其濬年谱,并且丰富完善其中的内容,对于相关问题的深化研究略尽绵薄。

吴其濬,河南固始人,生于乾隆五十四年(1789),卒于道光二十六年(1846年),嘉庆二十二年第一甲一名进士,历任曾任江西学政、兵部左侍郎,户部右侍郎,湖广总督,云贵总督,湖南、浙江、云南、福建、山西巡抚等职。蒙自陆应谷在《植物名实图考》序中称之为"具希世才,宦迹半天下"④。其用功之勤,专意植物学、矿务学、水利学等研究。每到一处,留意观察各地的植物,积三十年之力完成《植物名实图考》《植物名实图考长编》两部著作,把中国传统本草学研究推进了一大步,达到国际植物学水平。《植物名实图考》(以下简称"图考")主

① 程宝绰《植物名实图考的特色与教学》,《吴其濬研究》,中州古籍出版社1991年版,第74页。

② 章学诚《文史通义新编外篇》,浙江古籍出版社2005年版,第557页。

③ 梁启超《中国历史研究法补编》,上海古籍出版社1998年版,第210—234页。

④ 吴其濬《植物名实图考》,中华书局1956年版,第1页。

要是就其一生中所见所闻的关于植物的知识进行分门别类的编纂，而《植物名实图考长编》（以下简称“长编”）则是对于著录植物进行更加细致的文献考证与释义。作者以野外观察为主，参证文献记述为辅，主张“目验”，每到一处，注意“多识下问”，虚心向老农、老圃学习，把采集来的植物标本绘制成图，到现在还可以作为鉴定植物的科、属甚至种的重要依据。日本学者伊藤圭介称其：“辩论精博，综古今众说，析异同，纠纰缪，皆凿凿有据，图写亦甚备，至其疑难辨者，尤极详细精密”[①]。《图考》刊刻较广，有的版本将《长编》附在《图考》之后，大致的版本，在国内有清道光二十八年（1848）山西太原府初刻本，清光绪六年（1880）山西浚文书局重印本，1919年山西官书局刻本，1919年商务印书馆铅印本，万有文库本，1957年商务印书馆校勘本等版本，国外日本明治二十三年（1890）刻本[②]。

《图考》对于植物学，本草学的贡献是不言而喻的。日本、德国等相关学者经常在其著述中引用原文及插图，并给予很高的评价。但是其中不仅有丰富的植物学知识，还有体现其生平经历的事迹。自从吴其濬去世以后，除了《吴氏家谱》略记其大致履历以外，并无专门之传记面世。后世陈寿同研究固始吴氏之后，为之作了年表性质的文章，命名为《吴其濬年谱》，每年各条皆是一言以蔽之，一些年份中并无吴氏行状的信息。《图考》中关于一些草木记录的条目，也不自觉地体现出作者的行踪，为年谱的修订提供了线索。虽然一些条目不能体现吴氏的活动时间，但有些明显的内容还是可考的。现就《图考》一书中比较详细可考的关于吴氏资料的内容摘录，并考订如下。

嘉庆十年乙丑（公元一八〇五年）公十七岁

是年，煊公为湖北学政，其濬侍学，有幕客携一果，其濬不能识。

吾少时侍先大夫楚北，学使署中有幕客自施南回，携一果见啖，如橘柚而形不正圆，肉白柔厚如佛手柑，以为即佛手柑不具指爪者。（蜜罗）[③]

按：先大夫即是吴烜。侍先大夫楚北之事，即煊公为湖北学政时事也。陈寿祺《兵部右侍郎吴公烜墓志》言其濬父烜公“（嘉庆）九年，督湖北学，三遷侍讲学士。”[④]徐嘉瑞《吴烜〈读史笔记〉序》言嘉庆十年，视学楚北，首试德郡。[⑤] 而《图考》言之在施州赋诗之事距今二十余年[⑥]，凡此种种，皆相符合，故在今年之事也。学人每言及此事，则说其濬少年时，则少时之意思并不与少年等同，学人

① 张瑞贤校注《植物名实图考校释》，中医古籍出版社1963年版，第5页。

② 吴其濬《植物名实图考》，中华书局1963年版，第7页。

③ 吴其濬《植物名实图考》卷三十一，中华书局1963年版，第731页。

④ 钱仪吉《碑传集 第四册》，明文书局1985年版，第308—311页。

⑤ 吴烜《读史笔记》，广文书局1971年版，第2页

⑥ 吴其濬《植物名实图考》卷三十一，中华书局1963年版，第731页。

有谬误,在此纠正。

嘉庆二十四年己卯(公元一八一九年)公三十一岁

其濬在广东为乡试正考官时,观察桹木,并考证名实同异。

余在广东,见大树如椿,枝干磥砢,隐隐隆起。侵晓则有无数苍蝇飞出,或虻母所结之实,老而化蚊,而叶间所结之包,亦即蚊虻所蕴。(桹木)①

余再至南安,时已冬深未得见其结实。(蚊子树)②

按:《清史稿·吴其濬传》言其濬"二十四年,典试广东"③,则其濬仕广东,只在今年,自丁忧服阕以后,其履历未有之。又"南安"一地,在福建泉州,公于道光二十五年为福建巡抚,《清史稿宣宗本纪》言之四月为福建巡抚,八月为山西巡抚④;《清史稿疆臣年表》五月为云南巡抚⑤;与文中所见不合。而其濬至南安,必近其地。广东福建即是。又其濬将蚊子树与广西方志中比较,则两粤并论,亦可征其为广东也。且其濬为广东考官,其后一两年中未有别见仕宦,冬深至南安,可以征之。

道光八年戊子(公元一八二八年)公四十岁

冬月,上以疆臣所贡之蜜罗赐公,其濬知其名而记之。于是其濬"一物不知,深以为耻",乃留心植物名实之学焉。

越廿余年,儤直南斋,岁腊赐果一筒,题曰"蜜罗"。盖闽中疆吏所进。

时大寒,瓤作坚冰,以温水渍之,剖置茶瓯,一室尽香,亦内臣所授也。寻使湖北,按试施州,飣之核,盘之供,皆是物也。窃以形味都非珍品,而厥包作贡,因为赋诗,有方朔老丑,待诏金门之诮。后使豫章,至赣南,于市中粥一果,形正同而瓤如橘,味殊酢,又以为朱栾之异种。及莅滇,则园中植之树与花皆佛手柑也,土人名曰香橼。……然则蜜罗、蜜筒为二物;而余在赣南所啖者乃蜜筒也。……夫一物不知,以为深耻,余非仰叨恩泽,屡使南中,亦仅尝远方之殊味。考传记之异名,乌能睹其根叶,薰其花实,而一一辨别之哉?(蜜罗)⑥

案:公之《图考》言自初见蜜罗之后廿余年,儤直南斋,岁腊赐果一筒,题曰"蜜罗"。盖闽中疆吏所进。时大寒,瓤作坚冰,以温水渍之,剖置茶瓯,一室尽香,亦内臣所授也。寻按试湖北,盖今年公始于服阕入朝,《国朝耆献类征》言公于道光九年为起居注⑦,所谓值南斋者也。而《图考》言之值南斋,而内廷以贡

---

① 吴其濬《植物名实图考》卷三十七,中华书局 1963 年版,第 859 页。
② 吴其濬《植物名实图考》卷三十七,中华书局 1963 年版,第 861 页。
③ 赵尔巽等《清史稿》,中华书局,1977 年版,第 11633—11634 页。
④ 赵尔巽等《清史稿》,中华书局 1977 年版,第 695 页、696 页。
⑤ 赵尔巽等《清史稿》,中华书局 1977 年版,第 7821—7824 页。
⑥ 吴其濬《植物名实图考》卷三十一,中华书局 1963 年版,第 731 页。
⑦ 李桓辑录《国朝耆献类征初编》,明文书局 1985 年版,第 147291 页。

品赐之者在寒冬。则此之寒冬非未服阕时年之寒冬,亦非按试湖北时年之寒冬,必在八年、九年之间者也,故内廷赐公蜜罗之事,在今年冬月寒冬时节。明年公按试施州,并为之赋诗,正合乎其时间。

道光十五年乙未(公元一八三五年)公四十七岁

其濬供奉内廷,道光帝以仙人掌咨询其濬,以订补《群芳谱》所未备,当时其濬未及检阅博物之书,深惭疏陋。只知据内臣口述为"掌上玉芙蓉"。

道光乙未,供奉内廷。上命内侍出此草示臣,敕臣详考以补《群芳谱》所未备。惜彼时未检及《吴志》,深惭疏陋。又据内侍口述,此草顷在禁籞,忽开花,色如芙蓉,大若月季,禁中皆称仙人掌上玉芙蓉云。(仙人掌)[①]

按:此处是唯一写明履历日期者,道光乙未,即是西元一八三五年,距其濬生时,距今四十七岁。

道光十七年丁酉(公元一八三七年)公四十九岁

其濬为浙江学政,与江左诸儒讨论蜀黍即稷之论辩。认为江左诸儒,足迹未至北地,徒以偏旁训诂推求经传博物,往往不得确诂。

余尝谓江左诸儒,足迹不至北地,徒以偏旁音训,推求经传博物,往往不得确诂,颜黄门所辨者皆是也。程征君久侨燕蓟,就北方之音声以驳文士之讲说,所见正与余同,而于北音尚有未尽然者。(蜀黍即稷辨)[②]

按:《清史列传》[③]《国朝耆献类征》[④]言其濬于道光十七年为浙江学政。然而其濬"宦迹半天下",未暇驻留一地,必在任得闲所致。即使是暮年往浙江看病,从《与双圃书劄》中可见其生活忙碌之状[⑤]。且学政与诸儒联系尤属密切,则议论之事,必在今年为学政时。又《清史列传》之本传言之八月即提督江西学政,亦在八月之前[⑥]。程征君即程瑶田,此处论程氏名物成就,于音韵考求,"于北音尚有未尽然者",可为当时名物研究学术之管窥。

道光廿三年癸卯(公元一八四三年)公五十五岁

公备员湘抚,于暇图绘草木。并追述与宣宗皇帝应对之事,有所感怀。

越八年,臣备员湘抚,绘草木图,敬述斯事,以见无知之物,偶经宸顾,尚能效灵;忝窃槐棘,有惭葵藿,亦恐草木笑人。(仙人掌)[⑦]

按:公之《图考》言备宣宗皇帝垂询仙人掌以补《群芳谱》之事,距今八年,

① 吴其濬《植物名实图考》卷十五,中华书局1963年版,第391页。
② 吴其濬《植物名实图考》卷一,中华书局1963年版,第25页。
③ 王钟翰点校《清史列传》,中华书局1987年版,第2992—2996页。
④ 李桓辑录《国朝耆献类征初编》,明文书局1985年版,第147291页。
⑤ 赵一生辑录《香书轩秘藏名人书翰》,浙江古籍出版社2005年版,第175—178页。
⑥ 王钟翰点校《清史列传》,中华书局1987年版,第2992—2996页。
⑦ 吴其濬《植物名实图考》卷十五,中华书局1963年版,第391页。

其先在道光乙未年,而是年公在湖南,据《清史稿》所言,今年以湖南阻米风潮而多事,其濬赴湘处理[①]。《清史列传》言之公五月为浙江巡抚[②],《图考》又言备员湘抚距今八年,则公之有暇日,必在今年五月之后,六月之前。此条之中言自己曾"图绘草木",学者或言非其濬所绘,或言是之。《图考》中言有使画手摹绘裨补之语,故世有此疑问。然而我以为其濬自己图画与请画手绘画都是可信的,图考中所用的插图,有些较为粗糙,有些画工细腻,可以看出其中的区别,故其濬自绘图之事,可不必疑。

道光廿五年乙巳(公元一八四五年)公五十七岁

五月,公移抚云南,检滇志,并以画手裨补图录,记述稽考。

又三年,臣移抚云南,检滇志云,仙人掌,肥厚多刺,相接成枝。花名玉英,色红黄,实小如瓜,可食。节署颇多,大者高及人肩,春末夏初,开花结实,俱如志所述,因俾画手补绘。回忆持节岭峤,依光禁御,皆目睹斯卉。万里昆明,与奇葩异萼,晨夕沾濡,盖是夙缘。独怪岭南记载,殊不周详,岂秉笔者未及审核,抑滇产异于他处邪?臣谨识。(仙人掌)[③]

按:公之图考言在湖南为草木绘图之时据此又三年,公移抚云南并考证仙人掌之事,命画手裨补图绘;《清史稿宣宗本纪》言公今年八月公奏云南矿务。[④]自道光二十三年以来,数受命持节岭南,而其期合乎公之笔谈,更兼契合《清史稿》之所著录者,在今年也。则公复为云南大司者,在今年四月之后,八月之前也。然公言之至于节署,见仙人掌花,因命画手裨补摹绘。盖仙人掌五月发花,可见必在此月。则公之抚云南,抑或在此。

不久,读《元江志》见书言其地有荔枝,而实无之,适公在粤为考官时选举门生李令仪为元江之权牧,遂以此疑征之。门生为之言民生之事,豁然之余,亦慨然得柳子厚之情也。征此事者当在年终之前五月之后。

吾至滇,阅《元江志》,有荔支。适粤中门生权牧其地,访之。则曰邑旧产此果,以诛求为吏民累,并其树刈之,今无矣。余谓之曰:"粤人闻人言荔支,辄津津作大嚼状,今元江物土既宜,足下何不致南海嘉种?令民以法种之,俟其实而尝焉。其日曝火烘者,走黔、湘以博利,浸假而为安邑枣、武陵橘,非劝民树艺之一端乎?"则应曰:"元江地热瘴甚,牧以三年代,率不及期而请病。其仆兼以热往,以衬归者相继也,亦何暇作十年之计乎?且滇亦大矣,他郡皆无,此郡独有,园成而赋十一,民即不病,而筐篚之费,驮负之费,供亿馈问无虚日,不厉民将焉

---

① 赵尔巽等《清史稿》,中华书局1977年版,第11633—11634页。

② 王钟翰点校《清史列传》,中华书局1987年版,第2992—2996页。

③ 吴其濬《植物名实图考》卷十五,中华书局1963年版,第391页。

④ 赵尔巽等《清史稿》,中华书局1977年版,第695—696页。

取之！”余怃然曰：“一骑红尘，诗人刺焉。为民上者，乃以一味之甘，致令草木不得遂其生乎！噫。”（荔支）①

按：据《国朝耆献类征初编》言其濬于嘉庆二十四年为广东乡试正考官，典试广东②。则粤中门生为嘉庆二十四年一科遴选之中者也。其濬在滇为官，则居《清史列传》等言道光二十三年闰七月，其濬始为云南巡抚③。其濬由京城赴任，沿途作诗，是为《滇行纪程集》④，九月又调任湖南。年底又为云南巡抚。至二十五年，乃调任福建巡抚。则其濬在滇任职期间为道光二十三年至二十五年。民国《元江志稿》职官题名有：“李令仪，广东人，咸丰间知州事，勤政安民……”⑤同治《广东通志卷八十·选举第十九》：“嘉庆二十四年己卯，李令仪，新会人。”⑥其濬《图考》言之在滇读《元江志》，“适粤中门生权牧其地”，且其中亦言门生所对句：“元江地热瘴甚，牧以三年代，率不及期而请病。其仆兼以热往，以衬归者相继也，亦何暇作十年之计乎？”⑦则其欲久安于此也是以。所以综合以上各条，则此门生为李令仪无疑。然其濬在云南多劳心云南铜矿，故能在一两年时间之内，作成《滇南矿厂图略》等书，且十分完备。而《图考》言之闲暇之时，摹绘仙人掌花，而仙人掌多于五月中开花，荔枝也是五六月成熟，则研究荔枝的时间当距此不远，可以初步断定其濬向门生询问荔枝之事，当在研究仙人掌的时间左右。定为道光二十四年。

通过以上在《植物名实图考》中选引的关于吴其濬仕宦履历的资料可以大致的为之排布年谱。众所周知，何为年谱？所谓“叙一人之道德、学问、事业纤悉无遗而系以年月者，谓之年谱”⑧。所以研究一人，需尽量穷薮其资料，而年谱以编年的形式将之联系在一起，条理清晰明了，便于了解研究对象生涯中的各个阶段的活动。作者在编著《植物名实图考》的时候，注重“耳闻”与“目验”的科学研究方法，所以对于在各地生长的植物也都有比较详细的记录，而作者在各地的考察也被较为完整地记录下来。这就为我们提供了其活动的资料，但是大多数信息因为没有注明其活动时间而为我们的考察提供很多的不便。通过同一代的或者稍晚的记录吴其濬相关的历史文献资料中相互联系，可以对于其

---

① 吴其濬《植物名实图考》卷三十一，中华书局 1963 年版，第 720 页。

② 李桓辑录《国朝耆献类征初编》，明文书局 1985 年版，第 147291 页。

③ 王钟翰点校《清史列传》，中华书局 1987 年版，第 1318 页。

④ 吴其濬《滇行纪程集》，《清代诗文集汇编 第七二九册》，上海古籍出版社 2011 年版，第 805—839 页。

⑤ 黄元直《元江志稿》，成文书局 1922 年版，第 161 页。

⑥ 桂文灿等《广东通志》，成文书局 1863 年版，第 1410 页。

⑦ 吴其濬《植物名实图考》卷三十一，中华书局 1963 年版，第 720 页。

⑧ 朱士嘉《中国历代名人年谱》，中华书局 1999 年版，第 3 页。

大概做出判定,从而为吴其濬年谱的丰富和充实提供支持。同时也可见吴氏治学经历与发展过程,这为吴其濬及清代名物训诂学研究的深入都具重要作用。当然关于这方面的工作还不够具体而深入,有待进一步的研究。权以此面世,以备方家批评指正。

(作者:李凡,历史学硕士,广西师范大学历史文化与旅游学院 541001)

淮南书局创制考

张　灿

清季兵事频仍,连年兵燹让百姓流离失所,官私藏书也消散殆尽。"赭寇乱起,大江南北,遍地劫灰,吴中二三百年藏书之精华,扫地尽矣!"[①]太平天国平定以后,时局稍安,士子竟至无书可读。同治三年,曾国荃在安庆开局刻书(后移至江宁由曾国藩署理,称金陵书局)。其后,各地方官府纷纷开办书局,刊刻典籍,佳惠士林,浙江官书局、江苏书局、浚文书局、广雅书局、山东书局等一批官书局纷然而立,淮南书局也应时创立。

晚清官书局的创立不仅是近代中国出版史的重要一章,更是研究清代思想文化的重要因素。近年来,随着清代研究力量的壮大和一批新兴学者的快速崛起,越来越多的研究者开始关注晚清官书局,不仅出现了一批可圈可点的官书局整体研究著述,在各地官书局的个案研究方面也渐有佳作问世,张惠民《清末陕西著名出版机构——味经官书局》、台湾东吴大学硕士论文《金陵书局刻书考》、河南大学硕士论文《浙江官书局研究》等论著,从多个角度对各官书局进行详细的考证和论述。相对于浙江书局、金陵书局、广雅书局等机构受到的较多关注,淮南书局可谓乏人问津,笔者所见,仅官书局整体研究和扬州文化史研究著述中稍论及之,如邓文峰《晚清官书局述论稿》、江澄波《晚清江苏的三大官书局》、王澄《扬州刻书考》等,多采用数条常见的材料做泛泛之论;而将淮南书局作为主要研究对象的专门著述,至今未见。由于名称的迷惑性,如今许多人已经不知道这个存在三十余年、刻印图书一千七百余卷的书局,所在地为扬州,而非今天的安徽省淮南市。淮南书局为何人何时因何而创?创于扬州何以名曰"淮南"?书局如何运作?谁为襄校之人?其刻书质量如何?结局如何?在出版史、文化史上有何地位?这一系列问题尚待解答。本文重点考察淮南书局创制之相关问题,以便来日继续开展相关研究。

一、书局初创

《书林清话》云,"追乎中兴,曾文正首先于江宁设金陵书局,于扬州设淮南

① 叶德辉《书林清话》,上海古籍出版社2013年版,第193页。

书局,同时杭州、江苏、武昌继之。"[①]谓淮南书局为曾国藩所创。据方志载:

> 同治四年,署盐运使李宗羲开养贤馆,以收恤寒畯。八年,盐运使方浚颐议设书局,整理旧存《盐法志》及各种官书残板,刊布江淮间耆旧著述,即延馆中士人至局校理。其经费仍于裁减成本项下开支,书成,平其值售之。[②]

则淮南书局为两淮都转盐运使司盐运使方浚颐所设立。方浚颐(1815—1889),字子箴,号梦园,安徽凤阳府定远县人。道光二十四年(1844)进士,授翰林院编修,历任浙江、江西、山东、河南各道御史,两广盐运使兼署广东布政使,同治七年转两淮盐运使,光绪二年擢四川按察使,后因丁宝桢弹劾去官,晚年居扬州,主讲安定书院。著有《二知轩诗钞》《二知轩诗续钞》《二知轩文存》《梦园丛说》《北行日记》等。扬州是清代江南文化重镇、人文渊薮,咸同间长达十余年的兵燹之灾给扬州造成重创,方浚颐到任后,迅速着手乱后重建事宜,重建平山堂、法静寺、盐宗祠,设立盐义仓、育婴堂,重修《扬州府志》等,设立书局是其中措施之一。

方浚颐对书局事务殊为尽心,创办广东书局之时,他筹措经费、力荐岭南大儒陈澧总司校雠事宜。方浚颐辞粤北上时,陈澧作送别诗:"教士有良法,首在多读书。要使一亩宫,各有千卷储。近年兵燹起,梨枣多焚如。后来良可忧,风气愈空疏。挽回须大力,寒士空嗟吁。大吏询刍荛,嘉惠意不虚。其奈絫万金,虽有仍如无。公乃发封桩,书局开通衢。命我司校雠,我意快且愉。众手任剞劂,众目辨鲁鱼。此局支十年,何止书五车。此惠遍海内,何止及偏隅。"[③]"惠遍海内"未免有所夸饰,陈澧此诗充分肯定方浚颐在刊刻典籍、住惠士林方面做出的贡献。

同治八年(1869)三月运司方浚颐上《申报扬城设立书局文》:

> 窃查李前司面禀宪台设养贤馆修盐志等书,所有薪水、束脩、膏火,每月均由淮南总局在于裁减成本项下开支在案,兹本司于扬城设立书局,刊刻经史小学及有关世道各籍,查《盐法志》一书为鹾纲要领,睿庙御定《全唐文》亦从前官刊之书,现俱有残板存储,理宜先行修补。除分别敦请札委赴局妥为经理外,至前设养贤馆各员现经统归书局校书,自应停止所有。新

① 叶德辉《书林清话》,上海古籍出版社2013年版,第209页。
② 《(光绪)续修江都县志》卷十六(《中国地方志集成·江苏府县志辑》第67册),第226—227页。
③ 陈澧《送方子箴都转移任两淮五首》其三,载《陈澧集》,上海古籍出版社2008年版,第589页。

设书局、束脩、薪水，有司按月开支处报。各宪外仰祈鉴核。[1]

据方浚颐《北行日记》："同治戊辰年七月十二日，浚颐拜量移两淮之命。八月二十二日部文到粤，九月初五日交卸两广运司事，二十六日未刻登舟。"[2]"（己巳年三月初二日）抵扬州，择于初六日未时接印。"[3]方氏同治八年正月接盐运使印，上引申报设书局之文作于同治八年三月，书局最早刊成的《述学》牌记为"同治八年己巳五月扬州书局重刊"，可见其设局刊书速度之快。

书局之所以能够如此迅速运转起来，大致有以下几点原因：

（一）有养贤馆作为基础。新设书局一应人员、设施、经费，均可直接在养贤馆的原有规模上稍加扩充，不必从新办置。

（二）有淮南总局提供财力支持。淮南总局为淮南盐务委员办公之所[4]，总理淮南盐务。书局经费乃淮南总局于裁减成本项下开支，刻书事业不会因资金供应不足而暂停。

（三）大量旧存版和亟待修补，保证书局设立后有源源不断的工作量。

（四）书局筹办者方浚颐有办理书局的经验。此次并非方浚颐首次设立书局。同治七年春，时任两广盐运使的方浚颐与广东巡抚蒋益澧倡导创立广东书局刻《钦定四库全书总目》《钦定四库全书简明目录》等书。次年方浚颐移任两淮，广东书局一度因此停摆，足以见方氏在广东书局运作中的重要作用。主事者设立书局的经验保证淮南书局开局后快速步入正轨。

拥有两淮盐运使司的大力支持，新设书局有总校、分校、复校、稽核、收掌、誊写、监工、支放各名目共三十一人，局中用度有薪水、伙食、茶水、油烛、纸张各支销，有清书、差役、厨役、打杂各角色，每月开支八百七十余千。规模较同时期的其他官书局有过之而无不及。

汪中所著《述学》是方浚颐开局后刊刻的第一部书，书后有方氏《跋》："扬郡自罹兵燹，典籍荡然。今年春，浚颐由粤量移两淮，首请于大府，设立书局，修补钦定《全唐文》暨《两淮盐法志》，并谘访扬郡乾嘉时名儒硕彦诸家撰述……次第刊行，以广其传。"[5]方浚颐设立书局的初衷，一为整理《盐法志》《全唐文》旧版，一为刊刻乾嘉扬州地区著名学者遗著。为此方浚颐一方面延请饱学之士至局中校书，其中不乏于昌遂、袁昶、高行笃、张行孚等人；另一方面积极访求乾

---

① 庞际云等：《淮南盐法纪略》卷十，同治十二年淮南书局刊本。

② 方浚颐《北行日记》，（台湾）联经出版事业公司影印本1976年版，第3015页。

③ 方浚颐《北行日记》，第3067页。

④ 据《（嘉庆）两淮盐法志》卷一百三十："淮南总局，前行纲盐时已有之，系为总商办公之所，道光三十年淮南改票，始用委员，仍名淮南总局，今犹曰之。"同治九年扬州书局重刊本。

⑤ 方浚颐《述学跋》，载汪中《述学》，同治八年扬州书局刊本。

嘉耆旧著述。书局设立后,这两项工作同时进行,《两淮盐法志》残板于同治八年末已基本修补完毕,学人著述也渐次刊行。

淮南书局旧址今已不存,据臧谷(1834—1910)《扬州劫余小志》:"(李昭寿)曾买包氏棣园,今易为湖南会馆;又有宅在琼花观南,售洋人为耶稣堂,今为淮南书局"①。又据《江都县续志》:"笃材学堂在琼花观街,系淮南书局改建,甘泉县境。光绪二十八年(1902)四月,运使仪洛拨用书院经费与仪董学堂同时设立,系高等小学制。"②光绪三十二年,笃材学堂改为两淮高等小学堂③,即今扬州市东关小学。则淮南书局当位于今扬州市琼花观南,东关小学附近。

二、厘定章程

同治八年底,方浚颐因故赴广东,同治九年闰十月返回扬州。④ 在此期间由庞际云代任两淮盐运使。庞氏(1823—?),字省三,直隶保定人。咸丰二年(1852)进士,受知于曾国藩。同治三年,补江南盐巡道;九年,署两淮盐运使。官至云南布政使。接任两淮盐运使的同时,庞际云也接手了书局事务,与同在曾国藩幕中的金陵书局诸儒相熟,因而他处理书局事务驾轻就熟。

庞际云上任后,书局修补旧版的工作继续进行。鉴于《两淮盐法志》校勘不严,庞际云令书局中人详加核校;又搜集资料,编《淮南盐法纪略》:"己巳庚午间,(省三)以江南盐道摄两淮盐运篆,适方子箴前辈修补《两淮盐法志》告成,际云既乐缺者之复完,复思嘉道以来盐法多更,欲于嘉庆十六年修志之后补,备采成案以为将来修志张本。"⑤此编于庞际云离任后刊成,由方浚颐进呈两江总督曾国藩,受到褒奖。另一方面,刊刻维扬名儒撰述之事,方浚颐所寻汪中《述学》《广陵通典》等陆续刻成,庞际云另立刊书工程。同治九年初,庞际云赴江宁,据其《抄呈书局章程请示禀》称:

署司前次晋省面奉宪谕,以金陵认刊史书卷数较多,令扬州书局加工分刻以期速而且精当,与提调洪守面商,认刻《隋书》。署司回扬后已赶觅汲古阁善

---

① 臧谷《扬州劫余小志》,载曾学文点校《扬州著述录》,广陵书社2011年版,第167页。

② 《(民国)江都县续志》卷八,《中国地方志集成·江苏府县志辑》第67册,第526页。

③ 《(民国)江都县续志》卷八,第526页。

④ 据方浚颐《游记》称:"同治己巳九月二十八日,因病乞假。至十二月初一日得代而病亦瘥。旋于岁杪奉到部文,有岭南之役。庚午正月二十五日,束装先往金陵。""(闰十月初六日)抵扬州,初九日接印。"见方浚颐《方忍斋所著书》,台湾联经出版事业公司1976年影印本,第2813页、第2955页。

⑤ 《淮南盐法纪略》卷十。

本以为式样,并觅南北监、殿板各本以备校对,二月初间,即可开工[①]。

文中提及认刊史书事指同治八年春杭州、武昌、金陵、苏州等四地官书局商定合刻《二十四史》,金陵书局承刻《史记》至《隋书》十五史。两江总督兼署两淮盐政马新贻令扬州书局分刻以保证成书速度和质量,经庞际云与金陵书局提调洪汝奎商定,分刻《隋书》。由此"四局合刻"变成"五局合刻",淮南书局与上述四家官书局并称"五大官书局"。

庞际云在《抄呈书局章程请示禀》中详陈淮南书局各项开支每月达八百余千,而书院项下每年结余约四千余千,不能支撑书局开支。故特请示马新贻以金陵书局章程见示,以作参考。马新贻批文指责淮南书局开支过度,针对庞际云所呈章程逐条提出意见,令裁撤总校一人、收掌两人,删去稽核、监工项,将复校项并入分校项,取消誊写项改为随时雇写手。此番改动,有效精简了书局结构,为《隋书》开工做好了准备。

马新贻提出的第一个意见是关于书局总校,淮南书局原设总校两人,马新贻认为,"此事吃紧在一校字,而欲以一人折服群分校者之心,甚属不易,似可于二位中酌请一位,如精力实有不逮,应另行延请,须求学有根底、心气和平又能常川驻局者方胜此任。"[②]恰逢故友莫友芝同治八年底辞去江苏书局总校职务,庞际云遂聘之为淮南书局总校,于同治九年五月到任。莫友芝(1811—1871),字子偲,自号郘亭,贵州独山人。先后在胡林翼、曾国藩、李鸿章、丁日昌等中兴名臣幕下,撰有《宋元旧本书经眼录》及附录、《郘亭知见传本书目》《持静斋藏纪要》等。莫友芝在淮南书局任总校直至辞世,"学问淹通,著述甚富。工诗古文辞及篆隶行楷,好收藏,喜游览。晚年主淮南书局,后进多师事之。"[③]

三、书局定名

《江都县志》称方浚颐同治八年所设立的书局名为"淮南书局",然而同治八九年所刊书牌记均署"扬州书局",方浚颐同治八年诗文中亦称"扬州书局",或直称"书局"。庞际云《抄呈书局章程请示禀》中亦称"扬州书局"。"扬州书局"这一名称明代已有之,清康熙年间,两淮巡盐御史曹寅奉敕在扬州设局修《全唐诗》,称"扬州诗局",后又以"扬州书局"之名刊书数种[④];嘉庆间,两淮盐

① 《淮南盐法纪略》卷十。
② 《淮南盐法纪略》卷十。
③ 《(光绪)江都县续志》卷二十八,第311页。
④ 详潘天祯《扬州诗局杂考》,载《图书馆学通讯》1983年第1期。

政阿克当阿奉旨在扬州设局刊《全唐文》，局称“扬州书局”，这两次均为官方因事设局。民间坊刻也存在“扬州书局”，如道光间刻《春草堂诗集》《春草堂四六》等牌记署“扬州书局”。

清末官书局在称谓上多有含混，如广东书局或称“粤东书局”，湖北书局或称“崇文书局”。淮南书局则稍有不同，方浚颐所设书局早期确称“扬州书局”，后改称“淮南书局”。目前所见“淮南书局”这一名称最早见于方浚颐《寄题龚叔雨（自闳）大理杏苑盍簪图次陈小舫（廷经）给谏韵》[①]其三“差幸一编方晤对”下注“淮南书局近校勘魏默深《古微堂诗文集》”。此诗约作于同治十年二三月间。《莫友芝日记》“将之扬州，谒督相辞，谓前议之《十三经》，今付淮南局专办”[②]，也称“淮南书局”。同治十年四月刊成的《隋书》，牌记为“淮南书局”，为目前所见最早署淮南书局的刻本，而每卷后均刻“扬州书局仿汲古阁本刊”印，可见刊刻《隋书》之始，书局名称仍用“扬州书局”，直至完工后刻牌记才改为“淮南书局”。刊成时间稍早于《隋书》的《困学纪闻》牌记为“同治庚午初秋扬州书局重刊太原阎氏笺本”。基本可以断定，书局定名为“淮南书局”当在同治九年秋至次年三月间，此后书局刊书牌记中再未见“扬州书局”。

关于书局改名，尚未见到直接文献说明，笔者推测，书局参与合刻《二十四史》后，为区别康熙、嘉庆朝所设扬州书局，遂有改名之举。至于何以改名“淮南”，上文已论及，淮南书局及其前身养贤馆的经费均由淮南总局提供，扬州为淮南盐务治所驻地，从这一角度来说，书局设于扬州而名曰淮南，确有根据。

四、余论

如上所述，自同治八年方浚颐初创、九年庞际云厘定章程，至十年书局定名，淮南书局的创制始末已然明朗，主事者的大力支持和盐务的经费保障使淮南书局创制显得异常顺利。将淮南书局置于各地官书局林立的同光时期，不难发现，淮南书局既非其中规模最大者，也非刊书质量最优者，丰厚的人力财力支持亦非其所独有。淮南书局的特殊性在于，它是扬州悠久的官刻传统与兵燹后典籍荡然无存的矛盾催生的产物。

扬州是江南文化胜地，文人学者众多，自雕版印刷术出现开始，这里便是刻书重镇，至清中叶发展至鼎盛时期，商贾巨儒家刻本版本精良，官刻本《全唐诗》《佩文韵府》《全唐文》可媲美殿版；除了质量上令人惊叹，清代扬州刻书机构在

---

① 方浚颐《二知轩诗续钞》卷十一，同治刻本。

② 莫友芝著，张剑整理《莫友芝日记·同治十年三月初二日》，凤凰出版社2014年版，第285页。

数量上也是首屈一指,据不完全统计,有清一代,扬州地区见于传世文献记载的刻书坊达五十余家。[①] 太平天国战乱期间,扬州被数次攻陷,经济萧条、书院颓败、官私藏书在战火中焚弃殆尽,再次沦为"芜城"。方浚颐就任两淮盐运使之时,面对这种局面,《重修扬州府志序》云:"维扬为东南大都会,巨公长德,代有闻人通儒,才士比肩接踵而起。我朝雍正十一年重修府志,董其役者为博陵尹都转会一,嘉庆间则为盐政长白阿克当阿公,浚颐承乏是邦,固有征文考献之责。"[②]方浚颐作为盐运使,对乱后重建和继承传统有高度的自觉意识,重修府志、重建平山堂、立盐宗祠、设淮南书局均出自这种自觉意识。这种自觉意识决定淮南书局的任务不仅是刊刻经典,还有复兴和弘扬扬州文化。

与其他官书局由一省督抚创立、经费源于厘金不同,淮南书局由盐官创立、经费来源于书院项下结余。淮南书局的创立是晚清官书局中的偶然,却是扬州文教事业发展的必然。

(作者:张灿,南京大学文学院 2013 级研究生)

① 数据来源于中国雕版印刷博物馆(扬州),与王澄《扬州刻书考》著录大致相同,后者强调:"仅就所能搜集之现存资料辑录若干条(启蒙读物从略),远非清代扬州地区坊刻本的全貌。"《扬州刻书考》,广陵书社 2003 年版,第 296 页。

② 方浚颐《重修扬州府志序》,载《(同治)续纂扬州府志》,《中国地方志集成·江苏府县志辑》第 42 册,第 2 页。

贡师泰交游考

田婷婷

贡师泰(1298—1362),字泰甫,别号玩斋先生,宁国(安徽)宣城人,元末著名的文学家、诗人。他一生著述繁丰,著有《诗经补注》《玩斋集》等若干卷。其诗文雄奇不失清丽,严密而又典实,卓迈俊伟,宏博灿然,可谓一代文坛巨匠,堪与元诗四大家并论。元末以"铁崖体"著称的诗人杨维桢评之曰:"宛陵贡公,则又驰骋虞(集)、揭(傒斯)、马(祖常)、宋(无)诸公之间,未知孰轩而孰轻也。"①王祎评其文章曰:"气冲而能畅,词严而有体,讲道学则精而不凿,陈政理则辨而不夸,诚足以成一家之言,而继前人之绪矣。"②以此可看出贡师泰在元代文坛的重要地位。

贡师泰取得卓著的文学成就,一方面是由于出身文学世家,幼承家学,颖悟过人;另一方面是其一生之中交游之人众多,且多是当时的鸿学硕儒,对其影响颇深。贡师泰父亲贡奎,以文学名世,先后任池州齐山书院山长、翰林院待制、集贤直学士等,与当朝名士吴澄、虞集等结有深厚友谊,被誉为元朝诗人的"巨擘"。以此贡师泰拥有得天独厚的条件来饱览群书,结交当时的文人名士。他少承家学,又师从儒学大师吴澄,深得器重,思想受到很大影响。其后入读国子学,才华出众,深受元诗四大家、儒林四杰、元文六大家中的诸多鸿学硕儒赏识,先后与袁桷、虞集、揭傒斯、柳贯、欧阳玄、马祖常等元代中晚期大家结识,与其酬诗唱和,讲明论议。释褐除官期间,与同朝为官的许多文人名士亦结下深厚的友谊。以"铁崖体"著称的杨维桢、少数民族诗人余阙、儒林四杰之一的黄溍、曾与宋濂共修《元史》的著名文学家王祎、诗文家程文等都与贡师泰相友善。他善养学子,推毂后进,遂吸引了众多贤才拜其门下,如朱鐩、谢肃等。贡师泰一生官途坎坷,先后历任江浙省掾、翰林应奉、授经郎,监察御史、兵部侍郎、福建廉政使、平江路总管等职,屡遭调任,常常辗转于北京、河北、安徽、浙江、福建、湖南等省,所历地域十分广泛,交游之人众多,交游活动成为贡师泰最重要的生活部分。英国著名诗人艾略特曾经指出:"从来没有任何诗人,或从事任何一门艺术的艺术家,他本人就已具备完整的意义。他的重要性,人们对他的评价,也

---

① 贡奎、贡师泰、贡性之著,邱居里、赵文友校点《贡氏三家集》,吉林文史出版社 2010 年版,第171 页。

② 贡师泰《玩斋集》卷一,台湾商务印书馆 1983 年印行,第 14 页。

就是对他和已故诗人和艺术家们之间关系的评价。”[①]可以看出要研究贡师泰生平品性、学术渊源，评价他的历史地位和价值意义须臾离不开对其交游状况的考察。本文即钩稽文献，将与之交往最密切，对其影响最深远的主要交游人物作简要考述：

一、师长辈

贡师泰父亲贡奎以文学遭际，在当时有很大的声望，与当时著名的文人学士如吴澄、袁桷，元诗四大家中的虞集、揭西斯；儒林四杰中除虞集、揭西斯之外的柳贯、黄溍；元文六大家中的欧阳玄都有密切的交往。贡师泰时常侍从贡奎左右，故得以有机会和他们接触交流，并以自己的才华赢得他们的欣赏和赞扬。贡师泰门人沈性在重刊贡师泰文集中的序文中曾指出：“先生之父文靖侯，在黄庆、延祐间，以文学遭际，与虞、揭、袁、马诸公颉颃上下。先生夙承家学，而又尝亲炙诸公，且及游草庐先生之门，故其学渊源深而培植厚，涂辙正而调理明。”[②]钱用壬《玩斋诗集序》同样有记载：“当是时，文靖方在朝，而诸先生若草庐吴公、松雪赵公、四明袁公、巴西邓公、清河元公、雍虞公、石田马公、豫章揭公、庐陵欧阳公，先后以道德文章鸣海内。而先生遨游其间，讲明论议，涵濡渐渍，所得者深，所蓄者大。”[③]由此可见，贡师泰在青年读书以至到而立之年为官之后，都与上述著名的文人学士有密切的交往。

（一）吴澄

吴澄（1249—1333），字幼清，晚字伯清，抚州崇仁（今江西崇仁县）人，学者称草庐先生，是元代著名的思想家、教育家，与当时经学大师许衡齐名，并称为“北许南吴”。著有《吴文正集》《易纂言》《礼记纂言》《书纂言》《仪礼逸经传》《道德真经注》《孝经定本》等并行于世。元仁宗延祐二年，贡奎提举江西儒学，年仅十八岁的贡师泰随父同行。时值吴澄辞官归乡，贡师泰遂受学其门下。朱鐩在《玩斋先生年谱》中记载：“皇庆二年癸丑侍父提学江西，会草庐吴先生，堂试中第一。”[④]再如揭汯《有元故礼部尚书秘书卿贡公神道碑铭》（以下简称〈神道碑铭〉）：“延祐二年，文靖提学江西儒学，公从行。时吴文正公辞国子司业，归

---

① ［英］托·斯·艾略特《艾略特文学论文集》，百花洲文艺出版社 1997 年版，第 3 页。

② （元）贡师泰《玩斋集》卷一，台湾商务印书馆 1983 年印行，第 1 页。

③ 贡奎、贡师泰、贡性之著，邱居里、赵文友校点《贡氏三家集》，吉林文史出版社 2010 年版，第 170 页。

④ 贡师泰《玩斋集》（八），台湾商务印书馆 1983 年印行，第 21 页。

乡里,公受业其门,文正深器之。"[1]清黄宗羲、全祖望《宋元学案》之"草庐学案"将贡师泰归入草庐门人。贡师泰诗文中的理辨思想主要得益于吴澄。

(二)袁桷

袁桷(1266—1327),字伯长,号清容居士,庆元鄞县(今属浙江)人。先后师事戴表元、王应麟,以能文名世。文章博硕,诗亦俊逸。著有《清容居士集》《易说》《春秋说》《延祐四明志》等。袁桷与贡奎交往甚密,常去贡奎家中拜访,以此袁桷得以发现贡师泰的才能,并对其非常欣赏。据揭汯《神道碑铭》记载:"至治二年,用大臣荐,为国子生。尝作《傩神赋》,袁文清公大加赏叹,谓他日必秉文衡。"[2]在其后对贡师泰有过不少的指导。贡师泰对袁桷十分景仰,曾作诗对袁桷流露出钦慕崇敬之情。"东海之滨有伟其人,玉雪襟度风流搢绅。众凿以巧我坦以真,圭璋闻望黼黻丝纶。垂鱼秉笏盛服在身,山明水清皎乎其神。"(《袁伯长学士画像赞》)[3]袁桷对于贡师泰的诗文创作有很大影响。如明人沈性所评价他的诗文清俊的特色与袁桷相似。

(三)虞集

虞集(1272—1348),元代著名学者、诗人。字伯生,号道园,人称邵庵先生。元诗四大家之首,儒林四杰之一,著有《道园学古录》等。贡师泰对虞集非常钦佩,常常主动向虞集求教,并深受其诗文影响。《玩斋集》收录其题虞集诗一首《题虞先生游山诗后》。

(四)揭傒斯

揭傒斯(1274—1344),字曼硕,著名文学家、史学家,元诗四大家、儒林四杰之一,著有《揭傒斯全集》。揭氏与贡氏是世交,不仅揭傒斯与贡奎父子往来密切,揭傒斯之子揭汯与贡师泰亦相交甚笃。贡师泰去世后,揭汯为其撰神道碑,其文提到:"先文安公(揭傒斯)与文靖公(贡奎)同朝,而汯又尝与公同事,盖有再世之好。"[4]以此说明了贡氏与揭氏友谊之深之厚。

(五)柳贯

柳贯(1270—1342),字道传,自号乌蜀山人,博学多才,不仅诗文成就高,还精通书法,绘画,经史、百氏、数术、方技等,官至翰林待制,系元代著名诗人、文学家、书画家、哲学家、教育家,儒林四杰之一。著有《金石竹帛遗文》《近思录广

---

① 贡奎、贡师泰、贡性之著,邱居里、赵文友校点《贡氏三家集》,吉林文史出版社2010年版,第465页。

② 贡奎、贡师泰、贡性之著,邱居里、赵文友校点《贡氏三家集》,吉林文史出版社2010年版,第465页。

③ 贡师泰《玩斋集》(五),台湾商务印书馆1983年印行,第21、22页。

④ 贡奎、贡师泰、贡性之著,邱居里、赵文友校点《贡氏三家集》,吉林文史出版社2010年版,第468页。

辑》《待制集》等。在贡师泰辞官回乡养母之时，柳贯作诗《送贡泰甫南归觐省》①一首送行。在诗中柳贯大加赞扬贡师泰的才华，流露出对贡师泰的欣赏喜爱之情。

（六）欧阳玄

欧阳玄（1283—1357），字元功，号圭斋，著有《圭斋文集》，元文六大家之一，博学通史，与王约并称“鸿笔”。欧阳玄与贡氏家族渊源颇深，贡师泰祖父去世时，欧阳玄为其作神道碑，在京做官时与贡奎同僚，贡奎去世后又与贡师泰同事。欧阳玄在贡师泰少年读书时就常常对其加以指导，贡师泰对其敬重有加，在《跋诸公所遗马编修书札》②中提出与欧阳玄的师生之情，并且十分珍视与敬重与欧阳玄的这种情分。

（七）马祖常

马祖常（1279—1338），字伯庸，色目人。著名的文学家、诗人。著有《石田集》等。元文宗对其才华十分赞赏，曾赞叹谓中原硕儒唯祖常云。同朝为官，贡师泰与马祖常相互往来也十分密切，经常在一起唱和诗歌。贡师泰作有《和石田马学士殿试后韵并序》《和马伯庸学士拟古宫词七首》等，马祖常去世时，贡师泰作有《挽马伯庸中丞》，在寄托哀悼之余，大加赞扬马伯庸的人格和才能。

二、朋友辈

上文所及的文人学士均长于贡师泰，盛名又早于他显于天下，在平日交往过程中也多是对贡师泰在立身处世、居官为政、作诗为文上的指点，可看作贡师泰的师长辈。而在贡师泰交往对象中可看作朋友辈的如余阙、杨维桢、黄溍、程文等在与之相处中不仅在诗文上互相切磋学习，而且在生活中亦经常饮酒小聚、评古论今、畅怀天地、无所不谈。与志同道合的朋友交往，贡师泰更能敞开胸怀，露出真性情的一面。

（一）杨维桢

杨维桢（1296—1370），字廉夫，号铁崖，又号铁冠道人等，晚年自号“老铁”“抱遗老人”“东维子”，元末最著名的文学家、书画家之一，与陆居仁、钱惟善合称为“元末三高士”。其诗别具一格，后世称为“铁崖体”，著有《东维子集》《闲杂吟》等。贡师泰视其为通家弟兄，十分钦佩杨维桢的才华，每有所著，常常请杨维桢来评其诗文。杨维桢亦十分欣赏贡师泰，为贡师泰诗集作序。在贡师泰

① 柳贯著，柳遵杰校点《柳贯诗文集》，浙江古籍出版社 2004 版，第 4 页。

② 贡师泰《玩斋集》（五），台湾商务印书馆 1983 年印行，第 45 页、46 页。

远赴福建任职时，作《送贡尚书入闽》一诗为其送行①。

（二）余阙

余阙（1303—1358），字廷心，唐兀氏，元代著名的文学家，著有《青阳集》等。余阙与贡师泰年纪相仿，性格相似，思想相近，二者意气相投，可谓莫逆之交。在京为官之时，二人常常在办公之余交游聚饮。余阙在给贡师泰《友迂集》序中曾提到："吾二人者欢然相得，若鱼之泳于江，兽之走于林也。时泰甫为应奉翰林文字，固多暇者，即与聚盍。有蔬一品，鱼一盘，饮酒三行或五行，即相与赋诗论文。凡经史词章，古今上下，治乱贤否，图书彝器，无不言者。"②由此可以看出贡余二人情深谊厚。后来二人各辞官归乡，自此分离。时隔十年之后，又在京城重逢。旧友相聚，激动之情溢于言表。但因身负任命，须各赴外地就职，不久即又分别。离别之际，贡师泰作《送余廷季赴海东佥宪》："绿发相从白发生，都门握手倍多情。论交岂少新朋友，对酒何如老弟兄。玉节绣衣江上骑，苑花宫柳日边莺。使星一夜移东海，定遣文章到两京。"③字里行间流露出对友人的依依不舍和祝福之情。由此我们可以看出二人友谊甚笃。

（三）黄溍

黄溍（1277—1357），字晋卿，著名的文学家、书法家，儒林四杰之一，王祎、宋濂均为其门人。著有《日损斋笔记》《金华黄先生文集》等。黄溍在延祐年间中进士之时，正值贡奎担任考官。以此黄溍十分感激贡奎，对其执师生之礼。其后与贡师泰关系最为密切，贡师泰常与黄溍以兄弟相称。贡师泰在《黄学士文集序》中曾指出："于师泰有契家之好，其后同居史馆，又同侍经筵，交谊尤笃。"④黄溍在给贡师泰文集作序时也说明了这一点："犹幸与公仲子侍郎公托契家之好，而缔文字交。侍郎由供奉翰林外补，而复以元官召，累升次对。溍适自退休备员劝讲，同官为僚，日相款洽。属有史事，罔敢不亲其职业，寖入酉出，无须臾间。"⑤可见，在贡师泰与黄溍同时做官时，经常在一起协商政事，交流思想，切磋诗艺，相得甚欢。

（四）王祎

王祎（1322—1373），字子冲，浙江义乌人，师承柳贯、黄溍。明代著名史学

① 杨维桢《东维子文集》卷之二十九，四部丛刊景旧钞本，第259页。

② 贡奎、贡师泰、贡性之著，邱居里、赵文友校点《贡氏三家集》，吉林文史出版社2010年版，第163页。

③ 贡奎、贡师泰、贡性之著，邱居里、赵文友校点《贡氏三家集》，吉林文史出版社2010年版，第223页。

④ 贡师泰《玩斋集》（三），台湾商务印书馆1983年印行，第5页。

⑤ 贡奎、贡师泰、贡性之著，邱居里、赵文友校点《贡氏三家集》，吉林文史出版社2010年版，第165页。

家，与著名大学士宋濂共修《元史》，著有《王忠文公集》。由于黄溍、柳贯均与贡师泰友善，作为他们的门生，王袆得以和贡师泰接触，而且经常往来。贡师泰任绍兴推官时，绩效暴著，王袆作《绍兴谳狱记》详述了贡师泰为官清廉、断案严明，整饬绍兴混乱之功。贡师泰在福建为官时，王袆作《贡宪使持节闽中过兰溪有诗留别次韵》，后来调任平江，作平江路总管时，王袆作有《送贡公守平江序》，贡师泰《玩斋集》整理成书之时，王袆亦为之作序。

（五）程文

程文（1289—1359），字以文，号黟南生，累官监察御史，以礼部员外郎致仕，曾预修经世大典。虞集、欧阳玄、揭傒斯皆大加推许欣赏他。著有《蚊雷小稿》《黟南文集》等。程文和贡师泰曾经同在史馆工作，编修前朝史传，在史馆工作的同僚中，二人之交最善。贡师泰的号玩斋先生，即因程文所得。揭汯《神道碑铭》提到玩斋先生的由来："公在京师，揭先天六十四卦圆图于壁而虚其中。礼部员外郎程文名之曰玩斋，故学者皆称为玩斋先生。"①其后程文又作《玩斋记》一篇记述此事。贡师泰作有《题程以文竹雨山房二首》《以拄杖赠程以文先生》《送胡孟然还钱塘并柬周伯温程以文宇文子贞》《跋程氏遗安义学本末》《题程以文遗曹子学书后》等。当《东轩集》整理出版时亦邀程文作序，程文欣然答应。其后程文去世时，贡师泰作《祭程以文》，深痛哀悼好友的离世。

三、门人辈

贡师泰虽拥有卓越的政治才能，勤政廉明，理应受到重用，但由于元朝统治者对南士的排斥和元末社会的混乱，他官途并不顺利，多次任命不赴、辞官不仕。在辞官期间，他置田耕读，广收子弟。据元史记载他尤喜接引后进，士之贤，不问识不识，即加推毂，以故士誉翕然咸归之②。贡师泰一生中培养了许多优秀的人才，其中受到贡师泰特别欣赏与之关系特别亲厚的有朱鐩、谢肃等。

（一）朱鐩

朱鐩，字质夫，贡师泰弟子。朱鐩生性醇厚，与贡师泰关系最为亲近。贡师泰调任福建为官时，因道阻，家眷不能随其行。朱鐩遂接贡夫人极其他家眷寓居其家，悉心照料。后来，贡师泰被招入朝，在途中于朱鐩家和家眷汇合，后因病留居于此。在此期间贡师泰作《题朱质夫东野草堂》《题朱质夫所藏梅花图二

① 贡奎、贡师泰、贡性之著，邱居里、赵文友校点《贡氏三家集》，吉林文史出版社 2010 年版，第 468 页。

② 宋濂等《元史》，中华书局 2008 年版，第 2871 页。

首》等诗。后来贡师泰病逝,朱鐩割地厚葬之。其间朱鐩与贡师泰的另两名弟子谢肃、刘中整理编辑贡师泰文集,并为其请序。后来,朱鐩又为贡师泰作《年谱》和《纪年录》记述贡师泰一生的学术与贡献。作为弟子,朱鐩可谓对贡师泰非常忠诚和爱戴。

(二)谢肃

谢肃(1332—1385),字原功,贡师泰门人,著有《密庵集》。在入室为贡师泰弟子之前,谢肃已敬仰贡师泰数年。后来才得以拜谒于吴山舍馆。在贡师泰赴闽为官途中,谢肃亲侍左右,十分勤恳,贡师泰亦悉心教导。其诗有《送谢元功东归序》《题上虞谢元功春晖堂》收录在《玩斋集》中。谢肃在研读贡师泰诗文的过程中,发现许多诗文残缺佚亡,遂与其他门人力加搜访,编辑成书为《玩斋诗集》。此外贡师泰还有其他弟子刘中、胡彦举、李士瞻等人,由于篇幅所限这里不一一赘述。

四、交游价值和意义

诗人的成长与其所处的周遭环境,有着密切的关系。所结交之人更是对其秉性品德、学术思想、处世态度、价值体系有着深远的影响。贡师泰一生交游人数既多又广,与之交游之人又多为文官大臣品格高洁之士,他们深刻影响了贡师泰的为人立官、诗文创作。其交游活动不仅给贡师泰提供了大量的诗歌创作题材,更在活动过程中相互交流切磋,大大提升了诗人的思想高度和创作技艺。他一生写下了大量的交游诗,占所作诗歌的大部分比例。观其诗文,雄浑奇骏、雅正中和,可以看出这正是受到吴澄、虞集等大家的诗学思想影响的结果。知交余阙兵败自杀殉城,表现出刚正不阿的英雄气节,这些都深深影响着贡师泰的处世态度。沈性在《重刊贡礼部玩斋集序》中就提到:“其见之著述,气味肖诸贤,言语妙天下,黝黝乎其幽,悠悠乎其长,煜煜乎其光。有虞之宏而雄健不减于马,有揭之莹而清俊则类于袁,其于理趣,尤俨然吴氏之尸祝也。”①一语道出了与之交游的诸位大家对贡师泰诗文风格的影响。以此可以看出考察贡师泰交游活动,对我们分析和正确评价贡师泰的生平事迹、人格品行、诗学思想都具有重要的意义。

(作者:田婷婷,淮北师范大学文学院研究生,235000。)

① 贡师泰《玩斋集》卷一,台湾商务印书馆1983年印行,第1页。

文学研究

《三欧文选》欧阳修文的选注诠次

欧阳萦雪　欧阳健

《古代三欧文选》是世界三欧(欧、欧阳、区)宗亲联谊会《三欧文化系列丛书》最早完稿的一种,全书以作者为单元,入选作者131人,其中晋代1人,唐代9人,宋代14人,元代4人,明代46人,清代57人,文章303篇,约50万字。

编选《三欧文选》包括两个方面的工作:一是从有传世别集的欧阳詹、欧阳修、欧阳守道、欧阳玄、欧阳德、欧大任诸人的文集中按既定标准选择,二是从史书、方志、族谱中搜罗散佚的三欧先人的遗文,如从《宋史·律历志》辑出欧阳之秀《律通自序》,从《明史·刑法志》辑出欧阳一敬《论锦衣缉事识弊》,从《永丰县志》辑出欧阳发《鄂州武昌县尉欧阳府君墓志铭》,从《白沂欧阳三修族谱》辑出欧阳中立《逍遥堂记》等。

两方面工作性质不同,都属古籍整理的范畴。相对于从浩如烟海的文献中爬罗剔抉,从现存文集中选择成文,似乎要容易得多;实行起来,却不尽然。欧阳修是开创一代文风的大家,一生中写作了500多篇散文,不少是脍炙人口的名篇,选得少了不行,选得多了也不行,煞是颇费苦心。经反复斟酌,确定选取15篇,虽然不足欧阳修全部文章的0.33%,仍是入选最多的一位,占《三欧文选》303篇的4.95%。

我们是以何种标准或曰眼光,进行选注诠次的呢?为了说明问题,不妨与几种有影响的《欧阳修文选》比较一番,它们是:

①《欧阳修选集》,陈新、杜维沫选注,上海古籍出版社1986年版。

②《欧阳修散文选集》,王宜瑗选注,百花文艺出版社1995年版。

③《欧阳修散文精品选》,姜光斗选注,陕西人民出版社1995年版。

④《欧阳修散文选集》,陈必祥编,上海古籍出版社1997年版。

⑤《欧阳修散文精选》,江涌豪、江习波选注,东方出版中心1999年版。

⑥《唐宋八大家——欧阳修》,乔万民、吴永哲选注,天津人民出版社2001年版。

⑦《六一风神:唐宋八大家之欧阳修散文集》,堵军主编,延边人民出版社2004年版。

⑧《欧阳修诗词文选评》,黄进德撰,上海古籍出版社2004年版。

⑨《唐宋八大家散文大典》,北京出版社2008年版。

入选《三欧文选》的15篇文章是(附该文在几种《文选》入选情况):

01《〈欧阳氏谱图〉序》(无)

02《先君墓表》(无);(①②③④⑤⑦⑧⑨选《泷冈阡表》)

03《永春县令欧君墓表》(无)

04《尚书工部郎中欧阳公墓志铭》(无)

05《论修河第二状》(无);(⑤选《论修河第三状》)

06《论救赈江淮饥民札子》(无)

07《朋党论》(③④⑤⑥⑦⑧⑨)

08《免进〈五代史〉状》(无)

09《荐布衣苏洵状》(⑤)

10《与高司谏书》(①②③④⑤⑥⑦⑧⑨)

11《送徐无党南归序》(①②③④⑤⑥⑦⑧⑨)

12《游鯈亭记》(②⑤)

13《醉翁亭记》(①②③④⑤⑥⑦⑧⑨)

14《与范文正公书》(无)

15《六一居士传》(①②③④⑤⑦⑧⑨)

在这15篇文章中,有8篇未被所有《文选》入选,占入选15篇的53.33%;有1篇被一种《文选》入选,占入选15篇的6.66%;有1篇被两种《文选》入选,占入选15篇的6.66%;其余5篇被七种以上《文选》入选,占入选15篇的33.33%。下面依次说明这15篇文章入选《三欧文选》的理由,顺带论及编次与诠解的情况,识者正之。

01《〈欧阳氏谱图〉序》:此文所有9种文选皆不曾入选,唯堵军《六一风神:唐宋八大家之欧阳修散文集》在开篇《欧阳修简介》中提到:"《欧阳氏图谱》是记载欧阳家族世系和人物事迹的历史图籍,图籍以时间为经,以人物为纬,采用'五世则迁'的小宗之法,创制家谱新体例,成为明清新谱牒的规范之作。"《三欧文选》将其置于欧阳修文的首篇,乃因本书不是一般意义的文选,而在作为家族文化的历史地位与精神内涵。

首先,《欧阳氏谱图》创立了族谱编写的体例,开启了谱牒学的新时代。欧阳瑾(1706—1780)在《〈胡氏族谱〉序》中说:"谱之作也,序伦理,敦爱敬,阐扬先徽,昭示来者,其史之外篇乎?吾家文忠公与眉山苏氏倡修谱牒,世经人纬,百世昭穆,朗然揭日月而行。"欧阳修创立的族谱编修理论和方法,在纪传体史书中恢复史表,首创了引谱入史的做法;提出编修族谱的目的在于传承家族历史、弘扬祖德遗训;族谱编修应当本着详近略远的原则,坚持实事求是的精神;创立了记载世系传承的谱图法,首次提出"九族之亲备"的主张,对谱法冲破宗法制度的束缚起到了推动作用,在后世广为流传,影响深远。

其次,此序考证了欧阳得姓之由,梳理了因唐末社会动乱,失其世次的欧阳氏世系,具有极高的文献价值。

第三,所录"吾先君诸父子所行于厥躬,教于其子弟"的"以忠事君,以孝事亲,以廉为吏,以学立身",概括了三欧家族文化的精髓,尤其值得珍视。《三欧文选》选文,不在文章"漂亮"与否,而在是否体现了欧阳修提出的"四以"精神。

02《先君墓表》:此文所有 9 种文选也没有入选,但有 8 种都选了其定稿《泷冈阡表》。人称《泷冈阡表》叙述先德,情文深婉,令謦欬千载如生,可谓仁孝之言。按修之父欧阳观卒于大中祥符三年(1010),次年归葬永丰县沙溪镇之泷冈;母郑氏卒于皇祐四年(1052),次年七月将母柩送归故里,与父合葬,因作《先君墓表》。熙宁三年(1070),又将《先君墓表》改写为《泷冈阡表》,刻石立于永丰沙溪父母墓道前,人称"千古至文"。

为什么不选公认的名篇《泷冈阡表》,而要选原稿《先君墓表》?通过两文的比对,发现《泷冈阡表》所作改动,除字句略有推敲,主要是篇首添加"呜呼,惟我皇考崇公,卜吉于泷冈之六十年,其子修始克表于其阡,非敢缓也,盖有待也"一段,篇末添加"盖自先君之亡二十年,修始得禄而养,又二十有三年,修为龙图阁直学士、尚书吏部郎中、留守南京",与皇考赐爵崇国公、太夫人进号魏国等,意在光宗耀祖,流芳百世。其叙述先父廉洁奉公、谨慎吏事、慷慨待人、奉行孝道,先母守节自誓、教子成才、治家俭薄、仁惠刚毅,都是《先君墓表》原文就有的。而从家族文化着眼,原稿中有铭文曰:

> 而耕而田,岁取百千。而耘而学,久而不获。田何取之?囷仓峨峨。学而取之,簪笏盈家。量功较收,所得孰多?先君之学,获不及时。匪于其躬,而利其后。疾迟几何,善无不报。先君之贻,子修不肖。矧有才子,于何不有?矧我欧阳,世家惟旧。自始氏封,乌程之亭。在北有闻,或冀或青。中显弥长,或吉或衡。势大必分,枝叶婆娑。惟吉旧居,子孙今多。木久而林,有乔其秀。矧我欧阳,扶疏并茂。先君之德,吾母知隆。子修不肖,以俟其宗。以勉同乡,敢及他人。

被《泷冈阡表》删去的铭文,有对家世的追溯:"矧我欧阳,世家惟旧",更有对“耕”“学”的比较，尤有深意。因为从眼前效益看，耕似乎更为实惠，学的收效则很不及时：“而耕而田，岁取百千；而耘而学，久而不获”，但对家族素质的提升，对后代的培养，“学”却是不容忽视的：“先君之学，获不及时；匪于其躬，而利其后”，讲的就是这个道理，故将其置于第二篇，且在疏解中予以强调。

03《永春县令欧君墓表》：此文9种文选都没有入选。欧阳修撰有不少墓志铭名篇，由于是《三欧文选》，故选取墓主为三欧家人者。文曰欧君以天圣七年(1029)卒，《文忠集》卷二十四定于“天圣□年”，但文中有“修尝为其县令”一句，欧阳修任乾德县令是景祐五年(1038)三月至宝元二年(1039)六月，所以墓表所作当在这之后。

欧阳修在乾德任县令时，问知乾德有三贤，为张士逊、戴国忠和欧庆，“三人者学问出处，未尝一日不同，其忠信笃于朋友，孝悌称于宗族，礼义达于乡闾。乾德之人初未识学者，见此三人，皆尊礼而爱亲之”。三人未达时就已是贤人，为道虽无不同，穷达却有大异，“其一人曰太傅、赠太师、中书令邓文懿公，其一人曰尚书屯田郎中戴国忠”，惟欧庆命运最不顺畅，后二十年，始以同三礼出身为潭州湘潭主簿，陈州司法参军，监考城酒税，迁彭州军事推官，知泉州永春县事。其时邓公已贵显于朝，君尚为州县吏，所至上官多邓公故旧，君绝口不复道前事，至终其去，不知君为邓公友也。

三人都是贤人，命运各异，但三人都不以为意，周围的人也没有区别对待，这是一种何其理想的境界。“其幸不幸，岂足为三人者道哉！然而达者昭显于一时，而穷者泯没于无述，则为善者何以劝？而后世之来者何以考德于其先？”刘向《说苑·君道》：“故明君在上，慎于择士，务于求贤。”古代君主依贤人治国，张士逊、戴国忠、欧庆三人都是贤人，却穷达有异，令人感叹。欧阳氏和欧氏，同是越王无彊之后，欧阳修在“庆历党争”后被贬夷陵，又调乾德县，自然生出无限感慨。为了表彰欧庆之贤，欧阳修作了此墓表，以勉励后人。也正因为认识到贤人的穷达有异，欧阳修在后来的政治生涯中更注重推荐人才，如三苏、曾巩、王安石等。

04《尚书工部郎中欧阳公墓志铭》：此文9种文选也都没有入选。欧阳载是欧阳修的仲父，是欧阳氏归朝后第一位以进士登科者，其御史材能，廉清俭恭，跃然纸上：

> 淳化三年(992)，修仲父府君始以进士中乙科，其后为御史，有能名。真宗尝自择御史，府君以秘书丞见。见者数人皆进，自称荐，惟恐不用。府君独立墀下，无所说。明日，拜监察御史。中丞王嗣宗指曰：“是独立墀下者，真御史也。”绛州守齐化基犯法，制劾其事。化基，嗣宗素所恶者，讽之，欲使蔓其

狱。府君曰:"如诏而已。"嗣宗怒,及狱上奏,用他吏覆之,索其家,得铜器十数。府君坐鞫狱不尽,免官。明年,复得御史,监蕲州税。又明年,迁殿中侍御史、左巡使。居二岁,奏事殿中,真宗识之,劳曰:"御史久矣,亦劳乎!"问何所欲,府君谢不任职而已。后数日,真宗语宰相与转运使,宰相疑其有求而不先白己,对以员无阙,复使与一大郡。宰相召至中书,问御史家何在,欲郡孰为便? 对曰:"无不便。"宰相怒,与海州,又移睦州。

欧阳载孤傲、正直,不阿谀奉承,令人肃然起敬。唐韩愈《伯夷颂》:"士之特立独行,适于义而已。"欧阳载正是这样的人,他严惩妖僧,不慕浮利。"欧阳有闻,始我仲父。以贡中科,来者继武。仲父之材,御史其能。廉清俭恭,直躬以行。铭以藏之,子孙之承。"欧阳家族兴旺发达,正需要这样的典范。

05《论修河第二状》:此文 9 种文选都没入选,惟王运熙主编《唐宋八大家散文精选丛书》江涌豪、江习波选注的《欧阳修散文精选》,分杂记、论说、书信、序跋、奏折、碑铭祭文传记六类,收了《论修河第三状》。

按《宋史 · 河渠一》:"景佑元年(1034)七月,河决澶州横陇埽。庆历元年(1041),诏权停修决河。自此久不复塞,而议开分水河以杀其暴。未兴工而河流自分,有司以闻,遣使特祠之。三月,命筑堤于澶以扞城。八年(1048)六月癸酉,河决商胡埽,决口广五百五十七步,乃命使行视河堤。皇佑元年(1049)三月,河合永济渠注乾宁军。二年(1050)七月辛酉,河复决大名府馆陶县之郭固。四年(1052)正月乙酉,塞郭固而河势犹壅,议者请开六塔以披其势。至和元年(1054),遣使行度故道,且诣铜城镇海口,约古道高下之势。"至和二年(1055)三月二十九日,欧阳修上《论修河第一状》,列举"天灾岁旱,民困国贫"等五"大不可"驳斥了河北安抚使贾昌朝提出"塞商胡,开横陇,回大河于故道"的修河之役。九月二十一日,又上《论治河事第二状》,反对引黄河水归故道,提出具体的治河方略。至和三年(1056)二月,上《论修河第三状》,阐述此役必然无功,"中外之臣皆知不便,而未有肯为国家极言其利害者,何哉? 盖其说有三:一曰畏大臣,二曰畏小人,三曰无奇策。""众人所不敢言而臣今独敢言者,臣谓大臣非有私仲昌之心也,直欲兴利除害尔。若果知其为患愈大,则岂有不回者哉? 至于顾小人之后患,则非臣之所虑也。"

《三欧文选》选了第二状,这是因为此状从治河的实际出发,提出了治河的具体方略:"臣闻河本泥沙,无不淤之理。……大抵今河之势,负三决之虞:复故道,上流必决;开六塔,上流亦决;今河下流若不浚使入海,则上流亦决。臣请选知水利之臣,就其下流,求其入海之路而浚之。不然,下流梗涩,则终虞上决,为患无涯。"欧阳修是学者型的政治家,主张的是务实,"臣闻鲧障洪水,九年无功。

禹得《洪范》五行之书,知水趋下之性,乃因水之流,疏决就下,而水患乃息"。大禹治水的道理,人人明白,然而就因为贾昌朝、李仲昌以及仁宗等人的好大喜功,"嘉祐元年(1056)四月壬子朔,塞商胡北流,入六塔河,不能容,是夕复决,溺兵夫、漂刍藁不可胜计"(《宋史·志第四十四·河渠一》)。商胡决口塞而复决,回河失败,证明欧阳修的论断是正确的。《论治河事第二状》为《宋史·河渠志》全文抄录,足见史料价值之高。《论治河事三状》,虽属应用之奏议,然率意深切,洞悉世情,表现了从实际出发的科学态度与心系百姓的黄河情结。

06《论救赈江淮饥民札子》:此文9种文选都没有选入。庆历新政刚开始半年,欧阳修任谏官,"今春大旱,至有井泉枯竭、牛畜瘴死、鸡犬不存之处,九农失业,民庶嗷嗷,然未闻朝廷有所存恤"。朝廷出内库金帛求陕西的饥民,但对江淮的旱灾没有救济的动静。"苟有所闻,必须留意,下民疾苦,臣职当言",是欧阳修为官的准则。《容斋随笔》记其贬官夷陵,取陈年公案观之,"见其枉直乖错不可胜数,以无为有,以枉为直,违法徇情,灭亲害义,无所不有。且夷陵荒远褊小,尚如此,天下固可知也。当时仰天誓心曰:'自尔遇事不敢忽也。'"令人动容。"江淮之民,上被天灾,下苦贼盗,内应省司之重敛,外遭运使之诛求,比于他方,被苦尤甚。今若不加存恤,将来继以凶荒,则饥民之与疲怨者相呼而起,其患不比王伦等偶然狂叛之贼也"。江淮之民遭受了四重灾害,欧阳修希望朝廷迅速做出对策,"不惟消弭盗贼之患,兼可以悦其疲怨之心"。

07《朋党论》:有7种文选选入。庆历三年(1043)改革派推行新政,保守派唆使内侍蓝元震上《论范仲淹等结党奏》,诬陷范仲淹等人结党营私,罗织罪名,危言耸听,意图罢免革新派。在此背景下,欧阳修针对关于"朋党"的俗见,写出了著名的《朋党论》,分析了"小人无朋"和"君子有朋","故为人君者,但当退小人之伪朋,用君子之真朋,则天下治矣"。其所倡导的"所守者道义,所行者忠信,所惜者名节",也是家族文化的精髓。

08《免进五代史状》:此文9种文选都没有选入。宋仁宗认为五代所撰《唐书》"纪次无法,详略失中,文采不明,事实零落",庆历四年(1044)下诏重修,嘉祐五年(1060)完成。前后参与其事的有宋敏求、范镇、欧阳修、宋祁、吕夏卿、梅尧臣,主要作者宋祁、欧阳修,欧阳修负责本纪、志、表部分,宋祁负责列传部分。《新五代史》是欧阳修私撰,却早于《新唐书》的重修。《宋史·欧阳修传》:"自撰《五代史记》,法严词约,多取《春秋》遗旨。"按《孟子·滕文公下》:"孔子作《春秋》而乱臣贼子惧。"春秋时期,诸侯割据争霸,礼法遭践踏,于是孔子编定《春秋》,寓说理于叙事之中,即"春秋大义",希望借此来警戒后人,乱臣贼子非常害怕被孔子提到而遗臭万年。欧阳修撰《五代史记》,也正是因为五代春秋相似,作此书以警醒世人。

嘉祐五年(1060),范缜等奏请欧氏《五代史》缮写上进。欧阳修上《免进五代史状》。这时,《五代史记》已于皇祐五年(1053)完成初稿,欧阳修认为还不够完善,一直不断地补正修订,直到熙宁五年(1072)八月欧阳修去世的一个月后,宋神宗下诏命他的家人奏上。金章宗时,这本新的五代史才逐渐代替了《旧五代史》。

09《荐布衣苏洵状》:唯江涌豪、江刁波选注的《欧阳修散文精选》选入,中云:"文章寥寥三百余字,于其人德行文章推崇备至。得作者揄扬,苏洵文章遂名动天下。嘉祐五年(1060)苏洵再至京师,得任秘书省试校书郎,这应该是本篇荐状的实际效果。"

《宋史·苏洵传》:"苏洵,字明允,眉州眉山人。年二十七始发愤为学,岁余举进士,又举茂才异等,皆不中。悉焚常所为文,闭户益读书,遂通《六经》、百家之说,下笔顷刻数千言。至和、嘉祐间,与其二子轼、辙皆至京师,翰林学士欧阳修上其所著书二十二篇,既出,士大夫争传之,一时学者竞效苏氏为文章。所著《权书》《衡论》《机策》,文多不可悉录,录其《心术》《远虑》二篇。"苏洵年二十七始发愤为学,但因不擅时文,举进士不第。庆历五年(1045),因举制策入京。正值庆历新政失败,范仲淹诸人多被贬逐,于是他暂不求仕,"悉取所为文数百篇焚之,益闭户读书,绝笔不为文辞者五六年,乃大究六经百家之说"。后为知益州张方平赏识。嘉祐元年(1056),苏洵携子苏轼、苏辙,带着张方平的推荐书信,入京谒见韩琦、欧阳修。这时又值欧阳修等庆历新政时期的人物用事,欧阳修立即向朝廷推荐苏洵,在《荐布衣苏洵状》中说:"其所撰《权书》《衡论》《几策》二十篇,辞辩闳伟,博于古而宜于今,实有用之言,非特能文之士也。其人文行久为乡闾所称,而守道安贫,不营仕进,苟无荐引,则遂弃于圣时。"欧阳修看准苏洵是真正的人才,力加称誉荐举,遂为名人,与其子苏轼、苏辙合称"三苏",均入"唐宋八大家"。"四海之广,不能无山岩草野之遗",实乃至理名言。

10《与高司谏书》:9 种文选均选。景祐三年(1036)五月,知开封府范仲淹以上《百官图》及《帝王好尚》《选贤任能》《近名》《推委》四论,并于宰相吕夷简辩于仁宗前,被贬至饶州。当时朝臣纷纷论救,而身为左司谏的高若讷不但不救,反而加以诋毁。在这种情况下,欧阳修不顾朝廷"戒百官越职言事"的诏令,写信痛斥,指高若讷"不复知人间有羞耻事"。欧阳修后来在《与尹师鲁第一书》中说,"当与高书时,盖已知其非君子,发于极愤而切责之,非以朋友待之也",显出欧阳修嫉恶如仇、不避险难的正义感。

高若讷见信后恼羞成怒,将此书给仁宗看,"恐中外闻之,谓天子以迕意逐贤人,所损不细"。欧阳修因此被贬为夷陵令。高若讷虽然后来官运亨通,做了宰相,但是"是直可欺当时之人,而不可欺后世也"。欧阳衡刻本《欧阳文忠公集》卷首载清高宗乾隆评语:“是岁修甫三十岁,年少激昂慷慨,其事之中节与否,虽未知孔、颜处此当何如,然而凛凛正气,可薄日月也。时修筮仕才五年,为京职才一年余,未熟中朝大官老于事之情态语言大抵如此,千古一辙,于是少所见多所怪,而有是书。至今传高若讷不复知人间羞耻事也,人固有幸不幸欤!”本书“疏解”云:“范仲淹被贬,身为左司谏的高若讷不但不救,反加诋毁,欧阳修便写信痛斥,指为‘不复知人间有羞耻事’。其时,欧阳修甫三十岁,筮仕才五年,为京职方年余,激昂慷慨,凛凛正气,与唐代欧阳秬《移陆司勋沔书》精神,一脉相承。”

11.《送徐无党南归序》:9 种文选都选。本书“疏解”云:“本文认为,立德、立功、立言之‘三不朽’中,应以修身立德为根本,并以‘文章丽矣,言语工矣,无异草木荣华之飘风,鸟兽好音之过耳也’来摧徐无党之‘盛气而勉其思’,立论甚高。”

12《游鯈亭记》:只有 2 种文选选入。文章末尾有“景祐五年(1038)四月二日,舟中记”,这一年,欧阳修 32 岁,经历了《与高司谏书》后的被贬夷陵,调乾德令。在赴乾德的途中,欧阳修为其兄欧阳昞“游鯈亭”作记。“不以汪洋为大,不以方丈为局,则其心岂不浩然哉!”这正是庄周惠施的濠梁之乐,宣扬了“视富贵而不动,处卑困而浩然其心者,真勇者也”的达观思想。

13《醉翁亭记》:9 种文选都选。欧阳修因上书为范仲淹辩护,被贬滁州,内心抑郁,此文却以萧然自远的笔调,抒写了幽深秀美的自然景物,和“与民同乐”的高尚旨趣。“人知从太守游而乐,而不知太守之乐其乐也。”欧阳修以乐为乐,这是他不愿自怨自艾的体现,也是他积极向上的体现。

14《与范文正公书》:9 种文选都没有入选,倒不是由于眼光的不同,而在其发现年代之晚。《中华文史论丛》2012 年第 1 期东英寿、陈翀《新见九十六篇欧阳修散佚书简辑存稿》,揭示日本天理图书馆所藏《欧阳文忠公集》中中土久佚的九十六篇书简,本书所选为第九十篇,题“此帖恐是与范文正公”。洪本健先生《东英寿教授新见欧阳修散佚书简解读》认为:

欧阳修、韩琦、范仲淹与尹洙关系均甚密切。洙卒,欧撰墓志铭,韩撰墓表,范于尹洙身后事极为关心。孙甫,字之翰,为尹洙知交。此简论孙甫为尹洙作行状事,云:“师鲁功业无隐晦者,修考之翰行状无不是处,不知稚圭(韩琦字)大骂之翰,罪其何处,此又不谕也。稚圭处,修自附去也。”范、韩、欧、尹的友谊,在庆历革新中经受考验,更加深厚,他们都很珍惜。此简批评尹材(洙兄尹源之子)“率然狂妄”地责难作行状的父执孙甫,谓“明公若爱师鲁,愿與戒昜(勗)此子”,同时,极不满于同命运、共患难的挚友韩琦责怪孙甫的举动。此种情绪,看来也只有向革新阵营的领袖、欧待之以师友的范仲淹抒发才合适。称“明公”,望其“戒昜(勗)此子”,亦符合范仲淹的身份,故谓本简“与范文正公”,当是正确的判断。欧庆历八年作《尹师鲁墓志铭》,时在知扬州任上。本简云:"修在扬州,极不平之,亦曾作书拜闻。"观其口吻,已离扬州,疑本简作于皇祐初。

孙甫是尹洙的知交,洙卒,孙甫为尹洙作行状,尹材(洙兄尹源之子)表示不满,作书责难。欧阳修致书范仲淹,认为孙甫所作行状"不过文字不工,或人所见不同","后生小子,但见其叔平生好论议,遂欲倣效,既学问未精,故所论浅末,不知其叔平生潜心经史,老方有成。其自少所与商较切磨,皆一时贤士,非一日而成也。"仲尼曰:"由也兼人,故退之。"所以欧阳修愿与范仲淹来戒勗此子,无使陷于轻率,表现了对友朋后辈的负责精神。

15《六一居士传》:8 种文选选入。此文作于欧阳修六十四岁时,既老而衰且病,以"藏书一万卷,集录三代以来金石遗文一千卷,有琴一张,有棋一局,而常置酒一壶"与"以吾一翁老于此五物之间",自号六一居士,表现了达观精神与至性真情。

"文章者,千古之大业,不朽之盛事"。近代以来,由于受西方文学观念的负面影响,文章的地位一落千丈。西方的纯文学观认为,文学是形象的、有感情的,其文学向以小说、戏曲为正宗。近代以来,王国维、鲁迅得时代风气之先,推动了中国小说研究、戏曲研究发展。至于文章,如欲归入文学范畴,就必须是写景的,抒情的,才被认作"文学创作",方有写进文学史的资格。在这套观念影响下,大量被看好的千古名篇,如《原毁》《师道》这些文章,都不认为是文学,被排斥在文学史之外了。人们不去研究论说、杂记、奏折、碑铭、祭文、传记、书信、序跋,将关注点放在写景状物的小品,使我们离传统越来越远,离中华文化的精髓也越来越远。我们在看三欧文的时候,最激动的不是《醉翁亭记》,也不是《秋声赋》,而是《论修河第二状》《论救赈江淮饥民札子》,是欧阳澈的三篇《上皇帝万言书》,是欧阳守道的《欧阳监丞祠堂记》,这些奏书,这些说理文,充满激情,关心国家,关心民族,它们不是"创作"出来的,而是用心、甚至用血写出来的,恰恰是千古不朽的最好文章。中国文学有中国文学的特点,文章才是中国文学的主脉和正宗。要抵御西方的观念,至少不要被控制,古代散文研究才有光明的前途。

(作者:欧阳萦雪,文献学硕士,福建师大闽台区域研究中心馆员;欧阳健,福建师大文学院教授。)

冯梦龙传奇改本与晚明情论的文本实践

王小岩

冯梦龙的情教论是研究晚明文学思想不可忽视的重要内容,因此相关论述已经非常多,据笔者知见的论文,从20世纪80年代方胜的《论冯梦龙的"情教"观》①以来,有40多篇专论冯梦龙的情教论的论文;此外,大凡研究冯梦龙小说、戏曲、民歌的论文,都会或多或少涉及冯梦龙的情教论。作为重要的明代文学思想之一,罗宗强在《明代文学思想史》一书中以两节的篇幅论述冯梦龙的情教说及其在通俗小说中的体现②,左东岭在《王学与中晚明士人心态》一书则从冯梦龙的人格特征论其情教说③,这些著作都给了冯梦龙的情教论以很大的篇幅,也说明了冯梦龙情教论的重要性。但这些既有的研究成果里,尚缺少从比照冯梦龙传奇改本与原作差异入手来研究其情教论的论文,而冯梦龙的戏曲作品主要是传奇改本,若能从改本与原作的差异入手,无疑更能细致地考察冯梦龙情教论在具体作品中的表现。不仅如此,本文通过比照一些具体的修改案例发现,冯梦龙的情教论与汤显祖的至情论还有些许差别,而这是在以往研究中尚未予以重视的。

毋庸置疑的是,冯梦龙的情教论是对汤显祖至情论的继承与发展,是汤显祖至情论思想在晚明的进一步开展。但冯梦龙情教论既是对汤显祖至情论的推进与发展,就不能完全等同于汤显祖至情论,自有其独特之处,这种独特之处,须经比较才能见出。汤显祖至情论是在《牡丹亭·题辞》中提出的,《牡丹亭》一剧是汤显祖演绎至情论的重要文本,这是众所周知的。冯梦龙情教论的论旨见于《情史》一书,但《情史》并非戏剧作品,若单拾掇相关言论,不易见出汤、冯论情之差别。冯梦龙的传奇改本中,写情的作品,除了改汤显祖《牡丹亭》为《风流梦》外,还有改袁于令《西楼记》为《楚江情》,以及梅孝巳《洒雪堂》和史槃《梦磊记》的改本,可惜后两种作品的原作已经佚失,无法进行比较研究。本文主要从比较《风流梦》《楚江情》与原作的文本差异入手,探讨冯梦龙在改本

① 方胜《论冯梦龙的"情教"观》,《文学遗产》1985年第4期。

② 罗宗强《明代文学思想史》,中华书局2013年版,第814页。

③ 左东岭《王学与中晚明士人心态》,商务印书馆2014年版,第494页。

里表现的与汤显祖、袁于令不同的论情思路,这也有助于更深入理解冯梦龙情教论的意义。

一、情之所起:各自做梦,还是合梦?

汤显祖的《牡丹亭·题辞》,是作者从超越生死的角度来理解"情",所谓"生者可以死","死者可以生",在剧中就是杜丽娘因梦中之情而死,三年后又为梦中之情复生,这可看作该剧情节发展的"主脑"。但汤显祖这一论述是作品的主题论,是对作品思想意韵的阐发,传奇改家认为的"主脑"与汤显祖不同。如冯梦龙更重视"梦"在《牡丹亭》情节发展中的作用。冯梦龙《风流梦·小引》说:

> 梅柳一段因缘,全在互梦,故沈伯英题曰《合梦》,而余则题为《风流梦》云。①

他在《总评》中又强调二人"合梦"在剧中的意义:

> 两梦不约而符,所以为奇。原本生出场,便道破因梦改名。至三四折后,旦始入梦。二梦悬截,索然无味。今以改名紧随旦梦之后,方见情缘之感。《合梦》一折,全部结穴于此。②

冯梦龙认为柳梦梅和杜丽娘的入梦,是同时进行的,不约而同进入同一个梦境,是这部传奇的"结穴"所在。冯梦龙的这个理解,或许并不符合汤显祖的原意。吴吴山三妇评本评《言怀》折说:

> 柳生此梦,丽娘不知也;后丽娘之梦,柳生不知也。各自有情,各自做梦,各不自以为梦,各遂得真。③

---

① 冯梦龙《冯梦龙全集》(影印本),上海古籍出版社1993年版,第2031页。

② 冯梦龙《冯梦龙全集》(影印本),第2033页。

③ 汤显祖著陈同、谈则、钱宜合评《吴吴山三妇合评牡丹亭》,上海古籍出版社2008年版,第3页。

并说柳梦梅叙述该梦：

淡淡数笔述梦，便足与后文丽娘入梦，有详略之妙。①

就此评之意看来，评者对于剧中之“梦”的理解与冯梦龙不同，评者认为柳梦梅和杜丽娘各自做梦，并非是同一个梦，而且二人也都不知道对方的梦。由此可见，《牡丹亭》一剧所涉及的“梦”的解读至少有两种。现在难以考知汤显祖是认为二人各自做梦还是合梦，但就剧情安排来说，两梦悬隔很久是可以肯定的。或许正如冯梦龙所注意到的，汤显祖在安排情节上并不细密，但若说汤显祖没有注意到两梦相隔时间很久也不确。杜丽娘死后三年才复生，而柳梦梅从做梦到改名，再到诀谒获得资助而得以进京赶考，乃至路经南安，不过一年之内的事情，两人不能“合梦”是显而易见的。传奇演剧的形式，往往生旦交替上场，生脚在家门中已然说到他因梦改名，杜丽娘的“惊梦”却在此后数折才发生，很容易给观众一种错觉，以为两人同时做了一梦，这也是引起冯梦龙等改家误解的原因。冯梦龙既然认为两人做了同一个梦，强调这一梦是全剧的“结穴”所在，以此为由，为了更加符合“合梦”的情节逻辑，进行了大幅度修改。这一修改的有益作用，正如叶明生指出的：“‘合梦’无疑的是一个人物和环境，情与美，主观世界和客观世界怡然溶合的绝妙的艺术片断。……这就把全剧主题的‘情’和最重要的动作‘梦’联结在一起，形成‘情’‘梦’交辉这样一个统一的艺术整体。”②由此可见，冯梦龙改各自做梦为“合梦”，艺术效果、戏剧演出效果，都是非常明显的。

但是，冯梦龙认为《牡丹亭》的结穴之处在“合梦”，将这一出作为贯穿前后情节发展的结点，却基于不同于汤显祖《牡丹亭》所写的“情”的认识。汤显祖在晚明最早论说“情”，但他所论之“情”，涵义非常丰富，且很深刻。汤显祖深受罗汝芳、李贽、达观等人思想的影响，这些人或论“心性”，或论“空”，总归是形而上地论说其哲学思想。汤显祖的“情”综合了这些思想的特质，是一种形而上的论述，他说：

如丽娘者，乃可谓之有情人耳。情不知所起，一往而深。生者可以死，死可以生。生而不可与死，死而不可复生者，皆非情之至也。……嗟夫，人世之事，非人世

① 《吴吴山三妇合评牡丹亭》，第3页。

② 叶明生《试析冯梦龙删订〈牡丹亭〉的戏剧观及其艺术思想追求》，收入中国寿宁冯梦龙文化高峰论坛（2014年11月16—18日）会议论文集，尚未公开发表。

所可尽。自非通人，恒以理相格耳。第云理之所必无，安知情之所必有邪。[①]

“不知所起，一往而深”的“情”，带有深刻的形而上色彩，“至情”能超越生死而存在，贯穿于宇宙之始终。如果说当时儒家所普遍认为的，“心性”是“天道”在人的个体之上的反映，那么，汤显祖所论的“情”，则是“心性”用之于人与人之间的、丰富可感的“纽带”，它是世间各类的感情、亲情、恋情等的总和。就如戴琏璋先生所论：“汤显祖经由乃师指点而心契儒家生命的学问，他在尽性历程中，对于生命的‘美’与‘大’‘圣’与‘神’持有一种审美的观照……汤氏通过‘人情之大窦’来展示这意趣，彰显这世界，形成一种生命美学的基本格局。在这格局中情即性，性即情。情是性具体呈现的感性通道；性则为情感通无碍的超越根据。情的圆满自足，呈现生命的充实光辉；情的深切极致，则可见生命的神妙化物。”[②]汤显祖创作的梅柳因缘故事，其目的就在以一种文学形象来阐释他这形而上的“情”论，杜、柳两人的梦，固然是为这一“情”论服务的，但汤显祖的重点在“情”能超越生死，“合梦”与否是不重要的。冯梦龙在认识“情”的方面，虽深受汤显祖影响，但他缺少汤显祖的思辨性，冯梦龙所论之“情”往往偏重于形而下，所以，他重视“情教”，他的《情史》一书，汇集了各种类型的“情”的故事。冯梦龙当然认为《牡丹亭》写“情”，但他不能从汤显祖的高度去理解原作蕴涵深刻的“情”，而是当作为一种形而下的“恋情”“情缘”来理解，即“情缘之感”，因此，他才将改本的注意力集中到“合梦”“情缘之感”这一系列更具“传奇”特征的情节上，改“各自做梦”为“合梦”，益处自然如前文所引叶明生的论断，但也不妨理解“合梦”为冯梦龙情教论的一种体现，这使得“不知所起，一往而深”的“情”，变成了知其所起的情，这在冯梦龙改写杜丽娘游园和死生之际有更大的发挥。

二、杜丽娘的游园与生死：冯梦龙情教思想的体现

冯梦龙以“江南詹詹外史”别号所撰《情史·叙》开篇即称：“六经皆以情教也。”他认为“情始于男女”，圣人作六经，因情“导之”，使君臣、父子、兄弟、朋友之间有情且融洽。他甚至说“异端之学”，让人“求清净”“无君父”，相比之下，

---

① 《吴吴山三妇合评牡丹亭》，第2页。

② 戴琏璋《汤显祖与罗汝芳》，《中国文哲研究通讯》，2006年第4期。

六经“情教”的功效就非常明显了[①]。另一篇署名“龙子犹”的《情史·叙》里，冯梦龙借佛教来论“情教”的意义，谓“我死后不能忘情世人，必当作佛度世，其佛号当云‘多情欢喜如来’”，又作偈云：“我欲立情教，教诲诸众生。”“佛亦何慈悲，圣亦何仁义。”“愿得有情人，一齐来演法。”[②]这两篇序言放在一起看显得很矛盾，第一篇序里阐明“异端之学”有悖“情教”，第二篇序文却借“异端”之佛教来阐明“情教”，但这正好说明，冯梦龙只看重“情教”这一旨归，至于怎样施行“情教”倒不重要，圣学可以宣明“情教”，“异端之学”也可以宣明“情教”。当然，在冯梦龙看来，传奇改本更能传播“情教”。

前文已提到，汤显祖所论之情乃是超越生死的形而上之情，冯梦龙在《情史》之中也有过类似的超越生死之情的论述：

人，生死于情者也；情，不生死于人者也。人生，而情能死之；人死，而情又能生之。即令形不复生，而情终不死，乃举生前欲遂之愿，毕之死后，前生未了之愿，偿之来生。情之为灵，亦甚著乎！夫男女一念之情，而犹耿耿不磨若此，况凝精翕神，经营宇宙之瑰玮者乎[③]！

冯梦龙这段话的前半部分，显然是对汤显祖情论的化用；后半部分，即从“即令形不复生”开始，笔锋一转，将这种超越生死之情置于形而下框架之下，所谓“欲遂之愿”“偿之来生”云云，都是浅近、世俗的解释。事实上，读者必须具备思辨能力，才能通晓形而上的情论，但形而上的情论不易于被广大读者接受，冯梦龙情论的目的在于让广大读者接受，只有如此才能开展“情教”，教化读者，因此，从形而下的、接近百姓日用认识范围的“知识”、情感入手，从受众能理解和接受的内容开展“情教”，“情教”的意义才能体现出来。冯梦龙的《风流梦》正体现了他的这种认识。

汤显祖《牡丹亭·惊梦》折，写杜丽娘和春香游园，杜丽娘在园中唱了【皂罗袍】【好姐姐】【隔尾】三曲，这三支曲子描写了园中春景及二人兴尽而返。冯梦龙《风流梦》保留了【皂罗袍】曲，将原作的【好姐姐】【隔尾】改作【一盆花】【尾】，曲文都做了改动，这种改动之处，最能见出冯梦龙与汤显祖情论的差别：

---

① 高洪钧《冯梦龙集笺注》，天津古籍出版社2006年版，第133页。

② 高洪钧《冯梦龙集笺注》，第134页。

③ 高洪钧《冯梦龙集笺注》，第138页。

汤显祖《牡丹亭》	冯梦龙《风流梦》
【好姐姐】〔旦〕遍青山题红了杜鹃，荼蘼烟丝醉软。春香呵，牡丹虽好，他春归怎占的先。〔贴〕成对儿莺燕呵。〔合〕闲凝盼，生生燕语明如翦，呖呖莺歌溜的圆。〔旦〕去罢。〔贴〕这园子委是观之不足也。〔旦〕提他怎的。〔行介〕	【一盆花】〔旦〕这是春到，与花方便。〔贴〕小姐，若留得春住，到也好耍子。〔旦〕纵花随春去，也不埋怨。〔叹介〕多少国色芳姿，寂寞空闺之内，比如这妖花艳蕊，埋没荒园之中，可惜可惜。〔沉吟介〕对花无语两留连。花、花，虽然埋没在此，还有我杜丽娘赏鉴着你，也不枉了。反教人把花来欣羡，寸心展转，幽怀万千。〔贴〕这园子委是观之不足也。〔旦〕去罢。待赏遍了十二亭台，可胜排遣？我身子早已困乏，行不动了。〔贴〕待春香扶着小姐，缓缓而回。
【隔尾】观之不足由他缱，便赏遍了十二亭台是惘然，到不如兴尽回家闲过遣。①	【尾】相携依旧归庭院，那些个频游任履穿。小姐，趁此春光，几时再来耍耍。〔旦〕休题了。到不如撇却春光在一边。②

顾美华从语言角度评价了上面这两支改曲："原作以典雅蕴藉见长，而改本以雅俗共赏取胜。"他认为，冯梦龙的改本词义浅显，但浅而不俗，"兼顾了文采与本色"，适合场上搬演③。顾先生的这一评价准确地指出了冯梦龙改本的语言特点。汤显祖原作文辞典雅蕴藉，原以描写春景着笔，但旨归却在写少女游览春景时的情怀，《吴吴山三妇批评牡丹亭》有两则评语，即指出了汤显祖此处笔墨的用意：

> 【好姐姐】评语：春香自说花鸟，只因还早。"成对"语，暗触小姐心事。便从花鸟上想到自己，左叹又惜，并不叙湖山流水，恰合此际神情，更为《寻梦》声色。
>
> "提他怎的"评语：无端怪老爷奶奶不提，又无端怪春香提，总是没情没绪。
>
> 【隔尾】评语：游园原为消遣，乃乘兴而来，兴尽而去，恐去后惘然，益难消遣耳。然无可奈何，只得如此发付。玩"到不如"三字，浓情欲滴也。④

这三条评语一一说破了汤显祖在【好姐姐】【隔尾】两曲中蕴含的少女心

① 汤显祖《汤显祖全集》，北京古籍出版社 1999 年版，第 2097 页。
② 冯梦龙《冯梦龙全集》（影印本），第 2066 页。
③ 顾美华《从〈牡丹亭〉的更定看冯梦龙对中国戏曲的贡献》，《中华戏曲》，1995 年第 16 辑。
④ 《吴吴山三妇合评牡丹亭》，第 21 页。

事,也指出了汤显祖这样着笔是为了给《寻梦》折留足写景的空间。冯梦龙改作的【一盆花】,根本没有描写春景,而是集中写杜丽娘由春景引发的评论,若说"对花无语两留连",尚属蕴藉的笔墨,到"幽怀万千",则直接写出杜丽娘的心事。至于冯梦龙加入的宾白"多少国色芳姿"等,更将杜丽娘的心事揭示无遗。冯梦龙两支曲文的着重点已经与汤显祖原作不同。汤显祖原作杜丽娘游园的曲文,意在揭示出杜丽娘感受到了因时间流逝而引起的景色变化,同时,这种变化激发了她内心的波动①。冯梦龙的改笔里没有这种情感的变化。汤显祖有意写出杜丽娘在游园不同时段的内心情感,逐渐深入到杜丽娘的内心世界,其心灵最深处捕捉到了少女面对流光时的伤感,也就是吴吴山三妇评本所谓"左叹右惜""没情没绪""惘然""浓情欲滴"等不同情绪。与之相比,冯梦龙改本没有这些过渡阶段。冯梦龙认识到杜丽娘最后阶段的"伤感",但他没有注意到进入"伤感"的过程。冯梦龙改本里,杜丽娘一进入园林,就有了伤春情绪,并且,这种伤春情绪流于空泛的议论,缺少景物的映照。也就是说,在这两支关键曲文里,冯梦龙改本消减了杜丽娘内心世界的丰富性和变化过程,直接进入他所要表达的"目的"——少女伤春。这样看来,冯梦龙改本难免有"点金成铁"之讥。不过,如顾美华先生指出的,冯梦龙改本的优势是语言浅显,适合搬演。实际上,在戏剧舞台上表现人物内心的变化是非常难的,而且观众也不容易理解剧中人物这类含蓄的内心变化。冯梦龙改本要面对舞台,势必要让观众理解杜丽娘的情感,如果观众不能理解,即便作品里蕴含了再丰富的情感,这些情感也不能传达到观众的内心之中,更发挥不出"情教"的功用。因此,冯梦龙这一改笔,符合他的"情教"宗旨。

超越生死的情要由杜丽娘演绎出来,杜丽娘的死是该剧的重要关目之一。冯梦龙要在这部戏里传达他的"情教"思想,当然绝不会错过这一关目。冯梦龙说:"人到死生之际,自非容易,况以情死者乎?叮咛宛转,备写凄凉,令人惨恻。俗优草草演过,可恨!"②汤显祖《牡丹亭·闹殇》折,前面备写杜丽娘死时的凄凉境况,后面写杜宝的调任,两事连贯在一起,情节显得非常紧迫,符合戏剧情节跌宕起伏的特点。冯梦龙改本将这紧连的情节拆成两折,其中《中秋泣夜》折写丽娘之死,《谋厝殇女》折写杜宝夫妇处理丧事及杜宝调任。改本虽然充分地演绎了这两个重要关目,但不免显得情节松散,缺少了原作的紧迫感。《中秋泣夜》中的曲文,大部分改自汤显祖原曲,删改最大的是杜丽娘嘱咐春香藏好春容的曲文,现将二者比较于下:

① 王小岩《从不识字到通文理:关于语言的叙事》,收入《中国古代叙事文学国际学术研讨会论文集》,傅承洲主编,中央民族大学出版社2011年版。

② 冯梦龙《冯梦龙全集》(影印本),第2111页。

汤显祖《牡丹亭》	冯梦龙《风流梦》
〔旦〕春香，咱可有回生之日否？【前腔】〔叹介〕你生小事依从，我情中，你意中。春香，你小心奉事老爷奶奶。〔贴〕这是当的了。〔旦〕春香，我记起一事来。我那春容，题诗在上，外观不雅。葬我之后，盛着紫檀匣儿，藏在太湖石底。〔贴〕这是主何意儿。〔旦〕有心灵翰墨春容，傥直那人知重。〔贴〕姐姐宽心，你如今不幸，孤坟独影。肯将息起来，禀过老爷，但是姓梅姓柳秀才招选一个，同生同死，可不美哉！〔旦〕怕等不得了。哎哟！哎哟！〔贴〕这病根儿怎攻，心上医怎逢。〔旦〕春香。我亡后你常向灵位前叫唤我一声儿。〔贴哭介〕他一星星说向咱伤情重。①	〔旦〕春香，似我这般模样，可有回生之日么？〔贴〕小姐耐心将息，自然没事。〔旦〕唉，罢了。春香，你小心伏侍老爷奶奶。〔贴〕这是当得的。〔旦〕春香，你是我知心的侍儿，我还有一事嘱你，这幅行乐图呵，【簇御林】是俺亲描画，向梅柳丛，更题诗将哑谜笼。恐外观不雅，葬我之后，盛着紫檀匣儿，藏在太湖石底。〔贴〕是甚么意儿？〔旦〕敢精灵，出现还如梦。〔贴〕小姐，你将息起来，待春香说与奶奶，禀过老爷，不拘姓梅姓柳的秀才，招选一个，同生同死，岂不美哉！〔旦摇首介〕等不及了，咱只在旦晚，与你长别了。〔贴泣介〕他一星星说向我，伤心重，怨苍穹，中秋好月，偏是雨和风。②

汤显祖这支【前腔】即【玉莺儿】第二首，臧懋循《还魂记》改本里对这支曲文只作了个别字句的改动，以汤显祖原曲为主，臧懋循《还魂记》改本《悼殇》眉批说："予谓丽娘里情有不得不语春香者，临川此曲得之。"③"里情"，即今人所谓"内情"，臧懋循认为汤显祖这支曲文符合情节的进展，即杜丽娘将死之际，应该有对春香交代的事。从臧懋循改本看，汤显祖此曲谈不上如何失律，冯梦龙将此曲换乘【簇御林】，应不是基于曲律方面的原因。汤显祖原本与冯梦龙改本，就内容而言应该没有什么区别，其差别在于结构方面，冯梦龙改本重新编排了杜丽娘嘱咐春香各件事的顺序。依据冯梦龙批语中"叮咛宛转"之语，可见冯梦龙改本有意识、分轻重地处理了杜丽娘的嘱托。尤其值得注意的是，汤显祖原本写杜丽娘与春香姐妹般的主仆情感是在曲文中表现的，冯梦龙改本则将其移到宾白里，改本曲文突出了"藏春容于太湖石底"这一嘱托。至于为何要将春容藏于太湖石底，汤显祖原本说到两个原因：一是杜丽娘认为春容"不雅"，二是"有心灵翰墨春容，傥直那人知重"。第二点原因意思是说，杜丽娘认为她等不到梦中之人的到来了，但她希望梦中的人若真来到这个花园，会遇到此画并能

① 《汤显祖全集》，第 2132 页。

② 冯梦龙《冯梦龙全集》（影印本），第 2111 页。

③ 臧懋循《还魂记改本》，明刊本，首都图书馆（吴晓铃旧藏）。

珍视此画。冯梦龙改本将原作第二点原因的曲文换成了“敢精灵出现还如梦”，意思发生了变化。“精灵”出现，宛如梦中，暗示了下文的“幽媾”情节。汤显祖原作交代的原因止于人死之际的正常反应，冯梦龙改写的这一句并不符合杜丽娘临死之际的反应，虽为了照应下文，但预见死后魂游、幽媾等事件并非人之常情，冯梦龙这一改动纯属赘笔。不过，冯梦龙这一赘笔并非无因，“敢精灵出现还如梦”，正与他的“情之为灵，亦甚著乎”的论断相符合。实际上，冯梦龙要在叙事作品中宣扬“情教”思想，就必须为这种宣传作出种种铺垫，为故事情节的每一步进展精心结构，最终组织成一个“因果”式的、符合“逻辑”的有关“情”的故事。因此，藏春容于太湖石底的原因，也从原作的“人之常情”转变成“生硬”的剧情结构。

通过以上两例可见，冯梦龙《风流梦》不只要将《牡丹亭》改成一个舞台本，还要将汤显祖倡导的形而上的“情”转换成一种形而下的“情”，借助作品中所写的“死生之情”来引导、教育读者和观众。照理说，《牡丹亭》写杜丽娘超越生死的情，故事是虚构的，不可能在现实中发生，但所写之“情”，却因这个故事、人物演绎得感人至深。冯梦龙改笔，处处照应故事发展的逻辑性，让读者或观众感觉此“情”离人不远。冯梦龙标举“情教”思想，实际是将汤显祖倡导的形而上之“情”“品物流形”成各种“可见”“可感”之情，他重视的是可操作的、可实践层面的“情”。可以说，冯梦龙在《风流梦》中贯彻了“情教”思想，这虽然有违汤显祖的初衷，但却充分地展示了冯梦龙对写情作品的认识。

三、“多情者将戒心焉”：从《西楼记》到《楚江情》的改本实践

冯梦龙改本意在“情教”的另一部作品是《楚江情》，该剧改自袁于令《西楼记》。袁于令创作《西楼记》，或许与他个人经历有关，一般人认为作品中的人物都有所指，比如剧中于娟代指袁于令，池同即指沈同和，而沈同和之友赵鸣阳，即剧中赵不将，诸如此类。因此，袁于令借写人物命运来“泄愤”，《西楼记》的结局，池同、赵不将命侠士胥表刺杀于娟，胥表却从侠义的立场杀了池、赵。池、赵二人被杀，虽与他们不善的行为有关，但才子佳人题材的作品，处理的不过是情感纠葛的问题，剧作设置池、赵被杀，在冯梦龙看来，不利于情教的宣扬。冯梦龙说：“忽而杀一妾，忽而杀两生，多情者将戒心焉。”所谓杀一妾，指胥表杀妾情节；所谓杀两生，指池同、赵不将被杀。冯梦龙又说：“赵不将但不合人情耳，

其罪不至绝交。”[①]冯梦龙将结局改为池、赵劝婚,更改了袁于令的“泄愤”情节。“多情者将戒心”当然不利于传播“情教”思想,冯梦龙将这些近于“复仇”“斗狠”的情节删去,改以“一团和气”,从大处着眼改动原作情节,宣传他的“情教”思想。

冯梦龙在细节的处理上,也不离“情教”思想。这里只以《楚江情》最后一折的落场诗为例,袁于令《西楼记》末折落场诗是一首简短的五言绝句:

叔夜不常有,穆姬世所无。
轻鸿真侠女,胥公是丈夫。[②]

这首落场诗是表彰剧中的四个正面人物,他们的事迹既是剧中情节的主干,也是于鹃与穆素徽情感、姻缘的主线。但这首落场诗的意思很近于首折落场诗:

于叔夜死与素徽期,胥长公生把轻鸿弃。
种愁根几句楚江情,载痴缘一部西楼记。[③]

从这首诗的首两句看见,末折落场诗对这四个人物的表彰实际重复了首折落场诗。冯梦龙《楚江情》将末折落场诗改易成一首七言律诗:

幔亭峰上有歌名,宣武曾留赋北征。
醉醒十年巫峡梦,死生一曲楚江情。
情关牢固终难破,梦境迷离只未清。
倘得玉人提镜炤,尾生原是旧卢生。[④]

应说明的是,袁于令家刻《剑啸阁自订西楼梦传奇》亦收入此诗[⑤],由此可见,袁于令对冯梦龙的这首下场诗是肯定的。袁于令别署幔亭、幔亭峰歌者、幔亭仙史,因此该诗首二句即从袁于令的声誉落笔。不过,因为现存袁于令生平资料甚少,第二句所指为何不易解释。“宣武”是北魏拓跋恪的谥号,《北征赋》是西汉末年班彪的作品。据陆萼庭先生考证,袁于令于崇祯十五年以“岁选贡”

① 董康《曲海总目提要》,天津古籍书店 1992 年版,第 373 页。
② 袁于令《西楼记》,《六十种曲》,中华书局 1955 年版。
③ 袁于令《西楼记》,《六十种曲》,中华书局 1955 年版。
④ 冯梦龙《冯梦龙全集》(影印本),第 2015 页。
⑤ 袁于令《剑啸阁自订西楼梦传奇》,《古本戏曲丛刊二集》,商务印书馆 1954 年版。

的资格赴京谋求官职①,冯梦龙此诗或指袁于令此次北行。拓跋恪统治时期,各地起义此起彼伏,正与崇祯末年情况相同,不过袁于令"赋北征"之事却难以考证。

落场诗的第二、三、四联,围绕梦与情的主题来写。"醉醒十年",用杜牧《遣怀》"十年一觉扬州梦,赢得青楼薄幸名"典故。"楚江情"既是冯梦龙改本的剧名,也是贯穿全剧之中的线索,即穆素徽对于鹃的爱慕之情起于于鹃作的【楚江情】曲。"死生"二字,可能指冯梦龙改本对"杀两生"的处理。"情关牢固终难破",指剧中主人公的牢固爱情终成圆满。"梦境迷离只未清",可能指《错梦》一折。据记载,《西楼记·错梦》由冯梦龙帮袁于令增入②,也就是说,《错梦》可能为冯梦龙手笔。袁于令《西楼记》写才子佳人故事,并没有凸显"梦"在情节发展中的作用。冯梦龙这首落场诗,反复强调"梦"在作品中的作用,应该是有所指的。末折落场诗中的"迷离"二字,也见于《错梦》折的落场诗,即"痴魂欲渡江天去,却是迷离一片烟"。冯梦龙在末折落场诗里反复说"梦",且再次用了"迷离"二字,可证明《西楼记·错梦》确由冯梦龙增入。

"尾生"守信的典故见于《庄子》,冯梦龙《情史·情痴类》也收入了这一典故。在《情史·情痴类》评语里,冯梦龙肯定尾生为情守信的做法,认为男女之间必须有信:"两心如结,计无复之,与其生离,犹冀死合。"③"卢生"是唐人沈既济《枕中记》中的人物,《枕中记》就是汤显祖《邯郸记》传奇的本事,冯梦龙有《邯郸梦》传奇改本。所谓"倘得玉人提镜炤,尾生原是旧卢生",意思是,经"玉人"指示可知,有情守信的尾声实际上是梦中的卢生。卢生从梦中醒来,受吕洞宾度化而成仙,这是《枕中记》的结局。"玉人",应是冯梦龙自指。

通过对这些典故的分析,大体可以推测冯梦龙此诗的本意:第一,此诗可能是就袁于令生平之事着笔,写袁于令终于从"醉"的"巫峡梦"中醒来,前往北京等待候补官职。需要提及的是,冯梦龙因未能考中举人,由贡生入仕途。冯梦龙与袁于令既为同乡,又交往很深,自有可能以自身经历劝袁于令去北京,"玉人提镜炤"正是此意。

第二,比较《西楼记》和《楚江情》两剧可见,冯梦龙有意识地将才子佳人的爱情故事作为宣传"情教"思想的典范。其中,《错梦》一折表现相思之中的于鹃可谓淋漓尽致,成为全剧之中演绎于鹃形象的关键,正是这种情与梦的缠结,

---

① 陆萼庭《清代戏曲家丛考》,学林出版社 1995 年版,第 3 页。

② 但《错梦》是否为冯梦龙手笔,学界尚有争论。因为《西楼记·错梦》与《楚江情·病中错梦》并无多少曲白不同,因此,一种观点据此认为冯梦龙未曾改写《错梦》,另一种观点则据此提出,正因《西楼记·错梦》原本为冯梦龙手笔,冯梦龙删改成《楚江情》时,就不必再改写《错梦》。

③ 高洪钧《冯梦龙集笺注》,第 137 页。

使得剧中所演绎的“情”真实可感，也因此，冯梦龙的“玉人提镜炤”之意，就是要警醒读者和观众，尾生、卢生的情、梦交叠有着更深刻的人生启迪。这正是“情教”的意义所在。可以说，冯梦龙所改《风流梦》，将汤显祖《牡丹亭》的形而上的至情，演绎成了形而下的情教；冯梦龙所改《楚江情》，则将袁于令《西楼记》寄寓个人愤懑情绪的才子佳人离合故事，演绎成符合社会行为规范、感召和警醒人心的真情故事，总之，冯梦龙去掉了超越之情、“畸”情，留给观众的是可观可感可解之情。

四、余论

冯梦龙所改梅孝巳《洒雪堂》传奇，是一部情节上很接近《牡丹亭》的作品，所以冯梦龙的评语也多处以《牡丹亭》作参照，比如“于情字别插新意，不似近日活剥汤义仍，生吞《牡丹亭》者。”（第三折《贾女斗草》）“死别略似《牡丹亭》，而凄惨过之。”（第二十九折《贾女遗嘱》）“情到至处，金石为开，何况阎老？”“情肠百转，字字堪啼。”（第三十二折《冥府怜情》）①从这些评语里能看出，冯梦龙既肯定、维护汤显祖所写至情的重要意义，同时也批评一味模仿汤显祖、缺少自出机杼的作品。因为梅孝巳《洒雪堂》原作已经佚失，无法考证上引冯梦龙这些称许的地方是原作已有还是冯梦龙的改本，但有一点是清楚的，冯梦龙对表现情的手法、效果，是极其注重的。

罗宗强说：“汤显祖《牡丹亭》写情可死可生，把此一种之思想，借助于戏剧人物的命运表现得淋漓尽致。冯梦龙再一次表述了这样的思想。前后间事，证明此一种之认识，乃晚明影响甚大之思潮。”②确实，冯梦龙非常热衷删改写情的传奇作品，足以证明他“再一次表达”的欲望与实践。同时，冯梦龙是一个有着极强的理论意识的文学家，他的“再一次表达”绝不是重复性的表达，他的“再一次表达”，正基于对“情”的新理解，即以情立教。他的传奇改本，就其删改之处而言，无论大的故事情节还是细微的文字，都体现了他的“情教”思想。也因此，传奇改本成了一特别的文体，冯梦龙以它接续汤显祖的“至情论”，也以它拓展出了冯梦龙独特的“情教论”，同与不同俱在，相同的是重情，不同的是对情的精微之辨，是情的世俗化影响，以及写情的方法、表现效果。可以说，《情史》一书是冯梦龙宣扬“情教”思想的纲领，是一本有关“情教”的简略的、分类的故事集；《风流梦》《楚江情》等传奇改本，则是冯梦龙用以演绎“情教”的戏剧作品，

① 冯梦龙《冯梦龙全集》（影印本），第1600页、1734页、1755页、1756页。
② 罗宗强《明代文学思想史》，第817页。

这些作品经由搬演,将“情教”思想以一种丰富可感的方式深入到观众的内心深处,是情教论的“文本实践”。

(作者:王小岩,文学博士,东北师范大学文学院讲师,130024)

理想与祖国之象征*

——屈原《九章》中"郢都"意象试析

任 强

克罗齐说:"艺术是直觉中的情感与意象的真正审美的先验综合,对此可以重复一句:没有意象的情感是盲目的情感,没有情感的意象是空洞的意象。情感和意象并不是为综合之外的艺术心灵而存在的。"①苏珊·朗格也说:"艺术作品作为一个整体来说,就是情感的意象。"②从这些著名美学家的论述可以看出,意象在表现情感,在艺术的创造上具有很重要的作用。那么,屈原的《九章》③组诗中的意象到底具有什么样的特点呢?它对屈原情感的表达起到怎样的作用呢?

《九章》中的意象非常复杂,我们不可能一一加以详细的研究,那是需要一部专著来完成的。袁行霈先生说:"意象可分为五大类:自然界的,如天文、地理、植物等;社会生活的,如战争、游宦、渔猎、婚丧等;人类自身的,如四肢、五官、脏腑、心理等;人的创造物,如建筑、器物、服饰、城市等;人的虚构物,如神仙、鬼怪、灵异、冥界等。"④在此,我主要选择《九章》中屈子哀愁忧愤所系、而反复出现的一些典型意象进行研究,以期发现屈原诗歌意象创造的某些特点。

一、诗人梦魂的追索和归宿

《九章》中的作品可能都是写于怀王三十年屈原被流放到汉北以后。在其被流放的中前期,诗人并没有完全绝望,时时还有君王省悟,自己还都之希望。因而,在那时的诗作中,诗人所描写的中心往往是美人(国君)、故都。因郢都是国君的居住地,当时楚国政治、经济和文化的中心,"郢都"意象便成为诗人所描

* 基金项目:2014 年安徽省高等学校人文社会科学重点研究基地——安徽文献整理与研究中心重点研究项目"清代安徽楚辞文献及楚辞学史研究"(项目编号 SK2014A092),阶段性成果。

① 克罗齐《美学纲要》(韩邦凯等译,《美学原理·美学纲要》合刊本),外国文学出版社 1983 年版,第 233—234 页。

② 苏珊·朗格《艺术问题》(滕守尧等译),中国社会科学出版社 1983 年版,第 129 页。

③ 本文所引《九章》《离骚》等作品中的诗句,皆出洪兴祖《楚辞补注》(白化文等标点本),中华书局 1983 年版,后一般不再详注。

④ 袁行霈《中国诗歌艺术研究》,北京大学出版社 1987 年版,第 63 页。

写的重心。“郢都”意象，曾经作为“旧乡”“故都”出现在《离骚》中，成为国君的象征，宗国的象征，也是屈子“美政”理想之所系。

《抽思》《思美人》都强烈地抒发了诗人对“美人”(国君)的思念之情。《思美人》主要集中在诗人与“美人”之间的沟通者，而《抽思》则着重抒发了诗人对“美人”、对郢都的思念。“郢都”意象成为初放到汉北的《抽思》中的中心意象之一，或者说《抽思》的重心，正被挟裹在对“郢都”的梦魂牵绕之中：

> 望孟夏之短夜兮，何晦明之若岁！惟郢路之辽远兮，魂一夕而九逝。曾不知路之曲直兮，南指月与列星。愿径逝而未得兮，魂识路之营营。何灵魂之信直兮，人之心不与吾心同！理弱而媒不通兮，尚不知余之从容。(《抽思》)

据我们考证，《抽思》作于诗人在怀王三十年被流放到汉北后的一、二年间[①]。此时只是诗人的放逐初期，尚未失去热望。所以，诗人在此突出表现了对郢都的深深思念。

诗人被流放到汉北，非常孤独。在孟夏的短夜里，对于放斥外地的贞臣屈原来说，因远隔郢都的困顿处境，而显得格外心神难安，度日如年。诗人有着在怀王前期君臣相契、改革朝政的美好经历，对怀王仍怀有望其悔悟的急切心愿。而如今怀王被囚秦国，君忧国危，这更激起诗人对故国的思念和对君王的担忧。

由于山隔水阻，郢路遥远，他只好在白日以远望当归，夜晚则寄托于梦境，让梦魂往来于汉北与故都之间。在辽远的汉北和遥望难及的南天郢都之间，诗人之魂曲折奔波，苦苦寻觅，借助于一轮孤月和璀璨的星辰，辨识着返归故都的方向和道路。令人倍感诗人“魂一夕而九逝”的劳顿、孤独和哀伤。诗人采用“梦游”这种形式[②]，创造了一个身无良媒、归路难觅的凄怆梦境，以表现他在现实中对楚王的强烈牵念和欲归不得的焦灼与哀伤。

特别是“郢都”意象，飘现在诗人那一介孤魂，匆匆识路于朗月、明星的照耀之下时，整个诗境氛围就被完全改变了：有了郢都，诗人的梦魂便有了归宿；有了郢都，诗人的灵魂便有了追索之处。“郢都”是诗人灵魂牵绕的中心，是诗人梦魂的追索和归宿。

他的灵魂奔向郢都，然而没有人理解他的心，没有人愿意帮他沟通。此段

---

① 任强、潘啸龙《屈原〈九章〉创作时间和地点略考》，《古典文献学术论丛(第三辑)》，黄山书社2013年版。

② 潘啸龙、蒋立甫《诗骚诗学与艺术》，上海古籍出版社2004年版，第209—213页。

文字确如黄文焕所说:“数语之中写出颠倒错乱,无所不有。”①“郢都”意象的恰当点染,充分表现了诗人对国君的牵念,对故国的眷恋,对“美政”理想的热望。

二、恋国之情的凝聚

如果说“郢都”意象在《抽思》中还只是局部意象,只是“美人”意象的从属意象;那么,在屈原被流放和迁逐约九年后所写的《哀郢》中,“郢都”意象则成为贯穿全篇的中心意象。

《哀郢》是诗人对其流放和迁逐时的情景的追忆。诗中非常清楚地记叙了九年间流放和迁逐的行程。从郢都出发,经过夏首,上洞庭,背夏浦,登大坟,最后到达迁逐之地。在这一行程的叙写中,诗人集中地表现了其难以割舍的恋国之情,而其恋国之情就凝聚在“郢都”这一意象上。我们先看其离别郢都时的情形:

> 去故乡而就远兮,遵江夏以流亡。出国门而轸怀兮,甲之鼂吾以行。发郢都而去闾兮,荒忽其焉极?楫齐扬以容与兮,哀见君而不再得。望长楸而太息兮,涕淫淫其若霰。(《哀郢》)

诗人怀着悲痛的心情,踏上流放之路。小船也仿佛不愿离开,在水中“容与”不前。诗人伫立船头,仰望郢都的“长楸”,不禁热泪滚滚,如霰雪般纷纷坠落。此情此景,虽然是诗人九年后的回忆,但由于它们是诗人命运发生重大转折关头的非常事件,其景其情早已深深烙印在脑海里,故抒写得历历如画,仿佛就发生在当天一样,连出发的日期(“甲之鼂”)也记得非常清楚。诗人运用重叠往返、反复唱叹的诗句,如“去故乡而就远”“出国门而轸怀”“发郢都而去闾”,等等,“蝉联不已”,极写自己对故都依依不舍的眷恋之情,充分表现了诗人对国君的难舍难分。郢都与国君是紧密结合在一起的。“‘哀见君而不再得’七字酸鼻,见且不得,况君用乎?”②

再看迁徙途中:

> 过夏首而西浮兮,顾龙门而不见。……去终古之所居兮,今逍遥而来东。羌灵魂之欲归兮,何须臾而忘反。背夏浦而西思兮,哀故都之日远。

---

① 黄文焕《楚辞听直》,续修四库全书(第1301册),上海古籍出版社2003年版,第603页。

② 贺贻孙《骚筏》,引自蔡守湘主编《历代诗话论诗经楚辞》,武汉出版社1991年版,第239页。

登大坟以远望兮,聊以舒吾忧心。(《哀郢》)

在迁徙途中,诗人一次次回头顾盼。他乘坐着小船,过了夏首,本应顺江东去;而他偏要向“西浮”,于即将远离之际,还想再看一眼故都的“龙门”。他虽已身入洞庭,但“灵魂”却西驰郢都,一刻也没有忘记回返。路途中诗人还弃舟登岸,一次次向“日远”的故都眺望。诗人在此曲折淋漓地抒发了他对郢都的依恋。浩浩的江水,似乎也载不下他依恋故都的浓浓深情。

到达放逐地之后:

曾不知夏之为丘兮,孰两东门之可芜?心不怡之长久兮,忧与愁其相接。惟郢路之辽远兮,江与夏之不可涉。忽若不信兮,至今九年而不复。(《哀郢》)

来到湘水放逐之地,诗人日夜思考的是:故都的情况如何?楚国的命运如何?他看到大厦化成的丘墟,便担忧郢都的朝政荒废(以“两东门”代指朝廷)。“忽作危语,痛极。盖屈子知郢将亡,预作麦秀之忧,忧及夏屋,又忧及东门,其忧深矣。”①他感到回郢都的路那么长,那么远,似乎长江和夏水根本就不可能渡过去。离开郢都,恍惚间好像没有几夜,谁知已经过去了九年。九年来,诗人就是在日夜交织着思归与难归的矛盾中度过,痛苦、忧伤。

最后的“乱辞”是:

曼余目以流观兮,冀壹反之何时?鸟飞反故乡兮,狐死必首丘。信非吾罪而弃逐兮,何日夜而忘之?(《哀郢》)

诗人在此总抒哀恋郢都、思归故国之情,然亦透露出再无返回郢都的希望之意。洪兴祖说:“《淮南》云:鸟飞反乡,狐死首丘,各哀其所生。”“《记》曰:乐,乐其所自生;礼不忘其本。古人有言曰:狐死正首丘,仁也。”②朱熹曰:“鸟飞反故乡,思旧巢也。首丘,谓以首枕丘而死,不忘其所自生也。《礼》曰:‘大鸟兽丧其群匹,越月逾时,则必反巡,过其故乡。’”③可见,鸟兽确有思乡之本能。鸟兽如此,人何以堪?诗人以鸟自喻,以狐自比,抒发了不得还都的无限哀怨和积久愈炽的思乡之情。

---

① 贺贻孙《骚筏》,引自蔡守湘主编《历代诗话论诗经楚辞》,武汉出版社年 1991 年版,239 页。

② 洪兴祖《楚辞补注》,白化文等标点,中华书局 1983 年版,第 136 页。

③ 朱熹《楚辞集注》,蒋立甫校点,上海古籍出版社、安徽教育出版社 2001 年版,第 82 页。

《哀郢》中一再出现郢都(及其代表)的意象:故乡、国门、郢都、闾、长楸、龙门、终古之所居、故都、两东门、郢等十余个。诗人确实不想离开郢都,那又是什么把诗人带到迁逐之地的呢?是那滔滔不绝的江水:

顺风波以从流兮,焉洋洋而为客。凌阳侯之泛滥兮,忽翱翔之焉薄?(《哀郢》)

当陵阳之焉至兮,淼南渡之焉如?(《哀郢》)

洪兴祖说:"洋洋,水盛貌。"①汪瑗曰:"泛滥,大水貌。"②王逸说:"淼,滉弥望无际极也。"③这三个词都是形容江水的浩渺无边,茫茫一片。除了直接形容之外,诗人还用了一个典故:阳侯。王逸说:"阳侯,大波之神。"洪兴祖说:"《战国策》云:塞漏舟而轻阳侯之波,则舟覆矣。《淮南》云:武王伐纣,渡于孟津,阳侯之波,逆流而击。注云:阳侯,陵阳国侯也。其国近水,溺死于水,其神能为大波,有所伤害,因谓之阳侯之波也。"④可见,阳侯,凌阳,就是指大水。在茫茫大水中,诗人感到无所归依。

虽然他很清楚自己的迁逐之地,但在诗中,诗人却说不知到哪里去,五个"焉"字,非常强烈地表现了诗人对今后历程、目标的茫然。这种没有目的地的迷茫,又同诗人对郢都的执着形成了极大的反差。对郢都的"望""顾""思""欲归"等,又与"迁""去""出""过""蹠""薄"等形成强烈对比。不想去,又不得不去,这一对情感矛盾,通过"郢都"和"江水"这两个意象鲜明地表现出来。是江水——"遵江夏以流亡",把诗人带走,使其离开郢都;又是江水——"江与夏之不可涉",阻断了诗人的回郢之路,使其还归无望。在"江水"意象的强烈反衬下,"郢都"意象,充分表现了屈原"魂牵梦萦,日夜不忘的家园之情"⑤。

在《哀郢》中,"郢都"意象,是诗人再次放逐离别时一步一回首的顾望中心;九年后,依然是诗人"何日夜而忘之"的牵念中心。

---

① 洪兴祖《楚辞补注》,白化文等标点,中华书局 1983 年版,第 134 页。

② 洪兴祖《楚辞补注》,白化文等标点,中华书局 1983 年版,第 135 页。

③ 汪瑗《楚辞集解》,董洪利点校,北京古籍出版社 1994 年版,第 175 页。

④ 洪兴祖《楚辞补注》,白化文等标点,中华书局 1983 年版,第 134 页。

⑤ 陈怡良《楚辞涉江、哀郢创作艺术之比较》,《屈原文学论集》,文津出版社 1992 年版。转引自李诚、熊良智主编《楚辞评论集览》,湖北教育出版社 2003 年版,第 1178 页。

三、“郢都”意象的失落

令人感到奇怪的是，在诗人放逐晚年的诗篇中，“郢都”意象却又突然消失了。其实《哀郢》中反复咏叹留恋郢都的背后，已经蕴含着同郢都的彻底告别。全诗弥漫着一种无所归依之感，便是其典型体现。诗最后对自己被放逐及欲归而不能归的原因的反思，便已表明诗人由对郢都的刻骨铭心的思念，走向对国君“憎愠惀之修美，好夫人之忼慨”和谗人之“荏弱、嫉妒”的批判。诗人已经洞察“众踥蹀而日进”，“美超远而逾迈”的现实，虽然他还有“信非吾罪”的自信，但也不得不有对自己已经被彻底“弃逐”的体认。

还郢的无望，理想的破灭，使诗人晚期诗篇中，更多的是对君壅臣蔽的批判，对理想破灭的痛惜，对自我品格的高扬。

虽然《涉江》也像《哀郢》一样，写“反顾”，写船的“容与”；但《涉江》中似已没有诗人恋恋不已的故都，诗人的傺徊容与，似是在同恶浊的现实世界作最后的告别，似只是因为前路的茫然。诗中所着重描写的只是迁逐地的阴暗潮湿，终日不见阳光。王逸注引或曰：“日以喻君，山以喻臣，霰雪以兴残贼，云以象佞人。山峻高以蔽日者，谓臣蔽君明也。下幽晦以多雨者，群下专擅施恩惠也。霰雪纷其无垠者，残贼之政害仁贤也。云霏霏而承宇者，佞人并进满朝廷也。”①此注当然殊为穿凿，但说其有“暗示楚国社会黑暗不明的情形”②，或“暗含有对幽暗险隘的楚国政治环境的影射用意”③，则能为当代学者所接受。

到了《怀沙》，便只有“滔滔孟夏，草木莽莽”和“浩浩沅湘”了。那里也有“路”，但已不是“郢路”（回到郢都的路），而是“修路幽蔽，道远忽兮”，那是一条长长的、没有尽头的幽暗之路。诗人在那条路上走的时间够长了，他终于决定不再走了。

《惜往日》中一再出现的只有“沅湘”的“玄渊”了。虽然弥留之际，诗人还念叨着发生在郢都的事，但郢都已经不是他牵念的中心，他所有的只是对“美政”理想破灭的深深痛惜。

---

① 洪兴祖《楚辞补注》，白化文等标点，中华书局1983年版，第130—131页。

② 张震泽《情文深至炳耀千古——屈原〈涉江〉鉴赏》，《楚辞鉴赏集》，人民文学出版社1988年版，第88页。

③ 周啸天主编《诗经楚辞鉴赏辞典》，四川辞书出版社1990年版，第1056页。

《九章》中，屈原晚期的诗篇，“郢都”意象的失落，说明诗人对国君，对理想的实现，对整个社会，都已彻底绝望。正是这种绝望，导致了诗人的愤而自杀，以告别这个冷酷的世界。

（作者：任强，文学硕士，淮北师范大学文学院副教授，235000）

略论文人与中国古典戏曲之共生性*

黄胜江

作为传统文化创造与承载的鲜活主体,文人与中国古典戏曲的因缘关系甚为密切,从"词曲为小道"的偏见到"填词为文字之一体"的激赏,其间存在一条发展的文化共生性脉络,文人介入古典戏曲的程度逐渐加深,古典戏曲的形成与成熟伴随着文人化的推进。

从发生学的角度探讨中国戏曲的生成,可以追溯至上古舞乐,至宋杂剧成形,期间经历了漫长的孕育过程,有论者称宋杂剧之前为"初级戏剧形态",亦有论者称之为"泛戏剧形态"。笔者认为先秦古乐、祭仪表演、秦汉角抵百戏、巫优表演、魏晋歌舞戏、唐参军戏等艺术形态不同程度包含着戏剧的因子,如扮演、假定情境、音乐、故事等,无怪乎众多学者就中国戏曲的起源争论、猜测不休①。先秦古乐原为先民祭祀、娱神之用,是在共同的原始族群劳动中形成的,如葛天氏之乐。至秦汉,古乐发展为角抵百戏,其乐亦多采自民间,角抵戏后来进入庙堂,它们多由民众集体或巫优创作。魏晋至唐由包含戏剧因子的歌舞戏发展为参军戏,此时鲜有文人参与创作。这一方面是因为正统封建意识的扼杀和控制,正统意识为维护纲常伦理,对民间俗曲歌舞等演艺形态极尽能事地贬低禁毁,戏曲等俗文化从而被视为小道,艺人地位低下,文人士子若参与表演、创作被视为不务正业,有伤风化,败坏品行。另一方面,文人参与科举仕途经济,无心无暇也无趣参与"戏曲"这种还未壮大到在市民社会生活中占重要地位的艺术样式。因以上两种原因,宋杂剧、金院本虽然剧目众多,但未能存留,作者也无从查考,众多无名氏中当有不少为民间人士。

元代迎来中国戏曲史第一个黄金期,由于统治者的极端文化政策(如废除科举)和对汉族传统社会秩序的破坏,促使众多失志的中下层文人参与杂剧创作,一时书会林立、才人逞技。钟嗣成《录鬼簿》一书共著录了元曲作家一百五十二人,贾仲明《录鬼簿续编》又增补元明之际作家七十一人。这其中绝大多数是文人,所谓的"名公才人",他们中就有号称"元曲四大家"的关汉卿、白朴、马致远、郑光祖,他们创作了一大批优秀剧作。这一时期,文人真正介入戏剧创作,文人使元杂剧体制和艺术特质得以建立,他们提升了戏剧艺术的精神内涵

* 基金项目:国家社会科学基金一般项目"《乾隆朝文人剧作研究》"(12BZW052)阶段性成果。

① 胡忌、洛地《戏史辨(第三辑)》,艺术与人文科学出版社2002年版,第95—127页。

和文化品位，为中国戏曲的发展做出了重要贡献。周德清云："乐府之盛，之备，之难，莫如今时。……其备，则自关、郑、白、马一新制作，韵共守自然之音，字能通天下之语，字畅语俊，韵促音调。"[①]此处"备"当指完备、定型的意思，经过文人的改进，古典戏曲进入到北曲杂剧的新时代。当然同时艺人也创作剧本，朱权《太和正音谱》列"娼夫不入群英四人，共十一本"，四人为赵明镜、红字李二、花里郎、张国宾。但其后引赵子昂语说："杂剧出于鸿儒硕士、骚人墨客所作，皆良人也。若非我辈所作，倡优岂能扮乎？"[②]却是出于文人的偏见。宋孝宗淳熙中至宋光宗绍熙前，发源于宋杂剧的南戏形成于温州民间，[③]早期南戏本无宫调，体制粗放，随口演唱，它们多为民间艺人创作，留存剧本多为舞台演出本，故多不知作者确名。同时，由于其格调俚俗，加之形成后流传在闽、浙、苏等南宋理学盛行的地域，文人对其多不甚留意："其曲，则宋人词而益以里巷歌谣，不叶宫调，故士夫罕有留意者。……作者猬兴，语多鄙下，不若北之有名人题咏也。"[④]所谓"永嘉杂剧"极可能是艺人或无名下层文人按照"宋人词"稍加"编创"的。直到元末明初，随着统治者对社会思想控制的放松和利用，经文人整理的"荆、刘、拜、杀"四大南戏才得以定型。

明初恢复汉民族正统，君主集权强化，文化政策趋严。戏曲方面"不许装扮历代帝王后妃忠臣烈士先圣先贤神像……其神仙道扮及义夫节妇孝子顺孙劝人为善者，不在禁限。"[⑤]对艺人的地位进行限制。元末明初高明等文人参与提高整合戏文，创作了《琵琶记》，"用清丽之词，一洗作者之陋，于是村坊小技，进与古法部相参，卓忽不可及也。"[⑥]成化年间一批御用文人如丘濬、邵灿等有意创作教化剧，提高戏曲的文化品位和社会地位。弘治、正德年间越来越多的文人士夫涉足曲坛，文人剧作蔚然成风，据统计，在传奇生长期约有 37 位文人曲家创作了 74 部传奇[⑦]，他们使得传奇体制规范得以确立。同时，李开先、王世贞、陆采、郑若庸等文人曲家开创了忠奸剧、历史剧、时事剧等主题，形成了"骈绮派"等雅创作流派，也使古典戏曲濡染了浓郁的雅化品位。嘉靖时期魏良甫改革昆山腔，使得昆曲在南戏四大声腔中胜出，梁辰鱼的《浣纱记》是较早应用改良后的昆山腔创作的传奇，万历后传奇风行大江南北，王骥德描述其时创作情

① 中国戏曲研究院《中国古典戏曲论著集成（一）》，中国戏剧出版社 1959 年版，第 175 页。
② 中国戏曲研究院《中国古典戏曲论著集成（三）》，中国戏剧出版社 1959 年版，第 24—44 页。
③ 俞为民《南戏通论》，浙江人民出版社 2008 年版，第 007—009 页。
④ 中国戏曲研究院《中国古典戏曲论著集成（三）》，中国戏剧出版社 1959 年版，第 239 页。
⑤ 王利器《元明清三代禁毁小说戏曲史料（增订本）》，上海：上海古籍出版社 1981 年版，第 11 页。
⑥ 王利器《元明清三代禁毁小说戏曲史料（增订本）》，上海古籍出版社 1981 年版，第 11 页。
⑦ 郭英德《明清传奇史》，江苏古籍出版社 2001 年版，第 40 页。

形云:“今则自缙绅、青襟,以迨山人、墨客,染翰为新声者,不可胜记。”①晚明清初更是众多文人才士在传奇中寄寓传情,戏曲理论家沈宠绥描述其情形道:“北化为南,名人才子,踵《琵琶》《拜月》之武,竞以传奇鸣;曲海词山,于今为烈。”②“传奇”这一戏剧样式经历万历初至顺治初的勃兴期、顺治九年至康熙末的发展期、雍正至嘉庆末的余势期③,众多杰出文人曲家将传奇艺术推向了高度发展的水平,创造了灿烂的戏曲文化遗产,这段时期可谓是文人传奇剧的主导时代。

明代杂剧方面,据曾永义统计杂剧作家125人,其中藩王2人、职官28人,其余均为文人④。可见入明后杂剧的创作和演出均在延续,只不过此时是传奇占据主导地位,“明代前期和中期杂剧经历的由平民化而贵族化,再由贵族化而文人化这两次重大转变也决定了这两个时期杂剧创作的不同面貌。”⑤明初成立教坊司和钟鼓司掌管内廷礼乐演剧,专门御用文人如贾仲明、杨景贤、汤舜民等撰写杂剧:“命教坊奉銮史忠计之。色长刘杲者,遂撰腔以献,南曲北调,可于筝琵被之”⑥。同时朱权、朱有燉、朱棣等藩府杂剧演出兴盛,朱权、朱有燉、朱宪瀞等出于韬晦、娱兴等原因创制了大量贵族化杂剧。弘治年间康海、王九思等文人率先崛起,以杂剧作为抒写情志和自我实现的工具,大量创制文人剧,加之南北曲的交流和整合,南杂剧开始形成,其体制自由灵活。康、王其后的杨慎、李开先至徐渭、汪道昆乃至明后期的徐复祚、卓人月、孟称舜、叶小纨等将明杂剧带入文人化的时代。明清易代,杂剧创作延续晚明的发展道路继续行进,据傅惜华《清代杂剧全目》统计,有清一代姓名可考杂剧作家180余人,作品1300余种,其实际数目应更大,据杜桂萍统计,清初(顺治元年至雍正末年)杂剧作家就有100余人,“他们多是文人,上至一品高官,下到九品小吏,乃至未有功名但富有才学的普通文人,几乎遍及当时文人的主要阶层。”⑦感于亡国之痛和败亡之思,加之实学思潮的兴起,不少学者也创作了杂剧,表达他们身处特定时代的心绪,如王夫之就创作了《龙舟会》一剧。一批知名诗人亦加入杂剧创作的队伍,如吴伟业的《通天台》、尤侗的《续离骚》等挥洒了其复杂的情愫。清代杂剧还出现了不少新变,如廖燕、徐爔开拓了写心剧的范型,徐爔“以十八短剧,自写身世,创空前之局。”⑧乾嘉之际杨潮观、桂馥等文人将短剧推向成熟的阶段。

① 中国戏曲研究院《中国古典戏曲论著集成(四)》,中国戏剧出版社1959年版,第167页。
② 中国戏曲研究院《中国古典戏曲论著集成(五)》,中国戏剧出版社1959年版,第198页。
③ 郭英德《明清传奇史》,江苏古籍出版社2001年版,第14—18页。
④ 曾永义《明杂剧概论》,学海出版社1980年版,第23—33页。
⑤ 徐子方《明杂剧史》,中华书局2003年版,第13页。
⑥ 中国戏曲研究院《中国古典戏曲论著集成(三)》,中国戏剧出版社1959年版,第240页。
⑦ 杜桂萍《清初杂剧研究》,人民文学出版社2005年版,第129页。
⑧ 郑振铎《清人杂剧初集·序》,长乐郑氏民国二十年影印本。

乾隆末期以来，民间花部崛起，以其鲜活的生命力和表演魅力，大败雅部昆腔，将中国古典戏曲导向艺人表演本位的新时代，此后京剧等地方戏剧种蜂起，它们多扮演元明以来的旧剧目，文人新创锐减。道咸以后，传奇杂剧逐渐合流，这某种意义上是传统戏剧体制的消解，毕竟这个时期已由剧本作家本位转向艺人表演本位，杂剧传奇创作日减。但这一时期还是有不少文人坚持古典戏剧的样式创作，据左鹏军统计，晚清民国时期（1840—1949）至少有曲家 233 人，创作了 650 种传奇、杂剧①。

从纵向历时的分析中，我们可以得出中国古典戏曲经历了一个从群体创作到个人创作，从民间创作到文人创作的发展过程，文人是古典戏曲成熟的重要参与建构者，二者存在紧密的共生性。从高明始，至嘉庆末年，是真正意义上文人"有意为剧"的时代，这一段时期可以说是文人与古典戏曲关系最密切的时期，也是文人剧在中国古典戏曲史上的主导期。同时中国古典戏曲的形成与成熟伴随着文人化的推进，文人化不仅指文人创作，更指剧作中充满表达文人的人文关怀和人文精神，剧作富有文人品格，如鲜明的主体介入意识，精巧的叙事策略，批判反思的意蕴设置，雅致的审美趣味，自觉的体制规范等，从而使文人剧与艺人剧作、宫廷承应剧分别开来。

（作者：黄胜江，文学博士，副研究员，安徽省社会科学院《江淮论坛》杂志社，230053。）

① 左鹏军《晚清民国传奇杂剧史稿》，广东人民出版社 2009 年版，第 487—539 页。

《吏学指南》释义的特点

杨世铁

《吏学指南》是元人徐元瑞编纂的一部带有辞书性质的吏学启蒙著作。中国古代的工具书大都以“字”为收释对象,因此有学者持有古人无词的观念。《吏学指南》一改传统工具书以单音节单位为收释对象的做法,以收释多音节单位为主,而且这些多音节单位大多数都是词,部分带有短语的性质,因此这部书可以看作一部词典。(杨世铁 2014)关于该书的上述性质,笔者已经另文做过分析,此处不赘。本文只就《吏学指南》释义的特点做些探讨。版本采用国家图书馆所藏元刻本。

一、释义的方式

《吏学指南》以收词、释词为主要内容,该书释词的方式多种多样,有声训、有形训、有义训。声训如:

枷:较也,交木为之。始自后魏。唐宋以来,方定三等斤重也。(卷五“狱具”)

老耋:下徒结切。七十曰老,蒿也,谓年高而言乱也。八十曰耋,铁也,谓皮肤变色如铁黑。(卷五“老幼疾病”)

舅姑:即公婆也。舅者,旧也;姑者,故也。谓尊称也。(卷五“亲姻”)

夫妇:以道扶接曰夫,以礼屈服曰妇。又妇字从女从帚,谓奉箕帚洒扫也。(卷五“亲姻”)

亡命:命者,名也。谓脱其名籍而逃亡于深山□泽者。汉陈平起于亡命。(卷七“捕亡”)

形训如:

狱:犬者,狗也。《易》曰:“艮,止也。”艮为狗,狗善警吠,止御,故狱字从二犬也。……(卷五“狱名”)

罪人:谓身有愆犯者。古者罪字从自从辛,秦以辠字相体皇字,故改为罪。昔夏禹见罪人而泣问。(卷六“狱讼”)

借贷:以物假人曰借,从人求物曰贷。借字从人,从昔,假各人道,所以不能无也。凡以官物假人,虽辄服用观玩,而昔物犹存,故称曰借。贷字从代,从贝,凡资财货贿之类,皆从贝者,以其所利也。假此官物利己利人,虽有还官之意,不过以他物代之,而本色已费,故称曰贷。又从代者,谓以物替代也。(卷七"钱粮造作")

声训和形训是传统的释义方法,它们各有适用的范围。形训对于揭示最早一批反映词义的、表意文字的字义有相当价值,若是拿它来说解表音文字,或含有表音成分的文字(如形声字),或者是后来产生的双音词,形训的价值就大打折扣;音训在说解字义时,破其文字之形表,深入内部,抓住读音,是就其音以求其义。因此音训和形训相比,适用对象正好相反。音训适合于破假借,探求语源,系联联绵字,超出这个范围使用,必然扞格难通。这两种方法均适用于解释字义,而且是早期的文字,对于后来产生了新用法的文字或者复音词,就不合适。正因为这样,汉魏以后这两种方法用的并不多,尤其是很少大规模使用。《吏学指南》也是如此,书中虽见使用,但是内容并不多。就其使用形训和声训的来源看,有些来自古代的工具书,有些是作者的创造。以声训为例,"姑""耋"用的是《释名》的解释,《释名·释亲属》:"夫之母曰姑,亦言故也。"《释名·释长幼》:"八十曰耋;耋,铁也。皮肤变黑色如铁也。""夫"和"妇"跟《释名》的解释基本一致,稍有变通,《释名·释亲属》:"夫,扶也,扶助其君也。""妇,服也,服家事也。"自创新说的如"舅""老"。试比较:

舅,久也,久老称也。(《释名·释亲属》)

舅者,旧也。(《吏学指南》"亲姻")

老,朽也。(《释名·释长幼》)

七十曰老,蒿也,谓年高而言乱也。(《吏学指南》"老幼疾病")

除形训和声训外,《吏学指南》更多的是用义训。义训是形训和声训之外的又一种重要的释义方法,它适合于解释各种情况的字义和词义,这种方法发展到后来,就是今人常用的解释词义的各种方法。《吏学指南》的义训又有几种情况,有的是直接解释。直释是最简单、最直接、最有效的释词方法,古今常用。《吏学指南》这种方法用得也最多。例如:

稽留:谓合施行而停滞者。(卷六"勾稽")

逗遛:谓稽缓不进也。(卷六"勾稽")

违限:谓事有程限,过期不至者。(卷六"勾稽")

刁蹬:谓事应速而故意蹭蹬而阻滞者。(卷六"勾稽")

孤迥:谓作过之人藏于幽远隐僻之所也。(卷七"捕亡")

诈陷:谓知津河深泞,桥舡朽败,诳人令渡者。(卷七"诈妄")

妄说:发言无端者。(卷七"诈妄")

斡脱:谓转运官钱,散本求利之名也。(卷七“钱粮造作”)

克落:谓支多给少,赢取其余也。(卷七“钱粮造作”)

有的是分释,即分别解释词语的每一个语素。编者以为,语素解释清楚了,词义也就明白了,因此使用这种方法时只有分释没有合释的情况。分释相当于今之释素式。例如:

迁除:改任曰迁,拜官曰除。(卷一“除授”)

言语:直言曰言,论难曰语。发端曰言,答述曰语。(卷二“旨判”)

名例:主物之谓名,统凡之谓例。(卷三“五科”)

馈遗:以食饷人曰馈,以物赠人曰遗。(卷四“赃私”)

棰楚:杖曰棰,荆曰楚。(卷五“狱具”)

窒碍:于条相违曰窒,于理有碍曰碍。(卷六“狱讼”)

妖书妖言:怪异不常之书,谓之妖书;欺罔奸邪之言,谓之妖言。(卷七“贼盗”)

严格地讲,分释法不是好的释义方法,而且它只适用于整个词还不够定型的情况,对于凝固化程度的复合词(如“龙虎斗”),这种方法就不太适用,因为这种复合词的意义并不等于其构成成分意义之和,人们即使知道了其中语素的含义,未必就能懂得整个词的意义。

还有的是用一个同义词来解释(可称作“同义词式”)。例如:

宽恕:即宽宥也。(卷二“详恕”)

抄札:即籍没也。(卷五“杂刑”)

就勾:义同就唤。(卷七“捕亡”)

顾觅:义同顾倩。(卷七“征敛差发”)

用这种方式释义,哪个作释词,哪个作被释词,是有讲究的,不能随便。一般来讲,被解释的应该是几个同义词当中不太常用的那个,用作解释的应该是最常用或比较常用的那个,只有这样才能达到释义的目的。例如,“干连”和“牵连”是一对同义词,释义时只能用“牵连”释“干连”,不能颠倒过来。(见《现代汉语词典》)《吏学指南》用这种方式释义时,多数情况下是按照上面说的来做的,但也有用非常用词释常用词的情况,如“宽恕:即宽宥也。”(卷二“详恕”)这样解释违背了释义的宗旨,达不到释义的目的,属于不好的释义。

《吏学指南》中在使用这种方法时,作为同义词的释词一般都另外出条,并作详细解释。例如“刑措”和“令众”:

刑措:措,罚具也。谓将犯法之人肆于市令众,使人不复犯法,则刑具措置而不用,是用刑以期无刑也。(卷五“杂刑”)

令众:即刑措也。(卷五“杂刑”)

还有的是用举例的方式来解释(例释法)。例如:

记罪:汉尹翁归为东海太守,凡奸邪罪名各有记籍,吏民皆服也。(卷五“杂刑”)

诈伪:谓如伪造文书,见于纸笔之间者。(卷七“诈妄”)

诈传:谓如虚传意旨,形之于语言之间者。(卷七“诈妄”)

例释具有形象性,这一点是毋庸置疑的。关于例释的作用,卢润祥(1992)认为有三,一是证明词义或义项,二是辅助说明词义与用法,三是介绍词义的源流。这三个作用都是辅助性的,说明这种方法不能成为释义的主体,所以科学的工具书不用或少用这种方法,至少不能让它成为每条词语释义的主体。《吏学指南》则不然,它在使用例释时,都是把它作为本条的主要释义方法来用的。

此外,还有列举式释义。例如:

残疾:谓一目盲,二耳聋,手无二指,足无三指,手足无大拇指,久漏下,重大瘿肿也。(卷五“老幼疾病”)

伤人要害:谓伤人头、面、胸、胁、脐、肠、虚怯去处者。(卷六“狱讼”)

幻术:诡诞惑众,谓之幻术。如吞刀、吐火、植瓜、种木、屠人、戮马之类皆是。(卷七“贼盗”)

列举有完全列举和不完全列举。以上三条都是不完全列举,属于举例式的列举。列举式释义只能为读者理解词义提供帮助,并不能准确揭示词义内涵,因此准确地讲,它并不属于释义。现代辞书在用到这种方法时,一般都是结合其他释义方法进行的,很少单独使用。

还有引证法,即通过引用别人的说法来解释词义。例如:

支解:《汉纪》注:谓截其四肢也。(卷五“肉刑”)

诛:《释名》曰:“罪及余人曰诛。”帝尧诛三苗君。(卷五“肉刑”)

昭穆:《鲁语》曰:“明者为昭,其次为穆。”《书》云:“父曰昭,子曰穆。”(卷五“亲姻”)

姊妹:《释名》曰:姊者,恣也;妹者,末也。(卷五“亲姻”)

辞书的目的是把词条解释清楚,至于是用自己的话来解释还是用别人的话来解释,无关紧要。当然,一部好的辞书,释义时需要考虑辞书的风格和内容的系统性,把不符合本辞书风格的前人的释义做些适当的改造,使之谐之于本书。以此标准衡量《吏学指南》的引证释义,有些还是需要改进的,如“昭穆”和“姊妹”。

二、释义的特点

巢峰(1983)在谈到专科辞书释义的方法时,提到了十种方法,这些方法在《吏学指南》中都有使用,可见,《吏学指南》的释义方式是丰富多彩的。从以上我们介绍的一些最常用的释义方法来看,《吏学指南》的释义具有如下几个特色:

第一,释词有特定的角度。《吏学指南》的释义与一般的语文辞书的释义不同,它不是专从语文的角度进行的,而是从吏学和法律的角度,正因为如此,杨世铁(2014)把它看作专科性质的辞书。本书所有的词语在释义时都是从吏学、法律的角度来进行的。例如:

匿名:谓隐匿己名,假人姓字,僭投犯状,以告人罪者。汉曰匿名。(卷六“狱讼”)

公文:谓官遣文字,故曰公文。(卷二“公式”)

过失:不意误犯谓之过失。假如有人于幽僻去处,不闻人声,目不见人出入,因于本处投砖瓦及弹射,因而伤于人者,是名不意误犯也。(卷三“较名”)

其:反于先义谓之其。夫犯罪之人,或先有事而后无事,或先是而后非,文意相违而不相通,曲直相背而不相入,若此之类,故称“其”以别之。假如伪造宝钞。但是同情并合处死,其买使、分使者,断一百七下是也。(卷三“八例”)

及:事情连后谓之及。夫事陈于前,义终于后,进言数事而总之以一,若此类者,故称“及”以明之。假如结揽税石及自愿令结揽与官司者,并断按打罪戾是也。(卷三“八例”)

贼:无变斩击谓之贼。假如谋杀人者,谓二人以上同心计谋,潜行屠戮者。《书》云杀人曰贼,是无变斩击,乃贼害也。(卷三“较名”)

前三条带有专业性质,后三条为一般性语文词语。这六条词语的性质虽然不同,但释义的角度都一样,都是从吏学、法律的角度来解释的,正因为如此,本书对一般性语文词语的解释与其他语文辞书的解释是不一样的,试以“故”的释义为例做个比较:

故:知而犯之谓之故。假如知畜牲能踏啮人,不标帜羁绊而故放,令伤杀人者是也。(卷三“较名”)

故:朽也;败也;《说文》:“烂也。”(《广韵》暮韵)

第二,注意结合历史上的用法来解释。有些词的词义所反映的现象不止当时才有,历史上早已出现,只是使用的名称不同①,对于这样一些词语,作者注意联系历史上不同的名称来解释,让人不仅明白了这些词的含义,还知道了它在历史上不同时期的叫法。例如:

显证:谓知见争端之人也。汉曰左验,又曰证左。《汉恽传》曰"左验明白"。言其当时在左右,知其事也。又陈遵曰:"左旁知状,谓之见证。"(卷六"狱讼")

尸亲:谓死者之亲也。宋曰血属,今曰尸亲,又曰苦主,取被害之义也。(卷六"狱讼")

驱口:谓被俘获驱使之人。古者以罪没为奴婢,故有官私奴婢之分。荀子云赃获,即奴婢也。此等并同资财,故《刑统赋[释]》曰:"称人不及于奴婢。"其所生子女谓曰家生驱口,若驱口自买到驱口谓之重口,盖此流亦同财产耳。(卷六"良贱孳产")

奴婢:《周礼》:"男曰奴,女曰婢。"王莽时曰私属,今通称驱口。(卷六"良贱孳产")

被释词与历史上不同叫法的词构成历时同义词,如"显证(元)——左验、证左(汉)""尸亲、苦主(元)——血属(宋)""驱口(元)——奴婢——私属(汉)"。应该说,联系历时同义词解释词义,即可以让人们弄清这些词语之间的关系,也有助于人们理解被释词。

第三,若干条目并出共释。先看例子:

僭指、腿夹:宋岭南用,今仍存。(卷五"狱具")

脑箍、脚夹、麻棍:今用拷囚。(卷五"狱具")

狱持、宿囚:唐酷吏以囚泥耳笼头,枷研楔(先结切)毂(许角切),折胁签爪,悬发熏耳,号曰狱持。节食缓问,昼夜摇撼,使不得眠,名曰宿囚。(卷五"加刑")

这种情况在《吏学指南》中不是很多。这种形式在今之辞书未见,故称得上是特色。

从以上几例来看,每一条中被解释的几个词意义各不相同,不属于同义词,它们之所以被放在一起来解释,是因为属于同一类,是类义词,它们有相同的上位概念。这种释义形式比较新颖,也是一种比较经济的释义方式,不过并不科学。第一,有违辞书释义的体例。辞书一般都是以单个词语出条并为解释对象的,偶有部分词条这样处理,既缺乏根据,又自乱体例。第二,并出的词语并非同义词,它们没有共同的义位,相同的义素也很少,只是因为有相同的上位概念

---

① 王力(1990:632)把它叫换名,或换概念。

才被排列在一起,所以释义只能是笼统的、含糊的、概括的。如上举第二条,释义仅仅说明了它们的用途,至于这三个词语各自的含义,并未作解释。

第四,多说并出。一个词语如果有多种含义,则几种含义都加以解释。例如:

亲疎:有服曰亲,无服曰疎。又相近曰亲,相远曰疎。(卷五“亲姻”)

婚姻:妇之父母曰婚,婿之父母曰姻。《说文》曰:礼娶妇以昏时,故曰婚。《白虎通》曰:“妇人因人而成,故曰姻。”(卷五“亲姻”)

询问:咨访而问者。谓兼听也。(卷六“推鞫”)

恶少:《通鉴》注:“闾阎无赖年少者。”又非良善之称。(卷六“良贱孳产”)

巡警:谓常切严戒不虞也。警音景,谨戒也。又昼曰巡,夜曰警。(卷七“捕亡”)

贼寇:盗劫人财者曰贼,剽掠作过曰寇。又杀人不忌曰贼,报仇之贼曰寇。又杀人曰贼,攻劫曰寇。(卷七“贼盗”)

草贼:《西羌论》曰:“贼人穿窜草石。”又吴周鲂曰“山栖草藏”,故名草贼也。(卷七“贼盗”)

钱谷:《礼》注:“钱,泉也。”其藏曰泉,其行曰布,取各流行,无不遍也。谷者,天产五谷也。又管库曰钱,管仓曰谷。如历仓库者,谓曾任钱谷也。(卷七“钱粮造作”)

徭役:科调曰徭,工作征戍曰役。又一身应当曰徭,全户应当口役也。(卷七“征敛差发”)

多说并存与多义并存不同。多说并存是指一个词既可以这样理解,又可以那样理解,几种理解都有道理,都算正确。多义并存是一词多义现象。是辞书把一个词可能有的几个意义全部解释出来,让这几个意义共存于该词条下。多义并存是工具书尤其是语文工具书释义的基本要求,有而未释的属于辞书释义有缺陷。多说并存则不然,释义者可以选择其一来解释,也可以把几种不同的说法都收进来。采用前种方式,或是体例的要求,或是编写者只把自己认为有道理的收进来,不能算作缺陷。而把几种说法都收进来的编写方式,更能体现是书工具的性质。当然,若能在收录几种说法的同时,申明编写者的意见,不失一种更好的做法。

三、释义存在的问题

《吏学指南》是一部辞书性质的著作,若以辞书的标准来要求它,在释义上

它还存在着一些问题,主要表现在以下三个方面:

第一,有的词条有目无释。《吏学指南》全书收1450条词语,分属84类目,其中1406条词语作者做了解释,其余的44条词语没有解释。未做解释的44条词语分属类目"行止""才能"(卷一)和"五科"下的"令"(卷三)。这44条词语的情况不尽相同,前两个类目下的词条就是类目的内容,这些词条浅显易懂,大概作者以为含义浅近,无需解释,如"行止"下的"孝事父母""友于兄弟""勤谨""谦让","才能"下的"语言辩利""通习条法""算法精明""字画端正"。或许作者想以类目为词条,而这些词条就是对类目含义的解释。如果是这样,则与本书的其他地方的编写体例乖舛,也是不恰当的。"令"类目下有些词条则不然,属于非常见词语,理解起来有一定难度,如"羡祠令""学令""封赠""仪制""公式""假宁""释道",这些词语为何不做解释,我们实在搞不明白。总之,按照本书的编写体例来看,这44条词语不做解释是说不通的。

第二,以说明代释义。辞书释义是应该就词条本身的含义进行解释,而不是就词条本身所涵盖的范围、性质、功用等做概括的说明。《吏学指南》对有些词语的释义就违背了这一原则。例如:

遗忘:谓法禁之所,偶有所犯者。(卷二"三宥")

轻典:新建之国,未习于教,故用轻典。(卷三"三典")

内乱:奸小功以上亲、父祖妾。(卷三"十恶")

仓库:谨于出纳,收贮如法也。(卷三"五科")

当免:谓以官当罪也。(卷四"赃私")

罢职:谓官有所职掌者。(卷四"赃私")

他物:谓以杵棒、砖石之类伤损于人者,即兵不用刃亦是。若坚硬皮靴鞋踢人及以蛇、蜂、蝎螫人者,并以他物论罪也。(卷六"狱讼")

汤火:谓以汤火之物及铜铁汁害于人者。(卷六"狱讼")

附收:谓未作正数之类。(卷七"体量")

作者对这些词语的解释很像是读书笔记的摘抄,作者解释的只是词的适用范围或对象,这种情况我们可以叫做言语义,它大致相当于一般著作中的注释,而辞书释词应该解释语言义。

第三,只引出处不释义。例如:

更张:《汉书》:"譬之琴瑟不调,甚者必解而更张之。"(卷二"署事")

刑罚:太公受封于齐曰:"王者使臣,非爵禄则刑法也。"(卷四"法例")

三尺法:《汉周传》:"不循三尺法。"孟康曰:"古者以三尺竹简书法律于上,所谓竹刑也。"(卷四"法例")

赤族:《汉书》注曰:"流血赤其族"。颜师古曰:"见诛杀者必流血,故曰赤族。"(卷五"肉刑")

讯掠:《通鉴》注:"笞问也。"(卷六"推鞫")

引出处其实就是释词源。有些历史悠久或来源特殊的词语,恰当地引用词源对于人们正确理解它的含义是有帮助的,尤其是在词源能说明该词词义的情况下,直接以引用词源来代替对该词条的解释也完全可以(如"赤族""讯掠");若是词源只表示该词的出处,不能体现该词的词义,那么仅仅列举出处就不太合适(如"更张""刑法")。《吏学指南》中这两种情况都有,释义时应该有所区别。

(作者:杨世铁,文学博士,淮北师范大学文学院讲师,235000)

论元代上京纪行散文*

赵　欢

在元代诗文中，上京纪行类作品以其新颖独特的风格和内容而自成体系。其中，上京纪行诗受到学界较多的关注，但相关的散文受重视程度却远不及诗歌。事实上，学界对元代散文的研究本就较少，而上京纪行相关的散文数量亦不及上京纪行诗，故而较受忽视。客观来讲，直接将此类作品命名为"上京纪行文"有些欠妥，在元代文人的散文作品中常可见到"随幸上京""扈从天子驾幸上京"等字样，但专门描写巡幸相关的散文较少，也难成一类，许多作品都是以三言两语略微提及巡幸上京相关的事件或旅途见闻等，而非着重描写。尽管如此，上京纪行类的散文并不能忽略不计，此类散文的存在有两个重要意义：第一，一部分上京纪行类散文是为上京纪行诗所作的序跋，与诗歌内容相关，具有对上京纪行诗进行补充说明的作用，可以作为研究上京纪行诗的辅助材料，从中可以更多地了解相关作品产生的背景和原因，亦可从另一个角度了解文人的经历。第二，散文这种文体比诗歌更为自由、随意，也更长于叙述，上京纪行类散文能够表达出与上京纪行诗不同的艺术风格和审美价值。

关于上京纪行类作品，现有的研究主要集中于诗歌部分。杨镰的《元诗史》中用一节的篇幅专门对上京纪行类作品——主要为诗歌——进行了论述。他将上京纪行类作品与宫词并举，一同归入"同题集咏"一类中，并提到"上京纪行"类的作品并不仅限于诗，如马致远的《天净沙·秋思》即为"上京纪行词"①。在元代文学作品中，上京纪行相关的篇章多而杂，其中散文亦占一定的比例。但或是由于上京纪行类散文数目不及上京纪行诗，或是由于元代散文本身便是较少受到重视的领域，因而上京纪行散文相关的研究十分有限。

一、上京纪行类作品产生的时代背景

（一）两都巡幸制催生的特殊题材

元代是一个实行两都制的王朝，有上都、大都两个都城，元代的大都即现在

* 北京工业职业技术学院科研课题：元代上京纪行诗的游记价值（bgzyky201434）阶段性成果之一。

① 杨镰《元诗史》，人民文学出版社 2003 年版，第 645 页。

的北京,上都位于今内蒙古正蓝旗。大都的建设规模和各种行政机构设置都远超过上都,而上都则以陪都的形式存在。元代统治者为蒙古族,他们的根基在蒙古草原上,在入主中原后,统治者并未舍弃北方的上都,而是实行两都巡幸制,每年约有近半年的时间在上都,谓之“清暑”,而在秋季时南还,故有“未暑而致,先寒而南”之说。在这长期的巡幸之中,随幸的官员众多,有一些重要的文人亦在扈从人员之列。大都与上都之间壮美的景色、独特的风物给文人们留下深刻的印象,进而催生了元诗中最具特色的一个分支——上京纪行诗,巡幸途中的风景、见闻以及上都特殊的风土人情均可入诗,其中亦有一些诗篇带有政治色彩,内容丰富驳杂。同时,“上京纪行”也出现在散文、词、赋等其他类型的文学作品中,形式多样,内容相近又各有特色。

(二)异族文化对诗文作品的影响

作为少数民族建立的王朝,元代社会的政治、文化等各方面因素都与之前的朝代有较大的不同,而元代文学亦受到异族文化的影响,呈现出特殊的面貌。元代疆域辽阔,各民族文化、习俗的碰撞和融合尤为突出,对汉族文人来说,无论对这种融合是否接受,它所造成的影响都是不可避免的。从文学发展的角度来看,少数民族文化对汉文化的介入、多民族文化的交融是具有一定积极意义的。上京纪行类作品的作者多为汉族文人,对于这些生活在汉文化发达的地区的知识分子来说,充满异族风情的北方有着另类的吸引力,他们的感受通过文学作品清晰地表达出来,使传统形式的文学作品增添了别样的趣味。

二、上京纪行散文的分类

上京纪行散文形式多样,难以作一个统一的归类,其中,上京纪行诗的序跋、游记以及分散于人物行状中的相关叙述是主要的几种形式。作为同类题材的作品,上京纪行散文与上京纪行诗又有所不同。相对于诗歌,散文长于叙述和记录,所以上京纪行散文多以叙事为主,其中多数作品风格较为平实。有的作品并非专门记述两都巡幸过程中的所见所闻,而是有部分穿插描写,为了研究的完整性,此处亦将其归入上京纪行散文中。

(一)上京纪行诗的序跋

上京纪行诗的序跋是上京纪行散文中的一个最醒目的分类,易于筛选和整理。上京纪行诗的序跋通常篇幅短小,其内容对上京纪行诗有补充说明的作用,有的序跋类似于上京纪行诗,有对北方风物、沿途风光等的描写。

胡助的《上京纪行诗序》是较有代表性的一篇:

至顺元年夏五月，大驾清暑泺阳，翰林诸僚佐扈从，而助亦在行中。会微疾差后至，六月下澣始与检阅官李仲实偕行，仲实权从游于升学者也，今又同在使馆，故乐与之偕。沿途马上览观山水之盛也，日以吟诗为事。比至上都，官署寓于视草堂之西偏，文翰闲暇，吟哦亦不废。是时，学士虞先生乘传赴召，先生至于堂上留数十日，日侍诲言。先生属以目疾惮书，凡有所作，往往口占，而助辄从旁执笔书焉。助或一诗成，必正于先生，而先生亦为之忻然，其所以启迪者多矣，兹非幸欤。南还之日，又与翰林经历张秦山、应举孟道源及仲实同行，亦日有所赋。若观夫巨丽，虽不能形容其万一，而羁旅之思、鞍马之劳、山川之胜、风土之异，亦略见焉。至京师辄录为一卷，凡得诗总五十首，以俟夫同志删云。其年八月吉日自序。①

此序文对上京纪行诗成诗的过程有详细的叙述，更重要的是记叙了作者与虞集等人“扈从”清暑上京的完整过程。从文中所述来看，上京纪行诗的创作受到随幸的文人们的重视，与元代中后期在野文人多有戏谑调侃之作的情况有明显的不同。此篇序文的描写中还反映出上京纪行诗创作的动机和目的，描绘沿途风光之“巨丽”、抒发“羁旅之思”、诉说“鞍马之劳”是上京纪行诗常涉及的题材。序文中有对北方风光的简要描写，虽不甚详，但从中已可窥见北方壮丽的景色，也能令人体会到文人北上游览时见到“山川之胜、风土之异”时的新奇、激动之情。

（二）游记类作品

元朝疆域幅员辽阔，各民族、区域之间交流较多，因而产生了很多游记类作品。这一时期的散文中有很多风格奇趣、怪诞的海外奇谈之类的作品，一些本非游记的散文也表现出游记的特点，如王恽的多篇纪梦文。

由于两都巡幸的路途较长，所经之地风光独特，故许多上京纪行类的作品都带有游记的风格。其中有对沿途景物的整体性概述，如上节所引胡助的《上京纪行诗序》；也有对某一特定地点或特定景物的描写。蒙古族世代居住的北方草原对汉族文人来说是一个神秘的所在，故他们的上京纪行散文中大都包含着作者对北方的好奇。如宋褧的《跋北山游记后》：“天子幸上京还，予备员小司成，偕正传恭迓乘舆于昌平，马上指点南口诸峰峦，脉络蝉联，盘结维轴，限隔风气，屏障神皋，相与啧啧，予喜其襟度目力，殊高亢卓朗。”②此段描写尽现景物的雄奇壮丽，具有代表性。

上京纪行散文的景物描写多为表现北方风景之美，其目的除纪游外，亦有

① 胡助《上京纪行诗序》，《纯白斋类稿》（四库本）。

② 宋褧《跋北山游记后》，清抄本。

对统治者进行称颂的意思,这种思想在上京纪行诗中同样有所体现。反映时政的作品在上京纪行散文中占有相当的比例,而游记性的作品通常将政论与景物的描写结合起来,如黄溍的《昌平县石桥记》:

> 由都城北抵上京,其驿十有二,而昌平之为县,当其第一驿。溪水径阛阓中,横绝通衢。霖潦暴至,则水湍悍益甚,人莫利涉。县尹毕侯以为,昌平今畿县,大驾时巡,次舍在焉。凡侍从之臣,宿卫之士,与夫外颁教令、内奉职贡、使客传递之往来,率由乎是。为长吏者,曷敢弗谨?乃规货食,募匠佣,拨日之吉,架石为桥。其修六十尺,而其广得修四之一。自始作至讫功,为日若干。车者无济盈,徒者无厉深,而民不知有役,咸相与诵美之。掌其驿事者官君琪,持父老之言来谂曰:"吾毕侯之为人,素慎重。虽居剧县,善操简以御烦见谓材敏。然以廉平不苛,民乐其业,田里安于无事,用能以暇日致力于兹桥。愿有纪,而附见其治行之概,勒诸岸左,以贻永久。"古者列国有四邻宾客之交。入其境,而门关逵路、庐馆川梁修除之不时,犹或讥其失政,矧今百里之郊,警跸所临,有能勤其官,敬其事,而不忘乎严饬具备如此,可谓无失政矣,岂徒一时兴作之功有足称道哉!庸弗辞而为之书。善观政者有考于斯,则他治行固可推而知也。毕侯名文质,济南士族。其出宰也,由翊正掾外补云。①

因题材所限,此文用大量篇幅进行论述,而景物描写则退居其次。昌平县为大都到上都途中的第一驿,其他上京纪行散文中也对昌平有所提及,其政治性似要多于游览价值。由此也可知,上京纪行散文有一定的功利目的,包含较为重要的政治意义,有相当数量的作品并非为愉悦性情和直抒胸臆而作,而是具有为作而作的性质。

(三)人物传记中的附带叙述

在元代散文中,有一部分文章涉及上京纪行相关的内容,但严格意义上来讲不能称作上京纪行散文,如一些人物的行状中略有几笔对上京纪行的提及。此类散文通常没有关于上京纪行的详尽叙述,只能提供一些零散的碎片,但通过拼凑和分析亦可对文人随幸上京的惯例有一定的了解。如王祎的《拟元列传二首》中即有一段对自上京往还路上见闻的描写:"过积水潭,见舳舻蔽水,大悦,特赐守敬钱万二千五百缗,仍以旧职兼提调通惠河漕运事。"②

---

① 黄溍《昌平县石桥记》,《四库全书》本。

② 王祎《拟元列传二首》,明刊本《王忠文公文集》。

三、上京纪行散文的文学价值

上京纪行散文是一类较为杂乱、分散的作品，从上京纪行类作品的角度来看，其中散文的价值似要逊于诗歌。但从散文本身的角度来看，上京纪行散文是元代散文中不可忽视的一个组成部分，其题材的独特、表现形式的多样使元代游记性散文更加丰富。散文长于叙事的特点使上京纪行类散文可以更为从容、自由地表现作者的见闻和感受，既能对上京纪行诗进行补充说明，也能更清楚地反映两都巡幸制给元代文人和他们的作品带来的影响。

（作者：赵欢，文学博士，北京工业职业技术学院讲师，100042。）

摘英拾贝演红楼

——石韫玉《红楼梦》传奇初探

袁 睿

一、作家作品概述

四大名著之一的《红楼梦》,自问世以来就得到世人的普遍关注。无论当时还是后世,各种形式的改编、续写层出不穷,其中一个重要分支就是戏曲家以小说为蓝本创作的一系列"红楼戏"。

阿英先生的《红楼梦戏曲集》①收入清代红楼戏剧本 10 种;胡文彬《红楼梦叙录》②存谭光祜《风月宝鉴》、褚龙祥《红楼梦传奇》,共 2 种;一粟《红楼梦书录》③中有昆曲类 6 种、桂剧类 1 种、"皮簧京剧"1 种,共计 8 种;徐扶明的《红楼梦与戏曲比较研究》④又补充了无名氏《十福全》1 种。综上,目前清代红楼戏存目 21 种,可见剧本 11 种(阿英《红楼梦戏曲集》10 种及褚龙祥《红楼梦传奇》1 种)。而石韫玉的 10 出传奇《红楼梦》作为其中之一,其研究价值不言而喻。然而,当前的研究目光对石氏红楼戏的关注较少。其实,结合石韫玉的上层文人身份分析这部戏曲对原著的改创,可以成为一种研究红楼梦接受史的崭新视角。

(一)作家

石韫玉,字执如、一字琢如,号琢堂、花韵庵主人、归真子、绿春词客、西碛山人、竹堂居士,晚号独学老人,生于乾隆二十一年(1756),卒于道光十七年(1837),清代苏州府吴县人。乾隆五十五年(1790)廷试第一,宦游十八载,累官至山东按察使,期间平定白莲教起义、赈济灾民,屡建功绩,后以足疾归隐,主杭州紫阳书院、江宁尊经书院、苏州紫阳书院讲席。一生著作宏富,博学通才,擅书法、工篆刻、好藏书、曾修志,著述可考者经部三种,史部三种,集部十五种,另文选四种。这位吴中耆老在创作诗文之余,也是一位戏曲行家。有《花间九奏》杂剧(9 种),《红楼梦》传奇(10 出),《六十种曲》评点(26 种)残帙存世。这位

① 阿英《红楼梦戏曲集》,中华书局 1978 年版。

② 胡文彬《红楼梦叙录》,吉林人民出版社 1980 年版。

③ 一粟《红楼梦书录》,上海古籍出版社 1981 年版。

④ 徐扶明《红楼梦与戏曲比较研究》,上海古籍出版社 1984 年版。

经历乾、嘉、道三朝的文人戏曲家以状元之尊，权位之显，耄耋之寿，学识之渊，著述之富，交游之广，门生之多，堪称清中期之典型上层文人。

（二）作品

石韫玉的十出传奇《红楼梦》为现今可见的11种红楼戏之一，存嘉庆二十四年石氏刻本[①]，经阿英先生校订整理，收录于《红楼梦戏曲集》中。该剧作于嘉庆二十四年（1819），作者六十四岁时。剧成即付梓。其后附有薅庵退叟（吴云）序一篇，冯汝玠跋一篇，忏摩居士、了一山人、清闻居士、谥箫四人题辞各一篇。

剧本基本情况如下：

回目	题目	主要内容	主要角色（按出场顺序）	宫调	备注
第一出	梦游	贾宝玉散学后于屋内小睡，梦中二仙奉旨邀其入太虚幻境游玩。宝玉于仙境偶见金陵十二钗名册，未解玄机。忽被金甲神赶出，惊醒。	贾宝玉（生）、袭人（贴）、二仙女（旦）	仙吕转南吕，共五支曲（仙吕四支，南吕一支）	改自原著第五回，但警幻仙子并未出场。
第二出	游园	贾政吊场，介绍修建大观园及省亲诸事，适逢贾珍、贾琏汇报园以建成。贾政又召宝玉为各处景观命名写对，四人同游大观园，夏太监传旨，元妃封凤藻宫尚书，近日省亲。	贾政（外）、贾珍贾琏二人（有白无唱）、贾宝玉（生）、夏太监（副净）	正宫转南吕转仙吕，共五支曲（正宫一支，南吕两支，仙吕两支）	改自原著第十七回，贾政吊场篇幅较长，对官场和现实阐发议论。

① 此刻本已罕见，现藏复旦大学图书馆古籍部，有残损。

续表

回目	题目	主要内容	主要角色(按出场顺序)	宫调	备注
第三出	省亲	元春省亲,与家人相见,赏赐众人。	贾母(老旦)、王夫人(旦)、王熙凤(小旦)、夏太监(副净)、贾政(外)、贾元春(贴)	双调转仙吕入双调,共九支曲(双调两支,仙吕入双调七支)	改自原著第十八回,受召见的人物仅为贾母、王夫人、贾政、宝玉。
第四出	葬花	黛玉葬花,感怀身世。宝玉以情挑之,黛玉佯怒。	林黛玉(旦)、紫鹃(贴)、贾宝玉(生)	仙吕入双调转南吕,共十支曲(仙吕入双调一支,南吕九支)	改自原著第二十七回。
第五出	折梅	妙玉对雪操琴,宝玉至庵中乞红梅。	妙玉(小旦)、贾宝玉(生)	南吕转双调,共七支曲(南吕三支,双调四支)	改自原著第五十回,此出与剧情关联不大。
第六出	庭训	忠顺王派人到贾府寻蒋琪官,贾政怒笞宝玉,王夫人、贾母为其求情。袭人从茗烟处得知事情起因,为宝玉前程担心。	王官(丑)、贾政(外)、贾宝玉(生)、王夫人(旦)、贾母(老旦)、袭人(贴)、茗烟(丑)	仙吕入双调,共十四支曲	改自原著第三十三回。
第七出	婢间	王夫人因宝玉受笞,召袭人问话,袭人提议宝玉搬出大观园。王夫人大喜,优待袭人。	王夫人(旦)、袭人(贴)、王熙凤(小旦)	仙吕,共六支曲	改自原著第三十四回。

续表

回目	题目	主要内容	主要角色(按出场顺序)	宫调	备注
第八出	定姻	元妃赐婚贾、薛,宝黛二人闻讯,宝玉欲辞婚,黛玉劝阻方罢。	夏太监(丑)、贾母(老旦)、王夫人(旦)、贾宝玉(生)、林黛玉(小旦)、紫鹃(贴)	商调,共九支曲	自创情节
第九出	黛殇	黛玉伤心病逝,临终焚帕烧纸。李纨、探春二人前来探望,与之诀别。	紫鹃(贴)、林黛玉(旦)、雪雁(花旦)、李纨探春二人(杂旦)、(花旦、杂旦均有白无唱)	商调转仙吕,共六支曲(商调一支,仙吕五支)	改自原著第九十七、九十八回。
第十出	幻圆	黛玉原为绛珠仙子,得警幻仙子接引、点化,了却情心,重列仙班。	警幻仙子(贴)、林黛玉(旦)	仙吕,共五支曲	自创情节。

由上表可知,石氏《红楼梦》基本按照原著人物关系、情节改编。但由于篇幅所限,截取了元妃省亲和宝黛爱情悲剧为主线,敷衍全剧;小说中的其他情节未予展现。主要人物共十二人:宝玉(生)、黛玉(旦)、贾政(外)、元春(贴)、袭人(贴)、贾母(老旦)、王夫人(旦)、王熙凤(小旦)、妙玉(小旦)、紫鹃(贴)、夏太监(副净)、警幻仙子(贴)。原著中女主角之一的薛宝钗被删;王熙凤仅有龙套戏份。宫调转换较多,不宜舞台表演。

二、对原著的改创

(一)割断情节

石韫玉《红楼梦》戏曲选取宝黛爱情悲剧为主线,情节与小说内容基本相符。唯第五出《折梅》表现宝玉与妙玉的一段对话，虽为原著名篇之一，但与全剧关联不大，与全剧情节分离，适合作为单出折子戏表演。

淮阴师范大学的赵青在《论清代"红楼戏"对原著情节内容的取舍》一文中论述了当今舞台上依然搬演的几种《红楼梦》折子戏，对于《折梅》一出，有如下阐释："石韫玉《红楼梦》传奇中也有《折梅》一出，写的是贾宝玉到妙玉所在的栊翠庵折梅。戏剧舞台上层行的《折梅》，主角是宝玉、妙玉，可能就是石著《红楼梦》传奇中的《折梅》；此剧附有工尺谱，便于歌唱。"①在目前的资料中，未出现石韫玉《红楼梦》传奇完整演出的记载；当今的戏曲舞台上，却能保留《折梅》《葬花》（如近代花部戏曲《黛玉葬花》等）的余韵。说明这些名段在当时及后世都是作为折子戏上演，并脱离原来的剧本单独保留下来。而赵青提出《折梅》源自石剧的说法，恰是这种现象的佐证。《折梅》能够成为单演的折子戏，一方面是剧本本身在语言、音律上都比较出众，宜于舞台表演；另一方面，则是该出与全剧关系不大，演出时无需交代上下情节，具有灵活机动的优势所致。

尽管剧本中有名段流行于世，体现了石韫玉戏曲的价值；但从剧本结构的角度看，这一段突兀的情节破坏了剧本的连贯性，使全剧显得松散、混乱，影响了整体效果。

（二）删改人物

1. 主角的删减

《红楼梦》小说线索复杂，人物众多，有名有姓的出场人物就达到三百余人。将这部一百二十回的巨著浓缩为十出的戏曲，不仅需要情节上大刀阔斧的取舍，对于出场人物，也只能选择重点。石氏《红楼梦》保留了十二位主要角色，可谓精简至极，虽然保证了剧本线索的清晰简练，但原著中一些光彩照人的经典形象完全删弃，也严重影响了剧木的艺术魅力。

首先，删去的人物。女主角之一的薛宝钗，大可作为宝黛爱情悲剧的一个反面角色引入剧中，以增强戏剧冲突，但石剧在没有任何铺垫的情况下，于第八出《定姻》中提到宝钗的名字、出身，直接将其作为元妃的赐婚对象出现，显得比较突兀。又如贾府的诸位大丫环，只保留袭人、紫鹃二人，像晴雯等小说中着力赞美、表现的形象在石氏戏曲中踪迹全无。

其次，有的人物虽然留用，但只作为龙套人物出现，性格、语言等方面的刻画一律从简。如王熙凤，这个贾府的"大管家"可谓《红楼梦》小说中塑造的经典人物之一。"未见其人，先闻其声""明里一团火，暗里一把刀"，形象鲜明、具有独特个性色彩的凤姐在《红楼梦》传奇中仅成为长辈命令的执行者而已。剧

① 赵青《论清代"红楼戏"对原著情节内容的取舍》，《甘肃联合大学学报（社会科学版）》，2006年第4期。

中，王熙凤共出场两次，一是第五出《省亲》中接驾众人之一；二是第七出《婢间》中，王夫人命其优待袭人、加月俸时，领命行事而已。

对原著中已经成形的经典形象弃之不用，石氏的人物设定在一定程度上脱离了小说的束缚，但随之也产生了剧本单薄、缺少生动的人物形象的弊病。因此，石氏在对已经成熟完备的知名作品进行改编时，处理手法略显武断。

2. 黛玉形象的改创

清高、孤傲、不与世俗妥协是林黛玉性格的主要特点。她对爱情认真、执着，也因为用情至深而香消玉殒。对经济仕途等世故的不屑，对精神自由的追求，这些是宝黛二人的共同点，也是两人爱情的基础。书中黛玉对宝玉的规劝，仅限于"你从此都改了罢"的轻描淡写，她从未长篇大论地说过"混账话"。

而石韫玉在剧中却塑造了一个"识大体""明白事理"的林黛玉。

第四出《葬花》，宝玉以情挑之，【刘泼帽】："难道你爱花不许人同调，可知有情人一样玉瘦香消。愿天天早遣花星照，趁今朝我和你同向花神祷。"黛玉则"怒介"斥道："宝玉，你说的什么话？【秋夜月】我怪你虚又嚣，信口把胡言嘌。我与你耳鬓厮磨都年少，怎拈花专向人调笑。我且向高堂先呈告，请高堂怎见教。"一番义正词严的申斥出自林妹妹之口，着实一副循规蹈矩的做派。

若姑且将其理解为贵族少女的矜持和自尊，那么第八出《定姻》中的黛玉却明显站在封建礼教一边了。

当宝玉听到赐婚的消息，急切地说道："难道老太太就依他不成？""这头亲事，我是不要的，我去求老太太辞他便了。"黛玉则以"婚姻乃人生一件最得意的事，你应该欢天喜地才是"的话劝他听从媒妁之言。其后，两人各唱一支【满园春】，宝玉唱："我与你肩相并，鬓相偎，从两小幸无猜。我把你一人知己真心待……说甚姻缘，说甚姻缘，教人甜桃撇下，把苦李生捱。"黛玉答："婚姻事，天生在，不由人私意安排，那里有氤氲使者相担代。就算你心儿里、心儿里，当时别有个人儿在，但无缘好事终乖。……你不避嫌疑，不避嫌疑，依瓜傍李，葬送裙钗。"一个一腔赤诚的情意，一个满口因缘的说教，情真意切的宝玉确是原著中的痴情种子，侃侃说理的黛玉则成了礼教家规的代言。尽管宝玉倾吐心声，以"知己"称之，黛玉还是用"无缘"二字冰冷的回复，并嗔怪他"不避嫌疑"，惹人话柄，有损"清名"，"葬送裙钗"。最终，在黛玉的规劝下，宝玉悔悟，承认自己"一时焦急，竟忘却了忌讳，我如今依你的话便了"。而听到心上人决定迎娶他人，黛玉竟说出"这便才是，天意分明在……一番清话后，肠断别离歌"的话。虽然有佳偶不成的忧伤，但更是姻缘由命的顺从。作者借黛玉之口，说出这番"姻缘天注"的理论，固然切合了全剧的主旨，但对黛玉形象特有的精神魅力却是严重的消解。

第九出《黛殇》里，黛玉又表现出对名誉的重视，小心谨慎，生怕留有闲话，惹人嗤笑。她索稿烧诗，是因为“芙蓉密字，人间怎留”，病逝前【尾声】一支曲仍叮嘱众人：“须知我一生冰清玉洁无瑕垢。我死之后，你告诉老太太，务必送回扬州，安葬在祖坟上，切不可留滞此间。……我就是化鹤归来也向彼处游。”

石氏笔下的林黛玉，重视声名、笃信命运、遵守礼法、劝诫宝玉，俨然将封建礼教奉若金科玉律。这种信奉和服从的态度行为与大胆追求精神自由和恋爱自由的黛玉形象大相径庭。石韫玉以宣传教化禅理为出发点，对黛玉形象进行的改创破坏了原著的艺术价值和思想意义，为该剧的一大败笔。

3. 贾政的代言意义

《红楼梦》传奇剧本后，附有四则题词。其中清闻居士的诗中有“梦中说梦能圆梦，情外言情实寄情。漫说借杯浇块磊，得闲风月即蓉城”四句。“借杯浇块磊”，乃是文人戏的常见特征。戏曲的代言性为作家提供了抒发愤懑的途径，他们通过剧中的人物，将现实生活中的不如意和忧愤情绪宣泄出来。这些具有代言功能的角色，或讽刺现实、或自嘲境遇、或感叹时事、或点醒世人，堪称作者思想的直接映射。从这些人物身上，可以看到作者的影子，窥探他们的创作动机和思想动态。

《红楼梦》传奇中的贾政就被石韫玉赋予了这种代言功能。第二出《游园》为贾政主唱，这一出戏也是其代言意义表现最为突出的一场。

首先，贾政上场自述生平及介绍修建大观园、元妃省亲等背景，他的宾白部分竟占据了两页半的篇幅，约八百余字。作者设置这段冗长的吊场，丝毫没有考虑舞台效果，只求通过贾政之口，一抒心中所思。外扮贾政，开场即吟咏七绝一首，中有“却道官场是戏场，几辈忠良能报主，但看富贵逼人忙”的句子，对为官者进行当头棒喝，一针见血地指出了官场众人唯利是图、利欲熏心的本质。自报家门后，进一步细数各部门的黑暗和昏聩，“看那如今这些做官的，那晓得致君尧舜，同我太平，无非高位而抱鄙夫之心，小人而乘君子之器。看那九品石边，也有科第的，也有捐纳的，蹭蹭挤挤，都是些窃位的藏孙；百官表上，叫做中书的，叫做枢密的，糊糊涂涂，那一个是知人的鲍叔。……”又谈到“谋缺分的”“劝条陈的”等怀抱各种目的的官吏，更是魑魅魍魉，各有私心。“勤职事的”只为了“固宠希荣”，“讲操守的”原来是“沽名钓誉”。至于所谓“广开言路”“会议朝堂”，也都是附和权贵的声音。而在官场混迹，还有无数“却不过的人情”“免不来的应酬”。诸如此类，不胜枚举。这段长篇大赋，恰似一幅官场众生相，将石氏为官十七载的所见、所闻、所思、所感淋漓尽致的展现出来。官场中人阅此当心惊胆悸，如芒在背；百姓平民观此则嗤哂唾弃，拍案怒骂。最后，贾政阐发了“天道好还，贵不如贱，富不如贫，往往的祸福倚伏”的观点，并流露出归隐之意:“所以下官看破了世情,把那一腔致君泽民的志气,变做了绝人逃世的心肠。”

此外,四人游览大观园时,见到清流竹林,贾政不免又起了辞官的心思:“此处竹篱茅舍……令人耳目一新,不觉动了我归田之念。”

可见,第二出《游园》,虽然在剧中被设置为元妃省亲的背景,但除了贯穿情节的作用外,还是作者的一篇代言书。其他情节中,贾政与原著形象相似,都是严肃的封建家长,多次管教宝玉用心科举;唯有第二出中的贾政完全摆脱了束缚,将满腹牢骚一吐为快。这段畅快淋漓的斥骂是作者多年宦海生涯的总结,更是看惯人世沉浮的偈语。

因此,贾政的角色设置,较原著增加了一重代言意义。同时,也展现了戏曲的文体优势。

(三)增加禅理

《红楼梦》传奇意在通过佛理禅机点化世间的儿女情长。正如蘋庵退叟序言所说:“花韵庵主人衍为传奇,淘汰淫哇,雅俗共赏。《幻圆》一出,挽情澜而归诸性海,可云顶上圆光。而主人之深于禅理,于斯可见矣。”

石氏作品与原著相比,增加了大量的禅理说教内容,这一点在其他四首题词中也均有体现。

忏摩居士云:“露电浮生亦等闲,纷纷儿女转情关;人间大好坤灵牒,不值金仙一破颜。曼卿词笔幔亭仙,闲谱霓裳色界天。要听紧那罗一曲,钏花光裹试枯禅。”了一山人直接概括道:“花间写韵当谈禅,痴女騃牛未了缘。”清闻居士评其:“人天起灭判三生,腕底灵光悟妙明,儿女缠绵春茧缚,神仙荒诞夏虫惊。”谥箫则将这部借事说禅的作品总结为:“也知世事都如梦,要化虚空不坏身。”

由序言和题词不难看出,石氏将“主于言情”的原著变成了“雅俗共赏”的教科书。对于宝黛爱情的缘起缘灭,也通过第十出《幻圆》中警幻仙子的娓娓道来做了姻缘注定、看破皆空的总结。

《幻圆》中黛玉在【山桃红】曲中有“苦海回头,我从今后尽逍遥自游。……说甚么冤与亲,恩与愁?霎时间缘尽都分手”一段唱词。魂归仙界的绛珠仙子,已经将人间的恩怨情爱看透,但对“缘尽分手”的结局难免感伤,还有“天上人间两地愁”的一点留恋之意。警幻仙子进而以“多少悲欢离合皆乌有也”的禅机劝化她,告诫黛玉“再休提天上人间两地愁”。当其稽首、并答“弟子省得”之语后,仙子总结道:“情魔住世,迷惑众生,一念扫除,立成妙道。”这段警幻劝绛珠的唱词,实际上是全剧的主旨表达。作者通过一出无情节的对话式表演,对“堕落红尘”的世间男女进行劝诫,使全剧的说教意味和禅理色彩更加浓重。

除了纯粹说教而作的《幻圆》一折,其他回目中也有对佛理禅机的阐释。以第五出《折梅》为例，宝玉乞梅，与妙玉在庵中有一段对话，比之玄谈不为过也。在二人清谈中，不仅妙玉口中如“和尚四大，可作禅床”“万法皆空”“莫忘本来，早思回向”等禅语比比皆是，连宝玉的唱词也满是“三生短梦，莽轮回旋转如篷”之类的感悟。此出本应以表现妙玉“出家人难掩少女春心”为主，但在大段的禅理说教中，妙、宝二人朦胧的情思被冲淡了，给读者以两位修行人在交流佛法的错觉。

总之，石韫玉在《红楼梦》传奇中大量灌注禅理的行文方式，既是其作品的创新和独特之处，也成为作品思想略显枯涩和板滞的原因。

三、提倡教化的改创初衷

“传奇十部九相思”，这是自古以来的戏曲传统，但石韫玉《红楼梦》传奇却以对自由恋爱的消解而闻名。从剧本后的题词看出，评论者对石氏的“姻缘天定”理论都秉持着赞同的态度。原著中宝黛二人对封建礼教大胆的反叛、对自由爱情的执着向往在石韫玉的戏曲中消失殆尽。

石韫玉笔下，丝毫没有“爱情”的描摹，取而代之的是高尚精神的追寻、道义的回归和乐天知命的境界。他歌颂遵从礼教制度的行为，赞扬忠贞贤淑的女性，却忽视了人性的可贵和爱情的意义。《红楼梦》传奇表现出消解爱情，执着于教化的特征，是由作者所处的时代及作者的身份地位决定的。

首先是时代的要求。清中期是戏曲雅化的重要阶段，科举复兴、重视学术的文化环境，让文人阶层重拾希望，同时身上的社会责任感和教化意识不断增强。元代戏曲之所以“充满了磊落不平之气”①，是由于元代文人丧失了进身之阶，在贫窭忧困里挣扎，他们的创作冲动和灵感也在同底层人民的相濡以沫中逐渐形成。而清中期的文人在重视科举、大兴教育的时代背景下，重返书斋，寻回儒生“齐家治国平天下”的宏伟理想。戏曲这种流传较广，群众喜闻乐见的文化传播形式，自然被文人加以利用。文臣学士为了宣传教化思想，甚至有意的提高戏曲的地位，不再将其视作小道末流；同时，观戏、写戏作为一种流行的社会风尚，成为学者们怡养情性的一种方式。因此，清中期的文人戏数量大增，并且普遍带有教化色彩。

石韫玉的《红楼梦》传奇就是在这样的时代里孕育而生的。一方面，他标举戏曲教化的旗帜，宣扬文人名士崇高的理性和精神追求，在《红楼梦》传奇中强

① 廖奔、刘彦君《中国戏曲发展史》二卷下编第一章，陕西人民教育出版社2006年版，第167页。

调科举的重要意义、倡导遵从因缘的“规范化”爱情。另一方面，他将史笔、诗才运用到戏曲创作中，《红楼梦》传奇全文辞藻工整，文雅清丽，长于用典，具有文人戏曲的典型特征。

其次是上层文人的社会责任。石焕霞《知识精英与社会教化——以清代苏州状元石韫玉为中心的考察》[①]中将石韫玉定义为“通过科举制度获得社会地位和财富的士人”，并指出“这些士人或出而为官，或退为隐逸，究其一生都是自觉地承担着社会教化的职责”。

石韫玉的状元身份本身就是一种对读书人的激励，此外，他在为官期间还肩负着教化当地民众的使命，甚至归隐山林后仍怀有哺育桃李的热忱。因此，他在戏曲创作中自然而然地流露出对世风的关注，对教化的执着。许多和石韫玉一样的知识精英在醉心八股、考据之余，偶或填词制曲。但即使出于悦己遣兴的创作动机，也往往带有强烈的道德意识和说理色彩。因此，他们的作品在审美意义外，兼具教化世人、匡正风气的深层作用。

由此可见，石韫玉的《红楼梦》传奇代表了清中期上层文人对《红楼梦》小说的欣赏态度和接受标准。石氏对原著的改创体现出文人戏的典型特征，是当时主流思想控制下的必然结果。

（作者：袁睿，中国人民大学文学院博士生，100872）

① 石焕霞：《知识精英与社会教化——以清代苏州状元石韫玉为中心的考察》，《内蒙古师范大学学报（教育科学版）》，2010 年第 10 期。

论《西厢记》身体描写的“言性言情”

骆耀军

元明时期，戏曲、小说的创作开始从“载道”“言志”的“为往圣续绝学”行为一变而为自娱的、职业的经济行为，市民的趣味选择、刊刻的经济利益，使推动文学从雅致化走向世俗化的这股力量愈发强大。传统文学“只言情不言性”的委婉含蓄特征，对人的身体欲望一般较少涉及，即便有亦是三言两语一笔带过，长久以来，“除了上层皇宫（如所谓宫体诗）和下层民间的情歌、山歌具有某种变态发泄的意义外，性爱自身并未真正取得自己在文艺—审美中的独立地位，特别是没有取得与个体感性存在深刻联系的独立地位”①。王实甫承继了传统文学情、性描写的“儒雅”风格，使得《西厢记》展现了文学“温柔敦厚”“情真意切”的传统，“以极灵极巧之文心，写至微至渺之春思，只须淡淡写来，曲曲引进”②，“《西厢记》的语言，能够把古典诗词的艺术成就同当时的俗谚口语冶而为一，形成了优美典雅的独特风格，至今读起来，让人口齿生香”③；为适应市民趣味及世俗关注，《西厢记》也在追求“言性”上的突破，带入了情、性的直露描写，在曲文、宾白上固然不似同时代小说“并不在技巧上下功夫，而是以离奇粗糙的野史故事、两性通奸、同性恋题材和直露的描写制造感官刺激”④那样露骨，但其内里饱含赤裸裸的世情欲望、对“情”“性”的大胆流露，明清时人就已看出来并认为是“诲淫”之书而主张禁毁，“迹其眉来眼去之状，亦足以使少年人荡魂失魄，暗动春心，是海淫之最甚者”⑤，“《西厢》等书，人以为文才绝世，风流蕴籍，未甚淫亵，无大害也。那知他文笔太妙，竟害了天下多少文人。盖其书处处以痴情幻景，勾引淫媒，非比乡里山歌，满纸淫词秽语……醉谨者暗中祈丧，放荡者另觅邪缘，其味愈甘，其毒愈盛，则《西厢》等记，乃所以引诱聪俊之人，是淫书之尤者也，安可不毁。”⑥《西厢记》以极其细腻柔美的笔触伸入到对莺莺、张生、红娘等人“情”和“性”的描写中，细细体味文辞中大量的华美艳俗的身体描写便可察

---

① 李泽厚《华夏美学》，广西大学出版社2001年版，第244页。

② 王利器《元明清三代禁毁小说戏曲史料》，上海古籍出版社1981年版，第199页。

③ 王实甫著，张燕瑾、弥松颐校注《西厢记新注》，江西人民出版社1980年版，第7页。

④ 中国古代小说戏剧研究所《中国古代小说戏剧研究丛刊》（第一辑）；朱忠元《“深切于人情世务”——明清主流文学世俗性举隅》，甘肃教育出版社2003年版，第102页。

⑤ 王利器《元明清三代禁毁小说戏曲史料》，上海古籍出版社1981年版，第374—375页。

⑥ 王利器《元明清三代禁毁小说戏曲史料》，上海古籍出版社1981年版，第403—404页。

觉其真情与欲望。以明清人时人"诲淫"主张片面地对《西厢记》禁毁或"雅艳"评点称誉其文辞,都是只侧重性地道出了《西厢记》"性"或"情"的一个方面,都有其价值。现以弘治本《西厢记》为底本①,检索文本中的身体言语,以《西厢记》中的身体描写为切入点,直面其"言情言性"的特征。

一、《西厢记》中的身体描写②

全文阅读《西厢记》,可以发现,曲文中对人物"脸"部的描写有 23 处,对"眉"的描写有 17 处,对"酥胸"与"瘦腰"的描写有 16 处,对"脚"的描写有 4 处。此外对牙齿、唇、手的描写也有很多。

金圣叹在《读第六才子书西厢记法》有"《西厢记》止写得三人。一个是双文,一个是张生,一个是红娘,其余如老夫人,如法本,如白马将军,如欢郎,如孙飞虎,如琴童,如店小二,他俱不曾一笔半笔写,俱是写三人时,所忽然应用之家伙耳"③,"其余如夫人等,算只是文字中间所用之乎者也等字"④,是从人物塑造的轻重详略之法来关照《西厢记》的,颇有见地。而如果从《西厢记》中对人身体的描写尤其是女性身体描写的话,更能进一步印证"《西厢记》止写得三人"的论断,曲文中以人的视角看人的身体的描述,也只有张生、莺莺和红娘三人。

(一)从张生的视角来看女性身体

1. 莺莺

在《西厢记》中,张生所见的女性,主要围绕着莺莺、红娘来的,也只有此二人与张生的"情""性"相关。张生初遇莺莺、红娘,都从视觉上对女性的身体进行了描述,但在道场拈香时张生将老夫人视而不见,只"贪看莺莺",曲文中没有对老夫人容貌、装饰的描述,可见张生对女性身体的看待是有选择的。

[元和令]颠不剌的见了万千,似这般可喜娘的脸儿罕曾见。则着人眼花缭乱口难言,魂灵儿飞在半天。他那里尽人调戏亸着香肩,只将花笑捻。

---

① 1980 年,北京中国书店装订修补厂赵树峰先生在修补元刻《文献通考》时,在它的书背发现应该是元末明初刊刻的《新编校正西厢记》残页四面,其中两面有插图,图左上有小长方框的插图标目,一幅是"孙飞虎升帐",另一幅已残缺不全,剩下半幅,疑是"月下听琴",也有人认为是"寺警"。这是迄今为止所见最早的《西厢记》刻本,也是迄今为止所见最早的戏曲插图。

② 对于"身体"的内涵,可以参阅[美]奥尼尔著,张旭春译:《身体形态:现代社会的五种身体》(春风文艺出版社 1999 年版)和汪民安:《身体、空间和后现代性》(江苏人民出版社 2005 年版)两书的定义区分,本文仅采用一般意义上生物学上的生理身体,即包含头、脸、手、脚、眉毛、鼻子、腰肢等意义上的身体,不涉足社会交际层面上的"身体"探讨。

③ 王实甫著,金圣叹评点《金圣叹评点西厢记》,上海古籍出版社 2008 年版,第 95 页。

④ 王实甫著,金圣叹评点《金圣叹评点西厢记》,上海古籍出版社 2008 年版,第 6—10 页。

[胜葫芦]则见他宫样眉儿新月偃,侵入鬓云边。

未语人前先腼腆,樱桃红绽,玉粳白露,半晌恰方言。

[幺篇]恰便似呖呖莺声花外啭,行一步可人怜。解舞腰肢娇又软,千般袅娜,万般旖旎,似垂柳晚风前。(一本一折)①

这是张生佛殿初次看见莺莺的容貌描写,“尽人调戏亸着香肩,只将花笑捻”“解舞腰肢娇又软”等将莺莺的美貌极其性感的写了出来,尽管王实甫选择的美貌词汇大都来源于古典雅词,“樱桃红绽,玉粳白露”,但其世俗化取向未改,可以说张生初见莺莺,是先有“性”的引逗,而非先有“情”。

接着便是对莺莺“小脚”的看待:

(末云)世间有这等女子,岂非天姿国色乎?休说那模样儿,则那一对小脚儿,价值百镒之金。(聪云)偌远地,他在那壁,你在这壁,系着长裙儿,你便怎知他脚儿?

(末云)法聪,来来来,你问我怎便知,你觑:

[后庭花]若不是衬残红芳径软,怎显得步香尘底样儿浅。且休题眼角儿留情处,则这脚踪儿将心事传。(一本一折)

世俗趣味尽显,也在这里才显现了“情”,“眼角儿留情处,脚踪儿将心事传”,此时的眉目传情、芳心暗许还是传统闺阁小姐的情愫,到第一折末尾“[赚煞]饿眼望将穿,馋口涎空咽”就是典型的欲望之情了。

张生后面进一步看到的莺莺,在躯体描述的用词上遵循着典雅浓艳的风格,“想着他眉儿浅浅描,脸儿淡淡妆,粉香腻玉搓咽项。翠裙鸳绣金莲小,红袖鸾销玉笋长”(一本二折)、“宿粉一脸,体露半襟,亸香袖以无言,垂湘裙而不语。似湘陵妃子,斜偎舜庙朱扉;如玉殿嫦娥,微现蟾宫素影”(一本三折)、“恰便似檀口点樱桃,粉鼻儿倚琼瑶,淡白梨花面,轻盈杨柳腰。妖娆,满面儿扑堆着俏;苗条,一团儿衠是娇”(一本四折)、“恰才向碧纱窗下画了双蛾,拂拭了罗衣上粉香浮涴,只将指尖儿轻轻的贴了钿窝”(二本四折)、“晚妆残,乌云亸,轻匀了粉脸,乱挽起云鬟”(三本二折)、“他是个娇滴滴美玉无瑕,粉脸生春,云鬓堆鸦”(三本三折)等各处的描写,含蓄典雅,韵味古朴。同样,曲文中的俗语之词更为直露,在表现张生对莺莺美貌的爱慕之情时,有着十分直接的欲望追求:

[末云]红娘去了,小生拽上书房门者。我比及得夫人那里,夫人道:“张生,你来了也,饮几杯酒,去卧房内和莺莺做亲去!”小生到得卧房内,和姐姐解带脱衣,颠鸾倒凤,同谐鱼水之欢,共效于飞之愿。觑他云鬟低坠,星眼微朦,被翻翡

① 文中对《西厢记》原文的引用,主要参照《新刊奇妙全相注释西厢记》(上海商务印书馆1955年版,1函,上、下册)和王季思校注《西厢记》(上海古籍出版社1965年版)。文字括号是注明段落文字出自《西厢记》第几本第几折,以便查阅。

翠,袜绣鸳鸯。(二本三折)

这是老夫人让红娘来请宴张生时他的一段臆想。张生似乎没有考虑他与莺莺之间的情感,而是理所当然地以“鱼水之欢”为目的,王实甫对此也极尽描写之词:

[元和令]绣鞋儿刚半拆,柳腰儿够一搦,羞答答不肯把头抬,只将鸳枕捱。云鬟仿佛坠金钗,偏宜鬏髻儿歪。

[上马娇]我将这钮扣儿松,把缕带儿解;兰麝散幽斋。不良会把人禁害,咍,怎不肯回过脸儿来?

[胜葫芦]我这里软玉温香抱满怀。呀,阮肇到天台。春至人间花弄色,将柳腰款摆,花心轻拆,露滴牡丹开。

[幺篇]但蘸着些麻儿上来,鱼水得和谐,嫩蕊娇香蝶恣采。半推半就,又惊又爱,檀口揾香腮。(四本一折)

金圣叹评点此段时采用了转移视线的言语:“夫双文之扣、双文之带,此真非轻易可得而解也。今用明修栈道、暗度陈仓之法,轻轻遂已解得,世间真乃无第二手也”“已下看其逐一句逐一句,节节次次,不可明言”[①],欲说还掩。后人张燕瑾先生在新注《西厢记》时就更直接了些:“以上数曲,语伤蕴藉,词涉猥亵,昔人就有‘浓盐赤酱’之诮”[②]对其进行讥讽,可以商榷,但仅就从对人身体描写并直露人的情欲和性欲方面而言,这是合情合理的,如王骥德所言“《西厢》,韵士而为淫词,第可供骚人侠客赏心悦目、抵掌娱耳之资耳”[③],语言虽涉浅俗,性情却也真挚,是“面向众生”反映“人生本色”的。

2. 红娘

张生佛殿遇莺莺、红娘时,视线全在莺莺身上,因此其第一次打量红娘是在红娘来向方丈询问法事一事时:

(末背云)好个女子也呵!

[脱布衫]大人家举止端详,全没那半点儿轻狂。大师行深深拜了,启朱唇语言得当。

[小梁州]可喜的庞儿浅淡妆,穿一套缟素衣裳;胡伶渌老不寻常,偷睛望,眼挫里抹张郎。

[幺篇]若共他多情小姐同鸳帐,怎舍得他叠被铺床。我将小姐央,夫人央,他不令许放,我亲自写与从良。(一本二折)

红娘“眼挫里抹张郎”被张生领会了,于是便有“我亲自写与从良”,在第三

---

① 王实甫著,金圣叹评点《金圣叹评点西厢记》,上海古籍出版社2008年版,第113—114页。

② 王实甫著,张燕瑾、弥松颐校注《西厢记新注》,江西人民出版社1980年版,第231页。

③ 王骥德著,陈多、叶长海注译《王骥德曲律》,湖南人民出版社1983年版,第214页。

本第三折更是搂住了红娘：

赫赫赤赤，那鸟来了。（末云）小姐，你来也。（搂住红科）（红云）禽兽，是我，你看得好仔细着，若是夫人怎了？（末云）小生害得眼花，搂得慌了些儿，不知是谁。望乞恕罪。（红唱）便做道搂得慌呵，你也索觑咱，多管是饿得你个穷眼昏花。（三本三折）

从曲文对话中我们看到了和现今男女相互掩饰一致的趣味，张生解释“害得眼花”，红娘也直接地来了个“饿得你个穷眼昏花”。《西厢记》在张生、莺莺和红娘等言语描述上，尽显世俗调戏之趣味，对身体接触的“肌肤之亲”有强烈的欲望，男女情性处于“饥饿”的心理状态上。

（二）从红娘、莺莺的视角看男性身体

莺莺的“临去秋波那一转”，从此开启了对张生爱慕之情：

（红云）姐姐，那壁有人，咱家去来。（旦回顾觑末下）（一本一折）

道场焚香时“外象风流，青春年少；内性儿聪明，冠世才学，扭捏着身子儿百般做作，来往向人前卖弄俊俏”的张生，让莺莺“好生顾盼那小子”，开始了“情引眉梢，愁种心苗”的“五百年风流业冤”。

老夫人反悔之后，莺莺听闻张生病了，叫红娘去看望，红娘便湿破纸窗，窥望卧房里的张生：

［村里迓鼓］我将这纸窗儿润破，悄声儿窥视。多管是和衣儿睡起，罗衫上前襟褶袗。孤眠况味，凄凉情绪，无人伏侍。觑了他涩滞气色，听了他微弱声息，看了他黄瘦脸儿。（三本一折）

红娘探望回来将张生简帖送至莺莺手上时两人的对话，亦是妙趣横生。

姐姐休闹，比及你对夫人说呵，我将这简帖儿去夫人行出首去来。（旦做揪住红科）我逗你要来。（红云）放手，看打下下截来。（旦云）张生近日如何？（红云）我则不说（旦云）好姐姐，你说与我听咱！（红唱）

［朝天子］张生近间、面颜，瘦得来实难看。不思量茶饭，怕待动弹；晓夜将佳期盼，废寝忘餐。黄昏清旦，望东墙淹泪眼。（旦云）请个好太医看他证候咱。（红云）他证候吃药不济。病患、要安，则除是出几点风流汗。（三本二折）

自此，莺莺对张生的关切，亦是从曲文中对张生身体病情的关怀来呈现的。红娘一句“则除是出几点风流汗”极尽情色，却正中莺莺心思。莺莺欣然回帖约见，当张生真来了时，莺莺如小女孩般心思怒斥张生。张生遂又病，红娘再送药方来探病：

［越调］［斗鹌鹑］则为你彩笔题诗，回文织锦；送得人卧枕着床，忘餐废寝；折倒得鬓似愁潘，腰如病沉。恨已深，病已沉，昨夜个热脸儿对面抢白，今日个冷句儿将人厮侵。（三本四折）

这是红娘再次观照张生病体，而当莺莺到张生卧室将私定终身时却是另一般景象，莺莺看见的张生完全不是先前红娘探报的模样。

(红云)你放轻者，休唬了他！(红推旦入云)姐姐，你入去，我在门儿外等你。(末见旦跪云)张珙有何德能，敢劳神仙下降，知他是睡里梦里？

[村里迓鼓]猛见他可憎模样，小生那里得病来？早医可九分不快。先前见责，谁承望今宵欢爱！着小姐这般用心，不才张珙，合当跪拜。小生无宋玉般容，潘安般貌，子建般才；姐姐，你则是可怜见为人在客！(四本一折)

当情欲望达到高潮时，王实甫对身体的描述是转换得十分贴切。自然地，与男女欢爱情境相贴合的曲文，《西厢记》没有一味遵循"典雅""含蓄"的传统，而是有了很大的突破，更多的来彰显世俗性，贴近世俗生活。

二、《西厢记》身体描写里的"性"向"情"的过渡和转换

《西厢记》对身体的描写，大都是以"觑""偷睛看"为触发媒介的，这也是老夫人不愿意让莺莺到处乱走以免引发"春心"的缘由。曲文中对身体的描述，首先也是以"眼睛"来扫视外貌的，无论是张生看莺莺还是莺莺觑张生，都是有所见后钟情。《西厢记》里张生、莺莺的爱情其实也是先有"性"，再有"情"，最后实现有情人终成眷属。

"视觉在本质上是色情的，这是说它是以着迷——丧失心智的迷恋——而告终"①。在这里，"看"是一种欲望的表达，通过"看"这一视觉感官，产生生命之冲动与激情的"性"，进而通过人心的"性"来诉诸其他欲望。《西厢记》的突破便是：没有停留在传统文学只写到"一见生情""一见钟情"的层面，而是以更细腻、更大胆的笔触描写"情欲"的冲动与行动。

"情欲"，即指人的情感与欲望。刘再复在《性格组合论》中对"情欲"的层次做了这样一个划分：情欲的最低层次是"欲"，即感性欲望，这是人的生物生理本性的表现，它包括食欲和性欲。情欲的中间层次则主要是情，这一层次是个体在生活实践中积累起来的情绪记忆，这个层次是准确意义上的情欲，即情中有欲，欲中有情，是情与欲的二重组合。情欲的最高层次就是社会性情感，它是个体在特定的社会关系中由于理知的作用而产生的，可以说是在"情"中渗入了"理"②。就《西厢记》的曲文而言，很多地方都是直接迎合市民读者或关注的趣味，直露地表达出人的情欲——如果以刘再复的情欲分层理论来看——一开始

---

① 〔美〕米尔佐夫著，倪伟译《视觉文化导论》，江苏人民出版社 2006 年版，第 114 页。

② 刘再复《性格组合论》，上海文艺出版社 1986 年版，第 426—433 页。

就是较低层次的对“性”的“欲望”,越往后面才走向“情与欲的组合”的理性“情爱”和“眷属断守”的爱情层次。

(一)语词“雅艳”,“性”和“情”隐含于俚俗与典雅之间

王实甫在《西厢记》中的“言情言性”,于文辞上他传承了古典文学语汇的“雅艳”,王骥德在评点《西厢记》如上文三本四折“彩笔题诗”等数曲时说:“《西厢》概言无所不佳,就中摘其尤者,则‘相国行祠’‘风静帘闲’‘晚风寒峭’‘彩笔题诗’‘夜去明来’数曲,穷工极妙,更超越诸曲之上,巧有独至,即实甫要亦不知所以然而然”,“实甫斟酌才情,缘饰藻艳,极其致于浅深浓淡之间”①。“樱桃红绽,玉粳白露”等古典身体描写词汇在《西厢记》中随处可摘,王实甫所作的,就是比较好的将张生、莺莺源自人性本身的、任何束缚都无法泯灭的内心的本能冲动,让它既实现了天性的自然流露,又接近了世俗大众的俚俗趣味。

男女之“爱”的其中一个最主要特征即它是建立在“性”的基础上,“研究和观察表明,爱情的动力和内在本质是男子和女子的性欲,是延续种属的本能”②,《西厢记》里张生看莺莺、红娘以及红娘、莺莺看张生,首先有很强的身体欲望,进而衍生到心理活动方面,指向精神、情感的高度依恋和契合。人的这种“情爱”或者说“情色”感情不仅仅是种“本能流露,而且渗透着人的信仰、理想和精神追求,甚至还带有社会风俗的烙印。因此,人的感情的产生既受性欲冲动的影响,同时又是对性欲冲动的升华,它使得人类的两性关系不仅是一种本能、性欲发泄中的纯生理享受,而且它是按照情感的逻辑,把自然的冲动和意识的主线,把机体的生理规律和精神准则交织在一起的。”③王实甫《西厢记》的身体描写语言便体现着这种“雅与俗的扭结”④逻辑,将身体最原始的“性”欲望转换成“情”“爱”,在语言的选择上,不可避免地延续传统“言情”词语,典雅而婉约;元明之际整体的“由雅趋俗”转向又必然是其曲词创作要迎合和适应普通大众的趣味,面向底层民众,展现俚俗生活本色。

(二)“性”虽是对“病态身体”的看,“情”却是“日后之情深”的真情

《西厢记》通过身体描写展现的“性”,除了王实甫在语言设计方面通过世俗趋向实现向“情”和“爱”的过渡转换外,通过上述身体描写的段落,可以发现:

《西厢记》曲文中通过张生、莺莺、红娘的互相“看”肢体外貌来呈现,而且

---

① 王骥德著,陈多、叶长海注译《王骥德曲律》,湖南人民出版社1983年版,第140页。

② 〔保〕瓦西列夫著,赵永穆等译《情爱论》,三联书店1984年版,第1页。

③ 刘安庆编著《性文化》,中国经济出版社1995年版,第34页。

④ 郭英德《雅与俗的扭结——明清传奇戏曲语言风格的变迁》,《北京师范大学学报(社会科学版)》,1998年第2期,第8—10页。

特别关注相思成疾下的“病态身体”——张生几次卧病就是很好的例证——这便超越了简单的“视觉欲望”的一见钟情,从双方的相互关爱和在意加深爱慕之情,随着戏曲情节的深入,通过类似“日后之情深”来淡化初见时的“情色”欲望,张生出场后只看到莺莺“小脚”和独自一人时的“云雨”幻想,随着后来莺莺对张生爱慕之情深,张生的“性”欲望很自然地成为“情”到深处的结果,这符合了传统的“书生小姐”“才子佳人”爱情模式,有世俗之风气,也不失典雅之传统。

(三)“性”融合于世事磨难、情感碰撞之中,并向“情”“爱”升华

《西厢记》身体描写的“性”需求常常融合到了外界世事磨难、动荡变迁和张生、莺莺的内心情感碰撞中去了。第二本第一折有莺莺唱词“[油葫芦]翠被生寒压绣裀,休将兰麝薰;便将兰麝薰尽,则索自温存。昨宵个锦囊佳制明勾引,今日玉堂人物难亲近。这些时坐又不安,睡又不稳,我欲待登临又不快,闲行又闷。每日价情思睡昏昏。”这是莺莺渴望与张生“温存”“亲近”的“性”心理描写,用语细腻也不全是典雅。莺莺对张生的假意嗔怒、训斥,孙飞虎抢莺莺、老夫人“不招白衣女婿”及郑恒的假传消息,构成了直接的“身体欲望”之外的线索,但却依然紧紧关联着“性”和“情”,“这些阻拦性力量——厌恶、害羞及道德感——的发展,必也有其历史的背景,它们或是人类种族的精神发展史上性本能承受外在压抑之沉积物”①。“[幺篇]年少呵轻远别,情薄呵易弃掷。全不想腿儿相挨,脸儿相偎,手儿相携。你与俺崔相国做女婿,妻荣夫贵,但得一个并头莲,煞强如状元及第。”莺莺甚至以轻薄功名而要“腿儿相挨,脸儿相偎,手儿相携”的“并头莲”生活,也实现了《西厢记》曲文中由单纯的“性”向“情”的过渡。最后张生高中得官,莺莺让琴童收拾好“汗衫一领,裹肚一条,袜儿一双,瑶琴一张,玉簪一枚,斑管一枝”带去给张生这一小细节,也就圆满地完成了“性”向“情”“爱”的升华。

三、《西厢记》身体描写“言情言性”的传衍

《西厢记》的身体描写没有像传统的文学叙事很少涉及身体欲望那样三言两语一笔带过,而是开始尝试在“言性言情”视角下寻求身体欲望的审美和独立。在元明之际,《西厢记》能够关涉到生理情爱之心,关注世俗大众的日常私人生活,关注人的欲望和本能,成为了当时戏曲和小说创作的重要风气转向。

---

① 〔奥〕弗洛伊德著,林克明译《爱情心理学》,作家出版社1986年版,第54页。

在其后戏曲、小说的文本中,常常大量地对"性"和"情"进行叙述,以致开始走向情色泛滥,"明清时代的作家已经有意识地把自己的创作跟广泛的读者联系起来,使自己的作品从原来只是面向少数文人士大夫向面向广大民众的方向转变。为了实现这一目的,他们将关注的重心转移到市民所关心的日常生活;为了吸引读者,他们又不惜从纯生理的角度描写两性生活,津津乐道于已婚男女出于动物本能的私通"①,而市民阶层的兴起和世俗文化的兴盛,以群体性喜爱的插图、版画形式展现人物身体、世俗欲望,也成为后世书坊刻商盈利赚钱的新尝试。《西厢记》的身体描写的"言性言情"突破了文本的案头随兴把玩的"局限"②,通过小说的长篇叙述和细腻描写和精美版画彩绘的形式一直传衍下来。

(作者:骆耀军,南京大学文学院博士生,210023)

① 中国古代小说戏剧研究所《中国古代小说戏剧研究丛刊》(第一辑);朱忠元《"深切于人情世务"——明清主流文学世俗性举隅》,甘肃教育出版社2003年版,第119页。

② 颜娟英主编《美术与考古》(下册);马孟晶《耳目之玩——从〈西厢记〉版画插图论晚明出版文化对视觉性之关注》,中国大百科全书出版社2005年版,第638—692页。

论蒲松龄对八股文代言之“肖题”手法的化用

冀运鲁

明清以八股取士,八股文成为士人们必须掌握的一门技艺。明清文人长期接受八股文的训练,可以说八股文法已经渗入文人思维深处,成为一种集体无意识。八股文对明清文人思维方式的影响,到了“己亦不知,人亦不知”①的地步。明代学者于慎行说士人:“平时所沉酣濡蔵,入骨已深,即欲极力模拟,而格固不出此矣。”②这种思维的影响是巨大的,郭绍虞先生指出:“明代的文人,殆无不与时文发生关系;明代的文学或文学批评,殆也无不直接间接受着时文的影响。”③明代文人如此,清代文与八股的关系也毫不逊色。蒲松龄从小就热衷功名,此后几十年都在为科举奋斗,况且又身为塾师,以八股育人为生,因而对八股文法相当娴熟。他把八股文代言笔法中的“肖题”手法应用于《聊斋志异》的创作,取得了非同凡响的效果。

所谓“肖题”,刘熙载《艺概·经义概》云:“肖题者,无所不肖也:肖其神,肖其气,肖其声,肖其貌,有题字处,切以肖之,无题字处,补以肖之。”④可见,肖题就是要仔细揣摩所代言对象的口气、眼神、思想等,要求人物的语言、行动要契合其身份。蒲松龄在这方面做的是非常成功的,正如冯镇峦所说:“试观《聊斋》说鬼狐,即以人事之伦次、百物之性情说之。说得极圆,不出情理之外;说来极巧,恰在人人意愿之中。”“将天下所无之事,写为人人意中有。”⑤《聊斋》中的主角大都是些花妖狐媚,如何才能更好地肖题,如何更好地为她们代言呢?蒲松龄运用的手法主要是:肖其形、肖其声、肖其气、肖其行、肖其神。但明曾称赞《聊斋》善于肖题:“文贵肖题,各从其类。风人咏物,比、兴、赋体遂为词翰滥筋。言之无文,识者调讥之。此善赋物者未肯率尔操瓤也。”⑥

肖其形,也就是从外在形体上对所代言的人物进行模拟。如《柳生》中写柳树神“峨冠绿衣,状貌修伟”,《青蛙神》中的青蛙使者则是着“青衣”至薛昆生家

---

① 于慎行撰,郭应宠编《谷山笔麈》卷八,中华书局 1984 年版,第 84 页。
② 于慎行撰,郭应宠编《谷山笔麈》卷八,中华书局 1984 年版,第 84 页。
③ 郭绍虞《中国文学批评史》,百花文艺出版社 1999 年,第 238 页。
④ 刘熙载《艺概·经义概》,王气中:《艺概笺注》,贵州人民出版社,1986 年版,第 428 页。
⑤ 冯镇峦《读聊斋杂说》,朱一玄:《聊斋志异资料汇编》,中州古籍出版社 1985 年版,第 586 页。
⑥ 《聊斋志异》(三会本),第 1358 页。

说媒,《汤公》中的菩萨则是对庙宇中常见菩萨像的模拟:"螺髻庄严,金容满月;瓶浸杨柳,翠碧垂烟",《考弊司》中鬼王则是"鬈发鲐背,若数百年人;而鼻孔撩天,唇外倾,不承其齿"。肖其形的手法以《绿衣女》最为典型。作者从于生视角写绿衣女的外在形貌是:"绿衣长裙,婉妙无比。"绿衣长裙是暗写绿蜂的羽翅,这是其外在形态的概貌。接下来又写此女的细腰,我们知道,细腰是蜜蜂比较鲜明的特征,我们常用"蜂腰"比喻女子的细腰(如《红楼梦》第四十六回形容鸳鸯"蜂腰削背,鸭蛋脸"),因而对绿衣女"腰细殆不盈掬"的描写也是对其身份的暗示。可见,肖其形的写法常常具有一语双关的妙处,既能写出人物的外在容貌,也能形象地暗示出描写对象的身份,可谓一箭双雕。

肖其声,就是模拟其音貌。比如《莲花公主》中写蜂王宴请窦旭时作乐的景象:"酒数行,笙歌作于下,钲鼓不鸣,音声幽细。"蜂王宫中的音乐不是高昂粗犷的钲鼓之乐,而是幽细的笙歌,这不正如蜜蜂的歌声吗?另一篇写蜂的故事《绿衣女》中描写绿衣女的声音,"谈吐间妙解音律"。妙解音律是蜜蜂善于歌唱特性的反映,"声细如蝇,裁可辨认"则是嗡嗡的蜜蜂声的写照。尽管声音小,但是静听却"宛转滑烈,动耳摇心",正是蜜蜂声音迥异于蚊蝇嗡嗡声的特异美感。小说从蜜蜂声音的细微处着墨,以声音暗示其身份,巧妙地将其人性、物性结合在一起。再如《大鼠》绘声绘色地描摹巨鼠和猫相斗时的声音:"猫即疾下,爪掬顶毛,口啮首领,辗转争持,猫声呜呜,鼠声啾啾。"猫捕鼠时呜呜的叫声,老鼠逃命时啾啾的叫声,形象地写出了这场搏斗的激烈,也从侧面写出了这只其貌不扬的猫的勇猛。

《聊斋》中的"肖其声"不仅仅限于模仿动物的声音。如《五通》写金龙大王的女儿带着婢女自荐枕席于金王孙,金生开始尚且有疑虑,但"女横波一顾,生觉神魂都迷,忽颠倒不能自主"。机灵的婢女把这一切都看在眼中,于是"便云:'霞姑,我且去。'女颔之,既而呵曰:'去则去耳,甚得云耶、霞耶!'"这是主子和婢女之间的对话,从这番对话中我们可以看到,这个婢女非常善于察言观色,但是她与主子关系非常好,虽名分上是主仆,但直呼其名式的亲昵称呼显示出她们情同姐妹般的关系,而主子的回答看似呵斥,其实也是非常平等的对话,我们从中看出的是小女子的羞涩而非主子的威严。这番话以小女子的口吻写出,活灵活现,令人难忘。又如《王成》中的男主人公王成懒惰成性,整日游手好闲,日常家用全靠狐精祖母供给,其祖母实在看不下去,于是劝他做点小生意:"孙勿惰,宜操小生业,坐食乌可长也!"这样的劝说饱含深情:祖母不满于王成的懒惰,但是又无可奈何,只得试着劝他找点事做。这番话不正是很多长辈教育游手好闲的子弟时常说的吗?

肖其气，就是说《聊斋》常常以花妖狐媚的物性之气味暗示其身份。如《葛巾》描写牡丹仙子的体香："女郎近曳之，忽闻异香竟体，即以手握玉腕而起，指肤软腻，使人骨节欲酥。""去后，衾枕皆染异香"。牡丹香气馥郁，花开之时常香气袭人，此处描写葛巾之体香暗合牡丹之物性，实现了人性与物性的有机统一。再如《花姑子》中叙述香獐精花姑子为安幼舆按摩，"安觉脑麝奇香，穿鼻沁骨"，"安与同衾，但觉气息肌肤，无处不香。"麝香以香气浓烈闻名，而香獐化身的花姑子身上所带的气味具有"穿鼻沁骨"的效果，这自然也是以气味描写暗示人物身份的写法。

肖其行，就是模拟描写对象的行为举止。如《阿纤》中叙述的是人鼠之恋，阿纤一家为鼠精，所以叙述者时时以鼠的行动描述他们。奚山借宿阿纤家，阿纤之父为招待奚山来来往往忙个不停："少顷，以足床来置地上，促客坐；又携一短足几至：往来蹀躞。"后阿纤之父被"压于败堵"，我们才得知原来阿纤一家乃是鼠精："一日第后墙倾，伯往视之，则石压巨鼠如猫，尾在外犹摇。"小说还多次以阿纤善于储粮暗示其身份："引三郎视仓储，约粟三十余石，偿租有余。""阿纤出私金，日建仓廪，而家中尚无儋石，共奇之。年余验视，则仓中满矣。"

如果说上面几条都是对外在形态的效仿，要达到惟妙惟肖还需肖其神。苏东坡有《折枝》诗云："论画以形似，见与儿童邻。"[①]在苏东坡看来，绘画固然要形似，但仅仅追求形似是非常幼稚的，绘画作文还必须取其神，写其意。要做到传神，不仅要写出其形，还要有神韵，也就是要形神结合、以形写神。绘画强调神似，文学创作也不例外，刘勰提出的"窥意象而运斤""拟容取心"，司空图在《诗品》所说的"离形得似"，皎然《诗式》所说的"得若神表"，严羽《沧浪诗话》所追求的"入神""羚羊挂角，无迹可求"就是这种主张的体现。那么如何才能做到神仪在心、形神兼备呢？庖丁解牛的道理告诉我们只有做到"以神遇而不以目视"才能达到游刃有余的境界。肖其神，就是要取其神韵，也就是要提炼能反映人物精神面貌的主要特征。天下长相相似的人很多，但是他们的神韵却有差异，因而只有取其神才能画活人物。

《聊斋》描写了许多花妖狐魅，这些都是现实世界中不存在的，要模拟其外在形貌是比较困难的，那么如何才能形象地描摹这些花妖狐魅呢？《聊斋》的处理办法是肖其神。要肖其神，写其意，就要写出人物之气质神韵，具体而言就是要气韵生动。宋代画家邓椿《画继》说："写人真者即能得其精神，若此者岂非气

---

① 苏轼《书鄢陵王主簿所画折枝》，王文诰辑注《苏轼诗集》卷二九，中华书局1982年版，第1525页。

韵生动机夺造化者乎。”“故画法以气韵生动为第一。”[①]小说叙事和绘画具有共通性，同样追求传神。金圣叹说：“许多颠播的话，只是个像，像情像事，文章所谓肖题，画家所谓传神也。”[②]蒲松龄一方面吸收了绘画的传神理论，同时也由于与提出神韵说的王渔洋关系密切，所以非常注重气质神韵。他描写人物一般很少对人物的衣着进行描写，因为每个人的审美眼光不同，“衣服妍媸随时眼，我欲学长世已短”[③]，更何况十里不同俗呢？“随地装束自觉工，青州十里有殊风，城小犹自兴高髻，绕出城门便不同。”[④]因而，蒲氏更多聚焦于人的气质神韵。比如《婴宁》中描写婢女小荣，作者没有从正面描写这个女孩，而是用写意传神的笔法通过其语言和动作将一个活泼、狡黠的婢女形象展示在我们面前。当王子服进山寻婴宁时，小荣连续四次出场：第一次是媪唤小荣做饭，“外有婢子嗷声而应。”“嗷声而应”说明声音大，而她故意大声回答是有道理的，因为媪耳聋，她大声回答是避免媪絮絮叨叨打扰她和婴宁窗外窥视的好事。第二次是媪叫婴宁入内参见王子服时，“婢推之以入”，一个“推”字意蕴丰富，既写出了小荣的狡黠以及与主婢关系的融洽，也写出了婴宁窗外窥视却半推半就不肯入门的心理。第三次是小荣向婴宁耳语道：“目灼灼贼腔未改！”小荣这句话既呼应了上文，又形象地调笑了未来的姐夫王子服。第四次出场是王子服和婴宁后园诉衷情的时候，小荣突然出现，让王子服闹了个大红脸。

较之于模拟描写对象的形、声、气、行，肖其神是一个要求比较高的层次，它要求要抓住描写对象的精神气质，传神地刻画出其神情。金圣叹在《水浒传》第二十二回总评中曾云：“说鬼到说不来处，可以意为补接。”[⑤]可见，描神话鬼，肖其神乃是一个有效的办法。这样的手法在那些描写鬼怪花精的故事中用的最多，比如《葛巾》描写常大用眼中的葛巾“宫妆艳绝”，《香玉》中的牡丹花神香玉也是“艳丽双绝”，这暗示的不正是牡丹雍容华贵、艳丽无双的气质吗？《黄英》中黄英姐弟答应跟随马子才定居河朔，唯一的要求是：“屋不厌卑，而院宜得广。”黄英姐弟那潇洒通达的性格不正是菊花的风采吗？再如《荷花三娘子》叙述宗生在莲花丛中初次见到荷花三娘子的情景：“见荷荡佳丽颇多，中一垂髫人衣冰縠，绝代也。促舟劘逼，忽迷所往。即拨荷丛，果有红莲一枝，干不盈尺，折之而归。”荷花向来是高洁品格的象征，此文不仅以荷花为女主人公命名，而且

① 邓椿《画继》（中国美术论著丛刊本），人民美术出版社 1963 年版，第 24 页。
② 陈曦钟等辑校《水浒传会评本》，北京大学出版社 1981 年版，第 321 页。
③ 蒲松龄《拙叟行》，盛伟《蒲松龄全集》，学林出版社 1998 年版，第 246 页。
④ 蒲松龄《青州道中杂咏》，盛伟《蒲松龄全集》，学林出版社 1998 年版，第 341 页。
⑤ 陈曦钟等辑校《水浒传会评本》，北京大学出版社 1981 年版，第 415 页。

女主人公出场的场景也是在荷花丛中,这样的叙述手法不仅写出了荷花三娘子的身份,而且也写出了其出淤泥而不染的风采。

(作者:冀运鲁,淮北师范大学文学院副教授 235000　本文为“2013 年高校省级优秀青年人才基金重点项目《明清代笔文学研究:以蒲松龄为中心》”[项目批准号:2013QRW031ZD]的阶段性成果。)

千载琵琶作胡语,分明怨恨曲中论

——论古代昭君诗的主题演变

李俊慧　任　荣

汉高祖遭遇白城之围,采纳和亲之议,送刘敬之女翁主为单于阏氏,围遂解,此后和亲的政策相沿不改。这种牺牲一人幸福换来国家暂时安宁的屈辱政策,一直以来引起争议。而其中,汉元帝时王昭君的出塞和亲,以其特殊的身份、惊艳的姿色、曲折的故事及悲剧的命运,不断成为后世诗人吟咏的题材。历代诗人对昭君倾注了太多的人文关怀,仅《四库全书》所收就接近千首,足可称为古今诗歌热点题材之一。而不同历史时期昭君诗的主题往往又打上了那个时代的烙印,从而焕发出丰富的历史内涵。

一、魏晋六朝:怨妇形象的开端

魏晋六朝时期,大一统集权政治衰落,经学统治松动,社会秩序纷乱,而家族地位稳定,导致有权、有钱、有文化的特殊阶层自然地倾向对生命价值的探究、感性的重视乃至消极的享乐。文学上的表现之一就是强调感性美的开掘。

据现有文献考知,文学史上最早以昭君为题材进行诗歌创作的是西晋的石崇,题为《王明君辞》:

> 我本汉家子,将适单于庭。辞诀未及终,前驱已抗旌。仆御涕流离,辕马悲且鸣。哀郁伤五内,泣泪湿珠缨。行行日已远,遂造匈奴城。延我于穹庐,加我阏氏名。殊类非所安,虽贵非所荣。父子见陵辱,对之惭且惊。杀身良不易,默默以苟生。苟生亦何聊,积思常愤盈。愿假飞鸿翼,乘之以遐征。飞鸿不我顾,伫立以屏营。昔为匣中玉,今为粪土英。朝华不足欢,甘与秋草并。传语后世人,远嫁难为情。

关于石崇,《晋书》本传载其因女色误身被杀,千古传为笑谈。但这首《王明君辞》却写得缠绵悱恻,感人至深。石崇以代言体的形式,想象王昭君远嫁的情景,细腻地刻画其忧伤的心理,“哀郁伤五内,泣泪湿珠缨”“昔为匣中玉,今为粪土英”等句,凸显昭君不忍远离、五内俱焚的感受,读之令人扼腕。

石崇创作这首诗的动因史无记载，其对昭君的吟咏，与其说是惋惜同情，毋宁说是对美色的永无满足的垂涎，是对昭君流落异族而不是归为汉人的愤恨不平，这是一种典型的狭隘民族观。但这首诗的写作定格了昭君在文学中的怨妇形象，为后代许多昭君诗定下了悲怨凄凉的基调。

对昭君命运的感伤外，思乡也是这一时期昭君诗的主题之一。南朝宋鲍照的“既事转蓬远，心随雁路绝”（《王昭君》）及陈叔宝的“啼妆寒叶下，愁眉塞月生。只余马上曲，犹作别时声”（《明君辞》），设身处地地为昭君着想，想象昭君对故土的刻骨思念，令人伤惋。

而能够不同流俗，另立新意的昭君诗，当数北周庾信的《昭君怨》：

> 敛眉光禄塞，遥望夫人城。片片红妆落，双双泪眼生。冰河牵马度，雪路抱鞍行。朔风入骨冷，夜月照心明。方调琴上曲，变作胡笳声。

庾信在北朝虽然官位通显，但乡关之思难以遏止，他在北朝期间先后写下了《小园赋》《哀江南赋》等来表达自己的思乡之情。正是有如此坎坷的人生经历，才使他对昭君的不幸命运产生了强烈的共鸣，在昭君诗的创作上影响深远。

总之，魏晋六朝的昭君诗大多在自身狭小的生命空间里吟咏细腻丰富的心灵感受，其所关注的还仅是昭君个人命运的得失，缺少主题的深刻衍变。但是，这一时期的诗作中，“汉月胡风”“丹青失画”“胡笳哀弦”等意象已经形成，几至成为后代昭君意象中不可缺少的有机构成，成为后人不断翻炒的诗歌用语。

二、唐朝：宽容的民族包容意识

昭君诗到了唐代开始大放光彩，大诗人陈子昂、李白、杜甫、白居易、李商隐等皆有作品行世。综观这一时期的诗作，明显感到与魏晋六朝时人的作品有不同之处在于，唐人的昭君诗体现出一种跨越历史时代的心理认同感。一是对昭君的异代同情。诗人们普遍沿用《西京杂记》里昭君因为没有贿赂画师毛延寿而失宠的说法，在诗作中经常出现“怨”的情绪，分别怨恨画师的不公、君恩的浅薄和命运的捉弄，异代相惜。白居易《明妃怨》：

> 明妃风貌最娉婷，合在椒房应四星。只得当年备宫掖，何曾专夜奉帏屏。见疏从道迷图画，知屈那教配虏庭。自是君恩薄如纸，不须一向恨

丹青。

二是诗作时见大唐气象。唐朝顺应历史潮流，鉴于魏晋南北朝的混乱以及隋朝短命而亡的教训，实行了比较开明的政策，政治、经济和文化的实力达到了当时世界其他各国所无法企及的高峰，反映在诗歌创作上，正如严羽所说："盛唐诸公之诗，如颜鲁公书，既笔力雄壮，又气象浑厚。"①昭君诗的创作也受这一气象的影响，李白的《于阗采花》道：

于阗采花人，自言花相似。明妃一朝西入胡，胡中美女多羞死。乃知汉地多名姝，胡中无花可方比。丹青能令丑者妍，无盐翻在深宫里。自古妬娥眉，胡沙埋皓齿。

唐人喜欢拿汉与当朝相比，总认为大唐在各个方面传承的是汉的衣钵。大唐帝国的这种恢弘气度的确使诗人们能在一个广阔自由的空间里从前代关于昭君的大量素材中充分地汲取营养，并能够结合时代特征，表现出大唐气象来。白诗把"汉"和"胡"放在一起进行对比，鲜明地突出昭君的美貌冠盖汉胡，是对汉地能够"出产"这样一位绝代美女的无限自豪。"明妃一朝西入胡，胡中美女多羞死"，这种大气洒脱、辐射四方的美，有唐人的审美标准在。

三是借昭君酒杯，浇自己块垒。明妃之色，后宫第一，然而却流落异域，远窜蛮貘，其悲天人共知。唐人咏明妃之际除感发无限同情之外，还能够联系自己的际遇，感愤时事多艰，渴望为国所用。杜甫的《咏怀古迹五首》之三：

群山万壑赴荆门，生长明妃尚有村。一去紫台连朔漠，独留青冢向黄昏。画图省识春风面，环佩空归月夜魂。千载琵琶作胡语，分明怨恨曲中论。

此诗作于大历元年(766)，老杜因为疏救房琯，直言进谏，遭遇贬斥而流落他乡。因此，叹美人沦落的同时，也暗喻自己的终不为世用，是咏史，更是咏怀。唐汝询云："夫明妃以色而被捐，子美以才而见逐，其不遇一也。"②今人傅光也说："正为了身世上的同感，才能够立生哀悯和同情，才能够设身处地曲尽其情，而又能入乎其内，出乎其外，将其中怨情，数笔托出。"③

① 严羽《答出继叔临安吴景仙书》，《沧浪诗话》附录。

② 《唐诗解》卷四十二。

③ 傅庚生、傅光合著《杜甫论集》，黑龙江人民出版社1986年版。

三、宋朝:个人际遇的深层反思

饱读诗书的宋人在诗歌创作上,力争与唐人一较高低,因而他们避重就轻,从理性的角度出发,“以才学为诗,以议论为诗”,重在阐发诗歌中的理趣,从而形成自己的特色。唐人的昭君诗已经开拓出了属于自己的全新境界,宋人亦不甘示弱,在昭君诗的创作上另辟蹊径。他们的主要做法是对和亲的历史意义、昭君命运的成因以及汉胡之间的关系进行重新审视,得出符合这一时代审美心理的结论。首先在这方面突破的是王安石,《明妃曲二首》其一:

明妃初出汉宫时,泪湿春风鬓脚垂。低徊顾影无颜色,尚得君王不自持。归来却怪丹青手,入眼平生未曾有。意态由来画不成,当时枉杀毛延寿。一去心知更不归,可怜着尽汉宫衣。寄声欲问塞南事,只有年年鸿雁飞。家人万里传消息,好在毡城莫相忆。君不见咫尺长门闭阿娇,人生失意无南北。

前人的昭君诗,不是把昭君的悲剧命运归咎于画工毛延寿对昭君形象的丑化,就是描写昭君在异域孤苦的生活。而荆公的这首诗却自出新意,一反前人旧说,除了对昭君的遭遇深表同情外,更把造成昭君命运直接归咎于平庸无能的汉元帝,含蓄地指责了封建统治者的刚愎、愚昧和对人才的埋没、扼杀。结语“人生失意无南北”力重千钧,借昭君之口抒发了作者的人生感慨,为那些堪为朝廷柱石的贤才不受重用而惋惜。

荆公此作一出,立即引起了当时诗坛的关注,和作或诗意相近的作品纷至沓来。其中欧阳修的《再和明妃曲》最为知名:

汉宫有佳人,天子初未识。一朝随汉使,远嫁单于国。绝色天下无,一失难再得。虽能杀画工,于事竟何益。耳目所及尚如此,万瑞安能制绝域。汉计诚已拙,女色难自夸。明妃去时泪,洒向枝上花。狂风日暮起,飘泊落谁家。红颜胜人多薄命,莫怨春风当自嗟。

欧阳修作此诗之际,北宋朝政日非,积贫积弱的矛盾日趋表面话,北方外族的侵略势力日益严重,有清醒头脑的文人们积极寻求治国良策,但统治阶层依然醉生梦死,毫无知觉,这首诗就是针对这一局面而发的。其他和作也皆以昭君的遭际为探讨的对象，重视对人生命运进行反思，提出了女性悲剧命运的普遍性问题。但他们视野所达，没有超出王安石《明妃曲》所界定的苑囿，可见荆公诗作的影响所及。

另外，北宋末年刘子翚题画家李公麟作的《明妃出塞图》写道："羞貌丹青斗丽颜，为君一笑靖天山。西京自有麒麟阁，画向功臣卫霍间。"颂扬昭君的历史功绩，拿西汉卫青、霍去病等功臣相比较，讽意显然。立意新颖而感慨无穷，被吴小石先生称为"两宋咏昭君诗中的压卷之作"①。

四、元朝：民族融合的微观呈现

崛起于蒙古的元朝以强悍的武力征服亚欧大陆的大片地区，成为当时世界上版图最大的帝国。统一的元帝国出现了"南北对抗，东西交通"的繁盛局面，不同的文明在更为广袤的土地上相互影响，华夏文明在吸取各民族文明成果的同时，也以惊人的速度传播开来。在昭君诗的创作上，诗人们接过前代的接力棒，一方面传承着对明妃命运遭际的惋惜，一方面结合元代社会民族大一统局面特征，使昭君诗在两个层面上并行不悖地向前发展。

在昭君出塞的问题上，他们一向是以平和的心态来看待的，认为汉胡和亲存在个人的不幸，但没有民族的隔膜。耶律楚材的《过青冢次贾抟霄韵》：

> 当年遗恨叹昭君，玉貌冰肤染塞尘。边塞未安嫔侮虏，朝廷何事拜功臣？朝云雁唳天山外，残日猿悲黑水滨。十里东风青冢道，落花犹似汉宫春。

耶律楚材是辽国（契丹）王族后裔，入元以后一直是"天子近臣"，有重要影响。蒙古开国时期的情况特殊，而他精通主要民族语言，远涉西域各地，洞悉几个世纪以来北方民族的兴衰过程，所以在相当广泛的领域起着均衡社会不同层面的作用。为了避免"斯文将丧"，他身体力行，繁重的政务之余，积极投入文化建设。这首诗中，诗人没有从根本上反对和亲，只是认为昭君的付出没有得到相应的回报。"边塞未安嫔侮虏，朝廷何事拜功臣"，是为昭君鸣不平；"十里东风青冢道，落花犹似汉宫春"，交代昭君在胡地受到的尊重。诗人还借昭君自伤

---

① 吴小石《宋人咏昭君诗》，《古典诗歌札汇》，天津古籍出版社2002年版。

身世,微妙地表达作为契丹人在蒙古治下沧桑之感。

耶律楚材的次子耶律铸,一生三次出任丞相,但最终以“不纳职印”“妄奏谋逆”等获罪。其诗风与乃父相近,不事雕琢,平淡自然,有《明妃二首》:

汉使却回凭寄语,汉家三十六将军。劝君莫话封侯事,触拨伤心不愿闻。

散花天上散花人,唯说香名更未闻。薄命换遗仙寿在,不须青冢有愁云。

诗有劝勉、有惋惜,更有景慕,表达出北人对昭君的一种普遍的认同意识。一般地说,由于北方自五代北宋以来一直受契丹、党项、女真等少数民族政权的统治,这状况前后延续了三百余年之久。生活在这些地区的各民族汉化了的士大夫固不必说,即汉族文人士大夫的正统观和华夷之辩的观念也很淡薄,对蒙古王朝的统治没有产生通常的改朝换代的特殊感受,而是把一统江山看成历史的必然,因而表现在昭君诗中,不像前朝人的那样引为大耻。

此外,刘因的《昭君扇头》:“不忍纷纷丑女颦,百年孤愤汉宫春。一身去国名千古,多少名臣学妇人。”袁桷的《昭君图》:“鬓影愁添塞雪,花枝羞杀宫春。谁道佳人倾国,解从绝域和亲。”对昭君的际遇有同情,但更多是赞美和仰慕,希企一如昭君一样在历史的舞台上有自己的位置。这一观点确乎与前代不同,也给后人以很大的启发。

五、明朝:复古与求变的消长

谈及明代文学不能不联系文学的复古。经过唐宋人的大力开拓,中国诗歌发展到明代如同强弩之末,看不出自己的特色,虽然明人坚持不懈地探索,各种流派辈出,诗歌数量激增,但上乘之作少而又少,以至有人认为明代文学是“中国文学史中,最无佳趣之时代也”[①]。当然这说法也失之偏颇。明王朝建立之后,文人们普遍有了翻身的感觉和复古的愿望,从茶陵诗派到“前后七子”后先相继,不约而同地举起了复古这面大旗,使复古运动持续了百年之久。明代昭君诗也不例外,受复古思潮的影响,参与创作的诗人和作品都比前代多,但从内容到形式呈现出模拟的痕迹。何景明《明妃引》:

① 顾实《中国文学史大纲》,商务印书馆1929年第四版,第十二章。

明妃绝色世无邻，粉黛那数三千人。咫尺宫门接前殿，君王只向图中见。当时自恃如花容，美丑谁知由画工。单于日近汉日远，万里风沙魂不返。琵琶马上再三弹，翠袖朝啼关塞寒。皓齿明眸丧沙漠，千秋遗曲犹悲酸。燕支暮云白浩浩，羌人吹笳雪飞早。山前孤冢高嵯峨，岁岁春风长青草。古来抱节本难遇，况复蛾眉人所妒。君不见，长门宫，不用黄金买词赋，纵有朱颜君不顾。

此诗是王安石《明妃曲》的翻版，寓意相似，词汇雷同，典故一致，结句与荆公之“君不见咫尺长门闭阿娇，人生失意无南北”如出一辙。

文化史上的每一次运动，就内容和目的而言，不外乎“破坏性”和“建设性”两个方面，而大凡以“复古”相标榜的思潮，多以复古为名行求新之实，是对社会现实的一种反思。明代文坛的复古运动顺应了历史要求，他们复兴的是正统的“汉唐气象”，重视作品的真情实感，提倡高格朗调，“夫诗有七难，格古、调逸、气舒、句浑、音圆、思冲、情以发之。”①因此，从这个意义上来说，明代的文学复古也是“建设”。

明人的昭君诗作者和作品数量都超过前代，复古和求变的思潮一如整个文坛的实际。题目上以《昭君（明妃）怨》《昭君（明妃）曲》《题昭君（明妃）图》三类为多，这也是古已有之的诗题。内容上良莠不齐，但多数著名的文人还是能写出有新意的诗作的。李攀龙《和聂仪部明妃曲》：

青海长云万里秋，琵琶一曲泪先流。六宫多少良家子，不到沙场不解愁。

诗注重对昭君命运成因的探讨，侧面赞颂了昭君和亲对安边的贡献，是明人一方面复古，一方面求变的具体体现，只不过复古的痕迹大于求变的色彩罢了。

六、清朝：遗民寄托与温柔敦厚

诗人多、作品多、流派多、理论多是清代诗歌创作的基本特征，由于这“四多”的特征，我们很难给有清一代的诗歌作一个恰当的概括。昭君诗也一样，不

---

① 李梦阳《秦君饯送诗序》，《空同集》卷五十二。

同经历和背景的诗人，其所寄托的感情和体现的风格各各不同。

第一，遗民寄托。明清易代之际，大批诗人也由明入清。在民族斗争和阶级斗争异常激烈的时代，诗人们，无论其政治态度如何，都能够运用诗歌这种文学形式来反映时代风貌，抒发家国沦亡之感。最能代表遗民寄托的昭君诗当数陈子龙《明妃篇》：

> ……竟宁年中宾北国，诏选才人归绝域。胡儿已失燕支山，汉家何惜倾城色。明妃慷慨自请行，一代红颜一掷轻。薄命不曾陪凤辇，娇姿还欲擅龙城。……

陈子龙是明末复社的主将，几社的创始人。清兵入关后，自练水师数千人转战江南，不幸被清兵逮捕，于顺治四年(1647)五月在押解途中投水自尽，以身殉节。经历了朱明王朝灭亡和满洲贵族入主中原的巨大变故，加上自身的抗清实践，陈子龙这期间的诗歌创作一方面淋漓尽致地抒发了强烈的亡国之痛和故园之思，另一方面十分深刻地反映了对满洲贵族的无比仇恨。这首诗以明妃自比，表达其历史巨变之际的忠贞之心，清人王昶说："言女不可以不见御而易其心，犹士不可以不见知而变其节也。"①

在遗民昭君诗的创作上能够与陈子龙同辉共耀的应为屈大均。屈既是一名抗清斗士，有是一位幻想诗人②。其遗民诗民族立场坚定，抗清意志坚决。《明妃庙四首》之一：

> 明妃祠枕楚江沙，万壑群山夹道斜。明月尚悬香水镜，芙蓉早堕玉门笳。羞同公主随胡俗，幸似阏氏在汉家。终古秭归哀怨地，杜鹃声里有琵琶。

千古以来，无数诗人为昭君洒下一掬热泪，但唯有屈大均的这首诗表达了对明妃的不满和讽刺。通过这首诗，我们能够看出诗人异族入侵如何羞愤，对身事异族之人是多么痛恨。

第二，温柔敦厚。康熙以后，经过雍正而入乾隆，社会进入"盛世"，清王朝在思想、文化领域的控制进一步加强。为适应"盛世"的需要，沈德潜大力倡导"格调"说，要求诗歌创作"一归于中正和平"③。受其影响，多数诗歌在内容方

---

① 转引自《陈子龙全集》，上海古籍出版社 1983 年版。

② 朱则杰《清诗史》，江苏古籍出版社 2000 年版。

③ 沈德潜《重订唐诗别裁集序》。

面大都显得贫乏，格调平和，昭君诗的创作也不例外。张尔庚《明妃》：

掖庭咫尺弃长门，岂独穹庐是断魂。金屋何人烟草没？得名千载亦君恩。

第三、女性感喟。女性咏昭君古已有之，但从人数到诗作数量上来说当数清代为最。仅今人杜珣就收集16人的19首作品①，当然，由于清人作品数目大，分散广，一时无法全部收集。清代女性的昭君诗有的通过昭君之怨，反映异域生活的悲凉，抒写千秋之怨，流露出反清思想。如王端淑《明妃梦回汉宫次韵》：

一自明妃出未央，空留遗恨在昭阳。琵琶曲尽关山泪，环珮声归塞上霜。宿雁残更移晓幕，依人落月下空床。旧时纵有三秋怨，不及穹庐此夜长。

王端淑明末清初人，其父乃文学家王季重。明亡，乃父绝粒而死。王端淑满怀家仇国恨，写有《悲愤吟》等诗，寄托哀思。顺治间，清廷闻其才名，欲召为宫廷教师，被她拒绝。

清代女诗人中有许多是妾的身份，如陈葆贞所作《王昭君》："紫塞长门一样悲，何须终老向宫帷。不如绝塞和亲去，还得君王斩画师。"对昭君的哀叹，有很大惺惺相惜的成分在。她们一如当年的昭君，只能听从命运的摆布，没有自由的选择，只能把理想寄托在诗歌当中。这些人的昭君诗侧面反映了清代妇女在封建伦理压抑下的生活，她们渴望像王昭君一样走出桎梏，摆脱束缚，哪怕是来到荒漠绝域，也在所不辞。这才是真正的千古同悲。

昭君诗一如以昭君为题材的其他文学形式的创作，是我国古代文学史上一个特有的现象。诗人们这种一以贯之的"昭君情结"，折射出中华民族自古以来以人为本、关心国事、注重周边关系的普遍心理，他们不以位卑而藏拙，不以显贵而妄言，始终以天下为己任，把中华民族统一的大业放在第一位，继承了"怨而不怒"的传统儒家诗教思想，为我国古典诗歌园地奉献了一株耀眼的奇葩。

（作者：李俊慧，文学硕士，淮北师范大学助教；任荣，文学博士，淮北师范大学文学院副教授。本文系淮北师范大学青年科研项目"项羽传说故事的文学研究"2014XQ021阶段性成果之一，235000。）

① 杜珣《中国历代妇女文学作品精选》，中国和平出版社2000年版。

"诗画一律"
——周敦颐、程颢诗歌与北宋山水画的趋同意趣

王 正

宋代是中国历史上文化空前发达的时代。两宋时期一个引人注目的特点是文化艺术的整体一致性。北宋初期经过短暂的过渡之后,大致在真宗、仁宗朝就开始逐步形成整体的与唐五代时期迥然不同的文化氛围。值得注意的是,这种整体氛围跨越了文艺界和思想界。其中一个重要的事实就是北宋理学思想与北宋山水画意境的某种契合。在美术领域,北宋山水绘画相比其他画种有了明显的进步,逐步确立起独特的审美趣味并逐渐向诗文领域渗透。与此同时,"北宋五子"开创的北宋理学也逐渐形成规模。理学家们将对宇宙人生的思考和对山水云林的游赏融合起来,这种思想也或有意或无意地反映在其诗歌创作之中。可以说,诗歌使北宋理学与宋初山水画意境得以相遇。这种偶然之中蕴含必然的相遇印证了中国艺术史上被一再提及的一个命题:"诗画一律"①。

同样是由于诗歌,"北宋五子"也实现了一次内部的相遇。这次相遇的双方是被誉为"宋儒之首"的周敦颐与二程之中年纪较长的程颢。周子是二程的老师,但他们的思想却有不同。程颢与程颐是真正建立起理学框架的宗师,而周敦颐的思想则较为包容,具有浓厚的道家色彩。然而二程之中,程颢受周敦颐影响颇深,两人的一个共同之处就是喜爱作诗。程颢尝言:"某自再见茂叔后,吟风弄月以归,有'吾与点也'之意"②。周敦颐与程颢虽思想各成系统,在诗歌上却是同调,两人与另一位理学家邵雍各承理学诗的一脉。

周、程二人生活在北宋真宗至神宗朝,略晚于山水名家李成、范宽、董源,而与许道宁、郭熙等画家大致处于同一时期,不过历史上并未见二人与画家有何密切的交往。然而,以诗歌为连接点,周敦颐与程颢的理学思想与北宋山水画实现了一次看似偶然的迹近。这一迹近并非互相印证那么简单。其实,"诗画一律"的问题本身就颇为复杂,而理学思想与山水意趣在宋代的交融更有其独特的内在原因。这里仅就周敦颐、程颢诗歌与山水画的趋同意趣作一点浅显的探讨。

---

① 语出苏轼《书鄢陵王主簿所画折枝》:"诗画本一律,天工与清新。"

② 程颢、程颐《河南程氏遗书》。

一、“诗画一律”辨析

“诗画一律”似乎已成为文艺领域的老生常谈。历代评论家都认为中国古诗与中国古画不仅源头相同,而且具有相近的风格,体现相似的境界。北宋文豪苏轼评王摩诘之诗“诗中有画,画中有诗”①,是为人熟知的;美术理论家郭熙说“更如前人言‘诗是无形画,画是有形诗’,哲人多谈此言,吾人所师”②,也是流传甚广的名言。历代不计其数的题画诗已经为这一命题提供了充足的证据,更不用说无数兼擅诗画的文人的存在。然而这一命题只是概而言之,却经不起细究。中国诗与中国画并非如一般设想的那样密合无间。

中国画中最具有代表性的应是南宗山水。“南宗”的命名源于董其昌《容台别集》中以禅比画的归类:

禅家有南北二宗,唐时始分。画之南北二宗,亦唐时分也,但其人非南北耳。北宗则李思训父子着色山水,流传而为宋之赵干、赵伯驹、伯骕以至马、夏辈。南宗则王摩诘始用渲淡,一变钩斫之法,其传为张璪、荆、关、董巨、郭忠恕、米家父子以至元之四大家;亦如六祖之后,有马驹、云门、临济儿孙之盛,而北宗微矣。③

尽管这一分类遭到后世许多理论家的质疑,但其流传不衰也自有道理。这一分类的最大价值就在于勾勒出中国山水中最具代表性的“南宗”一脉。山水画自两宋以后就成为中国画的主流,而“南宗”则又是山水画的主要代表。反观中国古代诗歌,却似乎较绘画领域要驳杂得多。似乎与南宗山水风神相似的是神韵一派,神韵派的明确创立者是清代王士祯,而代表则是唐代的王孟。与中国画中南宗画派的特异突显不同的是,很难说神韵派诗歌是中国古诗的代表。仅就唐代几个大诗人来说,李白之超逸豪迈、杜甫之思力艰深、白居易之浅白畅达都远超出王孟神韵一派的范畴。沉郁顿挫的杜诗反而成为后世诗歌的主流。中国诗画主要代表的不一致是显而易见的。

从时代发展的进程来看也是如此。题材上诗歌与绘画在各时代是大致合拍的,但从审美意境上说,诗歌的探索总比绘画要先行一步。似乎画家总要比诗人需要更多的时间来找到体现审美理想的办法。东晋谢灵运的山水诗算得上是青绿山水,而画界真正青绿山水的成熟则要等到“大小李将军”李思训、李

① 苏轼《东坡题跋 · 书摩诘〈蓝关烟雨图〉》。

② 郭熙《林泉高致 · 画意》。

③ 转引自钱钟书《七缀集 · 中国诗与中国画》。

昭道;魏晋嵇康等人诗歌中体现出的人格美在吴道子等人笔下才真正画出;唐代诗歌中的富丽意象比比皆是,但反映在绘画上,则迟至五代才迎来花鸟与仕女画的兴盛。

然而作为已成共识的一大命题,"诗画一律"并非完全不成立,只是不够确切而已。两宋以前,中国艺术的"诗画一律"并没有严格的体现。它的真正凸显始于北宋。北宋是山水画大放异彩的时代。沿袭五代宋初荆浩、关仝一脉的"北宋三大家"董源、李成、范宽确立了北宋绘画"荒寒清冷"的基本风貌,与尚清淡、崇理趣的宋诗相互感应,真正实现了"诗画一律"。

二、"诗画一律"形成的主要原因

宋诗的代表一般认为是苏轼等人及黄庭坚创立的江西诗派。然而北宋理学诗其实是不应忽视的。"诗画一律"不仅体现在苏黄之诗中,也体现在理学家的诗里。北宋时期山水画与理学的迹近有深刻的内部原因,最为主要的应该是儒学的复兴。儒学自汉末以来持续消沉,至宋代始有复苏的迹象。儒学复兴的重要事件是理学的创立,而儒学复兴的影响之一则是艺术领域的儒学转向。

在北宋文化艺术整体一致氛围的影响下,北宋山水画经历了由道入儒的过程。北宋成就最高的山水画论首推郭思所编《林泉高致》,其真正作者是郭思之父郭熙。在为乃父之作所写的《林泉高致·序》中,郭思认为绘画和文字一样出于圣人之手,并征引《尔雅》《论语》《周礼》为证。这是很明显的儒家口气,与《历代名画记》《画山水序》已经完全不同了。在开篇《山水训》中,郭熙这样写道:

> 直以太平盛日,君亲之心日隆,苟洁一身,出处节义斯系。岂仁人高蹈远引,为离世绝俗之行,而必与箕、颖、埒素、黄绮同芳哉?白驹之诗,紫芝之咏,皆不得已而长往者也。然则林泉之志、烟霞之侣,梦寐在焉,耳目断绝。今得妙手,郁然出之,不下堂筵,坐穷泉壑,猿声鸟啼,依约在耳,山光水色,滉漾夺目,斯岂不快人意,实获我心哉!①

这里再不是"山水以形媚道"②,山水已纯然是绘之于尺幅之间,悬之于厅堂之上,既满足君子游赏之乐又不废君臣之义的寄托对象。这就与前代的山水

① 郭思《林泉高致·山水训》。
② 宗炳《画山水序》。

画作有了本质的区别。此外,郭熙还多次以君臣比喻群山的关系,以“仁者乐山,智者乐水”的精神贯通画论,这些都足以说明北宋山水画理论与儒学的密切关系。

此外,从山水画的创作现实来看也是如此。北宋是山水画院体与文人画分野的时期。在朝廷的引导下,院体山水气势日盛,宫廷画家不断增多,水平也足以与士大夫的文人画相抗衡。历史证明宫廷画派影响深远,一直延续到清代的江左四王。院体画的勃兴显现出北宋山水画向意识形态化渐进的姿态。在绘画气质上,儒家理想也影响着山水绘画。北宋山水不再具有唐时金碧青绿山水的烟霞之志,而变得清晰、平易、融洽,充满了俗世的乐趣。

与此相反,北宋理学的建构过程中则具有以儒纳道的倾向。这一点在周敦颐身上体现最为明显。黄庭坚评价周氏“胸怀洒落,如风光霁月”①,这是一个兼济儒道的高士形象。周敦颐本人广有山林之志,喜爱游赏山水、吟风弄月,这在他的诗歌之中不乏体现,例如:

同友人游罗岩②

闻有山岩即去寻,亦跻云外入松阴。
虽然未是洞中境,且异人间名利心。

全诗俨然道家气象,几乎使人怀疑周敦颐的儒家身份。在思想上,周敦颐也确实与道家渊源颇深。周氏《太极图说》中使用了大量的道家概念和范畴,如有无、动静等,不能不说是受到老庄学说的濡染。虽然他的学生二程尤其程颐对他并非“纯儒”的思想系统颇有介怀,但实际上,周敦颐容纳道家的思想倾向却正为理学的创构建立了一个良好的开端。朱熹尊周敦颐为道学之首似乎不切实际,因为道学其实是在二程的手中真正建立的。然而,周敦颐是理学的第一位先行者,他并非直接导源于孔孟,而是从《中庸》《易传》出发,奠定了由宇宙观到伦理学的逻辑结构,从此,儒家学说才有了足以与释道抗衡的宇宙学和纯粹哲学。而周敦颐宇宙观的建立很大程度上借鉴了道家与阴阳家的思想学说。儒学思想家们放眼天地,在山水之乐中体悟天道人道,这一理路是由周敦颐肇其始端的。同时,正是对道家思想的容纳使得理学思想与山水画意境的融汇成为可能。

理学并不代表“宋学”的全部,北宋时期大量山水诗与山水画具有同构特征,其原因非只一端,但北宋理学吸纳道家学说的倾向的确与北宋整体文化心

① 黄庭坚《濂溪词并序》。
② 张伯行《濂洛风雅》。

理有着莫大的联系。理学的影响虽然在南宋才逐渐显现出来,但在北宋时期已经开始了潜移默化。可以说,山水画以道归儒和北宋理学以儒纳道的双向互动,是士大夫阶层的山水画与诗文创作意境趋同的重要原因。

三、“诗画一律”的内在体现:“主静”与“生意”

理学家尤其是周敦颐与程颢的诗歌创作与北宋山水画的“诗画一律”趋同主要体现有两点,即“主静”与“生意”。这既是理学家学说的思想倾向,又是山水画作的意趣取向。可以说,理学家与画家的创作实践虽然经由理性与感性两条不同的道路,却在美学意义上殊途同归。

四库全书总目提要评周敦颐“主静”而二程“生意”。周敦颐的儒道兼济思想尤其体现在他的“主静”思想中。动静本是老庄哲学的本体论范畴,但周氏将其纳入到道德范畴之中:

圣人定之以中正仁义而主静(自注:无欲故静),立人极焉①。

重要的是其中自注的“无欲则静”,无欲则中正仁义才可以实现。这是宇宙本体论与儒家道德论连结的关键之处。主静其实是从《中庸》“诚”的思想之中推导出来的。周氏把《中庸》之中“诚”的概念提取出来加以强调,并且赋予它本体的意义(诚体)。静与动都是围绕着诚体来说的。《通书》中说:

寂然不动者,诚也;感而遂通者,神也。动而未形,有无之间者,几也。诚精故明,神应故妙,几微固幽。诚、神、几,曰圣人②。

“寂然不动”与“感而遂通”,本是《易·系辞传》中的话,是儒家玄思的一种形式。在此处,“寂然不动”是诚体之“体”,而“感而遂通”则是诚体之“用”。介于二者之间的是“几”,只有掌握诚体的圣人才能真正体现诚、神、几的变化之妙。而对于世人来说,寂然不动是道德上的“人极”,是不可达到的。而正因其不可达到,才成为最高的追求。

动而无静,竟而无动,物也。动而无动,静而无静,神也③。

“动而无动,静而无静”是指诚体虚灵,动而无动相,静而无静相,这才能区别于一般的“物”。所谓天地之德之所以高出一般之“物”,正在于诚体的这种精微。“静”是天地所具备的“诚体”的至德,又是人借“诚体”而追求的目标。周氏主静的思想看似勾连天人,其实却是超然的纯理论学说。不过,因为这种

① 周敦颐《周敦颐集》。
② 周敦颐《周敦颐集》。
③ 周敦颐《周敦颐集》。

“主静”与中国传统审美观念具有契合之处，所以也就可以在诗歌等艺术形式中变相地体现出来。“静寂”本是中国诗歌传统中一种固有的审美趋向，盛唐王维、孟浩然的田园诗，中唐孟郊、贾岛的苦吟诗，晚唐司空图的《诗品》等都对“静”的境界有过创作和理论上的丰富探索。然而当“静”与“无欲”“静而无静”连接起来，“主静”的境界就悄然发生了变化。平心而论，周敦颐的诗歌整体水平不算上乘，佳作并不多，但周诗在“静”的审美意趣中隐隐包含道德的思虑与情怀，确是独到的。例如他偶一为之的小诗：

题门扉[1]

有风还自掩，无事昼常关。
开阖从方便，乾坤在此间。

全诗并没有刻意营造安静的氛围，但门扉自掩的静寂却自然而生。随意而至的议论并不显得横放，却是娓娓道来而别有深意。儒者的怀抱正在这“乾坤在此间”中潜藏。周敦颐另有一首写得较好的七绝：

牧童[2]

东风放牧出长坡，谁识阿童乐趣多。
归路转鞭牛背上，笛声吹老太平歌。

末句是全诗点睛之笔。表面上看，笛声打破了牧童放牧的安静场面，实际上，“笛声吹老太平歌”却有一种亘古不变的味道。“太平歌”或是实指，但同时又很难不使人联想到道德之善与无欲。这实是一种有声的静寂，充溢着仁者的情怀。

在理学家那里，“主静”与“生意”并不矛盾。周敦颐“主静”的思想体现在他的《太极图说》之中，“静”源于“诚”，而“诚”则与天地之生意相贯通。《中庸》里说：

天地之道，可一言而尽也。其为物不忒，则其生物不测[3]。

“天道”的本质是“为物不忒”的精纯，正因为精纯，故又是精诚。而正因为精诚，才具有化生万物的至高品德，故而“诚”也就是“仁”。《太极图说》描绘了

① 张伯行《濂洛风雅》。
② 张伯行《濂洛风雅》。
③ 朱熹《四书章句集注·中庸章句》。

天地生发万物的过程,它立论的根基就在于天地是有生意的,这也就是天地至大的“仁”。这一仁道归于圣人,就是“孔颜之乐”。

“孔颜之乐”是周敦颐与程颢思想的一个共通之处。程颢在《识仁篇》中详细论述了这个问题,这是周敦颐传给他的。周敦颐以“寻孔颜乐处,所乐何事”[①]启发他的学生二程。而二程中,以程颢对这个问题理解最深。程颢认为孔子与颜回之所以是圣人,不仅在于他们安于贫贱不求富贵,更在于他们领会了天地间的至仁,其实也就是生意。生意是天道的重要体现。因此,理学家们多于生活之中感悟自然之道。周子不除庭前之草,欲观自然之生意,就是很有名的例子。理学家念兹在兹的“生意”在诗歌之中体现尤为明显。如周敦颐的诗:

题惠州罗浮山[②]

红尘白日无闲人,况有鱼绯系此身。
关上罗浮闲送目,浩然生意复吾真。

他还有一首意象更为丰富的七绝,富于画意,意韵直追唐人:

题春晚[③]

花落柴门掩夕晖,昏鸦数点傍林飞。
吟余小立阑干外,遥见樵渔一路归。

这首诗是“主静”与“生意”相互融合的典型。“掩”与“外”“数点”与“一路”相互呼应,显现出自然的均衡、和乐状态。昏鸦斜飞是以动写静,夕晖之中的独立呈现出一种亘古的姿态,既动而静,既静而动,显现出人与自然的微妙融合,而渔樵同归俨然有“风乎舞雩,咏而归”的曾点之志。这正是物我相融、不分彼此的“生意”。

相比之下,程颢的诗歌之中的“生意”则更为显豁。他不像周敦颐那样似乎是偶然得之,而是有意识地在自然之中探求、发现。例如:

---

① 朱熹《朱子语类》卷三十一。
② 张伯行《濂洛风雅》
③ 张伯行《濂洛风雅》。

和诸公梅台①

急需乘兴赏春英，莫待空枝满寄声。
淑景暖风前日事，淡云微雨此时情。

春日偶成②

云淡风轻近午天，傍花随柳过前川。
时人不知余心乐，将谓偷闲学少年。

游赏记乐的诗，在前代已不胜枚举。而程颢之诗的不同之处却在于，他以深厚的理学思想为底蕴，因而生发出沛然而来的儒者之乐。这似乎是他在有意模仿“孔颜之乐”。但无论如何，它已体现出与一般及时行乐之诗判然有别的底色。“生意”的理学思想充溢其中，而稍加一点技巧性的虚笔就产生从容而富理趣的韵致，这也正是《春日偶成》传诵不绝的原因。

“主静”与“生意”也同样蕴含于北宋山水画作之中。“主静”在山水画中体现得尤为鲜明。山水画兴起之初就迥异于人物、器物、台阁和花鸟画，体现出阔大而宁静的气质。五代末至宋初大量出现的全景山水更以其取景之广衬托出山林氛围的静寂。无论是李成的“平远”还是范宽的“高远”，山林的缄默都构成画作神韵的最主要来源。在这里，一个有趣的现象在于，北宋以来的山水画虽比前代绘画显得更有俗世之趣，但在意境上却走向了荒寒与静寂。宋初以来的山水画具有明显的关注现实生活的特征，画家的笔意流连于山水云林之间的同时，并没有忘记表现人的活动。王诜《瀛山图卷》里屋舍俨然，给人以园林之感，董源《潇湘图》中画船中女子，岸上渔人、乐工，都加以细笔描绘，可以说一丝不苟。相比起传为王维所作的《辋川图》与《雪溪图》，李思训《江帆楼阁图》等前代名作，人间烟火气没有任何消减而反有提升。然而，唐代及以前的山水画，或山势绵延起伏，显出不安分的节奏感，或青绿设色，以色彩的提点振荡出一派仙山的跃动；到了北宋时期，《溪山行旅图》的厚重、《寒林平野图》的萧疏、《早春图》的绵长成为代表，其共同特质是沉浸于山水之间的缄默与静寂。这一看似矛盾的现象背后，体现出了宋人别样的文化心理。宋代士人不似唐人心绪外放，而是走向内心，在外在的静寂之中实现心灵的自由。这与北宋理学“反身而诚”、追求自然宁静中的天人贯通，有着共同的心理特征。而这种共同特征并非一种偶然。这不仅是北宋理学家与艺术家心灵的暗合，更是一种潜移默化的交

① 张伯行《濂洛风雅》。
② 张伯行《濂洛风雅》。

互影响。

但“主静”并不意味着生命力量的消失。绘画的灵魂在于赋予所绘之物以生命力,否则就是失败的绘画,或根本不成其为绘画。北宋山水画作之中虽然荒寒萧疏之“静”远胜于前代,但并非以“主静”抹杀了“生意”。相反,北宋山水的“生意”是充盈满卷的。与前代画作不同之处在于,宋以前的绘画,其生命力多在于所绘之生物和人物,而北宋以后的山水,其生命力则在于山水自身,为山水添设的人物只是山水生命的点缀与旁观者。中国画山水逐渐获得了生命的过程,从绘画题材的转变也可以看出来。在两宋以前,中国画的主要画种应该是人物与花鸟,而尤以人物为盛,六朝及隋唐的宗教题材画作臻于极盛就是明证。而自五代宋初以后,山水则成为中国画的主流。原本更多体现在人物与花鸟之中的生意,在北宋画家那里转移到了山林云水之中。北宋画家们绘山水,必得其神韵而后作。郭熙曾说:

> 真山水之烟岚,四时不同,春山澹冶而如笑,夏山苍翠而如滴,秋山明净而如妆,冬山惨淡而如睡。画见其大意,而不为刻画之迹,则烟岚之景象正矣。①

要想做到“见其大意,而不为刻画之迹”,就必须真正领略山水之生命力。绘画的诀窍在于得自然之生意,石涛豪言“搜尽奇峰打草稿”,也正是为此。

前面已经说过,“主静”与“生意”在理学体系与山水画中的契合并非偶然。其实,除去时代原因以外,这种契合还有着心理结构上的同构。洋溢在理学家诗歌美学中的庭园小景之乐,与画家绘千里江山于尺幅之间,这中间的共通之处显而易见。理学家以天下之仁贯通一己之仁,画家则“外师造化,中得心源”②。理学体系中的体悟与山水画着墨绘色,二者同样是以一人一己之心参悟万千世界,从而打通外在造化之无限广袤、丰富与一己之心灵之无限深刻、纯澈。北宋理学家诗歌中的“主静”与“生意”与北宋山水画意境之间的“诗画一律”是美学的,更是哲学的。

(王正,中国人民大学古代文学博士生。)

① 郭思《林泉高致·山水训》。

② 张彦远《历代名画记》记张璪言。

林九兵卫刊本《水浒传》批语研究

邓 雷

现如今,已知题名李卓吾批评的《水浒传》有三个系统,其一为容与堂刊《李卓吾先生批评忠义水浒传》;其二为袁无涯刊《出像评点忠义水浒全传》,此系统尚且包括郁郁堂刊本、郁郁堂二印本、宝翰楼本、芥子园刊本(三多斋翻印本)以及遗香堂本;其三为林九兵卫刊本(底本或祖本)《李卓吾先生批点忠义水浒传》,此系统尚包括无穷会藏本及郑振铎旧藏六十六回本①。

《水浒传》林九兵卫刊本早先介绍见之于《中国通俗小说书目》卷十附录三《日本训译中国小说目录》,《李卓吾先生批点忠义水浒传二十回》,冈岛璞训点,第一至第十回享保十三年京师林九兵卫刻本,十一至二十回宝历九年林九兵卫等刻本②。现今已知其藏处的有国家图书馆藏前十回、大连图书馆大谷文库藏前十回、日本无穷会织田文库本藏第十一至二十四回、东京大学东洋文化研究所双红堂文库本藏前十回、仓石文库本藏二十回及补钞的二十一至三十回、日本东京大学综合图书馆藏前十回、东京都立中央图书馆藏前二十回③。

林九兵卫刊本为日本翻刻之《水浒传》,是为广大的日本人民学习汉语所提供的范本,故而于书正文中有江户时代日本著名的汉学家冈岛冠山为其加上的日文假名标音读法。④林九兵卫刊本的批语有三种,眉批、夹批、字末批(注音)。据统计,其中眉批112条,共计1006字,夹批23条,字末批(注音)28处。眉批与夹批为针对文章内容所批之语,然夹批多为无谓之言,如“此何说”“此又何说”“何必”“何故”等。字末批(注音)多为对字的注音,分为两种注音法,直音

① 谈蓓芳《试谈海内外汉籍善本的缀合研究》,中国典籍与文化论丛(第七辑),北京大学出版社2002年版,第114—115页。

② 孙楷第《中国通俗小说书目》,人民文学出版社1982年版,第258页。

③ 北京大学图书馆所藏本据马蹄疾先生《水浒书录》一书“其他文种翻译本”一节中得知,大连图书馆所藏本据苗壮先生《大连图书馆藏日本刊本抄本中国小说研究》一文得知,日本无穷会藏本据刘世德先生《〈水浒传〉无穷会藏本初论》一文得知。按:刘世德先生于《〈水浒传〉无穷会藏本初论》一文中,并未谈到此本为林九兵卫刊本,然从其对此本的介绍“《李卓吾先生批点忠义水浒传》,‘施耐庵集撰,享保一三,十回至二四,宝历九。’七册。”中可知其为林九刊本。书名为孙楷第先生所介绍之书名,享保十三年与宝历九年正是其本的两次刊刻时间得见。日本东京大学东洋文化所藏本据互联网日本东京大学东洋文化所所藏汉籍善本全文影像资料库藏目所知,东京大学综合图书馆藏本及东京都立中央图书馆藏本据日本东京大学荒木达雄博士提供信息所知。

④ 袁荻涌《〈水浒传〉在日本》,《文史杂志》,1994年第5期。

与反切法,亦有校别文字,如"一作篦,误""一作惮"[①]。

目前,国内研究者对此刊本的研究甚少,对于该本上署名李卓吾评点的内容研究更是无人问津。本文林九兵卫刊本以东京大学东洋文化所所藏双红堂文库本[②]前十回中署名李卓吾的批语为底本,其他袁无涯刊本以郁郁堂刊本[③]、芥子园本以遗香堂本、容与堂刊本以国家图书馆藏本为底本[④],参校《水浒传会评本》[⑤]。将林九兵卫刊本批语(以下简称林本)与袁无涯刊本(以下简称袁本)批语及容与堂刊本(以下简称容本)进行对照研究。

一、林九兵卫刊本与袁无涯本批语关系研究

考察林本与袁本(包括芥子园刊本)前十回批语,可以发现二者于相同地方批点的批语共计57处,涉及林本眉批55条,夹批2条。同时此两者之间有相当大的关联,这种关联大致可以分为四种类型。第一种,林本评点全同于袁本评点有12处,皆为林本眉批;第二种,林本评点内容大意同于袁本评点处有5条(其中一条为芥眉批),皆为林本眉批;第三种,林本评点部分同于袁本评点有3处,1条为林本眉批,2条为林本夹批;第四种,袁本评点内容大意同于林本且于后者之上多有申发者6条,皆为林本眉批。综上所述,前十回林本与袁本批语有关系者共计26条,占相同地方作批总条数(57条)的45%。由此可见,林本批语与袁本批语之间确实存在某种关系。至于到底是什么样的关系,谈蓓芳先生在《也谈无穷会藏本〈水浒传〉》中对林九刊本(底本或祖本)系统无穷会藏本的批语与袁无涯系统批语的关系作出了如下推断:

> 两本中少量相同的李贽评语,既不可能是袁无涯刊本抄袭无穷会藏本的结果,也不会是无穷会藏本抄袭袁无涯刊本所造成,而当是这两本所收的评语中原有少数是一样的。而这种情况恐正意味着这两种批评都出自李贽,不过一种是其初稿,另一种是其定稿,而在这两种稿本之间有过大规模的改动。[⑥]

---

① 邓雷、许勇强《〈水浒传〉林九兵卫刊本批语初探》,《宜宾学院学报》2013年第8期。
② 施耐庵《李卓吾先生批点忠义水浒传十回》,东京大学东洋文化研究所双红堂文库藏本。
③ 施耐庵《李卓吾批评忠义水浒传全书》,台湾天一出版社1985年版。
④ 施耐庵《明容与堂刻水浒传》,上海人民出版社1975年版。
⑤ 陈曦钟、侯忠义、鲁玉川《水浒传会评本》(上),北京大学出版社1981年版。
⑥ 谈蓓芳《也谈无穷会藏本〈水浒传〉》,中国文学研究(辑刊)2000年第1期。

关于这一推断，谈氏在《试谈海内外汉籍善本的缀合研究》一文中再一次作出重申，同时进一步认为：

> 结合两个系统刻本眉批的整体情形，不仅可以看出包括无穷会藏本在内的该系统刻本与袁无涯刊本眉批之间的粗率、精细之别，而且也从一个侧面证明了包括无穷会藏本在内的该系统本子无论其正文文字还是眉批文字都必定成于袁无涯刊本之前。[①]

那么，谈先生的推断是否正确？下面将通过对林、袁二本批语的考察做出回答。第一类批语，林本全同于袁本的批语，此类共有 12 条。有简短批语者如第四回鲁智深穿了直裰赤着脚走到僧堂处批道"描的像"，三字批语相同；亦有长批语者如第九回柴进携林冲手同行到庄院处，二书同处批道"堂堂王孙携一配军之手同入庄门而庄客亦不之怪者，真义气所化也。今大家门墙，穷士便不敢窥足矣，可感可叹"共计 45 字。第二类批语，林本批语大意同于袁本批语，共计 5 条。此类批语与第一类批语相似，只字句稍有增饰耳。如第二回说到高俅若论仁义礼智信，行忠良却是不会处，林本批道"应前忠良"，袁本批道"与前忠良呼应"；第二回有俗语说自古日远日疏，日亲日近处，林本批道"冷话有情"，芥本批道"点缀冷话，有味有情"[②]；第五回鲁智深提防李忠赚他处，林本批道"却又精细"，袁本批道"却又细甚"。此二类批语除了能说明林本与袁本批语可能同出一源，宿缘非浅外，还不能得出其他推论。

第三类批语，林本批语部分同于袁本批语处，有 3 条，分别为第二回陈达形容史进不是三头六臂处，林本有批"话尽雄壮喜可"，袁本有批"话尽雄壮可喜，然正是形出史进雄壮"；第五回鲁智深赤条条骑在周通身上处，林本批语"有景"，袁本批语"有景，赤条条骑翻，更好笑"；第八回孙孔目说林冲无罪处，林本留批"透彻"，袁本留批"透彻，只此一句，便是定不得死罪的断案"。在此类中有一个奇特的现象，林本批语与袁本批语相同者，包括大意相同者都是属于林本眉批，而于此类部分相同者，却有两条是林本的夹批，如上文所言，林本的夹批多为无谓之言，若此二处"有景""透彻"，确是言简而意不赅，然经袁本的"画蛇添足"后，所批便有所实意。于此可以推测，袁本在林本之后，对林本的批语

---

① 谈蓓芳《试谈海内外汉籍善本的缀合研究》，中国典籍与文化论丛（第七辑），北京大学出版社 2002 年版，第 122 页。

② 关于芥子园本批语比袁无涯本批语所多出之批语，有研究者怀疑为后人所加，但从此处看来，当为袁无涯刊本底本（或祖本）所有。

有所收录，但并非一概而录，有的收录之批也有增饰。此点尤其表现在林本夹批处，因林本夹批无谓之批甚多，故而收录甚微，即使有收录，也加以完善。当然，此等处也不排除林本在刊刻时漏刊之类。

第四类批语，袁本批语大意同于林本批语，然于后者之上有所申发，此类批语有 6 条。上文已推测出袁本批语在林本批语之后，对林本批语有所收录，但并非全然收录。如此结论似乎与谈文所谓“这种情况恐正意味着这两种批评都出自李贽，不过一种是其初稿，另一种是其定稿，而在这两种稿本之间有过大规模的改动”之论断不同。然从第四类批语及其他批语中，可见林本之批确为较早之批语，而袁本之批为后出，但袁本只按己意选取批语，并加以增饰修改，乃至添加批语，而对袁本进行此等工作者并非林本评点之人。如第二回叙及史进与王进泪别处，林本批道“虽说好汉无泪，好汉见好汉自然泪流也”，袁本批道“天下无无情的好汉，丈夫自有泪，亦洒离别间”。此条中，林本之批意在于好汉见到好汉会流泪，而袁本之批意重在好汉在离别的时候会流泪，毫无疑问袁本是更符合文章内容的，同时林本此批平实无味，而袁本“丈夫自有泪，亦洒离别间”一句却有几分诗味。由此条可见如谈先生所说的“林本粗率，袁本精细”之处。第三回鲁达消遣郑屠到了饭罢的时候，林本此处有批“金公去远了”，袁本此处批道“如此消遣，为耐得金公的脚根远，亦激得郑屠与拳头近，绝好作用”，袁本批语把鲁达此举的两个作用都说了出来，比之于林本的批语不知道深了几许。但袁本批语对文章人物如此精细的分析，在林本批语中绝无存在，林本的眉批几为社会道德批评，很难想象同为一个人所作批语水平提高如此之多。再有第六回叙及从知客僧对鲁智深的述说中铺排出僧人的职位，林本于此处批道“零令碎碎如表花铺锦”，袁本于此处批道“从知客口里铺排出丛林中许多职事出来，与闲论旁述者不同，语语皆活，此文家三味也”，虽二批皆论及职事的如花似锦，但袁本批语却是侧重于表明文章叙述者不同，对文章所产生的效果也不同，可以说这已经涉及小说艺术性问题，这在林本批语中亦杳无踪迹。第七回，众泼皮拿酒肉来请鲁智深，林本批道“向日殃害果园，今日甘心费却酒食，何也”，袁本批道“如何向日侵损果园，今日肯费酒食，治人者思之”，林本批语无外乎就是要说明一个人善被人欺、强大使人惧的道理，而袁本竟然能够上升到国家官员的立场，林本中无此类对国事关心之批语，而于袁本与林本相同地方批点处，却甚喜涉及此类，如“只要瞒得天子过，从来边臣皆传受此衣钵”“边功滥叙，私恩骤迁，千古同弊”。如此，林本与袁本是初稿与定稿关系的话，那评点者的价值观都发生了相当大的改变，从一风声雨声读书声声声入耳的读书人变成了家事国事天下事事事关心的耆老。

若以上例证尚不足以证明林本与袁本批语非出于一人之手，并非所谓初稿与定稿，以下再举数证。第二回，朱武让史进将其解官请赏处，林本有批“□至此便觉‘解官请赏’四字可羞”，袁本有批“更进一步，义气愈深”，此二者之批语完全是两个相反的态度，一个否定朱武的言行，一个肯定朱武的言行。第五回，李忠被鲁智深偷了酒器后与周通说及不该引他上山，要把自己刚劫来的财富补给周通处，林本之批语“李忠度量更小，潘家酒楼上便被鲁达识破了”，袁本之批语“是公道？是小器？”，前者只针对小器而论贬低李忠，后者却对李忠的这种行为多有公允的赞赏。此二例皆为前后矛盾之批，对书中人和事的观点皆不一致。再者，林本中表现出对道学的厌恶，贬低道学或是道学先生者便有三处，“为人谋画忠如此，亦何必讲道学、读《论语》来。好汉肝肠自是如此，千古同贯也”“这府尹尚有人心，若是假道学，林冲必死，孔目必败”“道学先生嘴脸”。而在袁本中绝无诋毁道学之处，全书一百二十回仅有一处涉及道学之批，且此批为赞扬道学之处，九十三回“梦寐不忘君侧元凶，真抱负，真道学”。可见对待道学的态度上二书也大相径庭。

综上所述，若林本与袁本为初稿本和定稿本的话，那么此批者的文学功底、艺术欣赏能力、对书中人或事物的态度、自身的人生观与价值观都发生了天翻地覆的改变。若其一二者改变尚有理解可言处，如此之多的颠覆，很难相信是同一批者所为。却更似前文所言，袁本与林本评者并非是同一个人，袁本对林本批语有所收录，其中增添之批自不待言，收录的批语也有所择善，有所增饰变更。

如此，袁本在收录批语的时候又本着什么原则，对林本批语又做了何种改变？第一，林本批语草创性特征太过于明显，批语略显粗糙轻率，这些批语都未被袁本所选取收录。草创处如在每一个英雄第一次出场的时候皆会批上某某某出世的批语“史进出世”“朱武陈达杨春出世”“李忠出世”等，此等批语无任何意义可言，袁本未收录。粗糙轻率处如第五回批周通处，前面周通说听鲁智深的话不再登刘太公的门，批语“真大丈夫”，后面写到鲁智深见李忠、周通不是慷慨之人，又批道“原不是丈夫”，真是前后矛盾，这与林本有些批语带有明显的边读边批的性质有关，此等处袁本亦未收录。第二，对于林本前后不一致的批语改为前后一致。如第二回朱武用计诓史进，林本前批“朱武亦是真义气，不止苦计”，后批便为“□至此便觉‘解官请赏’四字可羞”，对朱武的态度前后不一，此亦当是边读边批的后遗症。而袁本批语此处，前批同林本所批，后批为“更进一步，义气愈深”，对朱武的态度前后一致，就是赞扬他的义气。第三，对文本做更加精深的挖掘和艺术上的欣赏，而不是仅仅局限于社会道德批评之上。关于此点上文已有所叙及，此处再补充两例。第八回，董超、薛霸对高太尉收买的不同态度，林本批语为“这薛霸好似人家门下客”，袁本批语（芥眉批）为“作一堪一好，有波澜，有形击”，林本批语只讽刺薛霸，而袁本批语却注意到了小说的艺术性安排。第九回，柴进怂恿林冲与洪教头比武的言语处，林本只批“好柴进”三字，而袁本却作了深入的点评，“三四句内，看他有多少转折，多少意思”。第四，袁本对林本批语中一些盛气凌人之语及批点过当的话，或予删削或作适当的修改。盛气凌人之语处如第四回，鲁达在剃度受戒的时候不知答应是否二字，林本批道“知答应是否者便怎的”，语气可谓不善的很，而袁本于此处批道“知答应‘能否’者，不如只‘记得’二字亲切”，明显语气中正平和太多。第四回，禅和子管鲁智深睡觉，鲁智深反口说干你甚事处，林本批语为“其实干你甚事，此禅和子好做师父，由他自睡却是正理”，言语之间责备太强，而袁本批语“真坐禅”，仅仅只是肯定了鲁智深的行为，未做过多的批评。批点过当处如第四回，长老说鲁智深休说打坏了金刚便是打坏了三世佛也只得回避他处，林本批道“长老真透彻，虽平天下可也”，袁本批道“真具眼师，真丛林主”，很明显林本的批语太过了些，说出这番话也跟平天下没什么关系，而袁本就恰当很多了，也就称长老是真正的丛林主。当然除却上文所言及的对草创性粗糙轻率的批语进行删削、使书中批语保持前后一致、对文本做更加深入的挖掘及艺术欣赏、对盛气凌人之批语及所批过当之语进行扬弃修改外，袁本批者尚且有一些自身的喜好，如对国事政事的关心，对道学的恭谨等。

以上论及袁本批者对林本批语进行选择性收录并有所修改及增添批语，那么袁本批者究竟为何人。据谈蓓芳先生《也谈无穷会藏本〈水浒传〉》一文对袁无涯刊本卷首《发凡》的分析，推断袁无涯等人为了自贵其书，而对《发凡》的文字进行了修改。同时根据李卓吾《忠义水浒传叙》可知其批点的水浒为一百回，而现今之袁本却为一百二十回，至少可断定其间有二十回是袁无涯等人作伪所批。那么袁本的批者最有可能便是袁无涯等人。如此便可解释，何以林本多狂傲不羁之言，且对道学如此嗤之以鼻，而袁本于此等处皆删削不录。

二、林九兵卫刊本与容与堂本批语关系研究

探究林本批语与容本批语，并无一处相同之批，即使相近之批也罕有，甚至于相同内容处所作批点亦少有。且林本与容本所作批语之内容甚多抵牾之处，如第六回，知客与鲁智深叙说了一堆僧职后，鲁智深觉得也有出身的时候，林本此处有批“英雄汉却在僧寺中望个出身，可怜可怜”，容本此处却批道“要思量出身，便不是寻常和尚”，林本是在同情鲁智深的遭遇，一个堂堂英雄人物却要到寺院来混个出身，而容本却把鲁智深当作一个和尚，一个会思量出身的不寻常

和尚。第九回,林冲劝鲁智深别杀董超、薛霸二人,他二人也是受高太尉指使,杀了也是冤屈处,林本批道"林冲大见识",表示对林冲这番话的认可,而容本于此处却批道"腐",表示觉得林冲这番话迂腐不堪。

如此说来,林本与容本批语之间应无甚联系了。其实不然,从表面上看,林本批语确是与容本批语相距甚远。但是如果细查林本的批语就会发现其内在竟然与容本批语有相通之处。其一,特殊词语的出现与容本批语相同。第四回,林本有一处批语"古人结交,如何便皆这等?宜卓老终其身寻不见也"。关于"卓老"二字,遍寻袁本眉批及夹批皆无所得,而在容本眉批及夹批中"卓老"二字却出现了四次,"似卓老""如入无人之境,大胆大胆,卓老亦不及也""似卓老""张太守又不似卓老了",且有"卓吾"二字于容本眉批中出现一次"或周通又去刘太公庄上做女婿,如何?卓吾曰:'鲁和尚也管不得许多。'"其二,对待道学的态度上与容本批语一致。上文已说及在袁本批语中无一丝诋毁道学的意思,反而对道学存有恭谨之心。相反,在容本批语中不算入回末总评,光眉批与夹批中谈及道学之批便有 14 处,而此 14 处批语无一不是讽刺批判道学之语,如第三十六回,宋江接到家书要回去,说了一些大义大孝之言,容本批道"的确是个假道学",第五十回,宋江大破祝家庄后散粮于百姓,百姓于宋江大军走之时扶老携幼相送,容本于此处批道"却被道学先生哄了",第五十一回,朱仝劝雷横带着老娘赶紧逃跑,自己替其顶罪处,容本批道"朱仝真孝子,真圣人,真菩萨,真佛,道学先生那堪作仆"。林本关于道学的批语便似容本的态度,其三处关于道学的批语第三回鲁达为使金老走远端凳静坐处"为人谋画忠如此,亦何必讲道学、读《论语》来。好汉肝肠自是如此,千古同贯也"、第八回府尹与孔目与林冲开罪处"这府尹尚有人心,若是假道学,林冲必死,孔目必败"、第九回差拨见林冲不拿钱出来而骂林冲处"道学先生嘴脸",皆是批判道学之语。其三,林本批语与容本批语风格相似。关于此点,上文提到,袁本在修改林本批语时,将林本批语中盛气凌人之批及所批过当之语改为平和中正之言。除上述所举例之外,林本批语中多有如此盛气凌人及过当之批,如"抬举他有其用""出家人体面又是如何""丛林中要你这等人却又何用?只可装禅和模样哄施主布施耳""这样僧赶散了有何罪业"等。而容本批语之中更多是这般凌厉之批语,如"吃素便志诚了?""胡说!真正出家人,何必要似出家人模样""如一伙不识道理、不知法度的畜生"等。除此外,林本尚有反语评点,如第七回,陆谦、富安与老都管商议陷害林冲之计,林本批道"好计好计",下文高俅思量要害了林冲救高衙内,林本批道"好个贤父兄",这等处批语皆为反语之批。如此之批在容本之批中表现得更为明显,如第二回中"神机军师朱武真个好计,第一策只是投降而已""好个神机军师,妙计只是如此""好个赛伯当"皆为此类。

从上文可以看出,林本与容本批语确实存在一定的关系,然而这种关系绝非有诸如林本与容本承袭、抄录乃至初定稿的可能。因林本与容本虽内在有相似之处,但外在从前十回来看,却无一处相同之批,即是有关“卓老”“道学”几条批语亦未见相同。且容本尚有着几处特别明显的特征林本皆无,一是喜用单字批,如“佛”“真”“画”“妙”等,二是对文章趣处的欣赏,三是对小说艺术性的把握,如人物的刻画处“同而不同处有辨”。既如此不是承袭、抄录或初定稿,那么很有可能便是林本模仿容本所作,或是容本模仿林本而作。那么到底是前者可能性大些抑或是后者?若是林本模仿容本所作,那么何以容本的一些明显特征林本没有继承,关于小说的艺术性特征亦无一叙及,甚至容本的回末总评都没添加到林本之中?反之,从批语的特征、对道学的讽刺和对小说艺术的阐发等方面看,容本模仿林本的可能性非常之大。

三、林九兵卫刊本(无穷会本)在《水浒传》评点史上的地位

自20世纪学术界发现两个系统署名李卓吾批点的《水浒传》本子以来,即容与堂刊本与袁无涯刊本,关于其二者到底孰为李卓吾批评的真本问题便一直争论不下。其间涉及四种观点,第一种,两者皆为伪托之说,肇始者为鲁迅与胡适先生,到后来黄霖先生则备说极其完善;第二种,二者皆为李卓吾真笔,此为较早之观点,后则湮灭不见;第三种,容与堂本为真本,袁无涯本为伪托,持此观点者前有郑振铎、萧伍等人,后有朱恩彬、陈洪等人;第四种,袁无涯本为真本,容与堂本为伪托,此观点的拥护者大有人在,前有戴望舒、何心、王利器等,后有欧阳代发、叶朗等。而在这些证真辨伪的过程中,各种方法也是无所不有,如内证,从二者的批语的大异其趣来辨析,如外证,从对李卓吾生平的考究,对他书的批点习惯,对诸如女人、酒等的态度来考察,如旁证,从他书《戏瑕》《因树屋书影》《休庵影语》等来考证。

然而无论哪一种观点、哪一种方法,在辨析的过程中总留有一些不契合之处。若二者皆为作伪本,那么何以容本在思想内容和行文风格等方面会如此近似李贽①;若容本真而袁本伪,何以容本在对待宋江及梁山的态度上会大异确为李卓吾所作《忠义水浒传叙》中思想;若袁本真而容本伪,又何以袁本会抄袭或

---

① 张同胜《论李贽的〈水浒传〉评点》,《济宁学院学报》2009年第4期。

改用容本的批语①。

这些问题在林本出现后,经过上文的一些分析,已全然可以解答。林本的批语在袁本以及容本之前,容本仿照林本的批语所作,故而其大体的思想内容和行文风格都近似李贽②,而有些地方却跟李贽不同,如与《忠义水浒传叙》的矛盾,与李贽对女人和酒的态度矛盾等。袁本按照已见选录并且修改林本批语,本来林本批语便不甚多,一经删削后,所留益少,且于袁本刊刻时,容本已然付梓,而“明代书贾们刻印一部小说,为了扩大销路,总是要设法比别人的刊本增添一些东西,而绝不肯对别人的刊本删落一些东西”③。正因为此,袁本一方面自己增添大量批语,一方面参照已出版的容本选取其间有用之批,并增添了林本所没有但是容本却有的回末总评④。即如此,才造成了袁本如今所见之情况。

由此可见,林本批语的出现,解决了《水浒传》评点史上一直以来争执不下的问题,即袁本与容本孰真孰假的问题,现在可知其二者皆为伪造,容本为意造,仿造林本的批语风格而作,袁本乃是改造,承袭了林本部分批语,并作出了修改,并且增添了大量的批语。

最后,林本的批者究竟为何人。王利器先生及谈蓓芳先生在其文中皆认为批者为李卓吾⑤。而上文分析,从容本批者模仿林本批语,再到袁本收录林本批语,而其二书皆自称为李卓吾所批而言,此本有很大的可能性是李卓吾所批。就此又存在一个新的问题,若林本批语真为李卓吾所批,何以林本的批语水平如此之低,完全比不上容本及袁本批语。草创性的边读边批可能是其一个很大的局限。林本若真在容本之前,那么于林本批语之前的《水浒传》评点只有余象斗评林本“村学究”般的批语,而且当时其他小说全文有批注的也少之又少,故而也无所参照,林本的批注可算一开创。再者,此恐怕与李卓吾的童心说有所关系,赤子之心者,应该于读小说之时,深入其间,随故事起伏而心动,而不能像容本及金本批语一样,时时提示读者此为小说,将其当作文章来读,归纳各种文法。

---

① 本文所取结论为学界普遍赞同的容本的刊刻时间在袁本之前,具体探讨文章参见黄霖先生《〈水浒全传〉李贽批也属伪托》,载《江汉论坛》1982 年第 1 期。具体袁本与容本相同或相似之批详见白岚玲先生所著《才子文心:金圣叹理论探源》(北京广播学院出版社 2002 年版)附录一。

② 此处将林本批语作者归于李卓吾,详见下文。

③ 叶朗《中国小说美学》,北京大学出版社 1982 年版,第 295 页。

④ 叶朗《中国小说美学》,北京:北京大学出版社 1982 年版,第 294 页。

⑤ 王利器《李卓吾评郭勋本〈忠义水浒传〉之发现》,《河北师院学报》1994 年第 3 期;谈蓓芳:《也谈无穷会藏本〈水浒传〉》,《中国文学研究》(辑刊)2000 年第 1 期。

综上所述,我们可以得出以下结论:

1. 林本底本(或祖本)批语当在容本批语及袁本批语之前,其评者很可能为李卓吾。

2. 袁本批语对林本底本(或祖本)批语有所收录及修改,并收录及修改容本少量批语,同时批者增添了大量的批语,而为此者当是袁无涯等人。

3. 容本批语当为评点者模仿林本底本(或祖本)批语所作。

(作者:邓雷,江西抚州人,福建师范大学文学院博士研究生,350007。)

《论语》中的“食”考辨

朱梦静

《论语》中谈到“食”的节段共有二十四处。这其中有明确有“食”字的，也有涉及“食”的，但都含具“食”文化思想。以下我们从“君子与食”“祭祀、斋戒与食”“孝道与食”“礼仪与食”“健康与食”等几个方面作以探讨。

一、君子与食

在孔子的基本思想里，较为重要的一点是他所主张的等差观念。春秋以来，社会分工已经越来越清晰，职业上也有了较为细致的分类。士、农、工、商的等级观念不容许被混淆。孔子承认这种分工，并承认这种分工中存在着高低贵贱的区别。这个等级以士为界限，分为“君子”和“小人”两个对立阶层。士以上的卿、大夫、诸侯、天子都属于“君子”。那么君子与“食”应该是什么样的伦理界定呢？《论语》是这样看的：

（一）君子为学，食无求饱

作为一名君子，首先要做到的便是孜孜不倦地追求真理、学识，君子为学应注重道德实践，而道德的自我修养应该是安贫乐道，享受精神上的快乐而不是刻意追求华美的食物。《论语·学而篇》有，子曰：“君子食无求饱，居无求安，敏于事而慎于言，就有道而正焉，可谓好学也已。”[①]“饱”字的本义就是吃足，而在这里则指过分的对食物的享受，也指食物的丰盛，应有尽有。在孔子看来，君子应把“学”“正道”放在第一位，“饱”是不必追求的。又，《论语·雍也篇》中说：“一箪食，一瓢饮，在陋巷，人不堪其忧，回也不改其乐。”[②]“箪”是一种盛饭的器皿，包括它的盖子在内仅由一节竹筒制成，这便体现了容量小。这样少量的饭菜对于一个成年男性肯定不是“饱”的概念，然而颜回却自得其“乐”，不以为“忧”，这不正体现了君子对于“食”的欲求寡淡吗？此外，“饭疏食饮水，曲肱而

---

① 杨伯峻《论语译注》，中华书局1980年版，第9页。

② 杨伯峻《论语译注》，中华书局1980年版，第59页。

枕之,乐亦在其中矣”[①]。“其为人也,发愤忘食,乐以忘忧,不知老之将至云尔”[②]。这些言语都说明作为一名高尚的君子,在求学之时,不应追求口食上的快感,即不去求“饱”。还有《论语·卫灵公篇》中,子曰:“吾尝终日不食,终夜不寝,以思,无益,不如学也。”[③]这里也反映了孔子对于“学”“食”关系的处理。在《论语·阳货篇》中,子曰:“饱食终日,无所用心,难矣哉!不有博弈者乎?为之,犹贤乎已。”[④]杨润根在其《发现论语》中是这样来评说这句话的:“这是对那种无意识,无意志论的一种批判:意识、意志、情感是人类与生俱来的精神本性,人们无法否定它,也无法回避它。它是我们生命中的一种比我们所能感知到的意识到的存在本身更为强大的东西,它支配了我们的活动,我们的生命,我们的存在。它促使我们不断地去感受,去思考,去认识,去追求,并且只有当我们找到了恰当的感觉,恰当的思想,恰当的认识,与恰当的追求时,我们才能感到安适,自由,幸福,满足与强大;相反,我们将会感到不安、限制、不幸、压抑、不满与软弱、渺小。”[⑤]就是说,君子要有所“用心”,这个“用心”就是意识、意志、情感上要有追求,否则,“饱食”之,有什么人生价值呢?

关于君子食无求“饱”,这其中大概还包含着儒家所重视的“中庸”,即“食”要把握一个度,不过也不能不及,这里也体现了儒家文化的精细处。

(二)君子为士,禄在职后

曾子曰:“士不可以不弘毅,任重而道远。仁以为己任,不亦重乎?死而后已,不亦远乎?”[⑥]这是说明作为一名士人应有的品质和担当。孔子倡导“学而优则仕”,他将毕生的精力放在教学、治学、讲学、游学的一个重要原因就是想因此走向仕途,为自己挣得一官半职,这是儒家的“出仕”思想。然而,孔子却厌恶那些在仕途中刻意追求功名利禄,先己后人的人。在《论语·里人篇》,子曰:“士志于道,而耻恶衣恶食者,未足与议也。”[⑦]这里的“士”可以看作为官者,也可以看作读书人。无论哪一种,他们对荣耻的定位都应该是“志于道”,即仁爱和正义,只要达到了“志于道”,穿破烂衣服和吃粗茶淡饭就不是什么耻辱,也不应该感到耻辱。《论语》中,记有孔子对于大禹的盛赞,子曰:“禹,吾无间然矣。菲饮食而致孝乎鬼神,恶衣服而致美乎黻冕,卑宫室而尽力乎沟洫。禹,吾无间

---

① 杨伯峻《论语译注》,中华书局1980年版,第70页。
② 杨伯峻《论语译注》,中华书局1980年版,第70页。
③ 杨伯峻《论语译注》,中华书局1980年版,第211页。
④ 杨伯峻《论语译注》,中华书局1980年版,第238页。
⑤ 杨润根《发现论语》,华夏出版社2007年版,第393页。
⑥ 杨伯峻《论语译注》,中华书局1980年版,第80页。
⑦ 杨伯峻《论语译注》,中华书局1980年版,第37页。

然矣。”[①]短短的一段话,却重复使用“禹,吾无间然矣”这体现了孔子对于大禹的认可,而认可的原因便在于夏禹在饮食、衣服、宫室方面薄于自奉而尽力地去为民。孔子认为,在其位,谋其事,为官应该以职事为先而不是以“饮食”为先。君子所追求的、所思考的应该是他的行为是否符合道德与正义,是否可以使国家的政治朝着正轨发展,而不是只为个人的果腹。故《论语·卫灵公篇》又说:“君子谋道不谋食。耕也,馁在其中矣;学也,禄在其中矣。君子忧道不忧贫。”[②]“事君,敬其事而后其食。”[③]朱熹注:“君子之仕也,有官守者修其职,有言责者尽其忠。皆以敬吾之事而已,不可先有求禄之心也。”[④]君子所谋在于“道”,在于“学”,“食”和“禄”要摆在次后的位置。

二、祭祀、斋戒与食

祭祀活动在我国上古时代尤繁盛。《春秋左传·成公十三年》:“国家大事,在祀在戎。”[⑤]那时,国之大事即两样,祭祀与战伐。先秦时称“祭”“祀”或“享”“荐”“祠”等,都与饮食有关。祭祀主要是通过向神灵贡献食物,与之沟通。《礼记·运礼》中有记载:“夫礼之初,始诸饮食。其燔黍捭豚,污尊而杯饮,蒉桴而土鼓,犹可以致其敬于鬼神。”[⑥]这是说人们用黍、豚、饮等奉献于祖魂神灵。

古之祭祀要斋戒,斋戒中的“斋”字,由“齐”和“示”的上下结构组成,而“齐”的本意是追求、贪欲。因此,“斋”意为在神灵面前,人们要把自己的那种引发罪恶的贪欲说出来,并向神灵发誓要坚决戒除它。《论语》中有不少记载祭祀与斋戒的言论。《述而篇》云:“子之所慎,齐、战、疾。”[⑦]这里的“齐”,便是“斋”。孔子认为对于斋戒应尤慎重,并且,其所“慎”的程度应在“战”之前。孔子对于祭祀和斋戒的礼仪、文化、方法掌握的颇深,并且极力维护这种制度。如:子贡欲去告朔之饩羊。子曰:“赐也!尔爱其羊,我爱其礼。”[⑧]告朔饩羊是古代的一种祭庙仪式,每年的岁末,周天子向诸侯颁发来年的历书,确定来年每月初一是哪一天。诸侯接受这一历书,将它藏于祖庙。到每月初一,杀一只活

---

① 杨伯峻《论语译注》,中华书局1980年版,第84页。
② 杨伯峻《论语译注》,中华书局1980年版,第168页。
③ 杨伯峻《论语译注》,中华书局1980年版,第170页。
④ 朱熹《四书章句集注》,中华书局1983年版,第168页。
⑤ 转引自刘亚伟:《远去的历史场景·祀孔大典与孔庙》,山东文艺出版社2009年版,第7页。
⑥ 《礼记·礼运》。
⑦ 杨伯峻《论语译注》,中华书局1980年版,第69页。
⑧ 杨伯峻《论语译注》,中华书局1980年版,第29页。

羊去禀告祖庙,这种祭祀活动叫做“告朔”。但自鲁文公起,已经不行此礼,但每月告朔仍“用羊”,子贡惜羊,主张停止“用羊”,孔子以为祭牲用羊还是用的,因它是一种“礼”,“礼”是不可废的。《论语·乡党篇》中的另外两处记述更是体现了孔子对于祭祀、斋戒中饮食方面的遵守。“齐,必有明衣,布。齐必变食,居必迁坐。”[1]这是说斋戒中要改变吃食,所谓“变食”。“变食”所指,有三种说法。其一,“不饮酒,不茹荤”;其二,古人吃饭只有第一顿是新鲜的,其余两顿都只是把第一顿的剩饭回锅罢了,但在斋戒之时,顿顿吃新鲜的,不吃回锅的剩饭,取其“洁净”;其三,不吃鱼肉。这一处是指大的祭祀中孔子所强调的斋戒饮食,而在平时生活中的荐新祭祀,孔子也遵循“岁疏食菜羹,瓜祭,必齐如。”[2]也即平时的小祭行为也像大祭一样持斋戒之诚心的原则。正如朱熹所说:“孔子虽薄物必祭,其祭必敬,圣人之诚也。”[3]

三、孝道与食

儒家讲求孝道,《论语》一书中,孔子多次强调子女对父母的孝,如:“父母在,不远游,游必有方。”[4]又如:“父母之年,不可不知也。一则以喜,一则以惧。”[5]并且对于子女应该如何对待父母所犯的错误也有所叙述。子曰:“事父母几谏,见志不从,又敬不违,劳而不怨。”[6]然而怎样才能真正做到孝顺父母,《论语·为政篇》中有一处也许可以给我们以启发。子夏问孝。子曰:“色难。有事,弟子服其劳;有酒食,先生馔,曾是以为孝乎?”[7]这里的先生,弟子,或有释之为老师与学生者,但笔者以为译为父母与子女似更妥当。“色难”一词是指子女侍奉父母时,经常保持和颜悦色是件难事。“馔”指人们能拥有和享受的好的食物,人人都想享受美味佳肴。这里用作动词,为享受美味佳肴。也许我们都能做到在日常的生活中,有事情,为父母效劳服务;有酒饭,先让父母食用。但是这并不可以称为真正的孝,真正的孝顺是一种心理情感,孝顺父母不是供其“食”之形式,而是要有内在的情感。这就是人们常说的“能养只是孝的一半”。

封建时代尤为重视父母的丧事,强调父母去世后子女应守制三年,这在《论

① 杨伯峻《论语译注》,中华书局 1980 年版,第 101 页。
② 杨伯峻《论语译注》,中华书局 1980 年版,第 104 页。
③ 朱熹《四书章句集注》,中华书局 1983 年版,第 120 页。
④ 杨伯峻《论语译注》,中华书局 1980 年版,第 40 页。
⑤ 杨伯峻《论语译注》,中华书局 1980 年版,第 40 页。
⑥ 杨伯峻《论语译注》,中华书局 1980 年版,第 40 页。
⑦ 杨伯峻《论语译注》,中华书局 1980 年版,第 15 页。

语》中也有反映:“三年无改于父之道,可谓孝矣。”[①]守制要求做官的要告“丁忧”回乡守孝。守制期间的人不能应酬,不得应考、婚嫁、娱乐等。孔子非常重视守制这一礼节,并对居丧者在饮食上提出了一定的要求。故,孔子即问宰我:“食夫稻,衣夫锦,于女安乎?”[②]因为古代北方以稷为主要粮食,水稻的种植面积很小,稻米在当时属于珍贵的食品,居丧者不能吃。居丧守制之人必须遵守这其中的饮食文化,否则将会被看作大不敬。

四、礼仪与食

周公旦制定了礼乐制度,春秋的时候,王室衰微,无所作为,各路诸侯逐渐开始敢于违反制度,整个社会处于“礼崩乐坏”的状态。儒家思想的核心就是维护周礼。孔子重礼,体现在多个方面,他试图用礼来规范人们的行为,使当时无序的社会变得有序。在饮食方面,孔子也时时做到以礼相待。孔子会彬彬有礼地接受款待与馈赠,并且会灵活地处理不同情况下的不同的人际关系。

(一)礼貌对待别人的款待

《论语·乡党篇》有:“有盛馔,必变色而作。”[③]前文已经对“馔”有所解释,“变色”即改变神色。就是说有了丰盛的菜肴,一定要改变神色,站立起来。孔子改变神色而站立,一是出于他对食物虔诚和尊重,另外就是他对于宴请者的感谢和尊敬。《孔子家语·致思篇》中有这么一个故事:鲁有俭啬者,瓦鬲煮食食之,自谓其美,盛之土型之器,以进孔子。孔子受之,欢然而悦,如受之大牢之馈。子路曰:“瓦甂,陋器也。煮食,薄膳也。夫子何喜之如此乎?”子曰:“夫好谏者思其君,食美者念其亲。吾非馔具之为厚,以其食厚而我思焉。”[④]瓦甂是陋器,其煮出来的食物也只是薄膳,但孔子却欢然而悦。他的高兴是因为赠送者吃到了美味便想起了他。这反映了孔子对于饮食之礼的遵循以及对于馈赠者的感恩。另外,我们从孔子与国君之间的饮食关系也可以看出孔子对于饮食礼仪的注重。《论语·乡党篇》:“君赐食,必正席而尝之。君赐腥,必孰而荐之。君赐生,必畜之。侍食于君,君祭,先饭。”[⑤]这里面包括四个方面:“食”指熟食,君子赐给熟食,孔子一定会摆正坐席先尝一尝;“腥”指生肉,“荐”在这里指的

① 杨伯峻《论语译注》,中华书局1980年版,第7页。
② 杨伯峻《论语译注》,中华书局1980年版,第236页。
③ 杨伯峻《论语译注》,中华书局1980年版,第107页。
④ 刘乐贤《孔子家语》,北京燕山出版社2009年版,第26页。
⑤ 杨伯峻《论语译注》,中华书局1980年版,第105页。

是进奉,进奉的对象是自己的祖先。也就是君子赐给生肉,孔子一定会煮熟了先供奉祖先;“生”是活物,君子赐给孔子活物,那他一定会把它养起来;最后一个方面是指君子请孔子吃饭,那么在国君进行食前祭食,即氾祭时,孔子先吃主食,但不吃菜,为君主尝食,表示对君主的尊敬。

(二)灵活处理饮食礼仪

孔子能够智慧的,有礼有节的处理饮食中的人际关系,区别对待不同的情况。

《史记·孔子世家》中记载:桓子嬖臣曰仲梁怀,与阳虎有隙。阳虎欲逐怀,公山不狃止之。其秋,怀益骄,阳虎拟怀。桓子怒,阳虎因囚桓子,与盟而驿之。阳虎由此益轻季氏。季氏亦僭于公室,陪臣执国政,是以鲁自大夫一下皆僭离于正道。故孔子不仕,退而修《诗》《书》《礼》《乐》,弟子弥众,莫不受业焉。定公八年,公山不狃不得意于季氏,因阳虎为乱,欲废三桓之適,更立其庶孽阳虎素所善者,遂执季桓子①。这点明了阳虎的阴谋狡诈,也说明了当时混乱的局面,季氏越权操纵鲁君,出现了陪臣掌握国政的局面,鲁国从大夫以下都超越礼制的正轨。因此孔子不愿见阳货,故“阳货欲见孔子,孔子不见,归孔子豚”②。当时有一种礼节,大夫赠给士礼物,如果受赠者不是在家里当面接受的,就应该到赠送者家中进行回拜。阳货设法趁孔子不在家时给他送了蒸熟的小猪,即使孔子非常不愿意与阳货有来往,但他也会按照礼节办事,于是他就打听到阳货不在家时去拜谢。

又有,“朋友之馈,虽车马,非祭肉,不拜”③。孔子对于朋友馈赠的车、马不拜,却拜祭肉。在笔者理解看来,祭肉中承载着赠送者与被赠予者之间的血缘关系的文化符号及赠送者向被赠予者所表示的敬意。即“朋友有通才之义,故虽车马之重不拜。祭肉则拜者,敬其祖考,同于己亲”④。

另外,孔子在日常生活中本就不倡导吃饭吃得过饱,他认为在特殊情况下更应如此。“子食于有丧者之侧,未尝饱也。”⑤这体现了孔子广博的同情心,他的“礼”是发自内心的情感,他的恻隐之心,并表现出了他对于生命的高度尊重。从以上三点细微处可见孔子对于“食”与“礼”两者的灵活处理。

---

① 司马迁《史记·孔子世家》,中华书局1963年版,第1914页。

② 杨伯峻《论语译注》,中华书局1980年版,第180页。

③ 杨伯峻《论语译注》,中华书局1980年版,第107页。

④ 朱熹《四书章句集注》,中华书局1983年版,第122页。

⑤ 杨伯峻《论语译注》,中华书局1980年版,第68页。

五、健康与食

春秋时期,医疗水平低下,人们对于医药的认识也很匮乏,于是导致人的平均寿命不高,孔子却终年72岁。其长寿的原因有很多,但最显然的一点便是他对饮食的智慧。古人有云:“食者,性也。”食是人的固有本性,中国人对吃有诸多的讲究。所以,中国的饮食不仅是一门技术,它更是一门艺术。儒家注重饮食养生之道,这在《论语》中也有所体现。

(一)十个“不食”“不多食”

“食不厌精,脍不厌细。食饐而餲,鱼馁而肉败,不食。色恶,不食。臭恶,不食。矢饪,不食。不时,不食。割不正,不食。不得其酱,不食。肉虽多,不食胜食气。唯酒无量,不及乱。沽酒市脯,不食。不撤姜食,不多食。”[①]在这十个“不食”与“不多食”中可以划分为以下几个类目。

1. 有关卫生的不食:

(1)食饐而餲,鱼馁而肉败。“饐”和“餲”都是指食物经久发臭;“馁”指的是鱼腐败变质;“败”指腐烂变质。

(2)色恶。指的是食物的颜色变了。

(3)臭恶。“臭”指的是气味。

(4)沽酒市脯。“沽酒”也作“酤酒”,指酿了一夜的酒,这样的酒还未酿好,饮了对人身体有害。“市脯”,指在街上买的肉干。

以上这几种食物都是没有卫生保障的,吃了对人体有害,轻则腹泻,重则食物中毒致死亡,当然不吃。

2. 有关烹饪的不食:

失饪,不食。失饪当然就是就是烹饪失当,这里包括烹饪的时间过久以及不到火候,这就是没有把握好时和度,当然不食。

3. 有关时的不食:

不时,不食。关于不时,杨伯峻先生对其的释义有两种。其一,过早的食物,冬天在温室中蔬菜。在《汉书·循吏·召信臣传》和桓宽的《盐铁论·散不足篇》里便称为“不时之物”。但在汉朝,也只有“太官园”和其他少数园圃才能供奉,也只有皇上和极为富贵之家才能享受,而在孔子时,不但不必有温室种菜的技术,即使有,孔子也未必能享受。其二为,不该当吃食的时候。[②]《吕氏春秋

① 杨伯峻《论语译注》,中华书局1980年版,第126页。

② 杨伯峻《论语译注》,中华书局1980年版,第103页。

· 尽数篇》:"食能以时,身必无灾。"[①]即此意。由此二者得知,孔子说的时,应是按时按量的进食。

4. 关审美的不食:

古人特别是生活在上层社会的人对饮食是非常讲究艺术的,讲究色香味,也讲究审美。所以有"割不正,不食。"孔子认为割的不方正,既是一种不按规定的操作,是不合理的,又是不审美的,所以不食。

5. 有关肉食的不食及不多食:

(1)不得其酱,不食。古人做饭不像今天有酱油等调料烹饪,往往就是用水煮,也放一点盐,因此食而无味,需要用酱来调,并且不同肉食要用不同的酱来搭配,如果搭配了不应搭配的酱,当然也是不合理的,故孔子不食。

(2)肉虽多,不使胜食气。"胜"是超过;"气"是"饩","食气"指饭料,主食。这是孔子对吃肉的度的把握,即使席间肉食多,但吃肉的总量也不超过吃主食的总量。这是一种以五谷主食为主肉食为辅的科学饮食结构。

6. 有关姜食的不多食:

对于"不撤姜食,不多食"这句话,不同的文人有不同的解说,并且颇有意思,此处举出两例。鲁迅先生在《南腔北调集》中有一篇题为《由中国女人的脚,推定中国人之非中庸,又由此推定孔夫子有胃病》中有:"我们就可以进而推定孔子晚年,是生了胃病的了。'割不正不食'这是他老先生的古板规矩,但'食不厌精,脍不厌细'的命令却有些稀奇。他并非百万富翁,或能收许多版税的文学家,想不至于如此奢侈的,除了只为卫生,意在容易消化之外,别无解法。况且'不撤姜食',又简直省不掉暖胃药了。何必如此独厚于胃,念念不忘呢?曰,以其有胃病之故也。"[②]鲁迅先生曾留学日本学习医术,他对孔子晚年喜欢吃生姜是因为有胃病的推测是有一定道理的。另外一例就是钱穆先生对于"不撤姜食"的解说:"撤,去义。食事即毕,诸食皆撤,而姜之豆者独留,因姜有辛味而不熏,可以却倦,故不撤。今饭后进茶或咖啡,古昔皆无,故独留姜。"[③]这种说法是把姜与茶、咖啡的功效相类同,皆具有提神醒脑之用,也是有一定的道理的。直到今天,中医学中还有很多对于姜的药用价值的记载,甚至在许多治病的土方子中,姜都起着重要的作用。

(二)"十不食"以外的"不食"

关于饮食之"不"还体现在另外两处,"祭于公,不宿肉。祭肉不出三日。出

① 吕不韦著,陈奇猷校释《吕氏春秋新校释 · 尽数篇》,上海古籍出版社,第139页。

② 转引自《民间饮食习俗》,刘立魁主编,中国民俗学会组织编写,第5页。

③ 钱穆《论语新解》,九州出版社2011年版,第296页。

三日，不食之矣。”①这里的“不宿肉”是因为古代的一种祭祀方式叫“绎祭”，杨伯峻先生的《论语译注》中解释说：“古代的大夫，士都有助君祭祀之礼。天子诸侯的祭礼，当天清早宰杀牲畜，然后举行祭典。第二天又祭，叫做‘绎祭’。绎祭之后才会各人拿自己带来祭助的肉回去，或者又依贵贱等级分别颁赐祭肉。这样，祭于公的肉，在未颁发下来至少是放了一宵了。”②古代没有冷藏食物的电器，肉又容易变质，所以这个不食，也是从卫生的角度出发的。另，“食不言，寝不语。”③无论古代还是今天，饭桌上都是一个重要的交际场所，那么就会有人质疑，如此善于交际的孔子为什么要倡导人在吃饭的时候不说话？别人对自己的宴请，如果只是埋头大吃，一言不发，不也显得很无礼吗？这是理解上的偏差，这里的“不言”，指的是当嘴里在咀嚼着食物的时候，尽量不要说话，口齿不清的同时也可能会使食物伴随着口水飞溅，既不文雅、不卫生也不符合礼仪。

综上所述，君子与食；祭祀、斋戒与食；礼仪与食；孝道与食以及健康与食这五个方面的内容，对于我们今天仍然有很高的指导意义。常言道“半部《论语》治天下”，《论语》给我们的启示，不仅仅是关于政治的，还体现在饮食等方方面面，这都需要我们细细品读，才能够从中获取到深层次的精髓。

（朱梦静，淮北师范大学文学院2014级硕士生，235000。）

① 杨伯峻《论语译注》，中华书局1980年版，第103页。
② 杨伯峻《论语译注》，中华书局1980年版，第104页。
③ 杨伯峻《论语译注》，中华书局1980年版，第104页。

清代遵义桃源山主题诗歌对李白贬谪夜郎的集体想象

葛美宏

遵义桃源山坐落于湘山之北,山上乔木离立,蔚然苍润。山上有桃源洞,洞之南口奇石罗列,状如莲花幢,北口有一口天成的大圆窊。洞内石壁上多古刻,其中一些字迹已经漶漫难辨,一些则传为元季张三丰所题。山顶有谪仙楼,为纪念李白贬谪夜郎而建。登顶远眺,目尽城郭。谪仙楼的一边,是刻有李白《白田》二诗和当地士人记咏的碑亭。楼前低洼处有一池塘,鱼、藻摇曳其中,塘上立一小桥,与池边屋宇相连,一径缘山斜下,问字轩、晚香阁、待月山房均藏其中。又因为它形状修长若舟,因而统称为"竹舫"。穿竹舫绕南出,道旁的梅、竹、枇杷与梧桐使得四时景色俱佳。缘径而下,到"马上闻莺处",即此地人因将李白《白田马上闻莺》诗中的"白田"附会于山畔的"白田坝"而建。乾隆己酉年(1789),知府刘诏升据《通志·古迹》中的"太白马上闻莺处"而引诗"春浮蚁绿醅初熟,暖入莺簧舌渐调"刻碑竖立洞口。道光庚子年(1840),知县杨书魁将洞口前低洼处与前岸填平,重建阁楼和侧廊,大雨时至,石罅生鱼,与炫煌的栋宇两相映照,更显得逸趣横生。无论是儒雅的士子,还是山野群裾,桃源山的游人终年往来不绝①。

桃源山所在的遵义府,自唐僖宗乾符年间,归太原杨氏所有,明以后属播州,隶属川、渝。到明末甲申年(1644)间,四川一省遭张献忠兵变,生民几乎被屠戮殆尽,"惟遵义远在荒徼,幸免毒手。附近之人,以为乐土。惊魂丧魄者,络绎不绝、蜂屯蚁聚于斯,而遵土借有起色"②,因而,作为避难之地,遵义与武陵源大有相似之处。后至雍正五年(1727),划归贵州境内③。遵义地处川、湖、贵竹之间,"西北则堑山为关,东南则附江为池。蒙茸镵削,居然险奥",隶属黔疆,实际上是作为"北门之锁钥"④。又此地多高山穷谷、老箐密林,常有人迹不到、鸟道亦稀的地方,景致的幽通,想来与武陵源也大可比肩。

① 郑珍著、黄万机等点校《郑珍全集》(全七册)第三册《遵义府志(一)》卷四《山川》"桃源山"条下,上海古籍出版社2012年版,第132页。注:本文《遵义府志》相关内容均引自《郑珍全集》第三至五册,《播雅》相关内容均引自《郑珍全集》第七册,为标注简明,下文仅称《全集》,特此说明。

② 张为政《遵郡纪事序》,载郑珍著、黄万机等点校:《全集》第五册《遵义府志(三)》卷四十三《艺文(二)》,第1690页。

③ 郑珍著、黄万机等点校《全集》第三册《遵义府志(一)》卷二《建制》,第114页。

④ 郑珍著、黄万机等点校《全集》第三册《遵义府志(一)》卷三《形胜》,第125页。

诗仙李白因坐永王璘事先后两次下寻阳狱,后"有诏长流夜郎"①,这一事件为后来的清代遵义士人传为美谈。处于僻陋之地的遵义士子手抚残碑断句,遥想李白当年的风流仙迹,寄托万古愁心。于是,围绕着桃源山巅的谪仙楼,遵义士子写作了一批怀想李白的诗歌,在这些诗歌中,他们甚至在承认李白至夜郎一事不实的前提下,仍苦苦坚持着对"梦忆"的追寻。实际上,明清时期,处于一个被戎马倥偬的大环境包围下的遵义,是一个为主流文化所边缘化的异己存在,而当地士人却通过这种"梦忆"和"召唤"的方式,企图在一片蛮苗的荒野之地中开辟属于自己的桃花源。然而,当他们越来越接近苦苦追寻的往昔和世外时,却发现了一个民风尚未开化的朴鲁村寨:这里并没有可供士子"追忆"的文化桃源。就这样,谪仙楼诗与桃源洞诗因两地地理位置上的接近而相互渗透,最终汇流。遵义士人由遗憾、艳羡一步步走来,终由"人生俯仰随朝暮,古往今来总无据"②的慨叹进一步体会到桃花源的真正妙旨所在。

一、桃源洞诗歌想象的内外与今昔

《遵义府志》卷十一《金石》有《桃源洞口诗刻》存名,原诗在桃源洞内口左右壁上,卷四十五《艺文(四)》载原诗三首如下:

> 破衲蓬头方竹杖,提壶到处一盘桓。眼前俗事真堪笑,雨后黄花也奈看。酒醉诗怀如许壮,秋高洞口不胜寒。有人问我无生法,只在身中九转丹。
>
> 沽酒登高一典衣,却看秋草未批离。晴分野色供诗料,凉送西风入鬓丝。人世不堪伤往事,句话又见绕东篱。饮余回首谁为主?洞口斜阳树影移。
>
> 或卖痴来或卖颠,谁能识我是神仙?有人问我家何处,只在桃源洞口边。③

---

① 李白入狱与遭贬始末详见吕华明、程安庸、刘金平《李太白年谱补正》,中华书局2012年版,第431—512页。

② 顾皋《试遵义罢芦洲赵太守招游李太白听莺处晚饮桃源洞》,载郑珍著、黄万机等点校:《全集》第五册《遵义府志(三)》卷四十六《艺文(五)》,第1793页。

③ 张道凝:《桃源洞口题刻三首》,载郑珍著、黄万机等点校:《全集》第五册《遵义府志(三)》卷四十五《艺文(四)》,第1750页。又据卷十一《金石》"破衲蓬头方竹杖"七律刻在左边,末书"颠仙醉笔";"沽酒登高一典衣"七律刻在右边,末书"神霄散吏";"或卖痴来或卖颠"刻在右边内方稍下处,末书"颠仙"。皆草书。详见郑珍著、黄万机等点校:《全集》第三册《遵义府志(一)》卷十一《金石》,第424页。

郑珍将三诗考订为曹唐的《大游仙诗》,张道凝仅是题诗者[①],查《全唐诗》,此三诗今已不存。进一步考证诗刻作者张道凝,《府志》卷三十八《人物(六)》记道:"张颠仙:名铁凝,生有异质。遇异人授洞天法律,能役使鬼神。居紫霞石室,论三教一原之理。内则凝神定性,以合大道之虚;外则明教演法,以祛流俗之妄。后莫知所终,紫夏山有杨廷和碑记。"后按,《陈志》将颠仙姓作"杨"。"颠仙"是他的自号,又号"神霄散吏"[②]。在卷十一《金石》《紫霞石室碑》下的编者按语中,《府志》编撰者通过两条证据论证颠仙原姓杨,并进一步断定为唐代土司杨氏家族中的杨斌,即于明万历二十八年叛变的土司杨应龙的祖父,而之所以将它误书作"张颠仙",是由于"颠仙有诗刻府城东桃源洞,世俗悉谓张三丰书"[③]。无论这三首诗的作者究竟是曹唐还是张三丰,抑或是杨斌,对遵义士人理解诗歌内容时所起到的影响其实并不大,反而是它们特殊的刻写位置值得注意。

由《府志》卷四《山川》中"桃源山"条下的记载,桃源洞应是一个有南、北两个出口的、长数十步的洞穴,它的北口有"天成圆窐,奇石罗络",南口有"石闑","如莲花幢"[④]。与通常只有一个出口的洞穴给人带来的较严实的与外界隔离的感觉不同,桃源洞提供了一个长数十步的、可以一边前行一边观看并一边想象的空间。在这个想象的空间中,洞穴的"封闭性"在短短数十步之间几乎抹去了所有的外部世界,覆盖了一切的色彩、声响和气味,在这里,狭长的洞穴唯独召唤人们前行,释放出游洞者绵延的想象力。这些在洞外"走马观花"的人们被一把攫住了心神,在踏入的一瞬间便感受到这两头有光的洞穴对外部存在

① 郑珍编《播雅》亦收录这三首诗,其后按:"盖曹唐《大游仙诗》,颠仙所书者。"详见(清)郑珍著、黄万机等点校《全集》第七册《播雅》卷二,第51页。注:《全集》中,此句为:"盖曹唐大《游仙诗》,颠仙所书者。"径改。

② 郑珍著、黄万机等点校《全集》第五册《遵义府志(三)》卷三十八《人物(六)》,第1417页。

③ 参见《紫霞石室碑》下按语,载郑珍著、黄万机等点校:《全集》第三册《遵义府志(一)》卷十一《金石》,第423页。又,《府志》卷四十七《杂记》中载道:"相传桃源洞为三丰寄迹之所,又传张仙来去隐现,言人祸福,救人灾也。曾于城中遇一少妇,突以手搏其颈,口啮之。旁人怒欲捶张,张释手曰:'可惜,绳犹一股未断。'未几,妇缢死。果以绳作缋纽,其一股挣断,以一股毕命。人始知为真仙。然谈者不实指为三丰。予阅洞口一刻云:'或卖痴来或卖颠,无人识我是真仙。若人要问家何处,止在桃源洞口边。'款'本仙张三丰题',与父老相传仅异数字,则三丰之寄迹桃源确矣。"与卷十一《金石》中所记相矛盾,"本仙张三丰题"六字也与《桃源洞口诗刻》下按语相左。参见(清)郑珍著、黄万机等点校《全集》第五册《遵义府志(三)》卷四十七《杂记》,第1837页。卷四十七《杂记》均为"各门遗载"或"不可录入者",上引《杂记》中"相传桃源洞为三丰寄迹之所"段后并无按语。当我们考虑到府志编者已在卷十一《金石》中断定颠仙即杨斌时,那么,这里的不表态就可视为对《金石》篇中断语的默认。同时,从《杂记》中的这段话可以看出,民间关于张三丰寄迹桃源洞传言是极其广泛和深入人心的,这使得文人在理解这三首题诗时(也可包括下文《桃源洞中诗刻》五首),更能体会其中神仙隐喻的意味。

④ 郑珍著、黄万机等点校《全集》第三册《遵义府志(一)》卷四《山川》,第132页。

的掩盖和否定，而这短暂的前行实际上是一次对内心空间的回归：那些曾散落在无数首诗里的洞穴聚集在游洞者的脑中，幽暗的隐喻开始在内心蒸腾，那些孤独、隐秘、怡然的梦交结在一起，千百年间的幻想与现实、诗歌与梦回荡在这短短数十步的桃源洞中。而当游洞者走近另一端洞口时，刚才一笔勾销的现实世界才重新在眼前慢慢地展开，游离的梦想被鲜亮而轻薄的空气一脚踢进了身后的洞里，扑面而来的更广阔的空间扼住了想象的喉咙，现实的检验使得休憩在诗里的意象瞬间死亡。① 而在此之前，幸运的是，停留在洞口的游洞者却被洞内口左右石壁上的三首诗吸引了注意，循着从右到左的顺序，他最先看到的应是题诗中的第二首，这首诗的末两联“人世不堪伤往事，菊花又见绕东篱。饮余回首谁为主？洞口斜阳树影移”恰与游洞者心中犹带温润的怅憾暗暗相合。在这首诗的内方稍下，第三首七绝写道：“或卖痴来或卖颠，谁能识我是神仙？有人问我家何处，只在桃源洞口边。”这首诗将洞与仙紧紧相连，加深了游洞者在洞中行走时的那一份恍惚和飘逸，而末句的“桃源洞口边”恰好点明了此时他的所在，敞亮的洞外景色借着此诗，向游洞者身后的桃源洞投下了一片更加神秘的影子；在他即将作出出洞这一意味着徜徉和想象终结的动作前，留住他的脚步，将他的内心再次拉回洞中，长久回味。而刻在左壁的第三首七律，它的末两句更是以“酒醉诗怀如许壮，秋高洞口不胜寒。有人问我无生法，只在身中九转丹”加强了这种内/外对比。由于这三首诗洞口内壁的镌刻位置，当游洞者穿过洞穴来到它们面前时，实际已经历了一番想象中的内/外割裂，而它们特殊的刻写位置则再次加强了这种分裂，三诗在有意无意间反复地暗示着游洞者——“回到洞里去”。

对洞中诗刻的进一步分析，会使得这样的暗示更加具体。现逐录《桃源洞中诗刻》五首如下：

> 树入天台石路新，云和草静回无尘。烟霞不省生前事，水木空疑梦后身。往往鸡鸣岩下月，时时犬吠洞中春。不知此地归何处，须就桃源问主人。右《刘晨阮肇游天台》。
>
> 天和树色霭苍苍，霞重岚深路渺茫。云窦满山无鸟雀，水声沿涧有笙簧。碧纱（沙）洞里乾坤别，红树枝边（前）日月长。愿得花间有人出，免教（令）仙犬吠刘郎。右《刘阮洞中遇仙人（子）》。
>
> 殷勤相送在（出）天台，仙境那能得再来（却再来）。云液既归须细（强）饮，玉书无事莫频开。山（花）当洞口应长在，水到人间定不回。惆怅

① 〔法〕加斯东·巴什拉著，张逸婧译《空间的诗学》，上海译文出版社2013年版，第49—87页。

溪头从此别，碧峰（山）明月照青苔（闭苍苔）。右《仙子送刘阮出洞》。

不将法曲（清瑟）理《霓裳》，尘梦那如（知）鹤梦长。洞里有天春寂寂，人间无路月茫茫。玉池（沙）瑶草连溪碧，流水桃花满酒（涧）香。晴（晓）露风灯自飘落（零落尽），此生无处问（访）刘郎。右《仙子洞中有怀刘阮》。

再到天台访玉真，青苔白石已成尘。笙歌寂（冥）寞闲深洞，云鹤萧条绝旧邻。草树总非前度色，烟霞不似往（昔）年春。桃花流水依然在，不见当时劝酒人。右《刘阮再到天台不复见张（少“张”）仙子》。①

五首诗延用《幽明录》中刘晨、阮肇二人遇仙的典故，分别写了刘、阮出游、遇仙、离别、思仙②和再访不见的游仙的五个阶段。首篇在写刘、阮游天台误入仙境时，以梦作比，“烟霞不省生前事，水木空疑梦后身”将仙境与人间的时/空间隔一语道破。接下来的二、三首诗，将仙境渺茫的景色信笔写来，衬托出悠长绵远的仙境时间。第四首诗里，诗人借仙子之口苦叹相思，而鹤梦的渺渺无期又因心上人的缺失显得尤其漫长。随后，寻梦的诗人在第五首诗中启程，然而，再访天台的发现竟是业已成尘的仙境，此时的刘、阮只能回忆如烟往事，感慨物是人非。在上述五篇游仙诗中，无论仙境的在或不在，真或是假，它始终是寄托着诗人深深眷恋的、温柔却又是怅怅的心的港湾。寻仙诗里“来——回——再来”的往还游仙历程与桃源洞口诗刻的“归来”暗示相合，加之洞穴本身的空间意象，它们共同提醒着游洞者：洞外干净明亮的天地无法包容迷离的仙梦，出离的游洞者有可能从此担负上绵绵无期的思念。无怪乎后来人有诗叹曰：“昔人已随猿鹤去，此地空遗麋鹿来。岂有诗篇酬胜迹，漫劳樽俎扫荒苔。晴云蔼蔼如迎盖，谷鸟嘤嘤欲劝杯。莫向登临伤往事，滔滔湘水去难回。”③空余的麋鹿时刻提醒着登临的诗人那远去的飞鹤，滔滔的湘水奔流而去，暗暗敲打着诗人那颗怀念仙人的怅茫的心。

一个由游洞者参与搭建的亦梦亦幻的桃源就这样生长在遵义的桃源山上，它充斥着内/外与今/昔的强大张力，游走在现实与梦想之间。留下的诗刻宣告了梦境的开始，而远去的仙人和游洞的文人则继续为这梦境刷上鲜亮的颜色。

---

① 《桃源洞中诗刻》，载郑珍著、黄万机等点校《全集》第三册《遵义府志（一）》卷十一《金石》，第424页。诗下按：“五诗刻在府城东桃源洞中石壁上，为五幅草书，各幅末并有印文曰‘颠仙’。俗间谓桃源洞有张三丰仙迹，即指此与洞口三诗，莫有知其为颠仙者矣。又考此五诗，乃曹唐《大游仙》诗，颠仙书之，而未系所出，故并详焉。”查《全唐诗》载此五诗，除第一首外每首均有异文，现已在正文中以括号标出。参见（清）彭求定编《全唐诗》（全二十五册）第十册卷六百四十《曹唐（一）》，中华书局1960年版，第7337—7338页。

② 第四首《仙子洞中有怀刘阮》应是借女子之口写相思，可径视为思仙。

③ 郑珍著、黄万机等点校《全集》第三册《遵义府志（一）》卷十一《金石》，第436页。

迈尼希在《普通景观的阐释》里说："任何景观并非仅仅是由呈现在我们眼前的东西构成，还是由于我们头脑中的东西构成的。"[①]就此，遵义士子带着这份桃源洞中迷离恍惚的访仙遭遇，开启了他们的怀白之旅。

二、桃源山怀白诗的"蕉鹿之梦"

据《府志》卷十《古迹》记载，遵义有两个怀白亭：一个在桃源洞内，由内阁大学士王应熊于明甲申间建，后毁坏；另一个在桐梓，名太白碑亭，建立年月不清，后由县令张皇黼重建，亭内竖《蜀道难》五首诗碣，隔溪建有太白书院[②]。下文所探讨的主要是以桃源山谪仙亭及桃源洞内怀白亭为主题的诗作。

桃源山顶谪仙楼为知府赵遵律[③]所建，据他所作的《建谪仙楼记》记载，怀白堂、太白亭、百碑亭是里人为怀贤记胜而建，"虽废置无恒，要不忍疑其伪也"，况且"马上闻莺处"尚凭着三尺残碑为证，赵遵律认为，那些不能起"金粟如来"[④]于地下求证的后人，就此怀白也是无妨。况桃源山景"黄桑紫椹，夹道争妍，百啭流莺，与机杼之声相间。每行春菹止，恍若道骨仙风神游八极者，导我仙路，而纶綍赦书飞□于湘山凤水间"[⑤]，这种恍若世外的景色更加深了士子怀

① 〔英〕凯·安德森著，李蕾蕾、张景秋译《文化地理学手册》，商务印书馆2009年版，第393页。

② 参见郑珍著、黄万机等点校《全集》第三册《遵义府志(一)》卷十《古迹》"怀白亭"，第391页。

③ 据《府志》卷三十《宦绩(二)》："赵遵律：字芦洲，一字颖谷封人，河南郾城人，进士。嘉庆间，由翰林外任，两守遵义。留心民务，泽以文雅。初建谪仙楼桃源山顶，时携文士觞咏其间。……"参见郑珍著、黄万机等点校《全集》第四册《遵义府志(二)》卷三十《宦绩(二)》，第1106页。下文所引钱学彬、顾皋、陈怀仁等怀白诗即与赵遵律同游时作。

④ 李白在所作《答湖州迦叶司马问白是何人》诗中自称"金粟如来"，全诗如下："青莲居士谪仙人，酒肆藏名三十春。湖州司马何须问，金粟如来是后身。"参见李白著、王琦注《李太白全集》(全三册)册二，中华书局1977年版，第876页。

⑤ 见赵遵律《建谪仙楼记》，载(清)郑珍著、黄万机等点校：《全集》第五册《遵义府志(三)》卷四十三《艺文(二)》，第1663页。

白的恋恋情怀。山上"太白听莺处"石碑的撰刻也是在相似的背景下完成的①,这块在乾隆己酉年(1789 年)由知府刘诏升竖立的石碑,为遵义士子在想象中重塑李白的谪仙形象提供了又一处故实②。正是围绕着这两个亦真亦假的想象中心,遵义士人展开了一场对李白的集体想象的"梦与非梦"的轇轕之旅。

1. 恨公不真到遐荒

在李白被贬夜郎的唐代,遵义可算作一个被遗弃的贬谪之地③,更为柳宗元视作"非人所居"的猿狖宅居④。它僻处西陲,人民自安乐利,民风"柔弱褊阨、精敏轻疾"⑤。明代以前,有齐、秦、楚、粤诸邦人流迁入杂居,明清时蜀、滇避乱人士多寄居此地,多年来形成了土著与外来汉人杂居的局面⑥。在这里辽僻的

① 郑珍考李白未至遵义事及谪仙楼、太白听莺处来历详见徐准:《陈复庐丙少尉闻前郡守赵芦洲遵律先生下世重九日招诸旧好会桃源山谪仙楼遥祭感赋四绝句》诗下按语:"谪仙楼在桃源山顶,嘉庆丁卯,郡守郾城赵遵律建。别刻太白《白田马上闻莺》及《赠徐安宜》二诗置左,覆以亭。自为《楼记》,大略以太白当日流窜夜郎,实至溱、播,故遵义之听莺处,桐梓之百碑台尚留胜迹。所谓赦放巫山阳者,特兴酣忆旧,便拈归路所经各地,非放还即在巫山也。前人谓乾元二年行至巫山赦还,实未至夜郎者,斥为时地俱不确,而沿《贵州通志》误载之《乌江别宗十六》诗,谓即郡南之乌江,《白田闻莺》即郡城东之白田党坝。《赠徐安宜》之安宜,乃唐乐安、宜林,隶播之县。其说甚辨。余谓太白《示息秀才》诗题书'流夜郎半道承恩放还',诗又云'半道雪屯蒙'。《自汉阳病酒归寄王明府》诗云:'去岁左迁夜郎道,今年敕放巫山阳。'其放还时地,自记之矣。未至溱、播甚明。自明人无学者撰《类函》,误引欧文忠'暖入莺簧舌渐调'句为太白诗,贻缪附会,《黔志》不考,遵义因而出'马上闻莺处',引'香浮蜡绿醅初熟'二句,云太白流夜郎作。乾隆己酉,郡守衡山刘诏陞遂据《黔志》刻碑桃源洞口。本属假借,芦洲乃尽扫实录,力肆臆谈,虽亦怀贤志胜之厚,然诬名流踪迹,求润色山川,不稽古者,或得借为口实也。因附正之。"参见郑珍著、黄万机等点校:《全集》第七册《播雅》卷十四,第 368 页。

② 《府志》卷十一《金石》记载"太白听莺处":"在府治东桃源洞口,知府刘诏升刻石志其处。"后编著者按:"洞外为白田坝,后人因附会太白《白田马上闻莺》诗,谓即在此。《类书》中有引'春浮蚁绿醅初熟,暖入莺簧舌渐调'二句,谓是太白流夜郎时作。《通志 · 古迹》中遂本以为听莺处实证,诏升因刻之石。考'春浮'二句,实欧阳修诗,见《六一居士集》,明人空腹者杂抄成误。后如《类函》《广事类赋》俱沿之,而又便以为此处听莺之作,亦可笑矣。太白未至遵义,说互详《山川》。"载郑珍著、黄万机等点校:《全集》第三册《遵义府志(一)》卷十一《金石》,第 393 页。查卷四《山川》,唯"桃源山"条下有太白未至遵义的考证,但在此处,赵所刻碑记作"马上闻莺处",卷十一《金石》所载"太白听莺处"不同。考虑到桃源山仅一处碑文附会于《白田马上闻莺》诗,《府志》两卷所载应是同一处,不知为何两处记录相左,特记之。

③ 《府志》卷三十九《年纪(一)》另载三位唐时人被贬遵义记录:"武后天授元年十月辛未,贬邢文伟为珍州刺史。""武后天册万岁元年一月戊子,贬杜景佺为溱州刺史。""天宝五载春正月,贬皇甫惟明为播州太守。""初,太子之立,非李林甫意,恐异日为己祸,欲摇动之。陇右节度使皇甫惟明尝为忠王友,太子先封忠王。时破吐蕃,入献狱,见林甫专权,劝上去之。林甫知之,使杨慎矜密伺其所为。会正月望夜,太子出游,与韦坚相见。坚为太子妃兄。坚又与惟明会于景龙观,慎矜遂高坚与惟明谋立太子,收下狱。林甫使慎矜等鞫之。上亦疑坚与惟明有谋而不显其罪,皆贬之。""六月春正月,杀皇甫惟明。"参见郑珍著、黄万机等点校:《全集》第五册《遵义府志(三)》卷三十九《年纪(一)》,第 1471—1472 页。

④ 郑珍著、黄万机等点校:《全集》第四册《遵义府志(二)》卷二十七《职官(一)》"刘禹锡"条下,第 952 页。

⑤ (清)郑珍著、黄万机等点校《全集》第四册《遵义府志(二)》卷二十《风俗》,第 668 页。

⑥ 蓝勇《西南历史文化地理》,西南师范大学出版社,1997 年,第 62—65 页。

山川之间,因地势险阻难通,法网疏阔,常年盗贼猖獗,风俗十分犷悍。后来,明代绥阳知县母扬祖在颁布的《利民条约》中这样形容当地生民:"农无百石之粮,商鲜百金之积者,何哉?以人无常业,惟好嬉游故也。且耕耨之时,以饮酒为乐;收获之后,可以出门生理,又专以围炉、捕猎为事。如此顽惰,何以兴家立业?……近郭二十里内,居民淳朴安静。远乡百姓,不时兴讼,或因口角,或因酗酒,或因妇女闲言,或因分钱不明,或因尺寸山土。捏词具告,利害切身,事大非常;一经审出,可发一笑。"①

作为一个蜂屯蚁聚的蕞尔小邦,遵义的文教渊源从来就不甚深广。虽然明代镇压土司杨应龙叛变的四川巡抚李化龙在《播地善后事宜疏》中称"播有故学"②,然细究李化龙所言遵义之"故学",实际是由犍为文学舍人、牂柯名士盛览和荆州刺史尹珍组成的汉代三贤,而在此后的两百年间,遵义一度陷入乏善可陈的境地。直到修建汉三贤祠的清道光年间,郑珍还感慨道:"至今二百年来,数天下铿铿说者,一省多且得数十人,独西南士仅仅,意无乃渊源俎豆之不存欤?而何其浃肌肤沦骨髓者之难破也!仆厕此二十年,无足为多士师者,为多士求足师。"③隋唐时,朝廷开始科举取士,而遵义士子唐代考取科名的情况无从得考,宋时唯冉从周一人登进士第,被世人冠以"破荒冉家"之名。从杨氏一族自唐代乾符年间袭封以后,遵义的诗书庠序几近荒废。明万历后,杨氏被剔除,遵义实行改土归流,官职和学校自此才开始设立。而后居住在遵义的人,多半不是此地旧人,他们或是驻守的将士,或是宦游的名人,后来的发科之人,也多为此辈后人④。无怪乎孙敏政在《遵义军民府志》中的《魏说序》里写道:"遵义新疆,千百年雾才开于一旦,龙岩贯珠之间,有迹可纪乎?怀白、威远之外,有古足吊乎?"⑤

因此,作为身处穷陬僻野的清代遵义士子,他们对李白贬谪夜郎一段掌故的反复怀念,实际是在一种"不忍疑其伪也"的心态下进行的。他们紧紧抓住这个契机,与正统文化进行了一场又一场跨越时空的对话,而这场对话所带来的

---

① 母扬祖《利民条约》,载郑珍著、黄万机等点校:《全集》第三册《遵义府志(一)》卷十六《农桑》,第562页。

② 李化龙《播地善后事宜疏》有言:"播有故学,宋元之世,俊茂朋兴。如冉从周、犹道明、白镇之流,俱登进士,蜚声上国。自逆龙(即杨应龙)禁锢文字,寇仇儒生,坑儒燔书,祸同秦史。"载郑珍著、黄万机等点校:《全集》第五册《遵义府志(三)》卷四十二《艺文(一)》,第1613页。

③ 郑珍《汉三贤祠记》,载郑珍著、黄万机等点校:《全集》第四册《遵义府志(二)》卷二十二《学校(一)》,第765页。

④ 李凤翧《遵义府科名录序》,载郑珍著、黄万机等点校:《全集》第五册《遵义府志(三)》卷四十三《艺文(二)》,第1695页。

⑤ 又《魏说序》,载郑珍著、黄万机等点校《全集》第五册《遵义府志(三)》卷四十八《旧志叙录》,第1864页。

最直接的心灵感受便是遗憾。“供俸仙才远谪时，桃花春水不胜悲。谁知怀白亭中客，爱向桃花咏旧诗。”①此诗虽未明确指出李白是否到过夜郎，却以都城长安和桃源山中相同的桃花映衬出昔日李白遭贬后的悲伤和今日对花吟咏的遵义士人的慨叹；昔日的遵义不过是猿狖所居的蛮荒之地，而今日此地的烂漫桃花依旧遮掩不住它地处天末的文化位置。此类今昔对比常常出现在桃源山的怀白诗中：

南风吹归心，花发楼东枝。娇女与娇儿，折花相忆时。去国日已久，蛮烟发丝丝。当时公已老，岂唯故人悲。

夜郎黑箐中，公如月挂枝。至今仰余光，想见公来时。人生几何乐，无过一絇丝。楼上请置酒，为君浇古悲。

山花满桃源，一峰园静绿。下有古洞扉，闲情缅高躅。万古谪仙人，清风洒山谷。至今草木香，十载钦樵牧。怅望烟中立，莺声断还续。

桃花有源水，好鸟鸣高枝。却登山路远，正好衔杯时。相携上白楼，玉壶系青丝。仙人殊恍惚，恻怆心自悲。

流莺啼碧树，三绕未安枝。蚕凋桑柘空，客行无歇时。春容舍我去，清霜零兔丝。当年颇惆怅，茫然使心悲。

君子有所思，鸾与鸾同枝。叹息此人去，清风无间时。徒霜镜中发，长短尽成丝。去去桃花源，但为后代悲。②

“故人”“后代”“古悲”“余光”，充斥着诗歌的这些词语反复申述的，是当年被贬谪（遗弃）的李白给贬谪之地（遵义）带来的丝丝曙光，以及在这曙光破灭后的漫长日子里那挥之不去的怅茫。他们在想象中一次次接近又远离贬谪的诗人，最后，谪仙远去，草木留香，而正是这留香的草木时刻提醒着他们，这里不过是一个人去楼空、徒留感伤的梦中桃源。

2. 武陵本无避秦路

谪仙李白的还来复去恰似桃源洞中仙子的再访不遇，空空的桃源洞和怀白亭，留下的麋鹿和香草，它们都成为象征着永恒的、不可再得的纪念物。而就连曾经得到的，此刻也开始变得模糊。郑人究竟是忘了藏鹿的地方，还是这一切

① 吴寿昌《遵义杂咏三首》其二，载郑珍著、黄万机等点校：《全集》第五册《遵义府志（三）》卷四十六《艺文（五）》，第 1785 页。

② 前二首见曾燠《次韵太白白田马上闻莺三首》其二、三，第三首见黎安理《太白听莺处》，末三首见陈怀仁《赵芦洲太守于城东桃源山建谪仙楼，兼刻太白白田马上闻莺诗，曾宾谷中丞以下俱有和作，余亦集李句嗣音》，分别载郑珍著、黄万机等点校：《全集》第五册《遵义府志（三）》卷四十六《艺文（五）》，第 1793 页、第 1800 页、第 1805 页。

根本只是个梦;《列子》"蕉鹿之梦"般的亦真亦假,在桃源山主题诗作中分别以怀白与游仙两种方式出现,并最终合流。

"自来胜迹争流传,那怪诗人强依附。……况是武陵亦假托,何防笮岭暂流寓。相招得遂登临怀,旷览弥助林壑趣。此楼合题谪仙名,谪仙或于此楼遇。狂呼诗魂噬来游,默嘱山灵好呵护。"①谪仙是否真的到过此地已不重要,无妨就学陶氏在纸上空造一个武陵胜地,一反那个戎马倥偬的穷乡僻壤,还给后世文人一片可登高怀古、曼声吟哦的林壑山野。"昔年太守雨随车,曾游云梦非拘虚。黄鹤楼头红日初,青莲来往当蘧蘧。"②山上桃花半落、山下渔舟荡波,丛野樵斧铮铮、燕雀音啼,山中古寺通幽,田畔人影往还。这样幽致的风景,足以供闳衍之人斗酒斟酌。至于谪仙李白是否真的到过此地,是否见过这里的滚滚乌江和白田党坝,就不那么重要了。"清风总洒乾坤尽,爪印休将是否评。要识武陵犹幻境,不应才笔壮湘城。"③东晋的武陵渔人可在一片桃林中找到躲避秦乱的桃源圣境,清代的遵义士人也可通过对谪仙李白的跨越时/空的遥想而在穷山恶水之中独辟一块文化避乱的圣地。在这里,他们与李白共有同一片遵义山水,在想象中,他们一同饮酒出游,吟哦唱和,看漫山桃花红烂,古洞清幽;不必去想这是梦或是真。在将这种情致与那桃源中渔人问津的典故和洞里访仙不遇的传闻两相对照后,后者甚至都算不上解得渊明原意的"真诗"了④。于是,遵义士人在另一些创造了亦真亦假、如梦似幻的桃花源的诗作中,将此间真意娓娓道来:

洞隐桃花客竞跻,幽深绝胜武陵溪。不缘指点应难入,却笑舟人此欲迷。

山藏[illegible]穷路透迤,隔断红尘总不知。想是避秦人未到,桃花流水至今疑。

义熙以后神州地,秦汉之前化国图。偶托奥区原是幻,弗参活相便成愚。画传荆楚迷真赝,梦入氐羌信有无。领取渊明言外意,不求甚解是

① 钱学彬《戊辰又五月偕芦洲太守登谪仙楼作》,载郑珍著、黄万机等点校《全集》第五册《遵义府志(三)》卷四十六《艺文(五)》,第1796页。

② 程德楷《嘉庆丙子初夏试播郡毕登谪仙楼作》,载郑珍著、黄万机等点校《全集》第五册《遵义府志(三)》卷四十六《艺文(五)》,第1797页。

③ 余时若《登谪仙楼》,载郑珍著、黄万机等点校《全集》第五册《遵义府志(三)》卷四十六《艺文(五)》,第1816页。

④ 云川《湘城桃源洞,友人袁子美招饮其间,遍览留题,多引渔人问津事,以见真诗之难得也。作此正之》:"壶中岂止一乾坤,满壁扪苔辨墨痕。认作武陵人不少,罚依金谷酒何言?沿岩积翠流虚阁,辟暑清风起石门。况复招携酬酒兴,此间幽致足评论。"参见郑珍著、黄万机等点校《全集》第五册《遵义府志(三)》卷四十五《艺文(四)》,第1776页。

通儒。

桃花夹岸水粼粼，鼓枻重来不见津。当日渊明原寓意，洞中那得有秦人。

五柳桃花果孰真，秦民即是葛天民。重寻便属拘墟见，除却陶公尽外人。

世至魏晋纪纲坏，贤者遐心出尘外。何人真见桃花源，陶家兀出此境界。桑麻鸡犬无外殊，垂髫黄发各徐于。见客家家送鸡酒，折腰种秫俱可无。此中安得容我老？至死不为外人道。

桑麻鸡犬各欣然，流水琤琤负郭田。若使义熙无甲子，人间何处不桃源！①

诗人们反复将桃源洞与武陵桃源作比：《桃花源记》中仿佛有光的山中小口，恰似有着南、北两个出口的桃源洞；而彼时藏于洞中的避乱之地，即可比作此时诗人们以桃源山主题诗歌所集体建造的想象中的文化桃源。"奥区原是幻""不缘指点应难入"点出了武陵妙旨的真正难得，而"想是避秦人未到，桃花流水至今疑"一句，更是将桃源本幻的古今实情和盘托出。自以为领取了陶氏言外意的诗人们不断提醒着读者，桃源洞中本无秦人，重寻的旅途从一开始就注定了最终的一无所获，而此中的奥秘，却是向来不足与拘虚者道的。在最末一首诗中，"若使义熙无甲子，人间何处不桃源"，将桃源之所以存于乱世的原因尽情宣露，正是战不旋踵的兵燹年代使得人们如此迫切地需要一片可以寄托希望的精神净土；处于川、滇之间的遵义，其明清时期动荡不安的生活环境和反复重建、却又不断被战火所毁灭的多年积淀下的为数不多的文教事业②，正是让清代遵义士子反复幻想文化精神上的世外桃源的根本原因。

至此，这种文化桃源的建立由前代迁居此地的士子们一步步完成：最初，他们因"不忍疑其伪"而建构了遵义士子对谪仙李白的缅怀之情，并且以梦为真，

① 前二首见《游桃源洞》，载郑珍著、黄万机等点校《全集》第五册《遵义府志（三）》卷四十五《艺文（四）》，第1758页。第三首见赵遵律《济南焦朴村辨桃源洞之误而易其名，不思武陵桃源乃幻境也。余为推原所由以广流传之见，并以质诸郡中之有味乎尽信书不如无书者》，载郑珍著、黄万机等点校《全集》第五册《遵义府志（三）》卷四十六《艺文（五）》，第1796页。第四首见李凤翧《桃源洞》，载郑珍著、黄万机等点校《全集》第七册《播雅》卷十三，第335页。第五、六首分别见陈怀仁《桃源》、载郑珍著、黄万机等点校《全集》第七册《播雅》卷十五，第392页。第六首见王槐蔚《读桃花源记》，载郑珍著、黄万机等点校《全集》第七册《播雅》卷十六，第426页。第七首见黎兆熙《桃源》，载郑珍著、黄万机等点校《全集》第七册《播雅》卷二十二，第571页。

② 附录部分摘录了《府志》卷四十一《年纪（三）》中所记清代遵义遭受战争蹂躏的情况。

遗憾于李白的已经离去，激愤于自己与他相似的“贬谪”历程[①]，乃至在梦忆中回味曾经这里最接近“辉煌”的时刻——那段连草木都沾染上了诗仙风流的日子。这个与桃源洞游仙诗极度吻合的故事，在桃源山这个地方不断刺激着处于蹙迫的文化边缘地位的遵义士子，使他们产生对文化中心地区的浓烈的欣羡之情，而这种极易升温至文化攀附心理的状态，顺利地将他们带到了“恨公不真到遐荒”的彼岸。然而，遗憾和慨叹并不能改变他们的周遭环境，到达了彼岸的他们看到的仍不过是灵光清气的山水和朴实淳厚的士民。在这里，李白当年的流落已成为扑朔迷离的遐想，而眼前清风明月的景致却无比真实。这何异于郑人的蕉鹿之梦！梦与不梦，早已不能分辨，关于谪仙的遥想曾给人最真实的安慰，却又以强烈的古今对比使后来人陷入无法摆脱的感伤；桃源洞中短暂的徜徉和想象一定有结束的一天，当彼时向渔人问得的渡口已在记忆中变得模糊，当年驾鹤的仙子也不会归来，所梦想的仙境终在这一天成尘成土，梦忆和召唤便失去了它们曾经拥有的地位。此刻，唯有青山绿水成了最终的归宿[②]。

通过对清代遵义桃源山主题诗歌的解析可以看出，前期士子们从遗憾、艳羡直到攀附的狂狂汲汲，他们从来所向往的桃源净土并非自然本身，而是在那个战火交加的年代，被正统文化所洗礼过的“自然”这一迷人概念[③]。它不同于真正的自然，并不是清秀的山水和顽惰闲散的日子，而是遵义士子借以遥想文化中心的不可缺少的依凭。正统文化也恰恰通过对桃源山这一自然景观的人为改造，从那些寄托着遥想的诗篇中展示了它的需要和渴望，以及它如何于清代在蕞尔遵义艰难地生存下来。而后来的士子放弃了纠葛千百年的梦忆与召唤，选择回归到真实的一山一水、一草一木，才恰恰是取得渊明真情实意的彻底的文化认同。这一假一真，若即若离，最终构建了清代遵义桃源山主题诗歌对李白贬谪夜郎的集体想象。

---

① 李天英《晓发夜郎箐宿三坡脚》：“缅怀谪仙人，文藻肆喷礴。一篇《蜀道难》，疑是夜郎作。夜郎有剑门，其险实相若。回看海龙囤，岂能越黄鹤！茫茫大江流，东下浔阳郭。慨相迫胁时，千载事如昨。……我才不逮君，遭逢谁怨薄。魂兮归来乎！斗酒共斟酌。”载郑珍著、黄万机等点校《全集》第五册《遵义府志（三）》卷四十六《艺文（五）》，第1787页。

② 李专《桃源行》恰到好处地将这种心境说出：“早起看云云未看，溪声两处争喧豗。舟人指点此津口，晋代渔郎曾问来。我闻桃源之名匪朝夕，今朝到此寻遗迹。山前山后皆人家，谁家乃是秦人宅？秦人宅地何其深，渔郎再来无处寻。对面无缘一至此，经行客子何庸心！一湾溪水流山雾，不见桃花空古渡。神仙有无安可知？其说稀奇为足慕。眼边城郭半丘墟，四海伤心丧乱余。当日避秦有此地，近复偷生何处居？岸头鸡犬声相送，晓树濛濛烟雨重。绿水青山尽可怜，何由得与秦人共！吁嗟乎！此游也，何异于郑人之蕉鹿梦！”载郑珍著、黄万机等点校《全集》第七册《播雅》卷六，第138页。

③ 〔美〕段义孚《逃避主义》，河北教育出版社2005年版，第21页。

附录：

世祖章皇帝顺治元年(1644)，流贼张献忠陷全川，惟遵义保境自守。

甲申六月，献忠陷重庆。八月，率众三十万陷成都，全川鼎沸，独遵义为王祥所守。《綦江志》。

献忠声言："边郡新附，免其三年租赋。"蛮人贪贼财物，往往弭首羁縻，全川惟遵义一郡不下。献忠侈然有帝蜀之心矣。《绥寇纪略》。

三年(1646)十二月，我大清兵至顺庆，流贼张献忠伏诛，其伪将军孙可望、李定国、刘文秀、艾能奇，伪都督白文选、冯双礼等俱溃走川南。时故明川中诸将竞拥兵自固，本注：督师大学士王应熊及王祥在遵义，巡抚马干、副将曾英在重庆，监军副使范文光及曹勋在洪雅，监军佥事詹天颜在松、茂，谭宏谭诣在夔、万，兵部侍郎、总督川陕军务樊一蘅在纳溪居中调度，与应熊会泸州，克期并进重。庆曾英兵败，死于江。贼遂陷綦江。督师大学士王应熊退走永宁山中。本注：寻病卒于毕节卫。踰月贼陷遵义，入贵州境。《通鉴辑览》。

(四年)丁亥(1647)十月，故明将王祥率兵数万至遵，复据之。分土分民，骄兵索饷，士民苦之。《陈志》。

八年(1651)辛卯，伪秦王孙可望遣裨将田子禄守遵，开厂设局，暴征酷法，残民复陷水火。《陈志》。

九年(1652)壬辰夏，孙可望遣白文选等由遵义出重庆，会刘文秀、冯双礼等于嘉定，以图成都。《綦江志》。

七年(1650)，文选攻遵义。九年(1652)五月，文选由遵义出重庆，以图成都。《贰臣传》。

十三年(1656)丙申，时远近传有抹脸魔，梦中面皮忽失去如剥。男女夜围坐，不敢寐，无故自惊。是年，故明桂王尚差官丈田亩。《綦江志》。

十五年(1658)六月，我大清兵克遵义。

蜀师至三坡，刘正国拒战，大败，自水西奔回云南。大兵遂克遵义。《通鉴辑览》。戊戌(1658年)夏五月，固山额真侯墨李恢复遵义，题委道、府、县各官，抚辑残黎，革除苛政，民困始苏。《陈志》。

岁在己亥(1659)，民难已满。

十五年(1658)春，吴三桂请南征。……上疏曰："孙、李治兵相攻，今可望投诚归化，变乱之际，人心未定，大兵宜速进贵州。"报可。《庭闻录》。

十四年(1657)，上命承畴同宁南大将军贝子洛托相机攻贵州。十五年(1658)二月，疏言贵州地势情形及三路进去云南机宜。……六月，承畴疏言："臣前有三路进取全局一疏，冀不致兵众拥集，争粮乏食。及至贵州，见各府州县卫所仅留空城，即有数百数千石米谷，八旗兵陆续经过，二三日辄罄尽。惟省仓存米七千余石，稻谷四千余石，足供一月食用。臣所从兵皆分布镇远、偏桥、兴隆、清平、平越等处，各自买米，并寻野菜和米充饥。投诚官兵，暂驻三日，即改发天柱、会同、黔阳等县及沅州以就粮。贵州山深地冷，秋获皆在九月。臣遣官劝谕军民、土司、苗民预纳本年秋粮之半，接济满洲兵月米。令四川一路兵驻于遵义、乌江休息，有旧日运粮处。广西一路驻独山州，兵亦可就近购粮。信郡王大兵自六月初旬自荆州进发，所需口粮，尤多数倍。臣已檄沅州粮米速运镇远积贮，令随征各官分路采买。令常德道府各官，制备布口袋二万余，并棕套、木架、绳索，解送镇远。又于天柱、石阡、思南、思州、平越各府州县卫所及土司、苗人募夫役，给工食，逐跕递运至平越及新添卫所，可不误师期。"

(康熙二年)(1663)夏，吴三桂迁移眷属，夫马烦劳，绅士有所不免。抬运至桐梓县交替，有道路死者。《綦志》。

八年(1669)，始建遵义、桐梓、绥阳、仁怀四县学。详《学校门》。

十二年(1673)，滇藩吴三桂谋逆，陷蜀及遵。《桐梓(丘)志》。

自十二年冬至十九年(1680)春，吴逆残寇据遵义，逃兵肆掠，惨独甚。至二十年(1681年)始恢复之。《陈志》。

十三年(1674)，四川巡抚罗森、提督郑蛟麟、总兵谭宏皆叛降贼，全川俱矣。《武功纪略》。

十三年，逆藩吴三桂遣贼将王屏藩等分道陷四川州县，兵蹦遵、桐。《采录》。

十九年(1680)，吴逆余党课宏等再乱，全川震动。《綦江志》。

三十一年(1692)丈田毕，各甲造清册投递，户房又索各甲雇人清算、写册，供费甚累。秋征仍照老亩加派，每亩外加二十亩征收。据云一亩需银一两四五钱，有至二两者。当时银甚艰难，是以逃粮者多。《綦志》。

(葛美宏，女，南京大学文学院硕士研究生，210023)

霸王信仰形成之文献考释

任 荣

项羽的故事流传千年，妇孺皆知，一句"不可沽名学霸王"，让项羽成为历史成败兴衰的反面教材。在今天的中华大地，项羽的信仰和项羽的故事一样绵绵不息。在山东、江苏、安徽、浙江等地都建有项羽祠，千年香火不息。作为失败的历史英雄，为什么项羽在古代、在今天都受到黎民百姓的顶礼膜拜。这种信仰的背后有什么样的文化因素呢？笔者裒辑了部分有关项羽信仰的史料，并进行粗浅地考释和研究，希望能够得出一个初步结论。

一、项羽信仰的民间形成

项羽民间信仰的形成，虽然无法考订其出现的确切年代，但是可以肯定的是，早在东汉，民间就开始建立纪念项羽的灵祠。《后汉书·郡国志四》"吴郡"条引《吴兴记》曰："县西北卞山有项籍祠。"①《史记·项羽本纪》载：项梁在家乡杀人后，带着项羽"避仇于吴中"，"吴中"据考证就是乌程县，即今天的湖州②，古称"吴兴"。至今，在湖州依然流传着项羽起兵抗秦的故事和"遗迹"。进入六朝之后，吴兴一地有关项羽的灵异传说便不绝如缕。南朝神鬼之风甚炽，玄怪述异之说昌盛一时。作为灵怪出现的项羽自六朝以后不时上演伤天害理或救人危急的灵验事件。与关羽、包公等民间崇拜的神祇不同，项羽在灵异事件中既充当被崇拜者的神仙角色，又出现了令人惊恐的恶鬼形象。所以项羽的民间信仰呈现出不纯粹性。关公、包公作为民间神祇，他们的灵验往往都与正义、救苦救难相联系，而项羽在灵异事件中则出现了亦正亦邪的不确定。从六朝以来记载入正史的几个事件就可以看出项羽在民间信仰的演变。笔者通过相关史料的考证，将相关的文献记载按年代排列如下并附相关考释文字。

《宋书·孔季恭》卷五十四：

（孔靖）寻出为吴兴太守，加冠军。先是，吴兴频丧太守，云项羽神为卞

① 范晔《后汉书·郡国志》，中华书局1982年版，第3488页。

② 董惠民《项羽"避仇于吴中"考》，《浙江社会科学》2009年第5期。

山王,居郡听事,二千石至,常避之;季恭居听事,竟无害也。①

按:此事亦见《南史·孔靖传》。《南史·孔靖传》云桓玄叛乱平息后,孔靖迁吴兴太守,"义熙八年,复为会稽内史"②。桓玄兵败死于元兴三年(404),义熙八年为公元412年,故而孔靖当是在公元404—412年间任吴兴太守一职。

《南史·萧思话传》卷十八附萧惠明传:

《宋书·孔季恭》卷五十四惠明其次弟也(按:萧惠开为其长兄,惠明传附其后。),亦有时誉。泰始初,为吴兴太守,郡界有卞山,山下有项羽庙。相承云羽多居郡听事,前后太守不敢上。惠明谓纲纪曰:'孔季恭尝为此郡,未闻有灾。'遂盛设筵榻接宾。数日,见一人长丈余,张弓挟矢向惠明,既而不见。因发背,旬日而卒。③

按:萧惠明任吴兴太守时间确凿,为泰始初(465)后。

《南齐书·李安民传》卷二十八:

吴兴有项羽神护郡厅事,太守不得上。太守到郡,必须祀以轭下牛。安民奉佛法,不与神牛。著屐上厅事,又于听上八关斋。俄而牛死,葬庙侧。今呼为'李公牛冢'。及安民卒,世以神为祟。④

按:李安民事亦见《南史·李安人传》。李延寿作《南史》为避李世民讳,故将"民"改为"人"。据《南齐书·李安民传》,李安民永明二年(484)"迁尚书左仆射",四年(486)"为安东将军、吴兴太守"⑤。所以李安民任吴兴太守为公元486年。

《南史·萧思话传》卷十八附萧惠休传:

惠基弟惠休……永元元年,徙吴兴太守。征为尚书右仆射。吴兴郡项羽神旧酷烈,人云惠休事神谨,故得美迁。⑥

---

① 沈约撰《宋书·孔季恭》卷五十四,中华书局1974年版,第1532页。
② 李延寿《南史·孔靖传》卷二十七,中华书局1975年版,第726页。
③ 李延寿《南史·萧思话传》卷十八附萧惠明传,中华书局1975年版,第499页。
④ 萧子显《南齐书·李安民传》卷二十八,中华书局1972年版,第508页。
⑤ 同上。
⑥ 李延寿《南史·萧思话传》卷十八附萧惠休传,中华书局1975年版,第501页。

按：萧惠休为萧惠明之弟，于永元元年(499)任吴兴太守。

《梁书·萧琛》卷二十六：

琛寻迁安西长史、南郡太守，母忧去官，又丁父艰。起为信武将军、护军长史，俄为贞毅将军、太尉长史。出为信威将军、东阳太守，迁吴兴太守。郡有项羽庙，土民名为愤王，甚有灵验，遂于郡厅(按：当做听)事安施床幕为神座，公私请祷，前后二千石皆于厅拜祠，而避居他室。琛至，徙神还庙，处之不疑。又禁杀牛解祀，以脯代肉。[1]

按：萧琛事亦见《南史·萧思话传》卷十八附萧琛传，与《梁书》所不同的是，《南史》中载有萧琛叱责项羽这一情节。"琛至，著履登听事，闻室中有叱声。琛厉色曰：'生不能与汉祖争中原，死据此听事，何也？'"[2]萧琛于天监九年(510)"出为宁远将军、平西长史、江夏太守。"[3]后方迁吴兴太守。所以琛任吴兴太守当是天监九年之后。萧琛为萧惠开从子也[4]，惠开为萧惠明之长兄。

《南史·萧猷》卷五十一：

藻弟猷，封临汝侯，为吴兴郡守。性倜傥，与楚王庙神交，饮至一斛。每酹祀，尽欢极醉，神影亦有酒色，所祷必从。后为益州刺史，侍中，中护军。时江阳人齐苟儿反，众十万攻州城，猷兵粮俱尽，人有异心。乃遥祷请救。是日有田老逢一骑浴铁从东方来，问去城几里，曰"百四十"。时日已晡，骑举矟曰："后人来，可令之疾马，欲及日破贼。"俄有数百骑如风，一骑过请饮，田老问为谁，曰："吴兴楚王来救临汝侯。"当此时，庙中请祈无验。十余日，乃见侍卫土偶皆泥湿如汗者。是日，猷大破苟儿。猷在州颇僭滥，客筵内遂有香橙，不置连榻。武帝末知之，以此为愆。还都，以忧愧成疾，卒，谥曰灵，以与神交也。[5]

按：萧渊猷为吴兴太守具体时间不可考，然据《资治通鉴·梁纪六》，普通五年(524)萧渊猷尚在益州刺史任上，故而当是在梁天监年间或普通五年(524)前任吴兴太守。

---

① 姚思廉《梁书·萧琛传》卷二十六，中华书局1973年版，第397页。

② 李延寿《南史·萧思话传》卷十八附萧琛传，中华书局1975年版，第506—507页。

③ 同上

④ 李延寿《南史·萧思话传》卷十八附萧琛传，中华书局1975年版，第505页。

⑤ 李延寿《南史·萧猷》卷五十一，中华书局1975年版，第1269页。

二、项羽信仰的官方认可

也许正是因为近百年间，吴兴的卞山神祇不断显灵，或对吴兴太守施以法术，夺人性命，或造福一方，救人危难；到了梁简文帝时，由简文帝下令撰写碑文祭祀楚王项羽。碑文如下：

> 昔者武王询于太公，五神之礼正；伊陟赞於巫咸，三篇之义作。抑又玄矩司於坎官，汉兴北畤；黄蛇感於通梦，秦作西郊。幽则鬼神，其来已尚。楚王既弘兹释教，止献车牛；既舍黄驹，安俟騂角。掌击无左涤之劳，牧人止福衡之务。周房、殷俎，惟有玄涧芳芝；玉斝瑶樽，止陈丹桂清酌。渐符不杀之教，方行大士之心。比夫黄树赤光，紫衣朱发。茂矣哉！王制云：山川神祇，有不举者，为不敬。太守元景仲稽诸古典，于兹往烈，永传不朽，式树高碑。翠石勒文，事偕神掌；灵龟负字，还拟洛书。①

从碑文中可以觇见当时吴兴一地对神祇项羽既畏惧又心存敬意。因为“山川神祇，有不举者，为不敬”，所以在任太守元景仲“稽诸古典，于兹往烈，永传不朽，式树高碑。”前几任太守除了萧琛和萧渊猷外，皆死于非命，这不得不让后来的继任者都对这个或有或无的神祇心存畏惧。不管是出于敬意还是出于畏惧，反正为古代英雄立碑总是一件不违反古制的做法，索性为了求平安，不如对项羽立碑祭祀，这样至少免受担忧。

尽管有官府的公祭，但是与关羽等死后受封祭祀的英灵相比，项羽的封号比他获得的祭祀认可来得迟了些。当公私祭祀成为一种心照不宣的管理后，项羽也获得了朝廷的册封，成为有名号，可以公开享受祭祀的神灵。南朝陈建立后，陈霸先诏令册封项羽，史事俱见《南史·陈本纪上第九》：

---

① 简文帝《吴兴楚王神庙碑》，严可均《全上古三代秦汉三国六朝文·全梁文》卷十四，中华书局1958年版，第3029页。此碑文是否为祭祀项羽之文学术界存在争议，严可均本人亦对此持有异议，在按语中云：“碑文当是东汉楚王英，而题为吴兴楚王，则项王矣。误改无疑。”徐献忠撰《吴兴掌故集》“古迹类”辨之云：“卞山楚王庙。梁简文帝作碑记之，盛言事佛不杀，则非项王矣。湖人旧称项为卞山王。或卞山别有项王庙。自汉而来，事佛不杀者，惟楚王英耳。虽荆王刘贾亦非事佛者。卞属故鄣，为丹阳郡管，内为荆楚之封耶。或曰唐丘除有《项王蔬食文》，则项王亦尝事佛者。然简文之碑未尝一言及于项，而丘除之文不过因简文之碑而附会蔬食之意也。又揔卞山楚王庙诗末云：‘英危言几何。’此当为项王庙也。”（徐献忠撰《吴兴掌故集》，嘉靖三十九年刻本，《中国方志丛书》影印本，台北成文出版有限公司1983年版，第488—490页。）后亦有人认为此碑文乃是祭祀东汉楚王刘英的碑文，而非项羽之碑文。笔者以为吴兴一地，巫风甚炽，且祭拜项羽之事早已有之，故此碑文当是为楚王项羽所立。

> 辛丑,祀南郊;大赦。甲寅,遣中书舍人韦鼎、策吴兴楚王神为帝。戊午,祀明堂。①

生前壮志难酬,死后终于依靠自己的邪恶举动威慑了人间凡夫俗子,虽然项羽的楚王神的帝号来得不是那么光彩,但是总算是在百年的灵异后获得了册封。官方的认可加剧了民间项羽崇拜的蔓延和扩散。"吴楚风俗,时加淫祀"②,到了隋唐以后,吴楚等地大小不一的项羽祠庙纷纷破土而出,俨然成为一方的土地神。

三、项羽信仰与土地神信仰的关系

土地神信仰源于上古之社祭之遗风。随着社会的发展,社祭除了在官府依然保存古制外,在民间,祭祀的对象已经发生了演变。对于这种演变,卿希泰认为:"随着社会生产力的提高和文化的发展,(土地崇拜)这种自然崇拜便转变为人格神崇拜。人们用以象征它的不再是'封土为社'的那一方土,而是一个具有人格特征的拟人神。甚至随着封建国家从中央到地方各级政权制度的完善,更将它视为与封建政权最下层官吏相当的一级小神。"③从社神演变为土地神的时间节点和故事内容来看,与霸王崇拜的兴起时间和灵异模式几乎完全一致。土地神的称谓大约是魏晋时期出现的,最早被尊为"土地神"的是蒋子文。他的故事在干宝的《搜神记》中有着详细的记载:

> 蒋子文者,广陵人也……常自谓己骨清,死当为神。汉末,为秣陵尉,逐贼至钟山下,贼击上额,因解绶缚之,有顷遂死。及吴先主之初,其故吏见文于道,乘白马,执白羽,侍从如平生。见者惊走。文追之,谓曰:"我当为此土地神,以福尔下民。尔可宣告百姓,为我立祠。不尔,将有大咎。"是岁夏,大疫,百姓窃相恐动,颇有窃祠之者矣。文又下巫祝:"吾将大启佑孙氏,宜为我立祠;不尔,将使虫入人耳为灾。"……又下巫祝:"若不祀我,将又以大火为灾。"……于是使使者封子文为中都侯,次弟子绪为长水校尉,皆加印绶,为立庙堂。转号钟山为蒋山,金建康东北蒋山是也。自是灾厉

---

① 《南史·陈本纪上第九》,中华书局1975年版,第273页。
② 封演《封氏闻见记》卷九《刚正》,《丛书集成初编》本,中华书局1985年版,第111页。
③ 卿希泰主编《中国道教》第三卷,东方出版中心1994年版,第113页。

止息，百姓遂大事之。①

从这则小说中我们可以知晓，蒋子文是最早公开称自己为“土地神”的神祇，并且他获得祭祀的途径与项羽有几分相似，都是在威吓、利诱等不光彩的手段下获得的。所以从这个角度来说，项羽虽然被册封为楚王神，但是他在冥神系统的地位相当于地方的土地神。入唐以后，土地神信仰与城隍信仰发生了融合。从源流来看，土地神源于上古的社祭，而城隍信仰则源于蜡祭。“社神崇拜的起源是农业民族对耕地的强烈依赖，城隍信仰的起源则是脱离了农业耕作的市井居民对自身安全所产生的深深的恐惧”②。但是在城市文明的演进过程中，由于土地神和城隍持有保护百姓的神界职责，所以只能是不可避免地发生了重合。由于土地神和城隍都是“制度化”的原始宗教，源于原始信仰，所以二者之间没有绝对的森严壁垒，在功能和称谓上往往容易混杂。城隍除了承担保护城市安全的职能外，调配风雨，使百姓稼穑丰顺，这也成为城隍的重要责任。从唐人对城隍的祭文中，常常可以看到祈雨、祈晴的记载。如张九龄在洪州任刺史时尝作《祭洪州城隍文》祈求止雨。而项羽在唐代虽然没有获得城隍这一称谓，但是相关的文献中可以看出，他的身份似乎由土地神转向了城隍。唐开元年间进士贺兰进明尝作《西楚伯王庙颂》，原文如下：

我巨唐天宝之敦牂岁月壮旬八日，而四郊不雨，赤畔擢颖而始花，素稻含英而未吐，心有螟，节有贼，根有蟊，叶有螣。噫！十数载间，荐伤于稼穑，居则悬磬，散为浮食。千里百城，老农老圃，奔走于道路，相顾而言曰：“昔者灾由是也，今未及（阙一字）为灾也，谓之何哉？”进明闻而避正堂以自咎，即斋次以询谋，乃命参军王皓之告于伯王之庙。十九日辛亥，初拜，恍兮若有所见。忽兮若有所闻，风（阙一字）云蒸，雷吼电缺，鞭顶视之魃，蚧翰飞之蛇。殄煴虫（阙三字）停（阙一字）玉而煎砂水，刑溪（盈川本名刑溪）兮（阙十一字）而隘陌君（阙三字）兮整衣冠以（阙十字）其（阙三字）而环周，膏涂于疆场之内。（阙一字）御（阙三字）祀（阙一字）有（阙三字）虎踞龙蟠，鸾凤之所翔集。（阙一字）梧修竹，青翠峥嵘。濬汤池，棱石城，停午无影，虚闻籁声，双阙霞张，閟宫有恤。徒三万，车千乘，二矛重弓，朱英绿縢，虹旌日羽，饶歌剑舞，若昭震于冈陵。乌虖！嬴政焚烧《诗》《书》，胡亥继之以昏虐。当是时也，豪杰并起而攻秦，王以盖代之才，拔山之力，喑哑叱咤，横行于天下。破釜沉舟，隳城坑卒，沛公谢罪，子婴伏诛，岂楼烦之

① 干宝、汪绍楹校注《搜神记》卷五《蒋山祠一》，中华书局1979年，第57页。

② 荣真《中国古代民间信仰研究——以三皇和城隍为中心》，商务印书馆2007年版，第240页。

徒，辕门诸将，目不敢视，手不能发而已？生则伯主，殁为贵神，山川出云，天降时雨，善长嘉会，事干义和。羞尔肴烝，聿求多福，灾蝗疠鬼，飞遁于犬牙之外。虽上德不德，而好是正直。皇皇彼天，孚祐下国，春秋匪懈，享祀不忒。适变无穷，永代作则，铭曰：

雷为戈兮云为旆，天殷殷兮雷声盖，光明下济兮泽滂霈。①

祭文中，贺兰进明祈求项羽赐福，降甘霖缓解土地之旱情，以解黎民之苦。前文所引《南史·萧猷传》中，项羽曾显灵率兵保护吴兴，而唐代的项羽又执掌风调雨顺之民事。所以从这两点可以看出，项羽除了土地神的身份外，城隍的标记也非常明显。据荣真先生研究，担当土地神的往往是本地籍贯的人鬼；而被封为城隍的则是史上的英灵。土地神往往具有民间亲和力，而城隍则往往威严逼人。

城隍作为都市的保护神，他与官府的官员共同构建了一个人间和神冥的管理系统。政府官员执掌人间的政权，而城隍则管辖着都市的百姓的精神信仰世界。自唐代开始，城隍逐渐成为官府控制社会的一个机构。当发生天灾时，除了认为的抗灾行动外，想城隍祈祷，借助神界的力量来进行社会稳定控制也是官府的一项重要工作。虽然“职分幽明”，但是城隍在精神世界中依然有着不可撼动的地位。贺兰进明作为地方行政长官，当遇到旱情时，他也需要通过祭拜城隍以祈求城隍沟通神界，普降甘霖。虽然从科学的角度来说，这种宗教式的祈祷未必能够起到实际效果，毕竟风雨雷电是自然界的产物，神、人都无法用人力进行操控。但是官府虔诚地祈祷能够缓解市民与官府因自然灾害而产生的矛盾，同时能够借助城隍的精神统治力来稳定市民的心理。

尽管吴兴等地的项王祠香火甚旺，项王之神力也时而显灵，但是作为未受大唐政府册封的神灵，对项羽的祭祀依然无法摆脱“淫祀”的名号。未获得政府认可的“淫祀”虽然在地方也隐蔽的存在，地方官员对此也往往是模棱两可，但是毕竟从国家法律层面是不认可的。项王祠也没有能够逃离国家法律的“制裁”，在狄仁杰的主持下，江南的项王祠一度遭到毁弃，对项羽的祭祀也被官方禁止。《全唐文》卷一六一九载有狄仁杰的《檄告西楚霸王文》，全文如下：

垂拱四年，安抚大使狄仁杰檄告西楚霸王项君将校等曰：鸿名不可以谬假，神器不可以力争。应天者膺乐推之名，背时者非见几之主。自祖龙御宇，横噬诸侯。任赵高以当轴，弃蒙恬而齿剑，沙邱作祸于前，望夷覆灭

① 《全唐文》卷三四六，中华书局1983年版，第3962—3963页。

于后，七庙堕圯，万姓屠原。鸟思静于飞尘，鱼岂安于沸水？赫矣皇汉，受命元穹。膺赤帝之贞符，当四灵之钦运。俯张地纽，彰凤纪之祥；仰缉天纲，郁龙兴之兆。而君潜游泽国，啸聚水乡，矜扛鼎之雄，逞拔山之力，莫测天符所会，不知历数有归，遂奋关中之翼，竟垂垓下之翅。盖实由于人事，焉有属于天亡？虽驱百万之兵，终弃八千之子，以为殷监，岂不惜哉？固当匿魄东峰，收魂北极，岂合虚承庙食，广费牲牢？仁杰受命方隅，循革攸寄，今遣焚燎祠宇，削平台室，使蕙帏销尽，羽帐随烟，君宜速迁，勿为人患。檄到如律令。①

经过狄仁杰的打击之后，江南的"淫祀"活动渐渐平息，项王祠也在这次禁毁事件中遭遇到了沉重的打击。尽管吴兴等地对项羽的祭祀活动并没有完全消失，但是也仅仅是在小范围不公开的场合进行祭祀。大历七年，颜真卿任湖州刺史，尝入项王祠进行拜祭，并撰《项王碑阴述》一文以为纪念。但是从颜真卿的祭文可以看出，此时的项王祠已经是"故碑颠趾"，残破不堪。

从六朝的受封到唐朝时候的禁毁，项羽在祭祀典礼上的命运也可谓大起大落。不过项王祠毁弃的同时，项羽又通过另外一种方式进入了民间百姓的视野。也正是在唐代，随着小说、戏剧等通俗文学的发展，项羽开始从史传中的失意英雄和邪恶幽灵逐渐成为通俗文学的主角，并发生了一系列曲折富有时代印记的演变。

（任荣，文学博士，淮北师范大学文学院副教授，本文系淮北师范大学青年科研项目"项羽传说故事的文学研究"2014XQ021 阶段性成果之一，235000。）

① 《全唐文》卷一六一九，中华书局 1983 年版。

从生命美学角度看《坛经》中存在而超越的处世禅思

秦 闻

《坛经》又称《六祖坛经》《六祖大师法宝坛经》，全名《南宗顿教最上大乘摩诃般若波罗蜜经六祖惠能大师于韶州大梵寺施法坛经》，是一本记录禅宗六祖慧能生平事迹的言行录，由弟子法海记录整理而成。它是中国佛教重要宗派之一禅宗的根本经典，在禅宗内部被称为本宗的“宗经”。它分为十品，记述慧能得道经过及其对于佛法的论述，是禅宗及中国佛教最具代表性的经典之作。其思想影响着唐代以后禅宗以及整个中国佛教理论的走向，并且对整个中国思想史有重要影响。作为禅宗的根本经典，《坛经》在生命本体意义的探索上开辟一方天地，为人生的安身立命提供价值依据。方立天先生指出：“佛教哲学从其出发点和归宿点来说，是重在人生哲学，是一种宗教人生观。”①禅宗，作为佛教中国化的结晶，其哲学的出发点和归宿点，也是重在人生哲学。禅宗美学以“禅”这个本体范畴作为逻辑起点，对人的意义生存、审美生存做出哲学思考。本文从生命美学角度论述《坛经》从生命云起处对人生存在的本体论层面的审美之思，阐释其中蕴含的存在而超越的处世禅思和生命的内在意义。

一、即心是佛的本体存在

作为禅宗美学的逻辑起点，“本体”的存在是不可避免的问题。冯友兰说：“研究‘存在’之本体及‘真实’之要素者，此所谓‘本体论’。”②在任何文化中，本体范畴总是生命主体安身立命的源头与基础。这个生命的终极承载着思想者一切的价值追寻，只有根据这个形而上的“本体”，思想者才能建构一个自我融洽而又独具特色理论体系。禅宗，作为中国传统文化的重要组成部分，在初创时期就为自己建立一个安身立命的源点，即“禅”。

“禅”起初指的是一种修行方法，而六祖慧能将“禅”从传统禅学所指称的宗教修行方法的“禅定”概念提升到本体论层面加以解释：

① 方立天《佛教哲学 · 前言》，中国人民大学出版社 1986 年版，第 2 页。

② 冯友兰《中国哲学史 · 绪论》，中华书局 1961 版。

善知识,何名禅定。外离相为禅,内不乱为定。外若着相,内心即乱。外若离相,心即不乱。本性自净自定。只为见境思境即乱,若见诸境心不乱者,是真定也。善知识,外离相即禅,内不乱即定。外禅内定,是为禅定。(《坐禅品第五》)

慧能开始就把“禅”作为代表“本性”(即自性、佛性、法性)的出发点,代表宇宙人生的本体属性。禅学是心学,佛性论实质是心性论。在禅宗这里,“禅”作为本体范畴是以“立心”来建构心性本体论的。慧能以心的本体为生命基点,开始自己的佛法阐释:

外无一法而得建立,皆是本心生万种法。(《付嘱品第十》)

心是真如自性的本体,但是心本体,从正面来说,是无法描述的,因此慧能用形象之物寓抽象之思:

心量广大,犹如虚空。(《般若品第二》)

世界虚空,能含万物色像。能令日月星辰、大地山河、一切草木、恶人善人、恶法善法、天堂地狱,尽在空中,世人性空,亦复如是。(《般若品第二》)

世界虽是虚空,看似一切皆无,实际上却是无中生有,有无相生。在有与无之间,慧能把抽象、无形的心用一切具象、有形的万物来表征,在形而上的心学里寻找生命存在的印记。

禅宗美学作为一种生命美学,在心本源处,倡导“自视本心,自见本性”。[①]慧能在前人的基础上除了高度重视“自性”,亦强调生命本体的存在价值。“佛是自性作,莫向身外求。自性迷佛即众生,自性悟众生即是佛。”[②]慧能认为,在观照内心时,作为物质层面的生命,佛性同样不能离开它而存在。他说:“大众作意听,世人自色身是城,眼、耳、鼻、舌、身即是城门,外有五门,内有意门。心即是也,性即是王,性在王在,性去王无。性在,身心存;性去,身心坏。”(《决疑品第三》)慧能在强调这个物质层面的“身心”不能离开“性”时,同样也论证了“身”是“城”的存在。“心”如果没有这个“地”,“性”就不能成为“王”。若“性”不能成为王,那么自然无处寻觅佛性,也就无法成佛。佛是从众生而来,若是没

① 徐文明注译《六祖坛经》,中州古籍出版社,2004年版,第12页。
② 徐文明注译《六祖坛经》,中州古籍出版社,2004年版,第36页。

有众生自然就没有佛。众生的存在便是生命存在的本来状态,对于求佛有着十分重要的价值和意义。所以慧能又说:

“佛法在世间,不离世间觉,离世觅菩提,恰如求兔角。”(《般若品第二》)

“菩提般若之智,世人本自有之,即缘心迷,不能自悟,须求大善知识示导见性。善知识,愚人智人,佛性亦无差别,只缘迷悟;迷即为愚,悟即成智。”(《般若品第二》)

既是佛性无差别,怎样使俗世之心拥有生命的真实意义?慧能将生命的存在提升到哲学层面,将“无念”引入禅机:

何名无念?若见一切法,心不染著,是为无念。用即遍一切处,亦不著一切处。但净本心,使六识,出六门,于六尘中,无染无杂,来去自由,通用无滞,即是般若三昧,自在解脱。名无念行。(《般若品第二》)

而无念是怎样的一种心动?潘知常在《生命美学》中认为人的存在与万物的存在是截然不同的。“无是对于在者的一切加以否定,无既不是一个对象,也不是一个在者。无是使在者作为在者对人的存在启示出来的所以可能的力量。”①只有具备一种无住的心态,一种自在无碍的心态,才能任随风动、幡动,心不会乱,从而按照它的本性在动。

传统的佛教主要的修行模式是止观坐禅,并且主张对佛的偶像崇拜,凭借他力来拯救自己,不仅对佛门义理进行各式各样的名相分析,而且其程序相当繁琐。《坛经》却以人的现实之心为核心,注重自身、自心、自度,当下成佛,关注人本体的自由的生命存在,将佛教思想的重心由外在的佛性转向内在的人心②。慧能关注人世间,使《坛经》一书充满生命的张力,不仅将后人的视野引向最为珍贵的人本身,而且使中国佛教具有浓厚的以人为本,以心为宗的理论色彩。进一步使禅宗成为关注人生命本身的重要派别,它的人本色彩对中国佛教产生重大影响。

---

① 潘知常《生命美学》,河南人民出版社,1991年版,第31页。

② 潘猛孩《〈坛经〉禅学心探》,《中国社会科学院研究生院博士学位论文》,2010年4月。

二、恬然澄明的超越之境

人从何处来？要往何处去？这必然是禅宗要解决的根本问题。生命美学正是从本体出发，对生命做出最高的阐释，即“关于人类生命的存在及其超越如何可能的冥思”[①]。“人生最伟大的问题，是生死苦乐的问题”[②]。人的生死问题是人生的一大谜团，在生死之间，人生的意义和价值往往蕴藏于其中，因此生死问题也就成为生命哲学不可回避的首要问题，是生命本质的问题。有生有死，生命就存在着有限与无限的度量。禅宗大师们也把参透死生，超越死生作为参禅最终目的，十分突出强调“超越死生”[③]。

所谓超越，在中国古代哲人那里，是人格境界最终对物欲、人欲等的狭隘性与片面性在精神上的制胜[④]。就是要让众生认识到对于解脱来说，直面这种状况所存在的障碍，而有自我否定的自觉和勇气，从而能够就自己而言，实现对自心真性的觉悟，也就是实现禅的顿悟。对于生命主体——肉身的人来说，人的一生是短暂的、有限的，人无法抗拒死亡。人们面对死亡，不可避免地会产生恐惧心理。为了缓解这种内心的压力，人们企图超越死亡，超越人生的有限，从而进入精神世界的无限，最终达到的境界就是恬然澄明的超越之境。从生命美学的角度看，这种超越之境实际上也是一种纯粹、高尚的审美之境。

慧能在《坛经》里就已然将自然之境看作最高的人生之境——审美之境，并且不断求索与追寻。他从心本性出发，指出心的本来面目是纯净无垢的。这世人自性本是自净的：

> 菩提本无树，明镜亦非台。本来无一物，何处惹尘埃。（《自序品第一》）

慧能认为解脱之道在于“识本心”：“智慧观照内外明彻，识自本心。若识本心，即本解脱。”（《般若品第二》）又在于“净本心”：“但净本心，使六识出六门，于六尘中，无染无杂，来去自由，通用无滞，即是般若三昧，自在解脱，名无念行”

---

① 潘知常《生命美学》，河南人民出版社1991年版，第6页。

② 皮朝纲《禅宗美学思想的嬗变轨迹》，电子科技大学出版社，2003年版，第5页。

③ 《高峰和尚禅要·示直翁居士洪新恩》，《中国佛教思想资料选编》第一卷第三册，中华书局1987年版，第482页。

④ 皮朝纲《禅宗美学思想的嬗变轨迹》，电子科技大学出版社2003年版，第6页。

(《般若品第二》)。心因空而净,“心量广大,犹如虚空”(《般若品第二》);“世界虚空,能含万物色像”(《般若品第二》);“我心自有佛,自佛是真佛”(《般若品第二》)。人的自性与佛性并无分别:“不悟,即佛是众生;一念悟时,众生是佛。”(《般若品第二》)因此当人们领悟和把握到自己是佛,而回归自己的本性时,就能够得到解脱、超越和升华,就能进入佛陀境界,一种澄澈空明、纤尘不染的审美境界。慧能将“佛性”引向人们当下之心从而呈现的一种自然之境。苏轼《送参寥(禅)师》曰:“静故了群动,空故纳万境。”这未尝不是对于俗世的一种超越。禅体验是一种生命体验,是生命意义的瞬间感悟,领悟到自己的本性,就进入禅的最高境界。如何进入禅的最高高境界?慧能的主张是进入澄明之境需要人们经过“三无”的修炼,即:无念为宗,无相为体,无住为本(《定慧品第四》)。“无相者,于相而离相。无念者,于念而无念。无住者,人之本性”①。对诸多的外境,心不染著,就是无念;能够远离外相,法体清净,则是以无相为体;对于一切事物,念念不住,即无缚,则是以无住为本。因此达到顿悟,进入无思无虑无善无恶的清净无垢的心灵境界,呈现生命之美,这是对万物自然的超越。

“死生亦大矣,岂不痛哉。”②对死生的超越,慧能亦有超然之见:

> 但识本心,见自本性,无动无静,无生无灭,无去无来,无是无非,无住无往。(《付嘱品第十》)

如此保持无欲无求,无住无往,方能超越俗世物质的缧绁,超越精神层面的束缚,进入生命最高的境界。慧能面对死亡自然是有一颗平常心,他关心的不是死的痛苦,而是弟子们求佛解疑。之所以无所畏惧,是因为“盖为不知吾去处。若知吾去处,即不合悲泣。法性本无生灭去来。”③通过各自净心,达到“一相三昧,一行三昧”④,对生死不悲不喜,方能成就万理尽通的一切种智。慧能的圆寂,对于生死如是说。只有心中安闲恬静,虚怀融通,淡泊平静,纯粹以正直之心,才能置生死于度外,含葩敛翅,晏然处之。从生命的有限走向无限,拒绝生命的沉沦,使生命的超越,生死的超越成为可能。

近代著名学者钱穆指出:“在后代中国学术思想史上有俩大伟人,对中国文化有极大之影响,一为唐代禅宗六祖慧能,一为南宋儒家朱熹……一儒一释开

---

① 《六祖坛经》,徐文明注译,中州古籍出版社2004年版,第43页。
② 《王羲之传》,房玄龄等撰《晋书》卷八十,中华书局1982年版,第2099页。
③ 《六祖坛经》,徐文明注译,中州古籍出版社2004年版,第108页。
④ 《六祖坛经》,徐文明注译,中州古籍出版社2004年版,第109页。

出此下中国学术思想种种门路，亦可谓此下中国学术思想莫不由此两人导源。”[①]《坛经》凝聚了慧能毕生的思想精华，虽然是唯心主义世界观，并且在真心与妄心、净与染的边缘动摇，但其对于生命存在价值的肯定与朴素的辩证，为世人提供一条返归自心、重视本性，珍视人生命的本身的道路。《坛经》对于生命存在有限的超越，亦不失为一种追寻澄明恬静的审美境界的方法。在纷繁浮躁的当下，《坛经》中生存而超越的处世哲学是对生命本体的尊重，这种倡导，对净化人心，重视个人的价值有着重要作用。

（作者：秦闻，江苏师范大学文学院硕士研究生，221116。）

① 钱穆《〈六祖坛经〉大义——慧能真修真悟的故事》，《六祖坛经研究》中国大百科全书出版社2002年版第一册，第161页。

中国古典艺术崇圆意识的研究

孙 根

中国文化对于“圆”的崇尚意识由来已久,对于华夏民族来说,“圆”的艺术精神内核与古老的天体运动观是相互映照,相反相成的,都是追求变动不居、循环往复、生生不息的生命精神。这种独特的“圆”之精神使得中国古典艺术散发出独具一格的无穷魅力,促使中国文化以及审美艺术理念和审美理想朝着柔韧相交、追求圆润和谐之美出发。

一、圆的概说

“圆”的概念从产生到发展经历了一个长期的过程,它始终与中国先民古老的天体宇宙观相互联系,其深厚的哲学文化内涵也在这当中不断孕育发展,所以要探讨“圆”这一概念的最初来源,应该从初民的宇宙哲学中去寻找。中国古代有关天体的学说主要有以下三种:宣夜说、盖天说、浑天说。宣夜说认为“天”并不是一个固定的实体,而只是无穷无尽的气体,日月星辰都在其中漂浮游移。盖天说认为“天”像一个斗笠的形状,大地就像一个倒着的盘子,所有人类都在这个倒着的盘子里面生活、繁衍,世代不变,《大戴礼·保傅篇》中就有云:“古之为路车也,盖圆以象天。”而浑天说则认为天体形状犹如鸡子(鸟卵),天包裹在大地的外面,就像鸡蛋壳裹住蛋黄一样,形状浑浑然。浑天说的代表人物是东汉的科学家张衡,他形象地写到:“浑天如鸡子,天体如弹丸,地如鸡子中黄,孤居于内,天大而地上,天表里有水,天之包地,犹壳之裹黄,天地各乘气而立,载水而浮。”[①]由此可见,“圆”作为“天”的形状,在华夏初民的宇宙观念中,是一个与原始先民天体观以及精神观紧密相连的具象化的生动概念。

汉字“圆”也是一个与“圆”的宇宙哲学相关联的概念。据考察发现,“圜”本是一个哲学范畴,“圆”只是对其作的引申义而已。最早的文字著书许慎的《说文解字》中说:“圆,圜,全也,从口员声。”《广雅·释诂》:“圆,周也。”《玉篇·口部》:“圆,周全也。”从这些文字的著书解释中,大致可以归纳出“圆”的

① 张衡《浑天仪注》,《晋书·天文志》卷十一,志之二,中华书局1984年版,第280页。

一般大体的含义:圆满、完整、周全、丰满之意。而后又能引申为圆活、圆照、圆通等等。由此看来,在哲学范畴内的"圜"与其引申、发挥的"圆"两者之间有重合的部分。无论是具有天体宇宙观的圆满、丰满、周全、完整意义的"圜",还是其引申义的圆活、圆照、圆通的"圆"它们都是从先民的宇宙哲学观中衍生、孕育出来的具有异曲同工之妙的理论范畴,它们始终都与原始宇宙天体观和宇宙精神息息相关,不能分割。

中国古典艺术的尚圆精神也已经由来已久,它是在原始初民对于混沌的宇宙苍穹的奇思妙想中诞生的。先民们对这"混沌如鸡子"的"天地"产生了无限深邃的遐想,他们在宇宙天体中体味着其变动不居、循环往复的圆之精神,圆之精神实质就体现为宏大宇宙间循环往复,生生不息的精神。正是华夏初民对于宇宙天体和大自然的这种构想,使得他们将这种运转不息、环环相生的圆之精神运用到诸多艺术领域,使得中国古典艺术始终散透着独具一格的灵气和韵味。同时,这样也使得中国古典文化艺术形成了追求圆满和谐的审美理想和人生夙愿的意识形态。

二、古典艺术创作中的圆意识

"圆"是一个极具中华民族特色的文艺美学范畴,以"圆"论艺由来已久,它贯穿于中国古典艺术的各个方面,表现出极其深远的华夏文化意识。中国古典艺术的尚圆精神源源不断地流淌于中国古典诗文、书法、绘画、音乐等诸多艺术形式当中,并以其独特的灵气与神韵对中国古典艺术和中国古典文化产生了极其深远的影响。

最早以"圆"论艺,将"圆"作为审美标准来评论文章的是南朝齐诗人谢朓。他说:"好诗圆美流转如弹丸。"(《南史·王筠传》引谢朓语)这里的"圆美"指的是诗歌要音韵流转,字字珠玑,方称得上是好诗。谢朓是以"圆"论诗的首创之人。然而真正称得上以"圆"论文,确立"圆"在中国古代文论史上地位的要属刘勰的《文心雕龙》了,可谓是以"圆"论文的集大成者。《文心雕龙》全书共50篇,"圆"共出现18次,在16篇中都有涉及,几乎贯穿了文学创作论、文学作品论、文学鉴赏论等各个方面,也正因为如此,"圆"在齐梁之际便成为了真正的美学范畴。

从《文心雕龙》出发,我将"圆"的美学内涵在古典文学中的体现总结为三点。

首先,从诗文的整个体系来看,文章要完美、周全、意蕴丰富。刘勰认为一篇文章应该以简短的篇幅去涵盖深邃宏大的义理,做到短小精悍,却又意蕴完整。整篇文章应该严密而翔实,圆润且丰满。那么,又该如何达到这样一种目的呢?刘勰指出:“诗人比兴,触物圆览。”(《文心雕龙·比兴》)所谓“圆览”就是要从各个方面全面仔细地观察外在物象,产生勃勃的激情。在立意构思阶段则要求立意圆润,力求做到独特新颖而又妥帖周全,不失偏颇。在这一点上,刘勰在《文献雕龙·定势》篇中云:“因情立体,即体成势。……圆者规体,其势也自转;方者矩形,其势也自安;文章体势,如斯而已。”

其次,文章的音韵要有圆润流转之美。文章要有声韵之美,读来使人入口生香。这圆润之美表现在音律上就是要做到声调平仄相间、修辞上要呈现回环往复之态,整个句式要音韵和谐,抑扬顿挫,从而有利于鉴赏者更好地体悟文章意蕴之美。

最后,从鉴赏论的角度来说要求鉴赏者做到全面考察文学作品本身,即刘勰所说的“圆照”。读者在欣赏某一篇作品的时候,不能仅从作品某一方面去审美观照,而应该从作家、作品、社会历史等各个方面,全面系统地去考察、审视它,极力做到“圆照”。就是刘勰在《知音》篇中说的:“操千曲而后晓声,观千剑而后识器;故圆照之象、务先博观”。“圆照方能明察秋毫,全方位多角度,从‘位体’‘置辞’‘通变’‘奇正’‘事义’‘宫商’六个方面考察构成文学作品诸要素。只有做到圆照,而后方能正确欣赏、评价作品,做到‘平理若衡,照辞如镜’成为千载难逢的知音。”①

中国古代的书论也是以“圆”来作为评论标准的。天圆地方的审美观使得大多先代书法家总是以流线型的曲线之美来构造书法。早期的象形字大都从自然界的圆形物象当中脱胎演化而来。譬如日、月、口等字。隶书出现之前,汉字的篆书结构以及运笔都是圆的,这就鲜明地表现出中国古代书法家有意识地追求一种空灵、飘忽的飞动流淌之美。颜真卿讲求“妙在执笔,令得圆转”②,蔡邕倡导“藏头露尾”③。这些都是强调了书法艺术的曲圆飞动之韵,都是在自觉地追求并实践着行云流水般的圆动之美。此外,在书法理论方面,历代诸多的书法理论大家都十分强调包容观。比如孙过庭在书法名篇《书谱》当中有云:“加以趁变适时,行书为要;题勒方幅,真乃居先。草不兼真,殆于专谨;真不通草,殊非翰札。”这就鲜明地强调书法创作应当是各种书体相互兼容,和谐共生,方能是为书法大家。他还倡导书法创作应当执、使、转、用数法相融并施,已达

① 黄金鹏《〈文心雕龙〉的圆美思想》,《四川大学学报》(哲学社会科学版),1996年第2期,第63页。

② 颜真卿《述张长史笔法十二意》,《中晚唐五代书论》,湖南美术出版社1997年版,第207页。

③ 蔡邕《九势》,《汉魏六朝书画论》,湖南美术出版社1997年版,第45页。

到运用自如的地步。所有这些有关书法的思想都与圆满包容的观念十分贴合。所以,文论是在书法理论抑或是书法实践方面,中国古典书论都是积极崇尚圆的艺术精神的。

中国古代的绘画艺术也深受“圆美”观的影响。受古代“天人合一”的哲学思维影响,中国古代绘画尤其是山水画都十分注重整体布局的完善。他们力求体现天人合一、物我冥合的审美境界,于是更加注重形式美与意象美的完美结合。对于一幅画作,它的承接转合、虚实相生、动静结合、空白经营等都需要仔细思量,这体现了古人注重绘画艺术的整体圆满的美,务求从整体上看呈现一幅和谐完整之貌。清代的石涛在《苦瓜和尚话语录》中提出了“一画说”:“法与何立? 点于一画。一画者,众有之本,万象之根;见用于神,藏用于人,而世人不知所以。一画之法,乃我自立,立一画之法者,盖以无法生有法,以有法贯众法也。”①这“一画”之法中的“一”和老子的“一”以及《周易》中的“太极”大有相通之处。“一画”乃艺术生命之最初本源。老子和《周易》中“一”或“太极”能够化生万物,而见于绘画之中这“一”便孕育为画中流荡的生命之气。石涛的“一画说”道出了山水画的本真内涵,画者下笔,始于一画,终于一画,追求其内在的“乾旋坤转之义”②。这也就是他所要追求的浑圆、变通之境。而在具体的创作之时,例如中国山水画,它的运笔方式复杂交错,有皴、擦、点、染等等,各种笔法随着画中景物的变动而灵活运用。线条则明暗相间,刚柔相济,屈曲盘旋,回环往复,整幅画作呈现一副和谐灵动的神韵,所有这些都是力求回归到圆融和谐的至美之境当中。就具体画作来讲,清代郑板桥的《墨竹图》实属于精妙细致之作。整个大幅墨竹,他是以每日一竿画成,“淡竹、小竹、碎竹经纬其间。或疏或密、或浓或淡、或长或短、或肥或瘦、随意缓急,便成大局矣”③。画家在精工细作之间,整幅竹点染而成,疏密浓淡、长短肥瘦、互相映照,相得益彰,体现了整体布局上的圆融和谐之美而不失完整。这里将笔法运用到了出神入化的境地,实现了与其风格的高度融合。

诗文、书法、绘画都从各个方面突显了中国艺术崇尚“圆美”的文化审美观,同样,作为中国古典艺术主要形式的音乐也受这一审美观的深深影响而呈现出独特的民族韵味。音乐是由各种不同的音调组合而成,而这些众多的音调之间的错综搭配,承接转合则是决定整首乐曲的韵律是否和谐动听,有无节奏感的关键所在。对于一首乐曲来说,它的“圆”主要体现在音符与音符之间是否承接自然,乐曲的首与尾之间是否衔接连贯,从而使整首曲子的声调圆润流畅,旋律

① 石涛《苦瓜和尚语录》,山东画报出版社2008年版,第35页。
② 石涛《苦瓜和尚语录》,山东画报出版社2008年版,第35页。
③ 周积寅《中国画论》,江苏美术出版社2005年版,第398页。

婉转动听。

要达到乐曲的“圆美”,那么在曲调的搭配选择上就要实行错综的搭配。单一的声调构不成和谐动听的乐曲。《国语·郑语》里讲到:“声一无听,色一无文,味一无果,物一不讲。”任何事物要想达到绚烂多姿的文采之美,就必须将各种不同的颜色错综搭配,那种单一的颜色是没有文采的。音乐要想达到这种多姿的文采之美也必须讲求这种声调的搭配。《左传·昭公二十年》记载晏婴论乐就谈到了这一点。齐景公问晏婴:“和与同异乎?”晏婴就回答说:“异。和如羹焉,水火醯醢盐梅以烹鱼肉,燀之以薪。宰夫和之,齐之以味,济其不及,以泄其过。君子食之,以平其心。君臣亦然。君所谓可而有否焉,臣献其否以成其可。君所谓否而有可焉,臣献其可以去其否。是以政平而不干,民无争心。故《诗》曰:‘亦有和羹,既戒既平。鬷嘏无言,时靡有争。’先王之济五味,和五声也,以平其心,成其政也。声亦如味,一气,二体,三类,四物,五声,六律,七音,八风,九歌,以相成也。清浊,小大,短长,疾徐,哀乐,刚柔,迟速,高下,出入,周疏,以相济也。君子听之,以平其心。心平,德和。故《诗》曰:‘德音不瑕。’今据不然。君所谓可,据亦曰可;君所谓否,据亦曰否。若以水济水,谁能食之?若琴瑟之专一,谁能听之?同之不可也如是。”当然,晏婴的这段话并不仅仅是论述音乐的,其中也包括宇宙、世间万物相齐相济的和谐状态和君臣之间“可”、“否”的对立统一,相辅相成,才有这些好的政治内涵。但是如果单就音乐的审美艺术角度来讲的话,它关注的是艺术形式之间的多样统一的风格。晏婴认为单一的声调成不了音乐,只有“四物”、“五声”、“六律”、“七音”、“八风”、“九歌”等综合搭配,清浊、大小、短长、徐疾、哀乐、刚柔、迟速、高下等一系列对立因素的相反相成,相互补充才能造就完美的音乐艺术。这其实就是说整首曲子在和而不同的音调搭配之下呈现出的一种往来循环、跌宕起伏的圆美之态。据研究,“现存琴曲《广陵散》的‘乱’,共十段。每段曲调均简短,由不断变化的正声各段主题音调的片段与始终不变的大序和正声的尾声,在急促进行中不断再现,组成一种回旋性的曲式,从而达到统一全面,概括全曲主旨的作用”①。

从以上论述我们可以明见到,圆意识的崇拜几乎涉及中国古典艺术的各个方面,这是一种极具中华文化韵味的艺术理念和审美观念,然而中国古典艺术追求的并非仅仅圆美的艺术形式,更重要的是指向一种内在的生命之理。

① 转引自匡丽枝《圆美:中国古代音乐的最高追求》,《云南艺术学院学报》,2002年3月,第36页。

三、圆的生命意识表征

由"圆"引申而来的"圆美"观是在整体与部分的和谐搭配之中而呈现出来的流动之美,它所青睐的并不是平铺直叙的直线延伸,而是那种回荡往复的曲线流淌。从老子的"道""一",《易》中的"太极",中国人的"圆"意识很早就具有了悠久的历史文化渊源。这种文化渊源一直贯穿于中国历史文化发展的脉络之中,使得中国古典艺术和文化具备了自己独特的价值取向和审美理想。中国人的"圆"意识并非单纯固定的,而是有着深刻的层级性和递进度。这种层级性和递进度主要表现在以下三个方面:

第一是充满圆融生命境界的圆满之圆。中国人自古以来就有一种对生命、对事物圆满完整状态的诉求。所谓的"圆满"就是圆润、完满而没有缺陷。儒家讲中庸之道,中和之美、道家讲"天人合一"以及佛家圆融思想等都是对圆美审美观念的自觉追求。孔子主倡中庸之道,力求消除事物之间对抗的矛盾,以达到真善美的和谐统一,进入一种中和完满的境界;老子提倡"天人合一"之道;《周易》讲"太极"之理,是希望人与天地万物化合为一,呈现相齐相济的和谐状态,使人事万物都运转不息,环环相扣;佛家的圆美观更加普遍深刻。佛家讲究世道轮回、因果循环、生死相因,这种来世的观念更加使他们注重现世的完满以求得来世的幸福。

第二是具有生生不息的生命精神的圆转之圆。中国古人很早就开始对天产生一种崇拜之情。为了更好地生存于世,他们对天始终恪守着一份极高的信仰,"天人合一"是早期先民们根深蒂固的生命意识。古人心中认为天圆地方,因而天是运转的、变动不居的、回环往复的,这就是天道永恒不变的性质。《淮南子·原道训》里讲"轮转而无废,水流而不止,钧旋毂转,周而复匝"。这真切地道出了天体的圆转特性。而天道的这种圆转特性是与生生不息的生命精神紧密相连的。人们重视生命,敬畏生命,希望生命与这运转不停的宇宙一样可以永恒地存在下去,于是基于这种期望,人们在现实生活中无不执着地去表达这种理想。艺术家们极力表现自然万物所富有的蓬勃生机,刻画宇宙间一切流动之象。在时间上,努力追求的是一种延绵不绝的生命的流程,在空间上则力求达到万物轮回,自在自圆的和谐广阔的状态。这些都是艺术家们苦心孤诣所追求的圆转不息的生命精神境界。

第三是艺术生命的至高境界的大圆之圆。这大圆之圆,实际上就是"太圆",是最高、最大、最完美境界的圆。这种境界的圆标志着世间万物达到了最理想的状态,也体现出人之生命的感悟达到了最顶峰。对于外在于人的事物来说,这最理想的境界就是自己的生命价值得到了最大限度的发挥,万物之间相齐相济,和谐共生,而它们之间又相互吸引,将自己的生命精髓融会于自己周边的事物,使整个自然界都呈现出一个生气灌注的整体。而对于人来说,这最高境界就是自身的人生价值得以实现,生命得以永恒。当然,这种生命的永恒并非肉体的长生不死,而是指人之精神、气韵得到传承、散发,将自己内心的浩然正气散播人间,给后世产生不可估量的影响,这样便实现了生之永恒,进入了人生的最高圆融境界。

中国古代艺术家们在创作古典艺术的时候十分注重追求这种圆的生命精神和生命意识。在文学上,多数作家都要求达到文学的内容和形式的统一和相互照应,以及表达生命和自然相互浸润的这样一种境界,使得整个文学作品呈现出多元交融的态势,让读者在阅读作品的时候感受到自己的生命与自然、与他人的和谐与共鸣。

中国书法之所以追求这种曲圆流动之美也是与中国人特有的生命意识分不开的。宇宙天地、世间万物按照自然规律发展,人生亦是起伏不定,于是人们在心底希望能够去超越宇宙时空,与自然万物冥合,使具有曲线之美的生命形式与意蕴越来越深地沉淀于这契合宇宙自然之“道”的灵动圆活的曲线之圆中。这就直接促成了先民们追求人生的回环往复、生生不息的境界,于是表现在书法之上,便演变成讲究笔法的浑圆,灵动曲圆之美。由此可见,中国书法之中蕴含着先民们对深邃宇宙观以及生命观的认识和崇尚,也让中国书法更多地浸润了诸多古老而深厚的意蕴。

霍迦兹曾认为:“最美的线是‘蛇形的线’(波浪形的曲线)。”①在中国传统绘画当中,许多作家利用圆润的笔法和整体和谐的画面布局来展现这种曲线美,他们将这种“意圆”的生命观和宇宙观通过“笔圆”的艺术展现出来,达到两者之间相间融合,意境浑成的效果,而追求这种效果的最终目的就是希望在这种意境当中表现人们对于宇宙、对于人生的和谐圆满的精神诉求,这也深刻体现出中国艺术独特的民族特征。

以“圆”论乐也是中国人宇宙观和生命观在艺术领域的具体写照。世间万物变动不居、变化多端、亦正亦反、亦开亦合,而音乐也着力追求一种与事物运行态势一样的曲动圆形的美。音乐的圆美流转之中也蕴含着相反相成,对立统一以及多样统一的哲学内涵。人生与音乐又是何其的相似呢!大千世界,人生命运变幻无常,起伏不定,人们亦在努力去寻求一种与天地万物并生相融的生

---

① 转引自姜耕玉《艺术辩证法》,江苏教育出版社2002年版,第310页。

命境界,实现人生的完满,人之精神的永恒。

艺术家们之所以去苦心经营这样一种圆融的创作价值取向,是与它所具有的双重作用分不开的。艺术家们精心营造的艺术作品的圆融境界是一种和谐、完满、周全的状态,是融艺术家身心于一体的精妙创造。在这样一个精心造就的艺术品中,有艺术家自觉或不自觉的对外在物象的体认与感悟,也有艺术家对自我心境的理解,可以说,整部作品在呈现浑圆融和状态之中充溢着艺术家们纷繁复杂的情感,而只有达到了这样一个至高的境界,鉴赏者们才能进入艺术作品之中,体悟作品中所蕴含的创作主体的丰富情感。这其实是在圆融的境界当中鉴赏者与艺术品和艺术家产生了情感上的共鸣,这种共鸣是强烈的,激荡的,也是双重的。一方面,鉴赏者主动接受作品中蕴含的信息和情感,另一方面也将自己欣赏艺术品所获得的信息以及产生的情感对象化到艺术品当中,从中见出自己。正如托尔斯泰所说:"感受者和艺术家那样融洽地结合在一起,以至感受者觉得那个艺术品不是其他什么人所创造的,而是他自己创造的,而且觉得这个作品所表达的一切正是他很早就已经想要表达的。真正的艺术作品能做到这一点:在感受者的意识中消除了他和艺术家之间的区别,不但如此,而且也消除了他和所有欣赏同一艺术作品的人之间的区别。艺术的感动,人心的力量和性能就在于把个人从离群和孤单之中解放出来,就在于使个人与其他的人融合在一起。"①圆融的创作境界正是力求达到这样一种主客共鸣的状态,方能实现自己的价值取向。

由此可以看出,艺术家们在艺术创作中对"圆"的追求最重要的理论取向是一种厚重凝实的生命精神内涵,承载着中华民族几千年来的博大情怀,彰显着和谐、圆满、流动包容的美,这既是一种艺术形式之美,也是一种艺术精神,生命精神。

结　语

"圆"体现的是一种最高的创作价值取向以及审美艺术观念和审美理想,即前面所论述的圆融生命境界的圆满之圆、生生不息的生命精神的圆转之圆以及具有艺术生命最高境界的大圆之圆。正是这样的"圆"意识价值观的形成与发展,使得中国的艺术家们在艺术创作的过程当中一直秉承着这一意旨,努力寻求艺术作品的圆融之态。这种圆意识的追求不仅使得我国的优秀古典艺术散

① 〔俄〕托尔斯泰,丰陈宝译《艺术论》,人民文学出版社1958年版,第149页。

发出独具特色的迷人的魅力，而且对于我们当下建设和谐社会亦有重要的指导意义。和谐社会提倡民主与法治的统一、公平与效率的统一、活力与秩序的统一、科学与人文的统一、人与自然的统一，所有这些统一都正好与圆融和谐的审美意识和价值观念不谋而合。所以在建设和谐社会的过程当中，应该十分注重发扬中国古典文化的圆意识精神，使得和谐社会的建设更加完满与顺利。

（作者：孙根，湖南师范大学文学院文艺学专业研究生。）

汪曾祺小说与高邮传统风俗文化

秦　楠

“小城故事多,充满喜和乐。若是你到小城来,收获特别多。看似一幅画,听像一首歌,谈的谈,说的说,小城故事真不错。请你的朋友一起来,小城来作客,人生境界真善美,这里已包括。”邓丽君的这首《小城故事》就像是为汪曾祺的小说量身定做,在汪曾祺的笔下,高邮这座小城就如歌词所描绘的这样似画似歌,生命的河就在其中静静地流,流出人生境界的真善美。

汪曾祺曾被称为中国最后一位士大夫。他的小说也如其人一般,似清水芙蓉,虽多描写凡尘俗世、市井小人,但却让人感觉到自在风流的生命旨趣和浓浓的隽永诗意,所以他的小说远观似画,近听像歌。

他在创作《受戒》时曾说过:“我要把它写得很健康,很美,很有诗意。”[①]汪老的小说也正践行了他自己的意旨,篇篇都是很美,很诗意,正如他以故乡高邮为背景创作的系列小说,他在故乡的风俗文化背景上写下市井小民的生命之歌。有人说,他就像“一位熟稔琴棋书画的古稀老人,将其记忆中的小镇风情、奇闻佚事絮絮地向你讲述,漫说往事,淡话家常,平朴自然中沁出传统文人士大夫的情致和雅趣”[②]。

一、汪曾祺故乡小说形成的原因

汪曾祺故乡系列小说的形成与他的生活环境、家庭氛围、个人经历有着密切联系。

第一,生活环境的影响。汪曾祺,江苏高邮人。高邮位于江苏之北,风景秀丽,民风朴素,水域辽阔,是典型的水乡。所以汪老的小说总是蕴含着水的气息,他曾说:“我的家乡是一个水乡,我是在水边长大的,耳目之所接,无非是水。水影响了我的性格,也影响了我的作品的风格。”[③]他的小说将一个生动的高邮水乡呈现在读者面前,高邮的文化深深地影响了他的创作。

---

① 汪曾祺《汪曾祺全集(三)·散文卷》,北京师范大学出版社1998年版,第284页。

② 杨剑龙《恋乡的歌者——沈从文和汪曾祺小说之比较》,《小说评论》1996年第2期。

③ 汪曾祺《汪曾祺作品精选》,长江文艺出版社2012年版,第269页。

第二，家庭氛围的影响。汪曾祺生长在一个旧式地主家庭，祖父是清朝末年的“拔贡”。父亲汪菊生，是一个多才多艺的人，不仅精通金石书画，而且擅长体操、足球等运动。同时还学过多种乐器，爱养鸟，并且为人随和，富有同情心。这样的家庭对汪曾祺后来的创作产生了很大的影响。

第三，生活经历的影响。汪曾祺曾几经辗转，离开家乡，来到西南联大读书，并如愿地成为沈从文的弟子，沈氏的文风给他的创作带来了直接的影响。后来汪曾祺又经历了中国的几次巨变，晚年定居北京。随着年岁的增长，客居他乡的汪曾祺对故乡的思念越来越重。他曾说，人到晚年，思乡之情变得强烈了，故乡的风土人情，总是时时在自己的脑海里浮现，使他产生了写作的欲望。

所以，在20世纪80年代，伤痕文学、反思文学充斥着人们的眼球时，汪氏依然能遵从己心，以我手写我心，凭一篇散文式的小说《受戒》重返人们的视野。他只愿“人间存一角，聊放侧枝花，欣然亦自得，不共赤城霞”。

二、汪曾祺小说中的高邮风俗文化

（一）饮食

民以食为天，但是因地域有所不同，饮食习惯也总不同，就江苏而言，苏南偏甜，多以米饭为主；苏北偏咸，多以面食为主。高邮虽然属于苏北地区，但也是淮扬地区，靠近苏南，又地处京杭大运河的下面，所以饮食习惯偏南，高邮菜也属淮扬菜系。在高邮这个水乡，鱼肥蟹鲜，水产丰富。高邮人爱养鸭，用这里的鸭制作成的大麻鸭是一绝，当然还有盛名在外的双黄咸鸭蛋。

汪曾祺的多篇小说中都描写了故乡的美食，如《鸡鸭名家》中提到的“巧蛋”、《异秉》中的熏烧、《桥边小说三篇 · 茶干》中的茶干和酱菜、《八千岁》中介绍的“草炉烧饼”以及吃晚茶的习惯，等等。

1.“巧蛋”也叫“拙蛋”，就是孵小鸡孵不出的蛋，有的是小鸡长不全，如长了一个头；有的是长全了，只是出不了壳。“巧蛋”也就是现在南京人喜欢吃的“活珠子”，营养价值非常高①。

2. 熏烧。在《异秉》一篇中，汪曾祺详细地介绍了另一美食：熏烧。熏烧其实就是卤味，现在大江南北都吃卤味，有回卤豆腐干、牛肉、蒲包肉、猪头肉。但是其中的蒲包肉是高邮特有的一种卤味，制作特别，是“用一个三寸来长直径寸半的蒲包，里面衬上豆腐皮，塞满了加了粉子的碎肉，封了口，拦腰用一道麻绳

① 汪曾祺《汪曾祺文集小说卷（上）· 鸡鸭名家》，江苏文艺出版社1993年版，第30页。

系紧,成一个葫芦形。煮熟之后,倒出来,也是一个带有蒲包印迹的葫芦。切成片,很香”[①]。

3.茶干。高邮特产还有茶干:就是一种豆腐干,现在知名的是界首茶干。汪曾祺在《桥边小说三篇·茶干》中详细介绍了连万顺茶干的制作流程,并指出当时送礼最好是送四色礼品——双黄鸭蛋、醉蟹、董糖、连万顺的茶干[②]。

4.酱菜。当然,提到吃食就不能不提到酱菜。咸菜、酱菜与中国的文化有着很微妙的关系。中国的酱菜可以分为两类:南味和北味。北味以北京为代表,南味以扬州为代表,北味的酱菜偏咸,而南味的酱菜则是偏甜的。目前,扬州“三和”“四美”已经成为南味酱菜的标志。高邮的酱菜是对扬州酱菜的一脉相承。汪曾祺认为写小说就像腌酱菜一样:“小说要有浓郁的民族色彩,不在民族文化里腌一腌、酱一酱,是不成的。”[③]出现在汪曾祺笔下最有名的酱菜是连万顺家的酱菜,有萝卜头、十香菜、酱红根、糖醋蒜、甜酱甘露、麒麟菜[④]。

5.草炉烧饼。比较有特色的吃食还有《八千岁》中介绍的“草炉烧饼”。这种烧饼是用粗面做的,在做时只在表面浅浅的涂抹一层油,然后贴在吊炉里用一把稻草烘熟,所以叫“草炉烧饼”。而在桶状的炭炉中烤出的加了馅的叫“桶炉烧饼”。随着生活质量的提高,人们的吃食越来越精细,“草炉烧饼”早已经被遗弃了。

6.吃晚茶。汪曾祺在《八千岁》中介绍了高邮吃早茶、晚茶的习惯。这里的“茶”不是茶叶,所谓早茶就是喝茶,吃包子、蒸饺、烧卖,“晚茶”就是吃干拌面、麻团、“油墩子”(“白铁敲成浅模,浇入稀面,以萝卜丝为馅,入油炸熟”),或是吃几个草炉烧饼[⑤]。

汪曾祺本人曾被别人称为美食家,从离开故乡,到辗转西南,到最后定居北京,汪曾祺尝遍了各种美味,不仅如此,他还会自己做很多美味,很多作家都曾到他北京的家蹭过饭。在他的散文中,他多次写到自己对美食与文化的独特感受,如《吃食和文学》《故乡的食物》等。他创作故乡系列小说时多是远离故乡之时,所以他极其怀念故乡的,他曾在散文《故乡的食物》中说:“我想念故乡的雪。”[⑥]恐怕想念的不仅仅是雪,而是故乡的一切。

(二)节日

汪曾祺小说中对传统节日的描写并不是很多,多是简单带过,如元宵节中的放灯习俗。重点描写的、带有高邮地方特色的节日习俗有《受戒》中的盂兰会

---

① 汪曾祺《汪曾祺文集小说卷(上)·异秉》,江苏文艺出版社1993年版,第146页。
② 汪曾祺《汪曾祺文集小说卷(下)·桥边小说三篇》,江苏文艺出版社1993年版,第552—557页。
③ 汪曾祺《汪曾祺作品精选》,长江文艺出版社2012年版,第334页。
④ 汪曾祺《汪曾祺文集小说卷(下)·桥边小说三篇》,江苏文艺出版社1993年版,第554页。
⑤ 汪曾祺《汪曾祺文集小说卷(下)·八千岁》,江苏文艺出版社1993年版,第378页。
⑥ 汪曾祺《汪曾祺作品精选·故乡的食物》,长江文艺出版社2012年版,第345页。

时的做法事、放大焰口、表演飞铙和《故里三陈》中迎神赛会的各种表演。

1. 盂兰会：农历七月初七，这是纪念祖先的节日，也是佛教徒追念亡灵的日子。在这一天，有些地方会请和尚做法事，会放大焰口，有时也表演“飞铙”。“飞铙就是把十多斤重的大铙拔飞起来”①。在表演飞铙的时候，其他法器皆停，几十副大铙紧促地敲着，然后在不经意间起手，落下后要及时用手接住，同时还要有各种招式，如“苏秦背剑”“犀牛望月”。

2. 迎神赛会：又叫“迎会”，本是一种古老的民俗，很多地方都有，如鲁迅先生在《五猖会》中曾介绍过绍兴的赛会，但是高邮的赛会与绍兴的赛会又有所不同。汪曾祺在《故里三陈·陈四》②一篇中详细地介绍了其过程：在农历七月十五这一天，举行迎会，所迎的神有两位：城隍和土地。这一天，城隍所经过的商铺要点香烛、挂宫灯，备好茶水、吃食，焦急等候。赛会开始是“拜香的”，然后是“挂香的”，与绍兴赛会要先“塘报”是不同的。这时的队伍中有锣有鼓，有布篷，边走边吹，错落有致。然后有挑着香茶的茶担子，有鲜花装饰的花担子，有舞龙、舞狮子，有跑旱船、跑小车，还有很精彩的“站高肩”。后面的是踩高跷，最后是跳判的。这就是迎会，后面就是城隍老爷的队伍，还会敲锣打鼓的表演一会，直到在行宫待了半天后回到原来的地方，就标志着整个活动的结束。

其中“高跷”已经成为高邮的非物质文化遗产，曾在首届中国农民艺术节开幕式表演，并获奖。高跷是一种把传统戏曲与杂技竞技项目融在一起产生的新的民俗文化活动，汪曾祺在《故里三陈·陈四》中介绍高邮的高跷不仅高，而且能玩出很多花样，在唱戏文时能“横步跳来跳去去做钓鱼撒网各种动作”，还能在挨火烧的时候“左右躲闪，簸脑袋，甩胡须，连连转圈”③。

（三）婚嫁

婚丧嫁娶，历来都是大事，而且每一个地方都有自己独特的习俗，虽然受西方文化影响，西式婚礼盛极一时，可是在很多地方，比如高邮，还保留着传统的婚俗，如明媒正娶、坐花轿、喜宴当天吹唢呐，等等。在汪曾祺的《大淖记事》《晚饭花》和《受戒》也有关于婚俗的描写。

汪曾祺的《大淖记事》写的是大淖这个地方的风俗，这是一个原生态的、自然淳朴的地方，在这里“婚嫁极少明媒正娶，花轿吹鼓手是挣不着他们的钱的。媳妇，多是自己跑来的；姑娘，一般是自己找人。她们在男女关系上比较随便的。姑娘在家生私孩子；一个媳妇，在丈夫之外，再‘靠’一个，不是稀奇事。这

① 汪曾祺《汪曾祺文集小说卷(上)·受戒》，江苏文艺出版社 1993 年版，第 164 页。
② 汪曾祺《汪曾祺文集小说卷(下)·故里三陈》，江苏文艺出版社 1993 年版，第 410—416 页。
③ 汪曾祺《汪曾祺文集小说卷(下)·故里三陈》，江苏文艺出版社 1993 年版，第 414—415 页。

里的女人和男人好,还是恼,只有一个标准:情愿”①。在现在看来这似乎有些荒唐,可是这样的婚俗就像母系社会时男女的婚姻关系一样,是自由的,原始的。但这只是小说创作的需要,虽然渗入了高邮当时的一些习俗。

普遍的婚嫁习俗还是明媒正娶。在出嫁之前,姑娘要赶嫁妆,大裁大剪,挑花绣花,如《受戒》中的大英子,在自己出嫁前给自己绣了三双花鞋。现在的新人已经不再是自己绣剪了,可以直接买到成品,但是这种穿花带花的风俗在老一辈那还保留着,这是吉利的象征。

婚后有一个“送灯”的习俗。《晚饭花 · 珠子灯》中写到:“这里的风俗,有钱人家的小姐出嫁的第二年,娘家要送灯。送灯的用意是祈求多子。”②元宵节前几天就可以送灯,一堂灯一般是六盏。到了“灯节”的晚上,就在这些灯里插上红蜡烛,点亮,从十三“上灯”到十八“落灯”。

(四)民歌

高邮的民歌是高邮民俗中的一大特色,它起源早,记录了高邮市以及里下河一代人们的生产、生活状况,包括情歌、小调、号子、风俗歌谣、儿歌等。由于地理的特殊,高邮民歌受到吴侬软语的苏南民歌影响,也受到北方民歌豪迈爽朗之风的影响,从而形成了自己独特的风格。

在民歌熏陶下长大的汪曾祺在创作时总是不知不觉地将民歌融入自己的作品。在他的笔下,似乎每一个人都可以唱一嗓子,如《受戒》中的和尚念经跟唱戏一样,要当和尚就必须有一个好嗓子;明海喊的打场号子被小英子称为“一十三省数第一”③。号子、小调、童谣、风俗歌谣等,经常出现在汪氏小说中,具体如下:

1. 号子:如《受戒》中的打场号子“格当嘚——”。

2. 小调:如《受戒》中的“栀子哎丌花哎六瓣头哎……姐家哎门前哎一道桥哎……”④

3. 童谣:如《晚饭花 · 三姊妹出嫁》中“姑娘姑娘真不丑,一嫁嫁个吹鼓手。吃冷饭,喝冷酒,坐人家大门口”⑤。

4. 校歌:如《徙》中出现的“西挹神山爽气,东来邻寺疏钟,看吾校巍巍峻宇,连云栉比列其中。半城半郭尘嚣远,无女无男教育同。桃红李白,芬芳馥郁,一堂济济坐春风。愿少年,乘风破浪,他日毋忘化雨功!”⑥

---

① 汪曾祺《汪曾祺文集小说卷(上) · 大淖记事》,江苏文艺出版社 1993 年版,第 238—239 页。

② 汪曾祺《汪曾祺文集小说卷(下) · 晚饭花》,江苏文艺出版社 1993 年版,第 321 页。

③ 汪曾祺《汪曾祺文集小说卷(上) · 受戒》,江苏文艺出版社 1993 年版,第 172 页。

④ 汪曾祺《汪曾祺文集小说卷(上) · 受戒》,江苏文艺出版社 1993 年版,第 171 页。

⑤ 汪曾祺《汪曾祺文集小说卷(下) · 晚饭花》,江苏文艺出版社 1993 年版,第 333 页。

⑥ 汪曾祺《汪曾祺文集小说卷(上) · 徙》,江苏文艺出版社 1993 年版,第 297—298 页。

这些民歌是高邮人民劳动生活的产物,有着一定的精神寄托,承载着一定的文化意义,已经是高邮文化中不可或缺的重要组成部分。

(五)楹联

楹联,也叫“对联”,这是能体现人修养的一种艺术,对对联可以体现人的智慧,写对联可以显示人的书法水平,所以古人很重视对对联。对联在字数、平仄、对仗等方面有自己独特的要求,对联也有很多种分类。春联是其中很常见的一种,几乎家家户户都有。

汪曾祺小说中多次描写对联,这些对联的使用增加了行文色彩,有的使描写更加生动、形象,如《受戒》中写明海看见别人为弥勒佛写的对联:“大肚能容容天下难容之事,开颜一笑笑世间可笑之人”,大殿东侧的对联:“一花一世界,三藐三菩提。”正是对佛殿的形象概括①。

有的对联是真实再现当时人们的美好心愿,如《受戒》中小英子家的门联是“向阳门第春常在,积善人家庆有余”②;《异秉》中的保全堂的“保我黎民,全登寿域”、布店的“生涯宗子贡,贸易效陶朱”、商铺的“生意兴隆通四海,财源茂盛达三江”、小店铺的“生意三春草,财源雨后花”③;有的对联使文章更幽默,如《晚饭花》中的理发店的对联“不叫白发催人老,更喜春风满面生”④;有的表现了作者淡淡的情感,如《昙花、鹤和鬼火》中的“惜花春起早,爱月夜眠迟”⑤。

作者还借一些对联表现主题,巧用对联的形式,写出主人翁的品格,如《徙》中的“辛夸高岭桂,未徙北溟鹏”⑥,这副对联不仅交代了主人翁的名字:高北溟,而且为下文高北溟的徙与未徙、其女高雪的徙与未徙埋下伏笔。所以这些对联已经承载了不同的含义,具有了特殊的文化色彩。

汪曾祺的乡土小说就像是一幅幅风俗画,在这些风俗画中,印刻了高邮文化的缩影。通过对汪曾祺小说的梳理,可以了解高邮的美食风味、节日习俗、婚嫁风俗、高邮民歌、楹联艺术等,这些文化在汪氏的小说中都有明显而且详细的展示。除了这些以外,汪曾祺对高邮的民间作坊、民间艺人、民间绘画、民间建筑、民间手工艺都进行了深入的描写,可见作者对故乡的热爱及浓浓的眷念之情。

(作者:秦楠,淮北师范大学文学院硕士研究生 235000)

① 汪曾祺《汪曾祺文集小说卷(上)·受戒》,江苏文艺出版社 1993 年版,第 160—161 页。
② 汪曾祺《汪曾祺文集小说卷(上)·受戒》,江苏文艺出版社 1993 年版,第 167 页。
③ 汪曾祺《汪曾祺文集小说卷(上)·异秉》,江苏文艺出版社 1993 年版,第 149 页。
④ 汪曾祺《汪曾祺文集小说卷(下)·晚饭花》,江苏文艺出版社 1993 年版,第 331 页。
⑤ 汪曾祺《汪曾祺文集小说卷(下)·昙花、鹤和鬼火》,江苏文艺出版社 1993 年版,第 502 页。
⑥ 汪曾祺《汪曾祺文集小说卷(上)·徙》,江苏文艺出版社 1993 年版,第 306 页。

明代三个版本红拂戏中的红拂形象比较研究

张玲瑛

唐代杜光庭的《虬髯客传》因其跌宕的故事情节,曲折的叙事手法,生动的人物形象,得到广泛的流传,被金庸推崇为"中国武侠小说的鼻祖"。红拂女虽然是配角,但是她的勇敢侠义的形象也成为一大亮点。尤其是红拂私奔这种敢于冲破封建礼教束缚,勇于追求自由和爱情的大胆行为,更是引起了无数人的钦佩,也给后人留下了无数的想象空间。

《虬髯客传》中对红拂所着的笔墨不多,她的身份也只是杨素身边的侍妾,但这丝毫不影响后世的文人对这个勇于追求自由和爱情的女子的喜爱。明代的张凤翼、凌濛初、冯梦龙这三个著名的文学家都以红拂为主角,把《虬髯客转》的故事改编成戏曲。但是他们分别赋予红拂不同的个性特点,把自己的思想观念、人生追求都表现在红拂这个形象上。

一、张凤翼《红拂记》中的红拂——封建士子的"红粉贤妻"

张凤翼是最早将《虬髯客传》进行改写的戏曲家。在改写成明传奇《红拂记》时,他对原小说中的故事和结构都做了较大的改动。

最突出的就是在"风尘三侠"的主线故事之外加入了一条副线,即孟棨《本事诗》中乐昌公主与驸马"破镜重圆"的故事,于是整出戏就成了典型的双生双旦才子佳人模式①。对于戏曲家张凤翼来说,这种改动能丰富主线情节,加入副线故事,并将其巧妙结合,使这出传奇更加丰满,也更符合舞台演出要求。

《红拂记》主线故事和原小说在前半部分的内容上是大致相同的,不同的是张凤翼增加了"虬髯赠财"之后李靖安于现状、红拂规劝其出去寻求功名的情节。如果说唐传奇中的红拂是有胆有识、勇于追求自由和爱情的侠女形象的话,那么在张凤翼的《红拂记》中,红拂则变成了一位柔弱多情、功名心极重、深知封建士子抱负的红粉知己、贤妻淑女。作者在不同的场景中为观众逐一展现

① 肖红《试论红拂形象的嬗变》,华中科技大学2008届硕士毕业论文,第4页。

了红拂的这些性格特征。

在初次见到李靖时，红拂明明也对李靖有意，但却没有那么大胆，而是让李靖“却讶秋波，几番偷觑”①，无意看到了红拂对他偷偷地进行观察。之后，红拂更唱出了一种传统女性才有的内心独白：

【簇御林】看他言慷慨，貌伟岸。信翩翩，美少年。私心愿与谐姻眷。只是无媒怎得通缱绻。我有计在此了。且俄延，须叫月下成就这良缘。

此事本当与美人说知，恐有泄漏，不当稳便，且到其间，再做理会。（《红拂记》）

从这一番心理活动中可以看出，红拂一见到才貌双全的李靖便心生爱慕，想要与他成就美好姻缘。在一番权衡之后，渴望爱情的少女之心让她选择了冒险私奔。此时她本想把这种激动的心情和她惊人的决定向闺蜜乐昌公主诉说，但又“恐有泄漏，不当稳便”②，既体现出她心思细密，又表现出一种少女的羞涩。可见，这里的红拂不像唐传奇小说中的红拂那样具有蔑视封建礼教，勇于追求幸福的侠女气质，而是一位虽然向往爱情却又顾虑重重的封建传统女性。她心理活动中所展现出来的犹豫和顾忌已经展示出她受到的封建婚姻礼教的影响，虽然爱情的力量让她选择突破，但侠女性格特征已经不太明显了。

在接受虬髯客的赠财之后，红拂李靖终于不用再慌忙奔走。唐传奇中的情节到此也就开始收尾，基本没有红拂出场的机会。但张凤翼在改编时发挥想象，为主角们详细描绘了从此之后的生活道路，这些描写体现出张凤翼赋予红拂的性格特征。

其一是红拂表现出的强烈的功名心。在安定下来以后，李靖不思进取，红拂便劝他：“官人，你终日安居在此，功名一字，再不挂怀，是何道理”，并分析天下局势，“你看四方鼎沸，群雄蜂起，若还不出展经纶，恐怕你置身无地”，并得出“试看龙虎纷争日，岂是鸳鸯稳睡时”的结论③。规劝成功后，红拂拿出早已准备好的行李，监督丈夫启程。可见红拂对功名从未忘怀，并希望由此开始实现私奔前预想的夫荣妻贵的愿望。

其二，张凤翼还凸显出了红拂的柔弱。李靖走后，战火四起，红拂在兵荒马乱之中奔走，她的表现是：

---

① 隋树森校点《张凤翼戏曲集》中华书局 1994 年版，第 17 页。

② 隋树森校点《张凤翼戏曲集》中华书局 1994 年版，第 16 页。

③ 隋树森校点《张凤翼戏曲集》中华书局 1994 年版，第 51 页。

【缕缕金】(旦)心惊恐,泪交流。歧路从谁问,半含羞。恐被朱颜误,遭他毒手。水流花落鸟声愁,咸阳怎回首?

【不是路】(旦上)避难匆匆,改换衣装毁玉容。心惊恐,未知何处可潜踪。

"心惊恐,泪交流""未知何处可潜踪"显示了红拂在战争过程中的极度恐惧和对生活的绝望。一开始与李靖私奔,也要顾虑是否会有人追杀等事宜,但红拂从未这样担惊受怕。况且红拂也曾说过"性好兵符",为何现在面对战乱便连一点从容镇定的风范都没有了? 可以说,红拂身上的胆量和侠气已随着情节的发展慢慢消失殆尽。

张凤翼笔下的红拂虽然也有勇于追求自由和爱情的一面,但是多了一些传统女性的顾虑和心思,后来更是变得柔弱,并且伴有强烈渴求功名的愿望。但是在当时来说,这部作品确实满足了很多观众的欣赏习惯和欣赏心理。《红拂记》中的一些情节一些人物,是平时的观众所无法体会和结识的。尤其是红拂女的那种为了爱情不顾一切封建礼教束缚,直接与心上人月下私奔的行为几乎是惊世骇俗的[①]。张凤翼作为封建传统文人对这个故事的改编既迎合了市民观众的猎奇心理,又不使作品超出传统封建道德的框架,保持了一种平衡状态。可以说,红拂一开始是李靖在沦落江左、无人赏识之时遇到的红粉知己,后来是在安定家业之后规劝丈夫寻求功名贤妻淑女,可以说是一个符合传统伦理道德标准的理想妻子。

二、凌濛初《北红拂》中的红拂——慧眼识人的"俊才知音"

《北红拂》全名《识英雄红拂莽择配》,是明代凌濛初在参考了张凤翼的《红拂记》、近斋外翰的《红拂传》等作品的基础上对《虬髯客传》进行改编后流传的又一部具有代表性的作品,是他的《红拂三传》〔《北红拂》《虬髯翁》《蓦忽姻缘》(已佚)〕之一。而对于改编的原因,明末清初戏曲家尤侗在其《题北红拂记》中提到说:"浙中凌初成更为北剧,笔墨排傲,颇为睥睨前人。"[②]可见凌濛初对张凤翼的《红拂记》颇有不满。与张凤翼的《红拂记》相比,凌濛初剔除了公主驸马破镜重圆的内容,也没有详细描写红拂李靖帮助李世民夺得天下、建功

① 肖波《张凤翼及其戏曲研究》,南京师范大学出版社2007年版,第39页。

② 徐永斌《凌濛初〈红拂〉杂剧创作考》,《内蒙古大学学报》,2008年第4期,第85页。

立业的过程。在这部一本四折的杂剧中,红拂始终是中心人物,基本情节也由她主唱。剧中情节基本没有脱离唐传奇小说中的内容,而在细节上凌濛初又着力刻画了红拂的善识。

当文武双全但时运不济的李靖来到越府建言献策时,杨素未加重视,倒是红拂一眼便看出他的才貌双全并心生爱慕。当杨素让红拂代送李靖时,红拂便唱出了她对李靖的欣赏:

(旦)好一个秀才也!秀才,越公着俺送你哩!(背唱)【么】俺执拂豪家历数年,偷越游宾整万千,多是行尸视肉一般般。(云)俺看起来,天下的人,没有再如他的了!(《北红拂》)

对于私奔的想法,红拂在下决心时就更加果断:

(旦扮红拂上)俺红拂的便是。自见李秀才英雄慷慨,尽世无双。有心便待嫁他去。只等夜阑人静,再作区处。(《北红拂》)

红拂自从见过李靖之后,心生爱慕,而且也认定他就是自己的良缘,想要嫁给他。在这里,红拂没有多考虑媒妁之言等封建礼教,而是果断计划着怎么等到好时机便逃出去。红拂认为"俺鸳鸯自有鸳鸯对,鸾凤自有鸾凤配"①,说明她对自己的才能也有足够的自信,认为自己也能配得上李靖这样的人才。红拂的大胆、果断和追求自由与爱情的决心都体现了她的侠气。

风尘三侠在灵右地方相会相识是展现红拂"善识"的又一场景。在这里,凌濛初设计让红拂先察觉虬髯客,而不是像唐传奇中一样由虬髯公先看到红拂:

【滚绣球】急忙里自不曾烧却香,蓦忽地降下个神一道。……(旦唱)则见他取角枕倚斜卧倒,更半支颐和偃蹇频瞧。(末上作怒云)何方来的汉子,偷觑俺浑家,好是无理也!(旦转身对末摇手介唱)忙怎么,秀才们气性高,休要平地失俊豪!……(拜唱介)敛衣襟连忙拜倒,幸瞻识兄长丰标。……(旦唱)相逢何用称名姓,都是龙华会里交。可不道四海同袍。(《北红拂》)

红拂一看到虬髯公,就感觉到他身上好像有神的光环笼罩,实际上这是虬髯公身上志在称王的气概。相比红拂的"善识",李靖见到虬髯公看红拂梳头,就要发怒。在唐传奇中,李靖还只是"未决",在这里他就直接出言质问了。红

① 周贻白编著《明人杂剧选》,人民文学出版社1958年版,第272页。

拂马上劝道“休要平地失俊豪”,这又从一个侧面烘托了红拂的善识。得知同是姓张之后,红拂连忙敛衣拜倒,对虬髯客以兄长相称。这又说明她不但善识,还善于结交俊豪。这一点也得到虬髯客的赞赏:“俺也晓得一妹绝代姿容。李郎贫士,力不能得。还是一妹识人哩。”[①]后来在对道兄讲述路上见闻时,虬髯客还说道红拂“他性识英雄,奔着一个汉子”,“一见我,也就识得”[②]。这些话从英勇豪迈的虬髯客口中说出,更体现出红拂的“善识”。

虬髯客因为李靖的关系见到李世民,一盘棋之后便感到自己夺天下无望,于是决定向海外图谋。临走前,他把家财赠与红拂李靖。在这个场景中,凌濛初依然着力刻画红拂的“善识”能力。在见到虬髯公之妻时,红拂由衷赞叹:

(旦)是好一位女娘也!(唱)

【红绣鞋】似这般仪容闲雅,自然是个豪贵浑家。胸前只索结缨珈,他可敢端着身登宝座,赤着脚步莲花,就猜做个活观音非是假。(《北红拂》)

红拂第一次见到虬髯客就像感受到神道,而在见到他妻子之时也像见到活观音一样。这也合了她前面唱到的“鸳鸯自有鸳鸯对,鸾凤自有鸾凤配”,虬髯公这样的豪侠和美貌优雅的妻子正当相配。《虬髯客传》中仅以“亦天人耳”来描写虬髯客之妻,这里凌濛初发挥想象,借红拂之口描述虬髯客之妻的美貌和气质,进一步衬托红拂当初对虬髯客的善识。

所以说,凌濛初笔下的红拂主要表现出的特点就是善识。为了突出这一点,他用李靖的不善识和虬髯客的称赞来衬托。同时,红拂的侠义气质有所加强,又多了些妙龄少女的机灵可爱。但是这部作品由于情节上的不足,不适合于舞台演出。所以冯梦龙在改编过程中,既突出了红拂的性格特点,又加强了情节的描写,使作品更具可看性。

三、冯梦龙《女丈夫》中的红拂——堪比须眉的“巾帼丈夫”

《女丈夫》是冯梦龙所作《墨憨斋定本传奇》中的一种,是明代又一部比较有代表性的红拂戏。虽然有人认为《女丈夫》只是冯梦龙对张凤翼、凌濛初的两部红拂作品的改编糅合,乏善可陈,但从《女丈夫》这篇作品本身来说,红拂形象的塑造和性格特点的展现都与之前的作品有所不同。读者更应关注到冯梦龙

① 周贻白编著《明人杂剧选》,人民文学出版社1958年版,第280页。
② 周贻白编著《明人杂剧选》,人民文学出版社1958年版,第284页。

在红拂形象上注入的新的内涵。

《女丈夫》分为上下两部分。上半部分的内容与《虬髯客传》《红拂记》前半部分的情节大体相同，主要展现了红拂的女性气质。在下半部分中，冯梦龙增加了郡主这个人物，使得红拂也有更多机会展现自己的才能，体现红拂巾帼英雄的气概。所以说，冯梦龙想要表现的是红拂身上的双重特征，形象更为圆满。

在第十折《改装夜奔》时，红拂私奔前的唱词多引用了《红拂记》《北红拂》中的内容。但是冯梦龙的创新在于，红拂来到李靖住处敲门时，李靖惊疑之下，并没有马上开门，并把两人的互动过程写得妙趣横生又合情合理：

(生携灯上)

【南南吕·懒画眉】……小生呵，一生漂泊无知己，夜半敲门是阿谁？我且不要开门，听他说甚话来。(旦)呀怎么没人答应？

〔其二〕莫不是客途浇闷醉乡迷？莫不是一枕秋清蝶梦迟？开门！呀，全不见些影响。早难道临巩司马倦游归？莫不是燕子新迁垒？我问鲁男子闭户不纳，莫不是闭户先生懒下帏？待俺再叫一声李郎有么？……(生)敢问先生何处？(旦)我么，从天上飞来。(生)阿呀，那有人从天上飞来之理？休得取笑。(旦)先生，你且猜一猜。

〔其四〕……(生)为何到此？(旦)妾侍杨司空，阅人多矣无如君者。怜君状貌多奇异，愿托终身效唱随。(《女丈夫》)

李靖孤身走江湖，事事都要自己小心；半夜有人敲门，也自然会有怀疑，所以不会轻易开门。红拂身上的敏感细腻让她不禁作出种种猜测来安慰自己：是喝醉了？熟睡了？搬走了？又或是懒得起床？红拂并没有放弃开门的希望，直接叫了一声李郎。李靖确认了是认识的人，才开了门。李靖开门后，红拂似乎是有些埋怨李靖没有及时开门，让自己担心了一会儿，玩笑说自己是从天上来的，也要让李靖猜猜自己的身份，这又表现出红拂的些许俏皮。李靖当然还是猜不出，红拂才将自己的身份表露出来。对于自己私逃出来的原因，冯梦龙把张凤翼和凌濛初的说法结合起来："妾侍杨司空，阅人多矣，无如君者，怜君状貌多奇异，愿托终生效唱随。"[①]这里既肯定了红拂对李靖之才的钦佩，又体现出少女红拂对英俊少年的爱慕。冯梦龙凭借自己对生活中青年男女心态的了解和合理的想象，通过描写出一系列的动作、对话、心理活动，生动地刻画出了红拂的焦虑、猜测和李靖的怀疑、试探。这种创新的改编更加生动地体现出红拂敏

① 魏同贤主编《冯梦龙文学全集·墨憨斋定本传奇(上)》，辽海出版社2002年版，第469页。

感又俏皮的女性特质。

如果说在上半部分中，红拂表现的是女性的一面，到了下半部分，冯梦龙则通过增加郡主这个人物，使红拂有了表现自己超群谋略和豪侠气概的机会。冯梦龙通过虚构多场情节，增加了红拂出场的机会，使红拂的主角意味更强。

下部第一折《女侠劝驾》中，面对安于现状的李靖，红拂劝他出去求取功名。但不同于张凤翼笔下红拂的是，在这里，红拂期望的不是夫荣妻贵，而是害怕李靖负了"胸中才思"。并且她还对天下局势作了细致的分析："近隋主营仁寿宫，又数伐高丽，民人嗟怨。刘武周、薛仁杲、萧铣、朱粲等，兵戈四起，百姓涂炭。拨乱安民，定有真主。"①这番话既显示了红拂对天下大事的了解，还有对这种局面下的历史走向的分析和总结。相比下来，李靖倒不如红拂这般有见地。

李靖走后，红拂面对战乱，不但没有像张凤翼笔下的红拂那样变得惊慌柔弱，而是受柴郡主募兵的启发，用虬髯公所赠家财募集家丁投靠郡主，目的就是"一来帮助他成功，二来与丈夫相会"②，可以说非常有主见且豪爽。而红拂的用兵之法也深受郡主赏识。她的足智多谋和豪情侠气都不比剧中任何一个男人差，可以说是真正体现了一个巾帼英雄的气质。

整体上来看，《女丈夫》中的红拂在不同的阶段表现出了不同的特质。上半部分的红拂有着女性的细腻、可爱；下半部分，冯梦龙有意淡化了儿女私情的描绘，略去了乐昌公主和驸马破镜重圆的情节，通过郡主这个新人物的加入引出红拂上战场作战的新情节，表现了红拂的机智勇敢，以此加重对红拂女侠形象的塑造，增强作品主题的表现力。这里的红拂当然可以说是堪比须眉的"巾帼英雄"，是驰骋沙场的"女丈夫"。

四、红拂形象变化的原因探究

在以上三部红拂戏中，红拂这个人物形象表现出了很大的不同。但是如果考察三位作者的人生轨迹，我们就能理解红拂形象变化的原因。

明代结束了元末延绵多年的战乱，国家回到大一统的正常轨道上来，程朱理学就成为官方正统的思想③。张凤翼出生在嘉靖六年(1527)，《红拂记》传奇创作于嘉靖二十四年(1545)。此时张凤翼十九岁，正处于明朝中叶社会变动的时期，此时既是江浙一带资本主义刚刚萌芽的时期，也是大明朝边患丛生、八面

① 魏同贤主编《冯梦龙文学全集·墨憨斋定本传奇(上)》，辽海出版社2002年版，第491页。
② 魏同贤主编《冯梦龙文学全集·墨憨斋定本传奇(上)》，辽海出版社2002年版，第496页。
③ 魏波《"风尘三侠"故事的文本演变及其文化内涵》，南开大学出版社2011年版，第26页。

受敌的时期[1]。他长在江苏,看到了城市的经济繁荣和文化生活的丰富多彩。但是作为传统的封建知识分子,他主要受到的还是程朱理学的影响,想要以所谓正统的方式实现人生价值。在青春年少、新婚燕尔之时,作为封建士子的张凤翼心中定是对成就事业、出将入相的美好理想。在《红拂记》中,读者可以把才貌双全、怀有将才的李靖理解成是作者张凤翼内心深处理想化的自我。最后结局李靖爱情事业双丰收的结局既符合了封建文人的普遍愿望,整个剧作表现出来的才子佳人模式、扫平边疆战乱情节也受到广大平民观众的喜爱。沈德符《野获编》中记载到:"伯起少年作《红拂记》,演习之者,遍国中。"[2]可见在当时这部剧所受的欢迎和产生的影响。

虽然同样生活在明代,但凌濛初比张凤翼晚生五十三年,而且还是在不惑之年进行创作。这时他所看到的社会境况和自己的人生经历就使他写出不同于前人的红拂。明代嘉靖万历以来,资本主义萌芽兴起,商品经济的新生使封建自然经济遭到强烈冲击,新的思想、学说蜂拥出世,文艺界的新思潮也正在泛起。王阳明的心学,以及他的后续泰州学派、李贽的学说,对程朱理学产生了极大的冲击。程朱理学的"存天理,灭人欲"的教条已经抑制不住人心的蠢蠢欲动[3]。凌濛初与提倡独抒性灵的公安三袁中的袁中道有过交往,也与提倡在文学创作中表现至情的汤显祖有过书信往来,说明凌濛初还是受到了当时新思潮的影响。在妇女观上,凌濛初更是接受了李贽对传统男尊女卑观念的反思精神[4]。凌濛初出身书香门第,官僚世家,他作为一个传统读书人的理想,也不过就是学优而仕,光宗耀祖[5]。但他身处明朝后期,世风日下,吏治腐败,"四中副车"而不能步入仕途的经历也让他备尝坎坷,看尽人情冷暖,他更写下《绝交举子书》抒发心中愤慨。因此,对他来说,能出现知人善任的"伯乐"便是最大的愿望,也是实现自己人生价值的关键。于是他改编红拂戏,想要把红拂塑造成不逊于男人的伯乐。所以在《北红拂》中,李靖本身固然是才华横溢,但他最后的成功还是跟红拂的善识分不开的。在《北红拂 · 小引》中,凌濛初将自己的心情作了更直白的描述:"余居恒言,觅有心人,丈夫不若女子,人定以为诞。今观越公、卫公皆命人豪,乃越公不识卫公、卫公不识髯客,而红拂一伎,遂于仓卒中两识之,且玩弄三人股掌上有余,谁谓其智乃出丈夫下哉:嗟乎!世有具眼,毋致有血气者,徒索钟期于此辈,令明眸皓齿,宜登鉴赏之堂,却笑须眉男子,不得其

① 冯保善《从传奇〈红拂记〉到明杂剧〈北红拂〉》,《戏曲研究》,2002 年第 2 期 177 页。
② 邵春燕《张凤翼〈红拂记〉传播研究》,山西师范大学出版社 2012 年版,第 2 页。
③ 魏波《"风尘三侠"故事的文本演变及其文化内涵》,南开大学出版社 2011 年版,第 27 页。
④ 冯保善《凌濛初研究》,人民文学出版社 2009 年版,第 95 页。
⑤ 冯保善《凌濛初研究》,人民文学出版社 2009 年版,第 82 页。

门而入也。”[①]在这里，李靖、虬髯客皆比不上慧眼识人的红拂。凌濛初没能遇到自己的伯乐，也只能写出红拂这样的“俊才知音”来表达自己被赏识的渴望了。

与前人的作品相比，《女丈夫》显示出了更为先进的妇女观。冯梦龙生活在明朝末期，封建社会日益腐朽，商品经济日益发展，自由平等的观念逐渐蔓延，冲击了传统封建伦理思想的地位。进步的知识分子和有识之士也认识到儒家思想的局限性，产生了富有批判意味的学说。在思想上，冯梦龙受王阳明心学思想的影响，重视情、教，同时又汲取李贽的“真”，在创作上追求真情，他还把这些新思维兼容并蓄，推陈出新，提出“情教合一”的看法[②]；他还主张文学作品应有通俗性，最好能把社会教化的内容通过通俗易懂的形式表现出来。虽然吸收了前人作品的内容，但是冯梦龙的《女丈夫》中还是表现出了新的，而且是在当时来说比较先进、大胆的思想内容，表达了作者对女性追求自我意志和个人价值的肯定，其实在某种程度上表现出他对封建社会制度和思想的怀疑与挑战。

“风尘三侠”的故事流传千年，而红拂逐渐成为这个故事中最受关注的人物，并且拥有了独特的象征意义。现在来看，红拂不仅仅是一个追求爱情的佳人，她私奔这件事情本身就是对奴隶压迫的反抗，是对自由和个人价值的追求。如果仔细对比就可以发现，在这三部红拂戏中，红拂最核心的特质没有改变，那就是对自由和幸福生活的渴望。所以说，红拂这个人物其实是代表了女性对自由、爱情、幸福生活的追求。作家们描写红拂，其创作意义就在于借红拂形象表达对自由和幸福的定义与追求。而红拂这个形象在文学作品中也会永远散发着独特的艺术魅力。

（作者：张玲瑛，女，江苏常州人，淮北师范大学文学院2014级研究生，235000）

① 徐定宝《红拂形象的嬗变》，《艺术百家》，1997年第4期181页。
② 魏城壁《冯梦龙戏曲改编理论研究》，南京大学出版社2012年版，第50页。

读书札记

读《上海博物馆藏战国楚竹书·孔子诗论》散记*(二)

张通海

1. 沓

按:下从“曰”的“沓”应该就是“本”的异构,增加某种义符,使文字繁化,也是战国文字的一个特点。如大禹的“禹”就增加一个“土”字;文采之“文”增加一个“口”字,等等。

2. 业

按:诸说之中,当以释“业”为是。如冯胜君先生所说①,何琳仪先生更是明确地认为从双业之字,可与《说文》“业”之古文相互比勘,读为“业”②,但读如字,不必理解为“蘖”,且也与前文同义连文——敬奉宗庙之礼为根本,秉承文王之德为基业。

3. 显

按:该字用为“显”字无疑。“贵”“显”含有对“二后”的称颂之义。《管子·形势解第六十四》:“古者三王五伯,皆人主之利天下者也,故身贵显而子孙被其泽;桀、纣、幽、厉,人主之害天下者也,故身困伤而子孙蒙其祸。故曰‘疑今者察之古,不知来者视之往’。”《明法解第六十七》:“富贵尊显,久有天下,人主莫不欲也。令行禁止,海内无敌,人主莫不欲也。蔽欺侵凌,人主莫不恶也。失天下,灭宗庙,人主莫不恶也。”其中“贵显”“富贵尊显”与简文“贵且显”同义。

4. 諱

按:此字众位先生俱有所论。孔子在此称“善”是论《诗·小雅·十月之交》表现手法之高超,即用譬喻,委婉含蓄,如“下民之孽,非降自天”,实指人祸。

* 此文获2011—2012年度安徽省哲学社会科学规划项目,项目批准号AHSK11—12D282;2011—2012年度安徽省哲学社会科学规划项目,项目批准号AHSK11—12D282;暨2012年度高校省级人文社会科学研究项目资助,项目号为SK2012B429。

① 冯胜君《读上博简〈孔子诗论〉札记》,《古籍整理研究学刊》,2002年第2期,第11—13页。

② 何琳仪《战国文字通论》(订补),江苏教育出版社,2003年版,第47页。

諀,当以释读为“譬”更加恰切,其通假关系,上黄德宽、徐在国先生论之甚详[①],兹不赘。他说与《诗·小雅·十月之交》文义或相抵触或较牵强。

5.宛

按:战国文字构形很多时候匪夷所思,有的极端简省,如“为”字,下面只用两横代替;有的叠床架屋,如第11简里的“归”字,“彳”已是义符,还赘加一“止”字,又如《包山》95的“刍”从三个“屮”,《郭店·缁衣》23“息”从二个“自”,不胜枚举。〔详参何琳仪先生《战国文字通论》(订补)第三节 繁化,第213—226页,江苏教育出版社,2003年版〕而在不少文字的书写里也不妨综合运用这两种手段(即简化和繁化),基于这种理念,我们是不是可以这样认为,“小”后的这个字乃是上部“兔”字省简,剩下头,下边是“肉”字繁化?或上边是一“兔”字,下边是两“肉”字?(《容成氏》38简有字从三兔,头皆未省,原考释者李零先生释为“琬”)总之,该字是由两个基本的构字部件组成,即“兔”“肉”。如猜想不误,则此字可隶定为“脕”,仍读为“宛”(其间声韵通借关系已有学者申论,于此不复涉及)。如此,便既顾到字形,又虑及音义。

6.忎

按:在字形分析上,杨泽生先生所说很有道理[②]。于竖笔中部加圆点,确是战国竹简文字里的普遍现象,就在第8简本简里也是如此,两个“不”及“南”字即是,不过,也不必迁就为“上从年”,当坐实为“禾”字。但是在音义取舍上,我们觉得释读作“危”,理由更加充分,刘信芳先生的例证、申论较为有力地证明这点[③]。

7.諯

按:权衡众说,我们认为,黄德宽、徐在国先生先生所释甚是[④]。二位先生从字形切入,把握形体嬗变,透析造字初谊,当为确定无疑。而且,上博藏楚简二册中《容成氏》第24简的“流”字,左边从“水”,右边从“諯”,其文释为,即“流”,正相互证。另外,刘钊先生曾经详细分析“流”字的形体演变(《读郭店楚简字词札记》,武汉大学中国文化研究院编:《郭店楚简国际学术研讨会论文集》湖北人民出版社2000年版,80页,93页,注释11),可资证明。

---

① 黄德宽、徐在国《〈上海博物馆藏战国楚竹书(一)孔子诗论〉释文补证》,《新出楚简文字考》,安徽大学出版社2007年版,第2页。

② 杨泽生《战国竹书研究》,中山大学2002年博士论文,第94—97页

③ 刘信芳《孔子诗论述学》,安徽大学出版社2003年版,第15—158页。

④ 黄德宽、徐在国《〈上海博物馆藏战国楚竹书(一)孔子诗论〉释文补证》,《新出楚简文字考》,第3页,安徽大学出版社2007年版。

8. 巽寡

按:先看被释为“巽”的那个字原篆下两长横,这是释字的前提。两长横的分布是:所有“为”字;6、7两简的几个“命”字;《宛丘》的两个“丘”;两个“士”;《墙有茨》的“茨”。对于“丘”和“士”,两长横是组成部分;“为”和“茨”是代表省略;“命”则是毫无意义的饰笔。该字下的两长横属哪一类?我们以为可归于饰笔。因为“为”与“茨”下半部分还有不少笔画,故以二长横省代;并且,一些下部从“廾”的字象“与”,都没省,此亦证明该字下二长横为饰笔。则字可隶定为“并”,训为“一并”“全都”。“寡”从杨泽生先生说①,读为“顾”。

9. 黄鸣则困,天谷(欲)反亓(其)古也

按:《诗论》公诸于世,同名诗篇归属之争论不在少数。同名诗篇到底是哪篇,这得由诗篇内容和论述背景来定夺。《诗论》中谓《黄鸟》之“困”和“反其古”与《小雅·黄鸟》所显主题十分吻合;再者,孔子在此集中论述《小雅》诸篇,应该不会也不可能把《秦风》中的《黄鸟》拈出相提并论。故此,该篇《黄鸟》属《小雅》无疑。另,“天”原篆即“天”字,考释者当作“而”,不确。应仍为“天”,指造成其“困”的统治者(即“困于天,欲返其故”)。

10. 忞

按:我们的意见是,此字释读为“病”,其间关系,刘信芳先生已经论之甚详②,此不复多论。“病”训为“困”“贫困”,作使动用法。除了刘先生所举《战国策》中例子外,我们还可以举出《左传·哀公十四年》:“孟孙为成之病,不圉马焉。”杜预注:“病,谓民贫困。”唐柳宗元《捕蛇者说》:“向吾不为斯役,则久已病矣。”仍用此义。且与前后呼应,因“困”而“欲返其故”,“多耻者”使之困苦不堪,才“欲返其故”,后者对之加以补足。

(作者:张通海,文学博士,淮北师范大学文学院副教授,235000。)

① 杨泽生《战国竹书研究》,中山大学2002年博士论文,第97—99页。

② 同上,第266页。

《清史列传·文苑传》订误

朱建飞

《清史列传》是一本记载有清一代人物传记的书,其时间跨度从开国诸臣始至清末李鸿章等为止。《清史列传》稿本来源主要有三:原国史馆纂修的《大臣列传》稿本、《满汉名臣传》《国朝耆献类征初编》。1987年,中华书局出版了王钟翰先生点校本,备受学界重视和推崇,对清代学术研究大有裨益。王先生虽学识渊博,细致入微,但以一己之力点校全书80卷,难免有所错讹。本文对《清史列传》卷七十一《文苑传》中文字加以考订,俾便参考。

1. 沈进传:"沈进,初名叙,字山子,嘉兴人。"(第5781页)[①]

按:"叙"当为"驭"。朱彝尊《曝书亭集》卷七十四《文学沈君墓志铭》记载:"沈进,初名驭,字山子,称蓝村先生,秀水人。"[②]又《昭代名人尺牍小传》云:"沈进,字山子,号蓝村,初名驭,嘉兴人,诸生。"[③]又《文献征存录》载:"沈进,字山子,又字蓝村,初名驭。"[④]

2. 汪楫传:"二十八年,卒,年六十四。"(第5783页)

按:"二十八年"当作"三十八年"。据唐绍祖所撰《墓志铭》:"康熙三十八年(1699)闰七月十四日,通奉大夫内升福建布政使加二级汪公,以疾卒于扬州里第。"[⑤]又《曝书亭集》卷七十三《通奉大夫福建布政司使内升汪公墓表》:"未几卒,年六十有四。"[⑥]

3. 孙枝蔚传:"三十六年,卒,年六十七。"(第5786页)

按:"三十六年"当作"二十六年";"年六十七"当作"年六十八"。《国朝先正事略》:"年六十举鸿词科。"[⑦]《孙枝蔚小传》载:"康熙乙未岁,公卿交章论荐,举博学鸿词科。"[⑧]康熙十八年(1679)其年六十。又孔尚任《湖海集》卷二"丁卯

---

① 王钟翰点校《清史列传》第一册,中华书局1987年版,第5187页。按:以下引用的传文均据此版本,故径附页码,不再出注。

② 朱彝尊著,王利民等编:《曝书亭全集》卷七四,吉林文史出版社,第708页。

③ 吴修编《昭代名人尺牍小传》卷一,载《清代传记丛刊》第30册,台湾明文书局,第528页。按:后文所引《清代传记丛刊》出版单位均为台湾明文书局,故径附页码,不再注出版单位。

④ 钱林辑,王藻编:《文献征存录》卷二,载《清代传记丛刊》第11册,第661页。

⑤ 李桓编《国朝耆献类征初编》卷四六二,载《清代传记丛刊》第153册,第580页。

⑥ 朱彝尊著,王利民等编《曝书亭全集》卷七三,吉林文史出版社,第700页。

⑦ 李元度纂《国朝先正事略》卷三八,载《清代传记丛刊》第193册,第468页。

⑧ 钱仪吉转录《碑传集》卷五八,载《清代传记丛刊》第109册,第335页。

存稿”有《挽孙豹人》五古一首[1]，可推知其卒于康熙二十六年（1687）丁卯，享年六十八。另陆心源《三续疑年录》卷八孙豹人条载：“孙豹人六十八（枝蔚），生泰昌元年（1620）庚申，卒康熙二十六年丁卯。”[2]

4. 郑元庆传：“尝撰《石柱记篆释》五卷”，“元庆为之篆释，征引考证，颇为赡博。”（第5793页）

按：“《石柱记篆释》”当作“《石柱记笺释》”，“为之篆释”当为“为之笺释”。全祖望所撰《右窔石志》：“曰《石柱记笺释》五卷。”[3]《国朝耆献类征初编》：“又见秀水朱竹垞所为作《石柱记笺序》，兼知其博物。”[4]《四库总目》卷七十《石柱记笺释》提要：“康熙辛巳（1701），元庆重修府志既成，复访得宋棨《石柱记》，为世所罕觏。惟湖州五县，原本祇载其三。秀水朱彝尊仍依仿体例，摭德清、武康二县事迹，辑而补之。元庆采掇诸书，为之注释。”[5]可知“笺释”误作“篆释”。

5. 纳兰性德传：“三十四年，卒，年三十一。”（第5808页）

按：“三十四年”当作“二十四年”。徐乾学《憺园文集》卷二十七《通议大夫一等侍卫进士纳兰君墓志铭》载：“君生于顺治十一年（1654）十二月，卒于康熙二十四年（1685）五月乙丑，年三十有一。”[6]张任政《纳兰性德年谱》考得性德准确生年为顺治十一年十二月十二日，卒于康熙二十四年五月三十日，年三十一岁[7]。《清诗纪事初编》载：“（性德）康熙十二年（1673）进士，官侍卫，卒于二十四年，年三十一。”[8]

6. 汪份传：“（汪份）康熙四十三年进士。”（第5812页）

按：“四十三年”当作“四十二年”。《词林辑略》卷二康熙癸未科有汪份条：“士鋐兄，字武曹，江南长洲人，散馆授编修。”[9]《国朝先正事略》：“（汪份）康熙四十二年（1703）癸未成进士。”[10]又据《清儒学案小传》“（汪份）康熙癸未进士，官编修”[11]，可知汪份应为康熙四十二年进士。

7. 顾嗣立传：“六十一年卒，年五十四。”（第5824页）

---

① 孔尚任著，汪蔚林编：《孔尚任诗文集》卷二《湖海集》（丁卯存稿），中华书局1962年版，第27页。

② 陆心源编《三续疑年录》卷八，清光绪五年刻本，第129—130页。

③ 李桓编《国朝耆献类征初编》卷四八，载《清代传记丛刊》第181册，第9页。

④ 李桓编《国朝耆献类征初编》卷四八，载《清代传记丛刊》第181册第5页。

⑤ 纪昀等编《四库全书总目提要》卷七，中华书局1996年版，第926页。

⑥ 徐乾学著《憺园文集》卷二七，清康熙刻冠山堂刻本，第325页。

⑦ 张任政著《纳兰性德年谱》，《国学季刊》第2卷第4期，1930年12月。

⑧ 邓之诚编《清诗纪事初编》卷六，载《清代传记丛刊》，第20册，第666页。

⑨ 朱汝珍辑《词林辑略》卷二，载《清代传记丛刊》第16册，第79页。

⑩ 李元度纂《国朝先正事略》卷四，载《清代传记丛刊》第193册，第496页。

⑪ 徐世昌纂《清儒学案小传》卷六，载《清代传记丛刊》第5册，第810页。

按："年五十四"当作"年五十八"。《间丘先生自定年谱》云："康熙乙巳(1665)，余于是年夏五月二十九日巳时生于苏州郡城史家巷之雅园。"①又《清诗纪事初编》载："(顾嗣立)卒于六十一年(1722)，年五十八。事具自撰《间丘年谱》。"②可知其享年五十八岁。

8. 王澍传："是年冬，奉旨六科胥隶都察院。"(第5827页)

按："奉旨六科胥隶督察院"当作"奉旨六科隶都察院"，衍"胥"字。《清史稿列传》："召以六科隶都察院。"③又《清儒林学案小传》云："雍正初以六科隶都察院。"④胥隶为小官，以处理杂务，而都察院在清朝是最高的监察、弹劾、建议机关，属正三品官，非小吏。故"胥"字当衍。

9. 王澍传："(王澍)又著有《禹贡谱》二卷、《大学本文》一卷、《大学古本文》一卷。"(第5828页)

按："《大学古本文》"当作"《大学古本》"。王步青所撰王澍《墓志铭》云："(王澍)又著有《大学困学录》一卷、《中庸困学录》一卷、《大学本文》一卷、《大学古本》一卷、《中庸本文》一卷。"⑤《学案小识》卷十三《金坛王先生传》记载亦同。《清儒林学案小传》载王氏著有"《大学本文》一卷，《古本》一卷"⑥。

10. 陈仪传："生而颖异，读书过目不忘，嗜古文辞。"(第5829页)

按："嗜古文辞"当作"嗜为古文辞"，脱"为"字。《文献征存录》之《陈仪传》载"嗜为古文辞"⑦，又《国朝耆献类征初编》云："生而颖异，读书过目不忘，嗜为古文辞。"⑧《清史稿列传》亦云："为古文辞，治经世学，大学士朱轼器之。"⑨

11. 陈潢传："陈潢，字天一，浙江秀水人。"(第5831页)

按："秀水人"当作"钱塘人"。《文献征存录》云："陈潢，字天一，号省斋，钱塘人。"⑩《国朝耆献类征初编》所载同。又《清代河臣传》载："陈潢，字天一，浙江钱塘人。"⑪《清史稿列传》所载同。

12. 刘湘煃传："(湘煃)作《恒星经纬表根》一卷，及《月离交均表根》《黄白

---

① 顾嗣立著《间丘先生自定年谱》，载《北京图书馆藏珍本年谱丛刊》第89册，北京图书馆出版社，第59页。

② 邓之诚撰《清诗纪事初编》卷三，载《清代传记丛刊》第20册，第352页。

③ 赵尔巽等撰：《清史稿列传》卷二九，载《清代传记丛刊》第95册，第439页。

④ 徐世昌纂《清儒学案小传》卷六，载《清代传记丛刊》第5册，第811页。

⑤ 李桓编《国朝耆献类征初编》卷一三五，载《清代传记丛刊》第150册，第479页。

⑥ 徐世昌纂《清儒学案小传》卷六，载《清代传记丛刊》第5册，第811页。

⑦ 钱林辑，王藻编《文献征存录》卷二，载《清代传记丛刊》第13册，第391页。

⑧ 李桓编《国朝耆献类征初编》卷七三，载《清代传记丛刊》第143册，第889页。

⑨ 赵尔巽等撰《清史稿列传》卷二九一，载《清代传记丛刊》第90册，第788页。

⑩ 钱林辑，王藻编《文献征存录》，载《清代传记丛刊》第10册，第465页。

⑪ 吴慰祖等辑《清代河臣传》，载《清代传记丛刊》第56册，第34页。

距度表根》一卷。皆以补新法所不及。"(第 5858 页)

按:"及《月离交均表根》《黄白距度表根》一卷"当作"及《月离交均表根》《黄白距度表根》各一卷","一卷"前脱"各"字。《文献征存录》载:"及《月离交均表根》《黄白距度表根》各一卷,皆以补新法所未及。"①又《国朝耆献类征初编》②所载与之同,无一字相差,故当据改之。

13. 邵昂霄传:"(《万青楼图编》)分十四目:曰天体,曰仪象,曰官度,曰二曜,曰五纬,曰云气,曰辉气,曰经星,曰历案,曰历数,曰测时,曰订时。"(第 5859 页)

按:传中言分十四目,所列仅有十三目。据《四库全书总目提要》卷一七③所载,所缺一目为"测景",当补。

14. 齐召南传:"二十二岁登巾子山作诗,识者皆以公辅器目之。"(第 5862 页)

按:"二十二"当作"十二"。《文献征存录》云:"年十二时应郡试,父翿携之登巾子山。"④《国朝先正事略》亦有载召南十二岁登巾子山一事⑤。又《国朝耆献类征初编》载:"(齐召南)十二岁应郡试,省斋公携至郡,登巾子山。"⑥

通过梳理相关史料,以上共校出 14 条传文,存在误、脱等不同程度的错误,供研究者参考。

(作者:朱建飞,南京大学文学院硕士研究生。)

① 钱林辑,王藻编《文献征存录》,载《清代传记丛刊》第 1 册,第 532 页。
② 李桓编《国朝耆献类征初编》卷四一七,载《清代传记丛刊》第 180 册,第 842 页。
③ 纪昀等编《四库全书总目提要》卷一七,中华书局,1996 年,第 1417 页。
④ 钱林辑,王藻编《文献征存录》卷五,载《清代传记丛刊》第 10 册,第 815 页。
⑤ 李元度纂《国朝先正事略》卷四一,载《清代传记丛刊》,第 193 册,第 508 页。
⑥ 李桓编《国朝耆献类征初编》卷八二,载《清代传记丛刊》第 144 册,第 815 页。

读王维文札记三则

潘 鸣

作为“盛唐之音”的杰出代表,王维以其诗歌的成就而享誉古今。其实,在“诗笔对举”的唐代,王维的碑文墓志亦如其诗,值得品读。目前来看,王维此类存文的研究,虽远不及探讨其诗画者数量之多,却不乏应予重视的成果。有感于斯,本文也将这方面的些许所得,合缀成录,以就教于方家。

一、张去奢出刺汾州抑或沁州辩说

王维《京兆尹张公德政碑》,见于宋蜀本《王摩诘文集》卷第七、清赵殿成《王右丞集笺注》卷二十一(碑二首),陈铁民先生《王维集校注》系于开元二十二年(卷八编年文)。此文颇受选家称誉,北宋姚铉《唐文粹》(见卷第二十一,碑之题名为“碑颂”)、明代贺复征《文章辨体汇选》(见卷六百六十四)皆择入。

传主张公,陈铁民先生已考证为唐玄宗姨表弟张去奢。其人两《唐书》无传,然墓志铭已出土,题作“大唐故少府监范阳县伯张公墓志铭(并序)”[①],并署“正议大夫太子左庶子集贤院学士知史官事韦述撰”,落款为“承仪郎行监察御史裴冕书,刻字人杨岊”。关于此志,张岩先生有专文《张去奢、张去逸墓志考释》[②]探讨,涉及张去奢家世的一些情况,不赘。

关于张去奢仕宦履历,王维碑云“其牧郢也”“其守汾也”,意谓张去奢曾官居郢州刺史、汾州刺史(宋蜀本《王摩诘文集》《唐文粹》《文章辨体汇选》、《王右丞集笺注》等均作此,且《王维集校注》也无异议)。其中张去奢为郢州刺史事,《大唐六典·光禄寺》载:“今内有郢州春酒,本因其州出美酒。初,张去奢为刺史,进其法,今则取郢州人为酒匠,以供御及特燕赐。”[③]可相印证。而其为汾州

① 张去奢墓志铭,1953年陕西咸阳底张湾发掘出土。石版现藏西安碑林博物馆,中国文物研究所、陕西省估计整理办公室主编的《新中国出土墓志·陕西卷(二)》(文物出版社2003年版)一书上册第116页收有该石拓印的照片。另外,吴钢先生主编《全唐文补遗》第三辑(三秦出版社1996年版)第68、69页录有全文,周绍良先生主编《全唐文新编》(吉林文史出版社2000年版)第2部第2册第也收录之。对比两书所录,除个别句读不一外,文字基本一致。

② 西安碑林博物馆编《碑林集刊(五)》,陕西人民美术出版社1999年版,第69—72页。

③ 李林甫撰,陈仲夫点校《唐六典》,中华书局1992年版,第448页。

是唐沁州战国时属韩，而非魏。实际上，与魏对称的是“汾”。《元和郡县图志》同卷“汾州”条云：

> 《禹贡》冀州之域。……春秋时为晋地，后属魏。

显然，《墓志》本身相抵牾，若“沁”州是，则墓志云“魏地”误；若“魏地”是，则“沁”误。

《德政碑》记述张去奢守汾，时逢境内连年干旱，为求雨，乃祈祷于“郡祠介推”，据说“拜未起而雨降，周于阖境，不入他郡”，王维记此事不会是子虚乌有，那么介子推祠在何处？《水经注》卷六《汾水》载云：

> （汾水）又南，过平陶县东，文水从西来流注之。汾水又南，与石桐水合，即绵水也。水出界休县之绵山，北流径（经）石桐寺西。

上引文在“石桐寺西”下有注云：“即介子推之祠也。”亦就是说，汾水支流石桐水流经介子推祠。文中提到的平陶县即唐代平遥县，界休即介休县，平遥、介休二县唐贞观以后均属汾州（《旧唐书·地理二》）。据此，介子推祠在汾州无疑。又据《水经注》卷九，只有沁水流经沁州，汾水支流石桐水边的介子推祠显然与沁州无涉。张去奢祭祀介子推祠，当在所出守之汾州，《德政碑》记载无误。

综上，张去奢实出为汾州刺史，《墓志》云沁州，误，《全唐文》是。以往。我们常用墓志校正《全唐文》录文讹误，看来也不尽然，有时据《全唐文》亦可纠正墓志之谬。

要之，主“沁州”者主要依据出土石刻，而主“汾州”者的驳证主要在于墓志所云的“魏地隘狭”与德政碑所云的“郡祠介推”。试分别辨析之。

李文以“楚俗轻剽，魏地隘狭”对勘张氏任官之地，并引《元和郡县图志》为证，这一思路是我们所认同的。按，楚之轻剽，屡见于《史记》①，可算是秦汉之际的普遍看法，后世也多沿用；“魏地隘狭”出自毛诗《魏风·葛屦》之小序（原作“魏地狭隘”，志文为回忌声病而调转语序②）。墓志在此，实为征典；因此不

---

① 如《货殖列传》：“（西楚）其俗剽轻，易发怒，地薄，寡于积聚。……（南楚）其俗大类西楚。”《留侯世家》：“张良说汉高祖曰：‘楚人剽疾，愿上无与争雄。’”《绛侯周勃世家》：“楚兵剽轻，难与争锋。”

② 据反应唐代官韵系统的《广韵》记载，“隘”为去声，“狭”为入声。因此，如作“狭隘”，则一句之内，“隘”与“魏地”之“地”同为去声，相犯；且隔句之间，又与“二方一变”之“变”同为去声，又犯。故须调转语序，以入声字收之，则无声病之累。

存在“魏地”是“韩地”之误的可能。撰者韦述作为玄宗年间的著名学者(据《旧唐书》韦述本传,其“家有书二千卷,述为儿童时,记览皆遍”,应当熟悉相关故实),倘因云“沁州”为“魏地”而生抵牾,确实令人费解。

然而,李文以王维德政碑所记“郡祠介推”为由,引《水经注》等书为据,认为“介子推祠在汾州无疑……显然与沁州无涉”,进而判定张去奢居官之地在汾州——这一论断,尚可商榷。

盛唐时期,汾州境内有介推祠,是可以肯定的。陈铁民先生在笺注《京兆尹张公德政碑》时亦云:“介山在唐汾州介休县内,今山西介休县东南,《太平寰宇记》卷四十一谓山上‘有子推(即介推)冢并祠存’。”[①]可谓参佐。按,介推,即介子推,又作介之推,春秋时晋人,有贤名;其与公子重耳(晋文公)出亡十余年,事迹见载于《左传》《吕氏春秋》《史记》《说苑》等古籍。根据《左传·僖公二十四年》的记述,晋文公回国后赏赐跟随流亡的人士,“介子推不言禄,禄亦弗及。……遂隐而死。晋文公求之不获,以绵上为之田,曰:‘以志吾过,且旌善人。’”信可从之。介子推死后一直受到人们怀念,特别是在三晋地区祭祀不绝,人们将其与寒食节的文化活动相联系,介推也逐渐由一个历史人物演变为一种文化信仰。两汉之际的桓谭在其《新论》中已经提到:“太原郡民以隆冬不火食五日,虽有疾病缓急,犹不敢犯,为介子推故也。”[②]到盛唐时期,这种纪念介子推的寒食风俗仍在延续,如卢象诗云:“四海同寒食,千秋为一人。”(《寒食》)在此背景下,介山以外的地区也同样可能建有介推祠。翻检《水经注》卷六“汾水”的注文部分,可知“介推祠”除李文提到的汾州境内的那处之外,还有一处在汾水上游:

> 汾水西径晋阳城南,旧有介子推祠。祠前有碑,庙宇倾颓,惟单碑独存矣,今文字剥落,无可寻也[③]。

此段北魏年间郦道元撰写的注释,在中唐编撰的《元和郡县图志》中也能找到印证——是书卷第十三“河东道二”记载,太原府所属的晋阳县有“介之推祠,在县东五十里”[④]。由此可见,汾州以北的太原在盛唐时期也是有介推祠的。

至于沁州,与介子推也很有渊源。《元和郡县图志》云,沁州所属之绵上县

---

① 陈铁民:《王维集校注》,中华书局1997年版,第695页。按,引文出自当页注释【一六】。

② 严可均校辑《全上古三代秦汉三国六朝文》,中华书局1958年版,第549页。

③ 郦道元著,陈桥驿校证《水经注校证》,中华书局2007年版,第158页。

④ 李吉甫撰《元和郡县图志》,中华书局1983年版,第366页。

“以县西界有绵上地，因以得名”[①]。“绵上地”，即《左传》等书所称的介子推绵上封田。通过比对《元和郡县图志》中汾、沁二州的记载，可知汾州辖有介休县，沁州辖有绵上县，二州划境以介山为界，汾州居西北，沁州在东南。蒙陈铁民先生提示，我们在清乾隆年间所编的《沁州志》中，发现了沁州境内“介推祠”的相关讯息——是书卷之二“沁源县”条下有“洁惠侯祠”的著录，注文曰：

> 侯即介之推。其祠有三。一在县西八十五里，伏贵村，唐正观年建，相传即之推焚身处；一在县西北三里，明嘉靖年省祭官李美荣建，每岁春秋仲月上戊日祭，清明七月十五日特祭；一在绵山上。[②]

按，“洁惠侯”为北宋年间官方给予介之推的封号，而将“唐贞观年”改作“唐正观年”也是两宋时避讳上的特征。因此，如果《沁州志》注文的载录属实，那么在开元年间张去奢任官时，沁州境内也是存在“介推祠”的。概言之，仅凭“郡祠介推”一语，尚且难以将沁州排除在外——言有易、言无难，盖此之谓也。

应当指出，唐代汾、沁二州虽相毗邻，但前者的辖地、人口、生产条件和富庶程度是超过后者的。查《元和郡县图志》，“汾州”下注曰：“望。开元户五万三千七十六。乡一百一十四。元和户八千三百四，乡一百一十八。”而“沁州”下注曰：“中下。开元户六千五百八十。乡一十三。元和户二千二百二十。乡一十三。”依据《唐六典》《通典》等书对于唐官品阶的记载，汾州刺史应为从三品，沁州刺史当属正四品（中州刺史正四品上、下州刺史正四品下）。而墓志称张去奢后“擢受”殿中少监（从四品上，为唐代殿中省的副长官，职掌皇帝饮食起居、医药服饰等，多由亲信、贵倖出任），则无论其刺汾还是刺沁，调为京官、任殿中少监后张氏的品阶都有所降低，虽然张氏后又被拜为从二品的京兆尹，但墓志的记述还是让人有些疑惑的。

尽管对于“汾”“沁”孰是的论证仍待辨析，然而，对于李文卒章提出的传世文献与出土文献应予互证、未可执信一端的观点，我们还是深表赞同的——岑仲勉先生在《贞石证史》一文中早已指出：“石刻之可贵，在一经刊上后，难以挖改，视书本之传钞，翻印易于转讹者不同。然此系就碑志已成时观之，若碑志之撰述有误，正与史传之撰述有误，同一可能也。……顾专金石者每遇异同之处，辄曰，‘自当以碑为正’，千篇一律，胶固弗通，则未知须斟酌而后成定论也。”[③]就新发现的墓志而言，固然能提供不少之前未曾掌握的信息，但审慎的甄辨同

① 李吉甫撰《元和郡县图志》，中华书局 1983 年版，第 381 页。

② 《中国地方志集成·山西府县志辑 39》，凤凰出版社 2005 年版，第 70 页。

③ 岑仲勉《金石论丛》，上海古籍出版社 1981 年版，第 76 页。

样需要;因为纳入我们视野的墓志铭文本,往往经历了数次誊抄转录——从最初撰制墓志铭的纸稿(撰写前,有时还需要亡者亲友先拟行状,以备撰者参考),到书写于石版(在此期间,亡者家属可能会对墓志铭加以校读,不排除修改字句的情况),再到篆刻打磨、郑重入葬;千百年后,发掘的墓志成为"出土文献",并进行印拓、释读,最终才重新以文本的形式来到研究者们的面前——以张去奢墓志铭为例,从撰者韦述、书者裴冕、刻工杨岊,到当代的文献工作者们,多手转录的过程难免出现差错,这也是可以理解的。

仅以本人阅历所及,也可找到些许存在于出土墓志铭文本中确凿无疑的讹误。兹举周绍良先生主编之《唐代墓志汇编》一书中的两例:

(1)"贞观一三 "(按,此为书中原编号,下一例同)铭文:"生称一世,死期百年。报应修短,殂落先后。金浆罔续,玉醴虚延。方若一尽,岂择愚贤。"①

(2)"弘道二"铭文:"惟山厚实,惟岳降祚。天工人代,生甫及申。"②

关于后一例,已有学者指出"祚""申"不韵,联系《诗·大雅·崧高》有"惟岳降神,生甫及申"之句,则铭文中"祚"当作"神"③。至于前一例,《唐代墓志汇编》注称来自"北京图书馆藏拓本,河南千唐志斋藏石";其八句铭文显然皆以偶句押韵,而第四句的"后"字与另三个韵脚"年""延""贤"不叶;可以断定,"殂落先后"应作"殂落后先",如此语意不变,以颠倒词序而得叶韵。尽管尚未看到这两篇墓志铭的拓片,但我们相信现代文献整理者们的专业素养,像"殂落先后""惟岳降祚"这样的舛误,应当在墓志铭出土前就存在了。

当然,上述只是来自韵文的两个例子,依据叶韵原则是不难判定的,而在无韵的序志之中,一切还需谨慎的考察分析。查询《广韵》可知,"汾"属上平声二十文韵、"沁"属去声五十二沁韵,两字音调平仄有别,声母清浊迥异,而韵母也不可混押——"汾"为臻摄字,收鼻音[n],"沁"则是深摄字,收鼻音[m];但在字形方面,"汾""沁"形旁同为"氵",而声旁"分""心"笔画相近,倒有致讹的可能。翻阅《唐刺史考全编》"沁州"卷,可以找到文献中"沁州"讹为他者的例证:

冯仁□·开元中

《全文》卷三四崔尚《沁州刺史冯公(仁□)碑》:"拜公为朝散大夫、使节沁州诸军事沁州刺史,仍听□□,时人荣之。……"又见《宝刻丛编》卷八引《京兆金石录》,《金石萃编》卷七四,《访碑录》卷三。《关中金石记》误作"池州刺史"。

……

裴行立·元和二年(807)

---

① 周绍良主编《唐代墓志汇编》,上海古籍出版社1992年版,第90页。

② 周绍良主编《唐代墓志汇编》,上海古籍出版社1992年版,第709页。

③ 金恩柱《唐代墓志铭的押韵及其研究方法》,《中山大学学报(社会科学版)》,1999年04期。

《新书》本传:“以军劳累授沁州刺史,迁卫尉少卿。”又《李传》:宪宗平李锜,“〔擢〕裴行立泌州刺史。”按“泌”当为“沁”之讹。平李锜事在元和二年十月。又按元和四年在费州刺史任。

……

乌重儒·元和末

《全文》卷六四八元稹《授薛昌族王府长史等制》:“前泌州刺史乌重儒等,皆勋伐之子孙,并良能之牧守……重儒可守冀王府司马。”按天祐三年始改唐州为泌州,此“泌”字当为“沁”字之讹①。

如前所述,李文澜先生认为出土墓志文本中的“沁(州)”与“魏地隘狭”一语存在矛盾;既然“魏地隘狭”属于固有说法,讹误的可能性不大,那么张去奢所刺州郡当如王维碑文之记载,定为“汾州”。我们推测异文“沁(州)”的出现是由于字形近似而导致传抄失误造成的——建议《唐刺史考全编》“沁州”卷下的张去奢名录,还是移回“汾州”卷下(或如《唐刺史考》,两存之)。

二、裴耀卿居官济州讹作齐州试解

王维《裴仆射济州遗爱碑》,见于宋蜀本《王摩诘文集》卷第七、清赵殿成《王右丞集笺注》卷二十一(碑二首),陈铁民先生《王维集校注》系于天宝元年二月以后、二年七月裴氏去世前(卷九·编年文)。

传主裴耀卿,唐玄宗开元后期曾任宰相,两《唐书》均有传。除王维此碑外,述其事迹者还有孙逖《唐济州刺史裴公德政颂》(《文苑英华》卷七七五)和许孟容《唐故侍中尚书右仆射赠司空文献公裴公神道碑铭(并序)》(《金石萃编》卷一百六)②。三篇之中,许孟容所撰神道碑铭之文本,源自石刻拓录,因剥泐漫漶,阙字佚句颇多,尤须与碑、颂、史传等参阅。且许氏所撰在多种金石著录中,题署均为宪宗元和七年(812),距天宝二年(743)裴耀卿去世,已有近八十年的时间。作为曾经的宰辅,裴耀卿逝后获立神道碑本是顺理成章的;相较撰制于

① 郁贤皓《唐刺史考全编》,安徽大学出版社2000年版,第1227页、1228页。

② 《宝刻类编》卷四有此碑存目,题作《侍中右仆射司空文献公裴耀卿碑》;清人王昶所撰《金石萃编》卷卷一百六录其文,然阙字亦多,题作《唐故侍中尚书右仆射赠司空文献公裴公神道碑铭》;其后清编《全唐文》卷四百七十九收录,增补数字。

盛唐开元天宝年间的孙逖之德政颂[①]、王维之遗爱碑，许孟容所作神道碑铭，很可能是在原碑毁坏后再次受命撰写的，已属中唐时期的作品。

值得注意的是，清编《全唐文》载录孙逖之德政颂、王维之遗爱碑，题中地名均称“齐州”而非“济州”——此不但与其他传世文献的记载有别（如前所述，两《唐书》史传、宋编文集、金石著录等皆作“济州”），且与碑、颂之文辞抵牾。

孙逖《唐济州刺史裴公德政颂》开篇即云：“昔太公之理齐也，尊贤知，尚有功，泱泱大风，千载不泯：石庆古之良相也，临淄社焉；于公古之良吏曹也，东海祠焉；裴公今之良太守也，济北颂焉。今古一揆，谓之齐志；苟非其人，名不伪立。”颂文先总述齐地之风，并标举西周初年始封于齐的姜太公以统摄之；次则分叙“三齐”，以临淄、东海、济北三地，分别联系受到怀念称颂的良臣石庆、于公、裴刺史耀卿。按，“三齐”之谓，与秦汉之际项羽所封的齐王（孙逖颂文中“临淄”与之对应）、胶东王（颂文中拟以“东海”与之对应[②]）、济北王有关；此三诸侯王之封地，大致依据秦统一后在齐国故地设置的三郡。其中，临淄为齐故都，所在地区亦居“三齐”之中，而“胶东”在其东、“济北”在其西。显然，在孙逖“尊贤知，尚有功，泱泱大风，千载不泯”的宏大叙事语境中，裴耀卿在济北的治绩有着“今古一揆，谓之齐志”的重大意义。裴氏任官之处，无疑应当对应于济北之地。

那么，济北在唐人的视域中究竟指向何地呢？《元和郡县图志》云：“卢县……本汉旧县也，属泰山郡，都尉理之，济北王（按，此谓汉代分封之济北王）所都。后汉卢县属济北国。（刘）宋属济北郡，隋开皇三年罢郡，县属济州。大业三年复为济北郡。武德四年，讨平王世充，复为济州。……至天宝十三载，州为河所陷，废。”隋唐时期，济州治于卢县（今山东聊城东南），属秦汉之济北郡故地；济州所辖诸县，也略当秦汉时期的济北境域；止是本乎此，隋唐两代在政区改“州”为“郡”的过程中，都将济州更名为济北郡——“济北”，遂由一个历史地域名词，成为当时这一行政区的正式名称。至于齐州，《元和郡县图志》云：“齐州，齐郡。上。……《禹贡》兖州之域。春秋及战国时属齐国，秦并天下为齐郡。汉分齐郡立济南国，今州即济南国之历城县理也。景帝三年为济南郡，理东平陵，属青州。……隋开皇三年罢郡，以所领县属齐州。大业三年罢州，为齐郡。

---

① 孙逖所撰德政颂云：“（裴耀卿）入拜户部侍郎，今为左庶子。”许孟容撰裴氏神道碑云：“除左庶子，仍领崇文馆事。疾间，复拜户部侍郎，寻迁京兆尹。”《旧唐书》本传载：“（裴耀卿）入为户部侍郎。（开元）二十年，礼部尚书、信安王祎受诏讨契丹，诏以耀卿为副。”则孙逖德政颂当作于开元二十年前，约十九年中。

② 应当指出，秦汉时期，作为地方行政单位（郡、国）的胶东与东海本是两个平行的区划（东海紧邻胶东之南）。孙逖这里是以东海指称古齐地的东部区域，实则与最初的“三齐”地域存在一定程度的偏差。

隋末陷于寇贼，武德元年海、岱平定，罢郡复州。”可见，在唐人的认识中，齐州及其治所历城县（今山东济南）是被归入秦代齐郡范围内的；隋唐两代改“州”为“郡”时，齐州也是改称齐郡，大致对应的是“三齐”中居中的古齐国之故地，与“三齐”中居西部的“济北”有别。明乎此，则从孙逖颂文开篇处，便可知裴耀卿出刺之地，必为济州而断非齐州。

事实上，孙逖文中还提到，“卢县父老某乙等，怀公之惠，不可弥忘，思欲铭德颂美……”依唐制，官员须在某地任满调离后，才允许该地父老诣阙请旨，求立德政碑（颂）①；既然求文的父老来自济州治所卢县，则德政颂的对象更是济州刺史无疑了。

唐代前期济州的建制，于天宝十三年后不复存在，其治所卢县因黄河决口而陷没荒废，原所领诸县，基本就近并入郓州。因此，在《元和郡县图志》、两《唐书·地理志》中，皆将济州附于郓州之下，未以专门条目的形式列出（齐州则专列出）。今从孙逖、王维二文称述裴耀卿开元中任职济州时筑堤治水之事，也可想见济州当时水患形势之严峻——因为其州治卢县，濒临唐代黄河水道，会直接受到决口的威胁。而齐州治所历城县时在古济水南岸，并不与唐代的黄河水道相接。

李文澜先生曾撰《“齐州刺史”应为济州刺史》一文②，点出《全唐文》标题之谬，其论据主要为正史本传、神道碑的记载，我们在此循孙、王二文之内证，作上述补充。

济州建制在天宝年间的废省，似乎不应成为《全唐文》标题舛误的理由。检《全唐文》录有李栖筠《济州谷城黄石公祠记》（卷三七）一文，其题名即未妄改（谷城确属济州管辖）；而《全唐文》各篇章句中涉及“济州”的情况，则更多，此不赘。我们认为，“济州”“齐州”之讹，当有文献传录过程中音近、形近相混或俗字通用的原因。类似情况在唐人文中还可找到，兹举两例——

（1）《全唐文》卷三百九十一所录独孤及《唐故衢州司士参军李府君墓志铭》：“公讳涛，皇唐太祖景皇帝六代孙也。曾祖道立，尝典陕、济、陈三州刺史，封高平郡王。”

此墓志已出土于河南省洛阳市，题作《皇五从叔祖故衢州司士参军府君墓志铭》。周绍良先生主编之《唐代墓志汇编》已有录文，其云：“曾祖道立，尝典隰、齐、陈三州，封高平郡王。”③可知与传世文本中作“济”有别，石刻存在作

① 仇鹿鸣《权力与观众——德政碑所见唐代的中央与地方》，《唐研究》（第十九卷），北京大学出版社 2013 年版，第 79—111 页。

② 陈国灿，刘健明主编《〈全唐文〉职官丛考》，武汉大学出版社 1997 年版，第 183 页。

③ 周绍良唐《代墓志汇编（下）》，上海古籍出版社 1992 年版，第 1783 页。

“齐”的可能。

(2)《全唐文》卷九百八十八所录《结金刚经会碑□□石弥勒像赞并序》云:“□济州历城县维那刘长清等八人,为□中金刚经邑会之长……”

此文,嘉庆初年编撰的《山左金石志》已录,《全唐文》亦收入,后陆增祥《八琼室金石补正》卷七三为之补益,但仍存阙字数处。文中有“太和”“开成”等年号,应是晚唐人作品。然所云“历城县”,实在齐州,而非济州——无论唐代济州建废与否,“历城县”都一直是齐州治所在,与济州并无瓜葛。可以肯定,“济州历城县”乃“齐州历城县”之误。

作为影响巨大的文章总集,《全唐文》收文题名上的舛误,使得不少研究者在引用时习焉不察,从而导致错谬的延续、传播。譬如,对唐代文史研究贡献颇多的晚清学者劳格,在《唐尚书省郎官石柱题名考》中,为尽量引用文章总集作为依据,也不得不以“《唐济州刺史裴公耀卿德政颂》(据《文苑英华》)”与“《裴仆射齐州遗爱碑》(据《全唐文》)”并举①,令人在未明就里的情况下徒生疑窦。因此,我们期望通过内、外证的论析,能够厘清这一讹误,为今后的研究提供助益。

三、王俌安史乱中任职常山郡论绎

王维《汧阳郡太守王公夫人安喜县君成氏墓志铭》,见于宋蜀本《王摩诘文集》卷第八、清赵殿成《王右丞集笺注》卷二十六(志铭四首),陈铁民先生《王维集校注》系于天宝年间(卷十·编年文)。

传主成氏,为汧阳郡太守王公夫人。墓志称成氏祖父“袭封常山公”,成氏封号为“安喜县君”。顾炎武有云:“唐宋封爵必取本望。”(《日知录》卷三一,“昌黎”条“原注”)②话虽绝对,也算符合事实。因此,“常山公”与“安喜县君”两封号,直指成氏之家族地望。按,常山为地名,起于西汉时,避孝文帝刘恒名讳而改恒山为常山、改汉恒山郡为常山郡。据《元和郡县图志》载,唐置恒州、定州,皆属河北道,两州相去百余里(《元和郡县图志》谓一百二十里);恒州略当汉常山郡的旧境,治真定县一带(《元和郡县图志》谓在真定县北安乐垒);定州处恒州东北,治安喜县;恒、定二州毗邻且并居于恒山山脉之东南麓③。玄宗天宝元年(742)改州为郡,恒州改名常山郡,定州改名博陵郡;肃宗乾元元年

① 劳格、赵钺著,徐敏霞、王桂珍点校《唐尚书省郎官石柱题名考》,中华书局1992年版,第124页。
② 顾炎武著,黄汝成集释《日知录集释(外七种)》,上海古籍出版社1985年版,第2316页。
③ 李吉甫撰《元和郡县图志》,中华书局1983年版,第477—478页、第509—510页。

(758)复郡为州,常山、博陵二郡复称恒州、定州。综合上述行政区划沿革的信息,可知成氏之郡望应当就在恒、定二州一带。

志铭全文未及成氏之夫"王公"事迹,仅云有子濡、澄。陈铁民先生指出"王公"即王倕,并谓王倕天宝年间"为汧阳郡太守事,史传(按,王倕《新唐书》有传)失载。"[①]据《新唐书·宰相世系表》,王倕出自琅琊王氏,为西魏宇文泰当政时期由南入北的著名文士王褒(字子渊)之后裔。王褒曾孙王方庆在武周时曾任宰相,方庆即倕之祖父。《新唐书》卷一百一十六(列传第四十一)载:"王綝,字方庆,以字显。其先自丹杨徙雍咸阳。"[②]王维所作墓志云成氏"以某载月日薨于长安平康里之私第,某月日祔于咸阳洪渎原之先茔,礼也。"则"咸阳洪渎原"当为夫家琅琊王氏王方庆一支的营葬之地。毛汉光先生认为,"归葬是中古士族的大事,客死他乡,其子孙负柩归葬成为当时重要的孝行,此事在拓片(按,此处谓出土墓志之拓片)中屡见……士族归葬地的改变与籍贯的改变之间有重大关连……士族归葬地的改变也是反映该家族重心的转移";因此,"归葬之地"是研究"士族由原籍迁徙到新地方,并以这个新地方作为其家族的重心"的重要标竿[③]。可以说,到王倕所在的玄宗时期,其家族已经累世定居关中,并数代归葬于长安西北的洪渎原;作为一个在东晋南朝历史上声名显赫的侨姓大士族,琅琊王氏的这一支裔在唐代可谓"关中化"了。

王倕事迹,《新唐书》本传的记载较简略:"倕字灵龟。明经,调莫州参军,辟范阳节度使张守珪幕府。时契丹屈烈部将谋入寇,河北骚然。倕至虏中,胁说祸福,虏乃不入。安禄山叛,拜博陵、常山二太守,副河北招讨。卒,赠太常卿。"[④]王倕明经及第,后为范阳节度使张守珪幕僚,曾亲至犯边的契丹部落中陈说厉害,劝止对方进军。安禄山起兵反叛后,王倕被唐廷拜为"博陵、常山二太守",更兼"副河北招讨"之职,其所领辖州郡,恰是其妻家成氏族望所在。有理由认为,在应对叛乱的紧张局势下,曾任职于范阳的履历,知晓兵事、颇具谋略的声誉,以及出身于"关中化"的大士族、且妻族在河北当地也具一定影响力的种种背景条件,是王倕被委以重任的原因。

据《资治通鉴》之"唐纪三十四"载,肃宗至德元年(756),唐军与安禄山叛军在河北地区展开争夺,当时"李光弼围博陵未下,闻潼关不守,解围而南。史思明踵其后,光弼击却之,与郭子仪皆引兵入井陉,留常山太守王倕将景城、河间团练兵守常山。……(之后局势渐趋恶化)河北诸郡犹为唐守,常山太守王倕

① 陈铁民《王维集校注》,中华书局1997年版,第921页。

② 欧阳修、宋祁撰《新唐书》,中华书局1975年版,第4223页。

③ 毛汉光《中国中古社会史论》上海书店出版社2002年版,第245—246页

④ 欧阳修、宋祁撰《新唐书》,中华书局1975年版,第4226页。

欲降贼,诸将怒,因击球,纵马践杀之。”[①]按,《通鉴》中之常山、博陵,即为恒州、定州在玄宗年间改“州”为“郡”后的名称。恒州(常山)作为河北之重镇,战略位置极为重要:凡自河东太原方面引兵循井陉口东出,恒州皆扼其冲要;中唐以后,恒州(后避唐穆宗名讳,改称镇州,后唐时升为真定府)长期作为“河朔三镇”之一的成德镇之理所,宋金时期又为河北西路之治所。王俌之前,颜杲卿在此起兵讨伐叛军,不幸失败被害。李光弼等进军河北后,复因潼关失守,战局不利而选择撤离;其留下王俌坚守战略要地恒州(常山),是理所当然的(王俌时为常山太守,守城为本职所在)。如史料所载,王俌本有“副河北招讨”之职衔,当是欲其能够利用本家和妻族的名望,联系河北地区的地方势力(甚至联络一些叛军中可以争取的力量),共同平叛;而守备常山时,王俌实际上还统领着“景城、河间团练兵”这样的地方武装(系不长期脱离生产的乡军)。然据《资治通鉴》所云,王俌临危动摇,反不如麾下诸将,终为诸将借打马球踏杀之[②]。不过从《宰相世系表》的记载看,王俌子嗣数人似乎仍未受太大影响,在唐代中后期依旧仕宦不绝。

(作者:潘鸣,男,上海大学文学院博士研究生)

① 司马光编著,胡三省音注《资治通鉴》,中华书局1956年版,第6980页、第6989页。

② 王俌是否真有降贼之意已难断言(《新唐书》本传不载此事):或许有;或许其只是想利用与范阳军将的旧关系加以拖延;也或许因为当时的常山(恒州)处于叛军围攻重压之下,唐军内部各种势力的矛盾也颇为尖锐,王俌作为统帅失去了控制局面的能力,而最终丧命。

《清白堂稿》标点献疑(一)

李汉丽

《清白堂稿》,明蔡献臣撰,厦门市图书馆校注,厦门大学出版社 2011 年出版。笔者在阅读《清白堂稿》时,在标点方面有不少不同之见,不揣浅陋,以求就正于方家。

1.《拟九卿请信敕谕疏》:“若圣意尚复犹豫,窃恐远迩愚民传闻疑惑,以为过此机括,何日得停,必将妄意左右之人;有言利以荧圣听者,必将归罪阁部诸臣;不能将顺以成德美者,必谓敕既止之而谁复征之,必不复俯首甘心,而就参随游棍之朘削,倡祸酿乱实从兹始。”(第 13 页)

按:两分号当分别移至两“者”字之后,“必谓敕既止之而谁复征之”后加分号,使四“必”字分别统领后面的内容。此疏的背景是万历皇帝先下诏敕罢矿税,后又收回成命。所以疏认为老百姓“必将妄意左右之人有言利以荧圣听者,必将归罪阁部诸臣不能将顺以成德美者”。

2.《又拟覆习仪班次疏》:“臣等连日讲求,先稽祖制,次考旧规,品级之说,既不足尽凭,而侍立之班、宴坐之班,又不可以概例,谒拜之班,其容默默持两端已乎?”(第 19 页)

按:“例”字之后的逗号当去掉。前《拟覆习仪班次疏呈大宗伯冯》:“臣等再四讲求,则铨臣所执品级之说,今既不足尽凭;台臣所执侍立宴坐之班,亦不可以概谒拜之班。”(18 页)

3.《礼官守礼蒙诟乞赐罢斥以谢言路疏》:“臣偶闻其事,以为宜疏请,不宜径改同门之会者,未尝不是臣言,不意台臣遂贻书吏部,往复争论。”(第 21 页)

按:“改”字之后当加句号。“同门之会者”不是“改”的宾语,而是“未尝不是臣言”的主语。

4.《执奏襄府为弟请封疏》:“如无亲弟、亲侄,以次推及伦序相应者进封,日后子孙除承袭亲王外,其余俱照原封世次,授以本等爵级,不准加封,若嘉靖四十四年例。前加封者,姑准照常传袭例;后加封者,查照世次改正。”(第 37 页)

按:“若嘉靖四十四年例”之后的句号当去掉,“姑准照常传袭例”之“例”字当移至“后加封者”之前。前有嘉靖四十四年条例,所以在此之前加封的,准许照常传袭,在此之后加封的,要据条例予以改正。

5.《镇下关添将分兵议》:“南麂三盘客、夏之倭船,今正之贼舟,其明鉴

矣。”(第59页)

按:“客”字之后的顿号当移至“船”字之后。“客夏”一词在《清白堂稿》中几次出现,意思是“去年夏天”,与后面的“今正”相对。“南麂”即南麂列岛,“三盘”在南麂列岛的东南部。

6.《论澎湖戍兵不可撤》:“其有无三分之一,诚不可问,故议者欲撤而去之,曰:与其守外,何若守内;与其置之茫茫不可稽之域,何若布之目前而时侦探及之之为。愈不知夷与贼岂惧侦探,而我兵亦岂肯茫茫海洋中时出侦探者哉!”(第61页)

按:“愈”字当移至“何若布之目前而时侦探及之之为”之后。“愈”是“胜过”的意思,“何若……之为愈”即“不如……之为愈”。

7.《下四场增课议》:“丁米之重视,上场不啻数倍,矧上三场通舟行盐之地广,下自福兴,上至延、建、汀、邵,故商贾辐辏而盐利多。”(第64页)

按:“视”字当移至“上场不啻数倍”之前,“倍”字之后的逗号当改为句号。前已用数字详细说明了上三场的丁米额甚轻、下四场的丁米额甚重,所以下四场的丁米是上三场的几倍。

8.《清屯审甲以苏运苦事呈文》:“如册内不报,不许审时续报审,册无名,日后不许生情混提。若今预报之时,敢有奸弁藏匿富军不开在册,海防官或本道查访得出,及别军首告,该伍官究赃问罪,本军并问,仍罚连运三年。示创是役也,量限一月清屯,一月审旗,次第报完。”(第82页)

按:第二个“审”字当移至于“册无名”之前,“审册”即经过审查核对后的详细名册。“示创”两字当移至“仍罚连运三年”之后,意思是如果有藏匿,用连运三年来表示惩罚。

9.《答苏州申相公及诸绅论限田》:“使能严客宦而宽本宦,即本宦严诡寄而宽本身又何虞?编役之田之少哉?”(第83页)

按:第一个问号当去掉,“身”字之后当加逗号,“又何虞”三字当移至“编役之田少哉”之前。“虞”的宾语是“编役之田少”。

10.《浙学道〈钦条演义〉行十一府》:“又或年未及,而举富者,借为美观,贫者希沾粟帛。”(第93页)

按:“及”字之后的逗号当移至“举”字之后,“富者”之后的逗号当去掉。前有“而旌典至狭,故节必年七八十以上始得请旌,不则苦节六十以上而身故者,又必执节在二十四五之下,而人始不疑其为三十以上人也”。“年未及而举”指的就是年龄方面不够举节妇的标准却举为节妇。

11.《读〈要语·密箴〉序》:“二先生没,而世有一种学问,高其议论、广其法门,群天下而趋之,甚至窜西土柱下,于吾道反张之。而据其上,究厥流,弊不

离、畔岸灭,町畦不止。"(第104页)

按:"于吾道反张之"之后的句号当去掉,"流"字之后的逗号当移至"弊"字之后,"离"字之后的顿号当移至"岸"字之后,"灭"字之后的逗号当去掉。"畔岸""町畦"都有边界、约束的意思。

12.《黄逸所公〈海眼存集〉序》:"又禁止南京守备不得受理户婚、田土、斗殴、人命、词讼、鲜船,内官不得需索见面帮钱银两。"(第108页)

按:"人命"之后的顿号当去掉,"词讼"之后的顿号当改为逗号,"鲜船"之后的逗号当去掉。"受理"的是"词讼"。"鲜船"即进贡鲜物的船,由内官即太监主管。

13.《〈许钟斗太史遗集〉序》:"盖其天机过人,殆数等彼苍假年,其所就讵特古文词而已?"(第114页)

按:"殆数等"三字当移至"盖其天机过人"之后,意思是许钟斗灵性超过一般人很多。

14.《〈浙江丁巳岁荐齿录〉序》:"夫诸生束发受书,头颅如许而始得谒帝。承明其恒格,则膺倅理、领州邑、主教事,委蛇而致华膴。其上者,则歌鹿鸣、对临轩,得无自负如平津之一,当汉皇而待诏金马丞相封侯者乎?"(第119页)

按:"承明"两字当移至"头颅如许而始得谒帝"之后。"承明"即承明庐,谒见天子的地方。"恒格"即常规,与后面的"上者"相对。"一"字后的句号当去掉。

15.《〈浙江丁巳岁荐齿录〉序》:"诸生再拜固请,予曰:'予不以积善余庆命《易》乎?不以树德命书乎?不以伯仲埙篪命《诗》乎?不以会黄池命《春秋》乎?不以宪老乞言命《礼》乎?……"(第120页)

按:"书"字当加书名号,指《尚书》,与前后的《易》《诗》《春秋》《礼》同。

16.《〈戊午浙江岁荐齿录〉序》:"其为斯举之宠,嘉宁有量哉焉?"(第121页)

按:"嘉"字当移至"其为斯举之宠"之后,"宠嘉"的意思是"荣耀华美"。

17.《〈丁戊浙英录〉序》:"录既成,会予迁秩行,乃属杭司理毛君遴而刻之,予题之曰:'浙英,志乐育也。'且以为多士异日遇合之券。"(第122页)

按:"志乐育也"四字当移至"且以为多士异日遇合之券"之前,后加逗号。后《杨侍御〈得英录〉后序》:"公录其文若干首,取子舆三乐章语而题之,曰'得英',又自为序,发教育之义甚备,献臣与寓目焉。"(第152页)

18.《题区罗阳〈四书翼〉》:"惟是痛辟释氏而归过,余杨贞复师且自许为拔乱本、杜祸原之论。"(第126页)

按:"过"字之后的逗号当移至"师"字之后。杨贞复即杨起元,蔡献臣的老师,善禅学。“自许为拔乱本、杜祸原之论”的主语是区罗阳。

19.《〈刘国成遗集〉序》:“虽然,浚之卢次楩上舍生、娴词赋,越之徐文长邑文学饶翰藻、善书绘。”(第139页)

按:“浚之卢次楩上舍生”之后的顿号当去掉。卢次楩,即卢柟,浚县人,字次楩,“上舍生”即监生。

20.《田氏族谱后序》:“第其发念止为祖父一片地,究不遂,其本图不已,则以刚果不退转之志,而行其孝子顺孙之心,君子谓之死孝。”(第145页)

按:“遂”之后的顿号当去掉。“遂”的意思是“如愿”,“本图”即“本来的意图”。这里指如愿守住其祖先的墓地。

21.《黄非骊孝廉〈复草〉序》:“启、祯以来,限字之禁少驰,而程录或滥觞五六百字。故多,士效尤,而文体渐靡,吾闽亦然。”(第169页)

按:“多”字之后的逗号当去掉。“多士”一词在《清白堂稿》中多次出现,意思是“众多的贤士”。

22.《送王省轩勋丞序》:“上虚受大度,韪君之言,既从部署超晋。今秩则自今以往,眷益隆,位益高,其发舒慷慨任天下事,时矣。”(第172页)

按:“今秩”两字当移至“既从部署超晋”之后。“事”字之后的逗号当去掉。“秩”是“官职”的意思,王省轩由南京刑部主事升光禄寺丞。

23.《送王德闲郎中守顺德序》:“今北平诸股肱郡,地大民淳,守尊重夷于方岳,谒监司使者长揖不拜。故事多出台谏,居之郎署,非著贤声者不能得也。”(第176页)

按:“居之”两字当移至“故事多出台谏”之后,“郎署”两字当移至“非著贤声者不能得也”之前。旧制多以台谏任知府,而只有有贤明的名声的郎中才能够被任命,王德闲就是以郎中任顺德知府的。

24.《送赵梅源邑侯移剧句容序》:“夫侯之治,其剔弊章教,厘赋擿奸,诸美政更仆未易。悉乃吾所睹于侯者,识敏而气沉,机圆而神王,且也坦中不设城府。”(第191页)

按:“剔弊章教”之后的逗号当改为顿号,“厘赋擿奸”之后的逗号当去掉,“悉”字当移至“诸美政更仆未易”之后。“更仆未易悉”即“更仆难数”,形容其美政之多。

25.《贺邑侯徐云林移剧莆田序》:“三衢徐公观我以名令望郎典天官,选而兹复,以奉常召起家。”(第192页)

按:“官”字之后的逗号当移至“选”字之后,“复”字之后的逗号当去掉。“典天官选”即掌天官选。

26.《送黄鲜生邑侯入觐序》:“而侯所最严者,尤在录士。盖甲寅、乙卯之

试，学校及草茅士者再矣。”（第 194 页）

按：“试”字之后的逗号当去掉。“试”的对象是“学校及草茅士”。

27.《姚敬庵学博院奖序》：“余心异之，窃叹先生操何术得此久之。习先生所为司教状，则益信余之所窥于先生者，岂偶也哉？”（第 199 页）

按：“久之”两字当移至“习先生所为司教状”之后。“久之”是指“多时以后”。

28.《送刘起田学博谕蓝山序》：“盖酌宽严之中而善用之者，其守己廉不谴羔雉，其宅衷坦不设城府，其衡艺当不爽妍媸，其可否事不先横意。见其处僚寀间，委曲调剂，不自见长，即余仅一再奉教，而有意乎其为人也，况为先生弟子者哉？”（第 202—203 页）

按：“盖酌宽严之中而善用之者”之后的逗号当改为句号，“其守己廉”“其宅衷坦”“ 其衡艺当”“其可否事”之后当加逗号，“见其处僚寀间”之“见”字当移至“其可否事不先横意”之后。“不谴羔雉”“不设城府”“不爽妍媸”“不先横意见”之后加分号，“不自见长”之后加句号。

29.《沈巽洲封君八十寿序》：“凡三拜恩封，而后乃称尚宝，如奉常君官云：‘奉常君居恒念翁不休，请告家食者数矣。’”（第 227 页）

按：“云”字之后的冒号当改为句号，句子中的单引号当去掉。沈巽洲封君因为儿子奉常君而受封，所以“称尚宝如奉常君官”。

30.《陈敬斋封君偕寿貤恩序》：“自崇称剧，而令崇者数十年，无得显陟以去，侯下车而振刷，噢咻之均赋，赋平谳讼，讼清课士，士奋歌颂之，声彻四封，贤能之剡彻黼座，久任之政行吏治，非四年有奇，即懋异不得召。”（第 228 页）

按：“振刷”之后的逗号当移至“噢咻之”之后，“赋平”“讼清”“士奋”之后当加逗号，“歌颂之”之后的逗号当去掉。

31.《寿封廷评陈仰台翁开八秩序》：“昔高达夫五十学诗，即工轮扁行年七十而老斫轮，翁实似之。”（第 231 页）

按：“即工”两字当移至“昔高达夫五十学诗”之后。“高达夫”即唐诗人高适，“轮扁”是春秋时齐国有名的造车工人。

32.《贺李邑侯父母荣封序》：“三君受事宇下，而侯推心置之，因材笃之，三君亦得兢兢奉德、意、勤、职字，民罔敢轶越。”（第 234 页）

按：“德”字、“勤”字之后的顿号当去掉，“意”字之后的顿号改为逗号，“民”字当移至“字”之后。“德意”的意思是“布施恩德的心意”，“勤职”的意思是“工作勤恳”，“字民”的意思是“抚治百姓”。

33.《壬寅朝班纪事》：“谓隆庆题准之例，何谓职掌？何不得已？具疏申请，台中亦复公疏参予，疏各留中，而大贺之礼遂从兹焉变矣。”（第 257 页）

按:第一个"何"字当移至"谓隆庆题准之例"之后,后加问号,第二个"何"字当移至"谓职掌"之后,"不得已"之后的问号当改为逗号。"谓……何"的意思是"奈……何"。

34.《癸卯勘楚纪事》:"同舍或告予曰:'司农之议,京师引以为重。第无奈与衙门相左,何渠旧仪郎也,子何不一面之?"(第265页)

按:第一个"何"当移至"第无奈与衙门相左"之后。

35.《林万峰先生训同记》:"予观往牒,记载所居人,宜所去见思者,何寥寥也。"(第271页)

按:"人"字之后的逗号当去掉,"宜"字之后当加顿号,"所居人宜"与"所去见思"结构同。

36.《浯屿把总翁晓旸去思碑记》:"君外状熊虎,中饱韬钤,事母孝,与士信守;严饮泉,惠温挟纩。"(第281页)

按:"守"字当移至"严饮泉"之前。"事母孝"与"与士信"结构同,"守严饮泉"与"惠温挟纩"结构同。"守严饮泉"是称赞翁晓旸廉洁,"挟纩"喻受人抚慰而感到温暖,就像披着绵衣一样。

37.《不党论》:"孔子曰:'矜不争、群不党,士大夫患学不明耳,道不立耳。'朝廷患不得真识力君子而用之耳,何问东林不东林乎?"(第307页)

按:"矜不争"之后的顿号当改为逗号,"士大夫患学不明耳,道不立耳"当移至单引号外,这句话不是孔子所说的。

38.《书致长安诸正人君子》:"若妖书之狱,则钱给谏、康侍御参之,政府从中主之,大小冤对,明明白白,而谬扯旁观,骇叹之仪郎可乎?"(第437页)

按:"而谬扯旁观"之后的逗号当去掉。"旁观骇叹之仪郎"是"谬扯"的宾语。

39.《答祁世培侍御》:"客岁赵令君传到,翰贶缺焉未报。"(第438页)

按:"翰贶"两字当移至"客岁赵令君传到"之后。"翰贶"一词在《清白堂稿》中几次出现,意思是"他人来信的敬辞"。

(作者:李汉丽,女,硕士,淮北师范大学文学院讲师,主要研究古代汉语)

建构商代前艺术起源事象谱系的研究设想

张 见 王 政

一、问题的提出

新时期以来,中国艺术起源史的研究进入繁荣期,仅大陆学者以史前艺术、图腾艺术、原始艺术、艺术起源、原始思维与创作等冠名的论著就达五十余部,加上各种艺术通史(美术、音乐、舞蹈、诗歌等)著作中的史前卷、夏商卷,成果是丰硕的。

研究中,大都按断代、分体的方式进行。断代则史前、夏、商;分体则音乐、舞蹈、绘画、雕塑、工艺装饰。然后,主要从以下四种途径进行论证,揭示各门类艺术在体式、要素、观念、特点诸方面的萌生发展过程。论证的四种途径是:一、考古学发现遗物及传世文物,二、历史文献相关论述,三、"未开化"民族生活习俗中遗留的上古艺术活动技艺及痕迹(包括史诗和神话传说),四、儿童艺术心理学对艺术起源的佐证性材料。四种途径中主要是第一种。

认真反思,第一种论证途径存在如下问题:

一是取证的时间跨度太长,在距今10000年至距今2060年的近8000年的考古学遗存中寻摭反映具体艺术门类发生的论据,在科学的精准度上无疑值得推敲。因为目前,我们尚没有可供使用的关于这8000年艺术实物遗存"编年系地"的谱系系统(或者说"资料长编")。

二是取证的地理疆域尤其阔大,北起嫩江的昂昂溪文化,南至邕江的顶狮山文化,西自西藏高原的卡若文化,东到台北的芝山岩文化,凡今之国土疆界的新石器时代到商代的考古学遗存,都取之来"统论"某一门类艺术的一般共性特点及其萌生状态。现代考古学对考古学发现用文化版块、"区系"进行地域性划分的思想精髓,没有渗透到艺术起源学的学术实践中来。这样,我们实际上是忽略了远古、上古时代那种部族流徙、邦国林立的千差万别的"地块性"因素对艺术生成的制约与规定性。

三是考察艺术起源的逻辑起点,不是某一种有时代上下限、有特定地域范围的考古学文化版块(或曰"区系",如龙山文化、红山文化、良渚文化等),不是从“文化版块”这种浑整的“社会历史遗留体”去考察其中的艺术根苗；而是从艺术本体出发，从后世成熟的对各门类艺术体式、要素的认识出发，回溯、返观史前及夏商时期的艺术遗存事象。这样，被撷取来论证各门类艺术萌生的诸事象（论据），完全离开了它原来寄生的特定文化时空、特定邦族、特定方国的历史生活根基，成了一种纯然艺术的“抽象”论证，取证，真的就变成了“取证”了。打一个比喻，这就好像用成熟人的器官去对照胚胎一样了。

二、解决问题的办法

如何解决上述诸多问题呢？我们觉得应当借鉴考古学近二十年来的先进成果体系，使我们需要的艺术起源史实走向科学化，走向“时地界定”的相对精准化。

上世纪七十年代以后，苏秉琦、张忠培等先生提出了著名的“考古学文化区系、类型”理论，中国考古学逐步走向成熟。考古学界按“文化区系、类型”理论，将新石器时代至商周时期的考古学遗存，按地层考虑、按时代推演、按地域划分，建构了系统科学的考古学文化谱系。谱系中，各考古学文化版块，又在现代科学技术诸方法（如碳十四断代及 AMS，古代树木年轮、古地磁法等）的助翼下，加速了“绝对”年代的数据测定，使得大部分考古学文化遗存、遗物已生成了一整套可供参照的年代数据体系，及遗址的地理分布体系。这就为我们研究中国艺术起源，提供了新的视野、条件、路径及方便。

我们的艺术起源史研究，应该从传统的艺术本体逻辑起点，换位到有具体“时地”框架的考古学文化谱系中来。按考古学文化区系，给艺术起源具体事象进行时间定位、地域定位，形成艺术起源史最基础的史实谱系。也即：以具备时空定位的“考古学文化区系”为逻辑起点，先归纳总结具体“文化区系”中艺术萌发的特定经验、特定成就，然后再进一步概括众多“文化区系”艺术事象的共有经验、规律及内涵，使艺术起源史的推演，始终基于“时地”明晰的逻辑线条之上。这样，我们的艺术起源史探究，才可从纯然抽象的艺术本体特征的逻辑推导中挣脱出来，回到它本来植根的特定地域、特定阶段的历史生活原生态，从而保证艺术起源史研究的时空因素的客观性、科学性。

也就是说，只有弄清楚了这种“时地”明确的不同“文化版块”下的不同“艺术版块”，我们才能按时间的序列推演具体艺术门类到底是何时发生、何地发生、何以发生，以及如何发展、如何进步的?，也才能将不同“艺术版块”（或曰“谱系”中的一个个“区系”）进行比较，考究、梳理出它们在艺术“发生度”、“成熟度”上的序列，看出具体艺术门类萌发、成型的前行脚步。

三、建构考古学文化“区系”意义的艺术起源事象谱系的基本框架

研究的任务应设定为：考察新石器时代至商代末年各考古学文化“区系”中发现的艺术事象，对它们进行编年、系地，构成艺术起源学意义的史实谱系；并以此为依托，探究艺术起源阶段各文化“区系”中的共同性规律。具体框架分为上编、中编、下编及附编。

上编是中国新石器时代，有六个“区系”。一是东北、内蒙文化区系艺术事象的系地编年，包括兴隆洼文化（前 6200—前 5400 年）、上宅文化（前 5300—前 4700 年）、赵宝沟文化（前 5200—前 4400 年）艺术事象；左家山遗存（前 4936—前 4773 年）、小珠山下层文化（前 4500—前 4000 年）、新乐文化（前 4500—前 4000 年）、元宝沟遗存（前 4350—前 3990 年）新开流文化（前 4239—前 3995 年）、后洼上层文化（前 4000—前 3500 年）、红山文化（前 4400—前 3000 年）艺术事象；雪山一期文化（前 3640 年至前 3374 年）、富河文化（前 3510—前 3107 年）、海生不浪文化（前 3300—前 2800 年）、小河沿文化（前 3000—前 2600 年）、偏堡子文化（前 3000 年至前 2500 年）艺术事象；老虎山文化（前 2500—前 2300 年）、大口一期文化遗存（前 2300—前 2000 年）、小珠山上层文化（前 2200—前 2000 年）艺术事象等。

二是黄河中上游文化区系的艺术事象系地编年，包括裴李岗文化（前 6200—前 5500 年）、磁山文化（前 6100—前 5400 年）、大地湾文化（前 5900—前 5000 年）、老官台文化（前 5900—前 5300 年）艺术事象；仰韶文化半坡类型（距今 6700—5900 年）、仰韶文化庙底沟类型（距今 5900—5300 年）、仰韶文化西王村类型（距今 5300—4800 年）艺术事象；马家窑文化半山类型（前 2500—前 2300 年）、马家窑文化马厂类型（前 2300—前 2040 年）艺术事象；庙底沟二期文化（前 2900—前 2600 年）、大河村五期遗存（前 2900—前 2600 年）、后冈二期文化（前 2600—前 2000 年）、王油坊文化遗存（2600—前 2000 年）、陶寺文化（2600—前 2000 年）、客省庄文化（2600—前 2000 年）艺术事象。三是黄河下游文化区系的艺术事象系地编年，包括南庄头遗存（前 10000—前 8600 年）、东胡林遗存（前 8400—前 8000 年）、后李文化（前 6300—前 5400 年）、磁山文化（前 6100—前 5600 年）艺术事象；北辛文化（前 5400—前 4200 年）、大汶口文化（前 4200—前 2600 年）艺术事象；黄河下游龙山文化（前 2600—前 2000）、岳石文化（前 1900—前 1600 年）艺术事象等。

四是川藏及长江上中游文化区系的艺术事象系地编年，包括玉蟾岩遗址（前10000—8000）、彭头山文化（前7000—前6000年）、城背溪文化（前6500—前5000年）、皂市下层文化（前5900—前5000年）艺术事象；大溪文化（前4500—前3300年）、屈家岭文化（前3400—2500年）、雕龙碑三期文化遗存（前3300—前2800年）、卡若文化（前3300—前2300年）艺术事象；宝墩文化（前2800—前2000年）、石家河文化（前2625年至前2165年）、曲贡文化（前2000—1500年）、礼州文化（距今3500年前）艺术事象等。

五是长江下游文化区系的艺术事象系地编年，包括仙人洞遗存（8000—7000年）、跨湖桥文化（前6000—前5400年）艺术事象；河姆渡文化（前5000—前4000）、马家浜文化（前5000—前4000年）艺术事象；崧泽文化（前4000—前3300年）、北阴阳营文化（前4000—前3300年）、樊城堆文化（前3700—前2700年）、凌家滩文化（距今5600—5300年）、薛家岗文化（前3360—前2800年）、良渚文化（前3300—前2200年）艺术事象等。

六是华南文化区系的艺术事象系地编年，包括甑皮岩一期遗存（前10000—前9000年）、甑皮岩二至期遗存（前9000—前6000年）、顶蛳山文化、甑皮岩五期遗存（前6000—前5000年）艺术事象；大坌坑文化、壳蚯头文化（前4100—前3500年）、咸头岭文化（前4100—前3000年）艺术事象；石峡文化、昙石山文化、牛鼻山文化（前3000—前2000年）、圆山文化（前2500—前2000年）艺术事象等。

中编是夏商时期，主要有两个"区系"。一是夏文化区系的艺术事象系地编年，包括王湾三期文化（前2132—前2030年）艺术事象，二里头文化一期（前1880—前1640年）艺术事象，二里头文化二期（前1685—前1600年）艺术事象，二里头文化三期（前1610—前1555年）艺术事象等。二是商文化区系的艺术事象系地编年，包括下七垣文化（距今3620年）艺术事象，早商文化（前1600—前1400年，二里冈类型，辉县琉璃阁类型，藁城台西类型，夏县东下冯类型，耀县北村类型，黄陂盘龙城类型，含山大城墩类型，济南大辛庄类型）艺术事象，中商文化（前1400—前1250年，白家庄类型，曹演庄类型）艺术事象，晚商文化（前1250—前1046年；一期武丁；二期武丁末至祖庚、祖甲；三期廪辛、康丁、武乙、文丁；四期帝乙、帝辛）艺术事象等。

下编主要研究夏、商王朝周边考古学文化中的艺术事象系地编年问题，有四个区系值得注意。一是夏商时期黄淮、长江中下游文化区系的艺术事象，包括马桥文化（前2000—前1600）、斗鸡台文化（前1880—1600）、岳石文化（前1685—1350）、荆南寺文化（前1600—1250）、湖熟文化（前1440—前1168年）、吴城文化（前1400—1250）等。

二是夏商时期川桂粤闽文化区系与艺术事象，包括黄瓜山文化（距今4000—3500年）、闽西北马岭遗存（前1880—前1400年）、东澳湾遗址（距今3750）、黄土仑文化（前1640年至前1225年）、三星堆文化（前1600—前1046年）、东莞村头遗址（距今3500年）、浮滨文化（距今3500—3000年）、白主段遗存（前1250—前1046年）、路家河文化（前1100—前1046）等。

三是夏商时期甘青晋陕蒙文化区系的艺术事象，包括齐家文化（前2183—前1630年）、四坝文化（前1900—前1500年）、晋中游邀、白燕遗存（前1610—前1400年；前1400—前1046年）、卡约文化（前1600—1250）、刘家遗存（前1555—前1046年），城固青铜遗存（前1400—1100）、朱开沟文化（前1400—前1200年）、晋陕高原青铜遗存（前1250—前1046年）等。

四是夏商时期辽燕文化区系的艺术事象，包括双砣子文化遗存（距今4000—3800年）、庙后山文化（距今3885±90年）、高台山文化（距今3700—3000年）、夏家店下层文化（前1600—前1400年）、围坊三期文化与魏营子文化（前1250—前1046年）等。

附编主要研究上述文化区系艺术事象所体现的艺术规律与艺术典型问题。其中艺术规律包括红山、二里头文化中"两头蛇""一首双身龙"与"连体律"，仰韶文化彩陶纹的"右旋律"及其根源，良渚文化与斯特劳斯提出的"拆半律"，夏商文物器表图像的"层叠律"与祖灵世系、玛雅文化的关系，商代前青铜器、玉器造型纹饰中的"回首律"，"一个形象、又是多个形象"的观者视觉"分拆""统合"的自主选择律，环境与生存状态的"对象化"规律，商代前艺术事象中的交感促发、图像魇制律等等。

探讨艺术典型，则主要是如下问题：如殷墟"鸮形器"及其观念源流，夏商文物上"人面像"形式的典型意义，方形——宗教命意（四方神祇之祈求、邪魅之阻御）给出的空间形式，动物或人像的"额饰"艺术，作为原始"巫符"的手印、足迹、眼睛、牙齿、舌，岩画人物"羽饰"、戴羽即"美"字本义，"人兽负器"造型表现的古代巫术中的"压""镇"观念，等等。

四、研究中应注意的问题

一、把握重点难点及目标。难点之一是"编年"。本课题对商代前艺术事象的编年，主要是按考古学界建立的考古学遗存数据库给出一种"年限段"；确有"地层关系"、又必须知晓该艺术遗物更精准年代的，则申请相关考古部门对同地层遗物作碳十四测定，以确定艺术遗物的绝对年代。研究的重点是：揭示特定考古学文化“区系”中“艺术事象丛”的特定艺术水准及其特色；然后，才可能将一个个有地域版块特点的“艺术事象丛”摆在一起进行综合考察，以见出彼此间艺术发生水平的高下、序列、繁兴式微的走势，以及关联关系。在此基础上，我们再寻找中华艺术起源受多元因素影响的规律性内容。

研究的目标定位，要始终明确，即：建构考古学文化“区系”背景的商代前艺术起源事象“编年系地”谱系，探究其间的艺术发生规律及特征。

二、研究的思路、方法。在研究方法上，上、中、下编以文字描述为主，以系附实图为辅，做到形象直观，便于阅解；附编则带有综论性质，综合考察商代前艺术事象反映的规律性命题、循序生成的艺术经验、已经形成的艺术典型、母题、原型等等。这样，上、中、下编偏重于艺术起源史实的“系地编年”，并形成谱系化，偏重于研究的基础工作，附编则偏重于宏观思考，理论色彩偏浓。

研究的思路是这样：对考古学发现中的艺术事象，选择以下七个方面（即设计七个类目）进行著录，构建艺术起源事象的谱系。七个类目是：形象（图1）、纹样（图2）、艺术器物（图3）、装饰品（图4）、题材或母题（图5）、符号（图6）、技法（图7）。

图1：人头像（北首岭陶塑）

图2：舞蹈纹样（马家窑陶盆）

图3：陶鼓（黄土伦）

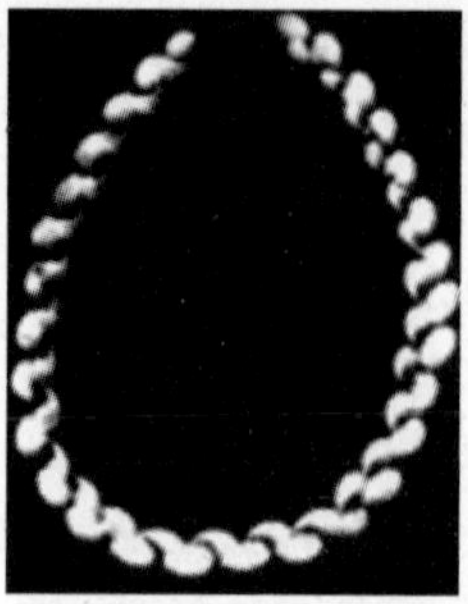

图 4:螺壳项链(东胡林)

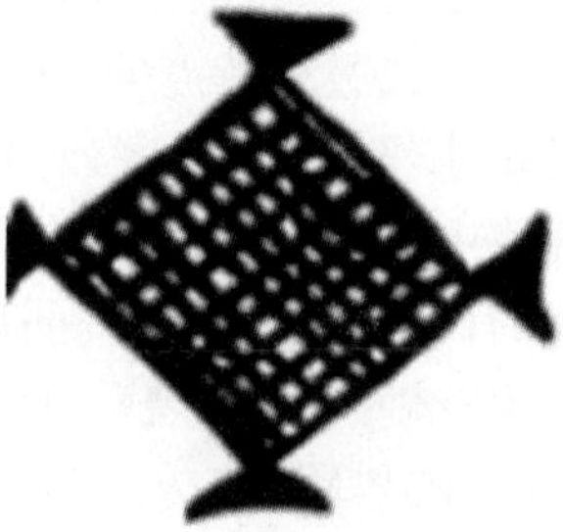

图 5:渔捞生活题材(半坡网纹)

图 6:日月符号(大汶口)

图 7:彩绘(马家窑瓶)

凡与以上七个类目有关的艺术事象均选其有代表性者,或艺术事象反映了上述七方面内涵的,皆系附在考古学文化具体区系之下,注明遗址——即出土地点,描述其性相特征,交代与之相关的碳十四测定年代(或其它断代数据)。

三、步骤得当,坚持创新。研究可分作三个阶段进行。第一是考古学文献的检阅阶段。全面检索阅录已发表的关于各考古学文化的“发掘报告”,对各考古学文化区系反映的艺术起源事象进行择选,揭示每一个艺术事象“依托物”的出土地点、时段因素,形成“事典”性的成果。第二是补缺、核实、采录实物图像阶段。即走访国内部分文物机构(考古所、博物馆),对一些断代不明、未发表的艺术文物资料进行调研采录。第三是理论探究阶段。在以上基础上,对整个艺术起源的规律及典型展开综论,完成研究的“理论编”。

研究中始终坚持创新原则,即对中国艺术起源的探讨,强调以学界已定型的考古学文化“区系”为立论依据及基点,对一个个“地块状”的文明起源区域,予以艺术发生学的观察。观察、提炼的艺术萌生现象带有“地块性”特征与“时段性”特点。这“一个个”之间,或衔接、或叠压、抑或断链。我们是在研究了这“一个个”的特殊性以后,再来概括整个艺术起源时期(8000 年)总的艺术发生规律的。这是和以往艺术起源研究明显不同的地方。

另外,从考古学文化区系的视角建构中国艺术起源事象的“系地编年”谱系,这在艺术起源研究领域,也属首次尝试。从这两个角度而言,本研究进行的学术实践,有其自身的特色及新的路径。用考古学文化区系档案建构艺术起源史实长编的专著,目前还没有,本研究成果的问世应该说填补了空白,故预测有一定社会效益。

(张见,淮北师范大学文学院讲师;王政,淮北师范大学文学院教授。)

《全元诗》补遗四十四首

邓富华

杨镰主编的《全元诗》是我国元代诗歌文献的总集,中华书局 2013 年出版,收录元代诗人流传至今的约 14 万首诗篇,且为所收的大部分作者撰写了人物小传,为广大文史研究者提供了很大的方便。可以说,《全元诗》的出版,对今后元代文学、历史、政治、文化等多个领域的研究,都将起到重要的推动作用。但作为大型的断代诗歌总集的编纂,难免会出现一些疏漏,本文补遗诗歌四十四首。

1. 梁全

梁全,《全元诗》未收。梁全,字伯谦,号野泉。其先河南杞县人。宋南渡時,曾祖梁起为岭南招讨使,祖梁佑,元时任广东宣慰司,父梁仁隐,任福建佥都御史,乐德庆山川之美,因家悦城。梁全好学通礼记,有文武才,登元至正甲午乡荐乙未副榜,任本路同知,以厚风俗、兴教化为本。郡屡为西寇所扰,梁全谕民为防御策,自是岁免劫夺。调向武州同知,未几迁太平路同知,封敦武校尉。传见《(嘉靖)德庆州志》卷十五、《(光绪)德庆州志》卷十一。有《野泉集》,今佚。录诗六首:

送萧县丞

塞上蘼芜绿渐齐,庄浪相送踏春泥,行人已向今朝别,好鸟何须尽日啼。杨柳风寒兰水外,玉田烟暖华山西。白头谁谓知心晚,准拟重来泛旧溪。

寄杨润之表兄

自惭踪迹付飘流,端为浮生拙计谋。亲友别离情切切,树云相忆路悠悠。心怀故里多成梦,身在屯田未足忧。为报江头垂柳绿,长条留取系归舟。

六湖塘见春雁

蘼芜绿长香簇簇,双雁忘机相封浴。东风何事不归飞,应念江南春草绿。燕山密雪正茫茫,况有桃花水满塘。毕竟不如归去好,楚云湘雨是他乡。

别后寄澄江先生

晚来江水正流澌,恰似东风送别离。白屋半间应有分,青山千里不胜思。穿林月色生愁况，扑野荧灯照鬓丝。此际寂寥吟兴少，竹窗空倚雁过时。

冬夜送谭甥渊还甘山以鼓吹续编诗为首句

碧云红树动离情，酒尽宵分送客行。桂棹兰桡随绿水，板桥霜月映寒灯。休夸此日朱颜好，只恐重逢白发生。明日到家从所适，草堂花木足华荣。①

重阳登香山

秋风此日洒衣裳，与客登临载一觞。好景不妨终日度，黄花犹胜去年香。泉飞涧石声何响，步入松关路转长。览胜凭高清兴发，洗歌一曲羡高强。②

2. 李梅国

李梅国（？—1327），《全元诗》未收。字敦临，阳江人。元成宗大德四年（1300）登进士第第三人。七年授给事中。十一年升任通议大夫、吏部左侍郎。仁宗皇庆二年（1313），进资政大夫、刑部尚书。泰定四年（1327）卒。传见《（康熙）阳江县志》卷三。录诗三首：

罗琴山

地尽南天涌翠岑，仙人偏向此弹琴。无人能和阳春曲，有客静听流水音。石鼎尚余丹九转，龙潭常注水千寻。萧然世事空尘迹，寂寂江山自古今。③

熙春亭次胡忠简公韵

亭冠南荒数十城，凭高眼孔小沧溟。遑知垂领二毛白，第见中原一发青。帝皞春机常泼泼，羲和日驭亦亭亭。④

望夫石

北望夫兮南望夫，藁砧不来两当途。山头风雨终日有，世间名节何地无。季隗九死怨重耳，彭郎半生忘小姑。妾身若有依凭处，此石亦能言魏榆。⑤

① 黄培彝《顺德县志》卷十二，清康熙十三年刻本。

② 杨文骏《德庆州志》卷四，清光绪二十五年刊本。

③ 范士瑾《阳江县志》卷四，清康熙刻本。

④ 李澐《阳江县志》卷七，清道光二年刊本。

⑤ 眭鳌、陈炬奎《肇庆府志》卷四五，明崇祯刻本。

3. 李震器

李震器,《全元诗》未收。海南澄迈县人。元英宗至治间任儋州直学,升澄迈教谕。应湖广乡试中式。至元间升廉州学正。生平见《(康熙)澄迈县志》卷七、《(道光)广东通志》卷六十七。录诗一首:

上廉访司

心持藻鉴手持衡,明察秋毫判断平。节操风霜雪松劲,襟怀冰月驿梅清。云开雾卷星河绕,雷厉风飞海岳惊。倘为儒流坚砥柱,回澜一力赖宗盟。①

4. 郑康斗

郑康斗,《全元诗》未收。福建莆田人,天历己巳任主簿,肇建学校,有政声。传见《(嘉靖)南雄府志》下卷。录诗一首:

天柱晴云

闲云一片护山巅,来往无心碧汉边。何事不从龙作雨,苍生望得眼空穿。②

5. 沈兼善

沈兼善,《全元诗》未收。字达卿,崇德人,有文学。至正八年为昌化县主簿,莅事明敏。传见明·刘伯缙《(万历)杭州府志》卷六十五、《(雍正)浙江通志》卷一百六十七。《(乾隆)昌化县志》卷二有题"元主簿沈兼善诗"一首:

览　溪

清溪九曲路萦回,两岸佳山逐水开。试问仙源寻胜事,棹歌还自武夷来。③

6. 黎伯元

黎伯元,字景初,《全元诗》载其"生平不详"④,录《挽秋晓先生》一首。其实,黎伯元生平可以考见。黎伯元,字景初,号渔唱,东莞人。元季由连山教谕,

① 高魁标《澄迈县志》卷十,清康熙四十九年刻本。

② 谭大初《南雄府志》上卷,明嘉靖刻本。

③ 甘文蔚《昌化县志》卷二,清乾隆十三年刊本。

④ 杨镰主编《全元诗》,中华书局2013年版,第24册,第142页。

历德庆、惠阳二郡学教授，所至学者尊之，文风以振。明朝郭棐《(万历)粤大记》卷十九作黎伯原，附于其子黎光传中。著有《渔唱稿》，已佚。据清·张其淦编《东莞诗录》卷三辑录其诗三十三首：

宗人伯静许惠笔以诗趣至

我有翰墨交，中山毛氏子。颖也最白眉，精锐供任使。助我学草元，旦暮常密迩。曷来何间阔，退锐非昔比。免冠发尽秃，之武今老矣。不见时日间，令我生吝鄙。吾宗有才彦，文房兼四美。意遣中书君，授好华窗几。图新即舍旧，用壮厌衰齿。拟露囊中锥，增高洛阳纸。时艰方用武，文事谁料理。运用如操戈，微尔孰知己。作诗趣宗人，江山先助喜。

风火径有警纡道陟崇而行

叱驭上险峨，披茸入菑翳。向来轻车路，豺虎有吞噬。王事何能安，劳形心孔悸。前登崖壁峻，下陟石路细。羸马付仆夫，蹉跌忧困弊。蛇蟠尚回转，猱度姑少憩。梯凳迹暂离，荆棘牵衣袂。出山见樵牧，相见如相慰。及兹履康庄，巅崖悯劳瘁。平山方寸地，坦坦无拘系。艰难有时遭，浇漓嗟季世。人心甚太行，所遇尤可畏。念此夜达晨，归田宜早计。

神符山乡避寇效杜少陵同谷七歌

有客有客黎氏子，携书积岁辞故里。朝食日照苜蓿盘，夜灯风露亲图史。三年官闲归未得，避寇转徙荒山里，呜呼一歌兮歌激扬，青春伴我留他乡。

短檠短檠吾与汝，天涯到处同甘苦。黄尘涨天白日暮，眵昏书眼犹汝顾。迩来无烛照逃亡，天阴磷火行失路。呜呼二歌兮歌始奋，呼酒为我散孤闷。

有弟有弟兮雁行，三人将老一弟亡。谁知生别成永诀，魂招不来我涕滂。鹡鸰在原心悲伤，况我飘泊值寇攘。呜呼三歌兮歌且止，苍生无数遭兵死。

有子有子才俱庸，诗书世泽谁亢宗。大男耻称弓弩手，小男懒学宜归农。扁舟江海合早计，蒿目世路多奸凶。呜呼四歌兮歌四举，鹧鸪啼急千山雨。

粤山云霾粤溪暝，黄雾滃滃迷四境。号狐舞蜡乘海暝，射工含沙伺人影。有生何为随溟峤，抚掌三叹发深省。呜呼五歌兮歌怆神，巅崖无人问苦辛。

岛有夷兮在海隅，呰窳偷生托樵渔。喜人怒兽易变态，寇攘乘时闯州闾。水中鲛鳄陆豺虎，坐此困阨谁驱除。呜呼六歌兮歌思沉，林间变色成春阴。

男儿生能立功死不朽,济时谁是经纶手。将军何日诛贼奴,肘系金章大如斗。儒生致身苦不早,勋业蹭蹬空白首。呜呼七歌兮歌七阕,天若有情亦呜咽。

次韵答高茂绩

驿路通村坞,行行渡野桥。夜寒鹃自诉,春老雉犹娇。氛祲终消弭,川原爱泬寥。防身长剑在,坐待磔群枭。

岛衣谢家巷,杜宇洛防橘。花滨英雄恨,柳眉儿女娇。交游成契合,句律慰荒寥。早献安边策,群凶计日枭。

花 朝

今日是花朝,愁随春半销。山容留雨润,柳色借烟娇。世乱怀芝草。年丰验麦苗。海天光霁少,云密谷风飘。

紫禁青春入,曾看辇路花。扰扰逢世运,老大惜年华。供馔晨挑菜,分泉午试茶。太平应有日,归理旧生涯。

莲塘村舍

茅茨半月雨,客舍四年春。浪迹乖生业,躬耕愧野人。云寒仍黯黪,山翠失嶙峋。桃李晴方赏,家园梦到频。

至正丙申端月避寇竹州冈梁家

始识通村坞,因寻遁世人。园庐幽背郭,翁媪喜迎宾。耕凿家随足,过从俗尚淳。囊衣来避寇,终夕话酸辛。

早作逢人日,客途难自舒。四方戎马地,一宿野人居。翠小梅初缀,金匀柳尚疏。阴暝望开霁,世运定何如。

三月自端泮还乡

满眼莺花欲发吟,四方戎马正关心。农归渤海家如寄,人恨桃源路不深。夜月啼鹃空惨怆,朝阳鸣凤遂消沉。三年枉作莼鲈梦,采蕨惟应入翠岑。

读史有感

姓名竹帛数行纪,官爵枭卢一掷成。忙里犊车终取侮,贫中马磨足为生。鹃啼地气真能验,凤去河流未肯清。谁信文章传死后,百壶春酒且须倾。

感 兴

雁泽秋风入浅斟,商歌激烈夕阳沉。青山犹是古人面,白水不同今日心。食肉有谋当报国,封侯无相盍投簪。草庐未必名湮没,何用栖栖梁父吟。

用郑梅园官军平寇韵

骢马挥戈见亦稀，军门饮士斗为卮。爬疏蜂蚁师行日，整顿乾坤否极时。世事百年棋局换，兵机千变阵图奇。岛夷不似平淮蔡，血涴髑髅谁手提。

增城访亲友道间作

长途冲暑马频催，尽胜撑舟雪夜回。村径曲通鹦鹉望，县山遥指凤凰台。花残官路红飞片，树拥邮亭翠作堆。云母石边行缓辔，细看琼屑点苍苔。

石井庵访伍智卿

金紫山前访隐君，抗尘踪迹畏移文。松杉响振半天浪，猿鹤幽栖一坞云。岚翠拥庐苍壁立，源泉出涧细流分。劫灰不到盘中土，准拟移家避世氛。

邓氏园亭

处士庐幽信步寻，修篁乔木接繁阴。一弓村径藏闲地，九夏秋声入茂林。树外近山随坞合，花开细水到池深。人生早作丘园计，回首辋川成古今。

寄区鲁卿聘士

雁书夕至慰孤吟，蝶梦宵驰折寸心。老蜃嘘楼波浪阔，白驹入谷树云深。百蛮风气嗟时变，一代英雄肯陆沉。见说盘中多隐所，卜居准拟傍幽岑。

寄崔德卿郡正

别来老圃几寒花，雁断风尘瘴海涯。鲁泮旧游同采藻，鹿门新隐各携家。乾坤谁有千间厦，河汉今无八月槎。犹忆仙城寻旧约，歌楼翠袖劝流霞。

答叶以礼

洛诵遥闻塾在闾，卜邻仁厚是安居。汉灰未息犹飞劫，秦火何尝尽毁书。夜月七弦弹别鹤，春江尺素托双鱼。斯文否极终当泰，适鲁载歌风满雩。

惠州西湖次董养吾韵

荷花十里桂三秋，今日余杭负胜游。千古边疆开骆粤，一湖风景占罗浮。峰翔白鹤留坡老，水似愚溪待柳侯。东向幽亭寻野史，流芳南土几监州。

读陆放翁诗

闲来朗诵剑南集，句律快心成感伤。才士无穷千载往，此翁自许一生狂。北征向后谁知杜，南渡以前无愧唐。三百篇中关治忽，须将世教验词章。

吟稿为寇所攘感而赋

旧闻野妇泣遗簪，行稿遭攘感更深。背锦奚奴犹抱恨，还毡寇盗不逢今。鸡林有识宁希价，饭颗相逢笑苦心。侧近云山休厌我，盖棺未定尚狂吟。

用郑梅园大尹自述韵

官闲世运忆重熙，几夕华胥入梦稀。归里尽高彭泽节，题诗不比永嘉时。还寻旧约同年乐，谁画流亡民色饥。千载橐金羞不掩，饮泉风概自家知。

别后寄陈默甫

烟月圆沙几度留，风蓬飘转可能休。劳生无地求如愿，何处有乡居莫愁。东阁遗经终世用，安邦长策亦人谋。吟边颇忆同心友，自拂朱弦散隐忧。

客遗木香酝

黄封恩赐梦寥寥，胸次何时磊落浇。才士日新惭楚酝，酒徒星散守颜瓢。霞生双脸衰能壮，春透三池渴渐消。酝酿太平谁曲糵，弓旌未许傅岩招。

饮　后

入髓无声春气骄，填胸幽愤赖渠消。玉山此际何妨倒，坟土他年不用浇。北海坐宾常故满，少陵社日岂辞邀。惊秋客意偏宜饮，得句还堪慰寂寥。①

（作者：邓富华，复旦大学古籍整理研究所博士生，200433）

① 张其淦编录《东莞诗录》卷三，民国十三年刊本。

《全清词·顺康卷》辑补 65 首

和希林

《全清词·顺康卷》(中华书局 2002 年版)收词人近 2100 家,词作 50000 余首,极大地促进了新世纪的清词研究。由于清代文献的复杂性,遗漏在所难免。《全清词·顺康卷·补编》(南京大学出版社 2008 年版)的出版极大地弥补了这一缺陷。但《全清词·顺康卷》的辑补工作也只是前人整理工作的一个初步阶段,要想完善《全清词·顺康卷》的工作,还需要学界同人的共同努力。今从清人文集中辑补 8 家 65 首。第一部分主要为《全清词·顺康卷》已收词人的佚词;第二部分主要为《全清词·顺康卷》未收词人佚词。部分词作有作者自注,以小字标明。文中有字模糊难辨者,以"□"标出。

一、《全清词·顺康卷》已收词人佚词

(一)陈洪绶 10 首

陈洪绶(1599—1652),字章侯,幼名莲子,一名胥岸,号老莲,浙江诸暨人。著有《宝纶堂集》等。《全清词·顺康卷》第 1 册及《补编》第 1 册共收录其词 34 首,今据清康熙三十年(1691)刻本《宝纶堂集》补录其词 10 首。

山花子

老僧无米住深山。况复深山深雪间。脱下衲衣无处换,忍饥难。　老子忍饥书一绝,小儿啼哭觉心酸。思汝饥寒吾病老,岂心宽。

蝶恋花　妓阿红

呼春小鸟山头叫。叫入城头,烟柳笼笼了。扶上小车来探早。隔帘灯火人声小。　阿红重剔残檠照。问我衣单,怎过严霜道。我说愁沉难到晓。那人背立应微笑。

踏莎行　问骆仲恢病

不尽溪山,引侬来至。帘疏药气霏霏递。细腰窈窕傍栏行,桂园风起趋还避。　两颊春憔,一身秋泥。厌尝高枕闲滋味。歌喉痛饮想应稀,斗鸡走狗闻应忌。

荷叶杯　柳

倦似柳条也倦。春半。着力晚风飕。把将十五女儿腰。摇谩摇。摇谩摇。

前调　饮

不饮少年如老。误了。且慢隐青台。花神四顾劝残杯。推莫推。推莫推。

行香子　自叹

心境生尘,只为无银。十分债尚欠三分。生平豪举,没却精神。让田舍翁,守钱虏,臭铜身。　诗书无籍,只有钱亲。记明年俭约须真。赎归薄产,再作高人。占上阳花,新丰酒,楚云台。

如梦令　寿五叔

休说功名不大。自小不知饥饿。屈指计明年,添个粉儿上座。高卧。高卧。夜饮朝醒且过。

南乡子

把酒笑无钱。写幅苍山系绿烟。却少宣和金带气。虽然。贫士人情实愧焉。

前调

眼看菊花天。小小楼成一两间。种竹栽梧安顿了。高悬。白木禅床只醉眠。

巫山一段云　仄韵,题大悲阁菩萨赠须弥

怪石不教多,古木何烦巨。观音仗剑我能图。呕出心肝去。　不向北峰眠。岂到南屏住。主人文雅带风流。巢我三株树。

(二)王钺2首

王钺(1623—1703),字仲威,初号左庵,更号任庵,山东诸城人。顺治十八年(1659)进士。有《世德堂文集》《世德堂诗集》等。《全清词·顺康卷》(补编)第2册收录其词19首,但仍有遗漏,今据清康熙五十三年(1715)琅玡王氏刻世德堂遗书本《世德堂诗集》收录其词2首。

风流子　入宫词,为李雷田作

风帘乱舞影,年光换新试窄宫衣。看月样佳人,乞怜郑袖,云般女伴,笑弄薄姬。芳魂断玉阶香烬后,金屋梦来时。妾貌如何,君情未亮,羊车初盼,鸾镜羞窥。　蛾眉颦蹙处,白头老宫监信口妍媸。无那频添翠钿,乱点胭脂。怕堕马髻儿,勉随时变,留仙裙子,强倩人持。一段贞心密意,付与天知。

贺新郎　贺李雷田新入翰林

供奉君家旧。看一时摩天整翼，凌云奋袖。一往振奇无前古，下笔风狂雨骤。人还是李侯醉后。天子临轩呼草诏，要逡巡留滞酒家否。尽遭际，莫夷犹。　少年我亦学饤饾。到如今文通才尽，安仁白首。尝恨临池新意少，枉把陈编空守。蠹鱼似纸钻不透。但寄兴柴门松径，好部分儿郎村句读。输君辈，断鳌手。

(三)徐倬2首

徐倬(1623—1712)，字方虎，号蘋村，浙江德清人。康熙十二年(1673)进士。著有《道贵堂类稿》《修吉堂文稿》《耄余残渖》等。《全清词·顺康卷》第6册及《补编》第2册共收录其词103首，今据清康熙刻本《耄余残渖》补录其词2首。

贺新凉　己丑秋日龚仲圭世兄见访，投赠新词，即次原韵奉答

老眼遮书卷。但寻常空铛煮字，枵肠翻典。自小烟霞成痼癖，直到头盈霜茧。惟良友吾之仓扁。恰好枫丹葭白夜，高轩过径敲残门藓。十分愁，七分展。　墙头一角青山显。借青山权来供客，贫而原腆。况是九秋恩莫负，肯使瓦盆注浅。金谷数何方可免。叵耐斑骓嘶不住，拚老梦也逐双轮转。花似啼，草同泫。

唐多令　紫凝过访，旋即作别，各赋小词志怅

溪路白蘋香。枫丹菊又黄。梦醒时绿草池塘。竹叶扁舟人已到，恍雪夜遇云将。　旋复理归航。漫天秋水长。较从前别更凄凉。许我梅花时再过，诗百首醉千场。

(四)李霨1首

李霨(1625—1684)，字景霱，别字台书，号坦园，又自号据梧居士，直隶高阳(今属河北)人。清顺治三年(1646)进士。著有《心远堂诗集》《心远堂二集》等。《全清词·顺康卷》第7册及《补编》第2册共收录其词20首。今据清康熙刻本《心远堂二集》补录其词1首。

贺新郎　再送调臣

又著归鞭去。正园林清和时节，落花飞絮。红药翻阶春犹好，槐影阴浓绿树。怅此景留君不住。纵有论文明岁约，算人生聚散浑难据。愁对

酒，送行路。东南千里江云暮。几年来秋鸿社燕，风尘驰骛。技就屠龙何时试，空羡他人遭遇。但拂拭吴钩相觑。芳草王孙游未倦，尽重来三径堪延伫。苔印锁，下帷处。[4]627

二、《全清词·顺康卷》未收词人佚词

（一）李楷9首

李楷，字叔则，号雾堂，晚号岸翁，人称河滨夫子，陕西朝邑（今大荔）人。生年不详，卒于清康熙九年（1670）。著有《河滨文选》《河滨诗选》等。《全清词·顺康卷》未收其词，今据清嘉庆谢兰佩谢泽刻本《河滨诗选》收录其词9首。

踏莎行　彭荆山至泊村便寄王、赵诸戚并序

戏为〔踏莎行〕若干首藏之巾笥，予闻小令者诗之余也，有《花间》，有《草堂》，非诗非乐府可观，不可歌久矣，予之不托于音也，存之弃之，予安得而主之。

雨添藻泊，风卷寒沙。每贪清景乐无涯。学仙时坌烧丹灶，谈武增新贯虱家。　多游宦海，看破空花。尊酒村歌不尚奢。请观他处沧桑后，谁似兹方守晚瓜。

其二

地开晓泊，月冷晴沙。重重洛渭接无涯。为箕新织蟠根柳，牧犊闲归隘巷家。　村无吠犬，野有残花。完租息讼耻为奢。秋尽冬来人更好，砍柴担草卖新瓜。

其三

饮余残泊，饭不蒸沙。南村病叟问生涯。常怀樵采莲峰顶，却庆盘桓苑外家。　杯中曲糵，世外烟花。富文不竞石崇奢。拔宅漫思云生足，安期空说枣如瓜。

其四　此首警悟自勉

碧天碧泊，圆海圆沙。茫茫世界叹靡涯。纵是彭篯难免客，何方蛮触可成家。　巢危蚊睫，梦落江花。才名八斗也非奢。何如抛弃人间世，东井星边摘瓠瓜。

其五　此送彭荆山为游仙之曲

填平粱泊，耕垦云沙。古来陵谷恨无涯。天田无赋堪佃种，月窟空灵可住家。　南海佛竹，扬州琼花。明月箫声韵趣奢。淮南祈结八公社，一任黄台屡摘瓜。

前调　杂兴

酒浆挹酌，胶漆抟沙。四海广轮是一家。早年嬴秦人逐鹿，移时刘汉剑挥

蛇。 丝丝破帛,缕缕残麻。三代不遥五代差。请看高下山中路,一半直行一半斜。

其二

打草惊蛇,设媒赚鸟。机关恩怨几时了。高天阔海任飞潜,容人度物脱前稿。 六道轮回,一生烦恼。斩钉截铁男儿好。莫须任意悔将多,得个回头便及早。

其三

泥滩没髀,急浪回沙。撑篙忙坏老船家。戮力谁为共命鸟,啮人常见两头蛇。 是非皂白,曲直蓬麻。和时莫叹斗时差。偶闻裂汉雷声直,又闪曳空电影斜。

满江红 秋雨

淋淋秋雨,便沦了秋分时节。无聊赖孤灯又照,寒床茵叠。点点铜壶小蛩悲,寥寥高树天鸡咽。忆承平昨岁到今年,几霜雪。 壮情性,犹未折。病身躯,只困歇。愧书生衰老,绛帐青灯。淅淅绵绵芸香草,悠悠淡淡蟾宫月。让英雄占尽古和今,常凄切。

(二)金敞4首

金敞(1618—1694),字廓明,号闇斋,江苏武进人。著有《金闇斋先生集》等。《全清词·顺康卷》未收其词,今据清康熙三十九年(1700)刻本《金闇斋先生集》收录其词4首。

虞美人 睡起独步溪上

梦酣还逐中原鹿。一枕秋风蹙。起来发放旧心情。拖着渔竿,袅袅踏莎行。 闲将江上青山数。默默今和古。凭他闲眼看兴亡,几度平空,堆叠阵云黄。

水调歌头 秋夜忆亡友叔瞻睿生

昨夜迥霜色,突兀到吴钩。惊看眼中俦侣,尚会解予不。记得松根旷友,会共酒酣亡赖,悲啸付汀鸥。叹息此人去,江水只空流。 西郊外,旧游处,怕登楼。其中有人陡绝,握手并同游。此地疏烟冷月,长为狂歌细语,横作十分秋。那得便愁寂,如此老溪头。

念奴娇 澄江感怀,用赤壁韵

嗟乎兹土,看江山酝酿,嵯峨人物。记得中原携万马,独拄孤城半壁。十月军声,万家血泪,陡立银涛雪。男儿到此骨香,千古英杰。 最是穷巷单佣,明明当死处,笑谈风发。总为乾坤留此意,不把网尝湮灭。想阅悠悠，频看种种，眦裂冲冠发。至今生气，浩然长亘明月。

其二

峥嵘一尉，也居然领袖，当年英物。手板借将分部署，屹立高皇堑壁。已绝声援，繄谁爵赏，独恃肝如雪。残疆犹在等雄，开国人杰。 尚记奔走堂皇，看他颐指处，雷轰电发。便到澜翻仍得算，也尽灰飞烟灭。却逊风流，真成铁汉，手挽千钧发。其人安在，天空涌出江月。

(三)姚祖振22首

姚祖振，字越士，浙江山阴(今属绍兴)人。生于明天启二年(1622)，卒年不详。清康熙二十年(1681)尚在世。著有《丛桂轩近集》等。《全清词·顺康卷》未收其词，今据清康熙刻本《丛桂轩近集》收录其词22首。

南乡子 雨斋即事

日日雨花稠。木敛风高酿作秋。简点漏痕都成字，叟叟。滴满雄心万斛愁。 卖赋恐难售。欲典寒衣换酒筹。酒又无多衣又薄，悠悠。莫问关山十二州。

其二

密雨湿林烟。注向罗文写锦笺。信手书来思不断，千篇。顿觉珠玑熨眼前。 我与我周旋。休把阴晴只靠天。万里愁云经拂扫，争先。捧出红轮始晓然。

长相思 和某姬韵

漏声东。鸟声东。笑语生香满院风。花当晓露丛。 见时容。别时容。淡淡眉尖两不同。幽怀气味中。

菩萨蛮 秋怀

秋风不解吹愁去。容他惯也凭他住。枫叶染成丹。游鸿破胆还。都来十二月。不独今情切。云物最撩人。难为横目民。

玉楼春 除夕次陶养浩韵

雌雄风别寒泉咽。霜树冰枝声戛戛。年来愁苦有谁知，今夜相宜与决绝。 砚穿到底无留铁。面壁数年山亦裂。春光等得入帘来，莫道寒衣犹百结。

豆叶黄 七夕

凄凄促织响秋柯。风味比于酒味多。积意问天天汉蹉。巧如何。花底谁人拾得梭。

忆秦娥 端阳忆亡女

肠千结。伤情最是女儿节。女儿节。年年此日，彩符金缬。凤楼一去音容绝。　榴花点点谁堪折。谁堪折。问花不语，对人凄切。俗以五月一日至五日为女儿节。

踏莎行　银瓶怨吊岳忠武女

万里城倾，芙蓉姿夭。银瓶金井归天早。缇萦难诉未央宫，曹娥空没长江道。　侠骨沉沉，芳魂表表。鄱生员餐吴其沼。此情若遣六宫知，不教王氏天年老。

钗头凤　七夕

风来敛。云来缓。风云时护芙蓉馆。欢难必。愁难窒。运逢阳九，期当秋七。惜。惜。惜。　金波满。韶光暖。褰裳奚俟灵禽管。供天职。回天力。郎真不巧，女终无识。织。织。织。

霜天晓角　前题

银河渺隔。且喜今当夕。三万六千年后，胜双双满百。　柔情。原可白。那堪遭永谪。欲乞天公宽典，真个与他开释。

天香　可也居赏桂

澹澹经春，疏疏过夏，生生独把秋擅。晓露凝香，晚岚护蕊，堪与商飙一战。芬芳四出，知秀质乘时方见。恰似素娥起舞，带将月华娇颤。　相看嫩黄轻白。更有淡红当面。因甚底教三种，清标自荐。止为一天风韵。聊托体幽林非长便。就可移栽，瑶英宫殿。

春从天上来　仲秋见红梅盛开

萧瑟金风。叹洞庭波兮，瘦损花丛。偶来阶下，乍睹娇红。翻疑醉眼朦胧。向梅边探息，知真个绛蕊凌空。映重檐，似一团和气，化作春融。　占得杏林几朵，便散缀冰枝，洒洒溶溶。露浥朱英，霜添采晕，未许驿寄相逢。问箫声吹彻，曲中意难写香浓。点秋容，调羹才具，丹诏新封。

满江红　秋闺

本是怀春，奈秋气又将愁煽。芦风绕江心沙嘴，阻人归牵。危倚高楼眼力短，新思都付梧桐片。想旧时空说十分情，九分欠。　行则个，双鸾旋。睡则个，孤魂颤。念奴酣曾受，那人绸恋。梦蝶也将花粉退，醒时单听催银箭。不信道雁字一回来，犹如面。

无俗念　月夜

清光一派，好教人长夜有缘相对。千种情怀消息远，聊作今番宁耐。水面风疏，花腰雾锁，绰约呈姿态。良宵如许，天公正为吾辈。　寥寥独自闲吟，高华胜却十部歌吹在。短袂渐生凉不管，便到晓心乎爱。块垒胸中，牢骚笔下，于此都无碍。俨然身入，广寒宫里风概。

百字令　寿朱朴亭六十

耆年双寿，羡承欢犹舞班衣左右。绣锦胸肠全豹隐，流枕何妨石漱。

鹤听琴言，梅含诗思，著述娱清昼。风烟满目，偏宜日饮醇酎。　且自高卧东山，苍生望切未敢轻相就。湖北湖南连弱水，长作英雄领袖，桂子秋芳，兰孙春茁，德种天相授。峥嵘豪气，喜逢阳长时候。

醉春风　溽暑舟行嘉禾道中

两岸苇风过。不把炎光破。船名鸭嘴滞江心，坐。坐。坐。三塔湾前，语儿溪上，英雄谁个。　欲草嘉禾赋。挥汗何曾做。蟾光浮水入窗来，卧。卧。卧。试听渔舟，歌声欸乃，晚凉相和。

江城子　孟秋石门舟中归思

故园丛桂影交加。鸟声哗。月当衙。犹有荷香透入碧窗纱。四壁图书堪啸咏，千日酒，不须赊。　便教急雨洒蒹葭。晚风斜。绣屏遮。不比舟中寂寞听琵琶。雁字数行天际去，先指点，到吾家。

东风第一枝　偶怀

巢许皋夔，夷齐姜散，一般争却闲气。身谋都付天公，行止安然不费。风华云水，便收作当家活计。满诗囊击电轰雷，别有种人间世。　红自点苍苔翠荔，青不了烟鬟山髻。若云内战而癯，或因雁声嘹唳。莫邪干将，休辜负当前颖利。纵然是掘草寻根，也可频添深细。

瑞鹤仙　寿姜定庵都谏五十

天生名世也。羡七叶貂蝉，冠东南也。帝简省中也。有嘉谟入告，谏无形也。冰霜冽也。正风采动朝端也。庆华年恰宜服官，中外倚安危也。　喜也椿萱未老，兰桂盈庭，祥云绕也。苍生念切，霖雨望，难辞也。待他年，黄阁手调金鼎，寿域遍人寰也。忆子牙百岁鹰扬，公方半也。

满园花　雾隐斋即事

闻说乡邻斗，猛欲缨冠救。奈无才困顿难成就。渐错过光阴，竖起眉峰皱。赢得雄心瘦。便书空咄咄，怎似陇中耕耨。　自忖来，人天参不透。底事闲驰骤。妄想印悬肘后。且栽了青松，种了花如绣。开时候斗酒双柑，自酌也黄鹂声奏。

锦帐春　贺胡勒卤宴尔

草种宜男，花开并蒂。睹玉貌天生佳丽。剔银灯，遮绣幕，恐群姬摇曳。甚般仔细。　红线新牵，赤绳早系。正春日迟迟庭际。燕方雏，莺欲语，想良缘密契。修来十世。

千秋岁　寿沈肯斋五十

生申此日。午月方端一。稽水绕，稽山出。薰风刚入指，吹动蕤宾律。金闺老，延年不数还丹术。　火照琼华室。凤吐如椽笔。时欲枕，天子膝。台星正耀采，五十迁荣秩。更百载归来犹种千田秫。

(四)曹恒吉 15 首

曹恒吉,字可久,号石公,晚号曹江,浙江上虞人。生卒年未详。著有《曹江集》等。《全清词·顺康卷》未收其词,今据清康熙三十五年(1696)刻本《曹江集》收录其词 15 首。

长相思　秋夜怀旧友

菊花天。蓼花天。天远山高月一川。秋容似去年。　整诗笺。写诗笺。写到伤心泪不干。此情谁与言。

鹊桥仙　陈月客四十

少年景况,壮时豪趣。不怕乾坤摆布。诗书满床细思量,休错认儒冠多误。　兰芎岚岫。曹江风雨。家在画图深处。谢安四十正东山,谁物色风流太傅。

苏幕遮　书所怀

雁排空,烟满渚。衰草连天,极目无情绪。欲话相思除梦里。几个黄昏,又是风和雨。　酒三杯,香一炷。待告天公,甚日将愁去。红叶纷纷阶下舞。销魂正在无题处。

行香子　旧雨斋别谢生康来

子为侬酬,侬为花留。小亭台瑶岛丹丘。千箱书卷,一曲筌篌。正露初浓,茧初馥,月初秋。　欲上归舟。重上书楼,再难忘乌巷风流。镜湖天碧,曹水烟浮。喜地无遐,尔无俗,我无愁。

青玉案　兰芎山巅同白先老僧远眺曹江竞渡

荒山十里香风过。寻竹径穿云破。曲曲剡江波浪大。才郎车载,佳人蝟集,都是闲人做。　山僧无事禅心堕。影戏几何书生和。一例痴狂人两个。岭头梵磬,江干画鼓,且去蒙头卧。

连理枝　上元

梅蕊催春早。玉勒争驰道。绣户珠帘,彩楼高结,蓬莱仙岛。听家家箫鼓闹花灯,自黄昏到晓。　只道年华老。易掷芳情了。月满冰轮,香飘兰麝,恼人不少。想当初欢娱少年场,教如何是好。

最高楼　不寐

邯郸道,缥缈在何方。寂寞旧书堂。疏帘碎剪寒蜍魄,短墙飞渡晚花香。独凄凉,愁不寐,断人肠。　恨则恨呖呖惹秋雁。恨则恨猎猎敲窗叶。竟夜里一齐忙。谯门已是吹残角,酒楼何处渡新簧。不由人,山枕上,叹梦长。

眼儿媚　林和靖墓

千古孤山翠欲浮,和靖一荒丘。书无遗稿坐传处,真个风流。　西湖箫鼓几时罢，芳草弄春柔。年年到此，桃花堤上，梅子梢头。

满江红　鄂王墓

寸纸东窗，叹一旦功臣消歇。呼不应皇天后土，照人忠烈。残骨幸传双橘墓，英魂直现南柯月。更凄惶巢覆小银罂，酸心切。　三冤字，无劳雪。四大字，何曾灭。怪书生早券，干将锋缺。渤海难填精卫土，西湖遍是苌弘血。看年年风浪恼钱塘，千秋阙。

凤凰台上忆吹箫　解即非愁

东坡反范日新越调解愁词作“无愁可解斯达士”之放言，人生之幸事矣。若不如意事十常八九，古忠臣不得于君，孝子不得于亲，贞妇不得于夫。忧愁抑郁，口不能言。予尝谓人惟无愁最乐，一有愁而天下必无解愁之物。戊辰秋暮，情绪不快，因更反东坡题曰“解即非愁”。

黄叶惊风，残灯凑雨，闷来何处忘忧。况天边飞雁，句句悲秋。抚铗拟弹哀怨，心上事怎说从头。还丢手，无端中夜，倚遍西楼。　悠悠。倩人寄语，千万种离肠，笔下难勾。听数声欸乃，一叶扁舟。除是窗前流水，应泻尽旧恨新愁。愁来处，水流尽也，此恨无休。

蓦山溪　大雪怀陈宅三

竹窗飞霰，飞得天无路。对面剡溪湾，望不见孤蓬飞渡。横攲山枕，尺雪欲平檐，风未软，云垂暮，片片闲庭宇。　江竿渔者，披得一蓑去。满树绽梅花，几时会暗香韵度。茶烹榾柮，潇洒足风流。山如画，诗寻谱，砚水冰纹锢。

无俗念　秋夜阅《啸余谱》

书生落魄，且引商刻羽，漫调平仄。晋字唐诗汉魏古，满架蠹余坊刻。一例丹黄，目空天下，难避曹江擘。赏心何在，聊存什一千百。　挑灯独自沉吟，正黄昏后，月淡无颜色。酣酒高歌凭醉梦，无奈酒肠又窄。秋老芦花，霜凋荷叶，处处成诗格。风光可也，徘徊有甚萧索。

水龙吟　家孝娥庙

渡头片片归帆，伤亲一望鲸官去。千寻雪浪，排山倒海，朝朝暮暮。血泪平潮，天崩地裂，销魂何处。再休题黄绢，中郎旧石，都是个酸心语。　几日江枯水罢。化龙湫桑田平土。冤深溟渤，泥填精卫，波涛如故。双木婆娑，孤坟惨淡，千秋独步。正堪悲士女天中节后，年年竞渡。

金菊对芙蓉　病中吟

刚则春初，又惊秋烂，蓼红芦白沙鸥。恨菊黄人瘦，雨怨风愁。无眠午夜寒侵骨，绳床下蟋蟀啾啾。是谁相劝，雁横南浦，月转西楼。　梦里虽则风流。但游迁沧州，依旧床头。为凄凉无计，百炼肠柔。从头情绪思量遍，只落得华发霜浮。凝眸望也，昨朝诗客，还更来否。

浪淘沙慢　读书处夏夜

高阁凌虚迎碧水，榴花浓郁。树下早凉新浴，倚遍栏干彳亍。正一线清风夹面扑。翻书卷缥缃千轴。笑满腹文章，何处卖空，笔头花簇。　音促。树底蝉声，断续问伊家何事无情，噪恼愁怀如矗。算无计消除，酒香茶熟。恁新蟾游戏东西楼屋。　露冷天高花影蹙。好风景，弹丝吹竹酒狼籍，更深兴未足。又斗转夜色将阑，莫在此今宵，且自今宵宿。[8]615—618

（作者：和希林，男，河南卫辉人，南开大学文学院2012级古代文学专业博士生。）

《清史列传·儒林传》订讹

范玉芳

作为有别于《清史稿》的清代史料，《清史列传》因其来源复杂，资料宏富，而对研究有清一代历史人物具有重要的参考价值。根据王锺翰先生的研究，《清史列传》的来源不仅限于学界此前所认为的《大臣列传稿本》，还包括《国朝耆献类征初编》和《满汉名臣传》。由于纂修者在抄录的过程中对文献进行了修订，《清史列传》难免存在舛误之处。本文以《国朝耆献类征初编》为主，并参考其他史料，对其《儒林传》部分传文加以考订，俾便学界利用。

1.《孙奇逢传》："又表周、程、张、邵、朱、陆及薛瑄、王守仁、罗洪先、顾宪成为十一子，以为直接道统之传，别为《诸儒考》附之，著《理学宗传》二十四卷。"①

按：王锺翰校勘记云："'四'原作'六'，据《清诗纪事初编》（邓之诚著，1965年中华书局上海版）卷二页一四　改。按：《耆献类征》卷三九七页二五上不误。"（第5331页）可知《理学宗传》原记载为"二十六卷"。关于《理学宗传》的卷数舛误，学者对此关注较少②。考魏家枢纂《墓表》作"（孙奇逢）著《理学宗传》，表十一子别为《诸儒考》附之"③，孙氏门人魏裔介所撰《孙奇逢传》亦作"二十六卷"④。检《千顷堂书目》著录"孙奇逢《理学宗传》二十六卷"⑤，《书目答问》载："孙奇逢理学宗传二十六卷，通行本，陆王兼程朱之学。"⑥翁方纲为此书撰写提要，著录为二十六卷⑦；《续修四库全书总目》《美国俄亥俄州立大学图书馆中文古籍书录》亦载有此书，作"二十六卷"⑧。王氏误校，应回改。

---

① 王锺翰点校《清史列传》，中华书局1987年版，第1册，第5243页。按：以下引用的传文均据此版本，故径附页码，不再出注。

② 桂涛《从〈诸儒语录〉到〈理学宗传〉》（载《理论界》，2003年，第三期）一文，叙述了《理学宗传》的成书编纂过程，惜未对卷数有所提及。孙祖武《孙奇逢与〈理学宗传〉》（《清史论丛》，辽宁古籍出版社1994年页，第271页）对此书的成书和出版有详细的说明，然对卷数亦只一笔带过，不作说明。

③ 李桓《国朝耆献类征初编》卷三九五，载《清代传记丛刊》第178册，台北明文书局1985年版，第781页。

④ 李桓《国朝耆献类征初编》卷三九七，载《清代传记丛刊》第178册，第792页。

⑤ 黄虞稷撰，瞿凤起、潘景郑整理《千顷堂书目》卷一一，上海古籍出版社2001年页，第311页。

⑥ 张之洞撰，范希曾补正，孙文泱增订《增订书目答问补正》，中华书局2011年页，第332页。

⑦ 翁方纲《翁方纲纂四库提要稿》，上海科学技术文献出版社2005年页，第318页。

⑧ 中国科学院图书馆编《续修四库全书总目》卷五一四，齐鲁书社2001年页，第200—712页；李国庆编《美国俄亥俄州立大学图书馆中文古籍书录》，广西师范大学出版社2003年页，第26页。

2.《孙奇逢传》:"他著有《尚书近旨》……《孝友堂家乘》《四礼酌》等书,凡百余卷。"(第5241页)

按:"《孝友堂家乘》",王锺翰先生根据《国朝耆献类征初编》[①](以下简称《初编》)将"家规"改为"家乘",仍应以"家规"为是。《孝友堂家乘》或系另一部书,二书卷数不同。魏裔介撰《孙奇逢传》记载"《孝友堂家乘》八卷"[②],《四库提要稿》亦著录:"《孝友堂家乘》八卷,旧刻于上谷。"[③]可知《家乘》为八卷;《夏峰先生集》收有"家规"一卷,其小序云:"迩来士大夫不讲家规身范,故子孙鲜克由礼立家之规……"[④]内容皆劝诫子孙立身之训诫[⑤]。此处未说明卷数,则二书皆可,应保持文本原貌。汤斌撰《征君孙锺元先生墓志铭》云其"学术中正纯笃,力行孝悌,其讲学著书以慎独存诚阐明道德……于姻族故旧恩意笃厚,闻节孝事必为之表扬,闺门肃穆寂若无声"[⑥]:可知其严于自律,亦善于治家。又查《初编》所辑国史馆本传及刘易、龚翰、阮元等所撰孙氏传文,均作"《孝友堂家规》"。[⑦]

3.《孙奇逢传》:"他著有《尚书近旨》……《孝友堂家乘》《四礼酌》等书,凡百余卷。"(第5241页)

按:"《四礼酌》"当为"《家礼酌》"。《孙征君日谱录存》记载:"十一日,《家礼酌》成;十五日,为《家礼酌序》稿入集;二十五日,为《家礼酌》跋。"[⑧]孙奇逢《跋〈家礼酌〉》云:"家礼之行于世者从来不知几多家,而文公独著《文公家礼》,文公所行之礼也……故尝究观古今之籍……稍加损益于其间以为一家之书。"[⑨]《书目答问》亦有著录:"(孙奇逢)有《家礼酌》《畿辅人物考》《中州人物考》《理学宗传》等"[⑩]。

4.《韩孔当传》:"闻者内愧沾汗,退而相语曰:'比从韩先生来,不觉自失。'

① 李桓《国朝耆献类征初编》卷三九七,载《清代传记丛刊》第178册,第765页。

② 李桓《国朝耆献类征初编》卷三九七,载《清代传记丛刊》第178册,第794页。

③ 翁方纲《翁方纲纂四库提要稿》,第1147页。

④ 孙奇逢《夏峰先生集》卷十,商务印书馆,《丛书集成初编》第2176册,第321页。

⑤ 按:因孙氏后人多次补充重刊《家规》,导致内容不断增加,使得全集本与后世单行本有不同。在原本孙奇逢所撰《家规》(包括前人的《家规六则》与自撰的《家规十八则》)基础上,孙氏子孙在之后的不断刊刻中加入了《家规后言》《家祭仪注》《家训》,形成不同的版本,但卷数一直未改变。(具体见赵振的《〈孝友堂家规〉源流考》,载《历史文献研究》第32辑,第91页)然而此处系考查孙奇逢所撰之书,当以最初之《家规》本为准。

⑥ 李桓《国朝耆献类征初编》卷三九七,第773页。

⑦ 李桓《国朝耆献类征初编》卷三九七,第806页、825页、830页。

⑧ 孙奇逢《孙征君日谱录存》卷二十九,清光绪十一年刻本。

⑨ 孙奇逢《夏峰先生集》卷九,第275—276页。

⑩ 张之洞撰,范希曾补正,孙文泱增订《增订书目答问补正》,第602页。

卒,年七十三。疾亟,谓弟子曰……"(第 5246 页)

按:传文谓韩氏卒年七十三,有误。《碑传集》云:"(韩孔当)顺治十六年卒,年五十一"[①]。彭绍升《二林居集·儒林述》载:"闻者内愧沾汗,退而相语曰:'比从韩先生来,不觉自失。'疾亟,谓弟子曰……(韩孔当)顺治十六年卒,年五十一。"[②]查《宋学渊源记》《儒林集传录存》[③]所记卒年一致。检江庆柏《清代人物生卒年表》可知其生于万历三十七年(1609),卒于顺治一十六年(1659),享年五十一岁[④]。

5.《张履祥传》:"事至则泛应,泛应者所以推行天理于事事物物,而不使有过不及也。"(第 5247 页)

按:"不及"前脱一"有"字。唐鉴《国朝学案小识》云:"泛应者所以推行天理于事事物物,而不使有过有不及也。"[⑤]《宋学渊源记》亦同[⑥]。

6.《陆世仪传》:"今所当学者止于六艺,如天文地理河渠兵法之论,皆切于世用,不可不讲。"(第 5257 页)

按:"止于六艺",《初编》同上。《清史稿列传》《清代七百名人传》均作"不止于六艺"[⑦]。味其文意,"不"字当补。

7.《李容传》:"十八年礼部以海内真儒荐博学鸿儒。"(第 5264 版)

按:清圣祖玄烨下令征召博学鸿儒事在康熙十七年(1678),举行考试在十八年。李氏未赴,其事必在十七年。《圣祖仁皇帝实録》卷七十一:"(康熙十七年正月)乙未,谕吏部:'自古一代之兴,必有博学鸿儒,振起文运,阐发经史,润色词章,以备顾问著作之选。朕万几时暇,游心文翰,思得博学之士,用资典学'。"[⑧]彭绍升《李容传》:"(康熙)十七年礼部以真儒荐,大吏亲至其家促之起。"[⑨]《儒林集传录存》所记相同[⑩]。

8.《朱用纯传》:"一敬则天下之理得,天下能事毕。变通鼓舞,尽利尽神,希圣希天之学俱在此。"(第 5275 页)

---

① 钱仪吉《碑传集》卷八,载《清代传记丛刊》第 113 册,第 187 页。

② 彭绍升《二林居集》卷一十九,清嘉庆味初堂刻本。

③ 阮元《儒林集传录存》,载《清代传记丛刊》第 13 册,第 35 页;李桓《国朝耆献类征初编》卷三九六,第 685 页。

④ 江庆柏《清代人物生卒年表》,人民文学出版社 2005 年版,第 760 页。

⑤ 李桓《国朝耆献类征初编》卷三九六,第 685 页。

⑥ 江藩《宋学渊源记》卷一,载《清代传记丛刊》,第 2 册,第 114 页。

⑦ 赵尔巽等撰《清史稿列传》卷四八,载《清代传记丛刊》第 94 册,第 456 页;蔡冠洛《清代七百名人传》卷四,载《清代传记丛刊》第 196 册,第 120 页。

⑧ 《圣祖仁皇帝实录》卷七十一,载《清实录》,中华书局 1985 年版,第 4 册,第 910 页。

⑨ 李桓《国朝耆献类征初编》卷四六,第 643 页。

⑩ 阮元《儒林集传录存》,第 44 页。

按:“天下”后脱“之”字。彭绍升撰《朱用纯传》:“一敬则天下之理得,天下之能事毕。”①《儒林集传录存》《清儒学案小传》以及《道学渊源录》②均有“之”字。

9.《范鄗鼎传》:“《三晋诗选》一卷。”(第5283页)

按:《三晋诗选》应为四十卷。《己未词科录》《初编》载“《三晋诗选》四十卷”③。《清史稿》所载卷数与之一致④。

10.《曹本荣传》:“曹本荣,字欣木。”(第5287页)

按:关于曹本荣的字,王锺翰先生校勘记云:“‘欣木’原颠倒作‘木欣’,今据《曹本荣传稿》(之四十一)改正,按《碑传综表》页五十七及《耆献类征》卷四七頁一二上均误。”(第5332页)然则古人表字与名常有关联:本,木之根也,《说文》云:“木下曰本。从木,一在其下,草木之根柢也。”⑤“荣”乃“欣”也,陶渊明《归去来兮辞》有“木欣欣以向荣”句,“木欣”正与“本荣”相对。据同时之人创作有关曹本荣的诗作中可见其字,如方孝标《钝斋诗选》中《祭曹木欣》《怀曹木欣》⑥,施闰章《学余堂集》中有诗《到京闻曹木欣学士移病南归怅然有述》⑦均记载本荣字“木欣”。当据此回改,保留文本原貌。

11.《李因笃传》:“况皇上至仁至孝,远迈前朝,而甘违老亲,致伤风化;有臣如此,安所用之?”(第5303页)

按:据李因笃《告终养疏》⑧、汪喜孙辑《李检讨家传》⑨,“至仁至孝”当为“至圣至仁”。以《国朝名臣言行录》所引未删节之原文佐之,亦作“至圣至仁”⑩。对比可知,《清史列传》删去了“以尧舜之道治天下,敦伦厚俗”十二字。

通过上述考订可知,《儒林传》部分传文存在脱讹与误校等问题,这是在利用此卷时需加注意的。

(作者:范玉芳,女,南京大学文学院研究生)

① 李桓《国朝耆献类征初编》卷四六,第547页。

② 阮元《儒林集传录存》,第49页;徐世昌:《清儒学案小传》卷下,载《清代传记丛刊》第2册,第30页;黄嗣东:《道学渊源录》卷八四,载《清代传记丛刊》第3册,第702页。

③ 秦瀛《己未词科录》卷一十五,载《清代传记丛刊》第14册,第62页;李桓《国朝耆献类征初编》卷四六,第580、583页。

④ 赵尔巽等《清史稿》卷二六七,载《清代传记丛刊》第94册,第463页。

⑤ 许慎撰、徐铉校定《说文解字》卷六上,中华书局1963年版,第118页。

⑥ 方孝标《钝斋诗选》卷二,清钞本。

⑦ 施闰章著,钟振振主编《清名家诗丛刊初集·施闰章诗上》,广陵书社2006年版,第365页。

⑧ 李因笃《受祺堂文集》卷一,载《清代诗文集汇编》,上海古籍出版社,第124册,第7页。

⑨ 汪喜孙《尚友记稿本》,载《清代传记丛刊》第29册,第281页。

⑩ 王炳燮《国朝名人言行录》卷九,载《清代传记丛刊》第50册,第533页。

古代"家庭"内涵探析

傅 华

关于家庭的内涵,不妨先来看现代学者对家庭的诠释。《辞海》指出,所谓家庭,是"以婚姻和血缘关系为基础的一种社会生活组织形式"。这是 1979 年出版的《辞海》的解释。由《辞海》对家庭的定义,可知家庭不仅是一种社会生活组织形式,它还是一种社会关系。家庭不是一般的社会关系,有迥异于其他社会观点的特殊性,即其两个基本支撑点,一是血缘关系,二是婚姻关系。总起来说,家庭也就是一种存在于家庭成员之间的特定的社会关系。家庭是人类生活的栖息地,它满足人们生存居住、繁衍后嗣的基本需求,更承担着组织经济社会生产、维系社会联系的重任,可以说,家庭乃是社会的细胞。婚姻家庭作为人类社会特有的社会关系,并不是开天辟地就有的,而是人类社会发展到一定历史阶段的产物。这和普遍存在于较高等的动物界的,以两性为基础的结合不同,动物界存在的两性结合是以自然因素为出发点的,而人类社会的婚姻家庭不单单是自然的产物,更是社会的产物。它是生产力发展到一定水平后出现的,建立在一定的社会生产方式和生活方式上的社会关系的特定形式。

从上面的界定可以清楚地看到,这一界定是在马克思关于人的本质的学说的影响下作出的,马克思说:"人的本质是一切社会关系的总和。"既然人的本质都是由社会关系构成的,那么作为社会的基本细胞的家庭就是社会关系的另一高级组织形式,它的发展必然要经历一个历史过程。了解了今天人们对家庭内涵的界说,我们还有必要考察一下关于家庭的认识。

一、中外学者关于家庭的认识

中国古代,人们对家庭的认识一直受着宗法观念的影响。"家庭"一词起源于古罗马,所以中国早期并无"家庭"一词,但这并不代表中国无相关的认识。中国古代关于"家"的认识很早就有。所谓"家",汉代大儒许慎在巨著《说文解字》中这样解释:"居也。从宀,豭省声。"①可见,"家"乃是一个居所,这是汉儒

① 许慎《说文解字》,中华书局 1963 年版,第 30 页。

的认识。但这仍非“家”的原始内涵。清代的段玉裁在《说文解字注》中作了进一步的解释:“凥也。凥各本作居。今正。凥、处也。处、止也。释宫。牖戸之闲谓之扆。其内谓之家。”段玉裁还进一步指出“家”的引申义:“引伸之天子诸侯曰国。大夫曰家。凡古曰家人者、犹今曰人家也。”“窃谓此篆本义乃豕之凥也。引申叚借以为人之凥。字义之转移多如此。牢、牛之凥也。引伸为所以拘罪之狴牢。庸有异乎。豢豕之生子最多。故人凥聚处借用其字。久而忘其字之本义。使引伸之义得冒据之。盖自古而然。”[①]在许慎那里,“家”还只是一个空间概念。但是到了段玉裁这里,“家”的内涵就变得丰富得多了。从段玉裁的注释可以看到,“家”原本也只是一个空间概念,“牖户之闲”,段玉裁甚至推测“家”的本义乃是猪居住的猪圈,后来引申为人居住的地方。因为猪的生殖力较强,群居在一起,再后来就引申为人聚居的地方了。久而久之,“家”的引申义逐渐取代了本义。段玉裁还提到,“家”还是周代分封制下形成的一个现象,天子的领地叫天下,诸侯的封地叫作“国”,卿大夫的封地叫作“家”。孔子所谓“丘也闻有国有家者”(《论语·季氏》)就是指的这一现象。后世所说“修身,齐家,治国,平天下”中的所谓“齐家”也是指公卿大夫们治理好自己的领地而非家庭。可见,“家”在中国古代已经是一种复杂的社会组织形式了。到了后来,家成为一种形而上的存在,孟子所谓“天下之本在国,国之本在家”(《孟子·离娄篇上》),“家”在孟老夫子诠释下已经上升为一种崇高的社会基础,它下可以约束个体,上可以关系天命国家。因为在中国古代,家不仅是构成国的基础,而且整个国家就是一个大家庭。日本学者白鸟库吉 1907 年就谈到:“中国的皇帝……以一国之父母的关系而君临于其臣民之上。……中国的国家是一个大家庭,是家族政治。”[②]不仅如此,作为中国古代社会的思想支柱,儒家非常重视家庭,其思想基础就是家庭伦理,“大卜国家论”中的,以及《大学》中的“修身”“齐家”“治国”“平天下”。

在中世纪之前的欧洲,人们对“家”的认识则严重受宗教神学的影响。在西方被奉为经典的希腊罗马神话、《荷马史诗》中就充斥着大量的关于家庭的禁忌母题,如希腊神话中夜之女神妮克斯和其兄长艾勒波斯的乱伦,从俄狄浦斯的弑父娶母,到《哈姆雷特》中哈姆雷特的母亲改嫁叔父,再到劳伦斯的《儿子与情人》,家庭乱伦成为中世纪文学一个经久不衰的主题。这使得神话中的英雄人物从一开始就背负着不可摆脱的原罪,也使得神话中的家庭问题多多,更严重的是这种源于神话的家庭关系为西方人的家庭思想蒙上了一层阴影。

随着社会的进步,上述这些看法严重阻碍了人们对婚姻家庭的认识,越来

① 许慎撰,段玉裁注《说文解字注》,上海古籍出版社 1988 年版,第 63 页。

② [日]尾形勇著,张鹤泉译《中国古代的“家”与国家》,中华书局 2010 年版,第 3 页。

越多的学者开始重新探讨婚姻家庭史的发展。这一点,欧美学者走在了前面,19 世纪以来家庭史的研究一直是学术界尤其是人类学、社会学界关注的重点。1861 年,巴霍芬《母权论》的出版标志着这一话题的肇始。其后,约·弗·麦克伦南、摩尔根、马克思、恩格斯先后对这一话题进行了探索。其中值得注意的是摩尔根的研究。摩尔根采用了与前人不同的研究方法,即实证研究的方法。通过大量调查世界各地部落的亲属制度和家庭形态,来探讨家庭制度的产生发展,追溯家庭形态的演变。更重要的是,摩尔根在人类史上首次描绘出家庭形态演变史的略图。当然,由于时代的局限及资产阶级的身份限制,摩尔根的相关研究不可避免地具有局限性。尽管有不足之处,但是他的研究成为马克思婚姻家庭思想的重要理论来源之一。

二、马克思对家庭内涵的探讨

马克思关于家庭内涵的界定比较丰富,在《德意志意识形态》中,马克思和恩格斯曾对家庭的内涵进行过概括,他们认为家庭"就是夫妻之间的关系,父母与子女之间的关系"①。但这并不是马克思家庭内涵的全部。要全面认识马克思的家庭内涵,还必须参照马克思的其他相关论述,只有这样才能理解其本质。马克思谈到关于如何认识事物的内涵和本质时说,要了解事物的本质,必须按照事物的真实面目及其产生情况作为出发点。马克思认为,要诠释一个事物,仅仅从表象来解释是不够的,必须考察其内在的真实面目,并且要联系地看问题,考察与它的产生发展相关的事物。家庭不是孤立的社会现象,不仅要透过现象看其本质,还要用联系的眼光把家庭放在社会关系的大系统中来考察。马克思指出要解说家庭的内涵和本质,应该"根据现有的材料来考察和阐明家庭,而不应该像通常在德国所做的那样,根据'家庭的概念'来考察和阐明家庭"②。马克思认为:"家庭是自然的基础,但其本质具有社会性。"马克思运用联系的眼光看待家庭问题,他认为家庭本质上是一种社会关系,而且是一种特殊的社会关系:"每日都在重新生产自己生命的人们开始生产另外一些人,即增殖。这就是夫妻之间的关系,父母和子女之间的关系,也就是家庭。这种家庭起初是唯一的社会关系,后来,当需要的增长产生了新的社会关系而人口的增多又产生了新的需要的时候,这种家庭便成为从属的关系了(德国除外)。"③马克思从人

① 《马克思恩格斯全集》,人民出版社 1985 年版,第 32 页。
② 《马克思恩格斯选集》,人民出版社 1995 年版,第 80 页。
③ 《马克思恩格斯全集》,人民出版社 1985 年版,第 32 页。

的自身生成的角度来诠释家庭的内涵。他指出，人类社会的生产有两类，一类是物资资料的生产，一类是人自身的生产。人自身的生产又包括两项内容，一是人类繁衍后嗣的生产，二是通过劳动来实现自身生命的生产。在马克思看来，无论哪一种人的生产都表现为双重关系：一方面是自然关系，另一方面是社会关系[①]，二者在本质上具有社会性。马克思认为家庭不仅仅像动物繁衍后代那样反映着生产繁殖的自然关系，人类家庭区别于动物的关键点在于人类家庭是社会有机体的重要组成部分，是人类自身生产过程中形成的一种有效的社会组织形式，它建立在物质资料生产的基础之上。可以说，物质资料生产在家庭的各种关系中起主导作用，其他各种关系都是从属，物质资料生产决定着家庭的本质。马克思从两种生产出发来揭示家庭的内涵和本质，非常准确地把握了家庭的本质。

然而，在马克思之前，关于家庭内涵的解释并没意识到这点。在《摩尔根〈古代社会〉一书摘要》第三编第五章《专偶制家庭》中，马克思提到，家庭最初的含义并非如此，而是与奴役意义相近。马克思从词源学的角度论证说，在罗马人部落中，“家庭”出现得较晚，这可以从语词发展轨迹看出。马克思认为古罗马使用的“familia”（家庭）和“famulus”（奴仆）两个词语的意义不同，但是他们的词根却是相同的，马克思还引用了费斯图斯的《字义解》来证明自己的观点。菲斯塔斯考证说，“famulus”实际上来源于阿斯堪语，其词根“famul”最初是阿斯堪人称呼奴隶的用语。而“familia”（家庭）也是从该词根发展而来，由此可见，“familia”的本义并非指的是配偶或者子女等亲属，而是专门指称奴隶的[②]。但是，随着社会的发展，该词的本义逐渐被遗忘，甚至被借代义取代。“familia”词义在变迁的同时，反映的是人类家庭的发展。对于摩尔根的结论，马克思在《摘要》中给予了充分肯定。马克思站在更高的高度来看待家庭问题，他认同摩尔根关于家庭的进化说，同时马克思指出现代家庭的标准形式应该是专偶制家庭。专偶制家庭，马克思在《摘要》中有诠释，他认为专偶制家庭才是现代意义上的、文明社会的家庭，也正是这种高级的家庭形态才建立起现代社会的独立的亲属制度[③]。这种专偶制的婚姻家庭形式不仅与亲属制度相关，更重要的是与生产力发展水平密切相关，可以说，生产力水平是其基础，家庭乃是生产力和社会生产关系发展到一定阶段的结果。但专偶制家庭虽有进步，但在马克思看来，专偶制家庭仍就不是完美的家庭形态，因为它有着浓厚的阶级色

① 《马克思恩格斯选集》，人民出版社 1995 年版，第 80 页。

② 马克思·摩尔根《古代社会》一书摘要，人民出版社 1965 年版，第 37 页。

③ 马克思·摩尔根《古代社会》一书摘要，人民出版社 1965 年版，第 10 页。

彩,专偶制家庭实际上是建立在奴役制度之上的①。最初,被奴役的奴仆阶级是由奴隶来构成的,但是后来却变成了妇女。值得注意的是,马克思把婚姻家庭与社会生产关系及社会生产方式联系在一起,他没有孤立地讨论婚姻家庭,而是特别强调专偶制家庭与私有制、阶级的产生之间的联系,强调了婚姻家庭是一定社会生产关系的反映。

总之,马克思与摩尔根对家庭的看法有一定的差异。相对而言,马克思对家庭的界定是全面系统的。按照马克思的说法,家庭以婚姻和血缘关系为基础,是社会的基本构成单位,本质上是一种社会关系。

(作者:傅华,法学硕士,淮北师范大学音乐学院教师,235000,本文系淮北师范大学青年科研项目“摩尔根《古代社会》与马克思婚姻家庭观之关系”2014xq043的科研成果。)

① 马克思·摩尔根《古代社会》,人民出版社1965年版,第38页。

"杯酒释兵权"的来龙去脉

高 深

关于宋太祖"杯酒释兵权"已成为家喻户晓的美谈,岂不知"杯酒释兵权"一事疑雾重重。一则因为正史、实录本无记载,而宋人笔记中的记载又参差舛互、没有确切的时间。其次,考察宋代大将兵权的实际情况可知,对大将兵权的罢免也不是一次性完成的。那么,如何看待宋代笔记小说中屡有记载而又为李焘《长编》所吸收的这一美谈呢? 我想关于"杯酒释兵权"一事可以结合宋代收兵权的实际情况和宋代的官制特点加以说明。

据《宋史》记载,"建隆元年春正月乙巳,大赦改元定有天下之号曰宋,赐内外百官军士爵赏,辛亥论翊戴功,加石守信为侍卫亲军马步军副都指挥使,高怀德为殿前副都点检,张令铎为马步军都虞侯,王审琦为殿前都指挥使并领节镇,余领军者并进爵"。"加慕容延钊为殿前都点检,韩令坤侍卫都指挥使"[①]。等等。对有拥戴之功的将士给予提拔重用,这是太祖登基后收买民心的第一步。我们知道一旦政权在握,统治者无一不为政权的长治久安着想而对官高位重之士心怀猜忌,接下来往往对功臣开刀,即所谓"兔死狗烹""飞鸟尽,良弓藏"。宋太祖同历代帝王一样,也为政权的稳固而睡不着觉,也为如何长治久安而煞费苦心。鉴于唐末五代帝王易代频仍,"天子兵强马壮者为之"的严峻形势,他的顾虑更为深重。与其他帝王不同的是,赵匡胤没有采取简单粗暴的手段对待功臣,而是略施小计用和平的手段让昔日的得力助手乖乖地交出了兵权,从而赢得了这一美名。也正是着眼于太祖"保全功臣"的善举,宋人笔记小说中多所记载,并附会得有声有色。

司马光《涑水记闻》(卷一)写到:太祖既得天下,诛李筠、李重进,召普问曰:"天下自唐季以来,数十年间,帝王凡易十姓,兵戈不息,苍生涂地,其故何也?"普曰:"陛下之言及此,天地神人之福也。唐季以来战斗不息,国家不安者,其故非他,节镇太重,君弱臣强而已矣。今所以治之,无他奇巧也,惟稍夺其权,制其钱谷,收其精兵,天下自安矣。"语未毕,上曰:"卿勿复言,吾已喻矣。"[②]从这段话及后来的措施可以看出,太祖与赵普所达成的共识,即:尽收诸宿将兵柄和削藩镇权。此即宋代立国之重要一策,并被后代帝王所遵守的祖宗家法

① 脱脱等撰《宋史》,上海古籍出版社 1986 年版。

② 司马光著,邓广铭、张希清校《涑水记闻》,中华书局 1989 年版。

之一。

作为禁军高级将领殿前都点检起家的赵匡胤非常明白，当时的威胁主要来自手握精兵的禁军高级将领，收取他们的兵权应是当务之急。所以王曾的《王文正公笔录》、司马光的《涑水记闻》、李焘《续资治通鉴长编》、陈邦瞻《宋史纪事本末》对解除石守信、王审琦等的兵权的记载是可信的。其方法就是"稍夺其权"，解除禁军兵柄改掌节度使，"以侍卫都指挥使、归德节度使石守信为天平节度使，殿前副都点检、忠武节度使高怀德为归德节度使，义成节度使王审琦为忠正节度使，侍卫都虞侯、镇安节度使张令铎为镇宁节度使，皆罢军职"（《长编》卷二）[①]。那么，他们的兵权是不是在一次宴会上罢免的呢？我认为不可能。对高级将领的处置是一件很敏感的问题，太祖绝对不会在刚刚夺取政权的第二年就把许多高级将领推到自己的对立面。况且，建隆二年的七月，宋太祖还处在国丧期间，举行宴会是不可能的。宋代官制一个突出的变化是变"二司为三衙"，这是一个渐变的过程，因人而异，或因其卒，或因迁徙致仕，或因遥领他职，有的职位因为位高权重不复除授。建隆二年闰三月，以慕容延钊为山南东道节度使，殿前都点检之位空缺。建隆二年七月，将殿前副都点检之位空缺不置。建隆三年，对侍卫马步军都指挥使一职不再设人，同时，侍卫马步军副、都指挥使马步军都虞侯空缺。这样，宋代收禁军高级将领兵权的行为直接导致了禁军指挥机构的变化。

那么宋代到底有无"杯酒释兵权"一事呢？李焘《长编》卷二在记载此事后有一段较长的考证文字，其中说道："司马光《记闻》云守信等皆以散官就第，误矣……太祖与赵普之意，但不欲守信等典禁军耳，岂不令守信等各居方镇邪？太祖云为天子不若为节度使乐，是欲守信等出为节度使也。及开宝三（二）年冬十月，乃罢王彦超等节度使，盖《记闻》误并二事为一事耳。"我认为李焘的猜测是对的，极有可能是史家误将后一次罢藩镇的宴会推广到了对禁军将领的处置上了。《宋史纪事本末》卷二在记载设宴罢免石守信等的兵权后，紧接着记载了宴罢王彦超等诸藩镇一事："久之，王彦超及诸藩镇入朝，帝宴于后苑，酒酣，从容谓之曰：'卿等皆国家宿旧，久临剧镇，王事鞅掌，非朕所以优贤之意也。'彦超喻意，即前奏曰：'臣本无勋劳，久冒荣宠今已衰朽。乞骸骨，归丘园，臣之愿也。'安远节度使武行德、护国节度使郭从义、定国节度使白重赞、保大节度使杨廷璋竞自陈攻战阀阅及履历艰苦。帝曰：'此异代事，何足论！'明日皆罢镇，奉朝请。"[②]李焘《长编》认为此事发生在开宝二年十月，我个人也同意此种看法。在宋太祖坐稳天下之后，很可能在某次宴会上晓谕几位藩镇交出大权，并且，还

① 李焘《续资治通鉴长编》，中华书局 2004 年版。

② 陈邦瞻撰《宋史纪事本末》，中华书局 1977 年版，文中简称《本末》。

可能包括某位手握兵权的禁军将领,以怀疑担心高级将领谋反之威相吓,继以慰抚赐赍之恩相加,如此,他们岂敢不交出兵权?这也许就是李焘考订精审而依然忽略国丧与宴会这一明显矛盾的原因吧。再者,我们既承认宴罢王彦超等一事为真,宋太祖未免不会故伎重演而应用到解除禁军将领的军权上。所以对于"杯酒释兵权"一事,我们宁信其有,不信其无,只是某些细节的记载失实罢了。同时,"杯酒释兵权"仅是收兵权中的小动作,涉及人数不可能太多。《本末》引胡一桂的话说:"太祖深思天下唐末以来,生民涂炭,知所以处藩镇收兵权之道。既以从容杯酒之间,解石守信等兵权,复以后苑之宴,罢王彦超等节镇,于是宿卫藩镇不可除之痼疾一朝而解矣!"未免有赞誉过高之嫌。"杯酒释兵权"只是宋初一系列收兵权中富有戏剧性和代表性的小插曲,抑或仅仅代表了宋太祖军臣革旧图新、加强中央集权的思想而已。收兵权的实际情形之复杂,历时之久,是由有宋一代官制之复杂足以佐证的。今补述其他措施于下:

一、差遣代替职事官,原来的省台寺监官变成了闲散官或阶官,除非特敕不治本司事。唐制,省、部、寺、监之官备员而已,无所职掌,别领内外任使,而省、部、寺、监别设主判官名额。宋承唐制,赵宋立国之初,为了稳定人心,减少旧势力对新王朝的威胁,宋太祖并没有去触动后周的官僚机构,同时,有惩于唐末五代君弱臣强、藩镇割据、武臣擅权的流弊,在旧机构旁增设新机构,如中书门下旁又立三司;吏、兵部旁又设审官东、西院、流内铨;刑部之旁又建审刑院;太常寺旁又建太常礼院;秘书省之侧另设三馆秘阁等,以分割相权、省部寺监权,既使留用的大批旧官员干领俸禄、不能掌握实权,又使其互相掣肘,便于皇帝操纵驾驭。

二、以文臣知州事。有步骤地、用有才干的省台寺监文臣京朝官出任知州、知县,接管节度使、团练使等武臣所掌地方之权,三岁一易,坐消外重分裂之势。而原坐镇地方的节度使、观察使、防御使、团练使、刺使等武官职,则给予优厚的俸禄,削夺其事权,使其变成为武臣迁转之官阶。节度使不食本镇租赋,而观察、防御、团练、刺使特以为右列续迁之宠,虽有正任遥领,大率不亲本州之务之谓。

三、削弱节度使之职权。中央政府从军事、行政、财政三方面削弱了地方的权力。军事上,宋太祖把兵权收归中央。又抽调各地精兵强将,充实中央禁军。行政上,由中央派文官担任地方长官,同时设通判负责监督,"设通判于诸州,凡军民之政皆统治之,事得专达,与长吏均礼"(《本末》)。财政上,置诸路转运使分管藩镇财政,地方赋税一小部分作为地方开支,其余全部由中央掌控。于是节度使之权始轻。

四、强干弱枝政策。选诸道兵入补禁衛。"令天下长吏择本道兵骁勇者,籍其名送都下，以补禁旅之缺。又选强壮卒定为兵样，分送诸道。其后又以木梃为高下三级，给散诸州军，委长吏、都监及召募教习，俟其精练，即送都下。”（《长编》卷六）。又“宿重兵于京师以消四方不轨之气”（《长编》卷三〇一），“地方则毁城防、撤武备”[①]（林駉《新笺决科古今源流至论》续集卷一），“收甲兵”“皆是书生领州，大郡给十人”，“郡给五人，以充常从。名曰长吏，实同于人；名曰郡城，荡若平地”[②]（章如愚《山堂考索》）。对此，包拯曾说：“京师者，天下之本也；强兵者，畿兵耳。本固且强，繇中治外，则天下何患焉。”[③]（张田《包拯集》卷八）

五、更戍法。自京师分遣一部分禁兵出戍边防重镇和内郡要地，两年或三年更换一次，番休互迁，使不得久而生变。

从以上几个方面看来，所谓的“收兵权”，不是赵宋统治集团中的某一位一时的兴之所至，而是有宋一代加强中央集权的一贯措施。如前所说，“杯酒释兵权”的作用是微乎其微的。“收兵权”也显示了帝王对臣下猜忌过重之阴暗心理。甚至对其总体作用也应该一分为二地看待。既有改变唐末五代纷乱的局势，加强王朝一统的积极作用，同时，也为后代带来了不良影响。正如明陈邦瞻所说：“宋祖君臣惩五季尾大之祸，尽收节帅兵柄，然后征伐自天子出，可谓识时势，善割断，英主之雄略矣！然观其任将如此，此岂猜忌不假人以柄者哉！后世子孙不深惟此意，徒以杯酒释兵权为美谈。至南渡后，奸臣犹记前议，罢三大帅兵以与仇敌连和，岂太祖、赵普之谋误之也！然当时务强主势，矫枉过直，兵材尽聚京师，藩篱日削，故主势强而国势反弱矣，亦不可谓非其遗孽也。”（《本末》）

综上所言，“杯酒释兵权”本非大事，毕竟也不太光彩，是太祖君臣私下里达成的协议，因此即使真有其事，北宋官修《三朝国史》和《太祖实录》所不载也是可以理解的。方建新《“杯酒释兵权”说献疑》[④]集中探讨了《长编》所记载的建隆二年七月罢免石守信等禁军将领兵权一事的疑点。深受此论启发，我本人认为，正如《本末》所记载的宴罢王彦超等藩镇的兵权之事还是很可能的，所谓的“杯酒释兵权”的本事很可能就是这一次。“杯酒释兵权”只是宋初收兵权系列中一个富有戏剧性和代表性的小插曲而已，实际情形则复杂得多。

（作者简介：高深，女，淮北师范大学文学院副教授，博士，235000。）

① 林駉《新笺决科古今源流至论》续集卷一，台北新兴书局 1970 年版。

② 章如愚《山堂考索》，中华书局 1992 年版。

③ 张田《包拯集》卷八，中华书局 1963 年版。

④ 方建新《“杯酒释兵权”说献疑》，《文史》第 14 辑。

谫谈江阴香、程俊英《诗经·国风》的译文

王秋实

《诗经》是我国第一部诗歌总集，现实主义文学的开端。《国风》又称十五国风，是《诗经》的重要组成部分。十五国风，即西周时期十五个不同地区的乐歌，是从15个地区采集上来的带有地方色彩的汉族民间歌谣。包括《周南》《召南》《邶风》《鄘风》《卫风》《王风》《郑风》《齐风》《魏风》《唐风》《秦风》《陈风》《桧风》《曹风》《豳风》等，共160篇。国风反映了劳动人民真实的生活，内容绚丽多彩。在《诗经》学界，江阴香和程俊英都对《诗经·国风》进行过译释，译文各具特色，今天读起来，明显让我们感受到不同时代的文化潮汐以及二位学者的不同见解。以下我们作以比较。

《羔羊》是《召南》中的一篇，原辞为："羔羊之皮，素丝五紽。退食自公，委蛇委蛇。羔羊之革，素丝五緎。委蛇委蛇，自公退食。羔羊之缝，素丝五总。委蛇委蛇，退食自公。"①江阴香版的译文为："在南国地方做官的人，都是崇尚俭德的，你看他身上穿的小羊毛皮衣，已经破裂不堪了，用白色线缝了五条痕迹，他回到家里吃饭，是从办公事地方来的，虽穿着破旧的皮衣，也不改变他从容自得的态度。你看他身上穿的小羊毛皮衣，连毛都没有了用白色线缝了五处裂纹，他虽穿着破旧的皮衣，现出破裂的缝道，用白色线连合修补了五处，他虽穿着破旧的皮衣，仍是从从容容的，回到家里去，从办公事地方出来的呢。"②而程俊英版的译文为："穿了一身羔皮袍，白丝交叉缝又绕。吃饱喝足下朝来，摇摇摆摆多逍遥。穿了一身羔皮袍，白丝交叉缝又绕。大摇大摆下朝来，吃饱喝足往家跑。穿了一身羔皮袍，白丝交叉缝又绕。吃饱喝足摇又摆，下得朝来往家跑。"③前者以为是对南国地方做官的人表达一种赞美之情，而后者则以为是对当官的人进行了讽刺。前者觉得是塑造出一个节俭正直的官员，而后者则在呈现衣裘公食、生活奢靡的统治阶级形象。两人的观点，明显不同。

《召南》中有《驺虞》篇："彼茁者葭，壹发五豝。于嗟乎驺虞！彼茁者蓬，壹发五豵。于嗟乎驺虞！"④江阴香版的译文为："在那很壮盛的芦草丛中打猎，只

---

① 程俊英《诗经译注》，上海古籍出版社2006年版，第26页。

② 江阴香《诗经译注》（卷一），北京市中国书店1982年版，第27页。

③ 程俊英《诗经译注》，第26页。

④ 程俊英《诗经译注》，第33页。

放了一支箭，射死了五只雄的野猪，便不忍多杀了。唉！他存着仁慈心，好比仁慈的驺虞兽，生性不吃活物的。在那根壮盛的茅草堆里打猎，只放了一支箭，射死了五只不满一年的小野猪，便不忍多杀了。唉！他存着仁慈心，好比仁慈驺虞兽，生性不吃活物的。"①而程俊英版的译文为："密密一片芦苇丛，一群母猪被射中。哎呀这位猎手真神勇！密密一片蓬蒿草，一群小猪被射倒。哎呀这位猎手本领高！"②前者以为塑造了不忍多杀禽兽的打猎者，体现文王时化行南国仁能及物的思想，而后者根本不提诗语寓意，只是单纯地说诗语在称赞猎人打猎的本领高超。

《邶风》中有《绿衣》篇："绿兮衣兮，绿衣黄裹。心之忧矣，曷维其已！绿兮衣兮，绿衣黄裳。心之忧矣，曷维其亡！绿兮丝兮，女所治兮。我思古人，俾无訧兮。絺兮绤兮，凄其以风。我思古人，实获我心。"③江阴香版的译文为："绿是不正的颜色啊！却已把它做成衣服了！绿的做了衣服面子，反把黄的正色，做了衣服夹里，好比妻妾变易了位置，叫我做妻的哪得不忧愁啊！怎么时候能够罢休呢？绿是不正的颜色啊！却已把它做成衣服了！绿的做了上身衣服，反把黄的正色，做了下身衣服，好比妻妾颠倒了位置，叫我做妻的哪得不忧愁啊！怎么时候能够忘记呢？绿是染的颜色啊！本来他是白色的丝啊！却被你染得这般绿的啊！好比妻妾虽定着名分，未嫁时原是一样的。所以我想起古时贤惠的人，即使自己失了宠，也要守着正礼，不能做出那过失的事情来的呢！身上穿的细麻布衣服啊！和那粗麻布衣服啊！很凄凉的受着寒风。好比做妻的失了宠幸的时候，也不必怨恨着丈夫，所以想起古时贤惠的人，实在我心里要效学他的呢。"④而程俊英版的译文为："绿色衣啊绿色衣，外面绿色黄夹里。见到此衣心忧伤，不知何时才能已！绿色衣啊绿色衣，上穿绿衣下黄裳。穿上衣裳心忧伤，旧情深深怎能忘！绿色丝啊绿色丝，丝丝是你亲手织。想起我的亡妻啊，遇事劝我无差失。夏布粗啊夏布细，穿上风凉又爽气。想起我的亡妻啊，样样都合我心意。"⑤前者以为诗语是来自女性的一种自我内心表达，妻子失去了正位，仍不怨恨丈夫，反学起了古代贤惠的女子，体现女子所受到教化作用。而后者则俨然是男性的口吻，看到了妻子亲手织的衣服，睹物思人，他在表达对妻子的思念。这是对诗中主人公性别理解上有差别。

《鄘风》中有《柏舟》篇："泛彼柏舟，在彼中河。髧彼两髦，实维我仪；之死

① 江阴香《诗经译注》（卷一），第35—36页。

② 程俊英《诗经译注》，第33页。

③ 程俊英《诗经译注》，第38页。

④ 江阴香《诗经译注》（卷二），第4—5页。

⑤ 程俊英《诗经译注》，第38页。

矢靡它。母也天只,不谅人只!泛彼柏舟,在彼河侧。髧彼两髦,实维我特;之死矢靡慝。母也天只!不谅人只!"[①]江阴香版译释为:"水面上浮着那支柏木造成的船,在那河心里漂流着,好比无依无靠,不会出嫁,丈夫已经死了,我就留着女孩儿鬓边的两缕短头发,不愿再嫁丈夫,这个丈夫虽已死去,实在是我终身唯一的匹配,到死也誓不另嫁他人的!我母的恩德果然像天一般的大啊!怎么不原谅我的心啊!水面上浮着那支柏木造成的船,在那河旁边倾侧着,好比我无依无靠不会出嫁,丈夫已经死了,我就留着女孩鬓边的两缕短发,不愿再嫁丈夫,这个丈夫虽已死去,实在是我终身唯一的匹配,到死也誓不存着邪心的!我母的恩德,果然像天一般的大啊!怎么不原谅我的心啊!"[②]而程俊英则译释为:"柏木小船飘荡荡,一飘飘到河中央。额前垂发年少郎,是我追求好对象;誓死不会变心肠。叫声天呀叫声娘!为何对我不体谅!柏木小船飘荡荡,一飘飘到河岸旁。额前垂发年少郎,才能和我配得上;誓死不会变主张。叫声天呀叫声娘!为何对我不体谅!"[③]前者将诗中的女主人公理解为是女子丧夫,父母逼迫她,仍誓死不改嫁。她十分坚决地表明了自己为丈夫守节操的态度。而后者从"额前垂发年少郎,是我追求好对象"推测诗中主人公是一位与"少年"年龄相仿的未婚"少女",她对爱情有着执着的追求,不愿受到"父母之命"的束缚,她渴望婚姻的自由,对封建礼教公然反抗。这样,按江意作品在表达女子的"贞"之德,而程之意,诗语则在强调爱情婚姻之自由。不同的译文,导致了不同的主题。

《蝃蝀》篇写道:"蝃蝀在东,莫之敢指。女子有行,远父母兄弟。朝隮于西,崇朝其雨。女子有行,远兄弟父母。乃如之人也,怀婚姻也。大无信也,不知命也。"[④]江阴香译文为:"那条淫气结成的虹,挂在天空的东面,好比女子干着不正经的事情,没有一个人当面敢去指摘他的,那女子有这私下的行动,一定要离开父母兄弟的呢。那条淫气结成的虹,早晨在天空西面升上来,从辰时到午时,只是半天,雨便停止了,好比女子干着不正经的事情,私自出行,一定要离开父母兄弟的呢。若像是这种人啊!他的思想,只为着淫欲的事啊!那不是大大地失了贞节的信用啊!实在他不知道正经的道理啊!"[⑤]而程俊英译文为:"东方出现美人虹,没人敢指怕遭凶。这位女子要出嫁,远离父母和弟兄。清晨西方彩虹长,阴雨不停一早上。女子自己找丈夫,远离兄弟父母乡。就是这样

① 程俊英《诗经译注》,第65页。
② 江阴香《诗经译注》(卷二),第36—37页。
③ 程俊英《诗经译注》,第65页。
④ 程俊英《诗经译注》,第74页。
⑤ 江阴香《诗经译注》(卷二),第46页。

一个人，破坏礼教乱婚姻。什么贞洁全不讲，父母之命也不听。”[①]前者以为作品在用道理教化人们，一改淫乱的社会风俗。语言直白，直言不讳。使用严厉的词语加以谴责。而后者则以为诗语是在讽刺当时“父母之命”之礼教，是对当时舆论指责的反讽，反映出当时女子的婚姻不自由。语言用词比前者委婉，语气没有前者强烈。两人的理解完全在两个道上。

《卫风》中《氓》篇：“氓之蚩蚩，抱布贸丝。匪来贸丝，来即我谋。”[②]江阴香译文为：“这男人是个蠢笨没有知识的，他拿钱出来做丝生意，哪知他不是真心来做丝生意的，来到这里，便和我发生爱情，暗地里勾搭上了。”[③]而程俊英译文为：“农家小伙笑嘻嘻，抱着布匹来换丝。原来不是来换丝，找我商量婚姻事。”[④]对同一个男子，前者用“蠢笨”“没有知识的”等词语形容，是一种贬低的评价；并用“暗地”“ 勾搭”等词语形容，反映女子与男子的恋爱关系是不被社会认同的。而后者用“笑嘻嘻”形容男子当初和女子开始恋情的美好神态，比较客观，表明程氏理解的诗语对男子是尊重的，并没有加以丑化的意思。

《君子阳阳》：“君子阳阳，左执簧，右招我由房。其乐只且！”[⑤]江阴香译文为：“有才有德的贤人，生在乱离时世，反情愿屈居下位，做个音乐队里的小官，他也是很得意的。左手拿着有簧的乐器，见那乐官举起右手一招，便从房里出来，他的快乐，是别有用意的啊！”[⑥]而程俊英译文为：“舞师得意喜洋洋，左手握着大笙簧，右手招我奏‘由房’。快快乐乐舞一场！”[⑦]前者理解诗语是感慨在乱离的时代，贤人不能被国家任用的处境。它表达了一种生不逢时，仕途不得志的叹息。而后者则以为诗语是通过描写歌舞升平的场景，反映在国家衰微的情况下，仍然有舞师和乐工供统治阶级享受，作品是写统治阶级的享乐生活，主要表达对统治阶级苟安的讽刺。两种理解着力点颇不同。

《王风》中有《兔爰》篇：“有兔爰爰，雉离于罗。”[⑧]江阴香译文为：“有一只狡猾的兔子，他已慢慢的暗地逃了开去，那个性情高洁的野鸡，反是投入网里，被他们捉住，再也脱身不得了。好比现在世界上，小人酿成乱事，可用巧计保全性命，君子反因忠直遭受了祸殃。”[⑨]而程俊英译文为：“狡兔自由又自在，野鸡

① 程俊英《诗经译注》，第 74 页。
② 程俊英《诗经译注》，第 85 页。
③ 江阴香《诗经译注》（卷二），第 60 页。
④ 程俊英《诗经译注》，第 85 页。
⑤ 程俊英《诗经译注》，第 99 页。
⑥ 江阴香《诗经译注》（卷二），第 74 页。
⑦ 程俊英《诗经译注》，第 99 页。
⑧ 程俊英《诗经译注》，第 104 页。
⑨ 江阴香：《诗经译注》，（卷二）第 79 页。

落进网里来。”[①]前者用“狡兔”比喻小人,用“野鸡”比喻忠直的君子。诗语在表达世道不清明,忠直君子有忧伤。而后者对诗语字面没有太多的发挥,只是以下的解说中联系全文,以为表达着贵族对过去繁盛时期有留恋,当初没有战争,自己没有地位上的动摇。两人所想还是有一定距离。

《郑风》中有《缁衣》篇:“缁衣之宜兮,敝,予又改为兮。适子之馆兮,还,予授子之粲兮。”[②]江阴香译文为:“郑武公做周朝的司徒,是个好官,他穿了黑色的衣服,是很相称的啊!倘使你的衣服破了,我们再替你改做一件啊!倘使没有住的屋子,你不妨到我们预备下的屋子里去啊!还要请你吃好的酒饭啊!”[③]而程俊英译为:“黑色朝服多合样,破了,我再做衣裳。你去官署把事办,回来,给你试新装。”[④]江以为作品是对郑武公作为一个好官的称赞。衣服破则国家为其再做,没住处则国家为其提供,还有好的饭菜供给。这反映出国家对贤人的重视和优待。而后者没有指明所描写的穿缁衣的对象,而且人物关系比前者更加亲密。那么后者给读者的想象空间就大一些。

《郑风》中《有女同车》篇:“有女同车,颜如舜华。”[⑤]江阴香译文为:“有许多女子同坐着车子,是齐侯准备下的,要他们陪送女儿文姜到郑国来,和公子忽结婚的,那女子的容颜,像木槿花朵一般的美丽。”[⑥]而程俊英译文为:“姑娘和我同乘车,脸儿好像木槿花。”[⑦]前者所写的视角好像是作者的,是作者看的文姜和太子忽的婚仪之象,而后者的视角则是“我”,我是一位贵族男子,从他的口吻和视角去看美丽的姑娘与己同乘车出游。

《郑风》中《萚兮》篇:“萚兮萚兮,风其吹女!叔兮伯兮,倡予和女!”[⑧]江阴香译文为:“你看枯树看快要落叶了啊!快要落叶了啊!那是被风吹着了你呢,好比国家到了危险时候,还望忠正的官员们出来救国,所以叫一声叔啊!伯啊!快替我们在前提倡来,我们便好跟在后面附和了。”[⑨]而程俊英译文为:“枯叶枯叶往下掉,风儿吹你轻飘飘!叔呀伯呀大家来,我先唱来你和调!”[⑩]前者带有强烈的政治色彩,而后者没有背后的政治因素,就是单纯地描写男男女女一起欢

① 程俊英《诗经译注》,第104页。
② 程俊英《诗经译注》,第110页。
③ 江阴香《诗经译注》(卷三),第2页。
④ 程俊英《诗经译注》,第110页。
⑤ 程俊英《诗经译注》,第121页。
⑥ 江阴香《诗经译注》(卷三),第15页。
⑦ 程俊英《诗经译注》,第121页。
⑧ 程俊英《诗经译注》,第123页。
⑨ 江阴香《诗经译注》(卷三),第17页。
⑩ 程俊英《诗经译注》,第123页。

快歌唱，体现了民间活动的热烈与精彩。后者理会得更纯美，更有诗意。

《郑风》中《狡童》篇："彼狡童兮，不与我言兮。维子之故，使我不能餐兮！"[①]江阴香译文为："可恨那个奸臣，他和狡猾小孩子一般的啊！见了我们做忠臣的，连一句话儿都不同我们讲了！只因国王被他欺蒙的缘故，空叫我们担着忧愁，饭也吃不下呢！"[②]而程俊英译文为："小伙子啊太狡猾，不肯和我再说话。为了你啊为了你，害我饭都吃不下！"[③]对于"狡童"一词的注释，有明显的差别，表达的主题也随之有很大的出入。江阴香解释为："是狡猾的孩子，拿来比奸臣的。"[④]而程俊英解释为："犹小滑头。有人说狡与'姣'古通，即姣好的青少年。亦通。"[⑤]两人对于此诗的解读，相去甚远。前者与政治相联系，憎恨奸臣欺蒙国王，表达了自己做忠臣的愤懑；后者是女子失恋的痛苦，对过去的恋人，割舍不下。

《郑风》中《褰裳》篇："子惠思我，褰裳涉溱。子不我思，岂无他人。狂童之狂也且！"[⑥]江阴香译文为："很希望大国来替我整理一下子，你若是有心爱我的，想到我这里来，我和你相离很近，只需提起了衣裳角儿，便可以渡过溱河来了。你若是不把我放在心上，不肯替我整理，难道没有别的人了吗？只叹我国那些狂妄的小孩子，狂妄得难以收拾了呢！"[⑦]而程俊英译文为："你若爱我想念我，提起衣裳过溱河。你若变心不想我，难道再没多情哥看你那疯癫样儿傻呵呵！"[⑧]两者都在把诗语理解为"我"之在怒怪"狂童"，但比较言，后者译出的女子性格更泼辣，人物的性情更鲜活。

《郑风》中《风雨》篇："风雨凄凄，鸡鸣喈喈。既见君子，云胡不夷？"[⑨]江阴香译文为："一阵阵的风雨，天气觉着寒凉得很，那鸡又是一声声地叫着，好比国家在风雨飘摇的时候，只希望君子人来拨乱反正的了。倘使已经见了君子，我的心里，还有什么放不平呢？"[⑩]而程俊英的译文为："风雨天气阴又冷，雄鸡喔喔报五更。丈夫已经回家来，我心哪会不安宁！"[⑪]两人理解的诗的情境事态全不同，前者是"我"（女子）未见到"君子"，即"君子"尚未到家中来，其心不安；而

① 程俊英《诗经译注》，第124页。
② 江阴香《诗经译注》（卷三），第18页。
③ 程俊英《诗经译注》，第124页。
④ 江阴香《诗经译注》（卷三），第18页。
⑤ 程俊英《诗经译注》，第124页。
⑥ 程俊英《诗经译注》，第125页。
⑦ 江阴香《诗经译注》（卷三），第19页。
⑧ 程俊英《诗经译注》，第125页。
⑨ 程俊英《诗经译注》，第128页。
⑩ 江阴香《诗经译注》（卷三），第23页。
⑪ 程俊英《诗经译注》，第128页。

后者明确是夫妻关系，且男子已与女子会聚，其心已宁。

《郑风》中《子衿》篇：“ 青青子衿，悠悠我心。纵我不往，子宁不嗣音？”[①]江阴香译文为：“这一班穿青色衣领的男子，只在外面游荡，连书也不读了，这件事，使我常常记挂在心头，虽是时势不好，学校衰败，我做先生的也不去教你们读书，难道你们甘心失学，不能到这里来，继续听我讲书的声音吗？”[②]而程俊英译文为：“你的衣领色青青，我心惦记总不停。纵然我没去找你，怎么不给我音讯？”[③]对“衿”一词的解释，前者为：“是衣领。古代读书的男子衣领的是青布滚边的。”[④]而后者为：“今作‘襟’，衣领。”[⑤]前者“青衿”解读为读书人，而后者没有那么理解为借代，只是解释为衣领而已。在价值取向上，前者写的是面对处在时势不好的时代，学校因时代环境而衰败深深惋惜。而后者解读为一个女子思念情人的诗歌。可见，对诗的思想主旨，两种解释差异显著。

《郑风》中《扬之水》篇：“ 扬之水，不流束楚。终鲜兄弟，维予与女。无信人之言，人实迋女。扬之水，不流束薪。终鲜兄弟，维予二人。无信人之言，人实不信。”[⑥]江阴香译文为：“那慢慢流来过的水，不能够流进捆紧的木条里来，好比我们兄弟是很少的，只有我和你两个人啊！休要听信他人的说话，他人的说话，实在是欺骗你的呢。”[⑦]而程俊英译文为：“河水悠悠没有劲，哪能漂散一捆荆。我家兄弟本很少，只有你我结同心。不要轻听别人话，人家骗你你别信。”[⑧]前者解读为兄弟俩之间的和好，不要被别人离间，受别人的欺骗。而后者对“束楚”一词，解释为：“一捆荆条。按束楚、束薪都是象征男女结婚的词。”[⑨]因此，译文解释为夫妻之间的嘱咐，而不是兄弟之间的对话。

《齐风》中有《东方未明》篇：“ 折柳樊圃，狂夫瞿瞿。不能辰夜，不夙则莫。”[⑩]江阴香译文为：“折下了柔软的杨柳枝条，做那菜园的篱笆，虽是靠不住的，但这种愚笨的人见了，还惊慌着不敢跳过去，好比日夜的界限分明，人都知道的，如今国王却不知道，并没有一定的时候，所以做的事情，这过失不是太早，便是太晚了。”[⑪]而程俊英译文为：“折柳编篱将我防，临走还要瞪眼望。夜里不

① 程俊英《诗经译注》，第129页。
② 江阴香《诗经译注》（卷三），第24页
③ 程俊英《诗经译注》，第129页。
④ 江阴香《诗经译注》（卷三），第24页。
⑤ 程俊英《诗经译注》，第129页。
⑥ 程俊英《诗经译注》，第130页。
⑦ 江阴香《诗经译注》（卷三），第25页。
⑧ 程俊英：《诗经译注》，第130页。
⑨ 程俊英《诗经译注》，第130页。
⑩ 程俊英《诗经译注》，第140页。
⑪ 江阴香《诗经译注》（卷三），第36页。

能陪伴我，早出晚归太无常。”[①]对“瞿瞿”一词的注释，前者为：“是惊慌失措的样子。”[②]而后者为：“瞪着双眼看的样子。《荀子·非十二子》‘瞿瞿然’，杨倞注：‘瞿瞿，瞪视之貌。’”[③]两种解释相差很大，展现出的是人的完全不同的精神面貌。一种是很无助的，另一种却是很霸道的。前者与国家的统治者有关，是针对君主不能按时发号令、起居没有节制，而后者是女子抱怨丈夫忙于公事，不能按时休息，还对她存有疑心。

《齐风》中还有《甫田》篇：“ 婉兮娈兮，总角丱兮。未几见兮，突而弁兮！”[④]江阴香译文为：“远大的事业，须从近的小的做起，好比人在小的时候，既是年纪幼稚啊，又是相貌姣好啊！把头发总共梳在两边角上，像那丱字的样子啊！不多几天，我不会看见他啊！后来见他，忽然长大成人，他头上已经戴着帽子了。”[⑤]而程俊英译文为：“少小年纪多姣好，两束头发像羊角。不久倘能见到他，突然戴上成人帽！”[⑥]前者是告诉人们想要成就大的事业，要善于从小事做起，从自己身边的事情做起。它主要讲的是人们想成就大事就必需脚踏实地，不要好高骛远的道理。而后者则是实指一个很久未见的孩子，可能已经长大成人了，表达的就是对故交的思念之情。

《魏风》中有《十亩之间 》篇：“十亩之间兮，桑者闲闲兮。行与子还兮！”[⑦]江阴香译文为：“有十亩大的一块园地啊！那些采桑的人，好不来去自由啊！我想现今时候，做官是没味的，将要和你回到乡下去住着呢！”[⑧]而程俊英译文为：“宅间十亩绿桑园，采桑姑娘已空闲。走吧咱们一道回家转！”[⑨]前者的主角是男子，他吐露出自己当官不如意的心声，打算和朋友一起归隐于乡下；而后者则把主人公理解为女性，以为是写民间的劳作结束后，采桑的姑娘们三三两两，结伴归家的欢快心情。后者更有民间的日常生活气息，更加符合民歌的说唱特点。

《魏风》中还有《伐檀》篇：“坎坎伐檀兮，置之河之干兮，河水清且涟猗。不稼不穑，胡取禾三百廛兮？不狩不猎，胡瞻尔庭有县貆兮？彼君子兮，不素餐兮！”[⑩]江阴香译文为：“你听那斧砍檀树的声音，很用力的啊！砍下来的檀木，

① 程俊英：《诗经译注》，第 140 页。
② 江阴香《诗经译注》（卷三），第 35 页。
③ 程俊英《诗经译注》，第 140 页。
④ 程俊英《诗经译注》，第 143 页。
⑤ 江阴香《诗经译注》（卷三），第 39 页。
⑥ 程俊英《诗经译注》，第 143 页。
⑦ 程俊英《诗经译注》，第 156 页。
⑧ 江阴香：《诗经译注》，（卷三）第 52 页。
⑨ 程俊英《诗经译注》，第 156 页。
⑩ 程俊英《诗经译注》，第 157 页。

是做车子用的，如今却用不着他，安放在河的岸边上啊！河水很是清洁，又被风吹得水面起来皱纹，可见这个所在，不能通车，造车的木料，更是用不着了！好比有才学的君子，不得见用，那班贪鄙的小人，没有一些功劳，反受着大俸大禄，宛似不耕种，不收割的人，怎么好把许多稻谷取到家里，堆满了三百间屋子呢？又像不去打猎，不去捕兽的人，怎能看见他的天井里，挂着那小的貉呢？若说那个君子人啊！他如果没有功劳，不肯白受国家俸禄的啊！"[①]而程俊英译文为："砍伐檀树响叮当，放在河边两岸上，河水清清起波浪。不种田又不拿镰，为啥粮仓三百间？不出狩又不打猎，为啥猪獾挂你院？那些大人老爷们，不是白白吃闲饭！"[②]两译文都讽刺不劳而获，但前者是在表达为像自己这样有道德和才能的人不能做官鸣不平，对贪得无厌的小人进行抨击；后者则重在强调人们与剥削阶级之间的尖锐矛盾，表达着对剥削和压迫的憎恨。

《唐风》中有《无衣》篇："岂曰无衣七兮？不如子之衣，安且吉兮！"[③]江阴香译文为："武公并吞了晋国，难道晋国没有旧时留下诸侯赐的衣服等七样东西吗？但是旧时的东西，总不如天子赏穿的衣服，才觉得平安而且吉利的呢！"[④]而程俊英译文为："难道说我今天缺衣少穿？叹只叹都不是你的针线，怎能得比你做的舒服美观！"[⑤]前者以为诗写武公并晋国，大夫替他向周天子求赏赐给诸侯的衣服。译语和政治联系紧密，有政治意义。而后者则以为诗语指向一个过去为他制衣的人，如今不能再为其制衣了，故产生感伤。对"子"一词的注释，前者解释为："天子。"[⑥]而后者的解释为："您。指这位制衣者。"[⑦]可见，差别很大。前者与天子有关，而后者是和制作衣服的一位女子有关。

《唐风》中还有《有杕之杜》篇："有杕之杜，生于道左。彼君子兮，噬肯适我？中心好之，曷饮食之？"[⑧]江阴香译文为："是一枝特出的赤棠树，生在大路的东边，他的树阴下，不能够休息的，好比晋武公势孤力弱，依靠不住，所以那些有贤才的人啊！他怎肯到我这里来呢？你心里既然欢喜贤才的，为什么不把酒饭款待他啊！"[⑨]而程俊英解释为："一株杜梨独自开，长在左边道路外。不知我那心中人，可肯到我这里来？心里既然爱着他，何不请他喝一杯？"[⑩]前者是讽刺

① 江阴香《诗经译注》(卷三)，第54页。
② 程俊英《诗经译注》，第157页。
③ 程俊英《诗经译注》，第173页。
④ 江阴香《诗经译注》(卷三)，第70页。
⑤ 程俊英《诗经译注》，第173页。
⑥ 江阴香《诗经译注》(卷三)，第70页。
⑦ 程俊英《诗经译注》，第173页。
⑧ 程俊英《诗经译注》，第174页。
⑨ 江阴香《诗经译注》(卷三)，第71页。
⑩ 程俊英《诗经译注》，第174页。

晋武公势孤力弱,依靠不住,所以有贤才的人不愿辅助他。而后者是写女子看中了一个男子,希望能和他接近,是一首恋歌。

《陈风》中有《宛丘》篇:“子之汤兮,宛丘之上兮。洵有情兮,而无望兮。”① 江阴香译文为:“你这个游荡的陈幽公啊!天天在四面高中央低的地方上面游玩着啊!虽他很有情致的寻欢作乐啊!但是我们百姓见了这种样子,觉得没有威望了啊!”②而程俊英译文为:“姑娘跳舞摇又晃,在那宛丘高地上。心里实在爱慕她,可惜没啥希望。”③前者以为诗是讽刺陈幽公在外荒淫游荡,百姓看不到他的威望,认为是一首政治讽刺诗;而后者以为诗写一个男子对舞女的倾心爱慕,认为它是一首表达爱情的诗。

《曹风》中有《候人》篇:“彼候人兮,何戈与祋。彼其之子,三百赤芾。”④ 江阴香译文为:“曹共公是个不辨贤奸的昏主,疏远那忠心的君子,叫他做一个路上迎送宾客的小官罢了!肩上掮着兵器,当这很低微很辛苦的差使,那班奸诈的小人,却有三百个,一般都是红色的蔽膝,做了大夫以上的官职。”⑤而程俊英译文为:“候人官职小得很,肩上扛着戈和棍。可恨那些暴发户,红皮绑腿三百人。”⑥前者是旨在讽刺曹共公,昏庸无道,亲近小人,疏远君子;而后者则以为诗语是嫉妒暴发户,是旧贵族对新兴人物的不屑和讥讽。

从以上的对比我们看到,江、程二人对诗语内涵的理解确有很多差别。这个差别包括诗旨、诗中人物、诗之情境、作者的叙写视角等。从形式上看,江氏的译文多散文化,而程氏则多用诗语体,江氏译诗多有发挥之处,牵扯到国家、政治、礼教等等,而程氏则接近朱熹,将诗语多还原为生活中的事,特别是男女爱情。这样,程氏的译文则更具诗美!另外,江氏的译诗表达常提到离乱、社稷之类,则是多与他生活的那个时代有关系的。

(作者:王秋实,女,淮北师范大学文学院硕士研究生 ,235000。)

---

① 程俊英《诗经译注》,第 192 页。
② 江阴香《诗经译注》(卷三),第 93 页。
③ 程俊英《诗经译注》,第 192 页。
④ 程俊英《诗经译注》,第 209 页。
⑤ 江阴香《诗经译注》(卷三),第 121 页。
⑥ 程俊英《诗经译注》,第 209 页。

家庭藏书叙录

王 君

自古以来,家庭藏书、寺院藏书、官府藏书、书院藏书构成了我国的藏书体系。其中,家庭藏书又称为私家藏书。私家藏书源起春秋战国时期,私藏文化源远流长,但经历过十九世纪中叶到二十世纪的战乱与动荡,藏书文化中道衰落。近代虽没有藏书大家,但民间的爱书之士仍保存了一定数量的古籍经典。祖父就是这样一位爱书之士。祖父名王谟,祖籍山西。自笔者记忆开始,祖父家里就放着一摞摞的线装书,因与平装书不同所以记忆颇深。祖父在笔者七岁时去世,关于祖父书籍的来源都从父亲那里得知。祖父幼时曾做过地主子女的陪读,经书类为陪读所赠。后祖父成年后,因在书画剪纸方面有一定的造诣,就靠这门技艺讨生活,有的买主因家穷就以书抵债。祖父爱书欣然纳之。行走各地,祖父看到书摊有自己感兴趣的书目也会自己购买一部分。家里线装书主要集中在这三个来源。现将祖父所藏古籍做简单罗列。

一、经书类

1.《绘图诗义折中》,石印本,封面题“御纂翰林院奉敕校对”,落款“古盐成夔春署”。版权页署“宣统二年孟冬校辑,宣统三年仲春出版”。全书共六册二十卷,单鱼尾,板框为18.4×26 cm, 四周双栏,墨格,每半叶十一行,每行二十三字。小安乐书屋校辑,北京自强书局发行。书内图画精美,花鸟鱼虫描绘细致。

2.《铜板四书遵注合讲》,清文蔚堂刻本,封面题“太末翁克夫汇阅”,六卷。单鱼尾,板框为27.5×35 cm,四周双栏,墨格,每半页八行,每行十九字。

3.《绘图新注四书白话解说》,石印本,江希张注,国学保存社刊行,共五册。单鱼尾,板框为20×26 cm,四周单栏,无栏线,每半页十四行,每行三十字。版心题书名及卷数。注者江希张,山东历城人,7 岁时在父亲与家长的帮助下撰写,曾被康有为誉为“民国第一神童”。“《 四书白话解说》语言浅显易懂,解说新鲜明晓,此书一出,便立刻轰动了国内学林,印行了上百万部,江希张的名字在沉寂了三年之后，成为了国内外报刊竞相报道的热点。"①

4.《精校绘图监本书经》，1922 上海广益书局印行，一函共五册。单鱼尾，板框为 19.5 ×27 cm，版心题书名及卷数。正文双行小字夹住，有眉批。

5.《易经体注全解大全》，清同治九年（1870）修文堂刻本，共两册，封面题"苕溪范紫登先生参定"。单鱼尾，版框 24 ×26 cm，四周单栏，每半页八行，每行二十字。版心题书名、卷数及页码。

二、史书类

1.《钦定史记》，线装石印本。光绪戊子（1888）年春由上海图书集成印书局出版，共 8 册板框 19.5 ×27 cm，四周单栏，双鱼尾，每半页十三行，每行三十八字。版心题"乾隆四年校刊"及书名卷数。

2.《资治通鉴纲目》，大文堂出版。板框 20.5 ×30 cm，单鱼尾，上下单栏，左右双栏每半页七行，每行三十四字。版心题书名、卷数、页码。有眉批。《纲目》为南宋朱熹及其门人赵师渊所撰。"朱熹编撰此书的目的，除了条理《通鉴》以利阅读外，更主要的是借修史来维护纲常名教，宣扬儒家正统思想观念，因此行文义例严谨，处处仿《春秋》笔法，极重褒贬进退。《通鉴纲目》基本取材于《通鉴》，并无多少史料价值，但它创造了一种新的史书体裁，即纲目体。"②

3.《王凤洲纲鉴会纂》，一函六册，二十卷。板框 20 ×32 cm 上下单栏，左右双栏每半页十一行，每行二十字，正文后有双行小字注。版心题书名、卷数、页码。

4.《春秋左传杜林善本》文会堂刻本，三槐堂发行，共四卷。"书名页题《春秋左传杜林善本》。是书为月峰与钟惺、韩范合评。"③韩友一即韩范，钟伯敬为钟惺。首页题"韩友一先生批点"，页眉"钟伯敬先生评定"，落款"文会堂藏版"。板框 25 ×32 cm，每半页十一行，每行二十一个字，单鱼尾，版心有书名、卷数、页码及书坊名。

---

① 杨苏静《民国第一神童江希张》，《文史天地》2007 年第 2 期。

② 光明网. 史部之资治通鉴纲目[DB/OL].（2008 -05 -12）[2015 -04 -05] http://www.gmw.cn/content/2008 -05/12/content_772265.htm.

③ 王孙荣《孙月峰年谱》，大众文艺出版社 2009 年版，第 289 页。

三、医书类

1.《御纂医宗金鉴》共三函三十一册。白纸木刻,版本不详。板框 20.5 × 30 cm。四周单栏。墨格。单鱼尾。版心题书名、卷数、页码、章节。正文每半页九行,每行二十三字。《医宗金鉴》是我国第一部官方修的医书,也是第一部医学教科书。总修官为刘裕铎、吴谦。"《医宗金鉴》为朝廷下旨组织专门人员进行编纂的临床医学全书,实际上也是对当时中医学术的一个整理。《医宗金鉴》以中医经典理论为其编纂之指导思想,广采历代众多医家之善长,不拘泥于一家一派之说,方论严谨不离经典,紧密结合临床,重实用,不求新出奇。其辨证论治体现了中正平和的王道医学特色。"①王道医学"以仁爱之心,行精诚之医,解中庸之道,行执中有权之术"。医学与儒学的杂糅严谨完备,博采众家之长。至今台湾地区仍将《医宗金鉴》作文行医资格证必考教材。此三函对于医学的传承与发展有一定的史料价值。

2.《寿世保元》卷八,增盛成记。刻本。板框 21.5 × 26 cm。四周单栏。墨格。单鱼尾,版心题书名、卷数、页码。正文每半页十四行,每行三十字。正文双行小字夹注。该书是明代医学家龚廷贤所著。是一部养生类的医学著作。

3.《东医宝鉴》,木刻本。共 4 册八卷。板框 17 × 30 cm。版本不详,每半页十行,每行二十字。单鱼尾。版心题书名、卷数、页码。上下双边栏,左右单栏。墨格。许浚《东医宝鉴》是朝鲜古代医药史上的巨著。2009 年被列为联合国教科文组织世界记忆遗产名录。"《东医宝鉴》对中国传统医药理论进行了继承与发展,并将中国传统医学理论与韩民族固有医学的融合统一,使《东医宝鉴》在中、韩乃至东北亚的广泛传播,为包括中、韩传统医学在内的东方各国的医学研究和发展做出了重要的贡献。"②

4.《绘图针灸传真考证穴法卷一》,石印本。共两册,版本不详。板框 20 × 28 cm。四周双栏,墨格。每半页十二行,每行二十六字。单鱼尾,版心题书名、卷数、页码。孙秉熙、赵熙合编《针灸传真》的第一编。

5.《增补幼幼集成》,封面题"李节斋题签",扉页落款"欧生居士署首",光绪丁未年(1907)上海文海阁石印。板框 17.2 × 27.2 cm,墨格,单鱼尾,上下双栏,左右单栏,每半页十八行,每行四十字。版心题书名、卷数、页码。《幼幼集

① 赵林冰《御纂〈医宗金鉴〉辩证论治学术特色及其传承研究》,中国中医科学院硕士学位论文,2011 年。

② 车武、许浚《〈东医宝鉴〉的理论价值及其影响研究》,中央民族大学博士学位论文,2011 年。

成》是清代名医陈复正根据自己的临床实践，编写的一部儿科理论著述，“该书汇集整理古人的儿科理论知识，结合自己的临床经验，阐明对儿科学的独特见解，是一本对儿科临床具有指导意义的参考书。”①关于瓯生居士其人现不可考，只知道他本人曾为《倭袍传》作序。

四、早期教科书

1.《增批绘图古文观止》宣统纪元（1909）孟夏上海书局出版，共六册。板框 20×30 cm，竹纸石印，每半页十二行，每行三十八字，正文双行小字夹住，有眉批，四周双栏，墨格，单鱼尾，版心题书名、卷数、页码、章节名。《古文观止》是清康熙年间编选的古文启蒙教材，成书后广为流传。

2.《字课图说》光绪三十年（1904）夏月绘图本，石印本。板框 23×36 cm，上下双栏，左右单栏，墨格，双鱼尾，版心题书名、页码、卷数。每半页四行，半页左侧为字，依次为注及图画。绘画精美，每字有象形字解说。《字课图说》是叶澄衷所办的澄衷学堂所用的识字教科书，具有深远影响。全书“共四卷，八册。全书图文并茂，选 3000 余字，有黑白插图 762 幅。编撰者为刘树屏，绘图者为‘苏州吴子城’。”②

3.《增订古文释义》，文会堂石印本，封面题“上元余自明评选”，步月楼藏板。板框 20.3×30 cm，单鱼尾四周单栏无栏线，每半页十行，每行二十一字，内有黑色、红色圈点，上有眉批，版心题书名、卷数、页码。

4.《芥子园画传》，封面题“李笠翁先生论定”，落款篆书“吴县未煜题”，上海章福记书局 1917 石印。板框 26.4×17.7 cm，四周单栏，墨格，单鱼尾，版心题书名、卷数、章节名、页码。全书以绘画为主，无栏线。“由清代文人李渔（号笠翁）之婿沈心友策划并邀请王概、王蓍、王臬三兄弟据史上名家名画及画册共同编纂而成，《画传》于康熙十八年（1679）刊成，请李笠翁论定。”③《画传》最大的贡献是对中国画的技法做了详细的图解，是一部中国画的启蒙教科书。

---

① 王力宁，陈复正《〈幼幼集成〉学术思想及其对儿科的贡献》，《广西中医药》1996 年第 6 期。

② 石鸥、吴小鸥《最早的学校自编语文教科书之二——澄衷学堂及其〈字课图说〉》，《对话与聚焦》，2008 年第 2 期。

③ 杨晴《〈芥子园画传〉考》，广西师范大学 2012 年硕士学位论文。

五、单本未分类

1.《陈文恭公五种遗规》，桂林陈文恭公原编，广益书庄石印本，一函八册。板框 18.5 ×27 cm，每半页十六行，每行三十六字，四周单栏，墨格，单鱼尾，版心题书名、卷数及页码，正文中有双行小字夹注。作者陈宏谋，历经康、雍、乾三朝，从政之余编纂了许多促进教化的书。《五种遗规》是其中影响最大的一部，全书分五部分，《从政遗规》《养正遗规》《教女遗规》《训俗遗规》《在官法戒录》，"某些《五种遗规》版本对于研究当时社会风气和区域文化有不可低估的价值。"①以期家藏该版本能为研究提供一定的资料支撑。

2.《足本大字绣像绘图三国志演义》，上海会文堂石印。板框 17.5 ×27 cm，单鱼尾，版心题书名、卷数、页码，上下双栏，左右单栏，墨格，每半页十六行，每行三十四字。《三国志演义》的传播在明清之后随着小说地位的提升迎来了读者的热捧。版本从成书之日起几经演变，"《三国志演义》的出现满足了当时社会人民的心理和情感需要，所以在传播过程中引起了强烈的心理共鸣，满足了人们英雄崇拜的心理。"②

3.《绘图加批西游记》，天宝书局石印。板框 18.5 ×26 cm，单鱼尾，每半页二十二行，每行八十字，四周单栏，墨格，有眉批，版心题书名、卷数、章回、页码。

4.《古唐诗合解》，郁文堂发行。封面题"长洲王翼云注"，道光元年(1821)正月山渊堂刊，一函六册。板框 20.3 ×30 cm，单鱼尾，每半页十二行，每行二十一字，正文双行小字夹注，四周单栏，墨格，版心题书名、卷数、页码。王翼云本名王尧衢，"清代前中期诗人各立门户，宗唐宗宋，壁垒分明，诗坛弥漫着复古之风。"③《古唐诗合解》流传甚广。选诗多为人们喜爱又熟悉的名篇，且以唐诗为主，表现了作者的学术倾向。

5.《唐诗正声》卷八，共二百八十八首 。云经堂刻本。张说、苏颋本。版框 20.5 ×27 cm。每半页八行，每行二十四个字。四周双栏，有墨格。版心题书名、卷数、页码及"云经堂选刻"字样。单鱼尾。"《唐诗正声》为《唐诗品汇》的简编本，详于盛唐而略于晚唐，颇重风骨，其格甚正。"④

6.《重订增广事类赋》，乾隆甲申(1764)剑光阁刻本，一函六册，三十卷。

① 谢蓉《〈五种遗规〉开封府刻本印行过程述略》，《编辑之友》，2011 年第 3 期。

② 姜蕴菡《浅谈〈三国志演义〉文本的传播》，《大众文艺》，2009 年第 3 期。

③ 詹福瑞《王尧衢〈古唐诗合解〉的宗唐倾向及选诗标准》，《文学遗产》，2011 年第 1 期。

④ 黄小芸《明刻本〈唐诗正声〉入选全国第一批珍贵古籍名录》，《碑林集刊》，2009 年第 1 期。

版框 15×26 cm,单鱼尾,每半页十一行,每行二十字,四周单栏,墨格,版心题书名、卷数、页码。“吴淑的《事类赋》是宋初一部十分特殊的赋作,它是以赋的形式写成的类书。此书的出现,标志着宋初赋由承袭平易婉媚的五代余风走向重视学殖深醇的转折。”①

7.《康熙字典》,上海鸿宝斋书局石印,封面落款为“嘉兴顾鹿题字”,共六册。版框 17×27 cm,单鱼尾,四周双栏,墨格,每半页二十九行,每行五十字,每字后有双行夹批小注,有眉批,版心题书名、卷数、页码、部首,笔画数及“鸿宝斋藏版”字样。

8.《正草新体白话尺牍》,广益书局发行 1921 年出版。板框 14.5×27 cm,无鱼尾,每半页十六行,每行二十五字,四周单栏,墨格,有眉批,版心题书名,卷数及页码。

9.欧阳询《九成宫体泉铭》,31.5×18 cm,为旧拓本。因临摹使用次数多所以有破损,并用纸糊上破损处。

10.《绘图女四书白话解》,上海会文堂印行。版框 19×28 cm,单鱼尾,每半页九行,每行二十字,内夹双行小字注疏,四周单栏,墨格,版心题书名、卷数、页码。

11.《饮冰室壬寅、癸卯全集》,日本东京新智学社石印。版框 18×27 cm,单鱼尾,每半页十七行,每行三十六字,四周双栏,有墨格,版心题书名、卷数、页码、“光绪壬寅”字样。《饮冰室全集》是梁启超的著作集,对于研究近代文化、思想、政治有着重要的学术价值。

12.《绘图史鉴节要便读》,1904 仲夏长沙广益书局发行,文华书局印行,石印本。板框 15.4×26 cm,单鱼尾,四周双栏,墨格,每半页十二行,每行十六字。板框上方为图画版心题书名、卷数、页码及“文华书局印行”字样。

祖父家藏图书整理后,大体如上所述。祖父藏书规模虽小,但就山西本省而言,还有许多像祖父一样的民间藏书爱好者。由祖父藏书可管窥山西省古籍保存量是十分丰富的。1931 年,北京琉璃厂书商在山西介休、平遥一带收购《金瓶梅词话》,几经周转,北京图书馆购藏。《金瓶梅词话》的发现颠覆了学术历史,由此佐证山西地方古籍的保存量之大、精品之多。因地处黄土高原天气干燥也是这些书能够保存下来的客观原因之一。祖父老家在山区,消息滞后,交通不便,物资流动缓慢,使得这些古籍得以在动荡年代保存至今。留给我们这些后人宝贵的精神财富。

(作者简介:王君,女,山西原平人,淮北师范大学文学院研究生,235000。)

① 刘培《〈事类赋〉简论》,《济南大学学报》,2011 年第 5 期。

书　评

竹垞功臣　年谱佳构

——论张宗友先生《朱彝尊年谱》

金学波

朱彝尊(1629—1709)是清初著名的文人和学者,于诗古文辞俱有深造,诗名与王士禛相埒,被目为"南朱北王",词与陈维崧齐名,为浙派之开山。不惟创作堪称名家,朱氏在诗词文献整理上用力亦深,所辑《明诗综》旨在以诗存人,反映了明代诗歌发展的基本面貌,评骘亦多精当之言;与汪森合辑之《词综》则标举南宋诸家,所选词作成为浙西词派词体创作的典范。朱氏之学则淹贯经史,旁及诸子百家,于经学、史学、目录学、金石学等领域俱有贡献,如《经义考》三百卷是经学、目录学集大成之作,《日下旧闻》四十二卷堪称北京地方文献纂辑的发轫之作。

年谱这一人物传记体裁,在清代取得极大的发展。来新夏《近三百年人物年谱知见录》据各家著录综计,清人年谱有八百余种,一千余卷,而年谱也在清代取得了史籍分类下独立类目的地位。这与年谱这种形式可以细致、全面地胪述谱主一生事迹,与专人研究中有不可或缺的地位分不开。近年,与朱彝尊交游甚密、同为清初著名文人的宋琬、汪懋麟等,也递有年谱问世,学界日益重视年谱这一工具,这也反映了清初学术研究的一种深入态势。张宗友先生撰写《朱彝尊年谱》(以下简称朱《谱》)不仅是对朱彝尊研究的拓展,也顺应了清代学术研究的潮流。

研究朱彝尊这样的名家,要做到知人论世,实有赖于对其生平事行的梳理。竹垞享年八十有余,生平游历范围又极广,为其编撰年谱,需要对清初山川地理、官制沿革有必备之了解;其诗文作品众多,又多不系年,唯有深入爬梳、仔细考证,方能厘清;朱氏交游还十分广泛,其中一些还对他的人生际遇、诗文创作、学术研究乃至人生轨迹产生过重大影响,是全面认识和研究朱彝尊不可或缺的线索。朱氏与名流、学者的交游进而影响了清初的文学圈与学术界,厘清这些交游情况,无疑需要查考大量清人文献。

作者多年来沉潜于朱彝尊专题研究,曾出版专著《〈经义考〉研究》(中华书局 2009 年版),并撰成系列研究论文,各有发明。用时既久,功力亦深,遂能穷前代之记载,集时贤之成果,而撰成这一部资料翔实、体例精审的年谱佳作。

一、资料翔实,引证简要

研究清代学术人物,不像研究宋元以前,因为比较而言,虽然由于史料阙如,人物事行存在实在无法考求之处,但是清代资料极为丰硕,较易查获,因此,如何从浩如烟海的文献中搜寻史料、勾勒行迹,就成为编撰清人年谱的难点。史料多寡是衡量清人年谱质量的一项重要指标,但因为作者用力状况有异,结果未必尽如人意。冯尔康《清代人物传记史料研究》为明网罗之功,列举以下数端:冯其庸、叶君远《吴梅村年谱》参考资料要目 267 种,毛注青《黄兴年谱长编》征引书目 284 种,来新夏《林则徐年谱》(增订本)引用书目 229 种。蒋寅《王渔洋事迹征略》"不惮详细",堪称竭泽,征引书目则达 319 种。而朱《谱》征引书目更是多达 463 种(其中"古籍之属"依四部分列:经部 5 种,史部 162 种,子部 52 种,集部 200 种,凡 419 种;"现当代著述"44 种),资料堪称翔实。

对朱彝尊著述及集外诗文、书信搜罗之全,为朱《谱》一大特点。朱氏著述,后人加以整理者如《南车草》(附《薇堂和章》,尤裕森注)《腾笑集》《曝书亭集》《朱彝尊词集》(屈兴国、袁李来点校)《曝书亭手录文稿》《曝书亭全集》(含《曝书亭集》《曝书亭集外稿》《曝书亭集外诗文补辑》,王利民、胡愚等校点)《曝书亭集诗注》(杨谦注)《曝书亭诗椾》(钱珏注)《曝书亭集词注》(李富孙注)《朱彝尊诗词选注》(王镇远选注)等,朱《谱》悉加引用。

尤其值得注意的是朱《谱》对集外书札的利用。朱氏晚年手订《曝书亭集》,其中卷三十一至三十三收其书信二十八通。朱氏身后,其书信递有发现与整理,王利民、胡愚校点之《曝书亭集外诗文补辑》(载二氏校点之《曝书亭全集》)收朱氏书信三卷,计九十通。刘玉才《朱彝尊晚年手牍考录》[①]于朱彝尊集外书信整理、研究方面首开先河,可惜于每通书信写作时间、所载人物及本事着墨较少。朱《谱》于前贤成果既充分使用,又详加考辨,如"康熙四十二年癸未 75.4、75.6"条悉赖《竹垞老人晚年手牍》(其二)而增补,"康熙四十七年戊子 80.25"条,又据《竹垞老人晚年手牍》(其八)加按语云:"由此信可知,前信中与查嗣瑮面订北上真州一事,可能并未成行。"(作者复有《朱垞老人晚年手牍考释》[②],循《朱彝尊晚年手牍考录》之途径,"先列书信,次加按语,力图考定其年

① 载《北京大学古文献研究所辑刊》第 1 辑,北京燕山出版社 1999 年版,第 332—342 页。
② 载《中国典籍与文化论丛》第 16 辑,凤凰出版社 2014 年版,第 298—311 页。

月，绎读其本事，疏通其名物，从而为进一步研究奠定基础。”可资备览。）又如朱《谱》“康熙十七年戊午 50.8”条，“转引朱丽霞《明清之交文人游幕与文学生态：以徐渭、方文、朱彝尊为个案》一书所披露之若干片断”，于朱《谱》虽仅此一例，更可见作者网罗材料之功。

朱《谱》还充分利用各类史料，特别是地方志中的传记材料，为涉及的人物新撰了大量小传，使许多湮没无闻的人，因为资料的钩稽而披见于世。不但细化了朱氏的交游网络，而且提高了年谱的使用价值。如“顺治三年丙戌18.5”条，据《曝书亭集》卷七十四《文学沈君墓志铭》，考订沈进生卒年；“康熙二十一年壬戌 54.15”条，据《（光绪）保定府志》卷五十九《理学传》，为崔蔚林新撰小传。

除从卷帙浩繁的清代别集、笔记中爬梳材料外，朱《谱》还能充分利用书目、书画著述中的题跋资料。如《曝书亭集》卷四十四所载《桂林风土记跋》末本无署款，朱《谱》利用黄丕烈《士礼居藏书题跋记》及瞿镛《铁琴铜剑楼藏书目録》所录朱氏跋文，考出其末署“康熙戊子闰月竹垞八十翁彝尊题”，因而系于康熙四十七年戊子闰三月。再如“康熙十一年壬子 44.4”条，朱《谱》引胡敬《胡氏书画考三种·西清札记》卷三“文征明仿赵伯骕后赤壁图”所载后幅题跋，以定“三月十七日，在扬州，同程邃、沈岸登同观文征明仿赵伯骕《后赤壁图》”之事行。

朱《谱》使用《中国书画全书》中所收书画文献多达 17 种，大大拓展了材料范围，丰富了谱主事行。如据张廷济《清仪阁题跋》中所录朱彝尊跋，系朱氏观像赞事于康熙三十四年乙亥十二月。凡此种种，皆可见朱谱资料之翔实宏富。

作者还亲到朱氏嘉兴乡里，进行实地考查，搜罗地方文献。如考证谱主家世所利用的二种家谱中，抄本《秀水朱氏家乘·编年志》为朱彝尊的从子朱建子辑，朱德遴重修，是现存最早的秀水朱氏家乘资料，便是其在嘉兴市图书馆访得的。

以翔实宏富的材料作基础，在呈现方式上，朱《谱》更精益求精地追求简要切当。引证文献以第一手材料为主，常见易得者简括之，而“必详其出处”（《凡例》）。希见文献则节录或全录。这样，既避冗长，又可据出处按图索骥，便利读者利用。而以追求简要的呈现方式尚且达至五十余万言的规模，其资料之翔实更不待言。

二、疏通证明，考辨精审

朱《谱》于材料的收集、罗列、整合之外，更有按语，“对谱主事行、引证文献之补充、说明或考辨”，精详中更见功力。细察其内容，大致有三种：

1. 疏解人物和地名。如朱《谱》“崇祯二年己巳 1. 10”条按语对朱氏自题之文加以梳理，穷尽搜罗，归纳出十二条显例，复结合朱氏生平，加以整合云：“综观先生自题，实与其生平历程大致相应。早年落拓江湖，奔走四方，多以本名、本字自题，或者限以地域。出仕以后，并不得志，曾遭降谪，后补原官，旋又罢官，遂返乡里居，时已六十有四。后有丧子之痛（子昆田卒于 1699 年），故心境不佳，多以‘翁’‘叟’自称。归田后肆力经史，康熙数次南巡，均往迎驾，获赐御书‘研经博物’扁额。先生对此，颇为自矜，故其后每称‘南书房旧史’。由先生自题，实可窥其心路历程。”如此贯通的考辨，知人论世，不惟有助于了解朱氏之种种自题，且能由此参其生平，见其心迹，可谓切中肯綮。每涉人物，必尽力为其撰写小传；每涉地名，亦根据需要而考其沿革。

2. 补充说明相关问题。如朱《谱》“顺治二年乙酉 17. 3”条言及谱主叔祖朱大定参与抗清牺牲事，按语云：“关于嘉兴抗清事，屈强《嘉兴乙酉兵事记》述之甚详。”为读者了解顺治乙酉嘉兴抗清事提供线索。而“康熙二十三年甲子 56. 15”条，对康熙中两位张远的辨析也足称精审。

3. 考辨前人误识。清代文献繁芜，研究者即使穷毕生精力，也不可能全部寓目，加上文献辗转称引，许多误识甚至转为笃论，所以研究清代人物及学术，不仅需要耐得住寂寞，沉潜文献，更要有前后勾连、不为贤者讳的严谨。朱《谱》的价值也在于对前人误识精审的考辨，如黄嗣艾《南雷学案》载朱氏“别署藕荡渔人”，朱《谱》“崇祯二年己巳 1. 10”条附考详引证据加以辨析，“藕荡渔人”实为严绳孙自号。再如“康熙二十二年癸亥 55. 10”条，蒋寅《王渔洋事迹征略》以《曝书亭集》中《送宋佥事（荦）之官通潞四首》诗在《早秋西华潭》《夜起》诗之后，推宋荦赴任殆在七月。朱《谱》则据宋荦自订年谱中二月即已获命，及朱氏本诗第一首诗所写春天景物，系宋荦之官通潞在是年春季。前已言及朱氏诗文作品众多，且多不系年，许多误识正源于此，朱《谱》则尽量对失次作品加以系年，为后来者提供极大的便利。

三、结构明晰，体例严整

在编纂体例上，朱《谱》更是别具匠心地采用了条目体，于各年正文之前，撮举该年事行大要，标以“概要”，以便查检，每一条目又由谱主事行、引证文献以及按语三部分组成。其中事行以叙谱主为主，兼及直系亲属或家族重要人物之生卒；引证文献又以谱主著述为主，辅以其他文献，不同出处的材料则分段排列；按语部分则对谱主事行、引证文献加以补充、说明或考辨，需要特别考辨的，再列“［附考］”（《凡例》）。

朱《谱》卷帙浩繁，读者如不欲详读，只将诸年之概要相连，便可清晰地勾勒出朱氏的生平轨迹；要了解朱氏某年之行迹，又只需将一年之事行进行勾连。若欲了解某一事行之本末或是有所怀疑，即看事行下引证文献和按语即可。条目体方便之处还在于，只需将一条或数条引证文献稍加排比，附于事行之下即可，无须联络功夫。若以常行体组织，如不加意经营很易生吞活剥，条目体的运用颇能以简驭繁。这一年谱体例上的创新，作者自称是对谱主朱彝尊《经义考》辑考体例的规仿与致敬。辑考体“实则有两部分构成：前一部分即‘编次材料’，采录诸说；后一部分则‘镕铸材料’，述而有考。这两部分在形式上是截然分开的，在内容上则各有侧重。因此，它既能提供有价值的参考资料，又为撰者考辨问题、表达见解提供了空间，从而具有很高的学术价值”①。朱《谱》取其所长，足见善于效法前贤，深得史学编纂胜意。

此外，朱《谱》卷首列《秀水朱氏世系表》及《朱国祚支系表》《朱彝尊支系表》，使观者一目了然。全谱还按朱氏生平几个阶段作五卷之分，秩序井然；正文逐条编次，书末附人名索引，均为检索利用提供了极大的便利。

作者供职的南京大学古典文献研究所，是中国古代文献、文化研究的重镇，向来有编撰年谱的传统。周勋初、卞孝萱、严杰、徐有富、程章灿等先生，分别为高适、刘禹锡、欧阳修、郑樵、刘克庄等唐、宋文学家撰有年谱。2013 年，在首任所长程千帆先生百年诞辰之际，徐有富先生复有《程千帆沈祖棻年谱长编》付梓。所以，朱《谱》得以问世，是对该所优良学术传统的延续与发扬。

众所周知，为朱彝尊这样的清代名家编撰一部详尽的年谱，往往需要投入漫长的时间，耗费巨大的心力。在学术数字化、项目化的今天，编撰清人年谱，往往被视作“智者不为”的事业。作者为学界贡献了这部五十余万言的巨作，足证其对学术的热爱。总之，这部穷作者数载之功的年谱，实之以翔实宏富的文献，故能探微索要，勾勒事行；律之以创新谨严的体例，是以结构明晰，精当简要；辅之以周密坚确的考辨，因此征实可信，比肩前贤。该谱不但是朱彝尊专题研究的重大突破，堪称竹垞功臣；同时也年谱编撰的佳构，其志意、体例、规范，均具启迪意义。

（作者：金学波，男，南京大学文学院硕士研究生。）

① 张宗友《〈经义考〉研究》，中华书局 2009 年版，第 138 页。

海内外第一部集刘熙载研究文献之大成的读本

——评莫其康主编的《刘熙载研究》

孙 晶 郭子正

我们素来对刘熙载的《艺概》一书非常喜爱,读之日久,愈觉精深。近日,有幸蒙莫其康先生赐赠《刘熙载研究》①一书,得以更加深入地了解刘熙载其人及学界对刘熙载的多方面研究成果。是书编纂体例新颖,收录论文精要,每每读之,令人爱不释手。《刘熙载研究》于2012年,也就是刘熙载诞辰200周年前夕出版。莫其康先生不辞劳苦,编成这部旨在弘扬桑梓、泽被学林,集文献之大成的著作,可谓苦心孤诣,倾尽情思,令人感佩万分。

刘熙载,字伯简,号融斋,晚号寤崖子,江苏兴化人。晚清著名学者、文艺理论家、教育家,兴化历史文化的代表人物。他与施耐庵和郑板桥一起,堪称兴化历史文化"三杰"。他一生著述颇丰,其中尤以其《艺概》中的文艺思想最为著名。刘熙载处于近代新旧文化的交汇期,是传统文论和古典美学的集大成者。同时,他的一些思想又突破了传统的局限,并对王国维、胡适等后起者有很大启发。因此,编辑《刘熙载研究》一书,大力弘扬优秀历史文化,具有很强的学术价值和现实意义。

《刘熙载研究》一书是继1993年徐林祥教授主编的《刘熙载美学思想研究论文集》②一书出版后,对刘熙载研究文献的又一次大规模梳理和整合。它吸纳了最新的研究成果,对刘熙载研究文献精选广辑、分类分目、科学整理。作为海内外第一部集刘熙载研究文献之大成的著作,该书在选文标准、编撰体例和学术眼光等方面极具特色。

一、精选名师名家的经典作品

莫其康先生自序说:"本书的编辑,主要选录新中国成立以来海内外已发表的研究刘熙载的名家名篇和新锐力作。"我们可以从所选作品作者的角度,看出该书选文的经典性和权威性。

首先,该书精选名师名家的优秀作品。它选录了徐中玉、龚鹏程、卢善庆、

① 莫其康主编《刘熙载研究》,凤凰出版社2012年版。

② 徐林祥主编《刘熙载美学思想研究论文集》,四川大学出版社1993年版。

郭延礼、孙蓉蓉、王达津、姚文放、胡可先、李清良等名师的作品，如华东师范大学徐中玉教授、萧华荣教授的《关于刘熙载文艺思想的探索》，山东大学郭延礼教授的《刘熙载文学批评的特色》，吉林大学丛文俊教授的《刘熙载书学研究序》，扬州大学姚文放教授的《古典书法美学的总结》、湖南大学李清良教授的《从〈艺概〉看古代文论思维方式的现代转化》等篇，开阔的思维、敏锐的眼光、深入的分析、精辟的概括、严密的论述，集中展现了他们高深的学术造诣和名家风范，拓展了该书的视野和容量。

第二，该书既选录前辈学者的名篇，又吸收后起之秀的力作。该书选录前辈学者的文献，有传统的碑铭、传记，如俞樾的《左春坊左中允刘君墓碑》、赵尔巽的《刘熙载传》；也有现当代名家的研究论文，如李长之的《刘熙载的生平及其思想》、薛正兴的《刘熙载论》、王达津的《散文的艺术论——谈〈艺概·文概〉》等文，内容丰富、风格质朴，大都具有开创性，展示了刘熙载研究的丰富学术成果。

令人瞩目的是，近年来，一些中青年学者专注于刘熙载研究，成果颇丰，徐林祥、杨宝林（抱朴）、袁津琥等就是其中的代表。他们出版了多本刘熙载研究专著，如徐林祥的《刘熙载及其文艺美学思想》、杨宝林的《刘熙载书学研究》、袁津琥的《艺概注稿》[①]等。该书选录的徐林祥的《论刘熙载对文学语言表达技术的研究》、杨抱朴的《大文艺观视阈下的刘熙载书论略说》、周远斌的《文学是心学》和台湾学者刘鉴毅的《刘熙载〈艺概·书概〉论书法对立统一之形式美》等文章，视角独特、观点新颖、论证严谨，言前人所未言，填补了刘熙载研究领域的空白。当代刘熙载研究名家徐中玉、郭延礼、龚鹏程、丛文俊诸教授联合推荐该书，称之为“海内外第一部集刘熙载研究文献之大成的读本”，洵非过誉。

二、编撰体例上的创新

编撰体例上的创新，是该书的一大特色。所选文章及其相关链接注意全面覆盖刘熙载研究的各个领域，又将其分为生平交游与思想、艺概、分概、附录四个课题，每个课题中的文章按主旨适当归类，增加了相关链接和存目辑览。这种编撰体例的创新表现在它独特的编排方式和新颖的链接方式。

首先，以类相从和以时为序并用的编排方式。主编在编撰过程中综合运用以类相从和以时为序两种方式，取其两长，相互裨益。将所选文章分为四个课

① 刘熙载撰，袁津琥校注《艺概注稿》，中华书局2009年版。

题，以勾勒出刘熙载研究的总体轮廓。每个课题所选文章也按主旨适当归类，以凸显出刘熙载研究的学术热点。而每一课题及其中的小类，都采用以发表时序编排的方式，则能使读者轻松掌握刘熙载研究的大体脉络。值得注意的是，该书还在书后附录了徐林祥辑录的《刘熙载研究文献存目辑览》（以下简称《存目》）。《存目》辑录了刘熙载研究的许多珍贵文献资料，分原著及其整理本、研究专著、研究论文和其他文献四类，依著作出版和文章发表时序排列，不仅增加了该书的资料容量，也方便了读者对相关文献的检索和查阅。

第二，前后辉映、溯源述流的链接方式。主编编撰中还在一些文章后增加了"相关链接"（以下称"链接"）。"链接"在正文后列出与其相关的一些文章的主要观点，按与正文文意的关联度组织，不受时序约束。由此我们可以看出刘熙载研究中一些观点提出、发展和成熟的过程以及其中的源流关系。例如，谭佛雏教授发表于 1962 年的《刘熙载美学思想初探》一文从意境论、方法论、风格论三个方面初步探讨了刘熙载美学思想。文后的"链接"，列出了其后王世德、毛时安、万志海的 4 篇相关文章。将正文和链接对比可见，在对刘氏美学思想的研究中，谭佛雏教授的观点对后来学者产生很大影响和启示，后来学者则概括、深化、升华了谭教授的思想。其他像《刘熙载论李白绎说》《刘熙载〈艺概·词曲概〉发微》等文章的"链接"都有这种特点。正文与"链接"之间源流分明，相映成趣。

三、学术研究脉络的清晰呈现

《刘熙载研究》一书选文权威、体例新颖，它清晰地呈现出了刘熙载研究发展的脉络。改革开放前，关于刘熙载的研究文章仅有 10 篇。改革开放后，原著注本及整理本、论文、专著等，则势如潮涌，刘熙载研究在海内外学术界蔚为风尚。纵观全书，我们可以发现：刘熙载研究学术发展脉络具有主流性、阶段性、地域性的特征。

首先，从书中的课题分类看，刘熙载生平思想研究、《艺概》研究和"分概"研究是其主流脉络，其中尤以刘氏的美学思想研究和文艺理论研究为热门议题。生平交游与思想课题所收 12 篇文章，探索刘氏美学思想的文章至少有 7 篇；《艺概》课题的 13 篇文章中也有 7、8 篇阐释刘氏的文艺理论；分概和附录的选文，大多是美学和文艺理论视角。刘熙载研究的主流脉络于此可见一斑。

第二，刘熙载研究的学术发展脉络还具有阶段性特征。原著的整理工作主要集中在上世纪八九十年代，随着资料的不断挖掘，日益丰富，2000 年后研究专著逐渐增多，上世纪八、九十年代，随着《艺概》研究热的退潮，“分概”研究有了新的拓展，研究成果不断涌现。可以说，上世纪八、九十年代是刘熙载研究的资料整理和宏观研究阶段，本世纪初的刘熙载研究则向着更为广阔深入的阶段发展。

第三，以江淮地区为中心，与刘熙载的行迹遥相契合，刘熙载研究的学术发展脉络呈现出地域性特征。刘熙载是江淮地区历史文化特别是兴化历史文化的一个标志，兴化刘熙载故居尚在，上海龙门书院也有文化遗迹可寻，这些都使得江淮学者倚地理之重，得风气之先，他们对刘熙载的研究取得了辉煌成果。徐中玉、王气中、刘立人、徐林祥等10多位学者发表的一系列研究文章，涉及刘熙载研究的各个领域。此外，刘熙载行迹所至北京、武汉、广州、山东、山西等地，当地的高校，如北京大学、武汉大学、华南师范大学、山东大学、山西大学的一些学者，在刘熙载行迹研究中发挥了重要作用。这些都体现出刘熙载研究学术发展脉络的地域性特色。

总之，《刘熙载研究》一书，高瞻远瞩、视野开阔，精选广辑、蕴涵深厚，新颖实用、独运匠心，继前贤之儒雅、开后学之鸿蒙。弘扬桑梓、泽被后学，功莫大焉。在祝贺《刘熙载研究》一书出版的同时，也期待莫其康先生能有更多泽被后学的著作面世。

（作者：孙晶，女，辽宁省大石桥市人，烟台大学人文学院教授，文学博士；郭子正，男，内蒙古赤峰市人，烟台大学人文学院中国古代文学专业研究生。）

吕乃岩《试说罗贯中续〈水浒〉》述评

莫其康

《水浒传》作者问题备受人们关注，在中国文学史上具有重要意义。自明人开始，有人说作者是施耐庵，有人说是罗贯中，有人将施、罗并提。作品的署名，有题"施耐庵的本，罗贯中编次"的，有题"施耐庵集撰，罗贯中纂修"的，有题"施耐庵编辑"的，有题"罗贯中"的，不一而足，但从未题署过施、罗以外的人，施、罗并提时又总是施前罗后。

《水浒传》的作者究竟是谁？施、罗二公之间究竟是什么关系？他们俩又是怎样合作的？这些长期困扰读者和学界的问题，吕乃岩的《试说罗贯中续〈水浒〉》①，可以拨云见日，给人们一个清晰的回答："《水浒传》可分为两部分，前半为施耐庵原作，后半为罗贯中续作。纵观全书，前后部分之间存在不少矛盾之处，梁山好汉最可贵的反贪官、反豪强的精神到下半部完全改变，受招安更是违反历史发展规律。而罗贯中的一贯思想是维护封建正统，反对农民起义。将《水浒》后半部与罗贯中本人所作的《三遂平妖传》《残唐五代史演传》相对照，也会发现不少相似之处。这些都证明，《水浒》后半部确为罗贯中所续写。"吕乃岩先生研究精深，大作以其深厚的学养和睿见卓识为学界所瞩目，在文学史上的意义是不言而喻的。

一、从前后矛盾中发现端倪

吕先生说，《水浒传》全书，从大的方面来说，前半是梁山英雄反贪官、反政府，杀富济贫，扶弱锄强，反映的是阶级矛盾。后半写的是忠奸斗争，忠臣报国，奸臣误国，奸臣害忠臣，是统治阶级内部的矛盾。在对皇帝的描写上，前半部里，虽然没有直接反皇帝的描写，但却语含讥讽，意在贬责。如说宋徽宗："这浮浪子弟门风帮闲之事，无一般不晓，无一般不会，更无一般不爱。即如琴、棋、书、画，无所不通，踢球打弹，品丝调竹，吹弹歌舞，自不必说。"完全是一个风流浪荡的纨绔子弟。紧接着引出一个帮闲的破落户，得到宽恩大赦的罪犯高俅，

① 吕乃岩《试说罗贯中续〈水浒〉》，《北京大学学报（哲社版）》，2008 年第 2 期。

因球踢得好，遭际宋徽宗，直做到殿帅府太尉。正是有了这样的皇帝，才有了这样的奸臣。高俅一得意，首先公报私仇，逼走教头王进。随后纵容儿子贪色林冲妻子，设计陷害林冲。说明君臣沆瀣一气，臭味相投，才使奸臣当道、朝政昏暗。史书里说宋徽宗赵佶“轻佻不可以君天下”，并说他之所以失国，是因为他“疏斥正士，狎近奸谀”。所以史书都没有赞颂或肯定过宋徽宗。《水浒》前半描写的宋徽宗，基本和史实相符，这就奠定了《水浒》英雄造反的根据，就是金圣叹说的“乱自上作”的必然理由。《水浒》前半虽曾有人唱过“忠心报答赵官家”的话，这话是针对整个大宋王朝说的，但对宋徽宗从无赞扬与奉承的话，有时却毫不掩饰造反的行动，甚至朱贵说：“俺这里兀自要和大宋皇帝作个对头。”李逵更直率地说道：“杀去东京夺了鸟位。”这些话可以说是代表了梁山一部分人的思想。

到了后半部却不同了，宋徽宗由一个纨绔浮浪子弟，变成了个宽仁厚德的圣君。书中对他赞颂备至，左一个“今天子至圣至明”，后一个“至今徽宗天子至圣至明”，对他一句指责的话也没有，许多坏事全是奸臣干的，他只不过是一时受了蒙蔽。梁山的正义之师，到了下半部成了叛乱的四恶，而宋徽宗成了垂衣而治的尧舜之君。“尧舜垂衣四恶摧，宋皇端拱叛臣归。”甚至连他狎妓宿娼，也被说成是圣天子的风流韵事。这样的描写和前半相比，简直转了个一百八十度。

后半梁山英雄的受招安，更是违反历史的规律。历史上的农民起义，大体有以下几种结果：第一种是遭到统治者的镇压而失败，如黄巾、黄巢、方腊等；第二种是投降了官军。这又分为三种情况，一种是其头领贪图高官厚禄，出卖起义，向官军投降，如朱温、高杰等。另一种是势力不敌不得已而被迫投降，或者起义军还不够强大的时候，出于策略的考虑，为了保存实力，中途暂时投降，以便伺机再起，如李自成、张献忠。第三种就是推翻了旧皇权，建立了新王朝，其领袖人物登上了龙位，改变了农民起义的性质。历史上没有任何起义军，力量强大到足以推翻朝廷的统治，在完全可以取而代之的情况下，反而转过来向统治阶级乞求投降的道理。这不仅违反了历史规律，也违反了原作者施耐庵的原意。我们固然不知道施耐庵后来还会说什么，到梁山泊大聚义也就结束了。但从他前半部分所写梁山事业如此兴旺来看，他绝不会让这样一群叱咤风云、惊天动地的好汉，向一代昏君奸臣卑躬屈节、再三乞求投降的。百回本在大聚义后有一篇赞颂梁山泊的言语，结尾两句：“休言啸聚山林，真可图王霸业。”从这两句话可见，施耐庵创作《水浒》，决不会像后半写的那样，两赢童贯、三败高俅之后，紧接着全伙受招安，把打胜仗作为投降的资本。虽然前半部宋江也说过希望将来朝廷招安的话，这也可以理解为宋江借此安抚一批归降梁山的朝廷命官和一些初无反意的好汉，但这也只不过说说而已，并无实际活动。甚至令人怀疑这样一种预示很有可能是罗贯中为后来的受招安预留地步而添加的话，这是比较符合罗贯中一贯思想的。

《水浒》前半部分最重要的也是最可贵的思想是反贪官反政府，连带着也反朝廷，表现了梁山好汉造反的正义性。封建社会人民和官府的矛盾，也就是劳动人民和地主阶级的矛盾。梁山好汉一切反抗官府、反抗豪强的活动，都是替人民伸张正气，农民起义在于官逼民反，这就是造反有理。有了这些描写，才使得《水浒》永远闪耀着思想的光辉。梁山好汉的形象个个光彩照人。可是到了下半部分，梁山好汉不再反贪官了，皇帝也圣明了，就连对当时一个大贪官、害得梁山英雄家破人亡的太尉高俅，在其被俘之后，不仅不杀了为民除害，相反却把他供奉在忠义堂上，全体英雄都向他叩头礼拜，乞求投降，这实在有失梁山英雄的尊严。本来英雄造反是反贪官，是要把“酷吏赃官都杀尽”，可投降之后，不仅不再反贪官，许多事听命于贪官，而且忍气吞声受尽赃官的气。更为荒谬的是其中几位英雄沦为赃官和权豪的家奴。乐和被王都尉要去供府里使令，梁山的对头大奸臣蔡京点名要去萧让，留在身边供役使。至于金大坚、皇甫端以至神医安道全俱被皇帝点名要去，不过是供驱使的仆役之类，决不会得到重用。这简直是对梁山英雄的侮辱。《水浒》前半把梁山英雄写得个个顶天立地，而后半则写得如此令人丧气，这不仅是对梁山英雄的歪曲，也是对前半部分的歪曲，甚至是对前半部分的否定。细读《水浒》后半，谁都会相信，前后两部分，决不是出自一人之手。根据前半部的情况，施耐庵绝不会写出这样的下半部，而根据罗贯中的一贯思想，罗贯中绝不能写出这样的前半部。

矛盾分析法是马克思主义社会学的基本方法之一，对研究社会现象具有普遍适用性，尤其对复杂的社会现象和社会问题的研究，有它独到的作用，对文学作品的研究亦然。吕先生从《水浒传》前后矛盾入手，根据作品与作家思想统一性的原理，运用矛盾分析法，洞幽烛微，理出端倪，问题自然水落石出，迎刃而解。

二、从明人记述中捕捉信息

吕先生说，对于《水浒》的作者，有的说是施耐庵，有的说是罗贯中，有的施罗并提，从无人说过施罗之外的人。较早提出的应该是高儒，他在《百川书志》中说：

《忠义水浒传》一百卷，钱塘施耐庵的本，罗贯中编次，宋寇宋江三十六人之事，并从副百有八人，当世尚之。

郎瑛在《七修类稿》中说：

《三国》《宋江》二书，乃杭人罗本贯中所编。予意旧必有本，故曰编。《宋江》又曰“钱塘施耐庵的本”，昨于旧书肆中得抄本《录鬼簿》，乃元大梁钟继先作，载元、宋传记（奇）之名，而于二书之事尤多。据此尤见原亦有迹，因而增益编成之耳。

田汝成在《西湖游览志余》中说：

钱塘罗贯中本者，南宋时人，编撰小说数十种，而《水浒传》叙宋江等事，奸盗脱骗机械甚详。然变诈百端，坏人心术，其子孙三代皆哑，天道好还之报如此。

王圻先在《续文献通考》中说：

《水浒传》罗贯著，贯字贯中，杭州人，编撰小说数十种，而《水浒传》叙宋江事，奸盗脱骗机械甚详，然变诈百端，坏人心术，说者谓子孙三代皆哑，天遭好还之报如此。

但他在《稗史汇编》中又说：

（罗著《水浒传》）而志西湖者，遂曰罗后三世患哑，谓导人以贼云。噫！无人非贼，惟贼有人；吾儒中顾安得有是贼子哉！此《水浒》之所谓作也。

胡应麟在《少室山房笔丛》中说：

今世传街谈巷语，有所谓演义者，盖尤在传奇、杂剧下。然元人武林施某所编《水浒传》，特为盛行；世率以其凿空无据，要不尽尔也。余偶阅一小说序，称施某尝入市肆，绌阅故书，于敝楮中得宋张叔夜擒贼招语一通，备悉其一百八人所由起，因润饰成此编，其门人罗本，亦效之为《三国志演义》，绝浅陋可嗤也。[①]

此外有五湖老人陆师道认为《水浒》为施罗两君所著，天都外臣汪道昆在《水浒传》序中说："故老传闻，洪武初越人罗氏，诙诡多智，为此书共一百回。"然而他在其所刻《水浒传》前题施耐庵集撰，罗贯中纂修，谓二人合著。

以上七人，再加上王世贞、张凤翼、李开先、徐渭等，都是最早看过《水浒传》的人。他们都是明嘉靖年间人，基本上生活在同一时代（胡应麟稍晚几年）。这么多人，同时看过《水浒传》，都为之感动，而且有所表示，几乎形成了一个《水浒》热。如胡应麟《少室山房笔丛》："嘉、隆间一巨公案头无他书，仅左置《南华经》，右置《水浒传》各一部。"可见明代士大夫等人对《水浒》的重视。至于嘉靖以前是否有人见过《水浒传》，至今从未见有人说过，以《水浒》的魅力，有人看过不会不有所表示，由此可推知，《水浒》的面世，不会比嘉靖朝更早。

以上列举的前七人，都对《水浒》的作者作过表示。他们有的说是施耐庵，有的说是罗贯中，有的则施罗并提，两人并提时又总是施前罗后，施罗之外并无他人。胡应麟更指出罗是施的门人，这和王道生写的《施耐庵墓志》是一致的。他们如此说，或考见诸文字，或考得自传闻，可能主要是得自传闻，传闻也是一种很重要的保存文化遗产的手段，历史上很多宝贵的文史资料，是靠传闻保留下来的，传闻也不都是凿空无据，所以他们说的《水浒》作者，基本是符合实际的，只是未曾说得更详细更准确罢了，这也是流传中的小差错。他们虽然距离施耐庵、罗贯中生活的年代比较久远，但距《水浒》的面世还是很近的，所以他们的说法还是比较可信的。当时他们虽然没有明确指出施耐庵是原作者，罗贯中是续作者，但从以上诸人的说话里，已经隐隐约约透出了这层意思。但真正肯定《水浒》后半为罗贯中续作，还有待更为有力的证明。

吕先生从明人记述中捕捉有价值的信息，分析客观公允，有理有据，令人信服，同时也留有余地，充分体现了他治学一贯实事求是的严谨学风。

三、有其树必有其果

吕乃岩说"罗贯中续《水浒》"，是依据罗贯中的一贯思想来把脉和将《水浒》后半部与罗贯中的其他著作相对照分析得出的可靠论断。吕先生说，罗贯中本人事迹流传不多，最明确可信的是贾仲明在《录鬼簿续编》里记载的：

---

① 以上参看朱一玄编《〈水浒传〉资料汇编》，南开大学出版社2002年版；马蹄疾辑录《〈水浒〉资料汇编》，中华书局1977年版。

罗贯中太原人，号湖海散人。与人寡合，乐府、隐语极为清新。与余为忘年交。遭时多故，各天一方。至正甲辰复会，别来又六十余年，竟不知其所终。嘉靖年间，罗贯中后人得宗臣许可，将家藏小说即《水浒》付梓，由坊间刊刻出版，从此《水浒》才得通行于世。①

贾仲明只说了罗贯中的杂剧，没有说和施耐庵的关系，更没有说罗贯中续《水浒》和其小说作品。最早说罗贯中和施耐庵关系及写《水浒》的是王道生和胡应麟。胡应麟大约得自传闻，而王道生则和罗贯中同时并有过交往，他在所写的《施耐庵墓志》里说：

公讳子安，字耐庵，生于元贞丙申岁，为至顺辛未进士。曾官钱塘二载，以不合当道权贵，弃官归里，闭门著述，追溯旧闻，郁郁不得志，赍恨以终。公之事略，余虽不得详，尚可缕述；公之面目，余虽不得亲见，仅想望其颜色。盖公殁于洪武庚戌岁，享年七十有五。届时余尚垂髫，及长，得识其门人罗贯中于闽，同寓逆旅，夜间炧烛畅谈先生轶事，有可歌可泣者，不禁相与慨然。先生之著作，有《志余》《三国演义》《隋唐志传》《三遂平妖传》《江湖豪客传》——即《水浒》。每成一稿，必与门人校对，以正亥鱼，其得力于罗贯中者为尤多。呜呼！英雄生乱世，则虽有清河之识，亦不得不赍志以终，此其所以为千古幽人逸士聚一堂而痛哭流涕者也。先生家淮安，与余墙一间，惜余生太晚，未亲教益，每引为恨事。去岁其后述元（文昱之字）迁其祖墓而葬于兴化之大营焉，距白驹镇可十八里，因之，余得与流连四日。问其家世，讳不肯道；问其志，则又唏嘘叹惋；问其祖，与罗贯中所述略同。呜呼！国家多事，志士不能展所负，以鹰犬奴隶待之，将遁世名高。何况元乱大作，小人当道之世哉！先生之身世可谓不幸矣！而先生虽遭逢困顿，而不肯卑躬屈节，启口以求一荐。遂闭门著书，以延岁月，先生之立志，可谓纯洁矣。因作墓志，以附施氏之谱末焉。②

这是一篇较为详细的记载施耐庵情况和罗贯中关系的第一手材料，明确指出罗是施的门人，施耐庵著《水浒》最初的书名为《江湖豪客传》，并说施耐庵每一著作必与门人校对，“其得力于罗贯中者为尤多”。其中所说《三国演义》《隋唐志传》《三遂平妖传》等，历来都知是罗贯中的著作，而《墓志》却说都是施耐

① 参见刘冬《施耐庵生平探考》，载《中华文史论丛》1980年第4辑。
② 王道生《施耐庵墓志》，《兴化县续志》卷十四《补遗》，第22页。

庵的著作。对于这一错误，吕先生认为《墓志》是王道生遇罗贯中若干年后写的，可能记忆有误，或是当时误听，或是后来误记，罗贯中当时是不可能这样说的。生活中误听误记的事，有时发生也不足为奇，决不能因此否定《施耐庵墓志》的真实性。罗贯中续《水浒》是否受到其师的嘱托，不得而知，但可知施耐庵生前把《水浒》书稿交到罗贯中手里是完全可能的。因此罗贯中才得以续写《水浒》。《墓志》中说《水浒》初名《江湖豪客传》，顾名思义，这只能是指现今《水浒传》的上半了。《江湖豪客传》落在罗贯中手里，由他续成了一百回的《水浒传》，《水浒传》当然从罗贯中后人传出。因此在传闻中才有《水浒》由罗贯中作之说。怎么知道《水浒》的后半部是由罗贯中续写的呢？吕先生认为，这要从罗贯中的一贯思想及他的其他著作来看。

罗贯中续《水浒》的有力证明，就是把《水浒》后半部和他的其他著作相对照，就会一目了然。今存罗贯中的作品，除《三国演义》外，主要还有《三遂平妖传》（以下简称《平妖传》）、《残唐五代史演传》（以下简称《五代史》）和杂剧《赵太祖龙虎风云会》（以下简称《风云会》）。把这几部作品和《水浒》后半相比较，便会看出，思想完全一致，都是出自一人之手，足以证明《水浒》后半确为罗贯中续作。

从思想方面来说：

1. 罗贯中一贯维护封建正统，维护赵宋王朝的统治。他认为赵家是真命天子，是天命所归，《五代史》历述五代更替，五十年间，征战不息，风云变幻，数易其主，直到陈桥兵变，一统于宋，从此天下太平。回末诗："纷纷五代乱离间，一旦云开复见天。草木百年新雨露，车书万里旧山川"，"点检数归真命主，陈桥兵变太平年"。大宋皇帝是应运而生，是天命有归。《风云会》写赵匡胤征服四国，统一南方，四夷宾服，一再称赵匡胤是真命天子，"镇天南地北万万年，同掌华夷"。他续《水浒》时宋朝已被灭亡近百年，他对故宋一直怀念，所以在《水浒》后半里，虽然宋徽宗是个无道的亡国之君，却仍然被称为至圣至明的好皇帝。不作一句贬词，正是同情故宋的表现。元、明一代的许多文人，反对蒙元的民族压迫，常常流露出对故宋的怀念，表现了汉民族的爱国思想。罗贯中在《水浒》的后半部分安排了征辽的故事，就是这种思想的表现，如李贽所说："愤二帝之北狩，则称大破辽以泄其愤。"

2. 罗贯中一贯反对农民起义。《平妖传》里写王则造反，被文彦博率兵讨平，王则被擒获正法。作者嘲弄王则"神器从来不可干，僭王称帝讵能安。潞公当日擒王则，留于奸邪作样看"。《平妖传》第十五回回首诗："妄言天子容易作，十个反的败九个。"《五代史》写黄巢造反被李克用讨平，最后兵败被杀。书中对黄巢和起义军作了歪曲的叙述，把黄巢写成妖孽。总之造反作乱都是逆天而行，都是没有好结果的。《水浒》后半宋江率梁山众将征讨方腊，最后方腊被擒，凌迟处死。作者有诗："宋江重赏升官日，方腊当刑受剐时。善恶到头终有报，只争来早与来迟。"把造反的都说成是坏人，死后都要受到谴责。以上完全可以证明罗贯中一贯反对农民起义，证明《水浒》后半正是出于罗贯中的手笔。

另外，贾仲明称罗贯中乐府、隐语极为清新。这一点在《水浒》后半部分里的确比前半部分多有表现。如八十五回宋江征辽前过蓟州参谒罗真人，求得法语："忠心者少，义气者稀，幽燕功毕，明月虚辉，时逢冬暮，鸿雁分飞。吴头楚尾，官禄同归。"九十回征辽得胜，参谒智真长老。长老赐偈语："当风雁影翩，东阙不团圆。只眼功劳足，双林福寿全。"都是有关宋江及众将身世最终结果的。其他隐语尚多，不一一举例。诗词赞语也比前半部分多，最后一回中多达三十多首，这些都是罗贯中所擅长，说明《水浒》后半实为罗贯中所写。

法国十九世纪文艺批评家圣佩韦早在《新星期一漫谈》中就有一段较著名的话："不去考察作家而要判断他的作品，是很困难的。我愿意说：'有其树，必有其果。'"①"文如其人""知人论世"也是中国传统文论家品评文学作品的一种思维习惯。吕先生依据罗贯中的一贯思想来把脉，并将《水浒》后半部与罗贯中的其他著作相对照分析，得出的结论自然深具说服力。

四、诗词韵语比对甚见功夫

吕先生认为，罗贯中续《水浒》的佐证，除以上把《水浒》后半的思想观点和《平妖传》《五代史》《风云会》相比，完全一致外，更为明显的是《平妖传》《五代史》中许多诗词韵语完全抄自《水浒传》，甚至有的故事情节也和《水浒传》相同，这就使人对罗贯中续《水浒》不能再有所怀疑了。

《水浒传》和《平妖传》：

1.《水浒传》第七回回末诗：

农夫背上添心号，渔父舟中插认旗。

《平妖传》第三回回末诗：

农夫背上添军号，渔父舟中插认旗。

2.《水浒传》第四十二回，宋江梦九天玄女：

金钉朱户，碧瓦雕檐。飞龙盘柱戏龙珠，双凤帏屏鸣晓日。红泥墙壁，纷纷御柳间宫花；翠霭楼台，淡淡祥光笼瑞影。窗横龟背，香风冉冉透黄纱；帘卷虾

---

① 转引自胡经之、王岳川主编《文艺学美学方法论》，北京大学出版社1994年版，第50页。

须,皓月团团悬紫绮。若非天上神仙府,定是人间帝王家。

《平妖传》第七回,卜吉下井后,在井下看见一个去处:

金钉朱户,碧瓦雕檐。飞龙盘柱戏明珠,双凤帏屏鸣晓日。红泥墙壁,纷纷御柳间宫花;翠霭楼台,淡淡祥光笼瑞影。窗横龟背,香风冉冉透黄纱;帘卷虾须,皓月团团悬紫绮。若非天上神仙府,定是人间帝王家。

3.《水浒传》第五十八回回末诗:

飞蛾投火身倾丧,蝙蝠遭竿命必伤。

《平妖传》第十二回回前诗:

飞蛾投火身须丧,蝙蝠遭□(竿)命被坑。

4.《水浒传》第二十五回回末诗:

身如五鼓衔山月,命似三更油尽灯。

《平妖传》第十二回回末诗:

身如五鼓衔山月,命似三更油尽灯。

5.《水浒传》第三十二回形容刘高的老婆:

身穿缟素,腰系孝裙。不施脂粉,自然体态妖娆;懒染铅华,生定天姿秀丽。云鬟半整,有沉鱼落雁之容;星眼含愁,有闭月羞花之貌。恰似嫦娥离月殿,浑如织女下瑶池。

《平妖传》第十三回形容永儿容貌:

身穿缟素,腰系孝裙。不施脂粉,自然体态妖娆;懒染铅华,生定天姿秀丽。云鬟半整,有沉鱼落雁之容;星眼含情,有闭月羞花之貌。恰似嫦娥离月殿,浑如织女下瑶池。

6.《水浒传》第九十三回武松杀了方貌:

神器从来不可干,僭王称号讵能安?武松立马诛方貌,留于奸臣作样看。

《平妖传》第二十回回前诗王则被剐:

神器从来不可干,僭王称帝讵能安?潞公当日擒王则,留于妖邪作样看。

7.《水浒传》第六十二回卢俊义被押赴法场:

两声破鼓响,一棒碎锣鸣。皂纛旗招展如云,柳叶枪交加似雪。犯由牌前引,白混棍后随。押牢节级狰狞,杖刃公人猛勇。高头马上,监斩官胜似活阎罗;刀剑林中,掌法吏犹如催命鬼。可怜十字街心里,要杀含冤负屈人。

《平妖传》第二十回王则众人被剐:

两声破鼓响,一棒碎锣鸣。皂纛旗招展如云,柳叶枪交加似雪。犯由牌高贴,人言此去几时回;白纸花双摇,都道这番难再活。长休饭,喉内难吞;永别酒,□中怎咽。高头马上,破法长老胜似活阎罗;刀剑林中,行刑刽子手犹如追命鬼。请看当日凌迟者,尽是兴妖叛逆人。

8.《水浒传》第二十七回颂扬东平府尹陈文昭：

平生正直，秉性贤明。幼年向雪案攻书，长成向金銮对策。常怀忠孝之心，每行仁慈之念。户口增，钱粮办，黎民称德满街衢；词讼减，盗贼休，父老赞歌喧市井。攀辕截镫，名标青史播百年，勒石镌碑，声振黄堂传万古。慷慨文章欺李杜，贤良方正胜龚黄。

《平妖传》第十一回赞美开封府尹包待制：

平生正直，秉性贤明。常怀忠孝之心，每存仁慈之念。户口增，田野辟，黎民颂德满街衢；词讼减，盗贼潜。父老讴歌喧市井。攀辕截镫，名标青史播百年。勒石镌碑，声振黄堂传万古。果然是慷慨文章欺李杜，贤良方正胜龚黄。

9.《水浒传》第一回宋仁宗临朝：

祥云迷凤阁，瑞气罩龙楼。含烟御柳拂旌旗，带露宫花迎剑戟。天香影里，玉簪朱履聚丹墀；仙乐声中，绣袄锦衣扶御驾。珍珠帘卷，黄金殿上现金舆，凤尾扇开，白玉阶前停玉辇。隐隐净鞭三下响，层层文武两班齐。

《平妖传》第十七回宋仁宗早朝：

祥云迷凤阁，瑞气罩龙楼。含烟御柳拂旌旗，带露宫花迎剑戟。天香影里，玉簪朱履聚丹墀；仙乐声中，绣袄锦衣扶御驾。珍珠帘卷，黄金殿上现金舆；凤羽扇开，白玉阶前停玉辇。隐隐净鞭三下响，层层文武两班齐。

10.《水浒传》第二十二回回末诗：

说开星月无光彩，道破江山水倒流。

《平妖传》第六回回末诗：

说开华岳山峰裂，道破黄河水逆流。

11.《水浒传》第四十八回回末诗：

空中伸出拿云手，救出天罗地网人。

《平妖传》第八回回前诗：

从空伸出拿云手，提出天罗地网人。

12.故事情节相同：

《平妖传》第七回，卜吉下井遇圣姑姑，极似《水浒传》第四十二回，宋江梦见九天玄女的故事（文长不录）。

《平妖传》第八回，董超、薛霸押解卜吉刺配密州，树林里要加害卜吉，遇道人相救。极似《水浒传》第八回董超、薛霸押解林冲刺配沧州，野猪林加害林冲，得鲁智深相救。以上两处，不仅故事相同，语言文字也基本相同，甚至押解的公差名字也完全相同（文长不录）。

《水浒传》和《五代史》：

1.《水浒传》第二十三回，武松打虎：

景阳冈头风正狂，万里阴云霾日光。焰焰满川枫叶赤，纷纷遍地草芽黄。触目晚霞挂林薮，侵人冷雾满穹苍。忽闻一声霹雳响，山腰飞出善中王。昂头踊跃逞牙爪，谷口麋鹿皆奔忙。山中狐兔潜踪迹，涧内獐猿惊且慌。卞庄见后魂魄丧，存孝遇时心胆强。清河壮士酒未醒，忽在冈头偶相迎。上下寻人虎饥渴，撞着狰狞来扑人。虎来扑人似山倒，人去迎虎如岩倾。臂腕落时坠飞炮，爪牙爬处成泥坑。拳头脚尖如雨点，淋漓两手鲜血染。秽污腥风满松林，散乱毛须坠山奄。近着千钧势未休，远观八面威风敛。身横野草锦斑销，紧闭双睛光不闪。

《五代史》第十回，安敬思（李存孝）打虎：

飞虎山前风正狂，万里阴云霾日光。触目晚霞挂林薮，侵人冷雾弥穹苍。忽闻一声霹雳响，山腰飞出兽中王。昂头踊跃逞牙爪，麋鹿之牲皆奔忙。牧羊壮士睡未醒，一羊撺过忙相迎。上下寻人虎饥渴，一掀一扑何狰狞。虎来扑人似山倒，人往迎虎如岩倾。臂腕落时坠飞炮，爪牙爬处成泥坑。拳头脚尖如雨点，淋漓两手猩红染。腥风血雨满松林，散乱毛须坠山崦。近看千钧势有余，远观八面威风敛。身横野草锦斑销，系（紧）闭双睛光不闪。

2.《水浒传》第八十三回，辽国耶律国珍、耶律国宝装扮：

头戴妆金嵌宝三叉紫金冠，身披锦边珠嵌锁子黄金铠。身上猩猩血染战红袍，袍上斑斑锦织金翅雕。腰系白玉带，背插虎头牌。左边袋内插雕弓，右手壶中攒硬箭。手中搭丈二绿沉抢，坐下骑九尺银鬃马。

《五代史》第十八回，黄巢弟黄珪的装束：

头戴嵌宝三凤紫金冠，身披嵌珠锁子黄金甲，衬着那猩猩血染绛红袍，袍上斑斑锦织金翅雕。腰系白玉带，背插虎头牌。左边袋内插雕弓，右手壶中攒硬箭。手中握丈二一杆抢，座下赤兔红鬃马。

3.《水浒传》第七十二回，史进、穆弘诗：

浩气冲天贯斗牛，英雄事业未曾酬。手提三尺龙泉剑，不斩奸邪誓不休。

《五代史》第二十七回，刘智远诗：

浩气冲天贯斗牛，要将社稷一平收。何时得际风云会，定斩奸臣佞宰头。

4.《水浒传》第七十六回，宋江装束：

凤翅盔高攒金宝，浑金甲密砌龙鳞。锦征袍花朵簇阳春，锟铻剑腰悬光喷。绣腿绒圈翡翠，玉玲珑带束麒麟。真珠伞盖展红云，第一位天罡临阵。

《五代史》第三十回，李嗣源装束：

凤翅盔高攒金宝，浑金甲密砌龙麟。锦征袍花朵簇阳春，锟铻剑腰悬寒光喷。绣腿绒圈翡翠，玉玲珑带束麒麟。

5.《水浒传》第七十六回公孙胜装束：

如意冠玉簪翠笔，绛销衣鹤舞金霞。火神朱履映桃花，环佩玎珰斜挂。背上雌雄宝剑，匣中微喷光华。青罗伞盖拥高牙，紫骝马雕鞍稳跨。

吴用装束：

白道服皂罗沿襈，紫丝绦碧玉钩环。手中羽扇动天关，头上纶巾微岸。贴里暗穿银甲，垓心稳坐雕鞍。一双铜链挂腰间，文武双全师范。

《五代史》第三十回周德威装束：

如意冠，玉簪翠笔，绛绡衣，鹤舞金霞。精神凛凛映桃花，环佩玎珰斜挂。素道服，皂罗沿襈，紫丝绦，碧玉钩环。手中羽扇动天关，头上纶巾傲岸。贴里暗穿银甲，垓心稳坐雕鞍。胸中韬略鬼神瞒，文武双全师范。

6.《水浒传》第八十三回，大辽战将阿里奇装束：

戴一顶三叉紫金冠，冠口内拴两根雉尾。穿一领衬甲白罗袍，袍背上绣三个凤凰。披一副连环镔铁铠，系一条嵌宝狮蛮带，着一对云根鹰爪靴，挂一条护项销金帕，带一张雀画铁胎弓，悬一壶雕翎子箭。手掿梨花点钢抢，坐骑银花拳花马。

《五代史》第三十回高思继装束：

戴一顶三叉紫金冠，冠口内拴两根雉尾。穿一领衬甲白罗袍，袍背上绣三个凤凰。披一副连环镔铁铠，系一条嵌宝狮蛮带。着一双银根鹰爪靴，挂一条护项销金帕。带一张鹊画铁胎弓，悬一壶雕翎子箭。左手执一面金兽面防牌，背插飞刀二十回把；右手使一条浑铁点钢枪，座下一匹银色梅花马。

7.《五代史》第四十二回，五龙逼死王彦章"史建唐布五方五帝阵，逼死王彦章"和《水浒传》第七十六回"宋公明摆九宫八卦阵"基本相同，都是按五行八卦排列。甲乙木、丙丁火、庚辛金、壬癸水、戊己土。八卦：乾坤艮震坎离巽兑，只是守阵的将军名字不同。

8.《水浒传》引首诗：

纷纷五代乱离间，一旦云开复见天。草木百年新雨露，车书万里旧江山。寻常巷陌陈罗绮，几处楼台奏管弦。人乐太平无事日，莺花无限日高眠。

《五代史》末回回末诗：

纷纷五代乱离间，一旦云开复见天。草木百年新雨露，车书万里旧山川。

以上粗略统计，《平妖传》的许多诗词韵语以及部分故事情节共十多处完全抄自《水浒传》，或部分模仿其内容。所抄的文字，有的长达二百多字，有的是全文抄录，一字不改，有的略改几句或几字。而袭用的故事情节文字更长。《五代史》抄袭《水浒传》的诗词语约八九处。因为以上三书都是罗贯中自己的作品，所以可以无顾忌地任意借用。若是抄袭别人的作品，就会被人讥笑。任何一个有水平的作者，都不会大量抄用别人的文字，这足以证明《水浒》后半确为罗贯中所续写。

吕先生运用对比分析法，从《平妖传》的许多诗词韵语及部分故事情节与《水浒传》雷同或相似中发现问题，举引十分详细，用力甚勤，很见功夫，结论自然水到渠成，不容置疑。

五、逻辑分析推测入情入理

吕先生认为，罗贯中知道仅凭《水浒》的前半部，歌颂强盗，否定官府和朝廷，蔑视封建礼法的书，是难以拿到社会上去的。任何官府和朝廷都不会容许它的存在，而且作者很可能因此得祸。但他考虑到这是他老师的遗著，是老师的半世心血，同时又钦佩该书文章的精妙，不能使这样一部绝世奇文就此湮没无闻。要想使它保存下来，流传开去，必须改变前书的思想，反其道而行之，才能为官方所容。这就要首先泯灭梁山的造反精神，使梁山英雄接受朝廷的招安，转而效忠于朝廷。前部书中，宋江曾流露出愿受招安的思想，当时并无实际行动。虽然宋江有这种思想，但在梁山事业大发展的时期，众多好汉是不会在这种时候，反而向朝廷企求投降的。如第三十二回，宋江和武松都说过希望将来愿受招安的话，但到了第七十一回，宋江唱出"愿天王降诏早招安，心方足"时，第一个起来反对的就是武松。本来全书到排座次时已告结束，凭空又添了一段《庆重阳》，宋江唱了一段《满江红》，惹起一场争闹。吕先生怀疑这《庆重阳》一段和这《满江红》词，都是罗贯中后加的。罗贯中为了达到使梁山受招安的目的，先在此处埋下个伏笔，渲染一下气氛，然后一步步引向接受招安的道路。罗贯中知道在梁山事业正兴旺发达的时候，让梁山英雄一下子转向受招安，是很困难的。所以在受招安问题上颇费了一番心思，受招安的过程，写得一波三折，直至很久，各方面的矛盾一个个都解决了，最后才得以实现。他知道在梁山头领中真正有愿受招安的，只有宋江一人，就把宋江作为突破口，借宋江之手，把梁山一步步引向受招安的道路。宋江的投降，是克服了内外各种阻力，最后才达到目的。对内来说一是靠他在梁山的地位和声望，二是靠弟兄们的忠义之情。他是山泊的总头领，上下都听他的号令。对梁山众人，他一是威压，二是动以忠义之情，忠义是封建社会江湖中人互助友谊的纽带。梁山众人，开始多是在忠义的号召下，一个个跟随宋江走向反抗的道路，最后又是在忠义的影响下，跟随宋江走上投降的道路。外部的阻力来自高俅、蔡京等四大奸臣，他们不顾招降梁山义军，一心只想赶尽杀绝，为此宋江还必须打通朝廷上的关节。他先是通过妓女李师师的枕上关节，以后又通过太尉宿元景的门路。作者知道如果招安进行得太顺利，未免抹杀了梁山的英雄气概，于是又设置了两赢童贯、三败高俅的两大战役，充分显示了梁山的威风，堵住了几个反对招安的奸臣的口，最后招安得以实现。本来受招安不是一件光彩的事，这样一来，倒使梁山众人落成了光荣体面地接受招安。虽然是投降，倒长了梁山的志气，灭了奸臣的威风。这样的描写，虽然有违历史的发展规律，但却能使众人接受。

投降之后，接着便使梁山众将去征辽和讨平方腊。吕先生认为，征辽的事，是作者虚构。平方腊在史籍里有记载，但宋江不过是作为一个裨将从征而已，并无事迹可言。此处却把宋江作为一个统帅，率领梁山人马，几经血战，讨平了方腊。本来《水浒》前半，歌颂的是梁山英雄反贪官反政府的造反精神，可以说这是全书的灵魂。可是一旦投降了朝廷，等于是梁山自己毁灭了这种精神，等于抽去了前书的灵魂，使英雄形象变了颜色。作者为了使梁山投降之后，英雄形象仍然能够站起来，于是通过征辽和平方腊两件大事，让他们为国家立下大功，个个成为国家的功臣。征辽反映了他们的民族思想，宣泄了数百年的民族积愤。平方腊在他们看来，则是为国家戡乱，为人民除害，如此则英雄亦足不朽。最后宋江等人遭到奸臣陷害，以悲剧结束，更能赚取人们的同情。如此，既符合罗贯中的一贯思想，又完成了罗贯中的续书目的。吕先生指出，后续下半部虽然较前大为逊色，但还能言之成理，与前半部还能衔接得上，其中一些矛盾，还能自圆其说，使之成为一部大书，流传至今。没有后半部，虽有前半部，在当时是很难公开问世的。罗贯中续《水浒》，从这点上看可以说是他的一大功劳。至于文字上，虽不如前半部精彩，也颇有可取之处。如陈桥驿滴泪斩小卒，涌金门张顺归神，鲁智深浙江坐化，宋江等神聚蓼儿洼，写得都比较生动感人。

吕先生运用逻辑分析法，因果“顺推”和“逆推”相结合，娓娓道来，虽未见文献依据，但分析头头是道，推测亦入情入理，很有见地，易为读者所接受。

六、王道生《施耐庵墓志》可信

王道生的《施耐庵墓志》，在学界存在争议，吕先生重新提出，认为可信，尤为令人关注。吕先生说：“关于王道生所写的《施耐庵墓志》，曾由何心①、戴不凡②、张国光③几位先生提出批评，认为是伪作。后来刘冬④、张惠仁⑤两先生对

① 何心《水浒研究》，古典文学出版社1957年版，第14—21页。

② 戴不凡《小说见闻录》，浙江人民出版社1980年版，第102—113页。

③ 张国光《〈水浒〉祖本探考》，《江汉论坛》1982年第1期。

④ 刘冬《施耐庵生平探考》，《中华文史论丛》1980年第4辑。

⑤ 张惠仁《〈施耐庵墓志〉真伪问题》，《群众论丛》1981年第3期。

他们作出有力的反驳,认为王道生所写《墓志》是可信的,此后未见有人再作出答辩。两方辩论的具体内容,此处不予重述,在我是同意《墓志》是可信的。”吕先生极具胆识之见,令人钦佩!

欧阳健在《古代小说作家考证的信与疑》①一文中指出:“王道生的《施耐庵墓志》,有些学者不承认,理由是发表的时间比较晚,有造假的嫌疑。其实民国对地方志修撰非常重视,省有省志,府有府志,县有县志,乃至山、镇都有志。这些地方志都是研究中国历史的重要资料,学术界给予很高的评价。1918 年,方志大家李详(李审言)倡续《兴化县志》。他是中央研究院特聘的十二个研究员之一,还有鲁迅、胡适。李详的威望当时远高于鲁迅和胡适。李详对编方志有系统的理论,亲自编写了很多方志。《续志》坐办兼分纂人刘仲书,到白驹镇调查古迹名胜,见施氏宗祠供有施耐庵先生神主,疑即《水浒》作者;又到施家桥借得《施氏家谱》,见有淮安王道生作《施耐庵墓志》和施耐庵《家传》,便抄了下来。李详审订后以为:‘施耐庵先生因为著《水浒传》而坐过大牢,也因为著《水浒传》享了大名,可惜他的生平事迹,不独胡欧张梁四种县志未采入载明,就是他的子孙谈到他的真相,也是讳莫如深。现在民国成立,文字既不为科举所束缚,人物又不为专制政体所限制,县志有所记载,从此更没有什么顾忌,那末,大文学家的施耐庵,我们可以从宽采访他的古迹和遗闻,一一载入《补遗》栏中。’②《兴化县续志》载录的若非施耐庵而是别一历史人物,恐早就被采信了。1952 年 10 月,文化部调查团《再次调查有关施耐庵历史资料的报告》清楚记载:‘我们在兴化王益谦(续修兴化县志委员会职员,任书记员)先生手,得到续修《兴化县志》时有关施耐庵的材料原稿两份。’经鉴定:‘原稿《施耐庵墓志》和《兴化县续志》上所载的原文是毫无出入的。’③王道生《施耐庵墓志》完全可以放心地用作文献。”

《纪念文化部关于施耐庵身世调查 60 周年暨〈施耐庵文物史料考察报告〉发表 30 周年学术座谈会述要》认为:“上世纪初以来陆续发现的《施氏家簿谱》《处士施公廷佐墓志铭》等文物史料,在那个缺少功利思想的年代,应该说是确凿可信的,由此可以确认兴化施耐庵的存在。至于在学术界存在一些认识上的分歧是可以理解的。在我国备受歧视的通俗小说的传播过程中,出现某些记载可疑,或者故老传闻失实的情况,并不奇怪,应从总体上看待它的真实性。解读上的细微歧义,不构成是非问题。王道生的《施耐庵墓志》也可能存在这一情况,但不可一概否定。该墓志是较完整的文献,由于发表时间较晚,与胡瑞亭的

---

① 欧阳健《古代小说作家考证的信与疑》,《内江师院学报》,2012 年第 1 期。

② 刘仲书《施耐庵历史的研究》(稿本),藏兴化市图书馆。

③ 徐放《再次调查有关施耐庵历史资料的报告》,《明清小说研究》,1986 年第 4 辑。

版本有简繁之分，先后之别。1952 年文化部调查团《再次调查有关施耐庵历史资料的报告》认为，经鉴定‘原稿《施耐庵墓志》和《兴化县续志》上所载的原文是毫无出入的’。1982 年的调查因故没有看到这份报告，留下了遗憾。”①

北京大学历史学系教授王晓秋指出：“当前，社会上有一股历史虚无主义思潮，就是对历史研究实事求是原则的破坏和挑战，其形形色色的表现颇具迷惑性。”“对历史虚无主义思潮，我们需要提高警惕。历史决不能任意颠覆，随便戏弄。我们必须坚持实事求是原则去研究历史，尊重与维护历史的尊严。”②在施耐庵研究中，同样有一股历史虚无主义思潮，有人认为施耐庵是“子虚乌有”，有人认为施耐庵是“神龙见首不见尾”的人物，如浙江有个教师杨大忠说什么“被前贤批得体无完肤、已被确证为伪物的王道生《施耐庵墓志》”③，全盘否定王道生的《施耐庵墓志》，否定兴化施耐庵，完全是无稽之谈！试问杨先生，王道生《施耐庵墓志》何时被哪位“前贤”批得体无完肤，又何时被何权威部门“确证为伪物”？杨氏不妨好好研读一下上述文献，全面深入地理解施耐庵研究的学术史，就不会得出这样荒谬的结论了！杨氏根本就没有到江苏省文物保护单位“兴化市施耐庵墓”和兴化市新垛镇施家桥村“施耐庵故居遗址”做过田野考察，没有对历史文献进行实事求是的调研考证，不知他有何发言权？有何底气撰文作“辨”？“没有调查就没有发言权”，这是经典名言、通行常识。

七、调查成果应予彰显

必须清醒地认识到，之所以今天在学术界仍出现这样的歧见和杂音，是因为根子通在 1952 年、1982 年施耐庵身世调查的成果未得彰显。区区以为，1952 年、1982 年以来施耐庵身世调查的成果是厚重而丰硕的，然而由于不适当的行政干预，致使调查成果未能彰显。《水浒传》作者施耐庵的身世调研是纯学术问题，理应由学术界通过学术研究的途径和方法自主解决，务必坚持实地认真调查，坚持实事求是考证，坚持全息思维、系统思考。当年参与调查的学者而今大都谢世，其成果来之不易，弥足珍贵。在其他地方没有发现任何实质性否证的情况下，现在是到了坚决采信施耐庵身世调研成果，可以认定兴化白驹场施耐庵《水浒》著作权的时候了。

---

① 林骅、史实《纪念文化部关于施耐庵身世调查60周年暨〈施耐庵文物史料考察报告〉发表30周年学术座谈会述要》，《文学与文化》，2012 年第 5 期。

② 王晓秋《历史岂能任意颠覆》，《人民日报》，2014 年 11 月 20 日。

③ 杨大忠《〈关于施耐庵籍贯“习称”及其他〉辨》，《文学与文化》，2014 年第 3 期。

(一)1952 年施耐庵身世调查成果

1952 年第 21 号《文艺报》所载刘冬、黄清江的《施耐庵与〈水浒传〉》和丁正华、苏从麟的《施耐庵生平调查报告》,引起《人民日报》总编辑邓拓和文化部部长沈雁冰的高度重视。在周恩来总理的关怀下,1952 年秋至 1953 年春,由聂绀弩、谢兴尧、徐放、钱锋组成的中央文化部调查团奉命南下,在苏北区党委李守章、苏北文联丁正华、兴化县政府卞振声、盐城耆老周梦庄等陪同下,先后调查了兴化城、淮安城、大冈乡、施家桥、施家舍、施家庄、白驹镇、安丰镇等处,以及江阴、常熟一带。所到之处,查阅了大量地方文献,访问了许多遗老和施氏后人,记录了诸多民间口碑。调查得到广大群众的热情支持和积极协助,获得许多新的资料。调查报告当时因故未公布。本着对历史负责的态度,三十二年后的 1986 年,徐放的《再次调查有关施耐庵历史资料的报告》得以重见天日,钱锋、谢兴尧直至上世纪八九十年代还陆续撰文,对苏北兴化施耐庵作出历史交代。聂绀弩虽未有专文发表,但从给盐城地委和何满子、胡乔木等人的信函中,表露了他晚年对《水浒》作者施耐庵的异常关注、焦躁不安和悄然转变的心迹。

1. 聂绀弩的态度

聂绀弩(1903—1986),1952 年中央文化部施耐庵身世调查团团长,时任人民文学出版社副总编辑兼古典部主任。

在 1952 年施耐庵身世调查中,应该说调查团一行的态度是一致的。据徐放说,聂绀弩当时为什么否定,原来是"上面有人不同意"①。这从聂绀弩 1982 年 6 月 19 日给盐城地委的复信可以看出:"我等调查所得材料,均已由钱锋同志经手,交与文化部,由文化部办公厅主任赵沨同志点收,以后又由我向中宣部副部长胡乔木同志一再作了经过汇报,形诸笔墨者,乔木同志均认为是风影之谈,无可依据,不发表了事。"由于胡乔木不同意发表,"一再作了经过汇报"也无用,聂违心所作的"苏北连施耐庵的影子也没有"②的论断,其实是胡乔木"风影之谈"的转述,并非是聂绀弩的真实意思。聂在《人民文学》1953 年第 6 期撰《〈水浒〉是怎样写成的?》一文中对"施耐庵根本没有这个人"的说法提出了批评:"说施耐庵根本没有这个人,是因为关于施耐庵的身世的材料出奇地少。岂止施耐庵,罗贯中的材料又何尝多呢?……在这样的书里找不出太多的关于他们的材料,就认为根本没有这个人,也是武断。"这才是聂绀弩的真实态度。

1982 年的施耐庵文物史料考察研究,引起了聂绀弩的异常关注,多次致信何满子了解情况。1982 年 5 月 8 日他致"满子兄"的信说:"你到江苏走了一趟,何不将经过告我,这事与我有关,亟盼知道……现在出土文物,不知出在何

① 施金根《驹隙拾遗·一位值得尊敬的法官》,吉林摄影出版社 2005 年版,第 103 页。

② 聂绀弩《〈中国古典小说论集〉序》,上海古籍出版社 1981 年版。

处,又为何物?怎不萦念!务请详示,开我茅塞!或已见报纸,能借一观尤佳。"[①]1984年1月27日致"满子兄"的信中又说:"关于《水浒》,学者们已定为施作,施的四世孙墓的发现,可以证明,据《水浒新议》说。"1984年8月7日致"满兄"的信中还说:"关于金、《水》、施公案,我与兄并无不同意见,以为不同者,亦小节也,不足道也……我不想砍倒什么,只是未见树立什么……"何满子是肯定兴化白驹场施耐庵的。他在1982年7月8日《光明日报》撰《施耐庵之谜——江苏兴化、大丰施氏家族文物实察记》中认为:"根据上述确凿可靠的出土文物及较可信的文字材料,大致可以推定:元末兵起时确有一个字彦端的人,曾经流寓过浙江(与前人所记'武林施某'合;但如果他又叫施耐庵,则耐庵当是他的别号)。明初又回到原籍兴化白驹场(今分属兴化、大丰两县),其人与家族都葬在兴化施家桥……如果大胆设想一下,则以下的推断应该不算捕风捉影的凿空之论,即:这个施彦端在流寓钱塘时,可能是一个相当出名的书会中人,以耐庵居士为艺名,编写或说唱《水浒传》(所以早期《水浒传》署'施耐庵的本')。"聂去世前一年即1985年1月30日致何满子的信说:"现在谈我本人给你的一件不愉快的事……你我认识一场,总是我在麻烦你,总是你在为我服务。真是抱歉。你说何时要来京的,想是没来。文代会会来吧,务必到寒居一次。老兄,我满八十二岁了!也许活着就是为等你。"聂绀弩急着等何满子要请教什么?弄清他到江苏走了一趟的新发现是也!

聂晚年一再关注施耐庵的考察研究,心虚不安,就是这种自责心理的表现。尽管胡乔木对晚年患病的聂关怀备至,主动为聂的诗集写序,然聂绀弩并不领情。"1982年人民文学出版社出版了他的《散宜生诗》集,很快轰动了文坛。当时一位知名作家问及聂怎么能请到一位大人物作序时,忿极的聂绀弩倚案而立,怒气冲口而出,厉声切齿道:'妈的,我的书本来是好好的,就叫那篇序搞坏了!'"[②]据时任山西高院法官、侠肝义胆营救聂绀弩获释的朱静芳老人当年给施耐庵后裔施金根的复信说:1952年调查的内容,"所有历史资料全部在上面,写得清清楚楚,尤其是某某某说(水浒)是别人写的,不是施耐庵写的……这就是聂绀弩的伟大,全部交代的明明白白"[③]。聂出狱后曾题诗《赠静芳大姐之并州》[④]。应该说,晚年的聂绀弩对施耐庵的身世经历了一个异常关注——焦躁不安——悄然转变(自白"我不想砍倒什么")的复杂心路历程。

2. 徐放的态度

① 以下聂的引文未注者均出于《聂绀弩全集》第9卷,武汉出版社2004年版。

② 施金根《驹隙拾遗·一位值得尊敬的法官》,吉林摄影出版社2005年版,第103页。

③ 施金根《驹隙拾遗·一位值得尊敬的法官》,吉林摄影出版社2005年版,第104页。

④ 寓真《聂绀弩刑事档案》,《中国作家》,2009年第2期。

徐放(1921—2011),1952 年中央文化部施耐庵身世调查团团员,党支部书记。建国初时为人民日报社《星期文艺》《人民文艺》副刊专版及文教编辑。1955 年因所谓“胡风反革命集团”案蒙冤入狱。1980 年平反后历任《人民日报》文艺组编辑、群工部副主任、高级编辑、记者。

徐放在《明清小说研究》1986 年第 4 辑撰文指出:“《再次调查有关施耐庵历史资料的报告》,在有些研究《水浒》及其作者的学者、专家们看来,不一定有什么价值。但是还是把它公诸于世了。这主要是因为我觉得:第一,对 1952 年秋到 1953 年春的这次调查,应该做出一个交代。第二,则是我确实认为,无论它的价值大小,都应当成一份‘记录’保留下来。本来,从 50 年代开始发表有关施耐庵的调查材料以来,就有人对此持否定态度。理由是很多的,但其中有一个带根本性的观点,便是认为:所有这些‘资料’,都不过是一些‘不见经传’的‘民间传说’,并不足为据。笔者认为:把在苏北施族关于他们祖先的某些口耳相传下来的‘家史’,都看成是‘民间传说’,或以‘民间文学’视之,不一定是妥当的。我们都能以马克思主义的历史观点和文艺观点为指导,抱着实事求是的态度,对所研究的一切问题,都能够详细地占有材料,去粗取精,去伪存真,由彼及此,由表及里,引出正确的结论,从而还‘水浒’及其作者以本来面目。这份‘报告’,从 1953 年迄今,同笔者的命运一样,风雨沧桑,已经过 32 年流水,特别是经过十年内乱的洗劫,它之所以还能够保存下来,完全有赖于原辽宁省辽阳市甜水公社塔湾大队党支部副书记王力华同志。是她,在我处于被批得死去活来,连大声咳嗽都会构成罪行的那些最艰难的岁月里,不仅给过我个人以无私的友助,也把这份‘报告’连同我的某些其他手稿一起,埋在她家屋后的檐底下,直到十一届三中全会之后,才同我一样,重见天日。”黄俶成在 1990 年 2 月“海峡两岸学者明清小说金陵研讨会”上拜晤徐放时,徐先生对他说:“我与兴化施家无亲无故,不必为他们冒认祖宗。但是根据我亲闻亲睹的大量口碑、文物、史料,施耐庵确有其人,不容半点怀疑。”①

3. 谢兴尧的态度

谢兴尧(1906—2006),1952 年中央文化部施耐庵身世调查团团员,时任《人民日报》社图书馆馆长。精于清史,特别是太平天国史研究,与简又文、罗尔纲并称名家。学界评论他著文“不以哗众之辞,不作违心之论”。1998 年他以 92 岁高龄赐稿山西古籍出版社,出版了《堪隐斋杂著》。书中所载的《梁山泊的水与施耐庵》一文,是一位富有良知的史学家本着对历史负责的态度,对施耐庵编写《水浒》,认定是与兴化、盐城、江阴一带有关的有力考证。

---

① 黄俶成《施耐庵与〈水浒〉》,上海人民出版社 2000 年版,第 240 页。

谢兴尧在《梁山泊的水与施耐庵》[①]一文中指出:"从'水浒'故事本身和地理环境的形势,确是深深影响《水浒传》的作者……梁山泊在金是小流湖泊,犹未全淤,到元末则完全涸竭,至明代则沧海变为桑田,面目全非矣……施耐庵是元末明初人,他何所见而著笔,以何地为背景写出了《水浒传》? 因此梁山泊水的问题,是施耐庵写《水浒传》的根本问题。有人怀疑施耐庵是否到过山东梁山。1952 年我与人民文学出版社副总编辑聂绀弩到江北考察施耐庵历史,住于扬州,往来兴化、高邮、宝应、盐城等处,在兴化白驹镇施家桥……周巡各地,只见一片汪洋,满湖芦苇,港汊纵横,无路无涯……按白驹镇施家桥的住户,施姓最多,均称系施耐庵的后裔,村民父老亦能娓娓讲述耐庵著书的故事。因此,有冯柳塘撰的《从宋史中看水浒》[②],他认为梁山水泊,即高邮、宝应一带的水村湖沼;所谓蓼儿洼、宛子城,皆张士诚起兵之地。并详加考证,绘图说明。盐城伍佑镇周梦庄所撰《水浒传本事考》,亦谓:'梁山水泊即高邮湖泽。'……据此,则梁山泊水的问题,似可得到一个肯定的答复。施耐庵曾在江阴住过,江阴流传许多施耐庵的故事……关于施耐庵在江阴生活写作故事,流传之广,不亚于兴化、盐城。据我们调查所见所闻,可以说关于施耐庵在江南演说《水浒》,编写《水浒》,与此二地有关,似可论定。"

4. 钱锋的态度

钱锋(1925—),1940 年参加革命,1952 年中央文化部施耐庵身世调查团团员,时为《中国青年报》文艺组编辑,中央文学研究所第一期学员,离休前系安徽省文联专业作家,享受厅局级干部待遇。

钱锋在《江淮文艺》1980 年第 12 期撰《施耐庵写〈水浒传〉的故事》,记述了《叫化子打狗和武松打虎》《18 根扁担与 108 将》《两个'潘'姓女人的由来》三个故事。他认为:"我们在苏北开展的施耐庵身世调查有三四个月的时间,都是围绕着这一大圈大量的传说展开的。施耐庵在兴化一带,有子孙后代,有宗祠,有坟墓,我们认为施耐庵确实是兴化人。我编了个顺口溜:'说兴化,道兴化,兴化本是施耐庵的家;要问施耐庵是什么人,他是写水浒的大作家。'""兴化施耐庵墓我们去看过……施耐庵脚印的具体地点回忆不起来了,这件事给我的印象很深。有一家房子很旧,据说施耐庵在这住过,正好走到那,有个街道,我们也把脚印伸进去量一量,记得当时是聂绀弩先量脚印的,我是最后一个量的。我记得量过后还风趣地说:'乖乖,施耐庵大文豪脚也大,我是小作家所以脚不大。'"[③]

综上所述,1952 年中央文化部施耐庵身世调查团 4 位成员中,徐放、谢兴

---

① 谢兴尧《梁山泊的水与施耐庵》,《堪隐斋杂著》,山西古籍出版社 1998 年版,第 131 页。

② 冯柳塘《从宋史中看水浒》,《新闻报》,1943 年 9 月 1 日至 10 日。

③ 莫其康《钱锋谈 1952 年施耐庵身世调查》,《博览群书》,2012 年第 6 期。

尧、钱锋三位都认为《水浒》作者施耐庵是兴化一带人，虽然聂绀弩未撰专文，但晚年显示了他内心深处被扭曲后的妥协和无奈，以及悄然转变的复杂心态。1952 年施耐庵身世调查的成果是显而易见的，绝非是胡乔木所说的“风影之谈”。由于聂绀弩当年违心地听命于胡乔木，胡乔木的不适当行政干预，是 1952 年施耐庵身世调查成果未得彰显的直接原因。

欧阳健认为：“1952 年文化部以聂绀弩为首的施耐庵调查组，路子是对头的，方法是科学的，堪称解放后首次高水准的社会历史调查，所取得的科研成果，具有极高的科学价值和深远的历史意义。”①

（二）1982 年以来施耐庵身世调查成果

随着 1962 年施耐庵之子《施让地照》、1979 年施耐庵曾孙《施廷佐墓志铭》和 1981 年《施氏长门谱》等一系列有关《水浒传》作者施耐庵文物史料的相继发现，江苏省社科院于 1982 年 4 月 18 日至 25 日，邀请国内部分《水浒传》研究专家，对兴化和大丰进行了实地参观和认真考察。4 月 25 日于扬州萃园，张志岳、朱一玄、范宁、刘操南、何满子、刘冬、张啸虎、袁世硕、李灵年、王俊年、卢兴基、张惠仁、章培恒、王立兴、马蹄疾、欧阳健等 16 位专家学者签署了具有历史意义的《对江苏省新发现的关于〈水浒传〉作者施耐庵文物史料考察报告》。《考察报告》指出：“墓志铭表明元末明初在现江苏省兴化施家桥和大丰白驹镇一带，有一位施以谦之父、施廷佐之曾祖的施彦端，这位施彦端与新发现的民国七年过录载有乾隆四十二年序的《施氏长门谱》所记施以谦之父‘彦端公字耐庵’的‘彦端’相符。因此结合以往发现的文献资料和大量的民间传说，元末明初在江苏兴化白驹一带，有一位施耐庵的存在是可信的。”②1982 年 2 月至 5 月间，在《人民日报》《光明日报》《文汇报》《新华日报》等报纸上先后发表了一系列消息和报道，几乎一致断言苏北兴化一带的施耐庵就是《水浒传》的作者。一些来兴化、大丰考察的知名学者回去后发表了颇有影响力的文章，一些文化名人闻讯后也纷至沓来寻访调查。

章培恒（1934—2011）在《中华文史论丛》1982 年第 4 辑撰《〈施耐庵墓志〉辨伪及其他》指出：“1982 年 4 月，江苏省社会科学院文学研究所邀请部分《水浒》研究者至兴化、大丰阅览有关施耐庵的材料，并进行学术讨论。我参加了这个活动，感到很有收获。过去对于《水浒》作者施耐庵是否兴化人的问题，在学术界是有争论的；可以说，大多数研究者不相信这一点……在这次活动中，我们看到了一些以

① 欧阳健《高水准的社会历史调查——1952 年文化部施耐庵调查成果评估》，《厦门教育学院学报》，2011 年第 1 期。

② 《对江苏省新发现的关于〈水浒传〉作者施耐庵文物史料考察报告》，《江海学刊》，1982 年第 4 期。

前所没有发表过的材料，其中最重要的是出土的《处士施公廷佐墓志铭》和1918年抄本《施氏家簿谱》；此外，还通过社会调查弄清了一些以前的调查中所遗留的问题……同时也有助于说明《水浒》作者施耐庵当为兴化人。”

袁世硕（1929— ）在《东岳论丛》1983年第6期撰《〈水浒传〉作者施耐庵问题》认为：“原籍兴化、流寓江南的施耐庵与钱塘施耐庵，在里籍上并无矛盾。”他在2012年4月12日致兴化施耐庵纪念座谈会筹备组的来函中进一步指出：“30年前应邀参加施耐庵文物史料考察活动，原本对《水浒传》作者问题，无所适从，几天的考察、参观，使我萌生了一种自以为最贴近历史事实的判断：《水浒传》的原创者施耐庵，原籍兴化（大丰），流寓杭州。”

卢兴基（1933— ）在1982年11月6日《文汇报》撰《关于施耐庵文物史料的新发现》中认为：“我们可以初步断定苏北兴化、大丰一带施氏家庭的这位祖先施彦端即《水浒传》作者施耐庵。”三十年后他又在《明清小说研究》2012年第4期撰《解开“施耐庵之谜”》认为：“《水浒传》作者施耐庵是不是江苏兴化一带施姓一族自认的祖先施彦端？本文从我国通俗小说的文学生态和传播史出发，认为一个地区口耳相传中的错杂纷乱、疑信参半，恰是它历史悠久的证明。而清代晚近施姓谱系、碑志的文字楦入，是《水浒》普及以后与口传系统的合流，施彦端应即施耐庵。”

王朝闻（1909—2004）1982年4月23日于兴化寻访调查后题词（存兴化市博物馆）指出：“水浒作者施耐庵历史资料的发现、保存和保护，对文学史研究将会产生推动作用。”

冯其庸（1924— ）在《社会科学战线》1987年第3期撰《走自己的路——王同书〈施耐庵研究论集〉序》，回顾了前几年到兴化、大丰调查有关施耐庵的文物和遗迹后指出，我“坐了船穿行于水乡港汊之间，这种纵横交错、四通八达的水道，确有点水泊梁山的味道。”冯先生认为，字耐庵“这旁加的三个字，与原来抄写的正文是一个人的笔迹，只要仔细辨认就可以看出，尤其明显的是那个‘字耐庵’的字，与相邻的四个‘字’笔势完全一样，‘耐庵’两字虽未找到同样的字，但仔细分析其笔势，与正文抄写者的笔迹也完全一样。这说明这三个字，虽系旁添，实际上是一个人写下来的，很可能是抄漏后补添上去的。因此，这施谱上抄漏后原笔旁添的三个字，应与正文一样看待，不能因为旁添而不承认它的重大的史料价值。何况在封建社会里，施耐庵是个危险人物，思想带有反叛逆性，在这种情况下，如果不是他们的老祖宗，又何必要旁添上这个具有强烈的危险人物呢？所以，我们决不能认为凡被写入正文的就可靠，凡旁加旁改的文字就不可靠，要如果真是这样的研究方法，岂不是也太容易了吗？”对于上世纪70年代末80年代初兴化、大丰一带发现的文物史料，冯其庸认为：“这是二百多年来研究《水浒》作者的重大发现和突破。”①

刘世德的《施耐庵文物史料辨析》在《中国社会科学》1982 年第 2 期发表后，受到多位学者的反驳，最具代表性的当数刘冬（1922—2007）的《施耐庵文物史料辨正——兼答〈施耐庵文物史料辨析〉》②和张惠仁（1932—2001）、王同书（1938— ）的《评刘世德施耐庵文物史料辨析》③。

刘冬的辩文，从讨论的前提开始，对刘世德的《辨析》一文逐条进行辩驳，如：（一）关于“写在行侧”的“字耐庵”三字，字形较正文小，“墨色较正文谈而浮”，“当非一人所写”的问题，刘冬举《江苏省公安厅刑事科学技术鉴定书》的结论“‘字耐庵’三字与《施氏家簿谱》字迹同为一人所写”和据“徐放同志回忆，他们当时收集的族谱有七八份之多，而且‘字耐庵’三字一律写在行侧”加以说明；又指出把彦端与耐庵联系在一起的，并非只有乾隆谱、咸丰谱，祠堂中的神主牌也有字耐庵的记录。（二）虚采远古同姓名人为祖先不足为奇，“但决不会把另一个名人的名字写在自己确知的祖先身上，合二为一。因为这样一做就首先污辱了他的祖先。按兴化白驹施氏既按族谱确知其苏迁始祖为施彦端，决不可能把一个无关的‘名人’施耐庵，与彦端合二为一。那样就直接地污辱了祖妣季氏与申氏，从而也污辱了自己。”

张惠仁（1932—2001）早在《群众论坛》1981 年第 3 期发表的《〈施耐庵墓志〉的真伪问题》就对“墓志的格式”“年号的称谓”“墓志的作用”“施耐庵中进士的年代”“施耐庵著作的种类”逐条进行辨析，论述了王道生的《施耐庵墓志》可信。后来张惠仁、王同书署名“卫诗”“林同”，合撰《评刘世德〈施耐庵文物史料辨析〉》一文认为：“（一）《辨析》对施耐庵文物史料的辨析，均是撷取否定论者之片面见解，再加自己的臆测和发挥，论述经常以偏概全，征引有关史料不符合历史全貌，去留褒贬随心所欲，论证方法多处表现形而上学，因而其所得之对施氏文物史料全盘否定的‘简短的结论’（一、十五除外）是不实事求是的、不科学的。（二）《施氏家簿谱》中‘字耐庵’三字与其他文字系一人所写，且在乾隆之前，其内容即已在施氏家谱、家族中存在。（三）《施氏家簿谱》《施廷佐墓志铭》从不同角度相互补充证实白驹施彦端确有其人，且即《水浒》作者施耐庵。（四）1952 年发现揭载的资料如《施氏族谱》、王道生《施耐庵墓志》（指胡瑞亭过录本）等，到目前为止，尚无充分论证加以全盘否定。”张惠仁还在所著由冯其

① 《冯其庸考察施耐庵故居简记》，《盐阜大众报》，1982 年 5 月 14 日。

② 刘冬《施耐庵文物史料辨正——兼答〈施耐庵文物史料辨析〉一文》，《施耐庵研究》，江苏古籍出版社 1984 年，第 389 页。

③ 张惠仁、王同书《评刘世德施耐庵文物史料辨析》，《陕西理工学院学报（社科版）》，1985 年第 1 期。

庸和常征分别作序的《水浒与施耐庵研究》[1]一书中，就“施耐庵之谜”作了探索，针锋相对地批驳了何心、戴不凡、聂绀弩等否定《施耐庵墓志》的真实性及所谓“施耐庵连个影子也没有”的种种理由，从而也否定了胡适所谓的“施耐庵大概是‘乌有先生’‘亡是公’一流的人”、鲁迅所谓的“疑施乃演为繁本者之托名”的论点，在学界引起瞩目。该著还设专章对施彦端即施耐庵进行考论，从名讳学的微观层次，从古人命名、取字、称号的关联性方面，“‘解开施肇瑞、施彦瑞、施耐庵的名字号之奥秘，使一切反对者都噤若寒蝉’（喻蘅教授语）；为论证施耐庵乃实有其人，乃现今苏北兴化、大丰一带施族祖先，起了重要作用。”[2]冯其庸所作之《序》指出：“读张惠仁的文章，我似乎觉得有一种‘放心’之感！”[3]常征所作之《序》亦指出：“我对张惠仁君的论辩十分欣赏。”“我认为从考据学的角度看，都是不易之论。”[4]

章培恒在所撰《施彦端是否施耐庵》一文中认为：“说施彦端就是施耐庵，本来很难使人相信。因为《水浒》旧本署‘钱塘施耐庵的本’，其人自当为钱塘人，与白驹的施彦端什么相干？但是，前几年出土的《处士施公廷佐墓志铭》却有这样的记载：‘……生曾祖彦端。会元季兵起，播浙，遂家之。及世平，怀故居兴化，遂白驹。生祖以谦。’可知彦端确曾长期‘家’于浙。因此，他曾被视为浙江人甚或曾经入籍浙江，都不是不可能的；而钱塘正是浙江的省会。这样，施彦端跟施耐庵不可能是同一个人的最根本的原因，就不复存在了。”“总之，我的看法是：根据现有的材料，我们今天可以承认施彦端即施耐庵。”[5]袁世硕在所撰《〈水浒传〉作者施耐庵问题》一文中认为：“原籍兴化、流寓江南的施耐庵与钱塘施耐庵，在里籍上并无矛盾。”[6]盐城耆硕周梦庄所撰《〈水浒传〉本事考》，亦谓“施耐庵是兴化人可无疑”[7]。

海峡两岸合作发展基金会顾问、台湾专栏作家协会秘书长、前《“中央”日报》总经理、山东郓城人李在敬在《“中央”日报》1992 年 11 月 20 日撰《梁山泊是施耐庵的故乡》一文中认为：“兴化县即是梁山泊。施耐庵的故里兴化县施家桥，据查勘其地理环境，为四面环水，周围阡陌纵横，如不熟悉路径，很容易迷路，而这水乡泽国的风貌，与《水浒传》中对梁山泊的描述非常相似，施氏笔下的

---

① 张惠仁《水浒与施耐庵研究》，延边大学出版社 1988 年版。
② 《施耐庵生卒年研究有突破——访北京市社科院研究员张惠仁》，《北京社会科学》，1999 年第 3 期。
③ 张惠仁《水浒与施耐庵研究》，延边大学出版社 1988 年版，第 4 页。
④ 张惠仁《水浒与施耐庵研究》，延边大学出版社 1988 年版，第 10 页。
⑤ 章培恒《施彦端是否施耐庵》，《复旦学报》（社科版），1982 年第 3 期。
⑥ 袁世硕《〈水浒传〉作者施耐庵问题》，《东岳论丛》，1983 年第 6 期。
⑦ 周梦庄《〈水浒传〉本事考》，《耐庵学刊》（增刊），2014 年，第 66 页。

梁山泊似是以其故里为蓝图而撰写的。根据此一发现,《水浒传》七十回本,似应为施耐庵所作无误,同时也可证明,他写《水浒》虽以位在山东西南部的梁山泊为《水浒传》的地理背景,但他未到梁山泊实地勘察地形,而以故乡施家桥的地理环境为设想,而加以构写的。古时交通不便,文人闭门虚构,写的又非正史,应是常有的事,文采如苏东坡,他所写的赤壁赋,地理环境就不对,可为一大例证。"①

综上所述,1982 年以来施耐庵身世调查的成果是厚重而丰硕的,它将 1952 年施耐庵身世调查的成果大大向前推进了,更加臻于历史的真相。其实,早在 1952 年 8 月由人民文学出版社校订出版的《水浒》(七十一回本)出版说明中就讲:"《水浒》一书,过去相传是施耐庵的作品,但施耐庵的历史材料,人们所知甚少。因此,关于《水浒》的作者,是有不同看法的,甚至有人怀疑施耐庵是一个假名字。最近有人从江苏《兴化县续志 · 文苑》里找到他的墓志和传记。从这两个文献来看,施耐庵这个历史人物是完全无可怀疑的,而《水浒》是施耐庵的创作,也无可怀疑。"鉴于此,我们务必本着对历史负责和前辈学者劳动成果的尊重,善待自己的历史遗产和长期形成的研究传统,绝不容许不负责任的怀疑和责难、任意颠覆和随意苛求,以支流而否定主流,以个别现象而否认本质,坚决反对历史虚无主义,尊重和维护历史的尊严。

可喜的是,由中宣部批准,文化部、中国文联、财政部主办,中国美协承办的"中华文明历史题材美术创作工程",公布的第 131 项选题关于"四大名著"的简介中将"钱塘施耐庵"与"兴化施彦端"认定为同一个人:"施耐庵(1296—1371),名耳,又名肇瑞,彦端,字子安,号耐庵。"②这是权威部门对主流学术成果的认可,是对先贤的告慰。回良玉同志所撰《我所认知的水乡情韵》③一文,对"施耐庵是兴化人"予以进一步确认,是完全符合历史事实的,充分反映了文化界广大有识之士和施耐庵故里人民的共同心声,这实在是一件令人振奋的事!若是先贤泉下有知,应当甚感欣慰吧。

(作者:莫其康,中国水浒学会常务理事、江苏省明清小说研究会理事、泰州历史文化研究所研究员、泰州市历史学会副会长、兴化市历史学会会长。)

---

① 李在敬《梁山泊是施耐庵的故乡》,台湾《"中央"日报》,1992 年 11 月 20 日。

② 《中华文明历史题材美术创作工程》,《人民网 - 时政频道》,2012 年 5 月 25 日。

③ 回良玉《我所认知的水乡情韵》,《新华日报》,2014 年 9 月 8 日。

一册在手，全然于胸
——读莫其康主编的《郑板桥研究》

蒋广学

《兴化历史名人研究丛书》第一辑中的《郑板桥研究》，由凤凰出版社推出后，得到学界的高度肯定。郑板桥研究专家周积寅教授点评道："编纂者进出百家，博访遐寻，以自觉的学科建设致力于板桥研究，遴选出珠玉之作，汇集成册。应该说，这是一本群星灿烂的文集。精锐的作者，纷呈的内容，并茂的图文，饱含了编纂者大量的心血与寄托，对学界、对桑梓、对社会，无疑都是一大幸事，功莫大焉！"中央文史研究馆馆员、北京师范大学赵仁珪教授认为："文集丰赡沉实，立体多面，体现了郑学研究领域的时代风采，何况作者多是学林精英，文苑新秀，其学术含量，文采风流，可见一斑。仅凭这一点，相信读到这个选本的你，是不会失望的。"扬州大学教授黄俶成撰联赞之："四海硕果汇一册，百年郑学集其成。"读了莫其康主编的《郑板桥研究》，深感此评确当，洵非过誉。

全面展现板桥的杰出成就和人生风采，应该是这本文集的最大特色。文集收录了海内外研究板桥的名家名篇和新锐力作66篇，40多万字，代表性强，信息量大，全面展现了板桥的杰出成就和人生风采。一册在手，学脉及成果全然于胸，堪称是一本知识容量大、质量上乘、值得读者和学人收藏的工具类书籍，填补了郑板桥研究出版领域之空白。收录的罗家伦的《漫谈板桥》、郭味蕖的《扬州画派的郑板桥》、傅抱石的《郑板桥试论》、邓拓的《郑板桥和"板桥体"》、廖沫沙的《郑板桥的两封家书》、启功的《我心目中的郑板桥》和丁家桐的《"绝代风流"郑燮》、王锡荣的《郑板桥的生平和思想》、刘润为的《郑板桥诗词的艺术特色》、陈传席的《梓庆雕鐻和郑燮画竹》、杨建侯的《郑板桥杰出的艺术成就》、王冬龄的《风流倜傥的六分半书》、单国强的《郑燮绘画真伪鉴识》、范曾的《评八大山人和郑板桥的线条》、薛永年的《郑板桥与李复堂的交游》等文章，无一不是名家研究板桥的精品力作。全书从板桥的生平、交游、思想、文学、艺术等不同研究领域，全面观照，立体呈现，情理交融，脉络清晰，可读性强。一篇篇引人入胜的文字，深入浅出地展现出不同视角下多姿多彩的板桥形象：贤哲郑板桥，怪才郑板桥，智者郑板桥；吃亏是福的郑板桥，难得糊涂的郑板桥；书画家郑板桥，诗人郑板桥，思想家郑板桥；内行醇谨的名士郑板桥，儒雅浪漫的艺术家郑板桥，侠骨风流的狂士郑板桥；有血有肉、有胆有识、有情有义的郑板桥，关心民瘼、爱民如子、以民为本的清官郑板桥……

着力彰显板桥研究的突出成果，也是这本文集的显著特色。收录的卞孝萱的《郑板桥家世考》《郑板桥交游考》和周积寅的《郑板桥美学思想》、喻蘅的《郑燮与金农、袁枚交谊考辨》、黄俶成的《从八十方印章看郑板桥》、金实秋的《郑板桥佛禅思想渊源探析》、尹文的《板桥道情的创作背景和思想渊源》等文章，阐前人所未发，述前人所未言，解决了许多未解之谜。尤其是板桥研究名家卞孝萱的《郑板桥家世考》，除发掘、引用世人所罕见的如王国栋的《竹楼诗钞》(《秋吟阁诗》)等被清廷禁毁的资料外，还亲赴板桥故里研读《昭阳郑氏谱》，采用文史互证法，使板桥家世的研究得到深化，求得历史的真貌。另一篇《郑板桥交游考》，对板桥交游群体中的诗人、词客、书画家和王侯、官吏、和尚、道士、歌童、妓女等几百个人物做了翔实的考证，绘出一幅完备周详的社会关系网络图，使板桥研究有了新的广阔视野。其专著《郑板桥丛考》，成果斐然，限于文集容量，所憾只能列入书后存目辑览。文集还收录了莫其康的《郑板桥民本思想的历史渊源和现实启示》、李鸿渊的《论郑板桥家书的人文思想及其意义》和吴建华等人的《中国社会思想视野中的“难得糊涂”和“郑板桥现象”》等文章，揭示了郑板桥享誉海内外、影响历久不衰的真正原因：板桥对后世的影响，绝不仅表现在书画艺术方面，还表现在诗词文翰方面，更表现在政绩、政声及人品与作品的交相辉映。这些成果的彰显，进一步拓展了板桥研究文献的深度和广度。

注重关切学界和社会的热点，是这本文集的又一特色。收录的翟墨的《郑板桥“怪”在哪里》和杨新的《郑板桥和“扬州八怪”》、李德仁的《狂而不狂　怪而不怪》等文章，回应了学界和社会关切的热点，从不同的视角解析了郑板桥“颓唐偃仰各有态，常人尽笑板桥怪”的缘由。翟墨认为：“过去研究郑板桥的文章，谈及他的怪时，往往较多的归结于他的创新精神，做人不合时俗，为艺我从我发，这无疑是对的。然而，仅仅论及这些还令人感到不甚切中肯綮。……郑板桥从生活、思想到创作都有更复杂、更深邃的东西值得探讨。”他着重指出，郑板桥和扬州画友的怪“是黑暗的时代、矛盾的思想、压抑的感情和强烈的创造性的结合体。……在当时的历史条件下，透过他们的修、齐、治、平的雄心壮志，慷慨激昂的抗议之声，嬉笑怒骂的不平之气，低回婉转的愁苦之词，我们可以看到在资本主义萌芽时期，在封建势力高压之下，一代正直的中国知识分子的赤子之心和他们克服重重困难对中国艺术的孜孜探求”。此论不失为真知灼见！

编纂体例上的锐意创新，可谓是这本文集的亮点。为弥补编纂取舍之缺憾，主编特在篇末附录“相关链接”40 篇，书末附编“存目辑览”1200 余条，供读者延伸阅读时参考。冯其庸、刘润为、周积寅、丁家桐、王锡荣等名家予以盛赞，联合推荐为“海内外第一部集郑板桥研究文献之大成的读本”。

此外，文集在编校质量上也有可圈可点之处，编者、作者沟通互动，比勘纠讹,推敲润改,较原作增色不少。人民新闻家邓拓之子邓壮在看了其父作品《郑板桥和“板桥体”》的校订稿后回复主编:“感谢并欣赏你的认真工作精神。此稿原出版单位,应不乏学者和优秀编辑,但是工作态度是导致他们的出版物错误频出的原因。在郑燮的家乡发表父亲的作品,能够有你这样的编辑,欣慰。谢谢!”《求是》杂志社原副总编、中国红色文化研究会会长刘润为也对主编倍加称赞:“你的精益求精令我感动。”

毋庸置疑,莫其康主编的《郑板桥研究》乃当代“郑学”研究的开创性著作,其蕴含的文献价值、学术价值、鉴赏价值和社会价值,将随着时间的推移愈益显现,给广大读者和研究者带来诸多便利、教益和享受,当会引发和催生更多更突出的成果,将板桥研究提升到一个新的高度,进一步将板桥文化发扬光大。为表达我对编辑者的敬意,特赋小诗一首:“板桥兰竹年年新,代代新人念故人。怪石嶙峋何常青,专引风歌慰劳民。”后来有志于郑板桥研究者,当以此书为入门证和助跑机。

(作者:蒋广学,南京大学中文系文献学博士生导师、中国思想家研究中心教授、《中国思想家评传丛书》常务副主编。)

学术争鸣

对《浙江文学史》中施耐庵籍贯表述的质疑

——与王嘉良等先生商榷

任祖镛

近读王嘉良先生主编的《浙江文学史》,其中对施耐庵的表述云:"《水浒传》作者至今说法不一,但以施耐庵较为确信。施耐庵,原籍苏州,住阊门外施家巷,后迁居当时海陵县白驹场(今江苏省大丰市白驹镇)。其曾在钱塘(今浙江杭州)为官三年,因不满官场黑暗,不愿逢迎权贵,弃官回乡。"[①]这一段话表述《水浒传》作者施耐庵的籍贯,没有采纳"钱塘施耐庵"之说,值得肯定;但认为是"海陵县白驹场(今江苏省大丰市白驹镇)"又十分不准确,为此与王嘉良等先生商榷。

分述如下:

一、不采纳"钱塘施耐庵"的说法极有见地

作为《浙江文学史》的主编,王先生对世界文学名著《水浒传》作者施耐庵的籍贯表述能不囿于浙江地域,不采纳明代笔记中已有的"钱塘施耐庵"说法,为各地施耐庵籍贯研究者否定"钱塘说"提供了有力的旁证,值得肯定。虽说马成生先生在《杭州与水浒》一书中对杭州有关地名、传说等与《水浒传》相对应之处,做了研究,认为只有"老杭州"才能写出。其实这些研究正为江苏施耐庵曾"官钱塘二载"(《兴化县续志》)、"曾祖彦端会元季兵起,播浙,(遂)家之"(《处士施廷佐墓志铭》)提供了证据。因为江苏施耐庵确实曾举家迁到浙江,在杭州做过官,战乱平定后才回兴化,所以熟悉钱塘等地的情况、了解当地的传说,后来被认为是"钱塘施耐庵""武林施某"也就不足为怪。这与罗贯中本是东平或太原人,因在杭州生活过,郎瑛《七修类稿》等书说他是"钱塘人"一样。

---

① 王嘉良《浙江文学史》,杭州出版社2008年版,第274页。

另外，马先生在《杭州与水浒》中以杭州方言作为施耐庵是钱塘人的例证并不靠谱。例如，他在书中认为："《水浒传》中的语言，属于汉语中的吴语，普遍通行于浙江省大部与江苏省东南部……且看杭州的一个'儿尾词'，即在名词之后加一个'儿'字，如'帽儿''筷儿''黄瓜儿''黄鼠狼儿'，构成特有的'杭州味'。这个'儿尾词'，在《水浒传》里运用得极多，如王进挑了'担儿'……特别值得注意的是，这个'儿尾词'，基本上只通行于杭州城区与城郊结合地带，南止钱塘江……就是这么极小范围内的方言土语。《水浒传》作者不仅运用得多，而且熟练，俨然是'老杭州'风格。"①

这段话中，马先生有两层意思：1.《水浒传》的语言属吴语，通行在浙江与江苏东南部，意思是说，如果施耐庵是苏中人，苏中属江淮方言区，就不可能用吴语写《水浒传》。这实是一孔之见！早在1987年，笔者就写过一篇《试论〈西游记〉中吴方言的由来》②其中谈到兴化施耐庵、郑板桥、任大椿等很多家族都是苏州移民，他们或在元末、或因明洪武赶散到苏中务农而迁居兴化，且家谱都有记载。至今兴化人还说睡觉是"上苏州""上虎丘山"，存有很多苏州民俗。兴化方言中保留了大量的吴语，在苏中沿江一些地方也有用吴语的。可见吴语不仅通行于江苏东南部，也存在于苏中部分地区。2.马先生还举了"特有的'杭州味'"的"儿尾词"，认为"这个'儿尾词'，基本上只通行于杭州城区与城郊结合地带"，是杭州"极小范围内的方言土语"，"《水浒传》作者不仅运用得多，而且熟练，俨然是'老杭州'风格"。马先生这样说是告诉读者，"儿尾词"的运用说明《水浒传》作者只能是杭州人，且可能是"老杭州"，不可能是兴化人，这真有失水准，令人大跌眼镜！因为方言中用"儿尾词"的并非在杭州"极小范围内"，别的地方也用。以兴化方言为例，笔者随时可举出几十个"儿尾词"，如兴化方言说器物有"瓦缸儿""盆儿""罐儿""钵儿""锄锣儿""花鼓儿"，说动物有"猫儿""狗儿""小洋鸡儿""麻雀儿""蛐蛐儿""金铃子儿"，说植物有"花儿""洗洗菜儿"（谐音，指荠菜）"枸杞头儿""香椿头儿""马兰头儿"，说食物有"红枣儿""黑枣儿""莲子心儿""京江齐儿"（"齐"是谐音）"抄手儿""扁手儿""肉包儿"，称人的小名有"龙儿""祥儿""春玲儿""炳廉儿""小庆儿""小定儿""小敏儿"，等等，如果《水浒传》作者是兴化人，用"儿尾词"也是很自然的。马先生及"钱塘说"研究者汪吾今先生以此作为"钱塘施耐庵"的例证，显然没有说服力。

再者，我国古代就有本地人必须易地为官的制度，即使中了进士也不允许回家乡做父母官，一般要在家乡300里之外，唐代还规定县官不得带配偶赴任，这样做都是为了防止营私舞弊。例如，明嘉靖《兴化县志》《选举表》及《人物·

① 马成生《杭州与水浒》，中央文献出版社2009年版，"前言"第3页。

② 《思茅师专学报》，1987年第1期，第22—25页。

名贤列传》记载从宋元祐以来，兴化士人不论是中进士、举人或被“岁荐”、“辟举”后，都是到外地做官，元代亦然。兴化籍顾逖是元至正进士，任松江府同知；兴化籍陆谦在元至正年间被“辟举”任杭州治中。如果说施耐庵是“钱塘人”，就不可能在钱塘做官，而且还如《浙江文学史》所说“在钱塘（今浙江杭州）为官三年”。况且“钱塘说”的研究者已将与“钱塘施耐庵”有关的材料研究详尽，但至今仍无确切的史料、文物可证明施耐庵生于钱塘、葬于钱塘、后裔住在钱塘等等，且既无家谱，又无墓地。他们只找到一个“宋江村”，但历史上同名同姓的人很多，宋江村无宋氏家谱可考，无法证明与《宋史》中被张叔夜招降的宋江有关系；何况即使能证明真是《宋史》中被招降的宋江后裔，也与元末明初的施耐庵不搭界。可能基于以上多种原因，王嘉良先生认为“钱塘施耐庵”之说难以成立，故在《浙江文学史》中不予采纳，由此可见王先生研究学问的求实精神与否定浙江钱塘说的勇气，在学术造假、抄袭不以为耻且较为常见的今天，更值得我们学习。

二、施耐庵的籍贯不是“海陵县白驹场”，而是“兴化县白驹场”，施耐庵是江苏兴化人

1. 施耐庵是江苏兴化人，已是江苏学术界的主流观点，大多数学者的共识。

原中共中央政治局委员、国务院副总理回良玉同志担任江苏省委书记时，在2004年所作“创建文化强省”报告中谈到江苏古代名人，明确施耐庵是兴化人；其后在2005年7月28日，时任江苏省省长的梁保华同志在“发展旅游经济”的报告中也明确施耐庵是兴化人。今年9月8日回良玉同志在《新华日报》头版发表《我所认知的水乡情韵》一文的第三部分“水性灵秀 融会贯通”中说：“明清两朝产生的五万多名进士、二百多名状元中，江苏分别占了十分之一和三分之一。四大名著中《水浒传》《西游记》均为江苏人所著，施耐庵是兴化人，吴承恩是淮安人……”再次明确施耐庵是兴化人。原省委、市政府主要负责同志的这一观点，所反映的正是江苏学术界的主流观点。

从全国学术界看，仅以本世纪以来对施耐庵籍贯的论述为例，上海大学博导朱恒夫教授在《明清小说研究》2000年增刊发表的《〈水浒传〉与江苏》一文约两万字，论述的结论是“综上所述，《水浒传》的作者是江苏兴化人”；2011年1月东南大学出版社出版，汪小洋、徐四海、姚义斌主编的高等教育通用教材《江苏地域文化概论》第十一章《泰州地域文化》中明确“施耐庵（约1296—1370），元末明初文学家，兴化（今兴化市）人，原籍苏州”；2012年10月中国社会科学

出版社出版,中国社科院文学所孙一珍研究员所著的《明代小说史》,在第五章《施耐庵与水浒传》中,明确作者施耐庵是兴化人;

2012 年 4 月 25 日北京大学侯忠义教授在《施耐庵的故里在兴化》一文中说:"施耐庵的故里在兴化,现有两谱(《施氏家谱》《施氏家簿谱》)、两志(《施耐庵墓志铭》《处士施廷佐墓志铭》)可证"①等,可见这已是大多数学者的共识,因而值得王先生深思。

2. 明初海陵县已撤销,何来"海陵县白驹场"?

王先生在《浙江文学史》中认为施耐庵"后迁居当时海陵县白驹场(今江苏省大丰市白驹镇)",意即籍贯是"海陵县白驹场(今江苏省大丰市白驹镇)"。这一表述完全错误,依据是:

首先,"后迁居"的"后"字,指什么时间?是元末还是明初?是从什么地方(从苏州还是杭州)迁居海陵县白驹场的?王先生避而不谈。据出土文物《处士施公廷佐墓志铭》所记:"曾祖彦端会元季兵起,播浙,(遂)家之。及世平,怀故居兴化,(还)白驹,生祖以谦。"其中的"及世平",时间必然不是元末,而在明初。在"播浙"后"怀故居兴化,(还)白驹",必然是从浙江钱塘回兴化,到白驹场。值得注意的是墓志铭中就已经明确施耐庵的"故居"是"兴化",而不是"海陵"!是因怀念"故居兴化"才回到兴化白驹场。如果当时白驹场属海陵,施耐庵因怀念兴化从浙江回来,却到了海陵县的白驹场去,岂非挑水找错了码头?

再者,明初的"白驹场"属"海陵县"吗?据《明史·地理志》记载,明洪武元年改路称府,撤海陵县,原海陵县地并入泰州,到清代都未改变。《大清一统志·扬州府·古迹》中也有"海陵废县"条目,注云:"明初始省县入州。"意即明初废除海陵县,并入泰州,故称之为"废县"。可见施氏在"怀故居兴化,(还)白驹"时,海陵县已被撤并入泰州,不复存在,因此王先生说施耐庵"后迁居当时海陵县白驹场",因"海陵县"已撤销,必然不准确。

"大丰说"的研究者可能会辩解说,元代海陵县存在,"海陵县白驹场(今江苏省大丰市白驹镇)"是按元末说的,这也站不住脚。

为什么《元史》《明史》中的《张士诚传》都说他是"泰州白驹场亭人",而不说是"海陵县白驹场亭人"?所以,坚持"海陵县白驹场"说法的研究者首先应撰文纠正《元史》《明史》在《张士诚传》中表述的错误,摆出"海陵县白驹场"说法正确的史料依据,才能成立,否则就是欺人之谈。而就施耐庵元末明初人的籍贯而言,按照"前文服从后文"这一通用法则,朝代、区划变迁后,当地人的籍贯应以后者为准。以复旦大学喻蘅教授的籍贯为例,喻蘅教授故里在今大丰市

① 侯忠义《施耐庵的故里在兴化》,《兴化日报》,2012 年 4 月 5 日。

白驹镇,籍贯大丰。而在大丰建县前,白驹镇属兴化,当时喻蘅教授填写的籍贯是兴化。施耐庵是元末明初人,他的籍贯同样应以明初地理名称为标准,明初海陵县已废,“海陵县白驹场”必然是无本之木,何况元代白驹场并不属海陵县!

3. 元代海陵县虽然存在,但“白驹场”从宋、元、明以来一直不属“海陵县”,而属兴化县。

在宋代,有兴化知县范仲淹所撰碑文《兴化县白驹场关圣庙碑记》①为证。此碑文载于民国八年(1919)兴化县续修县志局主编的《丁草刘白疆域属东驳议》,碑文前有文字说明:“范仲淹碑记,清知县林光照、泰州分司武祖德二碑均县志所未载,系咸同后出土,武碑撰于同治朝,故梁志无其文,兹取原碑附录之,以资质证。”这段文字指出,三篇碑记在咸丰元年所修《兴化县志》(因系知县梁园棣等所修,简称“梁志”)没有刊载的原因:范仲淹与林光照二碑记是同治后才出土,故“梁志”未载;而官衔为“淮北监掣府调署两淮泰州分司”的武祖德《重修兴化县白驹场关帝庙碑记》撰于同治朝,时间在咸丰之后,“故梁志无其文”;作为“泰州分司”的盐官,他知道白驹盐场的关帝庙属兴化县管辖,所以碑名是“兴化县白驹场关帝庙”,而非“泰州白驹场关帝庙”。

范仲淹是由泰州丁溪仓盐官调任兴化知县的,在碑记中明确是因修捍海堰到白驹场,士民请他为关帝庙写碑记。做过丁溪仓盐官的他,对白驹场的归属与管理必然十分清楚,因而碑名为“兴化县白驹场关圣庙碑记”。如果当时白驹场不在兴化境内,或白驹场不属兴化县而归海陵县管辖,范仲淹怎么可能把“兴化县”加在“白驹场关圣庙”之前呢?碑文中“淹承乏兴邑,偶以修捍海堤至白驹”句内的“白驹”一词则是“白驹场”的简称,当时关圣庙所在地是白驹场内的原名叫“颜陆村”的村庄(见《白驹镇志》),所以标题用“白驹场关圣庙”,而非“白驹关圣庙”。奇怪的是在《白驹镇志》(第404页)竟将这一碑记改名为《白驹关帝庙碑记》,擅改碑记题目,目的是否认白驹场属兴化县,歪曲史实,十分错误。

再看“赐进士出身,文林郎、知兴化县事”林光照的碑文,“白驹场武庙相传建自宋景德年间”,因需修葺,前任兴化知县吴琤曾“捐俸首倡”,并得到商人及“兴邑诸缙绅”等捐金。如果白驹场不属兴化,兴化知县、商人、缙绅等为何要捐款修庙,兴化知县还写碑记?

在元代,兴化知县詹士龙因捍海堰(后称“范公堤”)年久失修,请求上级批准他调集民夫“修筑捍海堰三百余里”〔《四库全书·(明代宋濂)文宪集·詹士龙小传》、明嘉靖《兴化县志》〕,在修筑时还挖到范仲淹埋的“遇詹再修”石刻,

---

① 兴化县续修县志局主编《丁草刘白疆域属东驳议》,1919年,第三部分,第3页。

兴化、盐城县志都有记载。如果兴化东、北部的白驹等盐场属“海陵县”，那么在盐场东边的捍海堰当然更与兴化无关，理应由海陵县令请求上级批准调集民夫修筑，詹士龙也没有理由越俎代庖，要求调集民夫越过县界及海陵县的白驹场，去修海陵县境内的捍海堰；即使他有此要求，海陵知县也不会同意，上级官府也不会批准。

再看《明史·地理志》，洪武元年闰七月，明太祖将元高邮府降为州，领宝应、兴化两县，明确兴化县的地域为：“兴化，州东（指高邮州的东部）。南有运河，东有得胜湖，东北有安丰巡检司，又东北有盐场。”①从四个“有”字可以看出，洪武元年兴化归高邮州所辖，除有运河、得胜湖、安丰巡检司外，兴化境内东、北部的盐场（即丁溪、草堰、白驹、刘庄等场）仍如宋、元两代一样，归兴化管辖。明初海陵县撤并入泰州，已不存在，白驹场宋、元、明三代又一直在兴化境内，必然属兴化管辖，这里还有1955年出土的明万历四十七年文物《施奉桥地券》“大明国直隶扬州府高邮州兴化县白驹场街市居住”作《明史·地理志》的佐证，可见王嘉良等先生所说“海陵县白驹场”确实不能成立。

第三，在《读史方舆纪要》中，“兴化县”条目下面的分目之一“丁溪闸”的文字解说云：“在县东一百三里，即丁溪盐场也。又东北七里为小海、草堰二场。又县东北百二十里曰白驹场。又北曰刘庄场，接盐城界。天启二年兴化知县边之靖修拦潮五闸，明年淮、湖大涨，自高、宝而东俱由五闸汇流入海，公私利之。又捍海堰，在县东……”②明确丁溪、小海、草堰、白驹、刘庄五座盐场都在兴化境内，它们的东面是捍海堰。明代天启二年兴化知县修了捍海堰上的拦潮五闸，次年淮河、洪泽湖水大涨，内水由五闸入海，既保住了堤内国家的盐场，又保护了盐场内民户的农田，所以叫“公私利之”。顾祖禹生活于明末清初，无锡人，是清初著名地理学家，他继承父志，参考二十一史及100多种地方文献，并实地考核异同，历时30余年，才编著成130卷、280万字的《读史方舆纪要》，《清史稿·顾祖禹传》说他“凡职方、广舆诸书承讹袭缪，皆为驳正。”被魏禧赞为“此数百年绝无仅有之书也”。所以他的这一段兴化境内白驹等盐场的论述与《明史·地理志》《施奉桥地券》相合，完全可信。

尽管明景泰四年（1453），杨新所撰《故处士施公墓志铭》中称施让“鼻祖世居扬之兴化，后徙海陵白驹”，但这个“徙海陵白驹”并不能成为白驹场属海陵县的依据。因“徙海陵白驹”是在明朝初年，“海陵”已撤县并入泰州，既无海陵县，何来“海陵白驹”？而泰州古为海陵县，唐代兴化为海陵县昭阳镇，吴杨溥武义二年（920）才从海陵县划出建兴化县。因兴化古代属海陵，从前兴化县衙就

① 张廷玉等撰《明史·地理志》，中华书局1974年版，第917—918页。

② 顾祖禹《读史方舆纪要》，贺次郎、施和金点校，中华书局2005年版，第1143页。

有“海陵旧址”匾额，所以杨新称“海陵白驹”作为一种古雅的说法，就是指兴化白驹场，而且在《故处士施公墓志铭》中用“扬之兴化”与“海陵白驹”对举，要比“扬之兴化”与“兴化白驹”对举修辞效果好。但从明初海陵已是废县角度看，“后徙海陵白驹”的说法并不准确。因此，“大丰”说研究者以此为据，说施耐庵籍贯是“海陵白驹场”人，与兴化无关，完全违背史实。

4. 施耐庵籍贯“海陵县白驹场（今江苏省大丰市白驹镇）”只是几种施耐庵“江苏大丰说”表述中的一种。

应该说施耐庵籍贯“海陵县白驹场（今江苏省大丰市白驹镇）”并非王嘉良等先生原创，而是采用了施耐庵“江苏大丰说”中的一种。据笔者所知，“大丰说”谈施耐庵籍贯有“原籍兴化白驹场（今属大丰县）”“泰州白驹场（今大丰市白驹镇）”“海陵县白驹场（今江苏省大丰市白驹镇）”等几种。同持“大丰说”，对同一个白驹场，竟有属兴化、泰州、海陵三种不同说法，自相矛盾且不能统一，岂非怪事？

2012年3月31日中国大丰网公布了“大丰市施耐庵研究会出台施耐庵生平介绍标准文本”，内容如下：“日前，大丰市施耐庵研究会召开关于规范施耐庵宣传口径的学术研讨会，会上明确了对施耐庵生平介绍的标准文本。关于文学巨匠施耐庵生平事迹，历来各地众说纷纭，莫衷一是，就是在大丰——施耐庵故里，对他的生平宣传也有一定的随意性、没有统一说法，有的内容还自相矛盾。这次会上……最终确定了施耐庵生平介绍的标准文本，即：施耐庵（1296—1370），名彦端，又名子安，耐庵为其字，大丰市白驹镇（元末明初泰州白驹场）人……”

这一“标准文本”的关键内容是：施耐庵是“大丰市白驹镇（元末明初泰州白驹场）人”。对于古人籍贯的表述，都是古代地名在前，今之地名加括号附于后，而大丰这一“标准文本”的表述却颠倒顺序，并不标准！因为施耐庵是元末明初人，而大丰县建于1951年，白驹镇建于民国后，元末明初根本就没有大丰县和白驹镇！怎能直接说他是“大丰市白驹镇”人？这一表述本已违背史实与常规，还自认为是“标准文本”，岂不怕在学术界留下笑柄？

但对于王先生来说，尽管这一说法并不规范，却已否定了《浙江文学史》“海陵县白驹场”之说。那么，“海陵县白驹场”与“泰州白驹场”究竟哪一个准确？大丰市施耐庵研究会只说“自相矛盾”，为何“矛盾”却避而不谈，这也给王先生出了难题。

笔者还见到一篇今年浦玉生先生谈施耐庵是大丰人的大作，该文有20多处错误，当另具文商榷。因该文结尾一段与王先生的《浙江文学史》中施耐庵的论述有关，故抄录如下：

习近平总序“文化研究工程成果文库”的《浙江文学史》谈到《水浒传》作者施耐庵时是十分准确的：“《水浒传》作者至今说法不一，但以施耐庵较为确信。施耐庵，原籍苏州，住阊门外施家巷，后迁居当时海陵县白驹场（今江苏省大丰市白驹镇）。其曾在钱塘（今浙江杭州）为官三年，因不满官场黑暗，不愿逢迎权贵，弃官回乡。”请各地遵照执行。①

这段文字有两点值得推敲：

第一，浦玉生先生认为《浙江文学史》中所谈《水浒传》作者施耐庵籍贯、钱塘为官的经历“十分准确”，其中迁居“海陵县白驹场（今江苏省大丰市白驹镇）”必然也在“十分准确”之内。对于这一点，本文前已论述，是无本之木，应是十分不准确！浦先生是2013年6月投的稿（大作里标明“收稿日期”是2013年6月27日），作为大丰籍的浦先生，竟对家乡大丰市施耐庵研究会2012年3月公布的“标准文本”中的“泰州白驹场”公然否定。看来大丰市施耐庵研究会要避免“自相矛盾”，统一用“元末明初泰州白驹场”的说法并不容易，这真值得王嘉良先生深思。

第二，这段文字末句“请各地遵照执行”是难得一见的奇句。既然要“各地遵照执行”，这个“各地”前没有地域限制语，必然是指全国各地了。而能够向全国发令要“各地遵照执行”的，按照我国法律规定，只有党中央和国家的领导机关与领导同志。这段文字的开头“习近平总序‘文化研究工程成果文库’的”16个字是做《浙江文学史》的定语，不是主语，按语法结构不是主语不可能作下句的发令者；后面的“《浙江文学史》谈到《水浒传》作者施耐庵时是十分准确的”是句子的主体，冒号后是对主体的解说，总的是一个判断句，也不能做发令者，所以这个发令者只能是浦先生自己。再看浦先生大作的简介，是“中共江苏省盐城市委办公室（研究室）副主任，中国水浒学会副会长”，远远没有具备国家法律赋予的要“各地遵照执行”的领导地位与权力！何况句子主体是谈施耐庵籍贯与为官经历的学术问题，应该百家争鸣，怎么可以搞一言堂，要“各地遵照执行”呢？作为党员副处级干部、中国水浒学会的副会长不会连党的“双百方针”都不知道吧？浦先生这样说实在有失水准，将会贻笑大方。更令人奇怪的是，浦先生在他大作的“关键词”中却云“《水浒传》；泰州白驹场；大丰白驹镇；施耐庵”，又认为是“泰州白驹场”人，这与大作结尾自己肯定“十分准确”的“海陵县白驹场”又自相矛盾。可见，在同一篇文章中，他要求“各地遵照执行”的同时，他自己却没有执行，个中原因还有待蒲玉生先生明示，也值得王嘉良先生深思。

① 浦玉生《史眼如炬：施耐庵故里大丰市白驹镇新考》，《菏泽学院学报》，2014年第1期，第15页、第14页。

事实上，全国各地的研究者并不会因浦先生发了“各地遵照执行”的命令就会认为施耐庵籍贯是“海陵县白驹场（今江苏省大丰市白驹镇）”，也不会因此而不敢反驳；相反可能都会认为浦先生是借《浙江文学史》等一套书前有“习近平总序”来造政治声势，以弥补“海陵县白驹场（今江苏省大丰市白驹镇）”的论据不实。如果我们拜读习近平同志（时任浙江省委书记）的“总序”就会明白，内容是对浙江文化的发展作重要指示，并对浙江文化研究工程重点研究方面提出明确要求。全文高屋建瓴，总领浙江文化发展的全局，既没有一段提到《浙江文学史》，也没有一句提到《水浒传》，更没有一个字提到施耐庵的籍贯，浦先生如想借此造势，难道就不怕别人拜读了“习近平总序”后提出责难吗？

4.“灶户”与“民户”不容混淆，说施耐庵籍贯是“泰州白驹场”也不准确。

笔者以为，如果王先生采用大丰市施耐庵研究会公布的“标准文本”，再版《浙江文学史》时把施耐庵的籍贯的表述改为“后迁居当时泰州白驹场”，也不准确。

诚然，《元史》与《明史》的《张士诚传》都说张士诚是“泰州白驹场亭人”，好像白驹场属泰州，无可否定。但要知道《元史》《明史》都说张士诚是白驹场“亭人”！“亭人”是灶户，不是民户！对于这一点，《元史》与《明史》作为史笔都毫不含糊。这是因为我国唐代肃宗乾元元年“置盐院”，以“游民业盐者为亭户”（《新唐书·食货志》、明《嘉靖维扬志·盐政》）。《宋史·食货志》也说“鬻盐之地曰亭场，民曰亭户，或谓灶户”，所以 宋、元、明、清都称盐户为亭户、灶户。

明洪武初年，户籍主要分为“军、民、匠、灶”四类，分类管理，军籍归卫所，民籍归有司（地方政府），匠籍归工部，灶籍归盐课司。其中灶户地位最低下，《明史·盐法》记载，充当盐丁的均为罪犯。灶户户籍的子孙不得参加科举考试，如要参加必须先“脱籍”，这一规定直到清光绪年间才有所改变。而在民间，连每年腊月送灶的民俗也有“军三民四灶五”（军籍腊月二十三日送灶，民籍二十四日送灶，灶籍要到二十五日）的规矩。且明代所有户籍都要登入“黄册”，“解南京户部入后湖藏之”，管理很严格。洪武元年还规定，当时未入黄册的无籍流民“原系军、匠籍者，仍作军、匠附籍。该卫缺人，则发遣一丁补役；该轮班匠，则发遣一丁当匠。原籍系灶籍者，俱作灶户，免盐课，量加税粮。若仍不首，虽首而所报人口不尽或辗转逃移及窝家不举者，俱发甘肃卫所充军。”意即流民原是军、匠、灶籍，自首后仍不得改为民籍；流民如不自首，或虽自首却瞒报人口、或继续逃跑、或窝藏逃户的，都要发配充军。景泰三年又规定，官员的“家人（仆人的旧称）子弟有畏避原籍军、匠、灶役，朦胧报作民籍寄住，以致原籍缺后者，不分年月久近，已未附籍，押发原籍官司收管。”可见军、匠、灶籍要改为民籍是很难的，即使他们跑到外地，做了官员的仆人，报上了民籍，发现后都要“押发原籍官司收管。”(以上引文皆见《续文献通考》卷之二十)张士诚是亭人,为灶籍;施耐庵是民户,为民籍,这在当时是决不能混为一谈的。

再说,盐场管理一直是条块结合,灶户归盐课司管理,民户归地方政府管理。因为白驹等各个盐场并非正式的行政区域,都属于所在县的地域之内。每个盐场,都是“民灶同乡”(明嘉靖《兴化县志·赋税》),“该县军、灶、民杂居”(明嘉靖《兴化县志·疆域·御史洪垣〈辨疆域奏疏〉》),所以从宋代至清代,各个盐场所在区域的灶户与民户的管理都是条块结合。盐场是条条管理,上有两淮都转运盐使司,下设分司,分司管下面的盐场盐课司,而盐课司只管盐场内的盐课与灶户;盐场地域内的治安、诉讼、科举及民户、赋税等都是块块管理,即皆归地方政府。据明嘉靖《兴化县志·名贤列传》记载,明弘治十五年兴化进士、官至南京户部右侍郎的杨果是丁溪场人,因是民籍,属于块块管理,故载入兴化县志;而张士诚是白驹场灶籍,属泰州白驹场盐课司条条管理,所以兴化县志不收;再看道光《泰州志》卷十七载“泰州白驹场亭民”张士诚事略,却无丁溪场民户、进士杨果的记载。虽居住地都在盐场,但因二者户籍不同,条块管理有别,所以兴化、泰州地方志记载都分得清清楚楚。直到清乾隆七年,在事设盐法及灶户的争讼时,才给予盐场大使“自行准理”;但“命盗、赌博、奸拐、匪窃……及一应民灶互控之案仍应归地方官查办,不得干预,违者照例参处”(同治《两淮盐法志》·杂记》),即盐场所在地域除盐法及灶户以外的治安、诉讼、科举、民赋等仍归地方政府管理,盐场大使如果干预,要受“参处”。可见条块分开管理的权限明确,决不允许越权。清道光戊子年,江苏学政朱方增在他所撰的《重修兴化县白驹场关帝庙碑记》中也说“方增奉命视学江左,按试至扬州兴邑白驹场,士民陈牒曰……”可见白驹场块块管理属兴化,白驹场的民户士子参加科举考试也属兴化管,所以学政按试到“扬州兴邑白驹场”,而非“泰州白驹场”,碑文中地名称谓毫不含糊。

正因为张士诚是“亭人”,应归泰州白驹场盐课司管理,因而称为“泰州白驹场亭人”;施耐庵是民户,不是灶户,应归地方政府兴化县管理,所以只能称为“兴化县白驹场人”。一些持“大丰说”的研究者如浦玉生先生的文章,包括《白驹镇志》(第56页第5行),都说张士诚是“泰州白驹场人”,故意把“亭”字省掉,有意避开“灶户”与“民户”条块分开管理的区别,从而诱导读者类推出施耐庵也是“泰州白驹场人”。这实有造假之嫌,很不应该。如果浦先生坚持要说施耐庵是“泰州白驹场人”,请先拿出施耐庵是“亭人”的证据,但可能吗?

5. 白驹场和白驹镇是两个不同概念,面积大小不同,区域位置不同,古兴化白驹场决不是今“大丰市白驹镇”。

《浙江文学史》说施耐庵“后迁居当时海陵县白驹场(今江苏省大丰市白驹

镇）”，在括号中注明白驹场是“今江苏省大丰市白驹镇”，这也十分不准确。

①白驹场和白驹镇得名的时间不同。从史料看，白驹场从宋代已有，到清乾隆元年（1736）才并入草堰场，一直简称“白驹”；白驹镇建镇于民国（1911）以后，即白驹场建制撤销后近180年以后才有白驹镇，它也简称“白驹”。因此“白驹”这一简称古代是指兴化白驹场，今天才指大丰白驹镇，二者不容混淆！“大丰”说研究者把史料中兴化白驹场的简称“白驹”，都说成今白驹镇，有意把古代兴化白驹场与今大丰白驹镇合二为一来蒙骗读者！

②白驹场大、白驹镇小，面积不同，概念不同，不容混淆。

明嘉靖《两淮盐法志》记载，“由安东踰淮而南为庙湾、为新兴、为伍佑、为刘庄、为白驹，凡五场。白驹（即白驹场，笔者注），距分司三百八十里、使司三百里。东北界于刘庄，东南界于草堰，西抵兴化海沟河。广二十四里，袤三十里。”由此计算面积应为720平方市里，折算公制为180平方公里。今白驹镇地域主体在范公堤以东，并不在元、明时期捍海堰（今范公堤）以西的白驹场之内。

宋代修捍海堰是因为“捍海堰东距大海”“遮护民田，屏蔽盐灶”，这是南宋孝宗淳熙八年（1181）淮南东路提举常平茶盐赵伯昌请求重修捍海堰的奏章所言。因当时捍海堰颓圮，风潮泛滥，淹没田庐，“毁坏亭灶”，请求修堰获准。（《宋史·河渠七·东南诸水下》）在明初，“洪武二十二年七月”，“海潮坏捍海堰，漂没各场盐丁三万余口”（嘉庆《东台县志》卷七《祥异》引明天启《十场志》）。这两则史料说明，从南宋到明洪武年间，盐场都在捍海堰以西。因捍海堰被堰东的海潮毁坏，堰西的盐场才被淹而“毁坏亭灶”，使三万多盐丁漂没。也就是说，从宋、元到明初，捍海堰一直起着挡住东面海潮，“屏蔽”堰西盐场内盐灶与民田的作用。

今白驹镇主体在捍海堰东面，不在元、明时期捍海堰西面的白驹场内。它的总面积五十八平方公里〔据《白驹镇志（第一页）》〕，其中只有范公堤（今通榆公路）以西、串场河以东的原名“颜陆村”、后来才叫“白驹场街市”的一小块仅几平方公里土地（位于串场河内东侧小洲上）属今白驹镇。由此可见，白驹场大（180平方公里），白驹镇小，白驹镇内几平方公里的原名“颜陆村”的“白驹场街市”更小，大、小两个概念不能混为一谈。

现在一些持“大丰说”的研究者，故意把古代白驹场的简称“白驹”说成是今白驹镇，以小代大，混淆概念，迷惑读者，甚至使一些专家学者上当。例如《水浒论衡》作者马幼垣先生，他在该书211—212页引有兴化施彦端的提要，第二段中云：“七十一或七十二岁，避战乱，迁兴化，定居白驹镇施家桥”，按时间说，这是在元末明初，约比白驹镇建镇早500多年，当时只有白驹场，何来今白驹镇？只能说是“定居白驹场施家桥”才符合历史事实。如按现在的辖属说，应为兴化"新垛镇施家桥",与白驹镇毫无关系!精于版本考据的马先生竟没有看出这一明显的混淆古今概念的错误表述,可见用混淆概念手法迷惑读者作用之大,即使像马幼垣先生这样的考据专家,稍不留神,也会上当。因此王嘉良等先生被迷惑不足为怪。

白驹场和白驹镇区域地理位置不同,不容混淆。

白驹场的主体在串场河以西(今兴化市境内),今白驹镇在串场河以东(今大丰市境内),请见《白驹镇志·白驹公社现状图》(《白驹镇志·概况》)就一目了然,二者的地理区域位置不同。据明嘉靖《两淮盐法志》、清雍正《两淮盐法志》及《兴化县续志》文字记载,白驹场西至"海沟河",北界刘庄场,南界至今兴化合陈镇中东部的"界牌头"村,与草堰场连接,可见白驹场地域的主体在今兴化老圩、大营、新垛、合陈等乡镇内,而非大丰白驹镇!

与兴化东南部接壤的东台县建县于乾隆三十三年,嘉庆《东台县志·凡例十六条》之一云:"丁溪、草堰虽与兴化分治,而籍皆隶兴化,且市井人聚,全在堤西。"这里的"分治"是指乾隆三十三年东台建县后,丁溪、草堰两盐场在范公堤以西的土地仍归兴化管辖;堤东(后来涨出的土地)归东台管辖,但场内户籍都隶属兴化。因乾隆元年白驹场已并入草堰场,故嘉庆《东台县志》中的草堰场包括原白驹场。再从"且市井人聚,全在堤西"可知,即使到清嘉庆时,包括原白驹场的民户全居住在范公堤以西,而今白驹镇的主体在范公堤东,因此那些认为"白驹场是今大丰白驹镇"的说法是故意将不同区域的二者混为一体,忽悠读者,看来王先生也可能是被忽悠了。

6. 施耐庵的故里在范公堤以西的兴化白驹场施家桥

这可从有关史料中找到确证,现举三例:

①清咸丰四年(1854),兴化进士陈广德为《施氏族谱》写序,序文中有"吾兴氏族,苏迁为多。白驹场(请注意,不是白驹镇,笔者注)施氏耐庵先生,于明洪武初由苏迁兴化,复由兴化徙居白驹场","施氏之自苏施家桥来迁,即场(仍是白驹场,笔者注)之田庐复名以施家桥"①。

这一段话有两点十分明确:施耐庵从苏州施家桥迁到兴化,又从兴化城迁到白驹场;施耐庵把他在白驹场的"田庐"(耕种的土地及居住的房屋所在地)也取名叫施家桥。序文写于咸丰四年,当时的白驹场街市也属兴化,根本没有今天的施耐庵故里在兴化施家桥还是大丰白驹镇之争,作为《施氏族谱》的序言,明确施耐庵故居在白驹场施家桥,客观、可信。

②胡瑞亭在1928年11月8日《新闻报》发表《施耐庵世籍考》一文谈到他

① 江苏省社会科学院文学研究所编《施耐庵研究》,江苏古籍出版社1984年版,第21—23页。

因“奉公调查户口”，通过询问施氏族裔，“更索观族谱”，了解到施耐庵是“施家桥人”，文中还“据施氏后人云”，其孙述元在施耐庵于淮安去世后，“重返故墟，迁其祖墓而葬 ”。这里的“墟”指村庄，“故墟”即“世代居住的村庄”施家桥。文中对施耐庵的故里说得很明白，“阳宅”在施家桥。后来他的孙子述元“重返故墟”给他下葬。

③1943 年兴化抗日民主政府县长蔡公杰所写施耐庵墓碑文云：“邑之东北隅有施家桥者，施氏之故庐也。考施氏族谱，先生避张士诚之征而隐于此。施氏之墓在庄之东北。”①当时蔡公杰是在“同施氏后裔族长施祥锦作了详尽交谈，并仔细查阅了施氏家谱”后才论定施家桥有“施氏之故庐”，“墓在庄之东北”。阳宅“故庐”在庄内，阴宅“墓”在庄外，表述十分明确。

陈广德、胡瑞亭、蔡公杰前后相距近百年，都是据施氏族谱及族人之言，说施耐庵的“田庐”“故墟”“故庐”在白驹场施家桥，也就是说施耐庵的故居“阳宅”肯定在施家桥，阴宅在庄外，言之凿凿，完全可信。而这些记载与出土文物《处士施公廷佐墓志铭》所记：曾祖彦端“及世平，怀故居兴化，(还)白驹”完全一致，表明是回到兴化白驹场的故里施家桥，这些文物史料虽然时间相隔数百年，却形成一条由出土文物、施氏族谱、施氏后裔口述组成的证据链，岂容否定！

7. 今白驹镇原白驹场街市的施氏宗祠根本不是施耐庵故居。

有些“大丰说”研究者说今白驹镇的施氏宗祠是施耐庵故居改建的，却又拿不出史料做证据。

为此我们也做了全面搜索，不论从施氏族谱、出土文物或古代地方史志中都找不到一句施耐庵故居在今白驹镇的依据。比如，施氏家谱有记载吗？没有。有的却是《施氏家谱 · 序》中的施耐庵故居在“施家桥”；有的却是施氏宗祠是乾隆戊申年(1788)由施耐庵的第十二世孙施奠邦的住宅改建的。清咸丰五年(1855)第十四世裔孙施埁所写《建祠记述》说得很明确：“其祠由国朝乾隆戊申，先君文灿公与族伯美如公偬族祖奠邦公宅所改建者也。”②“乾隆戊申”是乾隆五十三年(1788)，施奠邦的住宅改建为施氏宗祠。由此我们只能说施耐庵的第十二世孙住在白驹场街市(今白驹镇西侧串场河内小洲)，他的住宅后来改建为施氏宗祠。谱中找不到一句元末明初(也就是建宗祠前四百多年)施耐庵住在白驹镇的记载。

而浦玉生先生在他的大作中提出的证据是：“《白驹镇志》记载‘施氏宗祠

---

① 江苏省社会科学院文学研究所编《施耐庵研究 ·(一)文物与史料》，江苏古籍出版社 1984 年版。

② 江苏省社会科学院文学研究所编《施耐庵研究》，江苏古籍出版社 1984 年版，第 21—23 页。

原为施耐庵故居三间草屋，乾隆时即以建词……'"[①]再查《白驹镇志》(403页)，原文为"据云'施氏宗祠'原为施耐庵故居三间草屋"，浦先生的引文竟把"据云"二字省去！作为证明大文学家施耐庵故居的重要史料，1989年内部编印的《白驹镇志》用"据云"已有失严谨！作为读者，完全有理由请问《白驹镇志》的编者，究竟是据什么史料所云？为何不写明出处？而浦先生又把"据云"省掉来误导读者，太不应该！

至于在"大丰说"的文章中混淆"白驹场"概念与区域、故意省掉关键词语等现象还有很多，限于篇幅，不一一列举。我想正是由于白驹盐场并非正式的行政区域，正史记载简略，灶户、民户分开管理情况复杂，加上有些人又借古代白驹场与今白驹镇都简称"白驹"，故意混淆古白驹场与今白驹镇两个不同概念，混淆二者的不同区域，或故意省掉关键词语如"亭人"的"亭"字等来误导读者，使一些读者乃至外地研究者不明真相，误以为施耐庵故居在今白驹镇。因此王嘉良先生主编《浙江文学史》时对这些情况难以分辨，造成施耐庵的籍贯在"海陵县白驹场(今江苏省大丰市白驹镇)"的讹误，这是可以理解的。

以上质疑，如有不当之处，恳请王嘉良等先生批评指正。

作者简介：任祖镛(1939—)，男，江苏兴化人。江苏省兴化中学语文特级教师。

① 浦玉生《史眼如炬：施耐庵故里大丰市白驹镇新考》，《菏泽学院学报》2014年第1期，第15页、第14页。